河原ノ者・非人・秀吉

服部英雄

山川出版社

はじめに

　どこに生まれたのか。その一点だけで生涯、差別・迫害される。差別を受けてきた人々は、なぜかくも不当な仕打ちを受けるのか、理由を知りたいと強く望んでいる。科学が進んだいまの社会で、なおも差別が残るのはなぜなのか。

　差別の歴史にかかわる素材について、人権学習講座で話すこともある。差別を受けてきた人々の講師に向ける視線は、鋭く真剣だ。被差別民衆史、賤視の歴史の解明は歴史学にとって、最重要な課題であるけれど、現実の人権問題に深くかかわり、研究には制約が多い。史料（資料）は隠すもので、ときにはなくすべき存在とされることさえもあった。

　本書は主として中世史の観点から差別の歴史を叙述する。中世史料をみていると、近代にまでつながるような差別事象が、しばしばみつかる。差別の近世政治起源説を教えられてきた人々の意識とは、ずれるかもしれない。

　差別に耐えながらも、誇りをもって生きてきた人々たち。社会の重要な役割を担って、貢献してきた人々。日本の歴史と文化を担った人々。そうした得がたい力をもつ人々の生活を明らかにするなかで、差別のない社会の実現に寄与したい。

中世の史料に多くみられる被差別民は、

1河原ノ者、2非人、3声聞師《しょうもじ》（唱門師）である。これまでの研究史は、1河原ノ者と2中世非人を等視する傾向があった。黒田俊雄『日本中世の国家と宗教』（一九七五）は中世には非人が賤視された人々の主流であって、1河原ノ者は2（広義の）非人の概念に包摂されているとする。しかし1と2は、職種、そして賤視の度合いが異なっており、共通性はむしろ少ない。

1河原ノ者は皮革製作が主要な仕事で、生産者である。家畜である牛馬の皮革は河原ノ者が業務を独占する。河原ノ者はエタ、穢多としても登場する。「河原者」という言葉に穢多と注記する例がいくつかあるが、東寺百合文書・宝巌院方引付・永和元年（一三七五）十二月十日条記事（『大日本史料』六編四五）が古い事例である。刑吏・清掃（清目）業務に従事し、井戸掘り・作庭など専門分野での土木工事、また野犬狩りや犬追物の仕事も独占した。一部は獣医も担当した。なお中世史料では穢多身分については、エムタ、エンタ、エッタともある。

2非人の基本は物乞いで、喜捨への対価たる芸能予祝を供与することで生活した。喜捨を得る人々の中心にはライ患者（ハンセン病患者、歴史を扱う本書ではライ・癩の語を用いる）や障碍者がいたけれど、健康な者もいて、後者が病苦者の世話や管理を行った。刑吏や葬送・清掃にも従事した。2非人は坂ノ者、弦懸、犬神人《いぬじにん》、濫僧《らんそう》《ろうそう》とも呼ばれた。紀伊鞆渕《ともぶち》庄での坂ノ者と弦懸は同じである。

下級神官であったり、弓弦の製作者でもあった。黒田日出男は『一遍上人絵伝』によりつつ、非人集団においてはライ患者が中心的役割を果たすとみた（『境界の中世・象徴の中世』）。家を離れたライ患者が、イコール非人だったことは他の史料でも裏づけうるが、病苦者・貧者の救済を強調・デフォルメする宗教絵画からは、実際の構成はわかりづらい。非人は寺院の軍事力として行動し、動員もされたのだから、そこではむしろ病苦者は少数・例外だった。

3声聞師は陰陽道・暦・久世舞《くせまい》、鐘打ち、経読み、ほか芸能で生活した（大乗院尋尊の記述）。声聞師は散所ともある（『建内記』正長元年〈一四二八〉六月十日条）。算所も同じで、横行や舞々も同義である。2非人と業務の重なりがある。

1～3は職業のちがいによる集団として区別され、それぞれ同業集団として組織されていた。業種のちがいは、必然的に村の立地の差となる。非人は人通りが多く、喜捨を得やすい場の近くに住んだ。河原ノ者は水や皮の干し場のある河原近くが適地で、当初は周囲に人家が少ない環境に村をつくった。

非人の場合は転落もあれば上昇もあった。転落の原因は破産もあるけれど、疾病や障碍もあったし、犯罪の刑罰もあった。そして蓄財さえできれば脱賤も可能だった。しかし河原ノ者の場合、脱賤はありえなかったと考える。転落についても非人のような制度的な転落はなかっただろう。流入は想定できる。

近世において相互が通婚しなかったことから類推すると、1と2は明確に別個の集団であって、差異が強く自己意識されていた。また3の通婚範囲も3のなかだけであろう。前近代のある歴史段階において、この状況が劇的に変化するとは考えにくい。

丹生谷哲一『身分・差別と中世社会』も非人は総称だとする。しかし非人に屠者が含まれるのだろうか。脇田晴子『日本中世被差別民の研究』や細川涼一『中世の身分制と非人』は非人と河原ノ者を区別する側の研究である。脇田は社会的没落民を含む非人と独立自営の屠児（河原ノ者）と、傀儡子・芸能者とを区別した。ただ脇田は「穢多＝河原者と非人はだんだんと分化・分業が進んだ」とするけれども、本書では分化とはみない。

本書は皮革を扱う河原ノ者（生産者）と、喜捨を乞う非人（基本的には非生産者となるが実際は種々を生産した）は、最初に史料に登場する古代末期（平安時代）には、すでに別個の存在だったと考える。たしかに『塵袋《ちりぶくろ》』（弘安頃・十三世紀後半成立）に「人交わりをせぬ人々」として、両者は併記された。しかし「非人」集団に「河原ノ者」（エタ）が含まれていたわけではなかろう。『塵袋』にも「マキラカシテ非人ノ名ヲ、エタニツケタル也」とある。「まぎ（紛）らかして」とあるように正しい定義ではなく、別集団とみたい。ロドリゲス『日本大文典』では、チョウリ（長吏）とは、牛や獣の皮をはぐ人と、そしてライ病人の世話をする人とされている。チョウリは穢多を指す場合も、非人を指す場合もあった。関東・奥羽・信濃や九州・肥前などに前者の呼称があった。しかし、そもそも長吏は組織の長を指す言葉である（たとえば三井寺長吏のように）。それぞれに長吏がいたとしても、その言葉から、長吏の配下にあった組織が同一グループを指すとはみない。清水坂や奈良坂の非人長吏はまったく異なっている。しかし鎌倉の極楽寺長吏はエタ身分に連続した。長吏といっても実態がちがうことを意味する。ただし近世の一部地域、つまりエタ身分を指す長吏の言葉が使われた地域では、非人がエタの職種である皮革製作に参画したり、エタが癩人の支配をしたとする見解や史料がある。この場合でもエタと非人は別個の存在である。

古代以来、皮革の仕事があった（『延喜式』兵部、正税帳「(駅)伝馬死馬皮」)。働けない老廃馬牛のすべてが自然死を迎えたとは考えない。「屠者」とされる以上、「屠」の業務があったと考える。屠者の語は『延喜式』神祇（九二七）にみえ、濫僧とともに鴨御祖社四至外から排除された。河原ノ者の初見は牛皮を扱う河原人記事である（『左経記』長和五年〈一〇一六〉）。歴史史料にその言葉がみえる当初の段階から、差別の要因はあった。

古代雑戸の中核に造兵司雑工戸があり、百済手部あるいは品部、漆部とともに皮革・武具の製作に従事した（狩野久『日本古代の国家と都城』）。品部は良民とされ雑戸も明確な賤民ではない。しかし大陸では朝鮮白丁が屠殺業・皮革業に従事し激しく差別されていたにもかかわらず、身良役賤、つまり身分は良民とされていた（李俊九《イジュンク》の研究による）。日本古代でも、従事者が賤視されていた可能性がある。

各集団は下層民に位置づけられたが、それぞれは権門に直属し、奉仕・労働・要求された品の物納によって、保護と報酬を得ていた。社会の一部を構成しており、座的構成があって、ある被賤視集団が複数の権門に属することもあった。

さて渡辺広『未解放部落の史的研究』によると、紀伊にはさまざまな被賤視民の末裔がいた。渡辺は紀州の文献上にみえる賤民として二四もの呼称をあげている。研究者が「雑種賤民」と規定した人々を、総称して夙といった。しかし彼らは江戸時代にはちがった名前で呼ばれていて、いまだに異なる集団の子孫相互に通婚がないとしている。渡辺は、彼ら夙は近世非人ではないとする（九〇頁）。菅原憲二も犬神人は近世の非人身分ではなかったという（『前近代京都の部落史』一九八七、一八〇頁）。荒井貢次郎も、奈良坂について同様の発言をした。中世非人はそのまま近世非人ではなかった。国名を名乗る人々が多いが、それは賤視に由来するのではなくて、彼らが特権意識をもっていたからだともいう。集団は、多く中世にも遡ることができるけれど、呼称が同じであってもまったく同質ではなかった。

被差別民の職業には一部重複する分野があった。刑吏では業務・範囲内容によるすみ分けがあり、行刑をエタ、刑場業務を非人が担当した（『嘉元記』、細川涼一・前掲書）。ただし奈良では宿ノ者による断頭もある。清掃でも範囲・業種によるすみ分けがあったと考える。だが職の内容が近接していたから、対立は生じやすく、『後愚昧記』応安四年（一三七一）四月四日条には葬送に関わる「川原者」と犬神人の対立（衣装の取得）が記録されており、双方が葬送業務に関与すると主張していた。鹿皮は河原ノ者が扱ったが（渡辺六七頁ほか）、非人の職掌とする見解もある（『神奈川の部落史』）。神鹿であった奈良の鹿の死骸は非人が扱う。近世の畿内で鹿は穢なしと主張されることもあったが、皮田も扱った（のびしょうじ『皮革の歴史と民俗』、源城政好『京都文化の伝播と地域社会』）。

狩で鹿や動物を殺すのは武士で、いくさで人を殺すのも武士だったけれど、武士は賤民身分とはならなかったし、屠者という表現もみない。下人所従が被差別民であるという見解がある（黒田俊雄、小山靖憲「中世賤民論」『講座日本歴史』中世2）。しかし本書はその立場には立たない。下人所従の場合、不自由民かもしれないが、みずからの強い集団意識はないだろう。

河原ノ者に脱賤はないとしたが、万一あったと想定するなら、地縁血縁を断ち切って、死を覚悟での離脱と、町・村での幸運な寄生か。村ならば間人（もうと）・名子（隷属農民）から始めるから、別の賤視を受けるけれど、蓄財に成功すれば、転落欠落した本百姓のあとに入ることができた。もうひとつの想定もできる。河原ノ者にせよ、非人にせよ、自身が権力を握ることである。『大乗院寺社雑事記』に「三党」（非人と注記、奈良の被差別者集団）たりといえども、守護・国司の望をなすべし、とあることからも、想定ができる。猿楽大蔵大夫の子であった大久保長安も脱賤である（『当代記』ほか）。有力米商人となった元乞食門次郎の事例もある（脇田前掲書）。戦国時代はこうした脱賤がありえた時代だが、河原ノ者については具体的例証はほとんど困難である。

Ⅱ部では賤の視点をふまえつつ、豊臣秀吉について考える。非人からの脱賤の事例と考えている。

古文書の表記には賤称（差別語）が使われているが、本書では古文書の表記のとおりに用いる。史料の表記、つまり賤称（差別語）を用いなければ、差別・賤視の本質についての正確な理解や叙述がむずかしいし、読者も差別の実情を把握しづらいと考える。地名も同様の理由から、歴史史料にあるとおりに用いた。地名のなかに、人権上の配慮から使われなくなったものがあることは承知しているが、本書の意図については、本書を読み進めていただくなかで、理解していただきたい。ただし現存する人物については、一部、姓名表記を伏せた。

＊

なお、はじめに本書の各章についてガイダンスしておきたい。

第一部　**河原ノ者・非人**

第一部では中世に賤視された人々を歴史学的に再検討する。近代や近世の差別構造（賤視構造）が、中世にまで遡及される場合のあることを明らかにする。また被差別（被賤視）大衆が人々の生活に密着した重要な業務を担当していたことを明らかにする。

第一章　犬追物を演出した河原ノ者たち

犬追物行事は中世武士の武芸、鍛錬として知られる。この競技に河原ノ者（エタ）が参加し、主体的な役割を果たしたことはあまり知られていない。河原ノ者は犬の捕獲を業務としていた。犬追物行事には数百疋という大量の犬を必要とする。河原ノ者は行事の開催に不可欠の存在だった。捕獲器でもある竹杖による犬の操作、扱いは彼らにしかできない。その活動ぶりを示す絵画も多数残されていて、生き生きとした表情が読み取れる。

第二章　大和国北山非人宿をめぐる東大寺と興福寺

北山宿は寛元二年（一二四四）奈良坂非人陳状を残した人々の拠点である。北山宿をめぐっては過去にも多くの研究があったが、興福寺支配の観点から論じられることが多かった。しかし東大寺も大きな支配を及ぼしていた。とくに東大寺東南院は聖武天皇と光明皇后の悲田院を継承していた院家（塔頭、別院）であり、北山・奈良坂や善勝寺坂（のちの東ノ坂）が所在する鳥羽庄や河上庄の領主であった。東大寺による支配の視点がこれまでの研究史には欠けていた。北山宿の中心にあった般若寺についても、西大寺の拠点という先入観があって、東大寺の寺院という視点はなかった。ここではまず東大寺による非人や賤視された人々への支配を明らかにしたうえで、次いで興福寺による支配を再検討する。非人（夙）・横行・エタらの具体的な生き方を考えたが、興福寺支配下の非人が記した著名な奈良坂非人陳状については、新視点として、建暦三年（一二一三）京都清水坂で起きた比叡山末寺清閑寺と清水寺との抗争から関連づける。

第三章　都鄙の療病寺・悲田寺・清目（カワタ）

これまで救ライ施設である療病寺や悲田院については、都市の場で語られることが多かった。はじめに悲田院・極楽寺を京都、鎌倉という中世大都市にて再確認する。次に九州・大宰府に視点を移し、療病寺や極楽寺、また般若寺と周辺村の役割を考え、療病寺領の村があったと考えた。次には地方都市に視線を向け、肥前国府と肥後国府における構造の共通性を考える。ここでのキーは悲田寺・善光寺である。時宗による諸国新善光寺の展開は、信濃善光寺にあった差別構造（貧者・病苦者救済）も全国に再編することになる。また肥後では南北朝時代にカワタの語がみえるが、常陸においても同じくカワタが登場していることを明らかにする。よってカワタ（エタ）の史料的上限が百年以上遡及される。以上の地方都市の事例をふまえ、さらに中世農村における差別の事例を筑前・肥前にて検討する。

第四章　越後国荒河保の「入出非人所」と奥山庄の「ひにんかう屋（荒野）」

研究史の多い越後の非人所について、まず近世の郡界を確認・確定したうえで、中世の郡界を確認し、その北側にあった非人所の位置を確定する作業を行った。これまでの研究史の比定のままだと、ライ患者が山の上にいたことになる。それは考えにくく、広大だった荒野（入出野）の中に比定した。また「テェシ」と賤称された人々にも言及した。

第五章　重源上人と「乞匃非人」

狭山池築造工事における非人が果たした役割について検討した。当時の人は土用の禁忌を極端に恐れた。土用の期間には土を動かしてはならない。したがって土木工事はできない。しかしそれを克服しえた集団として非人や河原ノ者を考えた。

第六章　サンカ考

若き日の松浦武四郎日記に山家（サンカ）との交友が記してある。サンカの初見史料として紹介した。また九州各地での聞き取り事例を検討し、都市に定住地をもつ非人が、箕作りの営業のため定期的に移動していた姿がサンカ（非人）だとした。また大分県稲葉川流域での聞き取り調査をふまえて彼らの実像を紹介する。近世非人の末裔であるが、移動中の物乞いはしなかった。

第七章　太鼓製作と中世筥崎宮散所

九州・筑前の筥崎宮には鎌倉初期に散所があった。この性格について考え、筥崎宮に付設する手工業者の存在を想定した。また小字地名の太鼓田が北九州では筥崎宮周辺の糟屋郡・那珂郡にのみ集中的に残ることから、「散所の物ども」の周辺と太鼓製作のかかわりを推測した。

第八章　人身売買史断章・現代と中世を交錯する遊び女像

近世から近代にかけての遊郭について、古文書や聞き取りの結果を報告した。ついで中世の白拍子や遊君について事例を検討し、先行研究、つまり中世までは遊女たちも卑賤視されていなかったとする説を、人身売買の観点から批判した。白拍子自身が記した売券が残されている。白拍子は人身売買ではないという立場から解釈されてきたが、それは誤りであって、転々と売却されていく女性の姿をそこにみた。

第二部　**豊臣秀吉**

二部では天下人秀吉を賤の視点からとらえ直す。少年期の賤の境遇を脱して、貴の頂点に達した男、関白秀吉を考え直す。

第九章　少年期秀吉の環境と清須城下・繁栄と乞食町

清須は木下藤吉郎（秀吉）の生誕地であるという説がある。市場が多数あって商業都市であった。

その町には乞食村があった。のちに清須城下の名古屋移転によって乞食村も移転した。秀吉義兄の弥介は鷹匠綱差で、清須と津島の近郊で鷹の飼育係・鷹場保全係をしていた。鷹匠は賤視されないが、周辺には賤の環境があった。秀吉の伯父はホウロク売りで、土鍋売りは賤視されがちだった。この町に少年秀吉と縁者となる人々が生活していた。

第十章　秀吉の出自

秀吉（藤吉郎）の実父はわからない。父とされる木下弥右衛門は架空の人物で、秀吉はいわば父のない子である。義父筑阿弥と折り合いが悪く、放浪していた。路上の少年（ストリートチルドレン）として生きるしか、すべのない秀吉幼少時の環境を、フロイス『日本史』や同時代人の記述によりつつ考える。彼は非人村（乞食村）に入るほかはなかった。猿まね芸はそこで身につけた。

第十一章　秀頼の父

賤の境遇を体験した秀吉には通常人にはない発想があった。秀吉の人格・行動を考える。秀吉にはながく子がなかった。第一子鶴松が生まれたときに、実子と信じるものは誰もいなかった。鶴松の場合は、秀吉が不妊治療として茶々に非配偶者間受精を命じたと仮説をたてる。ここに霊的能力の高い陰陽師や僧侶が介在したとみる。第二子秀頼の場合は茶々の独断に近いか、ないしは秀吉の不完全な内諾下の行為だったと考える。秀吉が九州名護屋に向けて出発した後に、大坂にて茶々が秀頼（拾）を妊娠する。日があわず、秀吉の子ではない。だが秀吉はそれでも実子・後継者とした。四百年間封印されてきた秀頼非実子説にたって、関係史料の見直しをする。茶々の妊娠を知ったときの秀吉書状の不可解な文言。豊臣秀次事件での婦女を含めた一族惨殺。天下を統一しながらわずか一代で滅びた政権。隠された理由があった。なお補論で長浜城時代に秀吉に子がいたとする巷間に流布する説を否定した。

第十二章　秀吉と陰陽師

　歴史学は第十一章で推測した非配偶者間受精の詳細を明らかにはできない。しかし民俗学的な事例を参照すれば、宗教的な陶酔の随伴が必要だったと想定できる。憑依現象を操作できる陰陽師は、それが故に差別される存在ではあったが、人心把握能力がある。大名に雇用もされ、城内にも住んだ。大坂城内には陰陽師がいた。彼らの能力が何らかの関与をした。秀頼の誕生後、秀吉の大坂帰陣の直後から、京都・奈良にいた陰陽師への処刑や弾圧が始まった。尾張・豊後をはじめ全国に追放される。秀吉が死去したのちに、やっと彼らは京に戻ることが叶った。彼らも日本の歴史を陰で動かしていた。秀吉に翻弄された人々は実は秀吉を翻弄した人々だった。

目次

第四章　越後国荒河保の「入出非人所」と奥山庄の「ひにんかう屋（荒野）」　345

第二部　豊臣秀吉

装丁　髙橋寿貴

河原ノ者・非人・秀吉

第一部

河原ノ者・非人

第一章　犬追物を演出した河原ノ者たち

――犬の馬場の背景

はじめに

中世、日本の武士は流鏑馬《やぶさめ》、笠懸《かさがけ》、犬追物を馬術・武芸の鍛錬として行った。このうち犬追物は生きた動物である犬を騎乗から射た。標的も射手も動く。きわめて高度な技術が必要とされ、的中は容易ではなかった。競技は動的で、その光景を描いた屏風絵が何種類も残されている。そこには卑賤視されていた河原ノ者が多数、登場している。侍に沿いつつ疾走する姿は躍動的だ。犬追物を演じる侍たちとともに、河原ノ者が馬場を駆けめぐっていた（表紙カバー参照）。

河原ノ者は穢多《えた》に同じである。河原ノ者の任務は何か。彼らは犬追物の進行すべてにかかわった。犬の調達に始まって、犬追物の開始から進行、ぶじに終了したのちの饗宴まで、すべてを段取りした。

犬追物は多くの歴史教科書に取りあげられる。著名な行事だから研究史も豊富である。しかし卑賤視をふまえた歴史学からの分析は意外に少ない。研究史の動向を整理すると、

① 故実としての研究や個別大名家ごとの犬追物の分析

② 美術史からの犬追物図屏風など絵画の分析

③ 地名や遺構、そして文献に残る「犬ノ馬場」の分析

④　犬追物に脇役として参加した河原ノ者からの視角、すなわち差別問題からの分析などがある。[*1]ただしそれぞれの視角が相互に意識され総合されることは少なかった。たとえば故実研究者や美術史家は差別問題には関心が少なかった。差別に関心をもつ人は故実・進行の具体には関心が薄かった。

犬追物への河原ノ者参加は古典的百科事典たる『古事類苑』をみれば明瞭なことで、『部落史用語辞典』にも説明がある。『国史大辞典』犬追物の項（吉川弘文館、鈴木敬三氏執筆）にも「河原者二百人」が登場する。しかしなぜか部落問題研究所編『部落史に関する総合的研究』（史料編四、一九六五）、『部落史史料選集』（一九八八〜八九）に犬追物関係史料はまったく引用されていない。原田伴彦編『編年差別史資料集成』（一九八三〜八四）の全三巻におよぶ膨大な史料群に、犬追物関係史料はわずか一点の収録だった。なぜか偏ってしまった史料刊行の状況があって、中世史研究者、武家社会の研究者にも、犬追物と河原ノ者の関係は、ほとんど知られていなかったのが実情だろう。本稿は①、②をふまえつつ、③、④の視点を継承・発展させ、犬追物を通じて武家社会と差別された人々を考察する。

なおまとまった史料集には、『古事類苑』武技部のほか、『群書類従・武家部』（正・続）がある。本稿もこれらに多くをよっている（以下前者を「類」、後者を「群」、「続群」と略し、必要に応じ『群書解題』『国書総目録』ほかにより成立時期を示す）。また『日本馬政史』一（昭和三年〈一九二八〉）、梶島孝雄『資料日本動物史』（一九九七）にも多くが収録されている。[*2]

絵画史料である犬追物図は犬追物を可視化する貴重な史料で、点数も多い。『日本屛風絵集成』（一二・公武風俗、一九八〇）は多くをカラーで掲載しており、それぞれの犬追物図屛風の比較が容易である。屛風以外の絵画も種々あるが、未公刊のものが多い。従来③、④の視点に立つ研究者の場合も「洛中洛外図屛風」（国立歴史民俗博物館蔵甲本）に描かれた犬追物の場面以外には、こうした絵画史料にはほとんど言及がない。しかしこれら屛風絵には軽妙、機敏に動作する河原ノ者たちが多数描かれており、重視したい。

一　犬追物、競技の進行

使用された犬の数

犬はどれほどの数が使用されたのか。鎌倉初期、安貞・寛喜（一二二七～三二）頃には二十、三十あるいは六十疋程度だった（『吾妻鏡*3』）。その数は次第に増える傾向にあり（『同』建長二年〈一二五〇〉八月十八日では九十一匹）、室町期になると、桁ちがいに増加する。

一回の手組で順次十疋を放つ。その五回分五十疋が基本単位で、三十六騎三手の場合、百五十疋だった（以上「犬追物図説」、「射鏡」、「多賀高忠聞書」〈「美人草」とも〉、寛正五年〈一四六四〉、多賀高忠〈一四二五～八六〉は故実家で京極家家臣、以上、類）。実際には一日二百、三百が多い。二百は百と百、三百は百五十と百五十を、それぞれ「朝」（午前）と「晩」（午後）に分け、間に一献があった。朝百・晩百五十などの組み合わせもあったが、「及晩始一百疋有之」「犬會百疋了帰院」とあるように、ふつうは百が単位になる。百疋の犬が吠える声を想像するだけで、けたたましい。その犬が悲鳴をあげながら、次々に射られた。矢には鏃《やじり》ではなく、大鏑《おおかぶら》が付けられた。中《あた》っても犬は死なないけれど、至近距離だったから、ケガをする犬は多かった。

さらに千疋を使用したものもある。『大乗院寺社雑事記』（文亀元年〈一五〇一〉五月廿六日条）にみえる「一代一度之大儀之犬」はそれに該当しよう。桁はずれに大規模で、四日ないし五日かかった。文明九年（一四七七）の足利義尚《よしひさ》主催のそれ（『長興宿禰記』八月十九日条、『兼顕卿記』同十七日条）や、「出法師落書」（群、永享二年〈一四三〇〉）での丹波の事例が「千疋之犬」である。同様千疋と考えられる「犬追物手組日記」（群、大永二年〈一五二二〉）は文安元年（一四四四）九月の記録である。中嶋馬場で九月十一日から十四日まで四日にわたって犬追物が行われた。十番それぞれの手組には、省略された最初の手組「一」を除き、肩に二、四、五、六、七、十と記されている。省略された部分（3、8、9）を補えば次のようになろう（算用数字で入れた部分は推定）。あわせて各自が射たと記録される犬数の合計を示した。

（一）　九月十一日　　九九疋（一〇〇）
二　九月十一日　　一〇〇疋
（3・欠）（9月11日か12日）　（100）

四	九月十二日	一〇一疋
五	九月十二日	一〇〇疋
六	九月十三日	一〇二疋
七	九月十三日	一〇〇疋
（8・欠）	（9月13日か14日）	（100）
（9・欠）	（9月14日）	（100）
十	九月十四日	一〇一疋
	合計推定	1004疋[*4]

第一回が九九疋なのは、最初の一疋を「のがれ犬」として逃がすという儀式書（「犬追物之覚書」ほか）の通りで、実際には百疋が使用された。一日二回、または三回行われた。三回の場合は朝百疋、夕（晩）二回の小計二百疋、合計三百疋で行われた（「犬追物図説」類、延享四年〈一七四七〉でも同様のケースがある）。

どうして集めることができたのか、不思議に思うほどの犬の数である。

犬追物の進行

一疋の的中までにどれほど時間がかかるのか。三分かかったとすると、三百疋なら一五時間、朝六時からとしても夜二十一時までかかる。もっと速く進行したと考えなければなるまい。一分なら三百疋、五時間である。

犬追物には第一ステージの「縄の犬」と、第二ステージの「外の犬」があった。縄の犬では騎乗の侍が待機する。十二騎は相互にペアを組み、各馬は弓手《ゆんで》（左手）、馬手《めて》（右手）が東向き、西向きに交互に並ぶ（「犬追物之覚書」、「島津傳記」）。犬放は「弓手ノ犬」、「馬手ノ犬」を交互に放つ（「白磨犬追物」）。矢をつがえて待ちかまえていた近くの射手が射た。自分のところにくる確率は、両隣までが範囲として、十二分の二、六分の一程度か。「縄の犬」ならば平均四分間に一度射ればよかったことになろう。犬を運び入れる人は次々に縄のなかに首縄でくくった犬を入れる。犬放は鎌で犬の首縄を切り、放ち続ける。「縄の犬」で的中しなければ、逃げる犬を追う「外の犬」になった。外の犬は、かなり時間がかかった。

行事進行にふれる故実書がある（「犬追物検見記」続群、応永二十五年〈一四一八〉頃）。序破急のテンポを強調し、五十疋までを序、七十疋までを破、九十疋までを急、そしてふたたび序とするが、「暮れにかゝ」った場合や雨模様の天気では、最後まで「急」のテンポで行えと指示する。日暮れになっても競技が終わらず、犬が残った場合の規定もあった。犬追物の進行は思いのほかスピーディで、「急」のテンポで次々に犬が入れられ、そして射られた。

夜になっても競技の継続が可能だったのかどうか。先の『蔭凉軒日録』明応二年（一四九三）九月九日、十一日条には「及晩始一百疋」、「自晩始及昏黒百疋」とある。昏黒に及ぶこともあったし、同九月十七日条のように「向晩故晩犬無之」と、中止することもあった。前者であれば篝火が必要かと推量するが、暗いなかでは進行はスムースにはいくまい。

二　犬追物を設営した人々――河原ノ者の役割

どのようにして一度に数百疋、千疋以上もの犬を集めることができたのか、その問題を考える。決して容易ではなかったことは察しがつく。その任にあたったのが河原ノ者である。

なお河原ノ者は教科書などでは「かわらもの」とされ、各種日本史辞典、百科事典類でもそう表記されるが、かな文書では「かわらのもの」と「の」が入り、漢字まじりでもしばしば「ノ」（の）の文字が入る。『日葡辞書』もCauranomonoである（本書198頁以下にも詳述する）。河原者は「カワラのモノ」とよんだ。居住区が河原であることが語源というが、むしろ作業・労働の場を指していよう。皮革の鞣《なめ》し作業には流水のある川が、乾燥には干し場としての河川敷が必要だった。

河原ノ者の役割

『部落史用語辞典』（柏書房、一九八五）の「河原者」の項目には、彼らが担った仕事として、野犬狩り、そして「犬追物」の競技で犬を扱うことがあげられている。このことは盛田嘉徳、横井清、川嶋将生の諸氏ほかの先行研究にも指摘がある（前＊1）。しかし先学の記述は簡単で、より詳しい

考察が可能であり、また必要である。犬追物における河原ノ者の役割は、

ア　犬追物の準備段階での犬の調達

イ　犬追物当日での犬の馬場における犬の管理と競技の進行

ウ　競技終了後の犬の処置

の三点である。このうちイについての記述は故実書を中心に比較的多い。まずイからみよう。

1　犬の馬場での河原ノ者

故実書のなかの河原ノ者

『古事類苑』武技部には、故実書を中心に河原ノ者が登場する史料が多数収録されている。ここでは代表的な一点のみを掲げよう。

A「白磨犬追物」（類）

先期議定射手検見《けみ》喚次《よびつぎ》以下諸役人犬数《いぬかず》度数《どすう》等

射手三拾六騎分三手、手別十二騎、謂之上手、中手、下手、、検見貳騎分内、外、喚次貳騎分内、外、幣《へい》振《ふり》壹人、日記付壹人、鬮《くじ》振壹人、

鉦打《かねうち》壹人、射手奉行三人手別壹人、馬場奉行三人手別壹人、犬放壹人、河原者二百人放犬及雑事役之、犬数百五拾疋

疋別犬引壹人、度数十五度度別犬十疋——馬場奉行下知河原者令開竹垣之戸（略）、馬場奉行下知河原者令閉竹

垣之戸（略）至第十疋――馬場奉行下知河原者令洒掃馬場（以下二十疋、三十疋と同じように続く）

こうした故実書に基づき、犬の馬場における河原ノ者の役割を整理してみた。

（1）百五十疋の犬に河原ノ者百五十人がつく。一疋を確実に犬放《いぬはなち》に手渡すため、一人がついた。「犬引」役である。竹杖または竹筒という捕獲器で犬を引いた（竹杖については後述）。――Aのほか「射鏡」・類、「犬追物之式」・類、延享四年（一七四七）、以下「式」と略す。

（2）土俵の中心に立つ犬放は、河原ノ者が務めた。進行の要になる役で、首縄を瞬時に鎌で切り放つ。もたもたすれば噛みつかれる。機敏な動作が要求された。時間のロスは許されない。犬の扱いに習熟した河原ノ者にしかできない仕事だった。――「式」、「奇異雑談集」・類、貞享四年（一六八七）

（3）競技後の犬を直ちに回収する。射られて興奮した犬は首縄から解き放たれているので、河原ノ者がすばやく取り押さえる必要があった。百五十人には各自の責任分一疋ずつがあった。

（4）竹垣の戸の開閉。竹垣は開催中には常時開閉するが、興奮した犬が逃げ出さないように厳重な注意が必要だった。――A

（5）一度の手組にあたる十疋分がすんだところで、馬場の掃除をする。馬場は馬糞や犬糞、そして犬の血で汚れた。(4)(5)は犬を持つ百五十人以外の五十人(二百人マイナス百五十人)の仕事だった。犬引に較べれば雑事役で、役目としては軽くみられただろう。――Aおよび「式」

馬場と犬の管理にあたったから、騎上の射手から声をかけられたり、的中した部位(位置)などを質問されることが多かった。また犬が予想外の動き(縄のかげで動かなくなるなど)をしたときの助けもした。検見、喚次の補佐、つまりアシスタントで、進行上、必要だった。しかし故実書はこうした問答や補助行為を禁じているので、彼らに与えられた本来的な職掌とはいえない。――「鏡外」(類)、「犬追物検見記」(類・続群)

絵画史料にみる河原ノ者

故実書に記述はないが、馬場において河原ノ者が担った重要な仕事がもう一つあった。黒衣(黒子)役である。絵画史料を見るなかで考えよう。

犬追物の情景を描いた絵画は多い。スピード感あふれる犬追物はいかにも画材に適していたが、それらにも犬や馬を追いかける河原ノ者の動的な姿が多数描かれている。ただし河原ノ者の姿は烏帽子の有無、衣装をはじめとして絵によって千差万別である。

絵画の史料的性格

美術史の研究蓄積が指摘するように、犬追物屏風には転写(伝写)関係がある。傾向として次第

α常磐山文庫本「犬追物図屏風」右隻　縄の犬　犬放（河原ノ者、烏帽子を被る）が放つ犬を待ち受ける十七騎の射手。四隅に5人、3人、2人、3人の河原ノ者が竹杖を持って、また犬を持って待機する。常磐山文庫蔵、根津美術館寄託。

α常磐山文庫本「犬追物図屏風」左隻　外の犬　逃げる犬を狙う馬上の射手、その直後を1人の河原ノ者が追走する。その後にも2人。先頭は射手ないし検見に何かを叫んでいるようだ。常磐山文庫蔵、根津美術館寄託。本書表紙カバー参照。

に風俗画的な関心が強くなり、騎手だけではなく、桟敷や外で見物する人の姿態にも重点がおかれるようになり、視点は拡散される。犬追物の忠実な再現から次第に変更が加わる。極端なものでは検見が射手に変わったりさえした。こうした屏風絵の流れにあって原点的な位置にあるものは、

α常磐山文庫本犬追物図屏風（前掲『日本屏風絵集成』所収、根津美術館寄託中）である。

作者については落款や所伝を欠くが、狩野山楽（一五五九～一六三五）が描いた作品の筆致に一致するという見解がある。『本朝画史』山楽伝に「又聞古老所語佐々木玄雄初図犬追物式」とある。玄雄は佐々木義治（六角義弼〈一五四五～一六一二〉）の法名、鷗庵玄雄《おうあんげんゆう》であり、豊臣秀吉・秀頼の御伽衆だった（『老人雑話』）。佐々木六角氏は佐々木流馬術と犬追物の作法を伝授してきた家でもある。秀吉も犬追物を開催しようとしたが、その時、佐々木（六角）氏が指導した（『鹿苑日録』文禄元年〈一五九二〉九月六日条、「殿下御犬之稽古、即佐々木被召出也」）。絵師としてつねに秀吉の公的行事に従っていた山楽は、必ずこれを見学しただろう。山楽はもともと観音寺城の所在する近江国蒲生郡の出身であり、故郷で見聞した犬追物光景に強い関心があって、日頃より佐々木玄雄から詳細を聞き取っていた。よってこの絵には山楽自身が目撃した観音寺城下、および大坂の犬追物光景が、反映されていると判断される。史料的価値は高い。山楽はそれまで小画の画材であった犬追物を、一気に六曲一双の大画面に仕立て上げた。静と動を対比する構図、画面にあふれる緊張感と動感に、後続する絵師たちが模写や転写（伝写）を重ねた。

次に重視すべき絵画は、

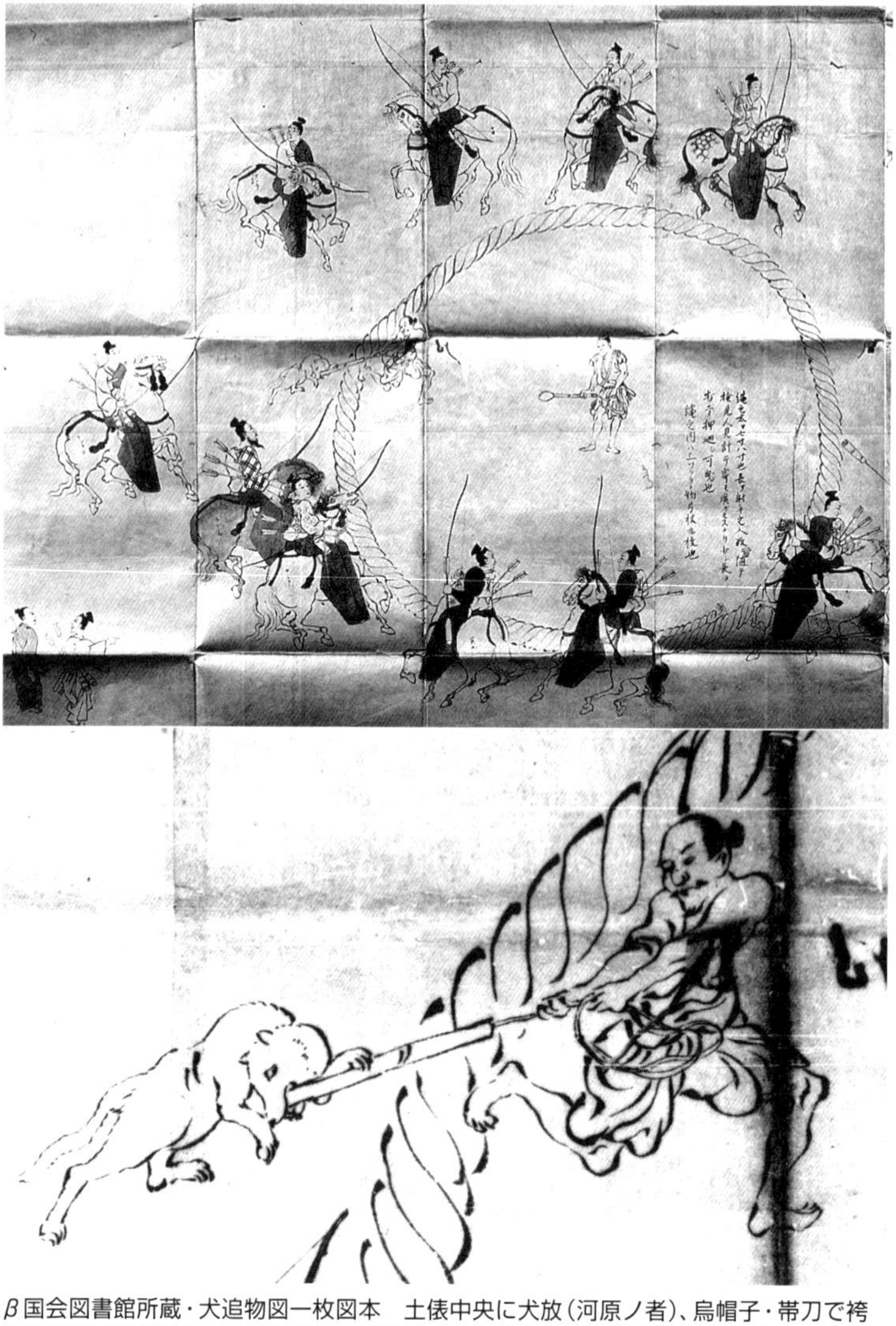

β国会図書館所蔵・犬追物図一枚図本　土俵中央に犬放（河原ノ者）、烏帽子・帯刀で袴をからげ、竹杖を持つ。犬引（河原ノ者）が竹杖を噛んで抵抗する犬を引っぱって、土俵に入れる（下は拡大図）。周囲にも同様の犬引がいる。黒川真頼旧蔵本。

β国会図書館所蔵・犬追物図一枚図本（写本、黒川真頼《くろかわまより》旧蔵本）[*5]である。

「天文十九年五月大屋形義秀卿、依貴命土佐刑部少輔光茂於江州観音寺城御城本丸画之蒙仰之御記録蔵入」という朱筆がある。元図は観音寺城本丸建物の障壁画（土佐光茂画）で、それを記録した模本だとある。一部の衣服に朱、茶、薄青の色彩があるが、着色のない馬や衣装に「黄土」「クロ」「浅黄」など色の指定が小さく墨書されている。記録性を重視した写しである。従来、国会図書館本が知られていたが、ほかに佐々木哲『系譜伝承論　近江六角氏系図の研究』（二〇〇七）が紹介し、本の表紙にも使用された個人蔵本がある。写真は滋賀県立安土城考古博物館提供とある。国会図書館本に酷似するが、各人の表情などに微妙な差異がある。過去の研究では「義秀」なる人物が登場する系図を疑問視し、絵図の史料的価値も低くみていたらしい。しかし佐々木哲『佐々木六角氏の系譜　系譜学の試み』（二〇〇六）、および佐々木前掲書によると、系図には記されないけれど、義久*—義秀という当主がいた。

＊『鹿苑日録』に義久、江州宰相、「長命寺結解」「厳助大僧正記」に四郎殿様、六角四郎が登場する。この人物（義久）が系図上の義実に相当する。将軍足利義輝十七回忌の主催者であり、将軍猶子とされた人物にふさわしい。将軍義晴婚礼と上洛に供奉してもいる。承禎（義賢）の従兄弟になる。進藤久治、深尾久吉、山中久俊、浅井久政は義久の「久」字の偏諱《へんき》である。

義秀は天文十四年（一五四五）十二月に元服、元服以前から亀子、亀寿として『お湯殿の上日記』

に頻出し、近江の物産を進上している。犬追物図に名前がみえた大屋形義秀に該当する人物であり、偏諱を受けたものは山中秀俊ら。近江桑実寺にいた義晴に近侍し、『万松寺殿（足利義晴）穴太記《あのう》』を書くことができた人物、徳川公と同一人とされる。『江源武鑑』所収永禄三年（一五六〇）六月五日義秀書状や、葛川明王院文書（永禄四年か）後《（閏）》三月十九日修理大夫書状の発給者が彼に該当するという（前者は著者佐々木哲も慎重に扱う必要があるとする）。

五月十一日（永禄十二年〈一五六九〉か）浅井長政宛織田信長書状（和田文書）に、「義秀遠行」とあってその死が追悼されている。ここでは義秀は反信長派たる六角承禎と対立する側、信長派の六角氏当主であった。沙沙貴《ささき》神社所蔵佐々木系図にも義実の子として義秀がみえている。なお承禎は義秀の子義堯を「大本所」と呼んでおり、義秀の系統を上位者と認めていた。

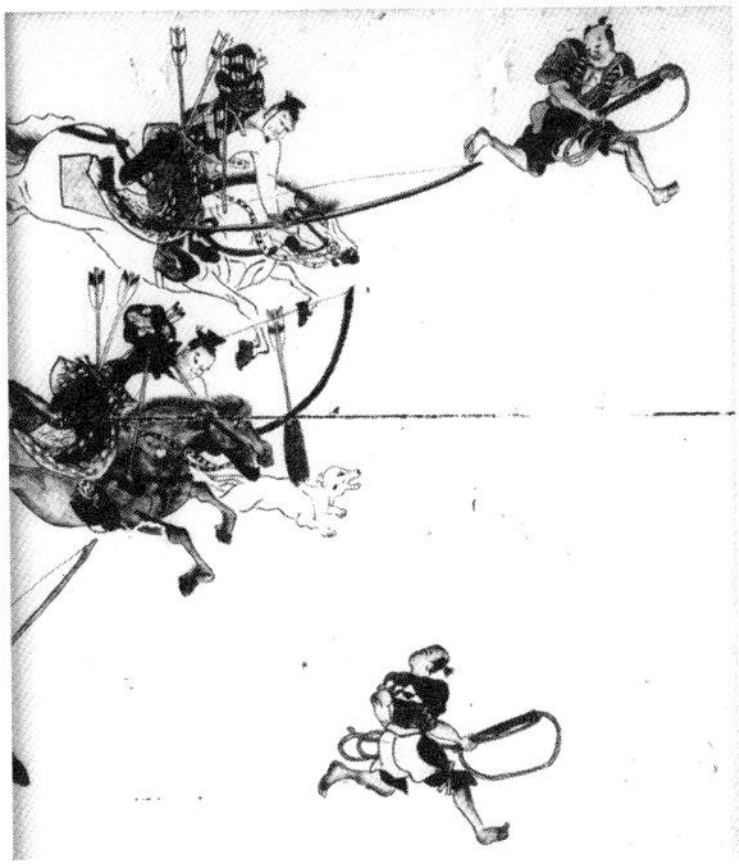
γ犬追物図　奥書に新井白石や伊勢貞丈。国会図書館蔵。

義秀に関与する徴証・史料はこのようにいくつも散在する。偏諱の存在からいっても、大屋形義秀が実在した当主だったことは疑いがない。佐々木哲の一連のしごとによって、犬追物図の信憑性を疑う必要はなくなった。

次に国会図書館にはγ巻子本もある。おなじく黒川真頼旧蔵本のうちにあり、βと同一構図であるが、巻子仕立てにする都合上、画面の分割がある。「土佐刑部大輔光茂筆　廣通寫」という注記のほか、奥書に「正徳二年八月住吉内蔵允蔵本寫　君美新井筑後守（白石）」「朱書　天文十九年（中略、βにおよそ同じ）」「明和五年戊子八月十九日伊勢平蔵貞丈寫」「文政三稔（年）庚辰初冬萬里寫」などとある。γの構図はβにまったく同じであるから、βが「土佐刑部大輔光茂筆　廣通寫」に該当しよう。γでは着色され、個々の衣装の図柄も詳細に描き加えられて、βの未完成部分が補充された。ただし一部竹・鞭などに誤認による着色もみられる。

観音寺城の障壁画は土佐光茂が実際の犬追物を見て描いたもので、βの「廣通寫」はその臨写に近いものとなる。絵は犬追物の写実的光景といえる。α、βは中世的な犬追物の姿を描写した重要史料である。以下中心的に考察したい。（αは、カバー写真・38頁、βは、40・41・72頁）

絵画史料のなかの河原ノ者

αの常磐山文庫本左隻の「外の犬」の場面では、五人の河原ノ者が馬と併走、追走している。右隻「縄の犬」では縄の四方に河原ノ者たちがいる。蓬髪《ほうはつ》が彼らの身分を顕著に示す。犬放のみが烏帽子を被り、ほかは被らない。衣装は全員肩衣《かたぎぬ》だが、素襖《すおう》の侍たちとは明らかに区別されている。走っている河原ノ者は帯刀する。待機している河原ノ者のうち、帯刀するものは直接犬を引かない。犬を持つもの、つまり犬を引いて待機するものは帯刀しない。河原ノ者集団のなかにも外見上差異があって、烏帽子の有無、刀の有無を指標として、αにおいては三種の人々がいた。

β国会図書館本では中央の犬放のほか、大縄のなかに力任せに犬を引き入れようとする河原ノ者と竹杖の筒部分を噛んで抵抗する犬が眼を引く。河原ノ者は計七名描かれている。

「竹杖」の役割

αでは馬と併走し、βでは犬より前を疾走する河原ノ者が、それぞれ三名と二名、描かれている。αでは蓬髪だったが、βでは髷《まげ》を結う。ただし無帽。αでは多くが肩衣・四幅袴《よのばかま》(小袴)ないし十徳《じっとく》だったが、βでは十徳に袴を穿く。みなが竹を持つ。竹はどの絵にも河原ノ者の所持する装備として描かれるもので、「竹杖」または「竹筒」(竹の筒)とみえるものに該当する。竹杖はβ右端の河原ノ者の所持するものをみると、節を抜いた竹の先端部に紐の一端を出す。大きなループをつくって紐の先を竹筒のなかに通す。余端はかなり長くて、反対側の竹筒の尻から出ている。犬の首が入った瞬間、思い切り引いて捕獲した。別画面では大縄のなかに引き入れようとする河原ノ者に、凶暴そうな犬が竹の筒部分を噛んで抵抗している。尾が垂れ下がって抵抗の意志がなさそうな犬さえ同じく筒を噛む。むだな抵抗であり、竹筒のおかげで人が噛みつかれることはなかった。ただし正確に首に縄をかけなければ、逃げられて逆襲された。竹杖は捕獲器でもあり、野犬を捕獲する時と同じである。控えの犬は竹杖の首輪で絞められているせいか、おとなしい。紐はおそらく皮革紐であろう。

犬放は犬の縄を鎌で切るが、αでは首縄以外に腹縄が描かれている。藁縄であろう。竹筒と一体の首縄ははずして藁縄のみとし、それを切ったものか。竹杖は迅速かつ安全に野犬を捕獲するための必需品だが、これを持てば、外見上から「犬とり」として差別された。

絵画史料にみる分業

河原ノ者の役割を「犬追物之覚書」類（「山名家犬追物記」に同じ、文正元年〈一四六六〉では、

犬かけ（犬掛け）のもの八人、烏帽子に十徳、短刀、竹杖
犬放五人　装束右に同じ、たすきかけるなり
犬下知二人　半臂に小袴小刀
犬牽《いぬひき》八人　小袴ばかりなり

とし、衣装も規定する。河原ノ者自体は一五〇人が参加するわけだから、ここに記された人物はそのうちの馬場のなかに入るものだけである。河原ノ者も晴れの舞台では烏帽子の着用が認められた。犬放は一人とした書物もあるが（史料A）、右では度別（十疋毎）に交代して五人で五十疋を担当した。彼らの役割分担の具体を考えるうえで、近世のδ国会図書館本「犬追物図」（一四枚本）が参考になる。δは国会図書館本犬追物図全三点中のひとつで、犬追物を同一場所において全一二枚の情景で描く。一種の動画である（一四枚のうち、これ以外の二枚は馬場周辺や箙《えびら》の図）。各画面での各人の動きとその流れを確認するうえでも、また妻手《めて》ギレ、押捩《おしもじ》リのような言葉だけでは説明しづらい射法を理解するうえでも貴重な絵である。おそらくは中絶しがちな情勢下にあって、犬追物を考察し、

動態保存しようとした伊勢貞丈周辺の故実家による作成であろう。復原が可能となるようにする意気込み、熱意が伝わる。ただしこの段階で犬牽たちは河原ノ者の姿では描かれていない。正保四年（一六四七）の将軍家光上覧の犬追物では犬掛、犬放、犬下知、犬牽のいずれをも「足軽」が勤めたとされるからである（「島津傳記」類）。

犬追物図δは正保再興の状況を示すもので、中世のものとはかなり変質しているが、室町期に本来河原ノ者が担った役割を考えるうえでは参考になるところが多い。まず馬場内に入るのが五人の犬放と犬掛八人で、「犬放ノ者」は馬場の一隅に固まる。烏帽子、小素襖姿で、短刀着用である。「犬かけノもの」はおなじ装束で袖をたすき掛けにし、馬場の四隅に二人ずつ座り、竹の棒を持つ。

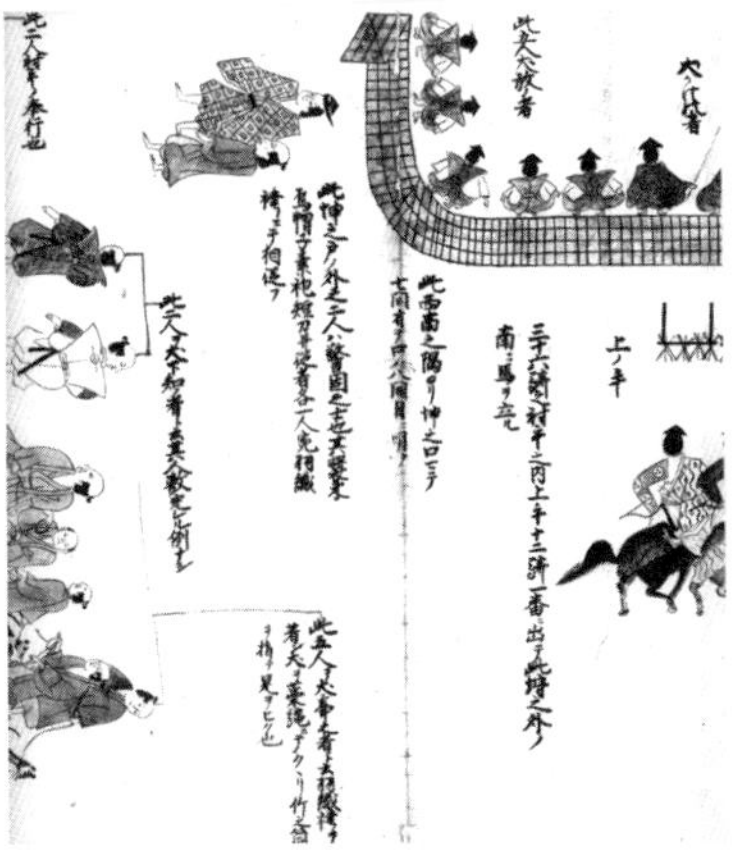

δ犬追物図の別本　全12枚に一回一回の動作が記録され、動きがよくわかる。犬放・犬下知らは河原ノ者というよりは足軽として描かれている。絵画・芸術としては他のものに劣る。国会図書館蔵。

竹杖か。彼らはほとんどの画面では座っているが、騎手が走っている場面では立ち上がる。馬場の外にいるのが、犬下知、犬牽で、犬下知は肩衣袴に帯刀。犬牽についての注記は「羽織袴ヲ着シ犬ヲ藁縄ニテク、リ、竹之筒ヲ指テ是ヲヒク《（引）》也」とある。このグループではもっとも簡素な衣服である。竹垣に犬が入った場面で犬牽は「犬共ヲ犬放ノ者ニ渡シ帰ル」とあるが、次の場面ではまた犬を抱えて座っている。画面の外には犬を待機させる多数の河原ノ者集団があった（『新編武蔵国風土記稿』によれば、御殿山・舟山茶亭、いまの東京都北区にて行われた）。

これらの分業と衣装による差をα山楽図やβ観音寺城図の河原ノ者に当てはめれば、それぞれは烏帽子姿の犬放、帯刀で犬も追う犬かけ（犬掛）、犬を引き入れ待機する無刀の犬牽に対応しよう（帯刀の有無はαのみでβにはみられない）。おそらくこれ以外に多数の犬牽が馬場外で犬の準備をしており、犬下知はそこで指示、作業をしていたのだろう。馬場の内側の光景のみを描いた画面に、彼らは登場できなかった。

なお東京国立博物館所蔵本とアメリカ・ワシントン・フーリア博物館本（旧藤岡家本）には外の馬場内の隅で、射手が跨る馬の手入れと給餌をしている河原ノ者が描かれている。また小西家旧蔵本は、蓬髪の河原ノ者も描くが、伴走する人物（α常磐山本では河原ノ者）に烏帽子を被らせている。犬かけは烏帽子を着用する規定があったからその反映か、あるいは正保再興の影響か。よく知られる「洛中洛外図」歴博甲本での犬の馬場にも河原ノ者がいることがわかる。

黒子役としての河原ノ者

中世の犬追物の姿を描く絵図（犬追物図α、β）には犬よりも前を走る、ないしは併走する河原ノ者が描かれていた。彼らは何のために疾走したのだろうか。馬より速く走ることはできない。あらかじめ四隅で待機し、犬が逃げる方向に先回りをした。彼らは犬かけである。

そこに河原ノ者の黒子（黒衣）、プロンプターとしての役割があった。犬は大勢に包囲され攻撃されるとすくんで動かなくなる。縄の外に出た犬を河原ノ者が誘導する。竹垣（埒《らち》）を利用しつつ、包囲された状況に追い込み、侍に命中させる。競技の進行と終了にいたるまでに、黒子、アシスタントとしての不可欠な役割があった。危険な仕事で、ときには刀も必要だった。

「つかれたる犬は、犬捨てよと云て、（略）別の犬を入て、射さしむる也」（「犬追物之覚書」）ともあるから、やり直して縄の位置で射ることも行われたが、連続性やクライマックス感に欠けた。

河原ノ者への謝意表明

活躍した河原ノ者は終了後どう待遇されたかをみよう。

B「犬追物明鏡之記」（続群、成立年代未詳）

一　馬場始の犬追物、手始の犬追物、犬始の犬追物、主人の犬始御誕生、悪星物紀《物忌》、加様の犬の時、必射手ことごとく着したる素襖を河原ノ者につかはする也。

慶事の意味をもつ犬追物では、騎者分十二枚の素襖が河原ノ者に与えられた。無事に犬追物を終了させることができた場合、終始一貫、裏方として支えてくれた河原ノ者へ、感謝の気持ちが伝えられている。河原ノ者の貢献が高く評価されたといえる。

なお猿楽能における素襖脱の例からすれば、与えられた素襖は翌日に持ち主のところで鳥目（金銭）と交換されたことも想定可能だが（『貞丈雑記』）、やはり河原ノ者自身が着用したと考えたい。犬放が小素襖の正装だったことはみた。

2　犬追物の準備段階における河原ノ者の役割

どんな犬か

準備において犬を集めることは河原ノ者の役割のなかで、もっとも重要なものだった。犬追物に使われた犬はどのような犬であったか。

C「犬追物図説」（類）犬之事

一　犬は白犬本也と眞鏡犬追物之記にみへたり、犬数は百五十疋を本とする事、法量物にみへたり。此外委細の事、古傳の書に見へず、其故は常の地犬を用候て、女犬、男犬をもえらばず、あるにまかせて臨時にあつむる故なるべし。

使用する犬についての規定はない。犬は臨時に集めるものだった。「常の地犬」と表現されている。特別な犬ではなく各地にいる犬という意味であろう。βでの凶暴な犬のイメージは野犬のそれを思わせるけれど、野犬は捕獲がことのほか難しかった。

絵巻物での武士館にはたいてい飼犬が描かれている。夜間の警備に役立つ犬を複数匹は飼っていただろう。犬を飼うのは武士だけではない。多産な犬の子をすべて飼育はできないから捨て犬が多かった。河原ノ者は竹杖と袋でこうした犬を捕獲した。上杉本「洛中洛外屏風」（右隻・室町通）に、竹杖・袋を持って犬を捕獲しようとする二人の「犬とり」が描かれており、広く知られている。[*6]

尾を振って喜んで手の餌を食べようとする犬は、野犬（捨て犬）ではなく飼い犬である。男は左手で餌を与えながらも、右手をうしろに隠している。隠しているのは棒のようなもので、その先に丸いわっかが付いている。男の持つ道具は犬を捕獲するためのものだが、これが「竹杖」であることは容易に理解されよう。犬取りは外にいる飼い犬を集めていった。男の横に、もう一人、被《かぶ》りものをした男がいて家陰に潜むようにしている。右手にやはり竹杖を持っているが、左手は棒の先に高く丸いものがついた道具を持っている。丸いものは網で、編まれた袋である。犬も入る大袋であった。手前の男が犬の首に輪をかけると、第二の男が袋にその犬を入れる。路地にいるが、人目を避けたのではないか。

犬を捕獲する2人の河原ノ者　上杉本「洛中洛外図」より。米沢市上杉博物館蔵。

この光景から「洛中洛外図」に見入るひとは連続する三つの時間を読み取りうる。尾を振って喜ぶ犬は次の瞬間に、餌を与える男によって竹杖の紐を首にかけられる。そしてさらに続く瞬間に物陰の男の持つ袋の中に入れられてしまう。

犬を捕獲する人、すなわち職業的な達人である「犬取り」が、犬追物の犬の一部を準備した。一度に多くの犬は捕獲できない。少しずつ捕獲して、開催の日まで養っていた。なお野犬化した捨て犬の捕獲は至難だったと考える。

犬の経費

犬追物の主催者はどのようにして河原ノ者を動員したのだろうか。

D『臥雲日件録』享徳二年（一四五三）二月十七日条

又記、雲章話、泉州太守臣、有曰久枝者、先是為泉州《（和泉）》副守、力辞之、剃髪為僧、渡唐去、今泉《（和泉）》守《（細川持久）》嗣位之初、諫主令不受州中寺社之賀銭者、四百余貫也、予曰、吁、今亦有如此賢者乎、伝聞、今月七日、當職《（細川勝元）》射狗會、自丹波貢狗、無狗者出銭三百五十、家臣若有如久枝者、豈可不諫哉、雲章亦不勝慨歎也。

二十三日

大慈竺華来訪、華曰、等持相公、時有射狗、天龍開山諫之、小笠原、出射狗為天下祈祷之證、開山不及見之曰、凡有生者、孰不厭苦、然射狗以苦之、故諫之耳。

今月府君《（義政）》、自射狗會帰来曰、射狗太閙《はなはださわがし》、蓋不喜耶（以下略）

瑞渓周鳳（当時僧録司・鹿苑院主）が雲章からこういう話を聞いた。和泉守護であった細川常有の家臣に久枝というものがいて、副守（守護代）の地位にあった。しかし、つとめてこれを辞すことになって、剃髪して唐に渡り（入明して）、日本を去った。その理由は今の和泉守護（細川持久）が新守護に着任した際に、久枝が主人に対し、国中の寺社からの賀銭（祝儀金）を受け取らないようにと諫言し、受けさせないようにした。その金額は四百貫文である（それが原因でトラブルになり出家してしまった）。その話を聞いて、自分は「このような賢者はいままたあらわれるだろうか（惜しいことだ）」といった。伝え聞くところによると、当職（細川勝元）は射狗會（犬追物）を開催するにあたり、丹波国から犬を貢がせた。もし犬が確保できなければペナルティとして銭を三百五十、出せとのこと。家臣に、もし久枝のようなものがいたら、諫めないはずはない。これを聞いて雲章もひどく憤り悲しんだ。

「三百五十」には単位が書かれていないが、前段と対比する文脈である。同じ細川領国における守護代就任祝い、四百余貫との比較でもある。三百五十「貫」でなければおかしいだろう。この数字はおよそ今日の金銭価値でいえば、五千万円強（一貫十五万円として五千二百五十万円）[*7]に相当すると考えられる。丹波の守護代は犬が集められない場合、これだけの金額を負担しなければならなかった。ペナルティだから大げさだったかもしれない。とはいえ、おそらくこの数字は要求されるだけの犬を集めるのに必要な金額だった。河原ノ者にこの金額に近い額を渡して犬を集めさせた。

犬を休ませて数回使ったとは考えられない。一度射られた犬はおびえて動かないからである。標的にならない。「犬料三百匹」（後掲史料M）とあるように三百疋の犬追物なら、三百疋以上を用意した。千疋の犬追物なら千疋以上を準備した。この場合、千疋として均等割すれば一疋三百五十文、今日の価値に換算して五万円が渡されたことになる。犬の捕獲も決して容易ではなく、数人がかりで、かなりの日数を要した。捕獲した犬は当日まで飼育もしなければならない。あまりに貧相な犬であれば太らせた。近世熊本・細川藩の記録に「このたびの犬追物、先犬を養ふとて数十疋に公糧を給ひ」（『後松日記《ごしょうにっき》』『日本随筆大成』三期四）とある。『旧記雑録』年欠七月三日公久（島津忠廉）書状に、「山下の所に犬おき候、さためてやせ候する、それにて御かひ候て給候へく候」とある。犬追物のためにやせ犬を飼育した記事ではないか。明応二年（一四九三）七月二十三日に開催予定だった細川政元主催の犬追物は、一か月延びて八月二十三日に開催された（『蔭涼軒日録』）。三百匹の犬をひと月も余分に飼育する手間はたいへんだった。

犬の値段については対照的な記述もある。同じ筆者が七年前に記したものである。

E『臥雲日件録』文安三年（一四四六）十二月二十一日条

凡官人騎馬射狗、以為禳災（攘災）之儀、群狗難卒獲、有取十銭捉一疋者、蓋人中最下之種、屠死馬牛為食者是也、故一緡《びん》号百疋、十緡号千疋。

瑞渓周鳳は「犬追物は災いを払う儀式だが犬が集まらない。十銭の値で犬一疋をとらえるものがいる。もっとも賤視されていた人々、屠死馬牛を食べる『最下』の人である。それで銭の一緡を百疋という。十緡を千疋というのだ」と疋の語源を説明している。この場合の一緡は、いわゆる緡銭一緡（百文）ではなく、それを一〇個つないだ「一貫文緡」（千文）のことである。[*8] すると先には一疋あたり三百五十文という数字だったのとは異なり、犬一疋捕獲するのに、ここでは十文（今日の千五百円ほど）となっている。先の額の三五分の一にすぎず、あまりに少ない。

この数値の較差はどう考えたらよいのか。ともに根拠のない数値ではなかろう。庶民に対し、河原ノ者は一疋十文という数値を示した。それは不要な犬を引き取る際の数字だった。犬を引き渡す人がいたから、河原ノ者は容易に犬を確保できた。十文支払って不要になった飼い犬を引き取ってもらう。その後ろめたさが河原ノ者への差別意識を増加させたことも想定される。

十文はもっとも安価な場合の仕入れ原価だった。この方法だけでは要求された数量を満たせない。別の方法で与えられた期間内に犬を集める。依頼する側は捕獲に必要な労働量、捕獲後の維持経費を知っており、それにふさわしい対価を支払う。それが一疋三百五十文、総計で三百五十貫文だった。売値である。仕入れ値と売値の差といってもよかろう。

留意したいことがある。瑞渓周鳳の文脈は馬牛を食肉とした人々への強烈な差別意識に満ち充ちている。そこにもこのギャップの意味がある。彼らには「わずか十銭で犬を捕獲する人々だ」という伝聞にもとづく思いこみがあった。一方、彼は鹿苑院主・僧録司であり、犬追物経費の実際もよく知っていた。巨額への反発が河原ノ者への差別意識を増長させた。

河原ノ者はキヨメ（掃除）を職掌としたが、その主要部分に動物遺体の処理があった。路上に動物遺体があった場合、河原ノ者が処理するが、ボランティアのはずはない。高い付加価値を有する牛馬遺体を除いては、依頼をし、あるいは命令した側が、処理の対価を支払ったと考えられる。それでなければ河原ノ者が無視し、サボタージュすることも可能だった。

　犬追物に限らない。彼らに仕事を依頼する場合は相応の対価が支払われる。のちに述べるが、河原ノ者は危険を伴い、かつ土公神《どくじん》の祟りにふれるとされた土木工事に従事した。[*9] 延徳三年（一四九一）龍徳寺の敷地普請をした「河原者」に十二貫文が支払われた。過酷な肉体労働への対価である（『蔭凉軒日録』同年二月十六日条〈本書第五章参照〉）。

権門・武家と河原ノ者

　職務・業務があれば報酬がある。そこには収奪もあるし利権もある。縄張り争いもあれば、支配と保護の関係もあった。中世の賤民集団は権門勢家の支配に組み込まれていた。『政基公旅引付』によれば九条家の場合、宿の者、笠鞭《かさむち》などと呼ばれる差別された人たちが支配下にいた。[*10]

　幕府には「公方河原者」がいた。延徳二年（一四九〇）五月、日野富子と足利義視《よしみ》の対立が激化する。義視は富子の小河第《おがわてい》を破却するが、その際「川原者数百人」を動員した（「北野社家引付」、「妙音院朝乗五師日並」、『大日本史料』八―三六、四月二十七日条）。権力者による暴力使用だった。また細川氏も「常桓庭者《にわのもの》」（常桓は細川高國の法号）、「細川庭者」という賤視された人々を擁していた（『実隆公記』享禄二年〈一五二九〉五月二十五日、七月二十六日条）。犬追物で河原ノ者に支給した金は、必要経費であり、幕府や細川らと彼らの間は保護と支配、御恩と奉公の関係にあった。

寺院と河原ノ者

さて以下、犬の捕獲の困難さを語る史料をみる。これらは寺院と河原ノ者との関係も示している。

F『鹿苑日録』八、文亀四年（一五〇四）二月条

五日。天山隔宿諷□□眞告曰。有両士來曰。相公出子于馬場無犬。於寺中縛犬以献之。命河原者縛之。則寺中無法乎。故命蔭凉。々々令一士告之於當院也。一士則京兆騎下之士也。京 京（兆カ）之命也。予曰。令僧縛犬。昔未聞焉。強令僧縛之。則不如入河原者於寺中以縛之。相公□豈有此命哉。因京兆則往□□寺也。蔭凉領如此之命而報之於此乎。*11

幕府が犬追物を計画したが、犬がいない。相国寺の境内にいる犬を捕縛してさしだすよう、蔭凉（蔭凉軒主、将軍の相国寺への意志伝達機関）に命じられた。その理由は直接河原ノ者に命じれば、無法状態（混乱）になるからだという。やってきたのは京兆（細川政元）の部下だった。それで京兆の命令だとわかったが、自分（鹿苑院主景徐周麟）はこう答えた。僧をして犬を捕縛させるということは昔より聞いたことはない。無理にそんなことをさせれば、河原ノ者を寺中に入れるのと同じことである。どうして相公（参議、足利義澄）がそんな命令を出されようか。それで京兆はやむなく某寺に行ったが、蔭凉領に対してこのような命令を出せば、この結果（「報」）になるのだ。

広大な相国寺の境内には多くの野犬がいたようだ。犬追物の開催に際して最初から寺院に命じた

とは考えにくい。おそらくは通常のように河原ノ者に捕獲を命じたが、必要な数が集まらなかった。それで寺中に河原ノ者を入れてもよいか打診があった。入寺を忌避した蔭凉はむしろ自らとらえようと決めたらしい。鹿苑院にまでその指令はきたが、最終的に拒否された。

原田伴彦『日本封建都市研究』（二〇八頁）によれば、相国寺に属する河原ノ者がおり、鹿苑院に属する「當院河原者」「當軒河原者」と、蔭凉軒に属する「當軒河原者」がいた（『鹿苑日録』長享三・延徳元年〈一四八九〉五月二十日、天文十九年〈一五五〇〉正月七日条、東雲首座始遷蔭凉軒所記）。彼らは幕府直属の「公方河原者」や細川直属の「細川庭者」とは別の集団であろう。仮に境内に入れるとしても、誰の支配下の河原ノ者を入れるのか。細川か、鹿苑院か、蔭凉軒か。この記事の背景には武家や寺院による河原ノ者支配と、河原ノ者のテリトリーの問題があったように思われる。

経費の回収

犬の捕獲だけでなく、犬追物の設営自体にかなりの経費がかかる。指南料（コーディネート料）も莫大だった。主役にも脇役にも犬追物は高額な経費を要求した。しかしその経費は回収が可能だった。

G「碧山日録」長禄三年（一四五九）四月

十九日辛未　左京兆勝元公、於城西桂邑之野射犬、会其場者一百余騎、左金吾宗全公為之綱頭矣、万人観射者環遶而如堵墻也、群犬四百五十頭而其射畢云

一日だけで群犬四百五十疋という数もさることながら、注目したいのは観衆が「万人」いたとされることである。誇張はあろうが、多くの人が見物した。

H「朝倉始末記」（『日本思想大系』）では永禄四年（一五六一）四月六日、棗《なつめ》郷大窪ノ濱（越前坂井郡）での犬追物が記録されている。

御供《とも》人数一萬余人、見物ノ貴賤不知其数、馬場ノ廣サハ方八町ニゾ構エケル

『蔭凉軒日録』にもその都度、「天下壮観」と礼賛の言葉が書かれた（明応二年〈一四九三〉七月七日、八月二十三日条）。さながらスペインの闘牛場に近い光景だった。「ほうじ」（牓示）をして見物衆を墻《かき》としたという表現もある（「家中竹馬記」群、永正八年〈一五一一〉）。

犬追物図屏風をみると、たいていは多くの観衆が描かれている。はしごを使ってあがる桟敷が、馬場の周りにあった。決定的シーンを見るためには高い位置がよい。簡単な造りのものを桟敷といい、しっかり造ったものを仮屋形といい、ともに見物所の意味だった（「犬追物図説」）。犬の馬場が正方形に近かったことも見物の便に関係があろう。桟敷を囲んではさらにその外に幔幕がめぐらされた。幕外の松の木に登って、ただ見をする人を描いた屏風絵もある。*12

犬追物に桟敷は必須だった。桟敷がおかれたということは、見物料（桟敷料）を徴収したという

ことである。これで経費の回収ができた。「細河殿馬場桟敷犬追物」（「蜷川親元記」類）とあるように、個人の馬場にも桟敷があった。鹿児島・島津氏館の馬場には「馬場之桟敷」と「殿中之奥桟敷」の双方があった（『上井覚兼日記』天正三年〈一五七五〉三月十六日条）。むろん民衆に開放されるのは前者だけであろう。館に近接した犬の馬場で、あるいは河原の馬場で見物料を徴収した。有力武士に限らず、広範な武士が犬の馬場を設けたことは地名の分布から知ることができる（補論参照）。桟敷の設置によって経費を回収し、さらに利益が得られるのならば、地方武士も頻繁に犬追物を主催した。

3　犬追物の終了

犬はどうなったのか。

華やかな犬追物が終わって、使われた犬はどうなったのか。弓の飛距離は短的（近距離の的）で六〇メートルある。二〇メートルの距離であれば楽々殺傷能力をもっていた。二、三メートルの至近距離から射られて無事なはずはない。蟇目《ひきめ》という鏑《かぶら》こそ付けたが、あまりに大きいと射るほうが難しくなる。ほどほどの大きさだった。当たれば跳ね飛ばされる。どの犬もかなりの怪我を負った。

Ⅰ「犬追物之覚書」類

蟇目鏑、人の強弱あれば、定がたし、大かたは五寸、七寸、九寸、昔は一尺一寸もありしとなり。犬の死するは甚不吉故、随分鏑を大にすることなり、強弓に小鏑は決して死するものなれば、力次第に大鏑を詮とするなり。

J「犬追物付紙日記」（続群八九頁、寛正前後）

一　犬の足一ツ切、又痛て足三ツにて走る犬の事。縦能かく《（駆）》とも、射間敷事也、射手不知して射たりとも、検見は可捨。是は足のなき犬の事を云也

馬場が血で汚れては困る。馬場での死は不吉とされた。犬は死なないように配慮されてはいたが、強弓で射られ、かつ鏑が小さければ死ぬこともあった。だがあまりな大鏑では射撃が難しくなる。Jの記事のように、足を怪我した犬もいた。怪我を負いながら、なお走り続ける。規定があるくらいだから、珍しくはない。「射鏡」（類）にも「犬の足もなくば」とある。傷ついた何百もの犬を、餌を与えてまで飼い続けることはできない。犬は河原ノ者によって処置されたと考える。

食犬

食犬が一般的であったことを語る史料を示そう。

K『建内記』嘉吉三年（一四四三）五月二十三日条

山名一党多好田猟、踏損田畠、農民又愁傷之、捕人々之犬、終日射犬追物、或殺犬、人食之、鷹養之汚穢不浄充満者歟、更難叶神慮哉、管領被管人堅加制止、不及鷹飼云々、於食犬事者、被管人等元来興盛歟、主人不知之謂歟

ここでは犬追物が鷹の餌のための殺犬、食犬と並列なものとして語られる。一部は鷹の餌になったが、人も食べた。食犬は「元来興盛」なもので、珍しくはなかった。

L『蔭凉軒日録』文正元年（一四六六）閏二月十四日条

等持院殿御代、被禁犬追物、蓋殺生之意也、然小笠原信濃守貞宗以為武芸之其道之故、捧目安、興其武道之支章也

ここでは犬追物と殺生は同義とされている。

M『蔭凉軒日録』明応二年（一四九三）九月三日条

或人謂予云、右京兆近来犬追物毎日有之、去月二十九日者蔭凉軒見撃犬、蓋輪次也、犬料三百匹相定、其余調斎、犬衆相集于蔭凉軒喫之、栗餅《（粟餅か）》并樽三荷、河原者賜之、希有之事也、人皆讃歎云々

右京兆（細川政元）が毎日犬追物をしている。八月二十三日から開始された一連の犬追物のことであろう（本書89頁）。最終日と思われる二十九日には蔭涼軒も犬を射るところを見た。けだし「輪次《りんじ》」、（細川・赤松が）順繰りに、である。必要な犬は三百匹と定められており、そのほかは調斎（調理）した。犬衆つまり射手たちは蔭涼軒に集まってこれを「喫」した（食べた）。それで「栗餅（栗餅か）并樽三荷」が河原ノ者に与えられた。河原ノ者（のような格別に卑しい身分のもの）にまで、褒美を与えることはまことに希有のことだが、それほど準備も進行もうまくいった。人々はそのことを賞賛した。

「喫之」の「之」とは「調斎」であろう。「斎」は神仏に捧げる食事のことか。「調」は「調理」の調と考えたい。何を「調斎」したかといえば、「其余」だから犬である。ここでも食犬は当然のことと考えられている。この日は最終日と考えられるから、一部が宴の食材に処理された。不要になった犬も後日、順番に処置されて、食料になったと考える。

ここでは河原ノ者への褒美を含む一連の行為が賞賛された。ふつうは定められた数を確保することも難しかった。よぶんに犬を調達できれば犬も見栄えのよいものとそれ以外を取捨選択できる。こうした努力と述べたような役割を無事つとめ終えたことに、特別手当が出された。

発掘調査によって、解体された犬の骨がしばしば見つかっている。近世城下（小倉城や明石城）では一般武家屋敷のゴミ捨て場から、また中世の町（鎌倉、草戸千軒、博多）ではいたるところから、解体された犬の骨、調理の痕跡のある骨が検出されている。[*13]
ルイス・フロイスは、日本人は薬と称して犬を食うと報告した（『日欧文化比較』）。『看聞日記《かんもん》』の著者貞成親王も「服薬」のため山犬を食した（応永二十八年〈一四二一〉十二月十四日条）。民間療法で犬肉は「身の温もり」として夜尿症の治療に使われた。飢餓の状態に近かった戦中戦後の食糧事情では、犬はごく当たり前に食べられた。史料K・Mの語るところは決して突飛ではない。塚本学『生類をめぐる政治』（一九八三）や谷口研語『犬の日本史』（二〇〇〇）も指摘していたように、食犬はあたりまえの食習慣だった。個人的な体験になるが筆者も韓国プサンにてポシンタン（犬鍋）を食べた。美味であって、違和感はなかった。

諏訪社の御射山《みさやま》五月会のように神事としての狩もある。そこでは神官・社僧も鹿を食べた。犬追物でも「白磨《しろみがき》」、「白琢《しろみがき》犬追物」ではクジを引く。厳格な作法による神事である。犬追物図βには「八幡座」が勧請され、神木も埋設されている。その法は「口外不可」の「大秘」とある。流鏑馬、笠懸同様、神の意志として行われる犬追物には神官が参加した。そうしたときには神官も「斎」としての食肉をした。

正保二年（一六四五）「神祇道服忌令秘抄」（続群[*14]）の規定や、将軍の寛永寺参詣に供奉する侍の食穢《じきえ》の規定（『寛保御触書集成』一七四一～四三年）は、犬の食穢を七十日とする。鹿猿猪の食穢（しょくたたり）と同じで、牛馬の食穢百五十日よりは少なく、半分だった。原田信男『歴史のなかの米と肉』

（一九九三）もいうように、食穢規定は神祇官の職員を対象とした『延喜式』神祇臨時祭条（喫宍《しし》三日）の系譜をひく。諸禁忌は神官・社僧あるいは勅使や将軍参詣随行者らを対象とした限定的適用である。特別な人々の、とくに精進を要求される場における穢であった。一般人には無関係である。中世には鹿食穢の規定はあっても、のちの時代にはそれと同一視される犬食穢の規定がみられない（「諸社禁忌」、「八幡宮社制」続群）。神官でさえもタブー視してはいない。ましてや一般人には食犬穢感覚は稀薄であった。犬は牛馬ほどには有益な家畜ではなかったといえる。

武家屋敷から犬の骨が出ることも至極当たり前だった。[*15] 考古学の側では同一部位が複数出土する骨の状況から、犬は解体されて販売されていたともいう。

残酷な賤視のなかで牛馬肉を常食していた河原ノ者が、犬追物で傷ついた犬を解体し、自身や他者への食肉にしていたことはまちがいないが、[*16] なにより侍たちが食犬を好んだ。犬追物には「催興宴」がつきものだった（「騎射秘抄」「犬追物目安」類）。『越後下向記』でも両度の犬追物終了後、つまり四月七日では三献、九日では「於馬場一献」があった。おなじく『蔭涼軒日録』明応二年（一四九三）九月十一日条に「犬終後、御屋形見勧一献、至暁宴終」「於妙覚寺進一献、蓋犬後宴也」とあったし、『上井覚兼日記』天正三年（一五七五）三月十五日条でも三献があり、「雑煮」も出た。雑煮にはもっとも簡便に入手できる手近な肉を使ったように思う。ハンティングなのである。宴を張り、「獲物」である犬を食した。

むすびにかえて――犬追物の変質

以上、犬追物の設営・進行・終了のすべてにおいて、河原ノ者がはたした不可欠の役割、演出行為を考えてみた。最後に中世的な犬追物と、中絶後にいったん復活した近世的な犬追物とを比較するなかで、この意味をもう一度考えてみたい。

馬場からの河原ノ者排除

犬追物の設営に不可欠だったとはいえ、彼ら河原ノ者はあくまで賤視され差別される存在だった。さまざまな場合に彼らは排除された。室町期でも将軍参加の場合には犬放は足軽がつとめたとされる。復活した近世の上覧競技でも河原ノ者は犬の馬場の内には入れなかったとされている。足軽というけれど、じつは河原ノ者がその時かぎりに足軽となったと考えるのが自然ではないか。彼らの技術をほかの人間が短期に習得することはできなかっただろう。

河原ノ者の参加がなければ競技は成立しづらい。足軽は竹杖を所持しても熟練者ではない。犬の扱いは容易ではなかった。もし真に河原ノ者を排除したのなら、それは進行にかかわる「部分」を排除することでもあり、犬追物自体の変質にむすびつかざるをえない。

中世の犬追物と近世の犬追物のちがい

近世には「中たらず《あ》」が多く記録されている。正保四年（一六四七）将軍家光上覧馬場（三十六騎）でも上手が七疋のうち三、次手が七疋のうち三、下手が七疋のうち四が中たらなかった。的中率五割弱だった。「縄の犬」のほうがはるかに容易である。「外の犬」になれば、ほとんど中たらなかったのではないか。「追廻ルニ数返ニ及ビ不中シテ」ともあるし、その前年、正保三年の場合（十二騎）、初度は犬十五中的中十一で、二度目は落馬一騎、犬十五中的中十疋、「其余五犬者不中」とある（「鷲峯文集」類、元禄二年〈一六八九〉）。こちらのほうは騎手が少ないだけ成績もよかったが、それでも六、七割。これでは中世のように一日三百疋も射ることはできないだろう。

一方、中世の犬追物ではすべて的中したと「記録」されているが、まことに不思議に思われる。技術差だけのはずはない。方法に違いがあった。それは河原ノ者の役割の比重差かもしれない。犬を追い詰め、最後は確実に武士に射させる。彼らの役割があって、はじめてすべてを的中させることができる。

近世犬追物は中絶した行事を復興させたものだから、中断の間に故実書に記載のない部分、継続されていれば常識的に継承された部分が失われた。犬を準備する河原ノ者を抜きにしては犬追物そのものが成立しなかったが[*17]、近世犬追物がもし河原ノ者を表舞台である馬場から排除したとすると、黒子なくして競技は成立しない。必然的に中たらずとも打ち切って終了するぶざまな事態になった。中絶による継続性の喪失によって、スピーディだった犬追物はその本質を失ったことになる。

都市の安全管理・野犬駆除

野犬駆除は時代を問わず都市社会には絶対に必要な仕事である。犬追物は平安京の御所内での野犬狩りにルーツがあるという。[*18] 二、三頭の野犬に囲まれて、ほえ続けられる。その恐怖感は容易に想像できる。子どもにはきわめて危険な存在だった。平安末期、幼児（捨て子を含む）が犬に殺された記事が『小右記』『御堂関白記』『殿暦』などに散見される。[*19] 野犬の放置は都市民の安全の放棄であり、社会の不安そのものである。犬殺し禁令も出されるが、他者の所有物である飼い犬を念頭においたもので、野犬は禁令の対象外だった。

武士たちも素早く逃げ回る犬を捕まえることは得手ではない。「河原ノ者」だけが卓越した技術をもち、人々が必要とした仕事に従事した。食犬は特異なことではなかったと考えるが、牛馬肉も含めて常食する「河原ノ者」には食穢の期間も解除もなかった。つねに穢れた存在とみなされ差別された。

ただし武士と僧侶ではかなりの意識の差があった。終了後、「河原ノ者」に餅や樽が、そして素襖が与えられたように、侍たちには犬追物の設営を準備し、支えた「河原ノ者」への謝意があった。そうした気持ちは一方の禅宗高僧らと共有ではない。中世の人々の間でも差別意識はまちまちだった。

＊1　①は花岡淳二「騎射としての犬追物」（『歴史公論』五の三、昭和十一〈一九三六〉）、小泉親治「騎射」（同上）、二木謙一『中世武家儀礼の研究』（吉川弘文館、一九八五）、松尾千歳「島津家武家故実の成立と展開――犬追物を中心として」（『尚古集成館紀要』二、四、一九八八、九〇）、武田信也「武家故実の地方展開に関する一考察」（『大分県地方史』一七八、二〇〇〇）、辞典・一般書類に八代國治ほか編纂『國史大辞典』（『國史大辞典挿繪及年表』明治四十一〈一九〇八〉、吉川弘文館）、『広文庫』（大正五〈一九一六〉、同刊行会）、『日本遊戯史』（一九三三、一九七七年に拓石社出版社より復刻）、鈴木敬三編『有職故実大辞典』（吉川弘文館刊）。

②は持丸一夫「犬追物図考」（『国華』六九三、一九四九）、竹内尚次「犬追物小論」（『ミューゼアム』七三、一九五七）、土居次義『近世日本絵画の研究』（一九六五）、山根有三『桃山の風俗画』（一九六七）、武田恒夫「犬追物図屏風」（『国華』九三〇、一九七一）、安達啓子「犬追物に関する一考察」（『国華』九七二、一九七四）、同「犬追物屏風定型の成立と展開」（『公武風俗』講談社、日本屏風絵集成12巻、一九八〇）、川本桂子『友松・山楽』（小学館、一九九一）。安田篤生「京都大学文学部博物館蔵犬追物図屏風について」（『研究紀要』一三、一九九二）ほか。

③は小島道裕「室町時代の小京都」（『あうろーら』一二、一九九八）、滋賀県教育委員会『滋賀県中世城館分布調査報告書』一九八一、神岡町教育委員会『江馬館跡』2（一九九六）の同氏執筆部分、小島『描かれた戦国時代の京都　洛中洛外図屏風を読む』（二〇〇九）。

④は盛田嘉徳『中世賤民と雑芸能の研究』や横井清『的と胞衣』（一九八八、平凡社、初出は一九八三）、同「犬狩」（『中世の民衆と芸能』一九八六所収）、川嶋将生『中世京都文化の周縁』（一九九二、思文閣出版、「川崎村の成立をめぐって」「犬追物と六角氏」、それぞれ初出は一九八九、八八）、同「中世賤民の生活と芸能」（『近世風俗図譜』5、一九八二所収）。

＊2　『国書総目録』によれば、「犬追物」の名を冠する書物のみで、三四〇点が全国各地の文庫に残る。また細川・永青文庫の史料目録（熊本大学図書館ホームページ）に七〇点もの関係史料が掲載されるように、旧大名家文書には多数の既刊・未刊史料が残る。本稿ではこれらに言及することはできなかった。

＊3　『吾妻鏡』安貞二年三月九日、寛喜二年閏正月二十三日、二月十九日、寛元五年二月二十三日、建長二年八月十八日、同三年八月二十一日、二十四日条ほか。

＊4　刊本は五回、十回を五月と記す。『群書解題』あるいは『日本馬政史』は額面通り、五月に二度、九月に五度あったとする。しかしそれでは肩の数字の意味が理解できない。九と五の字が似ることからの誤りと考えたい。なお百疋以上の犬が記されていることについては、実際にそれだけの数の犬が使用されたとも考えられるが、写し誤りの可能性も考えられる。たとえば初回の右馬助は点数付けでは十五疋を射たはずなのに、「十六疋」と記録されている。なお各自の成績をみると、百疋のうち十疋以上を射たものは四人、このうち二名が検見に回る。五～十疋が一一人、それ以下は三人。初回参加者は一二名、入れ替わった者は九人。交代要員には官途のない者や小笠原姓が多い。

＊5　本図は、従来＊1の安達論文掲載の小図版を除いては未公刊だが、『國史大辭典挿繪及年表』（前＊2）には本図の彩色木版刷がある。ただし紙型に合わせ構図が若干異なっている。

＊6　『標注洛中洛外屏風』（岩波書店、一九八三、四一頁）。ここでは髻を結っており、その点はβに同じ。「いぬとり」「いぬころし」という差別用語については、横井清「犬狩」（前＊1）などを参照されたい。昭和初期、いうことを聞かない子どもに「ひととり（人さらい）がくる」とならんでこの言葉を使った（永原慶二氏ご教示）。

＊7　貨幣価値について筆者は以前に米で換算して一貫八万円とした（『景観にさぐる中世』新人物往来社、一九九五、四〇三頁）。ただ今日の米の価値は中世当時あるいは五〇年前と較べても、かなり低くな

っている。ほか度量衡の変化もある。一貫を七万五千円とする人もいるし（網野善彦・笠松宏至『中世裁判を読み解く』七〇頁）、二十万円とする人もいる（水藤眞『戦国の村の日々』一一頁）。十五万円が妥当ではないか。

＊8　一休宗純『自戒集』にも「小笠原殿」、「十文一疋銭」とある。一貫文緡は山梨県小和田館跡、草戸千軒遺跡、大宰府遺跡などでの出土例がある（『図解・日本の中世遺跡』一七六頁）。

＊9　服部「日根野村絵図と荒野の開発」（『九州史学』一三一、二〇〇二）。

＊10　原田伴彦『日本封建都市研究』（一九五七）、以下、盛田嘉徳、三浦圭一、川嶋将生氏ら諸先学の研究。『泉佐野市史』史料・中世編2・補注四七八頁参照、『九条家歴世記録』（図書寮叢刊、後慈眼院殿雑筆・笠鞭筑後殺害事件関係の記述多数）。三浦圭一論文ほかは前＊1。本書237頁。

＊11　この記事は刊本では文亀四・永正元年（一五〇四、甲子）になっているが、二月十五日条に「永享十二年（一四四〇）庚申之年」「蓋老僧之生年」「今年庚申」とあり、正しくは全文が明応九年（一五〇〇、庚申）の記事であるとする今枝愛眞『中世禅宗史の研究』（三五三頁）の指摘がある。刊本も一九六一年版以降、そこに移された（続群書類従刊行会版）。ただ明応九年の記事だとすると、相公（参議）は足利義材（義稙、『公卿補任』）になるのだが、彼は流浪の身である。永正元年の記事だとすれば相公は義澄、京兆も細川政元となる。検討したい。

＊12　『國華』九七二紹介高松市小西民夫氏蔵本、『公武風俗』は所有者名を記載せず。

＊13　北九州市教育委員会『小倉城跡2』（一九九七）、安楽勉「食用としての犬」（『考古学ジャーナル』四五〇、一九九九）、松井章「動物とかかわった人々」（『都市と職能民』新人物往来社、二〇〇一）、屋山洋「遺跡から出土する動物遺体」（『文明のクロスロード Museum Kyushu』七一、二〇〇二）。

＊14　これを長享二年（一四八八）、中世とする識者が複数いるが、典拠のひとつを誤読したものである。

＊15　近代の食犬に関する聞き取り調査の結果については別の機会に報告したが、終戦直後は一般的だった。食用にされた犬は、人にかみついたり鶏をおそった飼い犬、自家の飼い犬、猪のわなにかかった犬のほか、犬を目的とする専用のわなにかけたり、数人がかりで撲殺したりした。野犬よりは飼い犬のほうが捕獲が簡単だった。多少臭いはあり、気にする人は土に埋め、脱臭して食した。牛肉とそれほどの味の差はなく、とくに酒席ではちがいに気づく人はいなかった。

服部英雄のホームページ　http://www.scs.kyushu-u.ac.jp/~hatt/sibe.html（シベリアからの生還）

＊16　『大乗院寺社雑事記』明応八年四月四日条の次のような記事がある。「一　小門前之畠法性院之東畠犬殺害事也云々　両所乞食屋、自菩提院方以聖并仕丁放火了、去年如此也」。河原ノ者ではないが、参考にあげる。

＊17　天保十三年（一八四二）家慶上覧でも、犬牽に下されもの（拝領物）があった（『続太平年表』類）。この犬牽は足軽ではない。

＊18　『禁秘抄』、「山名家犬追物記」続群・一頁。犬狩は『小右記』永観二年十月六日条など。

＊19　『小右記』治安四・万寿元年三月二日条「有死児、犬喫入云々」、『御堂関白記』長保元年九月八日条「有死人、八九歳許童也、所々喰犬者」、『殿暦』、元永元年九月二十八日条「兒ヲ犬クヒ入也」

補論　犬追物の復原

ここでは犬追物行事全般について考える。まず地名や地割からその広がりを確認する。ついで文献によって、実態を復原する。

一　犬の馬場地名の分布

犬の馬場の形態・規模

犬追物の痕跡は各地にあった。芭蕉は『おくの細道』の旅のなかで、下野国黒羽郊外にある「犬追物の跡」を訪ねている。犬追物が那須野の狐狩に始まるという「玉藻の前」伝説にひかれて足を運んだのであろう。

「犬の馬場」という地名が各地にある。みてきたように「犬追物の馬場」である。「犬追物図説」（類、室町末期）に「犬の馬場に垣、仕事《つかまつること》」、『大乗院寺社雑事記』寛正七年（一四六六）二月二十三日条に「于犬馬場以若衆犬射之」とある。

小島道裕氏は、越前一乗谷朝倉氏館や近江国観音寺城城下、同高島郡清水山城城下の犬の馬場地

名の存在と形態を紹介する。朝倉館では本屋形の正面前に犬の馬場と柳の馬場が並ぶ。六角佐々木氏の観音寺城下では「下御用屋敷」があり、その横を犬《い》の馬場《ばんば》と呼ぶ。『近江国輿地志略』も「犬追物庭」とし、安達啓子氏の論考に「石寺村字里之内いのばんば」は「その部分のみ、周囲を石垣で境界された田畠」とある。*1 いずれも領主の居館に隣接して犬の馬場があった。高島郡清水山城の場合も字御屋敷に隣接して字犬の馬場がある。中心に大きな正方形の筆《ふで》（土地台帳の単位、地籍図での単位をふで、とか一筆《ぴつ》という）があり、それを取り囲むように細長い筆《ふで》が、あたかも桟敷席のようにめぐる（本書79頁図）。小字犬の馬場全体は二〇〇メートル四方もある。

川嶋将生『中世京都文化の周縁』は『京都府地誌』（明治十四年〈一八八一〉）の記述のうち、愛宕郡田中村に字「犬ノ馬場」があって「東西五十間、南北四十丁廿三間」（ママ、南北が長いが字地全体の長さ）とあること、また『貞丈雑記』（類、宝暦十三年〈一七六三〉以降）に、

犬追物の馬場の古跡、今に山城国下加茂川合ノ社の東北にあり。東西四十二間、南北四十間あり、是京都将軍時代の犬追物の跡なりと申傳る也

とあることを紹介し、前者が国立歴史民俗博物館蔵甲本（旧町田本）「洛中洛外図屏風」にみえる犬の馬場だとした。

犬の馬場の規模を故実書でみると、

〔全体の広さ〕七十二間四方、略の時は東西四十六間、南北四十一間とす（「犬追物之覚書」類、文正元年〈一四六六〉）、馬場の広さ、はづして弓杖にて七十杖四方なり是本式也（「犬追物図説」類、延享四年〈一七四七〉）。「御犬の馬場、長さ五十間、よこ三十間」（「北条五代記」類）、「軍陣之馬場竪長九十八間也、但小犬追物之時六十六間或六十間也」「長六十六間小犬追物之時三十三間又三十間也」（前掲犬追物図β）

〔大縄の長さ〕縄は（中略）長さは弐拾壱尋也、扨両方の端、三尋づゝ、打違へ合て（略）然る時は廻り十八尋の輪になる（「犬追物之覚書」）

〔縄の太さ〕「犬の縄のふとさ三六《（十八）》寸也」「ふとさ一尺八寸也」（「法量物」群、延徳元年〈一四八九〉、「射鏡」（「犬追物射鏡」類）、室町時代）「縄ノ太サ七寸八寸也」（犬追物図β、本書40頁）

七十杖四方が原則で、弦を外した弓一杖は七尺五寸が定寸だから、本式馬場は五二五尺（八五間）強、一五〇メートル強四方にもなる。略式では四十六間×四十一間、四十二間×四十間、六十間×三十間など。中央の四方十八間に砂を入れ、小縄は直径で（弓）一杖、大縄は長さ（周囲）は二十一尋（六尺×二一）なのだが、ふつうその二十一尋には三尋分、縄の端を重なり合わせるので、実際には十八尋（六尺×一八）、直径は三十四尺強になる。今日の大相撲の土俵は十五尺（四・五五メートル）だから、直径で二倍以上の大きさだった。射手が多ければ、輪を広げる。つまり、重ねの部分三尋分を短くしていって、縄をのばす（犬追物図β）。縄の太さの方は一尺八寸（十八寸、五四センチ）。船用の縄（「射鏡」）というのだが、最大級のしめ縄の最も太い部分ぐらいであろう。前掲の犬追物図（本書40頁）をみても人の膝ぐらいまでは高さがありそうである。こんなに太い縄は入手しづいが、高ければ的中しやすい。犬追物図βの注記には七・八寸（二一～二四センチ）とあり、これなら現実的である。それでも逃げる犬にはかなりな障害物となった。

馬場はさまざまだったが大半は正方形に近い。「小犬追物」もあって小規模馬場でも開催できた（犬追物図β）。大縄のなかに砂を入れるのはさぐり（足跡）を見やすくするとともに、糞尿や犬の血を隠し、清浄を保つ必要があったからだと考えている。外の馬場は芝だった（「異本法量物」類）。「家中竹馬記」（類、群、永正八年〈一五一一〉）に、笠懸馬場は「あつる」というが、犬の馬場は「こしらふる」というと書かれている。既存道路の転用が可能な、つまり「宛つる」ことのできる笠懸や流鏑馬の馬場に対し、犬の馬場は専用に造作する（「拵える」）必要があった。

「津守氏昭記」（『東京大学史料編纂所紀要』一〇所収）、延徳二年（一四九〇）閏八月十八日条に、

当年赤松殿（政則）赤松ト言在所ニ山ヲ引キナラシテ、犬馬場ニ用意云々、此人夫所々不入之地ヲ不言
被相懸云々

とある。この場合、広い土地を平らにするため山を均したから、多くの労働力を必要とし、「不入

之地」であっても例外とはしない動員（人夫役）がかけられた。薩摩島津氏の場合、「犬馬場未調」（『旧記雑録附録』二―〇一三四六号）とした史料もあって、完成された犬の馬場ばかりではなかった。

九州・西日本の犬の馬場地名と方格地割

九州や周辺各地には多数の犬馬場地名がある。近江では「イノバンバ」であったが、九州では「インノババ」である。犬の馬場なる表記以外にも弓の馬場、院の馬場、犬王馬場、犬追馬場、陰の馬場などとあるが、発音は「インノババ」が多く、なかには「イヌンババ」もある。さまざまな表記のなかに、江戸・明治期には「犬ノ馬場」と表記していたところも複数ある。犬をインと発音する事例は犬神をインガミ、戌の日をインノヒなど多い。「イ」はヤ行の「ヰ」で、「ユ」と混用され「弓」の字も使われた。ほかに乾馬場、亥戌馬場と表記して「インノババ」と発音する地名もある。亥戌とはあっても、必ずしも集落や館推定地から北西（乾）に位置するとはかぎらないのは当然である。また犬追物の馬場があったことに由来すると記憶され、記録されるものもかなりあって、「犬ノ馬場」に由来すると判断できる。以下、九州周辺および小字資料の整備されている兵庫県内と、ほか若干を一覧表にしてみた。また由来がわかるもの、あるいは立地に特色のあるものは簡単な説明を付した。[*2]

表　犬の馬場地名の例　※市町村名は平成合併以前のものによる。

豊前（5）北九州市東朽網犬の馬場　同市中貫および上貫犬の馬場《いんのばば》　同市到津犬の馬場　赤村（田川郡）下赤犬の馬場　犀川町（仲津郡）木井馬場弓の馬場《いんのばば》

豊後（4）玖珠町塚脇犬の馬場　緒方町小宛《おわて》犬馬場　日田市庄手《しょうで》犬ノ馬場　別府市鶴見犬馬場

筑前（3）古賀市（糟屋郡）小竹《おだけ》犬の馬場　宗像市武丸犬の馬場　福岡市（早良郡）田島犬の馬場（旧弓の馬場町）　御笠郡宰府町院《いん》の馬場　御原郡横隈および力武犬馬場

筑後（5）高田町（山門郡）竹飯（竹井）犬の馬場　八女市（上妻郡）川犬犬の馬場　吉井町（生葉郡千年村）清瀬（大村）犬の馬場

肥前（9）小城町北浦犬の馬場　鹿島市浜町野畠犬王馬場　同市大殿分松原院《いん》の馬場　大村市三城乾《いんの》馬場《ばば》　同市三浦日泊郡および（隣接する）鈴田大里郷犬馬場　小浜町北本村名いんのばば　国見町宮田名亥戌《いんの》ノ馬場《ばば》　長崎県福江市犬の馬場

肥後（5）八代市古麓犬の馬場　菊池市隈府院の馬場　同市森北（旧妙見村）院の馬場　益城町砥川犬の馬場　錦町木上岩城《きのえいわんじょう》犬の馬場

薩摩（6）伊集院町下谷口犬ノ馬場　加世田市麓犬の馬場　金峰町花瀬犬ノ馬場　末吉町末吉郷および諏訪方犬の馬場　入来町二牟礼犬の馬場

日向（6）宮崎市古城犬馬場　同加江田犬ノ馬場　同広原犬馬場　同浮田犬ノ馬場　延岡市旭ケ丘（伊

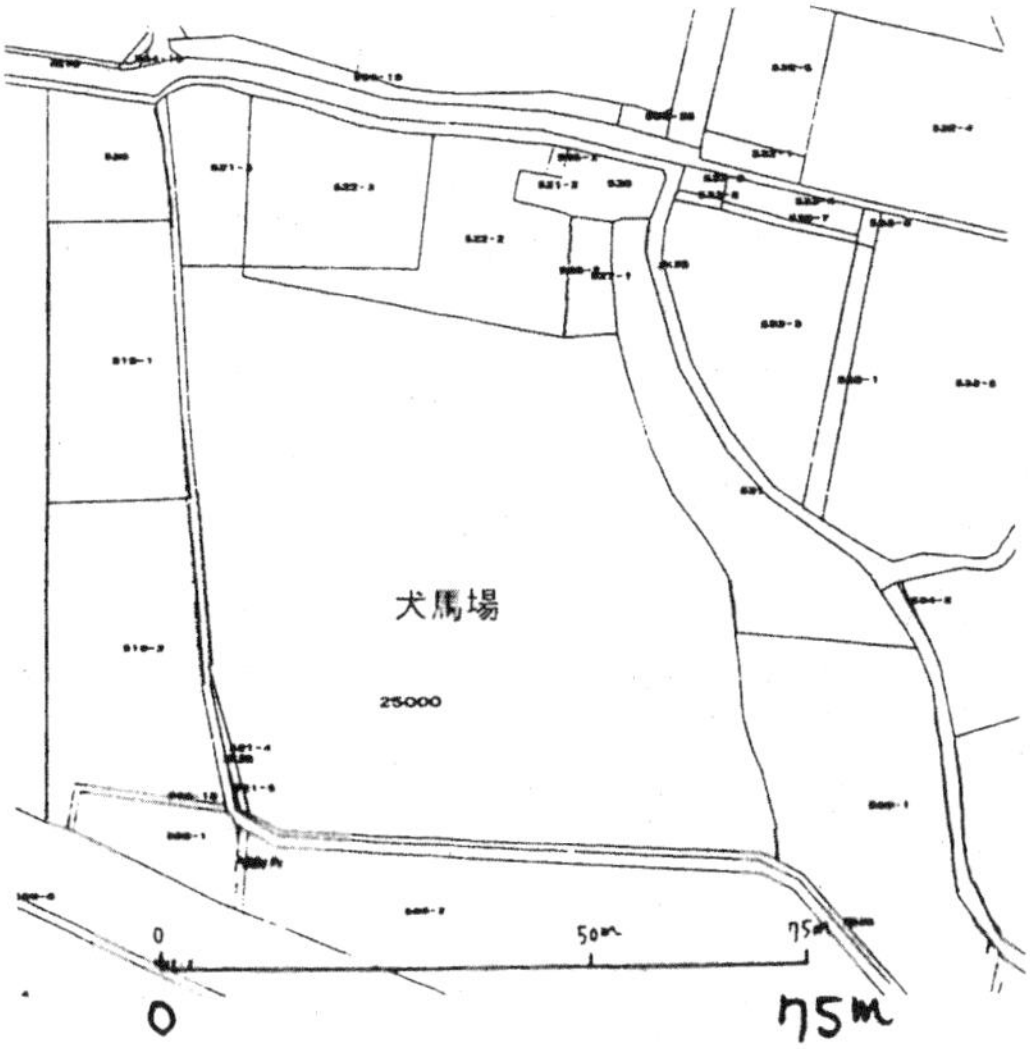

筑後清瀬（吉井町）の犬馬場

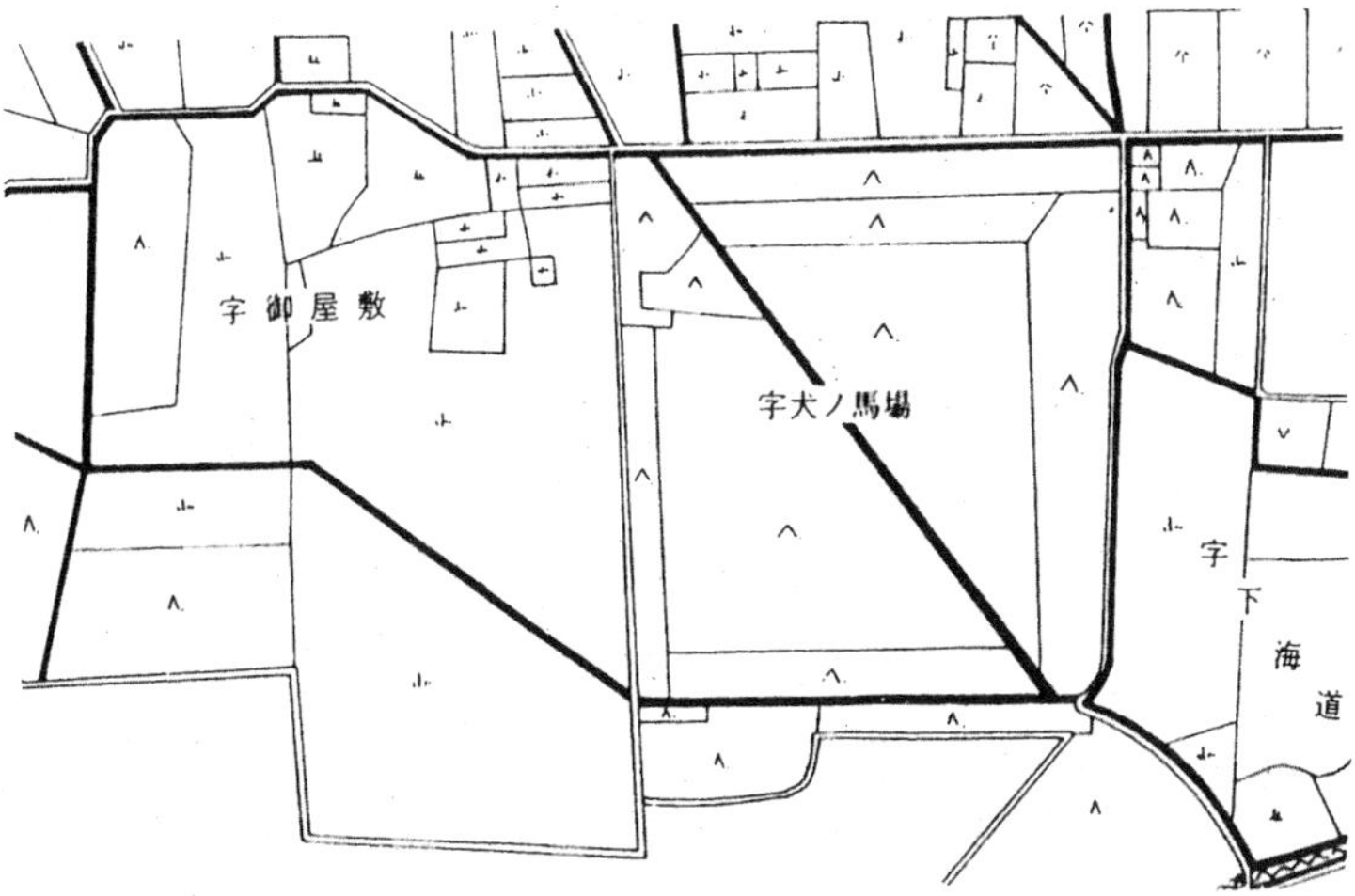

近江清水山城下（新旭町）の犬の馬場（小島氏図より）

方）犬ノ馬場　国富市深年犬ノ馬場

大隅（2）国分市上小川《かみおがわ》犬追馬場　垂水市田神犬ノ馬場

長門（1）下関市長府亀の甲陰の馬場

周防（1）新南陽市富田犬の馬場

石見（1）益田市益田本郷上犬の馬場、下犬の馬場

伊予（1）上浮穴郡面河村大味川蔭地イヌノババ

播磨（1）宍粟郡山崎町段犬ノ馬場

但馬（3）出石郡出石町鳥居犬馬場　伊豆犬馬場　朝来郡山東町矢名瀬犬ノ馬場

淡路（5）津名郡津名町生穂《いくほ》犬ノ馬場　一宮町山田（乙・丙）犬ノ馬場　三原郡三原町神代社家《じんだいしゃけ》犬ノ馬場

　八木大久保犬のばば　八木野原犬馬場

信濃（1）諏訪郡下諏訪町諏訪社秋宮の犬射馬場

〔解説〕

豊前国　企救郡到津・宇佐神官到津氏の名字の地。小字堀之内、古御堂に隣接、広大な一筆がある。

豊後国　玖珠郡塚脇・高勝寺城（切株山）麓、玖珠川河川敷か。地目は芝地。

筑前国　早良郡田島・『早良郡誌』に「往時犬追物の馬場」と記述。長二十五間横六間余（字地全体の広さか）。

筑後国　生葉郡千年村清瀬・広大な一筆の方画地割がある。

肥前国　小城郡北浦・千葉氏の拠点。妙見社前にある。『歴代鎮西要略』に寛正三年（一四六二）の犬追物記事がみえる。

藤津郡浜町野畠・大村氏の松岡城、四二間×四〇間の方形地割（やや菱形）が残る。

大村・大村氏本城三城麓、表記は乾馬場だが、文化七年（一八一〇）絵図には「犬ノ馬場」、方形地割。ただし集落化。

日泊大里・烽火山説がある日岳の麓。

高来郡宮田名・結城城の北東麓、方格地割らしきものあり。

肥後国　八代古麓・『蜂須賀文書』文明十七年（一四八五）感状に「大手犬馬場」とある。館のあった字「御内」の前に地名が残る。

球磨郡人吉・『探源記拾遺』に人吉城相良織部屋敷の東が犬馬場故地（現存地名なし）。八代の場合に同じく、相良氏館「御内」の前になる。

菊池郡隈府・菊池城（正観寺）、『肥後国誌』に「犬追物ノ跡」とある。城下《しろした》に隣接して字名。

益城郡砥川・砥川丹後守の砥川城跡推定地字城の尾に隣接。

薩摩国　加世田麓・別府城麓、集落化、ここでの犬追物開催は『上井覚兼日記』天正三年（一五七五）十一月一日条にみえる。わずか二キロメートル離れた花瀬の小字城内にも犬の馬場がある。薩摩では犬追物がきわめてさかんだった。

石見国　益田　七尾城下、字山下に隣接して方画地割。

かくも多く犬の馬場地名が残るということは、犬追物競技が幕府近臣や守護クラスの特定上層武士のみならず、広範囲の国人もこれをたしなみ、館の近くに馬場を設置したことを語る。小島道裕氏は犬の馬場を庭園とともに室町・戦国武士のステータスシンボルであるとみた。いわゆる「花の御所」体制論である。一乗谷朝倉氏館や益田氏七尾城下が典型である。しかしそれほどにステータスが高くなくとも、犬の馬場を所有する武士はいた。正規の犬追物のほかに「小犬追物」もあった。訓練場も含めて犬追物用の馬場は各地に備えられていた。小規模な練兵場である。武士は必ず馬を操る。いつでも犬追物に参加できる技量をもち、たしなむ必要があった。

これらの地名には近世地誌などで犬の馬場が復原的に考察できるものも多かった。地籍図により四十間四方以上の方形地割を検出することもできた[*3]（地図参照）。

具体的にみると千葉氏（肥前小城《おぎ》）、大村氏（肥前大村）、宇都宮氏（豊前木井馬場）、名和・相良氏（肥後八代、人吉）、菊池氏（肥後隈府）、立花氏（戸次《べっき》氏、筑前立花山山麓小竹）、入来院氏（薩摩入来）、益田氏（石見益田）、山名氏（但馬出石）など有力大名の城下に位置するものがある。これらの城主は一郡を上まわる規模を領有し、ときには守護にも比肩しうる存在で、また守護自身も含まれる。岩石城《がんじゃくじょう》（豊前赤村）、松岡城（鹿島市）、切株山城（豊後高勝寺城、玖珠町）、別府城（加世田《かせだ》市）などは、争奪戦があり、城としては知られたものである。そうした武士の拠点にあった犬の馬場が多い。大宰府（宰府町）にもインノババがあった。武士団の拠点としての名前を聞かない土地もまた多く、それが全体の四分一ほどになる。

犬の馬場地名の中心に、一筆で広大な面積をもつものもある。それらは中世以来の地割が保守的に踏襲されてきたことを語る。八代城について記す『蜂須賀文書』文明七年（一四七五）感状に「大手犬馬場」とみえるように、城・館の大手正面に近接し、広い空閑地が確保されていた。

球磨《くま》郡人吉の場合も、『探源記拾遺』に人吉城相良織部屋敷の東が犬馬場故地とされている。現存地名にないが、八代の場合に同じく、相良御館「御内」の前であった。むろん平坦地である。

菊池郡隈府・菊池城（正観寺）院の馬場は『肥後国誌』に「犬追物ノ跡」とある。やはり城下《しろした》に隣接して字名がある。

このように八代、人吉、益田また近江高島などは大手に近接して犬馬場が復原される。多くが四十間四方以上のスペースをもち、桟敷も設置できる正規の競技場としての犬の馬場だった。越前一乗谷のそれを典型として、ほぼ共通の構造といってよい。後述する文献にみえる越後守護所や尾張守護代館の犬の馬場も同様だろう。国人たちもこれにならって犬の馬場を設置した。

いっぽう、河原の芝地にあった馬場（玖珠町塚脇）は、京郊の河原（下賀茂川合、桂）や鎌倉由比ケ浜（『吾妻鏡』）（本論＊3・70頁）、あるいは地方の浜（摂津兵庫、同尼ヶ崎の濱、越前気比〈気井〉、同棗《なつめ》ノ郷大窪ノ濱〈以上「異本法量物」、「出法師落書」永享二年〈一四三〇〉、「朝倉始末記」ともに類、群〉）など、都市周辺の空閑地にあった犬追物の馬場と似たものだった。多くの見物客を想定している。

以上から、犬ノ馬場には館ないし城の周辺、とくに大手口におかれたもの、すなわち都市の中枢部におかれたものと、河原や浜など広大な土地に設営されたもの、すなわち都市の周辺部におかれたものの二つのタイプがあることが具体的にわかったが、数でいえば前者が圧倒的に多い。前者は恒常性・固定性をもつが、後者は臨時のもので、仮設であろう。後者では犬の馬場のほかに猿楽桟敷が開設されたりするような多様性もあった（賀茂など）。さまざまな犬の馬場の存在は、武家社会では特定のステータスをもつ侍以外にも、広範囲に、かつ日常的に犬追物が訓練され、実施されていたことの証になる。

二　武芸としての犬追物の復原

縄の犬と外の犬

次には競技としての犬追物の実際を考えよう。述べたように大縄（牓示《ぼうじ》）の周りを多くの騎馬が待機している。出ようとする犬は障害物である高い綱を飛び越える。そのときスピードが落ちるからそこを狙って射る。この綱際で中《あ》てるものを「縄の犬」といった。

『梅花無尽蔵』（二、続群・文筆部、『五山文学新集』）に「尾之清洲城備後俊（敏）信第見犬追物」と題した次の七言絶句がある。尾張清洲、織田敏信邸である。

犬已超縄箭各飛　長髯検見有天機　忽論遠近（疏）南北　八（ママ）以前三百疋時

初句でまさに縄を越えようとする瞬間の緊張を表現する。

騎馬は十二騎が多く、三十六騎になる場合もあるが、三手（上、中、下）に分かれるから、動作の基本は同じで、十二騎が一回の構成単位である。この段階では的は動くが、射手は静止の状態にあり、的中する確率は高い。

外の犬の困難性

中《あ》たらず綱から逃げ出した場合を「外の犬」といい、騎手が追走する。「賞スベキ矢所ナケレバ」（「白磨犬追物」類、当たっても適切とされる場所を外れていれば、つまり頭や足に当たったら）、その場合も「外の犬」となる。追うのは全員ではなく好位置にいながら的中できなかった二、三騎である。的も射手も動く状態になるから、困難性は著しく増した。だが馬も犬も足関節の構造は似ているから、走る方向もほぼ同じになる。むろん馬のほうが速いから、犬の足跡方向に追えば、的中する可能性はゼロではない。しかし難しかったはずである。

「二条河原落首」（「建武年間記」群）には「弓モヒケス、犬逐物《犬追物》、落馬矢数ニマサリタリ」とある。矢数（犬一疋当たりの回数、犬の数に同じ）[*4]よりも落馬する回数が多い。一疋を追いかける間にかならず落馬するものがいた。落首は皮肉・嘲笑であるが、本当のことでもあった。

正保四年（一六四七）将軍家光の御前で島津家が主催した犬追物でも、「七度ノ内ニ落馬スル者二人有」（「島津傳記」類）とある。矢数七のうちに二回落馬があった。三十六騎（三手、つまり各十二騎の三交替）だったから、八四分（一二×七）の二であった。薩隅二国から選抜された騎手でさえ、落馬した。あらかじめ「落馬の礼式」も定められていた（同上）。

馬の操作の基本は手綱である。馬の口にかませたハミ（轡《くつわ》）によって、はじめてコントロールが可能となる。手綱を放せば馬は勝手な方向に走り出す。手綱を放し両手で弓を射る。射撃直前には上半身をのりだす。いかにも困難に思われる。落馬が多かったのは当然であろう。

実戦と犬追物

犬追物は実戦の訓練だという。「山名家犬追物記」（続群、九頁）に「軍中ノ試術」とあり、「犬追物記」（「鵞峯文集」類）に「騎射之修練」、「『康永元年』二月日　小笠原貞宗言上状」（「犬追物目安」類、康永年号については本書91頁）にも「武芸練習之最要」とある。故実家はそれを強調した。しかし熟達者でもこのありさま、はたして実戦向きといえるのか。

的は近いが三つ連続する流鏑馬は連射（矢継ぎ早）の練習であり、的は一つで大きいけれど遠い笠懸は、馬上から敵陣に正確に射込む訓練であろう。実戦では双方あわせた技術が必要とされた。だが戦場にいかなる場所が選ばれるのかはまったくの偶然である。馬が走りやすい草原や原野が戦場になることは、むろん稀だ。臨機にさまざまな技術が要求される。犬追物が接近戦、混戦状態での射撃訓練であったことは察しがつく。しかし訓練である犬追物でさえ落馬者が続出する。実戦での落馬は敗北と死を意味する。華麗な武技を披露することは、なかなか難しかった。

一町ほどの距離をおいて対陣する。フェイントもかけつつ、敵の矢種が尽きかけた頃に、弱点めがけてしゃにむに馬で突進する。矢の一本も射ることができたら上出来。ひたすらに鎧に隠れて身を守り、「馬で蹴散らす」。相手がひるんで体勢が崩れれば、勝利を得られた。射程距離六〇メートルをかけぬける。瞬間、数秒足らずの勝負だった。

甲冑と馬具が同時に出土する古墳は多い（『甲冑出土古墳に見る武器武具の変遷』埋蔵文化財研究会、一九九三）。古墳時代からすでに轡《くつわ》、鞍、鐙《あぶみ》のセットがあった。以降中世・近世に至るまでに新しい馬具の付加はない。騎馬戦法の本質に変化はなかった。騎射は中世武芸の究極の理想ではあったが、誰もが巧みにこなせるはずはない。戦国時代には騎馬武者の武器は槍に変わる。鉄砲の出現にもよるが、騎乗からの弓矢射撃が不安定だったことも関連しよう。

合戦は武者絵巻や軍記物から想像するような端整なものではおそらくあるまい。死にものぐるいの乱闘で、いかに相手の恐怖心を誘い、そこにつけこむかの勝負だった。優勢になればゆとりができる。そこではじめて犬追物の技術、騎射・馳射《はせゆみ》は有効性を発揮できた。

南北朝の末期、島津師久（道貞）は近親者に次のように書き送った（年欠八月廿七日書状、『前編旧記雑録』二一八）。

一　菊地《(菊池)》若《もし》犬追物其外の弓矢の事、物射《ものい》候様なんと尋申候ハヽ、おや《(親)》にて候者ハすこし物をも仕候へとも、我ら事ハふたん合戦候間、けいこ仕たる事もなく候、おうかた存知せす候よし、

仰らるへし（中略）、
一　今は御へし者在之存とも、若犬追物被射候へなんと申候ハヽ、かたくしたい《（堅く辞退）》候へく候（下略）、

永和元年（一三七五）の水島陣以降、菊池氏は島津氏と友好関係に転じていた。内容は以下のようなものだろう。

「菊池方から犬追物の誘いが必ず来る。その場合はこういっておけ、犬追物は父の時代には少しやったこともあるが、われわれはふだんから合戦ばかりで、稽古の余裕もない。やり方もわからない。今は少し経験者もいるが、ここはやはりお断りします、と」。

菊池への警戒心もあったし、恥をかかないための配慮もあったが、本音も聞こえる。実戦と犬追物はまったく違う。数々の実戦を経た人には所詮、犬追物は遊戯である。重い蟇目鏑《ひきめかぶら》の使用をとっても、実戦とは無関係で違和感があった。

犬追物への熱狂と批判

犬追物は盛行したが、大乗院の尋尊《じんそん》らは冷ややかな目でこれを記述している。『大乗院寺社雑事記』文明六年（一四七四）閏五月十五日条に、

公方ハ大御酒、諸大名ハ犬笠懸《いぬかさがけ》、如天下泰平之時也、希有之珍事、御運計憑云々

『大乗院寺社雑事記』文亀元年（一五〇一）五月廿六日条に、

一　細川一切不聞入公事引籠居、於公事者可任安富旨被申付之了、安富ハ不可存旨申切、来月一日二日之間ニ於河原、犬可有之云々、一代一度之大儀之犬也

とある。犬追物は平和なときの遊び、国が混乱しているのに、大事を忘れてそれにかまけている。弊害が多いとみられていた。実際にはどの程度行われていたのだろうか。

『蔭涼軒日録』明応二年（一四九三）九月三日条には「右京兆近来犬追物毎日有之」とある（本書62頁）。前後の記事をみると、七月七日に細川殿（管領細川政元）犬馬場で開催、七月二十日と二十二日には赤松政則の「内場」（内馬場か）で「手懸《てがけ》」（自身の訓練か）、八月二十三日からは管領（京兆）屋敷の馬場で、九月八・十・十二日には「妙覚寺之内場」（赤松政則主催）で、十六日には本能寺馬場（赤松主催）で犬追物が行われている。この記録は二十三日で終わっているが、二十四日には右京兆犬會《え》が行われる予定となっている。ほかに九月三日の記事によって八月二十九日の実施もわかるが、二十三日からの一連のものであろう。七月七日以後の数日間についての記録はないが、一日限りではあるまい。

細川と赤松は別々に主催しているが、それぞれが相互に「見物」「請待」していた。招待された返礼として行われる。「蓋輪次也」と表現されたように、はりあうかのごとく順繰りに、交互に行った（史料本文は本書62頁に引用）。ほか紫野馬場で笠懸も行われた（七月二十七日条）。「毎日」と表現

されたのは、四日ほどにわたって行われた連日の犬追物であろう。毎日稽古したのは選抜された射手やスタッフだが、為政者も加熱しすぎで、政治はおろそかになりがちだった。

犬追物熱は地方にも伝わっている。管領細川政元の越後下向を記録した冷泉為広の『越後下向記』[*5]をみよう。延徳三年（一四九一）三月下旬、越後守護上杉房定の守護所（直江津、府中）に、管領細川政元が下向した。滞在したのは長松院で、二十一日の記事に「至徳院ノ内」とある。いまの上越市至徳寺遺跡に該当する。連日、風呂や連歌、参詣、贈答が続くが、毎日の行事が犬追物の稽古だった。

三月の二十七日に「犬并笠懸」「馬にて京兆、馬場へ出る」とある。続く二十八日「犬馬場」での遊覧、二十九日、三十日「馬場遊覧」、そして一日の「犬追物手カケ」と記述が続く。この間毎日のように小規模な犬追物の訓練が行われていた。笠懸も行われているが、主眼は犬追物だった。むろん細川政元自らも参加し、「手カケ」た。四月七日、九日にはクライマックスが用意されていた。客側の細川、もてなす側の上杉、と交互に主催者が替わって、正式の犬追物が「張行」された。

細川政元の養子高国は、「二手犬」という作法を考案し（後法成寺日記）、その熱中ぶりは辞世に、

犬追物　今一度とおもひこし　あらましはただ、いたづらにこそ

が記録されるほどだった[*6]。

『上井覚兼日記』にも同様の熱狂が記されている。天正三年（一五七五）三月十五・十六日、そして雨で延引しての二十五日の三日間、鹿児島で犬追物が開催された。準備のため島津義久は天正二年

閏十一月十七日、犬之馬場にて「御稽古始」、以下二十九日、十二月三日、二月十四日、十六日終日、二十二日、二十四日、といった具合に熱を入れている。「犬稽古故ニ罷出候間、出仕者不申候」ともあり、著者の上井覚兼も勤務より優先させている。

犬追物を主催する側は「攘災之儀」「天下祈祷之證」(前掲史料D・E)と、為政者の治世に必要な行為と位置づけ、武芸の修練であることを強調した。標的の犬を災悪にみたてた。しかしこんな熱狂ぶりでは、批判が出るのも当然だろう。

「犬追物目安」(類)が引く康永元年(一三四二)二月　日小笠原貞宗言上状については、史料性に議論がある。「犬追物御制」「禁遏之制」が出されたことを前提に、その解禁を要請する内容だった。これによるならば、はやくも南北朝期には犬追物禁令が出ていたことになる。ただしこれを引く『古事類苑』は、康永禁制の存在を検討し、正史にないことから「疑義あり」とした。康永改元が四月二十七日であること、すなわち未来年号を使用していることからすれば、後世の作たることは明白で、おそらくは文言が類似し重複する『騎射秘抄』(類)が編纂された応永二十三年(一四一六)頃のものかと推測される。たしかに康永に出されたとは考えられないものの、こうした禁令が出される下地、背景は十二分にあったし、当時の人は等持院殿御代、足利尊氏の時に禁令が出されたと思っていた節がある(前掲史料L)。のちの尋尊に限らない。犬追物を無益な行事と考える人が多数いた。犬追物の実態を知れば、たしかにこうした批判に共感できる。

＊1　以上論考は本論＊1、69頁。なお『安斎雑記』は永禄十年（一五六七）二月十一日足利義昭が観音寺城近くの老曽《おいそ》において犬追物を興行したという「江陽屋形年譜」を引用する。老曽ならば石寺とは異なる。近接して複数の「犬馬場」を佐々木氏は所有していた。

＊2　福岡県については「明治十五年福岡県字小名調」（『福岡県史資料』所収）、佐賀県については聞取調査（服部『二千人が七百の村で聞き取った二万の地名、しこ名』『四千人が二千の村で聞きとった四万の地名、しこ名』花書院、近刊予定）および『角川佐賀県地名辞典』巻末小字一覧、長崎県については草野正一『長崎県の小字地名総覧』（CD私家版）、そのほか『下関の地名』、『玖珠町誌』など、兵庫県については『兵庫県小字名集』（1〜5、神文書院、一九九一〜九六）を利用した。愛媛県に関しては東昇氏による愛媛県小字DB（私家版）により、ご教示をいただいた。犬の馬場地名のなかには斜面地にあるものもあって、馬場の立地とは単純には直結しないものも含まれていた（小浜など）。開催経費を負担する流鏑馬田のような田であった可能性、比喩的な表現の場合などを多角的に検討したい。流鏑馬田のほうは地名「藪散田」、「矢具佐見田」となる。

＊3　服部英雄編著『中世景観の復原と民衆像―史料としての地名論―』（地域資料叢書8　花書院、二〇〇四）。http://hdl.handle.net/2324/17775

＊4　「注矢数」（「白磨犬追物」）、「矢数をあらそふ」（「北条五代記」・類）、「総矢数」（射鏡・類）とある。矢数一は一疋分の競技をいった。

＊5　小葉田淳『史林談叢』（一九九三）、矢田俊文「戦国期越後における守護・守護代と都市」（金子拓男・前川要編『守護所から戦国城下へ』名著出版、一九九四）、ほか時雨亭叢書にも所収。

＊6　『足利季世記』『改訂史籍集覧』一三、『細川両家記』群書類従二〇、小島道裕『描かれた戦国の京都 洛中洛外図屏風を読む』。

第二章　大和国北山非人宿をめぐる東大寺と興福寺

——奈良坂と般若坂

はじめに――奈良大仏道と小栗街道（熊野参詣道）

奈良は中世には京都に次ぐ畿内の大都会で、その中心は東大寺・興福寺といった大寺院である。奈良への道は参詣道である。多くの善男善女が歩んだ。日本全国には多数の参詣道がある。奈良大仏道と熊野参詣道は、代表的な道だが、前者が二大都市を一日で結ぶ道であるのに比して、後者は都と奥深い霊地とを片道五日で結んだ。

奈良大仏道も熊野古道も御幸道、すなわち天皇や貴族の道である。東大寺境内には本願聖武天皇はむろんのこと、歴代天皇の行在所《あんざいしょ》が設けられている。多くの天皇上皇が通行した。熊野もまた平安期から鎌倉期にかけて院（歴代上皇、法皇）がいくども御幸した。聖なる道となる。

一方、これらの道は貧者・病者の道でもあった。熊野参詣道は小栗《おぐり》街道とも呼ばれている。小栗とは小栗判官《はんがん（ほうがん）》のことである。小栗判官は架空の人物だが、ハンセン氏病患者を象徴する人物として創作された。説経節や浄瑠璃の代表作である。この病気（ハンセン氏病）を当時は「癩《らい》」といった。以下は歴史学の記述として、「癩」ないし「ライ」という同時代表現を使用する。その言葉を用いることによって、差別の感覚・意味（癩、白癩《びゃくらい》、黒癩《こくらい》）も考える。あらかじめお断りしておきたい。

小栗街道は聖なる御幸道であったが、同時に、裏側に病苦・ライ患者の姿が、かいま見られた。

賤《せん》の道・貧《ひん》の道でもあった。小栗街道の起点に近く摂津国・四天王寺があった。四天王寺は浪速《なにわ》という都市的な場にあって、参詣者が多かった。ふるく、療病院や悲田院が置かれたとされる。『一遍上人絵伝』によれば四天王寺の入り口である鳥居の周囲には喜捨を乞う患者や障害者がいた。彼らは足が萎え、あるいは足を失って歩けなかった。それで土塀の外、つまり熊野街道の路上にいた。小栗街道である。土車《つちぐるま》という車を住居とし、車によって移動していた。伝承の小栗判官もまたこの土車に乗って熊野を目指したとされる。

喜捨を乞い、施しを受けて生活する病者・貧者は「非人」であった。彼らが住む村を非人宿といったり、単に宿（夙《しゅく》）といったりした。発病・罹患によって、市中や村の「良民」が「賤民」たる「非人」身分に転落した。彼らの面倒を見る人も非人であった。小栗街道には道中にこうした（非人）宿があったが、奈良大仏道の道すがらにも、点々とこうした貧者、病苦者の生活拠点があり、なかに中心的な役割をはたす村もあった。

京都から奈良までは十里（四〇キロメートル）あった。早朝に都を発てば、その日、まだ日があるうちに奈良に着くことができた。そして霊地・聖地は人々の雑踏のはざま、大都会・奈良の中心にあった。俗地を離れた霊場ではなかった。

熊野参詣道にあった宿（夙）と大仏道にあった宿とのちがいはそこにあった。大都会周辺の貧者・病苦者は、往来する人とのかかわりだけで生活はしない。都市民の多様な生活が織りなす、さまざまな要求・需要のいくつかの部分を引き受け、処置しながら生活した。都市民の一員として、他の商人や職人と本質的な差はなかったはずだが、仕事の性質から、その時代には差別の対象とされがちなものもあった。時代の制約である。

差別されたと考えられる人々には大きくいって、①宿（夙）ノ者・非人（宿非人系）、②横行、五ケ所・十座（唱門師《しょうもじ》・声聞師系）、③河原ノ者・エムタ（エタ系）がいた。ほか①と②を三党と総称することもあった。

本章では南都・奈良への道すがらで生活する、都市周辺の人々たちの諸相から、差別の問題を考えたい。非人系の人々を中心に唱門師系にもふれ、ついでエタ系の人々に視線をすえて考察する。また、こうした人々が決して底辺のみにあったわけではないこと、富裕な階層も多かったこと、彼らをめぐり、東大寺や興福寺の支配があったことを明らかにする。

〔補注〕以下、略記号Bは『奈良の部落史』史料編、Mは『大和国中世被差別民史料』。両者に共通して掲載される史料がほとんどであるが、いずれかの史料番号を記すことにした。

一　北山非人宿の様相

1　北山情景復原——大仏参詣・御仏の世への入り口

奈良の近郊に「北山」というところがあった。いま北山という地名はない。どこを指す地名だったのかもはっきりとはわからないが、現地に北山十八間戸《じゅはちけんど》（国指定史跡）がある。かつてライ（癩、ハンセン病）患者を収容した救ライ施設である。ライ患者を中心とする「非人」が多数生活していた。北山十八間戸の歴史は複雑で、いつからこの位置にあったのかは、はっきりとはわからない。このあたりの坂を般若坂と呼ぶ。

般若寺は中世には北山と呼ばれていた。『法隆寺別当次第』文永六年（一二六九）三月二十五日条に「東大寺北山般若寺文殊供養」とある。最高位の峠にある奈良豆比古《ならつひこ》神社あたりまでを含む広範囲の総称が北山であろう。奈良豆比古神社周辺を奈良坂（町名は奈良阪）と呼ぶ。北山は般若坂（般若寺以南）も奈良坂（奈良阪町以北）も含んでいた（後述の奈良坂非人陳状に「北山宿」、「自北山者」とあるが、いずれも奈良坂を指す）。中世・近世という時代、この広範囲な北山のいくつかの地点地点には、差別された男女が点々と、またかたまって生活していて、「良民」（平民、一般）らの生活区域に広い意味では混じり、狭い意味では区別されて生活していた。彼らの生活は多様で、差別の度合いもさまざまだったし、貧富の差異も区々であった。百姓と呼ばれることもしばしばあった。

北山宿が非人たちの中心にあって、そこに「北山非人」が生活していた。しかし非人とは区別される、別の被差別大衆《たいしゅう》（横行、声聞師《しょうもじ》、エムタ）も居住していた。

この一帯の歴史については、古くからの研究がある。江戸時代、本居内遠（一七九二～一八五五、和歌山藩士）は『賤者考』にて夙（守戸《しゅこ》）をとりあげた。彼に情報を提供したのは奈良・古市奉行所の北浦定政（一八一七～七一）で、内遠とは師弟の関係にあった。定政は佐保山の守戸を奈良阪村とした。堀一郎『我が国　民間信仰史の研究』（四八九頁）も奈良阪町を夙村と規定している。『定本柳田国男集』二七巻はシュクを取りあげ、「奈良坂にいる。ふつうの小農と同じだが、シク筋として縁談がむずかしいこともある。金銭で解決できる」とする。「かれらが穢多に対して威張ることは平民と同じである」とも書いている（三七四頁）。荒井貢次郎『近世被差別社会の研究』（明石書店、一九七九）には奈良坂に関する論考が二つ収められている。荒井は、シュクはヒニンともエタとも異なるとしている（二七三頁）。

近年、①『奈良の部落史』、②『奈良の被差別民衆史』のような研究と、史料集（③『奈良の部落史』史料編、④『大和国中世被差別民史料』）が刊行された。それ以前にも、⑤『部落の歴史』近畿編に近世を中心として、この地域の詳しい歴史叙述がある。さらにこれらの図書刊行後も奈良県立同和問題関係史料センターが刊行する⑥『研究紀要』、⑦『regional』（以下リージョナルと記す）掲載の諸論考によって、研究が大いに前進している。*

＊　①は奈良市同和地区史的調査委員会（A）編、昭和五十八（一九八三）。②は奈良県立同和問題関係史料センター（B）、平成十三（二〇〇一）、http://www.pref.nara.jp/dd_aspx_menuid-9264.htm。③は前者（A）編により昭和六十一（一九八六）。④は後者（B）編により平成十七（二〇〇五）にそれぞれ刊行。①③は奈良市内が中心で近世近代までを含む。②④は奈良県内が対象で、時代は中世が中心である。本書は①③をB、②④をMと略し、主として後者M史料編の番号を引用する。①②の場合は本文頁数を引用する。⑤は近世を対象とする叙述である。⑥には上記編纂において中世の記述の中心になった吉田栄治郎氏や、さらに新たな視点でこの分野を開拓する山村雅史氏の論考をはじめ、貴重な記述が多い。本書は①〜④に大きく依拠するので、先行研究と重複する記述も多くなる。かつ、こうした新しい成果に依拠もする。むろん異なる見解に立つこともある。
　奈良県立同和問題関係史料センターでは研究成果のインターネット公開を促進しており、②、⑥、⑦をはじめ、いくつかの論考がパソコン画面上で閲覧可能である。差別の根絶を目指し、差別の歴史の科学的な解明を目指す行政（自治体・関係職員）の姿勢に敬意を表するとともに、多大な学問的恩恵を受けていることに謝意を表したい。


ここでは中世北山の景観と、人々の心象復原を導入としたい。

いまから八百年ほどもむかし、現代人が中世と呼ぶ時代のことである。

京の都を出て南都・奈良に向かう旅人は、早朝に都を出て、その日のうちに奈良に到着することを目指した。十里の道を昼前には宇治、そして午後おそくに木津を経て、いよいよ最後の奈良山にさしかかる。長い坂を登り切ると峠の上に神社があった。あとはその坂を下りさえすれば、目的地の南都・奈良である。重く感じるようになった荷を下ろし、最後の大休止を取った。民家が途切れる彼方には、遠く大仏殿の屋根が望まれた。ここまで来れば疲れも気にはならない。ここからは伊勢に向かう街道（平野道）もわかれていた。

そこに物乞いをする集団がいた。ライ（癩、ハンセン病）患者である。彼らが住む一画は、ヨシノモトと呼ばれていた（『平城坊目遺考』）。ヨシとはモノヨシ（物吉）のことである。物吉は本書にくりかえし登場するが、ライ患者を指す。本来モノヨシは寿ぎの言葉である。京都東郊・物吉村の人々は、大晦日に「モノヨシーィ、モノヨシーィ」と唱えながら、市中を歩き喜捨を求めた。年越しの寿ぎである。それで彼らを物吉と呼んだのである。賀詞《がし》とはいえ、市中の人は彼らの接近を恐れ、門口に多目の米や銭を置いて、早く立ち去ることを望んだ。

熊野古道（小栗街道）にても旅人が多く休む王子の周囲には、患者たちが小屋がけして生活しており、やはり貧しい物吉村（非人宿）があった。ここ奈良街道にても同じ情景が見られた。

この神社を奈良豆比古神社という。このお宮の祭神はお三方で、その一人、春日王は施基《しき》親王（志貴皇子《しきのみこ》）の子で癩を患ったとの伝承がある（『神道大系』神社編五）。天皇家の一員、貴種たる癩者がここに住んだのがはじめである。むらの起源をそこに求めている。

顔を覆い、物乞いがうつむきながらつぶやく。

「後生でござりまする、一切無縁の乞食《こつじき》におめぐみを、施行をひかせ給えや。」

救いを求めて伸びる手。病状の進行した患者の手は鳥肢状になっている。鳥のように、むしろ骨だけのように見える。旅人は驚き、後ずさりし、その場を抜けようとする。しかし善男善女は家族の息災延命・病気治療を願って奈良までやってきた。喜捨を求める気の毒な境遇の人たちに善根を施さずともよいのか。大仏参詣を前に、ただ通りすぎるには躊躇がある。多くの人は思いとどまり、離れた位置から施しをした。病者は乞食をすることで生きていた。当時の言葉では非人である。そのなかには、幼い子を連れたものもいた。あまりに気の毒な母子の境遇に、子の幸せを願って、旅人はやや多めの額を喜捨した。じっさいには幼児を貸す商売があった、ともされている。

ライは業病、ないし天刑病といわれることがあった。当時は、前世の悪業《あくごう》の報いとされていたのである。承元三年（一二〇九）、「北山宿非人願文」（解脱上人文章《げだつしょうにん》、M2）にも「謬《あやまりて》以先世之悪業、各受今生之苦縁」とあって先世の悪業を、今生《こんじょう》に受けたとある。

「善行を積まんと、来世であんな姿になる。」

誰しも思い当たることはある。今世での悪を善行で打ち消したい。

神社を出発するとすぐに人家はとぎれて、般若寺楼門があった。般若寺はライ患者を救済した叡《えい》尊《そん》、忍性《にんしょう》の活動拠点になった寺である。いま国宝となっているこの楼門（鎌倉時代創建）を当時の旅人もまた同じように仰ぎ見た。

般若寺は文殊堂ともいわれている。この門前にも百人ほどのライ患者の一団がいた。ライ患者は仏の化身ともされていた。般若寺の弘安十年（一二八七）善哉童子造像願文（M40）に、「善哉童子は癩人の姿となって現れる」と書かれている。とりわけて信心深い人たちは先ほど見た、あまりにいたわしい彼らを、仏の仮の姿だったとみた。患者は拝む対象であって、通行者は手を合わせた。

その一角を通り抜けると、さらに非人湯屋（非人温室、北山十八間戸の前身）があった。東大寺が経営していたが、湯屋（浴室）として使用される日はわずかな日に限られており、癩者の一部はここでも物乞いをしていた。そこより善勝寺前の急な下り坂である。この坂は異質な空間であった。そこは「咒師庭《しゅしのにわ》」とも呼ばれ、猿楽師や咒師（呪師、しゅし、ずし、すし、のろんじ）がいて、演芸や音曲を奏で、また経文呪文を唱えつつ、運勢占いをしたりしていた。旅人はついつい其の物珍しい光景に立ち止まり、銭を投げたり、また病人の将来をたずね、易料を払った。

この坂には皮革製品を扱う商人たちも露店を出していた。パフォーマンスをする咒師の場はクツ売りらと混在していた。クツ売りが高級な履物を売る。雪踏《せった》・金剛草履（裏に皮を張ったものがあった）、綱貫（つなぬき、つらぬき）を売った。誰しも裸足の時代である。雨の日に足がぬれにくい、汚れない。履物は珍重されたけれど、あまりに贅沢品だった。丈夫な履き物は高価だった。綱貫は牛皮を縫い合わせて作ったクツ（革製の足袋）で、羨望の的である。冬の農作業はつらい。荒田をおこすにしても麦を踏むにしても、裸足である。霜柱の立つ土を素足で歩く。ひどくあかぎれが痛いときなら、まずは足袋・わらじだが、それでも凍える。皮の綱貫があれば足は温かい。寒さ知らずで、いつまででも田での作業が継続できた。高価ではあったが、奈良に行くならば、ぜひともそれを買い求め、帰りを待つ親や、妻にいちどは履かせてみたかった。

道を行く人はいったんはクツ売りの前で足を止めるが、高額だから簡単には手が出せない。人だかりの輪ができる。誰かが買えば喚声があがる。買いたいが、帰りに旅銭が残っていたら買おう。*

＊ 綱貫の農村への普及は近世後期とされるが、『今昔物語』に「つらぬき」など、早くからその語はみえている（『日本国語大辞典』）。綱貫については、のびしょうじ『皮革の歴史と民俗』（二〇〇九）が詳しい。のびは中世の綱貫と享保に東之坂で発明された綱貫とは、名前が同じでも別物だとしているが、改良普及品の発明と考えることはできないだろうか。中世の綱貫もむろん皮革製品として加工された。綱貫に関する情報は、井阪康二「農作業にはく革くつ『綱貫』」（西宮市立郷土資料館ニュース）や福原一郎「かわとはきものギャラリー」などインターネット情報からも得られ、福原論考からは毛沓、巾着沓は別形態だがともに綱貫（つらぬき）と呼ばれたとしている。絵巻物の綱貫は毛沓に似る。

善勝寺の境内では、常時ではないが、ときおりに勧進舞（善勝寺勧進曲舞《くせまい》）が演じられた。善勝寺の前に佐保川関があった。東大寺東南院が橋賃・通行賃を取っていた。関銭は下った佐保川にかかる今在家橋の通行料のようだ。数年に一度、洪水があるから橋は流れ、架け替えられる。架け替えに備えた資金調達のためだという。橋賃を払えない旅人もいて、増水していなければ、裾をあげて徒歩で浅瀬を渡る。荷のある人もいる。転倒を恐れて橋賃を払った。牛馬の荷では橋賃をけちるわけにはいかない。重荷での渡河はリスクが多かった。

一日の旅を終える直前に、旅人は日常では目にすることのない異次元空間を体験した。そして厳かに東大寺転害門《てがいもん》をくぐった。転害門は天平創建以来の建物がいまも残っている（国宝）。東大寺が創建されて以来、京から寺に参る人は誰もがこの門をくぐって、大仏殿に至る。

仕掛けがあった。坂を歩む自分にとって、差別された大衆がおりなす光景を見て、自省することは清めでもあった。そこを過ぎるといつしか騒々しい空間となる。旅人はこの厳かで華やかな前奏に続き、いよいよ大仏を仰ぎ見る。この世の極楽が見られ、感極まり、高揚した。北山はそうした装置・仕掛けとして位置づけられていた。反面、この装置は、当時は不治の病とされていたライ患者、さらに激しく差別されていた皮革製作従事者にとっては、生活するために必要で効率的な装置だった。なにしろこの通りは通行量が多い。くわえて、裕福な通行者が多かった。いわば繁華通りの一等地である。厳しい賤視の目が向けられたが、被差別大衆支援に仕掛けは有効に働いた。だが、すべての貧者が恩恵を受けられるわけでもなく、貧者社会内の階層差もあって、疎外されるものもいた。

2　癩者の光景——外側から、そして内側から

その1　謡曲「景清」と「宗長日記」—北山宿の癩者たち

謡曲「景清《かげきよ》」に、源頼朝を討つために、平景清が自身の顔・体に漆を塗り、乞丐人《かたいにん》のなかに混じ

る情景がある。かぶれて赤くただれたのだろうか。道中「道にて会いける大勢が、中をあけては通せとも」とあるように、ライ者に偽装した景清が群衆のなかを進んでいくと、周りが避けた。

　漆にて我が身を塗らばや、と思い、五体をとろりと塗りたれば、乞丐人の如くなり、文殊堂の辺りに、百人ばかり並びいたる、乞丐人のなかに混じりて、大道中にとうと寝る。蓑の裏返し着るままに、一切無縁の乞食に施行をひかせ給えやと、はっとあけて、そこい《(去)》にける。

これによれば、般若寺文殊堂には百人ほどの患者がいて、景清は大道にて蓑を裏返しにして喜捨を乞う扮装をしたとある。

大永三年（一五二三）『宗長日記』（M593）に、

　なつの夜の　やぶれ　かや笠　立いでて
　　はん若寺ざかの　大乞食ども
　心みな　せちべん坊*や　文殊ゐん（*世知弁坊、けちんぼう）

とあり、般若寺坂および文殊院（般若寺）周辺に乞食の集団がいた。
『更級日記』に「初瀬には、あなおそろし、奈良坂にて人にとられなば、いかがせむ」とあることも、古代以来の都人の奈良坂に対する予断・偏見を示している。

『古今著聞集』（巻十二）に、「奈良坂にて山だち待ちうけて、布施物みなうばいとりてけり」とあるイメージも似たようなもので、山賊のすみかとされている。

その2　北山宿に入れぬ癩者たち

発病し、奈良まで来ても北山宿に入ることができぬ人もいたようだ。『多聞院日記』天正六年（一五七八）八月二十日条（M272）に以下のようにある。

一　伊賀国ノ女、廿歳ノ前後ナル二人兄弟、癩病ニテ国ヲ出テ、ナラ《奈良》ニ乞食テ、未北山ヘモ不入、ツヰカキ《築垣》ノ下ニテアリシカ今朝少《小》キ蛇*、女ノ前ノ穴ヘ入了、苦痛悲嘆既可死ト云々、因果ノ程浅猿々々

この前段には、

一　超昇寺近年悪逆之間、籠名調伏之處、息一人「ウソ《ママ》」癩病、一人順源房ハ此間狂気と云々、冥罪《冥罰か》眼前〱

という文があり、当時のライに対する意識・偏見がうかがえる。ライ悪業感・前世今世の応報その

ものである。後段の女に関する風聞はそれを受けての記事である。癩でありながら、北山宿に入ることもせず、路頭、「築垣《ついがき》の下」で生活するものがいた。つまりわずかに築垣の屋根の軒下にて雨露をしのいでいた。その女性が死んだ。女性の死について、『多聞院日記』は陰部に小蛇が入って、その苦しみで死んだと記している。一読してみても意味がわからない。あまりに非現実的である。『多聞院日記』の文は、性的行為にかかわる応報をイメージさせる。売春が背景にあったとしてこの文を読めば、理解が可能ではないか。

ただでさえその顔貌を恐れられるライ罹患者が、よりによって私娼行為をした。むろん乞食惣中（北山非人宿・長吏）の許可があるはずはない。奈良は恐しいところと、風評をもたらす。黙視はできない。いや、じつはすでに風評があって、苦情が寄せられていたのだろう。

「因果ノ程」（どのような因果か）、「浅猿々々」（あさまし、あさまし）。日記の記者ならずとも、慨嘆せずにはおられぬ事件だった。

癩者を管理する北山宿にとっては、この姉弟（または兄妹）は二重に許容できなかった。第一は二人が彼らの非人宿に入らなかったことである。第二は女子が癩者でありながら客を取ろうとしたことである。北山非人宿からしてみると、死に値する行為で、とりわけ第二は決定的であった。市中の人のうわさになりやすいように、遺体に猟奇的な措置をした。

＊『男女御土産重宝記』元禄十三年（一七〇〇）・京都版三巻（『重宝記資料集成』四）、八一項に「女人陰門へ蛇入りたる時の事」なる記事がある。「枇杷の実十粒を飲ませれば尾の先が見えるから、それを

破り、胡桝をはさんで糸で括れば、蛇が出てくる」と書かれている。ますます意味不明であるが、何かに強烈にとりつかれた状況を象徴するようだ。蛇が陰門にかかわる強い災悪として意識されていたらしい。この前後の記事は陰門の症病にかかわるものが多く、かさ（瘡、梅毒であろう）の記事もある。

その3　北山宿に入らぬ癩者たち

癩を発病したならば容貌が変わってしまう。発病を隠すことはできない。近代の例だが、発病者がいるとわかれば、たとえ嫁いでいても本人ならばむろん、姉妹や血縁者であっても離縁される。それ以前の時代においても当然同様である。家に居つづけることは、よほどの資産家以外にはあり得ない。家を出て非人宿に入った。

一　力者一臈正陣法師、受癩病之間、自今日登紀州高野山、遺跡事申付慶億之由、言上之、不便々々、七十五歳歟云々（『大乗院寺社雑事記』文明四年正月二十七日条、M306）、

一　禅定院力者一臈見申、法師正陣老体者也、然悪瘡令出来之間、此両三日以前、坂者共寄懸之間、今日登高野云々、如何様宿因哉、不便（「安位寺殿御自記」文明四年正月二十八日条　国立公文書館内閣文庫、M306）

『大乗院寺社雑事記』は大乗院門跡であった尋尊《じんそん》の日記である。文明四年（一四七二）正月末、禅

定院の正陣法師が癩を発病した。禅定院は大乗院主が兼帯する興福寺枢要の寺院である。正陣は『雑事記』には四〇ヶ所近くも登場し、力者《りきしゃ》（力者法師）としての活動がわかる。力者は下級僧侶で、興《こし》をかつぎ、馬の口を取り、長刀《なぎなた》を持って供をする。正陣という名は、『雑事記』以前にも、明徳三年（一三九二）の「御力者交名」の筆頭にみえる（「大神宮御参鳥目等雑記」内閣文庫・興福寺大乗院旧蔵、『大日本史料』同年十一月二十七日条）。八〇年後にも同じ名前であったから、力者正陣は襲名であろう。慶億は前年文明三年十一月十五日条に正陣猶子として初参したとある。この頃すでに正陣は不調であった。

発病八年前、寛正五年（一四六四）九月二十五日には五ヶ所を召したときの宰領として、正陣の名がみえる（M228）。当人である。大乗院の一員であって、賤視された五ヶ所の人々との接点があった。『雑事記』文明三年正月十三日条によると、河原ノ者らへの給与（費用）を工面した人物は慶徳で、やはり力者で、正陣や慶億と同じ集団にいた。

正月二十日過ぎから正陣の発病を聞きつけた「坂の者」（北山宿であろう）が、しきりに押しかけてきた。だが正陣法師は北山非人宿に入るという道は選ばなかった。いわれるがままには、なるまい。奈良と北山はあまりに近い。衰えた憐れな姿・容貌を、見知った者に晒したくはない。そう考えたのであろう。

力者は日常に五ヶ所や河原ノ者と接点をもった。正陣と坂非人との間にも、直接の接点があった可能性がある。常日頃に、非人をさげすむ行動・発言がなかったとはいえないし、むしろあったとみるべきだろう。
非人宿に入るよう「寄懸」けてきたという坂の者の行動は、強い示威行為である。癩人は恐れられるが同情も引きやすく、他に較べて「あがり」（もらい、収益）が多かった。なによりも相手が興福寺と一体の禅定院であるから、そこからの経済的な利点も想定できた。その縁者を引き取るわけだから、人脈のうえでも今後のやりとりになにかと有利となる。

「不便々々、七十五歳歟」（尋尊）、「如何様宿因哉、不便」（経覚）

尋尊も経覚《きょうかく》も同様の感想を記している。七十五歳になってわずかな余生を残すのみなのに発病とは。寺内からの発病者は、尋尊らをも苦境に追いやる。長年接してきた身内のものに対してまで、「悪業応報」と記すことはさすがになく、「いかなる宿因か」と疑問を述べるにとどまった。

正陣法師は遠く、紀伊国高野山に向かった。『紀伊国続風土記』高野山・「非事吏事歴」が引用する「破禅鈔」には「高野山癩者・天王寺旦過《たんが》僧＊・奈良癩者」とあったから、代表的な患者の居住地がこの三所といえるだろう（本書224頁、補論）。

＊（四）天王寺の場合は旦過僧と呼ばれているが、旦過は僧侶の無料宿泊所をいう（服部『地名の歴史学』）。無料だから乞食が集まりやすかった。伊勢や阿波（探禾）では差別語である（本書341頁）。

その4　非人長吏・濫僧の短い生涯

非人集団を統括した人物を長吏といい、各宿に一人がいた。清水坂非人宿には長吏（一臈）、二臈、そして下座《しもざ》《(げざ)》たる数名の管理者と、その下に小法師原《こぼうしばら》がいて、武力も担った。長吏や下座の法師たちは国の名前（若狭、筑前など）を名乗っていた。奈良坂は大和・伊賀・山城の一部の、清水坂は山城・近江・丹波・紀伊のそれぞれ一部の非人宿を支配下に置いた（後述、166頁）。長吏は各宿に一名で、国名を名乗ることが多かった。巨大宿だった北山宿でも長吏は一名であろう。

鎌倉時代、そのトップにいた人物が「奈良北山濫僧長吏法師」として『明月記』に登場する。『明月記』は歌人でもあった貴族藤原定家の日記である（藤原定家日記、元仁二年＝嘉禄元年〈一二二五〉三月十二日条、M5）。

> 十二日、朝天快晴、南京下人説云、奈良北山濫僧長吏法師非其病、容儀優美法師仮例人之姿、発艶言、掠取尋常家々女子、已及三人之間、漸有事聞、欲焼払其住所之間、欲逃去、遂斬其首懸路傍云々、就中信宗法印信弟子僧都最愛娘去年十三、住所焼亡之中、不知行方失之、臨此時返送之云々、末代事、付視聴驚耳目歟

十二日、朝から快晴である。（定家が）南京下人（奈良にいた家来）から聞いた話である。北山の僧が処刑され、首が晒された。殺された僧は、「其病」（ライ病患者）ではなかった。だが人（「良民」）

の姿をかりて甘い言葉をささやき、通常の家庭の子女と関係した。しかも三人も、である。

定家はこの病気を単に「其病」（そのやまい）と表現した。奈良北山の住人は、すなわちライ患者である。一般にはそう認識されていたから、このような表現になった。男は「容儀優美法師」つまり容姿端麗なる「濫僧・法師」で、罪に問われて家を焼かれた。だがしばし逃亡し、ついにつかまって斬首された。

濫僧は「ラムソウ」「ラウソウ」である。鎌倉時代の書物『塵袋《ちりぶくろ》』には「ラウソウ　乞食等の沙門の形なれども其行儀、僧にもあらぬを濫僧と名付けて、施行引かる、をば濫僧供と云ふ」、（濫僧は）「非人、カタヒ、エタなど人まじろいをしない人と同じさまである」とする。

彼が人まじろいをせぬ長吏（非人）でありながら、平民・良民（「尋常」）の女性と関係したことが罪とされた。「例人の姿を仮（か）り、艶言をもって、尋常の家の女子三人を掠め取る」、定家は、そう書き残している。この短文から、差別に関する多くの情報を読み取りうる。濫僧は「例人」（れいびと、通例、「ふつう」の人間）ではないにもかかわらず、その姿を「仮り」、「尋常」の女性と交渉をもった。そのことが家を焼かれ、斬首とされた大きな理由である。彼は例人でもないし、尋常の存在でもない。「非人」であった。北山濫僧が同じ「非人」身分の女性と交渉をもつかぎりには、複数人であっても、断罪されることはなかった。濫僧（長吏）は非人集団の支配者だから、資金力はあった。外見ではふつうの僧のように振る舞うことが可能であったが、定家ら貴族らにしてみれば、それは仮《借》りた姿だった。本来なら、一見して非人とわかる姿をすべきだとされた。

長吏に定められた服装がどのようなものだったのか、はわからないが、『一遍上人絵伝』にみえる柿色の覆面姿、あるいは有髪の乞食僧だった梵論《ぼろ》（暮露《ぼろ》・ボロ、「七十一番職人歌合」にも登場する）などが、濫僧長吏の姿に近かったのかもしれない。非人にはおそらく、整わない蓬髪《ほうはつ》（草髪、乱髪）が強いられた。

そうした風体ではなく、「例人」として振る舞えば、簡単に非人と気づかれることはない。恋人といえども同じである。眉目美わしく生まれついた男は、例人として「仮」装したときに受ける、女性からの潤んだまなざしを知っている。いっぽうでは、強いられた非人の装いに投げつけられる冷徹な視線を、抗いえずに受けとめていた。落差を日常的に体験していた。

奈良坂非人陳状（後述）には、自ら卑下する「今乍為非人之身」「縦雖為非人」といった発言もある。ただそれは、公的で政治的ななかでの発言である。境遇にあらがい、秩序に抵抗する自我意識も、いっぽうでは確実にあった。差別を続ける社会を自ら納得することなどできようか。人間である以上、疑問を抱くことは当然だった。

恋に落ちた女性は深く契った相手の身分・住所を知ったときには、どう反応したのだろう。相手の女性の一人は「信宗法印信弟子僧都最愛娘」だと明かされている。信宗法印は正治二年（一二〇〇）より、興福寺の権別当《ごんのべっとう》（『興福寺別当次第』）であった。興福寺のナンバー2である。事件の二〇年近く前、建永二年（一二〇七）八月二日に六十三歳で卒去している（同、『大日本史料』四編九、同年三月是月条）。長吏の恋人の一人は、その興福寺の頂点にいた信宗の弟子の愛娘で、数え十四歳（去年十三歳）であった。「信弟子僧都」とは誰か。信宗の弟子といえば、みながわかる人物だったのだろう。彼もまた僧都という地位にある高僧だった。興福寺では僧都であれば、別当になる資格があった。信宗の後継者にもなり得る立場であろう。

濫僧長吏はどのようにして、高僧の女子と知り合ったのだろうか。長吏だから定期的に興福寺には行っていたであろう。だが職務としての出会いではあるまい。

興福寺高僧娘と、興福寺によって非人問的に支配される非人僧との恋であった。娘は住宅が焼亡したときから行方不明となり、濫僧処刑によって「返送」されたとある。娘は濫僧法師のもとに同居し、ともに逃げていたようだ。数え十三歳（満十二歳）というから、一途な初恋である。女子は幼少時に、寺のどこかで会話をし、「優美」な容姿に心を奪われた。この時代、賤視された身分に落ちるとしても、愛を遂げようとした女性がいた。

濫僧は死を覚悟しながら、差別する社会に復讐をし、逆に処刑された。いともたやすく。いみじくも定家が書いたように、見聞きするにつれ、驚くばかりの事件であった。

3　北山宿――非人の具体像

その1　奈良坂非人

大和には非人宿が複数あって、七宿または「癩宿」一七宿《いちしち》といわれた（忍性の伝記である『感身学正記』、『性公大徳譜』寛元元年、『忍性菩薩遊行略記』)。これらの宿の頂点にたち、支配力をもったのが、本宿といわれた北山宿である。奈良坂・般若坂にいた坂非人(坂ノ者、非人)を中心とする。西大寺叡尊や忍性の有力な活動拠点として知られる。

『元亨釈書』には、

「奈良坂有癩者、手足繚戾(手脚繚戾は法華経にみえる白癩の病状)、難于行丐、以故数日不飡之有矣、時性《忍性》在西大寺、憐之暁至坂宅、負癩置鄽、夕負帰旧舎」

という有名な忍性の行動が記されている。忍性は朝に西大寺から奈良坂の癩者の家に行き、奈良の市街の物乞いの場まで運び、夕方に再び家に連れ戻した、とある。彼らの家は奈良坂にあった。奈良市中までは半里以上の距離があり、決して至近ではない。

承元三年(一二〇九)十月　日の「北山宿非人願文」(M2)に、「非人等、朝出夕帰日々、廻遠近之巷、夏日冬凍歩々、愁苦痛之切、殆無支身命之計」とあり、この距離を、歩くことができるものは自身で市中に出かけた。それが日課だったとある。けれども全員が奈良市中まで毎朝行ったとは思われない。忍性伝承には誇張や創作があり、彼らの主な乞場は街道筋、奈良豆彦神社から般若寺一帯にあった。

近世のようすは村井古道『奈良坊目拙解*』(元本は享保二十年〈一七三五〉)に記されている。市中物乞は毎日の日課ではなく、除夜一晩限定の営為になっている。

＊『奈良坊目拙解』は奈良市史編集審議会編『奈良市史編集審議会会報』一所収、一九六二。奈良坂にかかわる記述は『奈良県同和事業史』七頁にも引用される。なお同書・綜芸舎刊（一九七七）は喜多野徳俊が現代語を交えて訳したもので、一部差別表記が削除されているので、被差別民衆史の史料には適さない。

毎歳除夜、富々ト云フ者出自当郷（奈良阪）、数輩到集于福智院因幡法師ノ家、賜献而後言富、富者唱「富貴豊饒福寿」等之言、故呼之云富也、其後徘徊於南京町中ヲ、自カラ高声ニ唱「売富々」ト、欲聞此ヲ之人呼之時、彳其ノ門口戸ニ而、唱「富貴繁昌之事」ヲ、与青銅或白餅一二箇ヲ也、宝永正徳年間、粗々、有大晦日夜此事、近世曽以不聴富々ノ声ヲ、竟ニ令断絶乎、盖辱テ卑劣之業、自カラ止カ乎不知。按ニ唱門師ノ之類族也因之自古、俗ニ称夙唱門師、此ノ謂乎

『平城坊目考遺考附録』奈良阪町（一八九〇、一九九八復刻、二八〇頁）には、より簡略な記述ながら

先年除夜毎、富々と云者当郷より出、三綱福智院因州の宅に集会し而後南京町小路を徘徊すと、今此沙汰不聞

とある。前者ではトミトミ（富々）は声聞師（唱門師）だとされている。日常営為ではなく年に一夜、大晦日の夜に限定されていたとある。それさえも享保の頃には廃れていた。これはほぼ近世京都市中の物吉の行動に同じである。『奈良坊目拙解』には「当奈良夙」「各夙邑」という表現がみえている。近世中期までは夙・唱門師とみられていた。樒《しきみ》や抹香《まっこう》や歯朶《しだ》を売っていたとある。

奈良豆比古神社の伝承（平城津彦神祠由来『神道大系』神社編大和国）に「田原天皇（施基皇子）が白癩となった。子は浄人《きよひと》王と安貴《やすたか》王で、浄人は弓削首《ゆげのおびと》 夙人《しゅくひと》という名を賜った、この兄弟を都夷（都《と》鄙《ひ》）の人は「夙冠者黒人《しゅくのかじゃくろひと》」と呼んだとある。この夙については「毎夙里々散楽者共形成、父王奉負、奈良市中出天、弓矢弦又草木花果実、或俳優志歌舞天、父王奉養育、市中人々奉見父孝有事、褒テ孝ノ夙人ト呼ブ」（兄弟は夙里ごとに散楽し、父を負いて奈良市中に出、弓弦や花々を売り、あるいは俳優をし、歌舞によって父を養った、それで孝の夙人と呼ばれた）、「山城国清水夙衆ハ我等庶流」（清水夙は弟である。詳細は後述）とあるように、夙村であったことを前提とした縁起である。

村瀬栲亭の『秇苑日渉《げいえんにちしょう》』（芸苑日渉に同じ、『日本随筆全集』一）に、

京師松原街東及南都般若阪有癩坊、歳首・中元・歳晩三節、癩人相率来坊市、各戸索米、不与則罵詈云々

とある。村瀬栲亭は、延享元（一七四四）～文政元（一八一八）年の人である。これによれば大晦日のほかに年二回市中来訪があった。ここは奈良阪（坂）ではなく、般若阪（坂）とある。

北山十八間戸は奈良坂ではなく、位置が異なって般若坂にあったライ人宿所である。これについて報告する『奈良県史蹟勝地調査会報告書』第七回（奈良県、大正九年〈一九二〇〉）は、右を引用したのち、

以て癩者の此附近に多かりしを知るべし。之を奈良の故老に聞くに、北山十八間戸の癩者、春夏の交、市中を「音なしや、はなく千本」、又郡部を「音なしや、春日の初穂」と呼びつゝ、叺《かます》を持ちて、一戸一戸銭貸を貰ひ歩きしを見たり、と。「はなく」は花供養の意かと云へり。予、嘗て、東大寺二月堂修二會の節、食堂の作法を見しことありしに、練行衆の食事終りし頃、「バンショ」「バンショ」と連呼して、大なる破（羽？）釜の只上部の輪金のみなりしを大の男二人して食堂に運び入るを見たり。これは、昔二月堂練行衆の残飯を此釜に入れて乞丐（○北山十八間戸の癩者）に施《ほどこ》し、名残の存せるなりと聞けり

と記している。

二　東大寺による北山支配――悲田院を継承した東南院

1　般若寺と十三重石塔

ア　悲田院の継承

研究史において、北山宿・奈良坂の支配に関しては興福寺の存在が強調される。奈良坂非人陳状という史料からの強い影響がある。それはむろん誤りではないが、しかし東大寺の非人支配もまた興福寺以上に強くあったと考える。なぜなら以下に順次述べるように、北山には東大寺領（東南院領）河上庄や大仏殿燈油料田（鳥羽庄）があり、般若坂も奈良坂もこの東大寺領に含まれていたからである。

これまでの北山研究においては指摘されていないが、領主東南院こそが東大寺悲田院を継承した院家であった。すなわち延喜七年（九〇七）二月十三日僧正聖宝起請文（三宝院文書、『平安遺文』四五五二）に、

「東南院
（中略）
悲田一宇、移立領掌、為代代院主房、永傳於一門」

とある（永村眞『中世東大寺の組織と経営』一六三頁）。おそらく本願聖武天皇の時、光明皇后が発願した悲田院であろう。

保元三年（一一五八）九月　日、東南院薬師堂・院主坊・西南院由緒記（保阪潤治氏所蔵文書、東大史料編纂所レクチグラフ、『平安遺文』未収録）にヒテム院（悲田院）とみえる。

院主坊事
三位法印之尊師自筆御日記ニヒテム院《（悲田）》ヲコヒウケテ立テラレテ御坐、于今其マヽナリ

東南院ほかの沿革を記す東大寺の旧蔵文書である。この前段に「弘法大師ハ佐伯氏人ニテ御管領眞雅僧正ニ譲与也、僧正譲尊師ニ之御時東南院ニ移サル」とある。院主坊・三位法印は東南院主で、尊師こそ眞雅の弟子で東南院主となった右記の聖宝（醍醐寺開祖）である（『東大寺縁起』『続群書類従』所収、『東南院務次第』『大日本仏教全書』所収）。この史料によっても、平安期に東大寺ヒテム院（悲田院）が東南院にあったことが裏付けられよう。

大山喬平『日本中世農村史の研究』は、大和一国の守護は興福寺であったから、一国検断権をもつ興福寺が大和非人宿支配権をもつとした（四一三頁）。ただし癩者居住区として知られる薬師寺周辺六条枝郷夙村（推定西京宿）の場合には、等しく大和国内であっても、薬師寺の管理下にあったのであり、興福寺の強固な支配のみがあったとはいえない（吉田栄治郎「薬師寺西郊の夙村と救癩施設・西山光明院」『リージョナル』4）。

河上庄および奈良坂・鳥羽庄の根本領主であったことがはっきりしている東大寺を抜きにして、北山における被賤視大衆支配の実態を考えることはできない。北山宿は東大寺と興福寺の支配が錯綜し、末端における両者対立の場でもあった。

イ　東大寺と般若寺

そこで北山の中心、般若寺の歴史を東大寺の視点から考える。これまでの研究史では般若寺は復興以来西大寺系の拠点寺院とされている。だがそもそも般若寺は本願を聖武天皇とする東大寺系の寺院であったし、また興福寺系の寺院でもあった。『今昔物語集』巻十九にみえる般若寺覚縁律師は「本、東大寺ノ僧也」であった。『感身学正記《がくしょうき》』（影写本および解読、平成二年、西大寺刊）の記述によると、平重衡による焼き討ち後、荒廃していた般若寺は、弘長年中（一二六一〜六四）に復興が進む。『学正記』には「偏大聖文殊善巧方便、與願主上人良恵、無想之意楽、計会之所致也」と記述されている。大聖（文殊善巧方便）と組んで、彼に対し金銭的な支援をした人物、つまり願主は良恵《りょうえ》である。すなわち仁治二年（一二四一）に東大寺別当を辞していた良恵であった（川勝政太郎『日本石材工芸史』、『西大寺叡尊伝記集成』、『国史大辞典』大矢良哲執筆）。良恵は関白九条兼実の子で、文永五年（一二六八）に没している。莫大な資財力があったことはいうまでもない。般若寺復興を見届けながら死んだ。般若寺復興には東大寺の意図が強かったとみる（良恵を別人に比定する見解があるが、誤りであることは、本書231頁補論）。

後述するように、般若寺・忍性は東大寺大勧進になっている。こうした東大寺とのかかわりのなかではじめて理解できる流れである。

ウ　般若寺十三重石塔

巨大で美しい般若寺十三重石塔（重要文化財）は無銘である。叡尊の強い影響下に石工集団・行派（行一族）が建立したといわれる。だが宋人伊行末《いのぎょうまつ》こそ、東大寺造営に貢献した人物ではなかったか。境内の笠塔婆二基には碑文があって（弘長元年〈一二六一〉七月十一日伊行吉敬白）、石工伊行《いのぎょう》吉《きつ》が父伊行末を顕彰している。碑文が刻まれたこの笠塔婆は、もとは別位置にあった。楼門から旧街道沿いに南に約一五〇メートル、中の川に行く道の両脇に建っていたとする説明（『重要文化財般若寺塔婆修理工事報告書』三頁）と、南方小字高石の墓地入口にあったとする説明（西村貞『奈良の石佛』、一九四二）とがある。おそらく両者は同じ場所だろうけれど、前者の「中の川」、後者の小字名「高石」とも現在は消えている。碑文については古来より先学によって解読がなされているが、読みは区々である。拓本の報告・紹介は未見である。*

先考宋人行末者異朝明州人也而来日域経歳月即大仏殿石壇四面廻廊諸堂垣揚荒無□□悉毀孤為□□□□□発吾朝□陳和卿為鋳金銅大仏以明州伊行末為衆殿□石壇故也土匪直也□者也則於東大寺霊地辺土中得石修造正元二年七月十一日安(晏)然逝去彼嫡男伊行吉志□(同)三年建立一丈六尺石率都坡二基以一本廻過去慈考以一本宛現在悲母就中般若寺大石塔婆為果大工本趣□為□彼影像所写也此□□建立也然与今以企□□□□上同合与力并阿(経)□上人修石壇大功徳結縁畢願以此功徳救□亡□□□苦偏□□…□(常)忉利天今一人(子)行吉造石□(率)都坡(婆)詣極楽界都一切衆生□□□□□

弘長元年辛酉七月十一日伊行吉敬白

＊『報告書』の解読は岡田英男氏が堀池春峰氏とともに読んだとある。銘文は『報告書』のほか、『大和古寺大観』（一九七七）、『奈良県史』石造美術・金石文、山川均「般若寺層塔について」『リージョナル』3、http://www.pref.nara.jp/dd_aspx_menuid-9280.htm、一部右と異なる。なお木崎愛吉『大日本金石史』（二―一九八頁、一九二二）、川勝政太郎『日本石材工芸史』（一九五七）の段階では読まれていない文字がいくつかある。

伊行末は陳《ちん》和《な》卿《けい》（宋人）とならぶ東大寺再建功労者である。伊行末は「東大寺霊地辺」において石を用意した。行末が「安(晏)然」つまり安らかに死んだあと、嫡男伊行吉は一周忌にあわせて、その日付で父のため一基、現存する母のため一基の笠塔婆を建てた。塔婆建立の目的は般若寺大石塔「為果大工本趣」と記している。

「大工の本趣を果たさんがため」とあるように、大石塔婆建立は「大工」伊行末の遺志である。つまり行末が制作に着手したが、完成しなかった。つづいて「□上人、修石壇、大功徳、結縁畢」とあって、(東大寺大仏殿)石壇を修する大功徳が結縁《けちえん》したとある。

いっぽう叡尊が文永四年(一二六七)に記した『般若寺文殊縁起』(『修理工事報告書』五頁、『大和古寺大観』三、一三五頁)によれば、十三重塔は大善巧《ぜんぎょう》人が発起し初重までを製作したところで死去し、そのあとに禅侶《ぜんりょ》が完成させたとある。先に引用した『感身学正記』にも「文殊善巧方便(人)」などとみえる。ここでは文脈から考えて伊行末とみたい。碑文中に正元二年(一二六〇)死没とあるからこの時、初重ができていた。文永四年以前に十三重全体が完成した。

昭和三十九年(一九六四)般若寺十三重塔解体修理に際し、初重軸石の納入孔からは金銅舎利塔、金銅五輪塔、水晶五輪塔が、四重目軸石の納入孔からは法華経と建長五年(一二五三)の墨書名のある法華経外箱が、五重軸石の納入孔からは如来立像、十一面観音立像、大日如来座像ほかが、八重、十重の軸石納入孔からも諸仏ほか納入品が見つかっている(前掲『修理工事報告書』一九六五)。法華経外箱の紀年銘は建長であるから、伊行末が死去する正元より七年も前である。伊行末の指導のもと、大石塔は企画構想段階、ないし着手時期であった。もし諸説のように建長に完成していたとすると、その後の正元段階に未完成であったとする笠塔婆碑文や『縁起』の文意が理解できなくなる。

エ　結縁した人々と東大寺

法華経を納入した箱には多数の結縁者の名前がある。建長の墨書名にあった僧侶（証真、○実俊、玄舜、永海、永誉、永芸、◎源真、頼辺、永弁、女乙若、○比丘尼順阿弥陀仏、比丘地蔵坊、○比丘尼福阿弥陀仏、○春徳丸、○空忍、以下は『大和古寺大観』三、九二頁、般若寺修理報告書では底面の永弁以下六名が省略されている）のうち、文永五年（一二六八）二月と同年四月八日の元興寺《がんごう》聖徳太子像胎内文書（『鎌倉遺文』九九一七、九九一五、一〇〇四八）、西大寺釈迦如来胎内文書（『大日本史料』建長元年五月七日条、『西大寺叡尊伝記集成』）、西大寺叡尊像胎内文書二点（『鎌倉遺文』一四〇九三、一三〇九四）に名前がみえる人物が六名いる（前掲人名のうち○と◎を付したもの）。また「西大寺田園目録」（寄進された田地の台帳）に源真（◎）の母（寛元三年〈一二四五〉金阿弥陀仏）や姉（宝治二年〈一二四八〉南賀仲子）が登場する。俗姓は南賀氏であり、一族全体が西大寺を熱烈に支援した。また興正菩薩年譜・宝治丁未（元年〈一二四七〉）夏安居《げあんご》初半月十日願文、同年五月二十五日願文、八月十八日西大寺愛染明王胎内文書にも、叡尊・忍性らと並んで登場している。西大寺・般若寺の中核的指導僧であった（人物検索にあたっては東大史料編纂所データベースを利用している）。

ただし源真（尊順房）は延応元年（一二三九）、東大寺別当真恵《しんけい》が般若寺別当となったときの中綱としても名がみえる（「東寺長者補任」）。東大寺別当が般若寺別当となった。源真は般若寺僧として東大寺別当真恵に仕えている。般若寺にいたし西大寺にも近かったが、東大寺に無縁ではなく、むしろかかわりが深かった。

「東大寺別当次第断簡」延応二年（一二四〇）年預《ねんよ》慶賀の項（『修理工事報告書』五頁、『大和古寺大観』三、八九頁）に、「同六月十二日、順定《じゅんてい》法橋、北山般若寺石塔五重之中、所々御舎利貴所御自筆御舎利心経奉籠、道俗男女群衆」とある。この記事は「東大寺別当次第」にあるから、「御自筆御舎利心経」とあるものは、延応二年（一二四〇、すなわち仁治元年）、当時の別当良恵の筆跡である。般若寺石塔建立に東大寺良恵が主体的に関与した。順定については宝治元年（一二四七）東大寺千僧供養（春日神社文書二・『鎌倉遺文』六八六九）にみえていて、東大寺僧であろう。ただし順定は正嘉二年（一二五八）唐招提寺釈迦如来、文永五年元興寺聖徳太子像それぞれの胎内文書にも登場する。東大寺僧で、かつ唐招提寺や元興寺にて律宗教団の一員としても行動していた。戒律を重視する律派の僧が東大寺に多数いたことは永村眞『中世東大寺の組織と経営』（四五三頁以下ほか）に詳しい。般若寺がその集結の場になった。

建長法華経納入に登場する人物についても東大寺側に同じ名前の人物がいる。同一人物なのかどうか、単なる偶然なのか、わからないけれど、仁治三年（一二四二）から弘長二年（一二六二）まで五点の東大寺文書（『鎌倉遺文』六一六四、六七三〇、八〇一五、八五一〇、八八〇九）に実俊がみえる（五通の実俊の花押には、似るもの、似た印象を受けるものが複数ある）。玄舜の名も文永六年（一二六九）から正応二年（一二八九）の東大寺文書に、また春徳丸も文永五年、弘安九年（一二八六）の東大寺文書

（いずれも百巻本）にみえる。

「別当次第」にみえる塔は北山般若寺石塔と明記されている。ただし五重石塔である。延応二年は建長期よりも十数年も前だから、十三重塔の構想はいまだ現実化していない。五重、九重、十三重の塔を順次建築する構想があったのかもしれない。いま般若寺に五重石塔はないが、他所に移築などされたのだろうか。

「建長五年・法華経外箱」は、発願のときに書かれたものだろう。法華経には多造塔寺の思想がある。この段階では未着手で構想のみがあった。大規模な宗教施設は一気には完成させない。むしろ節目節目の法要による過程を重視する。十三重のうち、いくつかの重軸石・納入孔に納入品があることは、こうした節目毎の法要と関連があるかもしれない。

建長期に結縁した人たちは、源真、永海、実俊等、叡尊の律宗教団に深くかかわる人たちだった。と同時に東大寺にもかかわりがあった。塔建立には東大寺の資金力があったと考えるべきである。建長期にも正元期にも塔は完成しておらず、法華経外箱は数十年後の完成時に発願にかかわった人物たちを回想する遺品・記念品として納入された。みたように東大寺別当を引退後に、般若寺別当に着任するケースが真恵、良恵などのように多かった。すなわち般若寺復興は東大寺中枢と、その周辺律派の人物によって着手され、般若寺僧が主体となった。彼等は東大寺僧でもあった。そして東大寺再建に貢献した宋人（伊行末とその子行吉）によって大陸の最高技術（すなわち当時の日本の最高技術）が用いられた。

いっぽう弘安十年（一二八七）般若寺・宇填王《うてんおう》および善哉童子《ぜんざいどうじ》造像願文によれば（M40、『鎌倉遺文』一六二四五）、この像は興福寺（宇填王は琳英得業《りんえいとくぎょう》・善哉童子は英春僧都）の発願により造像され、東大寺戒壇凝然《ぎょうねん》を尊師として題賛を開いた。供養僧衆交名《きょうみょう》には当寺分（興福寺分）と戒壇院分（東大寺分・凝然）があわせて記されている。この場合は興福寺ならびに東大寺戒壇院の影響下にあった。

般若寺に拠点を置いた忍性（良観）は、東大寺からは距離のあった僧侶のように思われがちだが、じっさいは東大寺の中核にいて、永仁の頃に東大寺大勧進に任じられている（永仁二年〈一二九四〉七月二十七日関東御教書、ほかに「造東大寺大勧進良観上人」〈『鎌倉遺文』一八六〇五、六〇六、六七三〉、嘉元元年〈一三〇三〉八月　日「良観上人舎利瓶記」、永村前掲書）。すなわち、そもそも般若寺は東大寺の一拠点であった。真言律の影響を強く受けるが、両者には一体性があった。救ライは東大寺によって般若寺にて行われた。

2　非人温室と呪師庭

ア　温室と咒師庭

北山のうち般若坂のある河上庄は東大寺東南院領であり、奈良坂のある鳥羽庄（鳥羽谷）は東大寺大仏灯油料田であり、東南院領であった。とりわけ東南院は東大寺悲田院を継承する院家であった（本書119頁、『平安遺文』四五五二）。こうした経緯を背景に宿長吏の田地売券が東大寺文書にいくつも残された（後述）。嘉暦三年（一三二八）十月五日付および関連する後欠文書、二点の東大寺文書（『大日本古文書』十一巻、①の写真版は『東大寺文書の世界』奈良国立博物館、一九九九、ともにM53）からみたい。

① 東大寺衆議事書

一 新在家北非人温室事、件呪師庭者旁便宜不可然之上者、於般若寺以北、可撰便宜之地候歟、

且 本願御時、被出遣寺辺之癩人於件呪師庭之処、其穢気猶依有其憚、遠＊被遣北山之上者、難

背旧儀候歟、古老口伝候

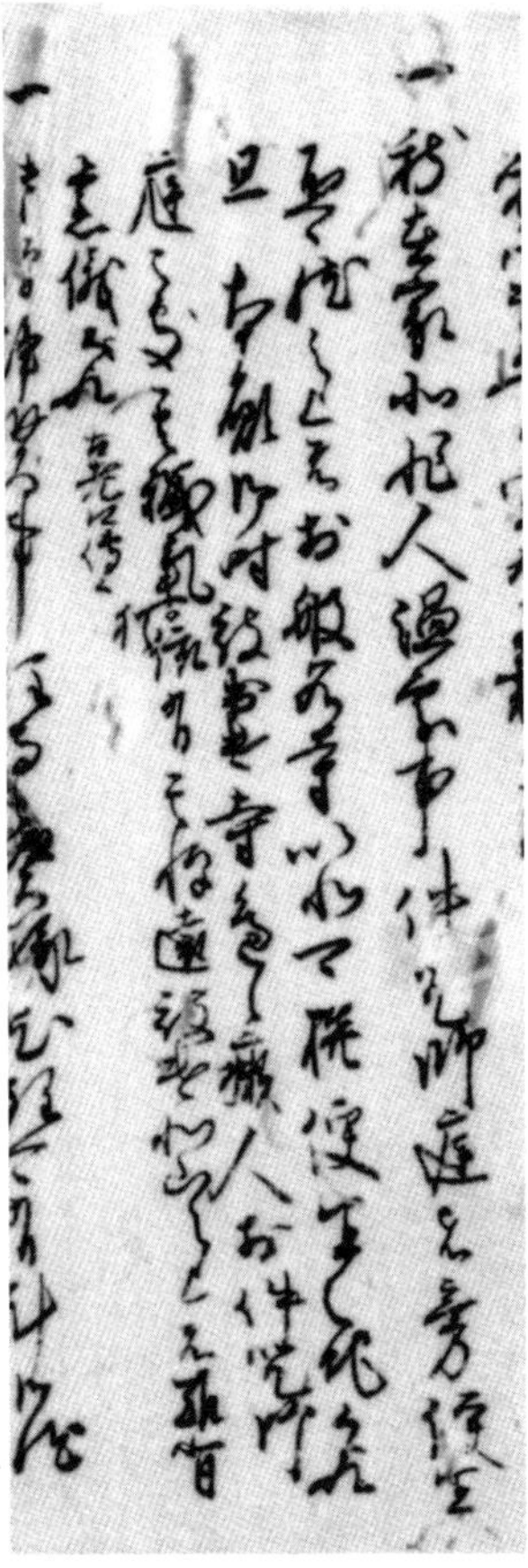

嘉暦３年 東大寺衆議事書 「非人温室」「呪師庭」「癩人」などの語がみえる。東大寺蔵。

② 東大寺政所記録
新在家北非人温室事、穢気分無告見哉、尚重可有其沙汰候哉矣

短くて文意が取りにくいが、以下のような意であろう。

① 新在家の北にある非人温室は、咒師庭に置くのは便宜がよくない。般若寺よりも北にて便宜の地を選ぶべきではないか。もともと本願（聖武天皇）のときも、東大寺境内近くに居住していた癩人を咒師庭に移したのだが、「穢気《えき》」が憚れるということで、さらに遠く北山に設置したという旧例がある。この経緯は、旧儀（先例）として無視できない（＊『奈良の部落史』には「遠」の文字が脱落していて、この脱字が修正されずに解釈が行われているきらいがある）。

② 新在家の北にある非人温室は、「穢気分」について「告見」はないだろうか。なお重ねて検討していく必要がある。

穢気は人の死や病気、不浄などによるけがれ一般をいう。「穢気分（穢気の特性、方角や日数など）についての報告はないのか」というような意味だろうか。

議論になっているのは「非人温室」そして「呪師庭」である。まず温室すなわち湯屋があった。それは東大寺の管轄であった。湯屋のあった「呪師庭」は、般若坂下を指している。久安五年（一一四九）八月十四日・大橋文書に「添上郡般若坂字呪師庭」、長寛二年（一一六四）三月十日僧院懐譲状・東大寺文書（別集）に「添上郡東大寺般若坂下字呪師庭」とある。般若坂は先にもふ

れたように、佐保川から北に上る坂である。東大寺転害門《てがいもん》から京街道を北上する場合、佐保川を渡り、般若寺に向かって登る。この坂が般若坂で、『奈良坊目拙解』の興善院町に「当郷は般若坂の北」（三八七頁）、川上出屋敷町・浄福寺に「当寺の南大路に坂があり、般若坂と号す、俗に源故房坂」とある（三九一頁、浄福寺を源故房といった）。長寛の史料に「東大寺般若坂」とあるように、東大寺の支配下にあった坂だった。

呪師とは何か。呪師は「じゅし、すし、のろんじ」といった。興福寺では修正会《しゅしょうえ》・修二会《しゅにえ》に法呪師と猿楽呪師が奉仕した。たんに呪師という場合は、後者の猿楽呪師を指した（能勢朝次「咒師考」『能楽源流考』所収）。春日祭の途次、奈良坂にて呪師猿楽劇が演じられた（丹生谷哲一『身分・差別と中世社会』二〇〇五、一四四頁）。上演されたのが北方の奈良坂で、般若坂周辺に拠点があったか。

呪師と猿楽はならび称されることが多かった。たとえば、元暦二年（一一八五）一月十九日、文覚四十五ヵ条起請文に、「一、寺中不可入呪師猿楽田楽等事」、「江談抄」後三条院円宗寺供養（江都督願文集）に、「呪師猿楽」とある。下層の芸能人であった。「諏方大明神画詞」（五月会頭）に、「道々ノ輩ニワカチ与フ、白拍子・御子・田楽・呪師・猿楽・乞食・非人・盲聾・病痾ノ類ヒ、游手浮食ノ族、稲麻・竹葦ノ如クニ来集テ相争」とあり、また平安時代中期「新猿楽記」（藤原明衡、『群書類従』）に、「呪師《のろんじ》・侏儒舞《ひきひとまい》・傀儡子《くぐつまわし》・唐術・品玉・輪鼓《りゅうご》・八ツ玉・独相撲・独双六」と列挙される。

「呪師庭」なる地名はいまに伝わらない。佐保川橋をはさんで、南北にまたがって小字「今在家」がある（『大和条里復原図』）。史料の「新在家」に該当するものが、小字「今在家」だと考える。

イ　善鐘寺（善勝寺）前

佐保川北の坂、般若寺坂の西の字名は善性寺である。善勝寺ないし善鐘寺とも書いた。多聞山に続く山は善勝寺山といわれた（『奈良県の地名』）。善勝寺（善鐘寺）では数々の興行が行われた。

於善勝寺ナリ振、梅若大夫勧進舞之云々（「安位寺殿御自記」康正三年〈一四五七〉四月十七日条、内閣文庫）

ナリフリ（鳴振舞）は春日若宮や安位寺経覚の住居や古市城などで舞われている。稚児舞もあった。梅若大夫の勧進舞とある。舞いによって、多くの人を集め勧進を得た。目倉《めくら》（座頭）とならんで登場することもある（以上M78、84、85、107）。

文明十五年（一四八三）五月十九日には「善勝寺（善鐘寺）勧進」として、久世《くせ》（曲《くせ》）舞《まい》が西手掻《てがい》（転害、伝害）にて行われた（「春日記録」、『大乗院寺社雑事記』）。善勝寺は久世（曲）舞の「勧進元」である。上記の善勝寺ナリ振も同様であろう。久世舞は布施舞々とも表記される。吉田栄治郎「加守《かもり（かむり）》の陰陽師」（『リージョナル』8、二〇〇八、インターネット公開）によれば、冠《かむり》法師とも書かれる布施・加守陰陽師の存在が平安期から江戸時代まで確認される。曲舞（布施舞・久世舞）は幸若舞《こうわかまい》の源流になった舞である。芸能の中心的な役割をはたしてきた。「七十一番職人歌合」四十八番に「曲舞」が登場する。この「歌合」での職人には賤視された人が多く含まれる。「鼓を打、くせ舞々の謡をうたひて物を乞けるに」、近世以降、大道において、曲舞のように舞いつつ、物乞いをする者もいた（読本『昔話稲妻表紙』、舞々については『散所・声聞師。舞々の研究』、脇田晴子『女性芸能の源流―傀儡子・曲舞・白拍子』、また本書第十二章）。

般若坂は軍事的要衝だった。文明十二年（一四八〇）十一月、土一揆が奈良を襲撃しようとしたときに「善勝寺口ノ堀」での防衛が図られた（M403）。西に隣接して多聞山城が築かれたのはこの坂の軍事性ゆえである。今在家橋にて防衛戦が行われた事例は多く、正長元年（一四二八）十一月八日、山城から徳政一揆が攻めてきたときも、ここにて要害をこしらえている。一揆は般若寺宿住宅に放火したうえ、南都を目指すが、筒井の軍勢に阻まれた（「転害会施行日記」正長元年十一月条、東大寺文書　薬師院文書、第二―二八六、M77）。

要害だったから関所も設けられる。

①『大乗院寺社雑事記』寛正六年（一四六五）七月十一日条に、

今在家橋事破損之間、御下向以前可修造旨、申送東大寺、万一令無沙汰者、為当寺（興福寺）、渡《わたす》此橋、今在家事、可自専、厳密ニ申送云々

②『経覚私要鈔』文安六年（宝徳元年〈一四四九〉）六月十九日条に、

佐保川橋　質（賃カ）　善勝寺前関、東南院取之

とある。数年に一度の洪水で佐保川橋（今在家橋）は流れ、架け替えられた。架け替え資金調達のため、今在家橋は有料橋で、その橋賃をとる佐保川関が善勝寺前にあって、東大寺東南院が通行賃を取っていたと考える。

①は関銭徴収の権利をもたない興福寺の主張だった。「もし橋修造の沙汰をしないのならば、興福寺として橋を渡し、今在家を自専する」。すなわち東大寺を排除して支配する。東大寺（東南院）が架け替えを怠れば、たちまち興福寺大乗院がそれに代わるとした。

『大乗院寺社雑事記』文明二年（一四七〇）八月二十一日条に、「般若寺関所明願（ママ）入道」「明観＊之住所今在家」「彼明観ハ関所代官也」とある。般若寺関は明観入道の管理下にあった。善勝寺前関（佐保川関）と般若寺関が同じ関なのか別なのかはわからないが、ともに京街道にあった。応仁文明の乱の波及で、明観は「南都防禦」を命ぜられていた。彼には「明観不思儀之悪党、京奈良無其隠者也」、すなわち京都にも奈良にも知られた悪党であるという風評があった。また文明十七年（一四八五）四月五日条に「今在家住人明観入道息」とある（M437）。子も悪党だといい、「狭川悪党」とされていた。狭川は大和国添上郡柳生郷である。今在家は河上庄内と推定されるから（永仁二年〈一二九四〉大仏灯油料田記録に「作権次郎　今在家　他所公事無之　在河上御庄内」）、親子は東南院の被官人と考えられるが、興福寺からみれば悪党行為が多かった。

＊　後述するように、この時代にもう一人、明観（十座頭）がいる。彼は明観「入道」ではなく、明観

「法師」とされている。今在家の住人ではなく芝辻子の住人となっている（Ｍ389）。職掌も異なり、別人である。

ウ　非人温室

このように「呪師庭」のあった般若坂（善勝寺坂）と周辺の様相が復原された。それでは新在家（今在家か）の北、件の咒師庭にあったという非人温室は、どのような施設・行事であろうか。東国を含めた各地の非人施行・非人風呂については、辻善之助『慈善救済史料』（一九三二）、同『日本仏教史』（二巻中世篇二）に詳しいが、北山関連のものは取り上げられていない。

順次史料をみる。まず「東院光暁毎月雑々記」応永三年（一三九六）二月十八日条（興福寺蔵、Ｍ71）に、「十八日（略）般若寺非人垢スリ供養在之」とある。非人（乞食）を風呂に入れ垢を落とした。

嘉吉四年（一四四四）正月二十六日、大乗院孝円月忌に大安寺にて非人沐浴が行われている（「安位寺殿御自記」Ｍ80）。

故御房月忌也（中略）
一於大安寺如形可懃行之由仰遣了、用途千疋遣之
一今日所修、頓写法花経一部、非人沐浴造立阿弥陀一体、送遣大安寺

その費用は僧侶への礼など一切を含めて千疋、つまり十貫文であった。当時は平民も、風呂にはなかなか入れなかった。奈良の町では燃料の薪は高価で、非人温室・垢スリ供養となると頻繁には行いえない。風呂勧進のための久世舞興行も行われているほどだ（『大乗院寺社雑事記』長禄二年〈一四五八〉九月二十四日条、M136）。

風呂は蒸気を充満したサウナ状態が必要であり、気密性に優れた部屋（小空間）が必要だった。簡易な臨時施設・建物というわけにはいかない。恒常的な建物が必要であった。

温室施行の経費がわかる史料がある。京都の事例で、嘉元二年（一三〇四）八月、後深草院崩御の際、生前の徳を顕彰する温室施行があった。「温室施行下行注文」『後深草院崩御記』（『公衡公記』、『部落史史料選集』、『清水寺史』史料編）によれば、「五カ所温室　四貫五百文」とあって一貫文が二ヶ所（安居院悲田院、獄舎）、一貫五百文が一ヶ所（東悲田院）だった。

一ヶ所の温室料経費は平均一貫文弱である（すなわち十万〜十五万円弱である）*。この金額は主として薪の調達価格と従事者への報酬であろう。「温室の余残を以て加える」（余った経費を非人施行の全体に加える）としているので、もともと高めに設定した予算であった。建物を更新したり、修理したりする費用は、含まれていないし、もし含まれていたとしても少額手直しである。温室を五ヶ所に新築できる額には、はるかに及ばない。温室本体は既存建物に少し手を加える程度で利用できた。大安寺大乗院月忌では十貫文（千疋、およそ百五十万円）を必要とした。相当な差がある。

＊　当時の一貫文は現代金銭価格ではいくらなのか。米を目安として換算すれば、いまの十万から十五万円程度の額だと考えている。物価感覚の差異（米換算を採用する場合に、当時、米は今よりはるかに高額だったことなど）、度量衡のちがい（一升、一合が時代や場所によって異なっていた）など、換算にあたっては考慮すべき複雑な要素もあるが、あくまで目安・指標とする。

享保年間（一七一六〜三六）の『奈良坊目拙解』（『奈良の部落史』三七五頁）をみると、「〇阿閦如来　恵信ノ作　温室　在十八間東端号阿閦寺」とあるから、江戸時代にも十八間戸に常設の施設があった（十八間戸の建物〈居室〉は残るが、温室は現存しないので、現在残る部分、史跡指定地は十八間戸の一部かもしれない。カラ風呂の跡があるが、これは明治維新期の短期間の使用だった）。温室は施行のつど、臨時に施設を造るわけではない。「呪師庭」にあった常設温室建物の移設が議題になっていた。

賤視された人々は、一般の湯（銭湯）に入ることができなかったようだ。『大乗院寺社雑事記』に唱門師《しょうもじ》（声聞師）の事例が記録されている。延徳二年（一四九〇）四月、浄土寺銭湯について「唱門師男女入るべからず」としたいと、浄土寺が興福寺に申請した（M484）。それを受けて衆中集会で一決し、制札を遣わした。それまで唱門師は入浴できていた。

その二年後、浄土寺は、今度は「唱門師たちから要求が強いので（「歎申入」）、彼らの入浴を認めたい」と衆中《しゅうちゅう》集会《しゅうえ》に申し入れた。衆中はこれを受けて入浴を許可したいとしたが、尋尊《じんそん》は認めなかった。いったん大乗院家自専の地に制札を立てた以上、すぐの撤回は好ましくないと考えた。尋尊は浄土寺に対し、集儀（衆儀）から申し入れがあったが、あくまで門跡として差配する。いったん決めたことは変えてはならない、明日の風呂も立ててはならないと、頑固だった（M504）。

唱門師の入湯がなぜ忌避されたのかはわからない。はだかになれば同じである。

ライ患者の入浴は忌避された。大分県別府温泉の周囲には大正時代までライ患者の村があった。ライ患者は時間を別にすることによって同浴を避けた。しかし深夜に入浴する観光客がおどろき、さわぐという理由で、排除された。大正十一年（一九二二）、閑院宮行幸《ぎょうこう》に先立って、患者および「非人」（サンカ）の集落が焼却される事件、別府的ヶ浜事件が起きた。公権力による患者の人権侵害事件とされている（本書449頁）。ただし患者の小屋は、それまでも、なかば定期的に焼かれていたともいう。中世北山宿でも清水坂でも頻繁に火災があるが、粗末で外見上も不潔にみられやすい小屋が焼かれることはしばしばあった。

熊野・湯ノ峯温泉では江戸時代には留湯《とめゆ》・男湯・女湯のほかに非人湯があった。粗末ではあったがまがりなりにも患者用の湯が設置されていた。近代には患者専用の旅館があったし、そこに入ることができない放浪患者は、用水路に涌く湯や、川の中から涌出する泉源直下のぬるい流れにて、身体を洗った（服部『峠の歴史学』二二四頁）。慈善・福利厚生のはずだが、良賤混浴は避けられた。

湯屋には経費がかかる。先にみた院崩御のおりの温室施行は、先君の威徳を示す特別な給湯で、無料だった。常時は非人惣中にも経費の負担を求めたのであろう。

エ　疥癩《かいらい》之屋舎と北山十八間戸

移動先として検討された北山および非人温室と、史跡として保存されている北山十八間戸は、言葉のうえでは地理的近似性が感じられるけれど、じっさいには別位置だった。

文永六年（一二六九）三月二十五日、叡尊文殊菩薩像造立願文（般若寺文書・『鎌倉遺文』一〇四〇四、M29）に、「称曰南有死屍之墳墓、為救亡魂媒、北有疥癩之屋舎、得懺宿之便、仍択此勝地、所奉安置也」とある。文永六年にはすでに北山に癩者の居住地（物吉）があって、その位置は般若寺の北であった。いまの北山十八間戸は般若寺の南にあって、北ではないから、ここでいう「疥癩之屋舎」には該当しない。

再度、2―アの史料①②（129、130頁）に戻る。

咒師庭に置かれた「癩人」と「新在家北非人温室」は、近接していた。「本願御時」とあった。本願とは聖武天皇を指すから、平城京の時代、東大寺創建以前、その場所にいたライ患者が東大寺造営にともなって移動させられ、遠く北山に行った。

北山には、聖武天皇の時代にも非人の居住空間があったことになる。公的な救ライ施設があったと考える。光明皇后（聖武天皇妻）発願による施設がおそらく東大寺に置かれたが、その時代のうちに北山に移された。悲田院を継承する東南院がその地、鳥羽谷の領主となった。

京奈良街道ぞいには、休憩場所となる宗教施設付近に、半ば自然発生的に患者たちの小集落が成立していった。大和以外にも、たとえば施行注文（金沢文庫・金発揮抄紙背文書、『鎌倉遺文』

一一三一五）にみえる山城国狛宿（史料では「コイノ宿」）があった。狛は木津渡しを控える交通の要衝である。般若寺以北にも、ライ患者の宿舎からなる村、おそらく物吉村があった。

金沢昇平『平城坊目考遺考附録』（一八九〇）・北山十八間戸旧趾の項（五八八頁）に、「奈良坂文殊堂北東の方と古書にあり今平野の辺」とあり、また、「俗云吉本（ヨシガモト）、吉は癩人、曰物吉也名此云々、寛文年移居興善院南方、是今の十八間戸なり」。同書は続いて、「天文年中東大寺八幡宮傍示札立於重衡坂吉本《よしがもと》云々」と記す。一帯を重衡坂《しげひら》といったらしいが、平重衡の首をかけたところならば、獄門場であり、近くに刑場もあっただろう。

近世には一部に物吉村といわれた地域（吉本）が存在した。奈良豆比古神社と平野の周辺にこうした施設が置かれたのではないか。

文永六年（一二六九）には、般若寺北に「疥癩之屋舎」があった。おそらく般若寺の南、いまの十八間戸の位置には、それはなかった。忍性が十八間戸を建立したと伝承されている。これが史実の反映ならば、文永の三〇年後、永仁二年（一二九四）頃、すなわち彼が東大寺大勧進となった時期に、忍性が救ライ施設を現在の十八間戸の位置に再興した、と考えられる。その三〇年後、建物が老朽化しはじめた嘉暦三年（一三二八）、衆議において非人温室移設*が議論された。忍性が建設した施設は嘉暦三年まで継続して存在していた。

東大寺を再建した大勧進・重源《ちょうげん》は、河内・狭山池構築に当たり、非人を動員した人物である（本書392頁）。非人救済を大きな宗教的課題としていたが、建久八年（一一九七）、その重源は自身が獲得した別所・荘園を東南院院主定範《ていはん（じょうはん）》に譲渡している（重源譲状・稲垣二徳氏所蔵文書・東大史料ＤＢ、永村眞前掲書三五七頁）。東南院が悲田院を継承していたからではなかろうか。

＊　非人温室移動に関しては吉田栄治郎の詳論「救癩施設・北山十八間戸移転論の隘路をめぐって」（『研究紀要』９）がある。平野という地名の比定がカギである。奈良阪には小字として平野があり、確かにいわれるように伊賀（伊勢）街道ぞいである。また文殊堂の北東にあたる。しかし奈良阪の人たちがふつうに平野ないし平野町というのは、奈良津彦神社の東を指す（『奈良阪町史』三四頁地図、三二、四八〜五〇頁、この地図では後者の平野をカッコで記入している）。文殊堂からは北ないし北西である。伊賀道を平野路とも呼ぶが、平野町を基点とするからであろう。上記小字平野の位置（奈良市浄水場近く）を奈良阪の人は平野とはいわず、立岩と呼んでいる。『奈良坊目拙解』は前者のみを強調している。正長土一揆は山城から比良野（平野）を通過し、河上エビス前ならびに般若寺坂に到って放火した（『転害会施行日記』正長元年十一月条、Ｍ77）。河上戎社は現存し、エビス前という地名は佐保川右岸に残る。ここの橋を渡って、川上東町を経て北御門に到る道はいまもあって、一揆が通った道に同じと考える。この比良野や文明十八年（一四八六）手猿楽が行われた平野辻堂を、吉田氏は伊賀街道（立岩）とされている（『奈良の被差別部落史』一六頁にも「伊賀越え道」）。しかし京都からの進入路としても、人通りがもっとも多く、興行にも適しているのは平野町のほうである。『平城坊目遺考』は梅谷加茂への道があったとするが、平野町北方には梅谷口という地名がある。平野町・梅谷を経て加茂、京に出る道もあった。正長一揆が通過した比良野、猿楽が行われた平野は、奈良津彦神社の東・平野町と考えてよいと思う。また永正三年（一五〇六）狭川勢が奈良から引き揚げる際に平野を通過している。狭川は柳生だから、伊賀街道立岩の可能性もあるけれど、二つの道の分岐である平野町と解釈もできる。

非人温室の移動は東大寺境内からライ患者を遠ざけるための手段でもあったが、同時に移転先では、病苦者の保護を東大寺が保証したといえる。四天王寺では鳥居のなかにこそ入らないが、境内近くを患者は生活拠点にしていた(『一遍上人絵伝』)。東大寺の場合は境内至近距離にて喜捨を得ることはできず、奈良への入り口である北山の複数箇所にて、患者は生活のための喜捨を得ることになった。境内からの排除業務は北山非人宿が行ったと推定できる。なお鎌倉後期のこの移転動議の結末はわからない。実現はしなかったのではないか。

3 北山宿住人による土地集積と東大寺東南院

ア 大仏殿燈油田(鳥羽庄)を耕作する北山宿非人

次には北山宿が東大寺東南院の支配下にあったことを明らかにする。その素材は東大寺文書中の鳥羽(庄)、北山宿にかかわる売券である。北山宿の主だった人々が富裕であって、底辺民衆ではなかったことも同時に明らかにする。

北山宿非人長吏とその配下のものたちは、姓名ではなく、代わりに国名を名乗った。宿筑後、宿若狭、宿土佐、宿尾張などと呼ばれたし、みずからもそう称した。かの美男だった濫僧《らんそう》に同じく、ライ罹患者ではなかった。耕作し、さらに耕地を買い集める資金力があり、裕福だった。彼らは非人であったが、また百姓と呼ばれることもあった。

こうした中世坂の者（宿非人）の暮らしがわかる希有な史料が、東大寺文書に一〇点近くも残されていることはおどろきでもある。以下、史料の引用が続くが、彼らの像を具体的に確認しておきたい。

まず永仁の史料、（A）東大寺文書・永仁二年（一二九四）三月・大仏燈油田注文（『鎌倉遺文』一八五一七、M42）をみる。列挙された大仏燈油田から関係部分を抜粋する。

（A）

（前略）

田数所当事

　　在上狛郷内岡里三坪

（中略）

（第三筆目）

畠　一段狛字イモハタケ　本地子一石　作土佐北山宿

　山城升、西大寺ハ加地子ニ油一升ト、并小公事等在之、但所当之外、百姓役也

在山城国嵯峨中郡（相楽郡）上狛郷内下巳波里

（中略）
（第十三筆目）
一段　鳥羽　本地子七斗　作土佐北山宿
山城升、但七斗内二斗八、東南院夫役料也、但五月ヨリ八月マテ其間二、三・四度程勤之、又湯銭廿九文出之、此外
別公事無
（中略）
（第二〇三筆目）
一段　鳥羽　本地子六斗六升　作河内北山宿
大十一合　歳末堅木一荷　但所当内、東南院湯銭五十文出之
（中略）
永仁二年三月
御燈聖信性（花押）

北山宿非人（土佐）が耕作する田が、山城国狛宿と、（大和）鳥羽にあって、鳥羽を北山宿の人物（土佐、河内）が耕作していた。狛と大和北山は一里半ほども離れている。「作土佐」は作職の所有者である。狛にも非人宿があったことは、施行人数注文（M30、金沢文庫文書・前掲『鎌倉遺文』一一三一五、B一〇七頁）から推定でき、天正検地帳にも「夙ノ者」としてみえている（M30、熱田公

『中世寺領荘園と動乱期の社会』思文閣出版、二〇〇四、『木津町史』未収録)。上狛郷には東南院負所があった(東大寺文書、『鎌倉遺文』二二八六)。

鳥羽なる地名は伝わっていない。しかしながら近世地誌『大和志』に「添上郡鳥羽山」の項があって、「奈良坂村ノ北、鳥羽谷ノ上方」とある(M解説)。また建長(一二五四)六年八月十一日・東大寺文書(『鎌倉遺文』七七九二)に、「鳥羽庄大仏殿香田字奈良坂云々」とあって、鳥羽庄は「東大寺大仏殿香田」であり、奈良坂自体を含む広域だった。「登波谷」とも書かれる。

つまり鳥羽山・鳥羽谷を含む鳥羽(庄)は、添上郡奈良坂村にあった。

上記・第十三筆目をみると、本地子七斗のうち二斗が東南院夫役料であり、本地子六斗六升のうちに東南院湯銭五十文(第二〇三筆目)が含まれている。鳥羽谷を含む大仏料田は東南院領でもあった。以下の(B)でも、「東南院御借書」を相副えて売買とある。東大寺東南院領燈油料田として東南院の支配下にあり、売買にも強く影響を受けた。

(B)長禄三年(一四五九)三月二日、比丘尼真英が「鳥羽谷北山宿領水田」を売却(沽却)した。その土地は、「合壱段者　字西谷ハウシノ下」とある(M144)。この「北山宿領」という西谷ハウシは現在、奈良阪の字西谷の北にある字法事《ほうじ》のことである。

(C)半世紀後の永正十年(一五一三)、同じ鳥羽谷字ハウシの田の百姓職を宿楢石《しゅくならいし》が請け負っている（M578）。「宿」ノ者は百姓でもあった。この土地は地作一円に二月堂が知行していた。宿楢石も、連署している子の次良も、文字は書きなれなかったものか、筆軸印を押している。この土地は長年「壱岐」が耕作していた。国名を名乗る壱岐も宿ノ者であろう。

（D）唐招提寺文書*（八幡善法寺文書）に二通の連券がある（『唐招提寺史料』一四九、『大和国中世被差別民関係史料』未収録）。いずれも至徳三年（一三八六）五月三日付で、

一通（D―1）には、

「（端裏書）鳥羽田相伝状、二段半、買主尋盛」
「被沽却　鳥羽谷作手給田事
　合弐段キタナカ者　今在家孫太郎男跡也」

一通（D―2）には、

「鳥羽田孫太郎之跡弐段キタナカ之事
　弐段分　米六斗二升　若狭作　池ノ内
　キタナカ分　米弐斗　乗音小法師作　池ノ内」

とあった。国名・若狭を名乗る人物は、北山宿（奈良坂）の長吏一統であろう。

（D―1）（D―2）は連券であって、その継目には裏花押がある。その花押は隆賢のものである（『唐招提寺史料』）。隆賢は東大寺領美濃国大井庄の下司《げす》であった人物で、永和四年（一三七八）に北

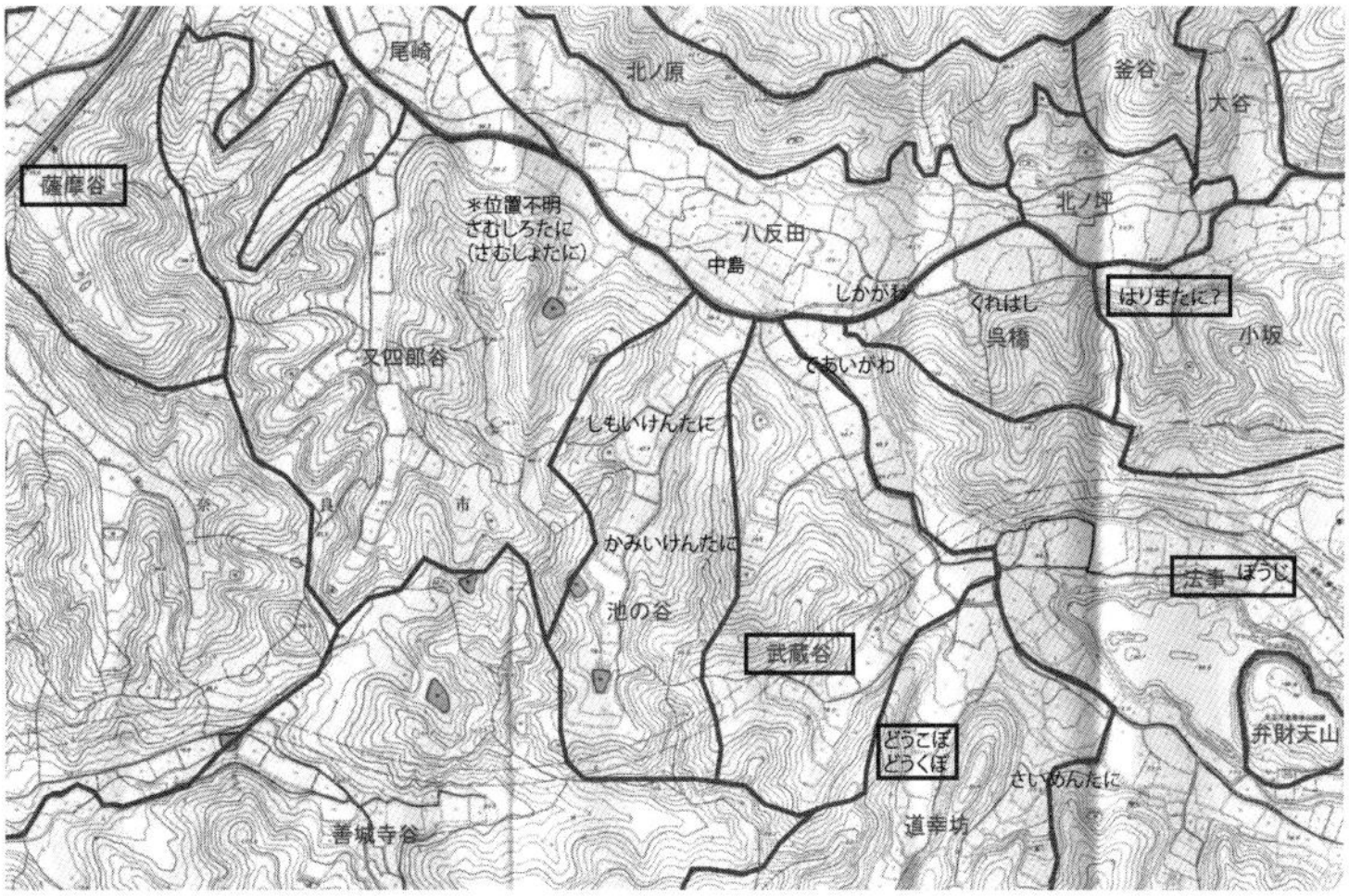

今日の奈良阪村の耕地のうち西谷の一部　広大な耕地には薩摩谷、武蔵谷、播磨谷のような旧国名が付されたものがある。北山宿者が国名を名のったことの反映か。西谷の字法事という田は、長禄３年（1459）、永正15年（1518）の売券に登場する。どうくぼは延文２年（1357）の燈窪かもしれない。

山宿の石墓にあった田地を、大井庄散在田地とともに売却しているほか（M65）、関連文書数点に登場する。北山宿字池ノ内の売却にも関連があった。

＊　この文書が唐招提寺文書として伝来した経緯は不明。東大史料編纂所影写本では東大寺文書第一回採訪5冊となっている（三〇七一／六五―一―五）。『唐招提寺史料』解題は、東大寺文書が誤って善法寺文書に混入したとする（四三八頁）。鳥羽は「応永三十三年散在方納帳」（『大日本古文書』東大寺文書一七―八五九）にも詳しくみえる。また、鳥羽谷西谷は（B）のほか応永七年八月二十七日売券、大橋文書、『大日本史料』七編十二・応永七年雑載。ほかに山崎があったが位置は不明（「登波谷山崎」は東大寺文書・応永十二年二月十九日売券・『同』応永十二年雑載）。

（E）延文二年（一三五七）九月四日（宿）筑後請文（「東大寺文書」第一部第一七―一〇一、M62）は、差別を受けた側（坂・宿非人）自身の花押がある。もし本文筆跡が同筆なら、そこも彼の筆跡となる。

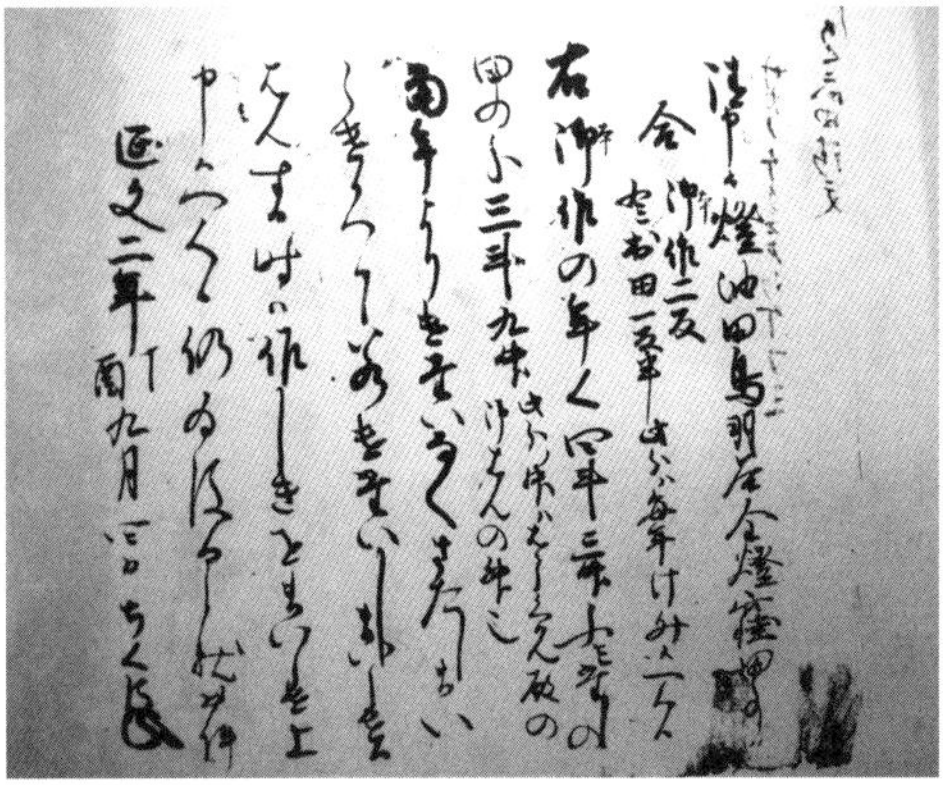
坂筑後の花押がある証文。端裏書に「サカノチクコ」。東大寺蔵。

（端裏書）
「サカノチクコ（坂ノ筑後）カウケフミ
ちくこか田請文」
請申候燈油田鳥羽谷全燈窪田事
本
合　御作二反
ふみ出田一反半　此分ハ毎年けみ候へく候
右御作《本》の年く四斗三升、ふミたしの田の分三斗九升
（此分ノ舛ハ、はうくハん殿の御はんの舛也）当年よりけたいなくさたしまいらせ候へく
候、若けたいしまいらせ候はんする時ハ、作しきをまい
らせ上申候へく候、仍為後日之状、如件
延文二年丁酉九月四日　ちく後（花押）

（F）（延文二・年月日欠）大仏殿燈油料田注文はその関連文書である（東大寺文書一―一七―二〇二、M63）。

大仏殿燈油田鳥羽庄分
二段　六斗六升　常心房
一段　七斗　尾張
二段　四斗三升　筑後
一段大　五斗二升
　此内二斗八大分　今般若寺仏聖屋　随恩房
　此ノ内大ハ、御所新御寄進ナリ
　又延文四年ニ大ノ分御所ニ被思返了

（E）では二反田地をサカノチクコ（坂ノ筑後）が年貢四斗三升で請け負った。その二反がすなわち（F）の「二段　四斗三升　筑後」に該当する。北山宿ノ者が東大寺大仏殿燈油田である鳥羽庄・二段の年貢を請け負って耕作していた。燈油田鳥羽庄の年貢負担者には般若寺仏聖屋の僧もいたが、尾張・筑後のような宿非人がいた。筑後は（H）にも登場する。また燈油田が所在した

（E）の燈窪は小字道幸坊（ドウクボ、ドウコボと発音する）の可能性がある。

（G）明徳元年（一三九〇）八月十九日宿若狭寄進状（東大寺文書三―二―九五）がある。花押がある。やはり差別された側の人の筆跡である（『奈良の部落史』史料編巻頭グラビアに写真）。

（端裏書）
「午年八月十九日
宿若狭百姓得分酒一ノミ候ヲ永代ノムマシク候寄進状」
寄進申鳥羽谷イケノ内クシノ事
右今サイケノマコ太郎カツク田ヲ、御所ヨリ此（北カ）室卿得業
御房方へ御ウリ候ト承候間、此田ツイテ地シウ（地主）ノ御方ヨ
リサケ（酒）ヲ給候ヲ、今年ヨリシテ此サケヲハタマワルマシ
ク候、此サケノ分ヲハ八幡宮コマエ（御前）キシン（寄進）申候、ナヲ〳〵
エイタイキシン（永代寄進）申候、為後日状、如件
明徳元年八月十九日　　宿若狭（花押）

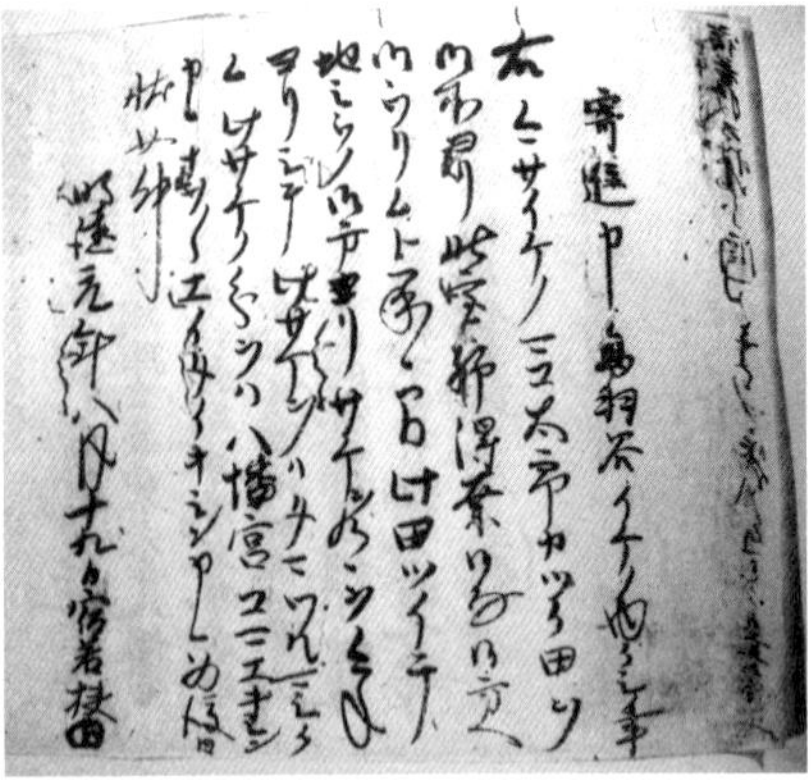
宿若狭が酒をもらわないと誓っている。東大寺蔵。

（D）と同じ土地に関する史料である。すなわち今在家孫太郎が作っていた鳥羽谷池ノ内の田である。宿若狭も四年

前の（D―2）至徳三年（一三八六）に登場していた。（D）では「孫太郎男跡」とあって、今在家孫太郎はすでに死亡していたらしい。宿若狭の売得はそれに関連しよう。（D）の端裏書に「買主尋盛」とある。（G）には「御所より北室（原文は此室）卿得業御房方へ売られたと聞いている」とある。この北室卿得業御房が尋盛で、東大寺学侶で大仏殿修正会に出仕した東南院の人物である（『大日本古文書』東大寺文書七―四七三、貞治六年〈一三六七〉から応永九年〈一四〇二〉にかけての東大寺文書・『大日本史料』六編二十八から七編五にかけて散見）。（F）と（G）では三〇年ほどの時間差があるが、文中の「御所」は（F）にて「大」（二百四十歩）の寄進者（新寄進）として登場する「御所」か、その後継者をさし、おそらく東南院御所であろう。御所が鳥羽谷池ノ内の田を北室卿得業に売却した。それにともない宿（北山宿）若狭が新規耕作者になった。

それにともなって酒が支給された。「地シウ（地主）ノ御方ヨリサケ（酒）ヲ給候」とある。安田次郎「百姓名と土地所有」（『史学雑誌』九〇―四、一九八一）によれば、地主とは年貢を得るもののうち、最上級に位置する人、大乗院主尋尊のような荘園領主をいい、その下または並列に作職保持者（作主）がいた。さらに中間に作人（作手）などがいて、直接耕作者にいたる。東大寺が地主で、得業御房が作主であった事例もある。ここでの地主は不明で東南院御所か尋盛となる。東大寺の頂点に立つ階層が宿ノ者に酒（代）を与えていた。これは宿ノ者には東南院とのきずなを実感させるものだったであろう。このとき宿若狭は、酒「一呑み」を手向山八幡宮に寄進し、今後自分は呑まないといっている。応永三十三年（一四二六）「散在方納帳」（『大日本古文書・東大寺文書』一七―八五九、鳥羽谷）には、「六斗五升　現納六斗三升　二升酒チキ（直）ニ引之」とある。あるいは米納ないし金銭納化されていたのであろうか。

東南院と宿ノ者には東南院側が酒を与えるという慣行があった。その分が天引きされることもあったかもしれない。けれども実際に酒の供与があったとも考えられる。非人に対する周囲からの差別の目線があったなかで、頂点の人東南院（御所）よりの酒があったなら、彼らの領主につながる思いを深くし、また誇りの念を強くさせたにちがいない。

（H）

沽却進字石□（墓）田事
　合壱段者但ミナクチ
四至　限東□□大道　限南山ノ岑
　限（西）□□イル　限北シリケヲ定
右件田元者尼如性先祖相伝私領也、而今依有要用、限直米四石弐斗、北山宿筑後□へ承（永）
代売進了、更以不可有他妨、（下略）
　正安三年四月十七日　尼如性（花押）
　犬法師（花押）

北山宿・筑後が尼如性から石墓（石塚）という田を買得した。*

＊　石塚に関する古文書は数点あって、以下のように記述される。

㋐元久三年十二月二十日東大寺図書館所蔵探玄記十三巻抄裏文書（『鎌倉遺文』三巻）に、「大和国添上郡石墓下鳥羽田」

㋑康永三年十月二十四日東大寺大勧進職置文（『東大寺文書』九）に、「東大寺油倉地蔵菩薩修正料田」「石墓水田一反所当米一石定并宿谷池田廻垣代數」

㋒永和四年二月二十七日大井庄下司隆賢契約状案（『東大寺文書』十三）に、「北山之宿石墓之三反田」

㋓についてては先述した。石墓は鳥羽庄北山宿にあって、宿筑後が買得した。詳細な場所はわからない。

〔補注〕　奈良阪の小字地図は『奈良阪町史』付図がある。橿原考古学研究所『大和国条里復原地図』の場合は一部のみ記載がある（奈良阪町分は南部の一部のみ掲載し、北部が未記入）。ただし奈良阪町以外の般若寺町以下今在家周辺の小字が簡単にわかるものは、管見のかぎりではこの図以外にはない。

奈良阪の耕地は広い。東谷と西谷からなり、西谷には武蔵谷（小字名）、薩摩谷（小字名）、播磨谷（通称）など、旧国名が付いた谷の名が三つほど残っている。かつて五百年ほど前に、武蔵や播磨など国の名を名乗った有力者（長吏）がその谷に耕地を所有していた。国名の名乗りが世襲されて、何代かにわたって、そうした状況が継続された。寛元陳状には奈良坂長吏・播磨法師の名がみえる。播磨谷は小字大谷の近くにある谷の通称で、台帳地名（登記簿掲載地名）ではないが現存する。こうした通称は、奈良阪にはほかに、サイメン谷やサムショ谷（サムシロ谷）、ヒメコ谷などがある。

イ　東大寺東南院への奉仕

以上（A）から（H）までの九通をみたが、宿筑後、宿土佐、宿河内、宿楢石、宿若狭が登場し、ときには複数の史料にまたがって登場することもあった。宿ノ者として差別されたであろう人たちの具体的な生活、具体的な生業の場がわかる。

坂の宿非人たちは大仏殿の燈油田・香田を耕作し、年貢地子《じし》を支払っていた。地子は尾張の場合はおよそ二俵弱、筑後の場合は一俵強である。彼らの労働の成果が燈油に代わり、香に代わる。労働は大仏信仰の維持につながっている。彼らには強い自負があったし、大仏（東大寺）信仰と東南院（御所）に対する絆意識が強くあった。東南院へは奉仕たる夫役もあった。（A）（第十三筆目）でみると、五月から八月まで四ヶ月間に三、四度出る。二斗はその費用に充ててよいとされていたから、一回が五升である。仮に一〇人とすれば一人が五合で、かなりの日当額が宿の非人たちに支給されたことになる。また湯銭は（第十三筆目）で二十九文、（第二〇三筆目）で五十文、負担した。これは（おそらくは）大湯屋の薪の購入量や従事者への日当になっただろう。ほかに歳末堅木《かたぎ》一荷も負担している（堅木は樫《かし》・欅《けやき》・楢《なら》などの堅い質の木のこと）。煩瑣なまでに動員されていたが、河上横行（後述）たちと同様に、労働対価が支払われていただろう。東南院からは耕作者に酒が配給されることもあり、それは宿ノ者（非人）の心情に強い影響を与えた。

東南院がこの鳥羽谷そして河上庄の領主であったことは、地域における救ライの問題、悲田院の継承、差別を考えるうえできわめて重要である。鳥羽庄の宿非人の実態を明らかにするなかで東大寺・東南院との関連性が明らかになったが、悲田院以来の歴史的経緯に由来しよう（本章119頁、185頁参照）。

奈良坂では非人の蓄財が進んでいた。北山宿の人々が耕作に従事し、百姓職を獲得したことは、賤視の度合いを薄めていくことに貢献したと思われる。

なお『多聞院日記』文明十六年（一四八四）十二月二十日条に、「東南院之家無正体」とある。東南院は室町期には衰退傾向にあったとされるが、述べたように般若寺坂下にあった善鐘寺前関と佐保川橋賃は、文安六年（一四四九）には東南院が経営し得分を得ていた（『経覚私要鈔』同六月十九日条、本書132頁）。

三　興福寺による北山支配

以上、東大寺と北山宿周辺の関係を概観した。これまでの研究では重視されていなかった東大寺の視点を加えたが、興福寺の支配はまちがいなく厳として存在していたし、中世を通じて次第に興福寺による被差別大衆への支配力が強化されていったことも事実である。そこで次には興福寺との関係を確認する。

1　北山曼荼羅堂

承元三年（一二〇九）北山宿非人が北山にあった曼荼羅堂修造に貢献したいと、願文を作成した。一年前の秋に顚倒した堂を、非人だけの力で一棟建設できた。彼らの豊かな経済力を示す。北山に非人が厚く信仰した寺があった。般若寺はまだ平家焼き討ちによる被害から復興されていない。

願文作成に当たった人物は貞慶（解脱上人）である（「解脱上人文草」、M2、『部落史史料選集』一六八頁）。貞慶は、興福寺覚憲の弟子で（和島芳男『叡尊・忍性』八頁）、元久二年（一二〇五）十月興福寺奏状を執筆し、法然を弾劾している。まちがいなく興福寺による奈良坂・北山への支配力は大きかった。いっぽうで貞慶は西大寺の律法興行本願上人でもあった（弘安三年九月　日・西大寺有恩過去帳・西大寺蔵叡尊像胎内文書『鎌倉遺文』一四〇九二）。興福寺、そして西大寺に大きな影響力があった。

2　奈良坂非人陳状

北山が日本中世・民衆史研究、とくに差別（賤視）された民衆の歴史を考えるうえで、とりわけて重要な場所であるのはなぜか。寛元二年（一二四四）「奈良坂（北山宿）非人陳状」という稀有な史料が残されているからである。この陳状こそ、賤視された人々が自ら執筆した世界最古の相論（争論）文書である。非人として蔑まれたはずの人々が、畿内において莫大なる利権網をもっており、それをめぐり、京都・清水坂と奈良・奈良坂の非人が、相互に京都や奈良の権門を背景に争った。それは最終的に天皇と鎌倉幕府をまきこんだ。非人は天皇・幕府につながる。非人とは社会から疎外された存在であるとする学説がある。しかし権門勢家と非人がつながる現象を説明できるだろうか。

陳状にとりくんだ研究者は喜田貞吉以降、網野善彦、大山喬平、石井進、田良島哲、臼井寿光をはじめ、多くを数える。陳状は四通ある。㋐寛元二年三月　日・江藤正澄文書、『古事類苑』政治部（佐藤家文書）、㋑寛元二年四月　日・神宮文庫文書、㋒春日神社文書・年月日欠、㋓古文書雑纂・宮内庁書陵部所蔵・年月日欠である。一連であって、年欠文書も寛元二年のものであろう（いずれもM17）。㋐以外は断簡である。京都・清水坂から、奈良坂非人が訴えられた。奈良坂非人が清水坂非人を襲撃し、ために火災になったと主張された。この訴状は残らないが、対する奈良坂非人の抗弁書がこの陳状である。当時、清水坂の非人宿では先長吏（当時は奈良坂派）と現任の長吏（山門派）との間に対立抗争があって、奈良坂宿がこの争いに深く干渉した。

陳状に宛先が書かれていない。いったい誰宛に書かれ、どこに提出されたのか。つまり訴訟がどの場で行われたのか。陳状㋒に「被触申六波羅殿」「自清水寺別当御房令触申武家給」とある。京都市中での殺害放火事件、つまり検断沙汰（治安・警察・刑事）として、清水寺別当が六波羅探題（武家）に提訴した。「自北山宿言上寺家政所仰御裁許」（北山宿より寺家政所に言上し、ご裁許を仰ぐ）という文言もあるから、まずは寺家（興福寺）への言上を、つまり、前段階訴訟も想定したようだが、「無其御尋志天」（そのおたずねなくして）清水坂非人がいきなり訴えたといっている。訴状が武家六波羅探題に提出されたのであれば、陳状も同じく六波羅に提出される（「訴訟附令陳申武家」）。被告となった非人が六波羅訴訟の当事者になった。「無実之由、令決申之処、武家返天有御景迹」とあるので、奈良坂非人が六波羅訴訟の場に出て、みずからは無実であるとの主張を行っており、手応えもあり、「武家、返って御景迹（推察）あり」とも感じていた。非人の訴訟が鎌倉幕府機関・六波羅探題で裁かれた。

この「非人陳状」は『古事類苑』という歴史百科辞書にも収録されたほどで、よく知られた史料だったが、最初に取り組んだ歴史学者はおそらく喜田貞吉（一八七一～一九三九）であった。喜田貞吉は被差別民衆史研究の先駆者であって、卓越した歴史家である。ただし喜田はこの陳状を出した奈良坂非人の支配者を、興福寺ではなく東大寺としたため、批判された。「非人陳状」の文中に、「二条僧正御房寺務御時」とある。二条僧正御房とは興福寺別当であった雅縁をさす（『興福寺別当次第』、大山喬平『日本中世農村史の研究』四三一、四三三頁、渡辺広『未解放部落の史的研究』一三七頁）。よって彼ら奈良坂非人宿の支配者は、この場では興福寺であり、東大寺としたのは喜田の誤りであった。

清水寺は興福寺末寺（「清水本自依為奈良末寺」『吾妻鏡』建保元年八月十四日）であった。興福寺権別当つまり興福寺のナンバー2が清水寺別当に派遣されるという関係である。両寺は一体で、いってみれば清水寺は奈良・興福寺の京都拠点であった。清水寺が祇園社や周辺の寺院と抗争になれば、興福寺衆徒が武力支援に駆けつけた。対する祇園社（八坂神社・感神院）側には南都の最大のライバル・比叡山延暦寺がついた。山門である。

祇園社には下級の神人である「犬神人《いぬじにん》」（つるめそ）がいた。近接する清水坂下には非人（坂ノ者）がいた。登り口にあった長棟堂を中心に癩者が居住していた（下坂守「中世非人の存在形態―清水坂『長棟堂』考」『芸能史研究』一一〇、『描かれた日本の中世』〈二〇〇三〉に収録。「長棟非人」「長棟風呂」については網野善彦『中世の非人と遊女』五七頁参照）。『小右記』（長元四年三月十八日、施行記事）にも『御堂関白記』（長和二年二月十八日、盗人記事）にも「清水坂下」「清水坂下之者」がみえる。清水坂は今日の松原通から清水寺に至る道であるから、八坂に至る道でもあった。五条橋東方には声聞師・陰陽師（関連して清明塚）が住み、四条橋東方に、ぼろんじ（綴法師・ぼろぼろ）が居住していた（『瀬田勝哉『洛中洛外の群像』四五頁、一九九四）。

犬神人（八坂）と非人（長棟堂・清水坂）は双方の性格がきわめて近似していた。参詣道だからいずれも癩者がいた（本章補論三）。

複数の同業者集団は業務上、どうしても競合し、対立する。末端で争いが起きれば、犬神人には最強の応援団、比叡山がつき、清水坂には同様に興福寺がついた。本宿である奈良坂宿も本来ならば、末宿清水寺を支援する立場だった。

「平城津彦神祠由来」つまり奈良豆比古神社の由来をみると、「山城国清水夙衆ハ我等庶流、或ハ家族ノ者共成爾依《に》テ」とある（『神道大系』神社編　大和国、本書117頁）。奈良坂は清水坂を庶子（弟）であり、家族であるといっている。双方に通婚もあった。奈良坂にとって、両非人宿（清水坂・奈良坂）はつねに一体であり、ともに連携して奈良と京都の権益を守らねばならなかった。しかし実際には武力での介入、殺害行為もあって、いつしか清水坂にとっての奈良坂は、目の上のコブになって、排除の対象にもなっていく。

以下、陳状の記述をふまえつつ、およその推移をたどってみよう。ただし史料は断簡で、欠失がある。正本ではなく写のようだから、誤字誤記も皆無とはいえず、意味が取りにくいところもある。かつ長期間の抗争で登場する人物は錯綜する。なお研究史では、それぞれの坂は、「（坂）長吏―下座―長吏法師（小法師原）―若小法師」という階層・構成であったとされている（後掲『兵庫県の部落史』五四頁）。

（1）事件は清水寺の山門（延暦寺）末寺化、未遂として始まった。本寺興福寺のもとに、清水寺は末寺であり続け、本宿奈良坂非人宿のもとに、末宿が清水坂非人宿であり続ける。この枠組みにあるかぎり、くりかえしの干渉を排除できない。これを否定する動きであった。

建暦三年（建保元年〈一二一三〉）、清水寺法師の運動によって、清水寺は山門の末寺になろうとした。しかし興福寺側の巻き返しによって撤回させられた。『明月記』（十月二十四日条）に「是、乞食法師等謀書云々」とあって、背後には興福寺（奈良坂）の支配下から脱して延暦寺に付こうとする清水坂非人宿の動きがあった。

非人陳状の㋑、㋓に東室法印（清水寺別当東室法印）が登場する。興福寺にては別当雅縁、清水寺にては東室法印が了承し、後鳥羽上皇（隠岐法皇）から院宣も出される大事件であった。丹生谷哲一氏の最新の研究（「清水寺別当『東室法印』について」『年報中世史研究』三六、二〇一一）によって、この東室法印御房が玄信のことであると判明した。興福寺僧玄信は喜多院律師、清水寺法印などと呼ばれた人物であったが、東室法印と呼ばれた時期は建暦二年（一二一二）、建保元年（一二一三）に限られる（『故廻請ノ写』）。彼とともに雅縁（興福寺別当）が登場する。内大臣源通親の兄で後鳥羽院側近でもあった雅縁の辣腕ぶりについては、安田次郎『中世の興福寺と大和』一七〇頁に詳述されている。雅縁は四度も別当になっているが、二回目は承元二年（一二〇八）から建保元年（一二一三）であった。

東室法印と雅縁が重なる時期に、比叡山に対し清水寺と興福寺が激烈に抗争した事件が起きている。建暦三年（建保元年）八月に起きた清水寺と比叡山末寺清閑寺との境争いである。この事件については『明月記』『華頂要略』『吾妻鏡』ほかに詳述がある（『大日本史料』四編一二、同年八月五日条、同一三、建保二年八月十三日条、『清水寺史』資料編）。丹生谷氏は人物の重複（『仁和寺日次記』にも別当僧正雅縁）、また『明月記』に「清水寺構城」、「清水之城郭」、対する「非人陳状」㋓に「清水坂爾《に》波《は》構城墎天《て》」とある一致、七月二十五日に始まった争いが十一月末には宇治橋辺にまで広がっていった展開と、非人陳状に「五十日之間」とある長期性から、非人陳状にみえる最初の抗争は清閑寺事件を指すとした。

この新知見がもたらしたものは大きい。非人陳状からは非人集団間の抗争とみがちであったが、じつは背後にあった比叡山・興福寺の争いのなかでこの事件を考えなければならない。たしかに清水坂非人は山門派と興福寺派に分かれて抗争をくりかえしていた。「乞食法師等謀書」という定家の言葉が本質を突いている。奈良坂非人が清水坂に出向いたのは、興福寺派非人の支援である。しかし、より本質的には非人のもつ軍事力を、興福寺が動員したのである。その暴力は清閑寺や八坂祇園社に向けられた。

抗争に敗れ、追われていた清水坂先長吏（以下、A長吏とする）が反撃に転じた。これにあわせて奈良坂非人が清水寺に進攻したと考えられる（祇園社と清水寺、また比叡山との長い抗争の歴史、とくに前史については『清水寺史』通史編、二〇七頁以下にくわしい）。

奈良坂非人と清水坂非人との抗争は、寛元を遡ること三〇年、建保には始まっていた。この当時、農村の百姓は多く仮名しか書けなかった。しかし奈良坂非人は漢字を駆使して意思表示し、かつ三〇年前の事件の詳細を記録に残すことができていた。そして玄信や雅縁は清水寺と興福寺を勝利に導いた功労者として回顧されている。

これ以前に、清水坂非人宿長吏A長吏、（陳状では多く「先長吏」として登場する。当時は奈良坂派）は失脚して河尻小浜宿（摂津国）に籠居していた（臼井寿光『兵庫の部落史　近世部落の成立と展開』〈一九八〇〉によれば、小浜は尼崎市尾浜の一画に比定される。神崎川支流庄下川に沿う）。

その先長吏Aが当時の現任長吏（山門派）を殺害しようとした。清水坂を掌中にした現任長吏とその下座にいて長吏の意向に従う八人（阿弥陀法師、筑前法師、他宿である久奴嶋之河内法師〈清水坂二臈の父〉、山崎吉野法師、野田山之因幡法師、丹波国金木宿之筑後法師、堀川尻之大和法師、文殊房）が苛政を続けるので、長吏を殺害するという言い分だった。先長吏Aの惣後見である小浜宿長吏の若狭法師と、Aの相聟である鷹井《こもい》宿長吏吉野法師、つまりA支援グループ（奈良坂派）が武装した多勢を引き連れて上洛しようとしたが（「為相随長吏法師之命」とあるが「先長吏」の意か）、山崎吉野法師のために淀津相模にて搦め取られてしまい、兵具もみな取られて、身柄だけで奈良坂宿に落ちてきた（ウ、エ、鷹井宿の吉野法師の子土佐法師は清水坂にいて、縁座のため、処分の対象になった）。

清水坂非人宿には奈良坂派（興福寺派）と反奈良坂派（山門派）がいた。清水坂宿には実力者阿弥陀法師（上記）がいた。彼こそが山門派の頭目だったから、奈良坂非人宿（播磨法師）と、それに従う大和宿々からの攻撃を受けた。奈良坂側は（山科）勧修寺《かじゅうじ》越えを辿って進撃、清水を攻撃し、阿弥陀法師は祇園林（感神院・八坂神社境内）にて五十日に及んで抵抗した。清水坂を出た阿弥陀法師は、山門の支援も得て、かろうじてもちこたえた。しかしけっきょくは守り通せず、近江国金山宿に落ち、城を構えて近江の各非人宿に支持を訴えた。そこをさらに奈良坂宿側が攻撃し、阿弥陀法師を追放した。長吏の座が空席になって、もとのA長吏が清水坂に入って還着（再着任）した。興福寺末寺たる清水寺を堅持すべく、後鳥羽上皇近臣であった雅縁が上皇までも動かして、反奈良坂、反興福寺の清水坂長吏を追放した（ア、イ、ウ）。

（2）元仁元年（貞応三年〈一二二四〉）、還着した清水坂先長吏Aは、立場を変えて清水坂宿内非主流派（奈良坂派であろう）となった吉野法師、伊賀法師、越前法師、淡路法師を追放し、追われた彼らは奈良坂宿を頼った。

奈良坂の実力者播磨法師は、A長吏とは父子の契約があった。つまり播磨法師は（1）で阿弥陀法師を追放する際に、現在の清水坂主流派（A長吏ら）を強く支援しており、清水坂が恩義を感じなければならない人物だった。播磨法師はこうした人間関係を信頼して、追放された四人を戻すべく上洛した。ところが長吏Aが防衛線をしいて合戦し、「慮外仁被打取畢」（ア）、思いがけず、討たれてしまった）。殺された人物は（先）長吏Aである（網野善彦『中世の非人と遊女』五二頁、大山喬平前掲書四三一頁、『部落史史料選集』一一八頁「そのつもりではなかったのに、長吏法師が討ち取られてしまった」）。

元仁元年（貞応三年〈一二二四〉）、「皇帝紀抄」八（『群書類従』）に、奈良坂宿が清水坂を襲撃し、合戦になったという記事がある。網野善彦が指摘したように、これが（2）の事件に該当しよう。「有損命者云々、珍事也」とある。清水坂長吏までもが殺されたのだから、奈良坂の圧勝、完全制圧である（M4、竹内理三「大和奈良坂非人と山城清水坂非人」『鎌倉遺文』九・月報）。

（3）仁治元年（一二四〇）、播磨法師の妹婿である淡路法師が襲撃された。この頃、清水坂の長吏はAの子Bであった（なおこれ以前、寛喜三年〈一二三一〉に清水寺悪行張本の七人を搦進《からめしん》ずるよう、興福寺に対して官宣旨が出されている。春日神社文書、『鎌倉遺文』四一〇五）。

（4）仁治二年（一二四一）、真土宿《まつちしゅく》が清水坂の働きかけによってその末宿とされた。真土宿長吏近江法師が、B長吏と連携してこの動きを推進したが、弟の法仏法師は奈良坂宿に荷担していたため、紀伊国山口宿（那賀郡）に誘き出されて、B長吏の使者である甲斐法師、摂津法師によって、法仏、および弟子の大和法師、法仏の妻子ともども殺害された（㋐、㋒）。
（5）寛元二年（一二四四）頃に奈良坂非人が清水に討ち入った。再度の攻撃により清水坂非人在家は放火され、延焼により清水周辺の寺家堂塔が焼けた（㋒、奈良坂によれば放火は無実で火事は偶然）。

長吏の地位は、A長吏からその子であるB（現任長吏）に譲られた。Bは父を奈良坂に殺されており、当然に反奈良坂派だった。ただし父から子への譲与が、平和的な継承であったのかどうかは不明である。AとBが親子であったことは「清水坂之当長吏者、為清水寺之寺僧天、（略）父先長吏」とあることからわかる。しかし「日来《ひごろ》者《は》佐留物候土波承天候志加土母（さる者候しとは承りて候しかども）、不対面候志爾」とあって、そういう子がいるとは知っていたが、いちども面会もしていないような状況だった。「わけあり」である。

清水坂先長吏Aの後家は寛元二年段階で「九旬老」だった。旬は十年で中国では「九旬老人」・「九旬老太」という。九十歳であった。よって建保段階では六十歳だから、先長吏Aも同年代のはずである。BはAが四十歳のときの子だと仮定すると、建保には約二十歳、寛元には約五十歳である。播磨法師はA長吏養子だった。A長吏と父子の契約をなしたとある。Aの後家は「為奈良坂、有治罰歟」とある。彼女は奈良坂に敵対しており、反奈良坂派である。奈良坂の支援を受けた先長吏Aだったが、ある段階で反奈良坂派に転じた。立場の変化・逆転があったのだろう。家族の関係にも影響を与えた。陳状では、奈良坂非人は一貫して、清水坂非人が恩義を知らないと責め続けている。

奈良坂陳状が主張し、強調した点は、

本寺奈良坂之非人（本寺重役清目之非人）、最初社家方々清目、
末寺清水坂一伽藍之清目（清水寺者、当時之御寺務許也）

である。最初つまり「物事の一番はじめ」である。奈良坂は単なる一寺院の清目ではなく、奈良全体社家方々の、最初の清目だとする。対する清水寺はその寺かぎりの清目である。本寺興福寺・末寺清水寺という地位のちがい、力関係の強調である。また、「抑当国（大和国）七宿者、為本寺奈良坂之末宿」とも力説した。七宿は本寺支配下の奈良坂の末宿だとある。

仁治以降の争点となったのは、真土宿*である。陳状に「連署起請事　大和国、伊賀国之宿等者、雖有何事不可交之由、清水坂之連判起請文、奈良坂爾在之」とあって、清水坂が大和宿々へも伊賀の宿々へも支配権をもち得ない（「不可交」）にもかかわらず、真土宿に支配を及ぼそうとしたことを問題にしている。真土宿は大和紀伊の国境に位置する宿で、奈良坂は大和国内と主張している。明応七年（一四九八）紀伊国隅田庄検見帳に「しゅく」がみえ、真土宿は紀伊国に属する分もあっ

た（吉田栄次郎「中世真土宿と近世上夙村」『リージョナル』6、www.pref.nara.jp/secure/14191/r61.pdf　渡辺広著『未解放部落の史的研究』一三七頁所引・慶長十八年紀州検地高目録にも隅田庄宿村）。『奈良坊目拙解』によれば西真土が紀伊分で東真土が大和分、境目に橋があった（八〇頁）。

＊吉田論考によれば、明応七年（一四九八）隅田庄検注帳に「しゆく」所在地としてみえる、たけノ下、まるかいと、菖蒲谷は、和歌山県隅田町真土および山内に現存するとある。松尾剛次は真土に隣接する奈良県五條市畑田の西福寺が西大寺末寺帳にある紀州西福寺に相当するとしたが（『中世の都市と非人』）、吉田はこれを批判して郡名を欠く西福寺は、隅田庄とは限らず、桛田《かせだ》庄西福寺の可能性もあるとし、明治十三年（一八八〇）『隅田村村誌』に書かれた大和国宇智郡畑田村飛び地が大和国真土宿に該当するとみる。

また、伊賀国杵木屋宿《きねがこやしゅく》＊や山城国菱田宿（相楽郡菱田周辺）に対しても、清水寺は支配権が及ぶと主張したが、奈良坂はそれを否定し、自身の配下だとしている。紀伊国山口宿が清水坂の末宿だったことは、奈良坂も認めている。各宿は必ずしも国単位に本宿の支配下にあったわけではない。「金発揮抄」紙背文書の非人宿施行注文（M30、本書144、170頁）は、大和北山宿（奈良坂）の支配下にあった宿の書き上げと考えられるが、これにみえる各宿は、大和のほかに南山城の宿が含まれている。紀伊も一国全体が清水坂支配下にあったわけではない。むしろ清水坂配下の宿は少なく、高野山非人所の支配が強かっただろうと推測される。真土宿にも高野山の影響はあった。

＊吉田栄治郎は杵木屋宿と系譜的につながる伊賀国阿拝《あはい》郡波野田（夙村）に、「癩」に罹患した桓武天

皇の皇女伊登内親王（糸殿）にかかわる伝承があることを紹介している（「奈良町北郊夙村の由緒の物語」『リージョナル』5）。波野田は江戸時代中期までは君小屋《きみがこや》村と称した（『日本歴史地名大系』）。波野田に隣接する東村に明徳二年（一三九一）の西大寺「諸国末寺帳」にみえる新居部妙覚寺が存在することが、吉田栄治郎「近世夙村の生成に関する一試論」（『紀要』一四、二〇〇八）に指摘されている。

以上、陳状にみる各宿と清水坂、奈良坂宿との支配関係を示せば以下のようになろう。

1・A長吏雌伏期

○清水坂（主流派）―久奴嶋（河内法師）―山崎（吉野法師）―野田山（因幡法師）―丹波国金木宿（筑後法師）―堀川尻（大和法師）―近江金山宿（近江宿々）―祇園林

◎清水坂（反主流派・先代長吏派・播磨法師）―奈良坂―摂津・河尻小浜宿（若狭法師、先長吏惣後見・土佐法師）―鷹井宿（吉野法師、先長吏相聟）

2・B長吏時代

○清水坂（主流派・現任長吏派、甲斐法師・摂津法師ら法仏殺害者）―真土宿（そのうち主流派・長吏近江法師）―豆山宿（長吏浄徳法師・近江法師の聟）―紀伊国山口宿

◎奈良坂主流派―真土宿（そのうち反主流派・法仏法師・近江法師弟。彼らは妻子ともに殺害される）

国名を名乗る法師たちは相互に親戚縁者だった。清水坂の淡路法師は播磨法師の妹聟である。豆山宿浄徳法師は真土宿長吏近江法師の聟だった。薦井宿長吏吉野法師は清水坂の、先長吏の相聟で、久奴嶋・河内法師は清水坂二臈法師の父だった。非人身分のなかでも長吏、二臈クラスは相互に結婚した。当然ながら下位の非人の婚姻圏も同じ非人宿内部または近隣の非人宿相互に限定されていた。本書117頁所引史料には宿相互は「庶流」とあった。通婚圏があったと想定できる。むろん北山宿濫僧《らんそう》事件でもみたように、富裕であっても平民との通婚はありえなかった。

このように利権をめぐって武闘がくりかえされる。本宿の意に従わない末宿・清水坂長吏はしばしば殺害され、清水坂宿もしきりに襲撃を受ける。暗黒の暴力社会であるが、バックには興福寺別当がいた。武士の世界に共通する。可視的な乞食・非人の世界は『一遍上人絵伝』に描かれている。実際にはその背後には、さまざまな権門の利害があって、どろどろとした凄惨な世界もあった。

「武家定天被覚食《おぼしめさる》矯　餝(飾)之御沙汰」とあるように、奈良坂は自身の主張が武家に理解されるとしている(矯飾は、うわべをいつわり飾ること、清水坂の言い分は矯飾であると武家も認めてくれているだろう)。激しい訴訟の結果はどうなったのか。時期をほぼ同じくして寛元年間、感神院と清水寺の堺に関して藤氏長者宣が興福寺別当に出されている(春日神社文書、『鎌倉遺文』六八一三)。本寺末寺の枠組みは何も変わっていない。清水寺は近代にも興福寺の末寺であったから、両者の関係は以後も八百年間、維持された。

ただし、それまで頻繁であった興福寺・清水寺双方の紛争にかかわる記録・文書は、『深心院関白記』（『大日本古記録』）文永五年閏正月七日条を最後として見あたらなくなる。清水坂非人は奈良坂の支配から脱しえたのだろうか（補論三参照）。

3　変動する宿の人々

北山宿では鎌倉後期に非人施行の記録があるが、施行を受けた人数は三百九十四人だったとある（M30、年月日未詳、金沢文庫文書、金発揮抄紙背文書、『鎌倉遺文』一一三一五）。いっぽう興福寺には年頭に乞食が来て、それに対し餅一枚と銭二銭（ないしは一銭）を与えていたと記録されている。年始挨拶であろう。これにも三百人近くが参加したが、年によって変動があって、著しく減少することもあった。年頭賀詞は鎌倉後期から記録されているが、ここでは具体的な人数を記している室町期の史料をみよう。

康正二年（一四五六）には正月一日に少々、正月二日に二百人、三日に百余人が参賀し、餅・用途が下行された（『安位寺殿（経覚）御自記』M112）。正月三日間で計三百余人である。同・長禄四年（一四六〇）正月二日条では、「今日乞食三百人来云々、餅一枚・用途二銭各引之了」とあって、この年もやってきた人数は三百人だった（同M150）。

この数には北山宿以外のものも含まれていた。鎌倉時代、北山宿にて施行を受けた三百人以上は老若男女全員であろう。興福寺の年頭挨拶のほうは、全員を対象としていたのか、または代表のみから賀詞を受けたのかが、わからない。女や子どもも含まれていたのか、三が日に連日来る者らがいたか、どうかはわからないので、宿の人口の推定はむずかしい。また北山宿と興福寺では約半里（二キロメートル）ほどで、距離がある。足が萎えた重症者はここまで来ることはできなかった。両者の数字はもともと異なる次元のものである。しかし動向を知る目安にはなる。

翌年には事情が変わった。近辺のものしか来ず、少なかったとある。同・寛正二年（一四六一）正月二日条（M173）に、

一今日乞食百人来、依世上飢饉乞食多不入此郷之間、近辺者計《ものばかり》来故、如此少云々、餅一枚・用途一銭引之

一日条と三日条には関係記事がないが、三百人（ないしは一日二百人）が百人以下に激減した。この年は飢饉だった。前々年、長禄三年（一四五九）は旱魃傾向にあった。大風洪水もあった。長禄四年になると、長雨が続く。作物には旱魃よりも長雨のほうが深刻である。八月（太陽暦九月）、実りの季節に収穫のきざしがなく、飢饉となった。京都の餓死者は「山・岡の如し」となって、十二月になると、飢饉による惨状に、寛正と改元される。だが効を奏することもなく、寛正二年にかけて餓死者は増加し続けた（外園豊基『日本中世における民衆の戦争と平和』）。寛正二年五月十三日、京都からやってきた平曲語り（琵琶法師の平家物語語り）の座頭及一（及市）が、三句（三話）弾き終え

て、都の惨状を次のように語った（同・M183）。

当年中、京都死亡者乞食以下除之、或者存知聞名程輩二万人計病死云々、希代事也

（あるいは存知し名を聞くほどの者が二万人ばかりも病で死んだ。乞食以下はこの数に含まれていない）

乞食は喜捨で生きる。飢饉になれば世の中に喜捨の余裕がなくなる。弱者である乞食はまず先に死んだが、それは数には入っていない。言外にこういったニュアンスがある。

この後、二年ほど記録を欠くが、寛正六年正月二日（同上）の記事がある。餅銭として配られる銭は一文が二文に増えていたが（二文はおよそ三百円相当）、人数はさらに減っていた。

一乞食少々来、往来僧以下七八十人在之云々、餅一枚用途二銭引之

ライ患者が一定の割合で発生するとすれば、患者の数自体は平年でも飢饉年でも、それほどには変わらない。しかし三百人いた人々が百人、さらに七十人と減っている。減った人数、二百三十人には死んだものが多数いたと想定される。けれど一定の保護も受けていたはずの、彼ら彼女らが全員死んだのだろうか。

極端に減少した患者・乞食のなかには死亡したものもいるだろうが、非人宿（非人村）を出て行

った人たちも、相当の割合いた。飢饉になると宿の人々はまだましな土地を求めて、他宿への移動を試みた。餓死よりは移動を求めた。うまくゆけば生命をつなぐことができた。飢饉になると乞食が増えるともいわれるが、京都・奈良では逆で、新たに入宿するものは激減した。乞食で生きること自体が不可能になっていたが、それでも興福寺には七十人が居続けていた。

流動性は飢饉の年にはより顕著になった。仕事も減り権門との保護関係も希薄になった。

〔補注〕なお年賀に来た「賤民」は乞食だけではない。正月三日ないし五日前後に、唱門師・十座の者（心賢・明寛など）が毘沙門経の読経と毘沙門画像献上にやって来た。答礼として円鏡が下行《げぎょう》された（M130、139、151、321、476、510、524、587、594、609、716）。正月七日ないし十四日頃には盲目座頭が来て、祝言や平曲・稲花（踏歌）を披露し（M51、68、74、75、117、131、140、205、434、489―490、500、512、588）、正月二十六日頃には布施曲舞《くせまい》が舞い、年賀を述べた（M154）。二日ないし六日には千秋万歳が年賀に来た（M49、90、92、106）。施行を受ける乞食たちとは別であろう。

また正月中、ないし歳暮、八朔には、金剛草履、箒を持って河原ノ者が挨拶に来た（M359、404、716ほか、後述）。坂七郎（河原・エタ）も四日ほかに年賀に行っている（M511）。

4　宿ノ者（乞食・非人）の業務と座的構成

乞食たちはしばしば興福寺にやって来た。年頭・正月一日ないし二日には必ず年始に来た。同時にこのとき興福寺からの餅や銭の施行があった（M97、105、112、150、173、230）。自分たち（乞食）は興福寺に奉公もするが、保護も得ることができる。

年頭に挨拶に来るのは、寺と賤視された人々（乞食ほか）のあいだに、主従制的な関係があったからである。彼らは東大寺にも行ったはずだが記録がない。別集団（グループ）が行ったのかもしれない。千秋万歳が春日・神主館の年賀に行ったことは記録されている（M576、579）。

乞食は寺に奉仕し、寺は乞食に最低限度の生活を保障した。乞食（非人）が寺に奉仕する仕事の内容は清目（清掃）および検断（警察機能）、祭礼での警護そして刑吏など多様にあった。

清目・清掃

承元二年（一二〇九）『中臣祐明記』（五月九日条、M1）に、「死タル鹿ハカタイヲ召シ天《て》取捨了」とあるから、死骸の除去はカタイ（乞丐・非人）に命じられている。大永三年（一五二三）にも翌四年にも、死鹿処理を戸上（興福寺側の非人の管理者）に命じている。前年には宿物（夙之者）が撤去したが（M590）、翌年では非人は（井戸の）内には入らないという理由で、河原ノ者がこれを処理している（M597）。井戸に関しては河原ノ者の分担領域だった。

清目《きよめ》の業務に関しては後述する横行細工と重なることが多い。文永二年（一二六五）関白一条実経の春日社参詣にあたり、市中の清掃は奈良の各郷に命じられたが、八幡伏拝《ふしおがみ》*以南の路次の不浄物の清目沙汰は北山非人に下知（命令）された。そして墓域である逆野辺《さかのべ》掃除が「横行并細工」に命じられている（M28）。『奈良の被差別民衆史』が細工の初見として重視した史料である。不浄物、動物遺体などの処理除去は横行ならびに細工に命じられることがあった。

＊「八幡伏拝」は、もし八幡が石清水八幡を指すのなら、北山非人が長途路次中、いっさいの不浄物除去を担当したことになるが、そうではなく文中の用例から、東大寺手向山《たむけやま》八幡の伏拝と解釈されている（『奈良の被差別民衆史』本文編二頁）。奈良市中の不浄物除去を任務とした。

検断・警固

検断としての奉仕事例は天文二十一年（一五五二）、祭礼行列に不参の八島巫女に対し、その所在地である長井に非人が派遣された例ほかがある（M668）。

警護（警固）は大永五年（一五二五）薬師寺鎮守八幡宮遷宮（祭礼）の事例だが（M608）、宿物（夙のもの）が参加している。業務の内容は書かれていないが、謝礼「酒直」として壱斗五升が支払われている。遷宮には延年舞や猿楽も来ていた。猿楽は二座来ており、一座に対して十石（現代の価値でおよそ百五十万円）、計二十石を下行した。猿楽には別に、懸物・折紙代として弐貫二百文（およそ三十三万円）も支払われている。宿物への謝礼（一斗五升）は猿楽に較べれば圧倒的に少額である。同様の事例は紀伊国鞆渕《ともぶち》庄・鞆渕八幡宮や近江国・長浜八幡宮の遷宮の際にもみられるので、本書324頁で紹介したい。これら遷宮にともなう祭りへの参加は主として警護である。集まってくる大道商人たちの差配もあったかもしれない。

大垣またはツイカキ（築垣）引き廻しという刑は夙之者が担当した（M613）。刑吏の仕事は細工も行ったが、業務上、囚人護送（ケキコ・警固）を夙者が担当し、細工が執行したといえる（『中臣祐維記』大永六年二月一日条、M611）。細工には刑執行の都度、酒肴料、直垂料など、さまざまな対価報酬が与えられている（後述216頁）。

このように権門（巨大寺社・貴族）に対し、一定の業務を請け負い、奉仕をして保護も受ける姿はいわゆる座（同業者組合）に酷似する。座は、

「奉仕・貢納を行う代償として与えられた特権のもと、営業活動を行った商工業者、猿楽・田楽・琵琶法師ら芸能者、馬借・船頭など交通運輸業者ら職能者の集団」（『国史大辞典』）

である。長吏のもとにあった非人（乞食・坂ノ者・宿ノ者）や頭のもとにあったエタ（細工・河原ノ者）集団も基本的には座に同じであるが、彼らの日常業務は非人の場合はライ患者の世話に起因し、エタの場合は倒れた牛馬処理にともなうもので、当時は激しい賤視をともなった。

彼ら賤視された大衆について、社会から疎外された集団とみる見解がある。しかし先の非人陳状のように六波羅や院までが、彼らの動向に影響を受けていた。彼らの社会における業務でいえば、権門をはじめ市中の人々にとって不可欠な業務を請け負っていて、市民生活の一部を構成していた。彼らの業務は市中の人々にも必要とされた。権門社会に取り込まれ、その重要な一部、「座」を構

成していた。

5　非人に給う、賤への転落刑

近世には非人身分に転落させる刑があった。犯罪者として拘束された平民が、非人に渡された。非人手下《てか》という。心中（相対死）をし損ねて生き残ったものは、非人身分に落とされた（『公事方御定書』）。愛する男といっしょに死ぬことができなかった女は、非人頭に渡され、意のままになっただろう。江戸時代にあった刑なのだから、中世にも存在していておかしくはない。

『大乗院寺社雑事記』ほか興福寺の記録に多数の「非人に給う」、「非人に下知する」という記事がある。永島福太郎「中世奈良の住民構造」（『部落』四八、一九五三）に「当時罪科人を非人に給う例がある。これはそこで断頭等が行われるのではなく、非人の列に加えられることであろう」とする。短い文なのだが、前段は給うとあってもそれが刑の執行を意味するわけではない、後段は身分転落刑の意味であるとしている。給うは支配下とする、の意となる。これをうけ、『奈良の部落史』八五頁は罪人を非人身分に処する例として四例ほどを挙げている。

関係史料集をみると、事例がおどろくほどに多い。五〇例近くはあった。それほどに頻繁に執行されたのだろうか。興福寺の検断であるから対象は僧侶が多いが、定使など興福寺配下の俗人の記事もある。近世の非人手下と同じものであったのか否かを含め、吟味をしたい。

まず天文七年（一五三八）の事例をみると、「彼北坊非人ニ給事、百姓ヲハ奈良中被払事」（天文年中衆中引付、M623）とある。非人に与えられれば、非人宿に住むから身分も非人である。払うは放逐である。僧侶は非人身分に落とし、百姓については奈良から追放した。行刑にちがいない。

北山ではないが、天文二十四年（一五五五）薬師寺の事例に、先代未聞の窃盗僧を「領中地下等ヲ被払、并非人仁可被与」。これも「所払い」と「非人に与える」がいっしょになっている（M670）。

『雑事記』文明三年（一四七一）十一月十六日条（M298）の場合、一昨日つまり十四日、神方（春日社）の公人《くにん》・主典《さかん》の両人が、社頭の御供所において刃傷に及んだ。そこで衆中《しゅうちゅう》が彼らの住屋を検封《けんぷう》した（検封は差し押さえ）。また両人がいるところに発向（進発）して身柄を拘束した。衆中は興福寺の寺住衆徒《じじゅうしゅと》をいう。僧兵である。武器を持って社頭や寺門を防御し、奈良市中を警固、武力闘争や犯罪人の検断を行った。彼らが両人の拘束に真っ先に動いた。とらえられた二人は、講衆下臈分《こうしゅうげろうぶん》（決定機関）の判断によって非人に渡されることになった。

彼両人事、重而為下臈分可給非人云々

二人は公人・主典だった。公人は寺社権門に属す下所司《げしょし》（中綱《ちゅうごう》・小綱など）をいう。主典は目（さかん、佐官）である。両人は社家内で地位があった。にもかかわらず一方が刀を抜き、一方に斬りかかった。神人でありながら、神聖な社頭にて刃傷に及んだ。言語道断である。犯罪者として拘束された、非人組織に渡された。

この判断は下臈分による。下臈は出家後の年数が短く、地位の低い僧である。下臈分衆という組織が決定機関だった。門跡尋尊は「このことはどうであろうか（且如何）、どちらかといえば珍事（めったにないこと、困ったこと）である」という慶英《けいえい》の発言を引用している。批判的であったし、この段階においてはこの刑は頻繁ではなかった。

尼僧の例もある。同・文明四年（一四七二）正月二十四日条（M305）によれば、般若寺の戎下《えびす》に舎利と金仏が見つかった。（金）仏像は地蔵のようであった。神変事があるぞ、と声高に叫び続ける尼がいた。寺門として払う（追放する）こととした。（則ち）変事だと叫び続けていた尼公（則体、つまり身柄、からだ）を非人に給うこととした（「則体尼公給非人畢」）。まことにもってその実にあらざることである。

二五年後をみよう。明応五年（一四九六）正月二十九日、朱雀院坊主披（被）官人が在所を神発（進発）した（『雑事記』、M532）。それで坊主を非人に給した。この事件を記した尋尊は「希有之所行不知子細云々」「迷惑歟」と手厳しかったが、翌々日二月一日にはこの坊主が免除となった。無実とされたわけである。「下臈分沙汰、率爾云々」とある（M532）。下臈分の処置は軽率である。この段階でもやはり「給非人」は頻繁には行われていなかった。

戦国時代、大永（一五二一〜）から天文（一五三二〜）頃になると、学侶、集会評定、衆中などの裁判記録（引付《ひきつけ》）が豊富になって、非人に下知した事例（非人身分への転落処罰）が飛躍的に増加する（M559、589、591、607、614、621、623、632、633、634、635、637、638、640、645、646、648、651、653）。実際に下知（処分）したとみえるものと、通告・警告した段階での記事がある（M624、644）。重罪、すなわち死罪を命じたが、免じて非人に下知したというものもある。ただし死罪の理由は「衆議砌《みぎり》、高唱雑言」と大声で衆議を攪乱したことだった（M653）。一旦引き渡したものの、一、二ヶ月後に赦免した事例（M637、642、650、665）が多い。種々懇望があった。三ヶ月後の赦免ないし中止事例もある（M633薬師辻子七郎）。明らかな軽罪もある。借りた湯屋釜を返却しない（M624）、進発時に戸を立てなかった（M621）、人夫役の拒否（M607、645）、借銭（M632、646）、不礼（無礼）（M648）、下（草）刈り（M651）などが原因のケースである。頭を包み隠して（僧侶であることを隠して）薪能を見たとして、「非人ニ下知」という例もある（M662）。本人ではなく所従《しょじゅう》（家来）を非人に引き渡すことがあった（M634、663）。

天文十九年（一五五〇）七月十八日の例だと、正真院、賢勝房については「可有罪科」、所従については「非人可給」とある。もし罪科が死罪だとするならば、「非人可給」はそれよりは軽い（M663）。天文二十年五月の場合、称名寺僧教云本人を「非人に下知」した。ただし本人が赦免されたので実現はしていない（M665）。

天文十二年（一五四三）の記録（『学侶引付』）をみると、一年間に二一人が非人下知（処分）となるか、またはそれを予告された。一寺院の裁判記録として、この刑はあまりに多い。

安易にこの刑を適用した例もあって、天文十二年十一月九日・学侶方引付写では大仏供定使・櫟本《いちいもと》孫三郎男からの布施が減少したので、私曲があるにちがいないとして非人に給うことにした。

「近日非人仁給候処、無陵爾（聊爾）由、従納所披露之間免除畢」。調査不十分であった。定使の聊爾はない（いいかげんなところはない、きちんと納めている）と年貢収納所たる納所《なっしょ》から報告があった（M643）。つまり無実、いいがかりであった。「非人仁給」と宣言してから執行までには時間の猶予がある。

同じ日の記録にある別件では、「厳重令問答、於無承引者、非人仁可給旨一決畢」とあって、僧春宗が承知しなければ非人に渡すと脅している（M644）。

天文二十二年の新薬師寺奥房の場合は「非人下知候」とあったが、詫び言があり、礼銭三十疋が到来したので、赦免したとある（M669）。三十疋だから三百文である。さしづめ五万円弱か。この金額で身分の転落が防止できたらしい。そうならば罰金刑とかわらない。

天文十二年二月十四日の坂三郎の事例もある（M632）。借銭を無沙汰したということで、「非人仁給度由」とある。本書にて河原ノ者、細工であろうと考えた坂三郎がいる。応永頃の人物だから、一二〇年の差があり、別人であろう。

非人は警察業務を担っているが、ときには非人所が刑務所にもなった。当時は犯罪者への処罰は肉刑（斬首・火あぶり・鼻を削ぐ）・払い（所払い）・家屋の放火などがあった。それ以外には現在の懲役刑のような期間を定めた罰刑・労働刑はなかったようである。非人下知はそれに替わるものではなかろうか。下知された僧俗は検断実行機関たる非人所において、一定期間労働に従事した。非人所にいる期間の身分は非人にちがいないが、恒久的なものと考える人は少なかった。短期間で処分が取り消されたものもいて、終身非人身分に固定され、運命が逆転するというような刑や考えではなかった。非人身分には流動性があって、平民からの転落がすこぶる多く、またその分、復帰も簡単であると認識されていた。エタ身分からの脱賤は困難だったが、非人には脱賤への道が開かれていた。平民からの転落という賤民化の過程が明白だったから、原因が除却されて、資金供与があれば復帰できたのではないか。

天文十七年（一五四八）、鳴川郷の唱門（声聞師）が博奕をし、喧嘩となった。それで衆徒によって家に放火されている（M656）。濫僧斬首の事例は先にみた。

「七代の非人」という表現があった。東大寺の巨木を伐採したならば、「杣狂乱シテ七代非人タルベシ」とある（M211）。何代（何世代）もの非人ならば、非人に転落してから家庭をもち、子も非人になっていった。ただしこの表現からはよほどに特殊なケースとみられていたと推定できる。資財を蓄え、脱賤することも多くあった。なお犯罪者を細工・河原ノ者（エタ）身分に落とす事例はみない。

四　横行・五ヶ所・十座、三党

1　横行（声聞師）

賤視された人たちの中核には、癩者とその世話をする非人がいたが、ほかにも北山には非人とは別のグループがいた。その第一は横行とも五ヶ所・十座とも声聞師とも呼ばれた人たちである。呪《しゅ》師《し》も同じである可能性がある。時代によって呼称が変わっていったが、その実態はほとんど共通する。彼らもまた賤視された人々だったが、主として芸能、また呪術を糧とした。

先にみた般若寺坂下・「呪師庭」は東大寺領河上庄*（東大寺）であり、そこからの地子《じし》を東南院が得ていた（本書128頁）。中世後期の事例だが、文安五年（一四四八）河上庄にかかわる東大寺文書二点に「呪師庭地子八斗一升」、「融賢寄進河上呪師庭地子八斗一升」とある（『大日本古文書』東大寺文書十七）。すなわち呪師庭は東南院領である。

横行のうち河上横行の名が史料に多く登場する。述べたように領主たる東南院は悲田院を継承する院家である（本書119頁）。十八間戸も東南院領河上庄に含まれる。川上の本村はここより離れた佐保川の東にある。川上出屋敷が十八間戸の北・浄福寺の周辺にあった。河上（川上）には十八間戸に面する東ノ阪も含まれる。「川上領之内字坂之上」（『松操録』、B『奈良の部落史』史料編・三八七頁）とある。現在の字名では「坂ノ上」に隣接して「東ノ阪」がある（『大和条里復原図』）。「東之坂町由来書」には慶長十八年（一六一三）にそれまでの「坂ノ上村」の呼称を改めたとある（B史料編・三二六頁）。中世に「呪師庭」から河上庄が地子を得ていた。そうした般若寺坂下・「呪師庭」と河上庄の関係が、近世に浄福寺周辺にあった屋敷地から川上村が地代を得ていた関係に継承されていた。

「河上之横行」の存在については早く喜田貞吉が川上唱門師の祖先として紹介している（「大和にお

ける唱門師の研究」『同著作集』一〇、三六七頁）。横行は五ヶ所十座と同じとされる。すなわち文明三年（一四七一）正月二十一日の『安位寺殿御自記』（M278）に「横行十人十座五ヶ所」、『経覚私要鈔』宝徳三年（一四五一）二月十三日条に「元興寺領并横行両座五ヶ所十座」とある（M99）。また『大乗院寺社雑事記』康正三年（一四五七）九月十四日条には西坂横行に「五ヶ所内」と注記があり（M126）、寛正二年（一四六一）二月五日条では「五ヶ所横行木辻郷」とある（M178）。五ヶ所と横行を同一視していたと考えられるが、康正三年七月十三日条では横行は五ヶ所法師原、十座法師原と並んで登場している（M122）。横行はなんと読むべきかもわからないし、実態もわからないけれど、五ヶ所十座の総称か。人夫と横行を併記したり、対置する表現がみられる（M191、225）。動員事例での「横行」登場が多い。

一人夫事　元興寺領三人、横行五ヶ所二人、十座二人召具了（『安位寺殿御自記』、寛正六年十二月五日条、M239）

横行は興福寺に属するものと東大寺に属するものがあった。河上横行の場合は東大寺に属し、繁忙時に興福寺にも奉仕した（後述）。収入の主力はこうした奉仕かもしれない。「東大寺文書」文正二年（一四六七）大法師覚延寄進状（M248）は二月堂修二会（修中十二日）施行米として、河上十坪からの二斗八升（川上升で量る）を寄進したものだが、その米は端裏書に「非人米」とされている。河上庄田地が修二会での非人施行米を負担する田に充てられていた（山村雅史「『東大寺文書』に記された『坂ノ穢多』」、『紀要』一三、二〇〇七、八八頁）。

なお河上庄は東大寺・東南院領であって、河上横行も東南院に属する。

＊河上庄はこれまで東大寺が使用する茶の栽培地として知られていた（伊藤寿和「中世後期における東大寺領大和国河上荘の焼畑経営と茶の栽培」『日本女子大学紀要』四八、一九九八）。茶の栽培地が川上東町の一画に比定されている。河原ノ者への報酬に茶が渡された事例がある（M132、267）。なお前掲論題に「焼畑」とあるけれど、茶は単年作物ではない。休閑・耕作をくりかえし、単年作物を植える焼畑農法栽培ではないと思われる。また川上升と呼ばれる特殊な升があったわけだが、川上升は南北朝期から近世初期にかけて東大寺周辺での使用が数例文献で確認される（東大史料ＤＢ）。

2　五ヶ所

五ヶ所十座のうち五ヶ所は、『大乗院寺社雑事記』文明九年（一四七七）五月十三日条（M348）に、

所詮五ヶ所声聞ハ、根本木辻子西方東方、西坂北方南方、京ハテ、貝塚、鳩垣内、以此五ヶ所為根本、在々所々ニ居住スル者也

とある。声聞師であった。『大乗院寺社雑事記』には、「五ヶ所内西坂」（M126）、「中尾は五ヶ所の内なり」（M127）、「五ヶ所の内貴通寺《（木辻）》」（M145、167）など随所にみえる。『大乗院寺社雑事記』康正三年

（一四五七）六月十六日条に、五ヶ所法師が「大鳥居より南、南郷は五ヶ所の進退（自専）、それより北（北郷）は北宿物（宿ノ者）の進退（自専）」として、自らの検断を要求したが、大乗院家はそうした先例はないとして、院家自ら力者をして、鵲郷の乞食の家三軒を焼却した（M121）。

中尾は「中尾の横行」ともある。中尾は応永中、「一寺一国人夫」から除かれており、その理由は「当門跡ノ別段ノ依為寄所也」としている（M127）。中尾については喜田貞吉「大和における唱門師の研究」（『同著作集』一〇、三七六頁）にくわしく、唱門辻子・陰陽町に頒暦を家業とする家があった。近代には賤視を受けていないとする。木辻は『奈良坊目拙解』によれば、慶長以降、茶店二、三軒ができて、それが遊郭となった（『奈良市の地名』）。なお、興福寺悲田院との関係は本書252頁。

3　十座

十座は根本が二ヶ所あり、一つは「芝辻子郷」、もう一つが「河上」だった。

『大乗院寺社雑事記』寛正三年（一四六二）八月十二日条に、

一当門跡寄人十座法師原者、根本之住所両所也、芝辻子郷七郷之内、少々一乗院家御領中也、河上東大寺東南院家御領中寺門大儀之時召出仕之、

とあり、よって芝辻子郷は興福寺に直属し、河上はふだん東大寺に奉仕し、繁忙なおりにのみ、興

福寺にも奉仕した。

『大乗院寺社雑事記』寛正四年（一四六三）十一月二十三日条（M216）に、

「七道者
猿楽　アルキ白拍子　アルキ御子　金タヽキ　鉢タヽキ　アルキ横行　猿飼」

とあってアルキ横行がみえる。その前段に「北宿」（北山宿）が金タヽキを召し取っていたが、衆中に召し返させたこと、七道はことごとく十座・五ヶ所が進退する、宿ノ者は綺《いろう》てはならない、と記されている。

十座・五ヶ所は北山宿とは別の存在である。北山宿（北宿）は、七道に属する金タヽキはわが支配下にあるとして拘禁したが、興福寺は、金タヽキら七道は、宿ではなく、十座・五ヶ所が支配すると対抗したのである。

ここでは七道のものたちの帰属を北山宿と横行（五ヶ所十座）が争った。以下にみるように北山宿と横行はほかにも事あるごとくに対立している。

4　河上横行と北山非人の対立

鎌倉末期・元亨四年（一三二四）の北山を舞台として起きた横行と北山宿の対立と、それが伊賀国黒田庄にまで波及した事例をみたい。

A「雑々引付」元亨四年七月二十三日条（M50、国立公文書館・内閣文庫）

一　七月廿三日、申刻夕立、般若寺ノ向西頬案者住宅へ雷落之、焼失了、件家へ宿非人等有之、并是等隠置之、其故非人与横行依合戦也（以下略）

B　小別当春助請文（「春日神社文書」三、大東家文書九五、同上）

非人与横行合戦狼藉事、以御牒送之趣、可令披露山門并郷内候、恐々謹言

（異筆）
「元亨四年」
八月三日　　小別当春助*

元亨四年、非人と横行が合戦、双方が武器を持って戦った。落雷によって般若寺西の民家が焼失したが、その騒ぎのなかで、本来いてはならないはずの宿非人が隠し置かれていることがわかった。宿非人は何らかの目的で、横行のテリトリーである般若寺西の民家にいた。それに河上横行が抗議（詮議）して、ついに合戦となったのである。

* 小別当春助なる人物については、同年十一月十八日（春日大社文書、『鎌倉遺文』脱漏）にも登場し、金峯山寺《きんぷせん》執行とある。吉野金峯山寺は大乗院の、のちには一乗院の末寺であった。金峯山寺執行は、奈

良にいて金峯山に指示をした。

以下にも述べるが、横行は東大寺を頼った。いっぽう非人は東大寺と反目する。非人側はおそらく興福寺を頼った。

C　東大寺年預所下文案◯東大寺文書（『大日本古文書・東大寺文書』十―九〇、同上、『鎌倉遺文』二八八一六は一部に誤読）

　年預所下　黒田庄沙汰人百姓等所
　　可早任下知旨、令存知諸国諸庄宿々非人等不入立庄内永《可停止》乞場子細事
右子細者、去月之比、河上之横行與北山之非人闘乱事、兼日有其沙汰、両方可属静謐之由、重々被加炳誡之上、彼河上横行之住所者、為東南院家御領之間、縦雖及合戦闘乱、不可構城槨、可引退家内之由、依被仰下、横行等任御下知旨、令退出住宅之處、北山非人等、不拘寺門之制法、匪啻招故戦之咎、乱入横行退散之□(次)、数宇之住宅悉焼払之条、狼藉之至、先代未聞之珍事也、仍両寺一同有其沙汰、至非人等之□(党)類者、永不可入立庄内之由其沙汰一揆畢、然間於当寺領之諸国諸庄、可令停止乞場之由、衆儀事切了、庄家存此□(旨)、任下知旨、可致其沙汰之状、
依衆儀下知如件
　　元亨□(四)年八月□日
五師大法師

（東大寺領・伊賀国）黒田庄においては、各宿にいる非人が乞場（乞食の場）を求めて庄内に入ってくることを禁じた。その原因は先月七月以来、河上の「横行」と北山の非人が闘乱となったことにある。河上庄は東大寺東南院領内である。争ってはならない、城郭を築いてはならない、家の中にいるように、という（東大寺の）説得を聞いて引きこもったが、北山側は聞き入れず乱入をくりかえし、「横行」の住宅を焼き払って、狼藉した（よって非人を排除する）。東大寺領の諸国荘園においては、今後庄内に非人がやってきても乞場を停止する。

右のような意味であろう。乞場というのは「乞食」を行うことのできる場、権益である。人通りの多い街道（道路）や市であったり、寺の門前であったりした。効率的に喜捨が得られる場所は限定される。とくに寺院や神社の門前・鳥居前は、自身や家族の病苦救済を求める人々が通過する。善男善女は善行に及ぶから喜捨が得られやすかった。反面、だからといって、そういう場に非人多数が殺到すれば、全員が生活はできない。喜捨の総額は限られるから、喜捨を乞うことができる場、テリトリー（営業圏）が発生する。テリトリーの保証は自力によってはできない。非人組織（乞食物中）とその地域を支配する権力とが行った。個人を排除する場合と集団を排除する場合があった。ここでは後者である。

北山非人は東大寺の指示に違反したため、伊賀国東大寺領庄園での乞場を失った。別系列の集団に代わられたのであろう。それまでは北山宿の支配が確実に隣国伊賀国黒田庄の非人宿にまで及んでいた。

正安三年（一三〇一）五月十日、宿淡路による伊賀国簗瀬《やなせ》御庄売券がある（百巻本東大寺文書、『鎌倉遺文』二〇七八一、大日本古文書『東大寺文書』六、後掲・山村雅史・三棟論文所引）。簗瀬庄は平安末期から鎌倉時代にかけて黒田庄出作と争った。黒田庄の隣接地である。また東大寺東南院領でもあった。簗瀬御庄内字原郷の田地は宿淡路が相伝する私領であったが、それを掃守田国正に売却していた。原郷は蔵持原出とされる（『三重県の地名』）。黒田庄のまさに隣接地である。

簗瀬に存在した夙村（狭田村）については中貞夫「夙について」（『伊賀郷土史研究』五、一九七二）、吉田栄治郎「近世夙村の生成に関する一試論―伊賀国名張郡狭田村を素材に」（『紀要』一四、二〇〇八）に詳しい。近世には蔵持西光寺下に夙村があった（『伊水温故』）。狭田は佐久田で、鎌倉期の佐久田宿には、ほかにも因幡、讃岐、加賀らがいた（『鎌倉遺文』二〇一四九〇二、二三一七七七九、二九一一九二一五、一九三四三）。彼らによる土地集積が著しい。

寛元二年奈良坂非人陳状には、「大和国、伊賀国之宿等者、雖有何事不可交之由、清水坂之連判起請文、奈良坂爾在之」とあって、清水坂宿も北山奈良坂宿が大和伊賀両国非人支配権をもっていることを認めていた。きわめて強いものだったが、河上争論を契機に、東大寺は敢然として北山の黒田庄における乞場の権利を否定した。

事件以前には大和伊賀の非人乞場の権利を東大寺が保証していた。しかし秩序が否定された場合には、破棄が可能であった。河上横行も北山非人も、職種が近く、巨視的には同業であったから、営業権益を奪い合っていた。河上横行は、ライ者に密着し利権ももつ北山宿非人に対し、つねに入れ替わる機会をうかがっていたようだ。抗争がくりかえされた。

河上（川上）横行はその後にも史料に登場する。

D「奉行引付」大乗院文書冊子本一七（お茶の水図書館・成簣堂文庫、M58）

河上横行、当院家ヨリ被行罪科処、東南院ヨリ被歎申之、住所管領之地候、□早々可施行候、御使小綱云々、就之御返事被申之、河上横行罪科事、早々如此検断、往古違沙汰□比致其沙汰候、更非新儀候也、此事者元亨比□□□□後見了

右は観応元年（一三五〇）八月以前の引付記事である。元亨年間、北山非人宿は東大寺に背き、東大寺から処分された。史料Dでは北山非人宿に敵対した河上横行が興福寺に処分されたとある。河上を支配する東大寺東南院はそれに抗議したとある。ならば北山宿は興福寺に付いたという構図があって、観応までもそうした関係が維持されたとみればわかりやすい。「非新儀」とある。

北山宿と河上横行がしばしば対立し、対立の都度、東大寺か興福寺のいずれかに庇護を求めるという図式があった。史料Dでは河上横行は興福寺大乗院からは譴責されたが、東大寺東南院からの助力を得て救済されている。この場合、河上横行はより強く東南院の支配と保護を受けた。

五ヶ所十座はとりわけて興福寺大乗院とのつながりが強かったのである。十座には石築地や井戸掘りの名人がいた。明観（明寛）は『大乗院寺社雑事記』にしばしば登場し、「石倉井之名人也」

とあるように、石築地や井戸掘りの名人だった。文明二年（一四七〇）八月、前年夏の大水で破損した大乗院庭園の簀子《すのこ》橋石籠の修理も担当した（M268）。「十座之明寛法師之息三郎次郎男」（M468）も十座を率いて、石倉に従事している。

しかし石切りは比叡山では散所法師の仕事であった（本書409頁）。河原ノ者が従事することもあった。庭園の石の修理、庭作りが河原者の分野だったことは多々例を挙げて述べた。

後述するが草履作りは河原ノ者の職掌であった。しかし乞食で「コンカウ作《づくり》」もいた。その乞食の主人は木辻子の声聞であった（M337）。

北山の賤視された人々は東大寺あるいは興福寺のいずれか、または双方によって支配されていた。彼らは離反することもあった。東大寺・興福寺にしてみれば、同業に近い集団を確保し、競合させておく必要もあった。非人がいて、横行がいて、また細工（河原ノ者、エタ）もいた。彼らには複数のグループがあったし、またその業務には異なる卑賤視民であっても、相互に重なる部分があって、技術・特技はそれに対応していた。賤視の度合いが少しずつ異なる集団が、部分的に重なるような業務をしていた。業務の重なりは寺院権門には好都合であった。通常の関係が不調になれば、別の集団に乗りかえることもできた（皮革はエタの独占であった）。

長禄以降になると、横行（五ヶ所十座）は声聞師と記されるようになる（川上声聞法師、十座法師原、M162、197）。彼らは夫役負担に関して事実上、「乞食」であるともされている（声聞法師ハ乞食事也、M198）。

『三箇院家抄』「京上夫・伝馬并下司召馬事」（『史料纂集』一、五二頁）に五ヶ所声門（声聞）法師、十座声門法師とならんで「同東大寺之河上法師原」がみえ、奈良中止住として京上夫の動員対象になっている。単なる法師とされているが、横行を指すものか。ここでは声聞師とも異なる扱いのようだ。

声聞師は、ライ患者の世話をする非人（乞食）と較べれば、芸能呪術に携わることが多かった。彼らの前身がおそらく東南院領河上庄に地子を納める呪師庭の住人、すなわち呪師《のろんじ》であった。

河上横行以外にも奈良には永久寺周辺に横行がいた（前掲書『奈良の部落史』二三、一四九頁）。『当山記』に「影塚之横行両座」が永久寺に白土を献じたとある。近世には口寄せ・祈祷・舞太夫を行い、土御門家から陰陽道許状を得ることもあった（同書二四頁）。本書の後半に登場する舞々とすこぶる共通性がある。なお祈祷における霊的能力が高く、人間離れしているという印象を与えたためであろう、通婚圏を異にした。つまり「筋違いの村」として結婚差別を受けたとされる。

4　三党

中世奈良の被差別大衆を概観してきた。さまざまに賤視される人がいた。三党という存在もあった。三党にかかわるもっとも著名な表現に『寺社雑事記』文明二年（一四七〇）八月五日条の、「雖為三党之輩、可成守護・国司之望条」がある。当時の下剋上の風潮をいい、三党のものでさえ守護や国司になろうとする時代だ、といったのである。

三党は賤視された五ヶ所十座と北山非人を総称し、城人夫、城構土公事、築城などに動員された(B210、393、673)。以下、ここでは現段階の研究状況を紹介しておきたい。

三党とならんで三棟という言葉が登場する。かつては熱田公氏、鳥越真理子氏によって三棟は三党に同じものと解釈された。『奈良の被差別民衆史』でも三党に同じとしていた(本文四三頁)。

しかしA「三棟方人夫役」の用例と、B「三党者使役」の用例を詳細に比較検討した山村雅史「『三棟』考―中世大和の被差別民衆団三党の考察―」(『研究紀要』一四)によって、両者はまったく別のもので、Aは「みつむね」と読み、Bは「さんとう」と読むことが明らかになった。すなわちB三党使役における具体的内容は衆徒蜂起、六方蜂起などにともなう住屋破却や放火(M210)、街道封鎖(M431)など検断にともなうもので、三党を徴発する場合は必ず前提に集会による決定・議決があり、衆徒が行動をともにした。検断要素が濃厚であった。A「三棟方人夫役」のほうは日常、非日常を含め、京上人夫や奈良巡人夫のような夫役が主で、すなわち門跡(尋尊)の権限下での人夫役の範囲内であり、使役の論理も五ヶ所声聞師に対するものと同様に、限定・特化されたものだった。

いっぽうB三党には声聞師以外の被差別大衆(宿非人)も含まれる。また五ヶ所のうちの鳩垣内はA三棟ではないとされるが(「鳩垣内者、三棟ニハ不存知」M348)、しかしB三党には含まれていた。

山村の結論は五ヶ所声聞師のうち、距離的に離れた鳩垣内を除く四ヶ所が三棟で、四ヶ所(木辻子、西坂、京終、貝塚)の北に近接する地名三棟《みつむね》(近世の三棟町)に由来するというものである。

快刀乱麻を断つがごとき明解な分析である。難解であった三党の実像が明確になった。なお山村氏によれば、近世の史料では三党は河原ノ者も含む表現になっている。

五　河原ノ者・細工・穢多（エタ）

1　河原ノ者・細工・エムタ

ア　坂ノ穢多

このように北山には宿非人、横行（咒師・声聞師・十座河上）が一般（「良民」）と混住、あるいは地域をわけて住み、寺院権門に奉仕しながら労働対価を得、また独自の生業を営んでいた。そして坂にはもうひとつの集団、エタ（エム《（ン）》タ・穢多）、細工、河原ノ者と呼ばれる人がいた。

『多聞院日記』永禄十年（一五六七）八月十六日条に北山十八間戸の焼失記事がみえる（M690）。

一　早旦より三人東西へ出勢了、午刻ニ松浦松山人数二百計にて裏帰、西之手へ出了、十八間

癩人ノ宅、焼了、不便至極、并坂ノ穢多カ所ヲモ焼払、無珠儀人数打入了

『一遍上人絵伝』に描かれたように、重症の癩者は、土車に乗ってしか移動できない。火災のおり、歩行困難な彼ら彼女らは逃れることができなかった。多数の死者も出て悲惨な状況だった。

そして「坂ノ穢多」も登場する。近接するエタの家も焼かれた。非人とエタが近傍に居住していた。そして一帯が軍事目標にされていた。この場所は現在の十八間戸から東ノ坂の一帯である。十八間戸は松永久秀の東大寺焼き討ちの際、八月に焼失した。般若寺はこれより以前、五月に焼かれていた。大仏殿焼失は十月である。

一五世紀前半の奈良にては、エムタ（応永二十四年〈一四一七〉、M76）、エンタ（康正三年〈一四五七〉、M124）、エタ（文明三年〈一四七一〉、M286）、細工（文安二年〈一四四五〉、M81）あるいは河原ノ者（文安四年〈一四四七〉、M86）という言葉が同時並行的に使用されている。これらの言葉（差別呼称、賤称）が示す対象が同じ人々なのか、異なるのか。同じだとすると、なぜ呼びかえるのだろうか。検討すべき課題が多い。

イ　河原者（河原ノ者）―かわらのもの（補論）

『大乗院寺社雑事記』には「河原者」がきわめて多く登場する。その表記は「河原者」がほとんどである。これまでの研究史にて、先学はこれを「かわらもの」と呼んできた。中学や高校教科書

も「かわらもの」で統一されている。しかし『日葡辞書』にCauranomono（かわらのもの、こうらのもの）とある。中世、男性貴族の記録（日記など）では漢字・漢文による表記がなされていた。原則として仮名は使わない。だから日記では「河原者」という漢字表記になる。東京大学史料編纂所のデータベースで検索可能な各文書（大徳寺文書や東寺文書）や、記録類でも「河原者」「河原物」表記ばかりである。しかし、大徳寺真珠庵文書（九一六―一二）には「かわらの物」とあった。武蔵国、平清盛は「むさしのくに」、「たいらのきよもり」と「の」を入れて読む。「河原者」は「かわらのもの」と読むことができるが、「かわらの物」を「かわらもの」と読むことはできない。表記は「河原者」でもじっさいは「河原ノ者」と「ノ」をいれて読んでいたはずである（同様の指摘が横井清氏執筆による『国史大辞典』〈吉川弘文館〉、『部落史用語辞典』の「河原者」の項にある。なお物と者は、モノという音を表す用法であって、同様に使われており、意味の差異はない）。

七十一番職人歌合、紀伊王子神社文書（永正五年〈一五〇八〉）、鞆淵八幡神社宮遷記録（天文十九年〈一五五〇〉）など、「かわらのもの」と仮名にて表記する史料もかなり多い。よって黒田弘子氏も同じ指摘をする。『応仁記』には「山名殿の河原の者」とある。壒嚢鈔《あいのうしょう》には「河原の者、ゑったと云は何の字ぞ」とある。犬追物儀式書では「犬追物ノ式」、「鏡外」などが「河原ノ者」か、または「河原の者」表記で、「射鏡」、「白磨犬追物」は「河原者」表記である（『古事類苑』武技部・犬追物）。ともに同じ人々（集団）を指している。表記は区々でも、いずれも「かわらのもの」と発音した。

「河原者」という表記に徹底している『大乗院寺社雑事記』にも、じつは「河原ノ者」表記がある。長享二年（一四八八）八月二十一日条紙背文書は尋尊の筆ではなく、尋尊に宛てた書状であるが、「卒爾ニ河原ノ物、不可被召下候」など複数の「河原ノ者」表記がある（ただしこの手紙のなかにも一ヶ所、河原者とあって、ノ表記は省略されやすかった）。

実際には河原ノ者（かわらのもの）は「かわらんもの」と発音されることも多かっただろうから、よくあるN音脱落（応天門→おうてもん、ぎんなん→ぎなん、ほか）で「かわらもの」とされることもあったという推測は、できなくはない。「かわらもの」と仮名表記する史料は『日本国語大辞典』で検索すると、以下があるけれど、問題がある。

七十一番職人歌合（一五五〇頃か）三十六番は穢多が登場する有名な場面である。

「人ながら　如是畜生ぞ　馬牛の　かはらのものの　月みてもなぞ」

これを『日本国語大辞典』の「カワラの者」の項目では「かはらのもの」と正しく引用しているが、「如是畜生」の項目にては、「かわらもの」と引用している。これでは短歌の原則、五・七・五・七・七にならない。むろん前者が正しい（『新日本古典文学大系』）。字足らずになるにもかかわらず、編集者は「かわらもの」と読んだ。それほど、固定観念が強く支配している。

次は『わらんべ草』である（江戸前期の狂言論、大蔵虎明・万治三年〈一六六〇〉三―四十五段、岩波文庫二四六頁、『日本思想大系』所収本は抄本なのか、該当箇所に記述がない）。

「かぶきなどにて、狂言の者、ふれ事云によりて、かはらの者とはかくべつたるべし、しからば能もかはらものに成べし」

これは「かわらの者」と「かわらもの」を双方あげている。芸能論であるから「かわらの者」は「河原役者」の意味であろう。かはらの者、かはらものをどう区別しているのか詳細がわからない。

新井白石の『東雅』(享保二～四年〈一七一七～一九〉)総論に「癩疾の人をかはらものといふは迦摩羅也、翻して癩病といふ」(カワラの語源はサンスクリットの迦摩羅にあるとする)。ライ患者を「かわらもの」といったとしている。管見のかぎりでは仮名の「かわらもの」表記は、近世の事例である。中世的な用法とはいえず、「河原者」が死語になりつつあった時代である。

多くの辞書、とくに電子辞書は、「かわらもの」の項からしか引けないが、今後は正しく「かわらのもの」からでも引くことができるように、改善を希望する。教科書も「かわらもの」というルビしか振らない。むかしからの慣習のようでなかなか改まらない。しかし今後は「かわらのもの」表記に変更してほしい。

以上をふまえて奈良に戻る。

ウ　さまざまな職種

その1　造園・山水河原ノ者

室町時代、畿内の河原ノ者に京都系と奈良系がいて、かつ往来があった。京都の河原ノ者が奈良に来る場合は、室町将軍の要請があったり、大乗院門跡の指示だったりした。

長禄二年（一四五八）正月二十九日、将軍義政が大乗院家に対して幕府奉書を出して、京から奈良に河原者（河原ノ者）を差し下した。「公方様御庭」造園にあたり、諸寺にある庭木（名木）を集めるためであった。河原ノ者として名前が記された両人はヒコ三郎、エモンで、このふたりがまず奈良に下った。奉書を受けた大乗院は内山永久寺ならびに釜口に下知（指令）を出している。彼らは谷ノ者（谷者）と呼ばれている。霊山院、阿弥陀院をはじめ大乗院一乗院にかかわる市中の寺から、糸桜、白槇、岡松、五葉、南天、槇など多くの木が運ばれ、河原ノ者には閏正月五日に二百疋（すなわち銭二貫、二結、およそ三十万円）、内山分は釜口に二百疋、河原ノ者には茶二十袋が、また河原ノ者両人には酒ならびに糧物三百疋が与えられ、練貫《ねりぬき》＊一重も与えられた。大乗院とは別に一乗院からも二百疋が与えられた。

＊　生糸を経とし、練糸（生糸の膠質を除去した絹糸）を緯とする絹織物。

三年後の寛正二年（一四六二）十二月、やはり冬だったが、こんどは河原善阿ミ（弥）が京都からやってきた。この時も同様にクチナシ（口無）、ザクロ（柘榴）などの木が選定された。これらは前回の記録にはない木だから、新規に取り寄せの要望があったようだ。白槇・五葉も対象だった。これは前回に重なるが、数量が不足していたか。この時、やはり大乗院は河原善阿弥に料足二百疋を与えている。また「菩提山・内山・釜口三ヶ寺自余河原者下向」とある。先に三年前に谷者といわれた人たち（内山・釜口）と河原者の関係だが、自余河原者とあって別の存在なのか、総称として同じものを指しているのか、よくわからない。十二月八日と寛正三年二月九日にこれらの木は京都に運ばれる。指示は河原ノ者からだが、仕事に従事したのは、五ヶ所十座だった（『雑事記』、M186、190）。

寛正四年（一四六三）七月十三日、大乗院尋尊が今度は河原善阿ミ（弥）に、自分の作庭を依頼している（M213）。九月三日に脇（補佐）が来て作業を開始、十二日に善阿ミは帰京したが、報酬として千疋（十貫、約百五十万円）が支給された。

応仁三年（一四六九）三月十九日、菩提山坊公事に関して八人が召し進ぜられ、「山々小木□□」が到来しているが、このことに関係して河原者が一人、参申している。三日後の三月二十二日、河原者に銭十三貫（約二百万円）を下行した。四月になって五ヶ所十座が白毫寺山の石の運搬を命じられた。四月二十八日に庭直しがはじまって、京都から善阿ミがやってきた（『雑事記』『到来引付』、M256〜259）。

九年後の文明十年（一四七八）十一月には善阿弥の子小四郎が京から奈良にやってきて、やはり大乗院の築庭を行っている。このときも本人に五百疋、毎日食十疋、京より下ったものの糧物が人別十疋、配下の者（手者）六人にも毎日二十疋、と高報酬が下行されている（M368）。

庭造りする河原ノ者は「山水《せんずい》河原者」と呼ばれている（『雑事記』文明十年十一月十五日条、M368）。なぜ彼らが作庭に従事したのかは、本書407頁にて検討する、土公神《どくじん》の居場所との抵触、立ち入ること（犯土）を忌避しない能力、危険な作業をこなす能力が考えられる。賤視された人々に、タブーを打破できる力が与えられていた。

奈良にやって来た河原者・善阿弥の住屋は、六方衆《ろっぽうしゅう》によって九内堂《くない》の東に建設された（『雑事記』文明三年八月四日条、M288）。九内堂は公納堂とも九納堂とも表記され、鵲《かささぎ》郷の禅定院南にあった（『同』文明二年八月五日条、M268、379）。禅定院は尋尊の寺である。『奈良曝《ならさらし》』にも「公納堂町　北かさぎ町の南なる辻をひかしへ入町」とあり、現在も町名がある。大乗院庭園にも接近しているから、仕事場の近くに住宅が与えられた。河原者・次郎も「九納堂之東浦」に居住しており、文明十一年に七十五文の年貢（地代、現在の一万円程度）を納入している（同上）。そこは「河原者地」とされていた。間口は三間三尺あったから、奈良町では広い（『同』文明十八年二月、M442）。

この善阿弥は足利義政にも偏愛された。将軍家や大乗院など権門に奉仕したことが知られている（芳賀幸四郎『東山文化の研究』）。各記事から受ける河原ノ者の印象は、室町将軍や興福寺トップ、すなわち日本の頂点に立つ人たちの指令によって、京都や奈良を往復する、高度な専門技術をもつ造園業者であった。他の追随を許さぬ眼目（知識）・技術があり、報酬額も高かった。エリート集団であって、「賤民」というイメージがわきにくい。彼ら河原ノ者は各権門貴族に所属していたようで、他の貴族に所属するものは「二条殿河原者」（M445）、「山名殿の河原の者」（『応仁記』）のように表記されている。「禁中川原者」もいた（『建内記』正長元年〈一四二八〉六月十日条）。「公方様御庭者」（善阿弥）、仙洞御庭物（本書407頁）がいたように、公方河原者と呼ばれる存在もいただろう。

ところが文明三年七月、善阿弥が再び興福寺中院の作庭にあたったときの東大寺側記録に、「七月始ヨリ、エタ善アミ中院ニ庭ヲスル」とある。将軍義政や大乗院尋尊の好意・愛情を一身に受けても、善阿弥は、やはり「エタ」だった（東大寺法花堂要録、続群書類従、M286）。

善阿弥孫の又四郎に関しては、屠家に生まれたことを悲しむ、という自身の言葉が『鹿苑日録』長享三年（延徳元年〈一四八九〉）六月五日条に記録されていて、著名である。

晩河原又四郎来、（中略）太守毀其宅也。又曰。某一心悲生于屠家。故物命誓不断之。又財宝心不貪之。昔日於路上拾蚊幬《とばり》四五片。某追其人而與之。至今逢于路則謝之。予謂。又四郎其人也。今時円顱《ろ》方袍《ほう》所為不及屠者。慙愧々々。又四郎乃《すなわち》善阿嫡孫也。善阿年九十七歳。同甲子於勝定相公而生。歳逢寅者也。為山植樹排石天下第一云爾。

彼は殺生を業とした身ゆえに、あらゆるものの命を惜しみ、財宝をのぞまなかった。蚊を追うだけで殺しはしない蚊やり（蚊帳《かや》）を拾い、人を追って渡したが、今でも感謝されている。又四郎こそ、その人である。円顱方袍（ふつうは円顱方趾で、丸い頭・どくろと四角な足、つまり人類）、人としてこの屠者に及ぶものがいるだろうか。善阿弥ともども賞賛されている。

だが賤視の環境にあったが故に、作庭の過程で、河原者の寺内立ち入りを拒まれることもあった。『雑事記』長享二年（一四八八）の冬から、翌三年の春にかけて、東山殿（足利義政）の命により、京から奈良に河原ノ者がやって来た。興福寺の講衆は室町将軍への樹木献上命令には従ったが、河原ノ者の立ち入りは拒否しようとした（M463、466、467）。

河原者下行等事ハ、悉皆不可有之由（十月十七日条）
河原者近日任雅意方々木事申条、不可然、堅可停止之由治定云々（十一月二十三日条）
六方（興福寺末寺衆徒、僧兵）、自辰、貝（辰刻は朝八時頃、ホラ貝を吹いて召集）、蜂起集会在之云々（略）京都御庭木事、去年廻覧之処、近日河原者下向、以外次第也、河原者宿可進発（二月十三日条）
河原者ハ不可叶（二月二十六日条）

「あるべからず」、「叶うべからず」、「もってのほか」、としてホラ貝を鳴らしながら、河原ノ者の宿に僧兵が向かっていく。河原ノ者のいかなる行動が問題とされたのか詳細はわからないが、河原ノ者に対する賤視が根底にあったことは否定できない。この事態に立腹した義政は、近くにあった一乗院領山城国西院庄を押さえるという行動をとった（二月二十〜二十四日条）。一乗院は非協力的であると義政はみた。対して大乗院側には反発はなく、協力的であった。

その2　草履《じょうり》と箒

文明二年（一四七〇）四月十七日、河原次郎が応仁の乱により混乱する京都を避けて、奈良に移住した。「京都儀迷惑」ということで「一向可任《住か》南都」となった（『大乗院寺社雑事記』）。それに対して大乗院尋尊が三十疋（三百文）を支給している（M263）。

同年八月一日、つまり八朔の日に、憑方進物として（河原）次郎が上《じょう》り二足を献上している（同上）。その日の記事が別に、「到来引付」にもあって、川口給主憑方として河原者に十疋（百文）が支給された（M266）。同様に、同年年末と翌年正月（二年十二月二十六日、三年正月十三日）、歳暮または正月に、河原次郎は二百文、百文を下付され、以後も一貫文（二月五日、三月五日）、五百文（四月十七日）と続き、八朔に草履と箒、つまり「両物」「両種」を納入した（M272、279、281、287）。この納入時には百文の下行だった。

箒には用途によって室内箒と室外箒（庭、路上用）があるし、素材によって羽箒、棕櫚《しゅろ》箒、草箒、竹箒があるが、室内用には馬毛箒（馬毛払）もあって、細かなちり取りだった。『部落史用語辞典』の「箒」項目を執筆する脇田修は、掃除を任務とした河原者が製作から従事したと解している（シュロは暖地産で、日本では九州南部にしか自生しないとされる。移植はされた。箒製作・シュロ加工は差別を受けた村の伝統産業で、近畿でも九州でも確認できる）。

河原ノ者次郎が死んだとき、大乗院尋尊は、「一　河原次郎円寂了、家門代々披官《(被官)》奉公物也、不便」と記述している（文明十一年十二月九日条、円寂《えんじゃく》は死去のこと、M395）。尋尊は関白太政大臣一条兼良《かねよし》《(かねら)》の子であり、南都の宗教界の頂点にいた。貴族のなかの貴族だといえる。彼にとって、京都にいても奈良にいても、エタとも呼ばれた河原ノ者次郎は、代々奉公の披官人であった。このあとにも襲名した次郎、あるいは三郎次郎ら次世代によって、金剛草履、箒は献上され続けている。尋尊が差別意識をどの程度もっていたのか、皆目見当がつかない。河原ノ者の仕事に万全の信頼を置いていた。人間同士の信頼関係があった。『雑事記』には賤視・蔑視の表現があまりない。

次郎が納入する草履は藺《い》コンカウ（M338）、藺上利（M315）、青馬二足（M312）などと書かれている。『雑事記』が大乗院当方座として書き上げた四十の座のなかに、イタコンカウ（座、竜花院念仏）、ウラナシ（座）がある（長禄三年〈一四五九〉、M146）。同・康正三年（一四五七）八月二十四日に「龍花院念仏（龍花院八角堂昼夜不断念仏）ノ板上利ハ両座（大乗院家細工両座）ノエンタノ役也」という記述がある（M124）。竜花院は三箇院のひとつ、大乗院にとっての枢要寺院である。ゾウリは特定の法要に使用される（『雑事記』長禄三年五月二十八日条、M146）。「エンタノ役」とあってエタ（穢多）の役である。

板金剛座では板金剛を製作した。金剛草履は藺、藁《わら》で作るが、裏に板をつけたものが板金剛で、革をつけたものが革金剛という（『日本国語大辞典』、別の見解では板のような形をしているから板草履だともいう。「下駄の話」http://www.asahi-net.or.jp/~kw2y-uesg/geta/01mokuji/01geta_index.htm）。イタジョウリ、イタゾウリ（板草履）と板金剛は同じだろう。「革金剛（カハコンガウ）の鉄《かね》の音、門口ちかく聞ゆれば」とあって（『読本・占夢南柯後記』一八一二）、歩くと鉄の音がした。雪踏《せった》（雪駄）の裏には皮が張ってあり、かかとに打ちつけた板金（踏み金）がある。革金剛は雪踏の祖型ないし同じものであろう。雪踏の高級品は、現在では三万円ほどの値段がする。

日葡辞書（一六〇三〜〇四）に、

「Vranaxi（ウラナシ）certo calçado de Bomzos,ou molheres sem sola, de couro　坊主または女性が使う正しい履き物で、鞣《なめ》し革でできた裏がないもの」とある。Sola（オックスフォード大学本つまり岩波本）は、エボラ本ではsolas（底）、両本ともmolheresとあるが、mulheres（女性）であろう。キリシタン宣教師は履き物には革製の裏側があると認識していた。また同書に、「Iconguó（イコンガウ）Çapatos lecidos ou feitos de junco sapatos」とある。feito作られた：juncoいぐさだから、藺で編まれた、または作られた靴である。金剛草履は二束三文の語源とされ、安価な印象もあるが、現在は仏具店で五千円ほどである。高度な技術者たるエンタによって製作された。

正月、八朔の河原次郎からの大乗院への上り（ゾウリ）奉納は恒例行事で、ほか左近四郎が安位寺経覚に箒を奉納している（M266、267、313、359、365）。この正月と八朔の納入とは別に、河原ノ者が龍花院法要に合わせ、毎年八月二十四日前後に納入した（長禄四年〈一四六〇〉、M160）。文明十年八月にも、「板上リハ細工座衆進之」とあって、彼らは細工座衆と呼ばれている（M367）。龍花院法要用は座衆が調達した（源城政好「草鞋と草履」『京都文化の伝播と地域社会』）。

金剛草履の製作は河原ノ者のみが従事したわけではなく、五ヶ所配下の乞食に「乞食コンカウ作」がいたこと、文明七年（一四七五）、彼らの所属をめぐって、木辻子声聞師が支配下にあると主張したことは既に述べた（M337、本書193頁）。高野山では『紀伊続風土記』非事吏事歴（三六頁）に金剛草履は弘法大師によって待乳《まっち》（真土）峠から高野山に移された癩者の子孫が作ったとしている。

その３　坂ノ七郎、三郎、父彦次郎入道

京からの河原ノ者の居住地は九内堂近く、大乗院近辺にあったが、般若坂（善勝寺坂）にも河原ノ者の居住地があった。エタ身分とされた人々は、いつからこの坂に居住していたのだろう。坂ノ七郎という人物がいた。善勝寺之坂七郎とも河原七郎とも呼ばれている。「佐保ノ新免土帳」（「大乗院文書」、M79）に登場し、これには嘉吉三年（一四四三）九月五日検注と記載されている。

一反　九斗代北路　善勝寺之坂七郎
一反　九斗代　　　同西徳

「善勝寺之坂」すなわち般若寺坂を呼称（苗字）としている。

『雑事記』文明四年（一四七二）二月十四日条に、「一新免田一反事、坂七郎闕分、同香舜ニ仰付之了、七郎之跡ニハ不付之者也」とあって、嘉吉新免帳に登場した七郎が文明四年より前に死去したものと推測できる。嘉吉からこの間、三〇年ある。仮に六十代で死亡とすれば、嘉吉には三十代である。彼の所有した一反はなぜか、その跡（子か）には渡されず、同じく坂を苗字とする香舜に渡された。ただしまもなく後継者として、七郎を襲名した人物のものになった。

文明九年（一四七七）に後継たる坂七郎が登場する。おなじ佐保新免庄野取帳（広島大学所蔵猪熊文書、M358）に、「一反　御馬方　　坂七郎」とあり、御馬方だったことがわかる。他の河原ノ者

（また十座・明寛など）に同じく、七郎も大乗院門跡のところへ年賀に行く（明応二年〈一四九三〉正月四日『政覚大僧正記』、M511）。答礼に扇を一本あるいは紙一帖もらっている。明応六年（一四九七）の「馬屋之川原者」は翌七年には「河原七郎」と呼ばれている（M540、546）。

後者・明応七年（一四九八）正月五日の場合、「一　河原七郎参申、馬屋方紙一帖給之」とある。このように七郎はつねに御馬方と表記されている。御馬方も馬屋方も同じもので、馬方奉行がいた（M201）。河原者七郎は大乗院馬屋方という組織のなかの一員であった。具体的な職掌は馬の医師（獣医）であった。明応二年三月二十三日『政覚大僧正記』に、「一　馬二疋血出之、坂ノ七郎召之、以次成就院竹内馬血取之」、『雑事記』明応五年正月十八日条に、「一　馬血出之、七郎参申」とある。馬の血抜きは『祇園執行日記』（観応元年〈一三五〇〉五月三日条、六月十九日条）や『鶴岡事書日記』（応永二年〈一三九五〉五月九日条、十一日条）などにもみえる。祇園社では坂（非人）がこれを担当した（『部落史史料選集』1）。「血庭」であり鬱血を抜いて疲労をいやした（本書263頁）。

いっぽう坂七郎は八朔（八月一日）に金剛草履を献上してもいる。これも「馬屋方之用」とされて、新免庄之内給田があるが故であると、『経尋記』（大乗院別当経尋の日記）に書かれている（大永五年〈一五二五〉、M601）。馬屋方の多様な業務に対して給田が与えられていた（上記のほかM740）。『雑事記』延徳三年（一四九一）七月十五日条には、「一　昨日善勝寺前焼亡、細工共屋也云々」とある。一五世紀半ば以前には、善勝寺坂に細工と呼ばれた人々がいた。「善勝寺之坂七郎」、つまり善勝寺坂に住む坂七郎に統率されていたようだ。七郎は世襲のエタ頭の名前であろう。

右下が北山十八間戸（史跡）、右奥が善勝寺山、その下を京街道が通る。左の屋根は東ノ坂、光蓮寺。中央奥はるかに奈良県庁庁舎。

山村雅史が紹介する長禄三年（一四五九）二月十七日七郎・三郎連署畠地作主職売券案（東大寺図書館架蔵・東大寺文書第三部第五―二三一号）をみよう（「『東大寺文書』に記された『坂ノ穢多』―中世大和の河原者に関する考察」『紀要』一三、一〇〇七）。応永三十四年（一四二七）六月頃、彦次郎・孫四郎・孫太郎・六郎三郎の四人が善勝寺西畠地を切り開いた。長禄三年に彦次郎子の七郎・三郎がその作主職を売却した。よって坂七郎の父は彦次郎入道といい、子は七郎のほかに三郎がいた、とわかる。

（端裏書）
「善鐘（勝）寺ヨリ副状在之
　本券ニソエテ置之
善鐘寺領畠作主職売券案之」

売渡申　善鐘寺領畠作主職事
合一所者　在所者善鐘寺西

四至　東限善鐘寺垣　南地類＊
　　　西山　　　　　北地類

右件畠者、応永三十四年丁未六月（ノ）比、悉地ヲ彦次郎孫四郎孫太郎六郎三郎四人シテ打開候、但余人ハ此作主職ヲ彦次郎之處ニ質物ニ入テ流候了、多年知行シテ今ニ無他妨候、本地子ヲ百文宛毎年善鐘寺（ニ）沙汰仕候、此外ハ別之諸公事無之候、隋而彼借書并善鐘寺宛状先年善鐘寺学□《（是か）》房部屋ニ預ケ置候之処、□ヘ入候テ盗取候之間、更此方ニハ候ワス候、其後多年知行之間、更無違乱煩候、仍只今依有要用直銭参貫捌□□□《（ニ）》へ限永代二月堂本就看講方へ所売渡申実正明白也、万一猶此地作主職違乱煩申者候ワハ、慥以本直銭、可買返申候、縦雖有地起等沙汰、於此地者不可有其分候、仍為後日亀鏡沽却状如件

長禄三年己卯二月十七日　　七郎判

彦次郎入道子

同　　三郎判

＊「地類」は同類の地。中世、一通の文書によって所有権の所在が示されていた土地の一部が売却・譲与された場合、残りの土地をいった。

善鐘寺は坂に面していた。寺の西側山付き斜面を河原ノ者四人が開発した。その西は山だった。開発し終えた土地の権利を、四人のうち三人が質に入れて流した。金を貸したのは彦次郎で、すべ

て彦次郎に集積された。先に七郎は嘉吉三年（一四四三）には三十代かと仮定したが、すると応永三十四年には十代半ばであったことになるから、応永段階で名前が出てこない理由もわかる。長禄には父が死亡していたのであろう。長禄段階の彼らは四十代後半と推定される。ほかの三人が権利を流して、七郎兄弟の親である彦次郎のみが職を集積しえた。彦次郎が坂のリーダーであった。この親兄弟は善勝寺坂にて開発し、その土地の地主職を所有しうる実力者であった。先程来みてきた善勝寺坂・七郎と、この七郎は同一人物、エタ（河原ノ者）であって、細工を統率した七郎だとみたい。先にも引用したが地主《じしゅ》とは年貢を得るもののうち、最上級に位置する人物で先の北山の場合には東南院だった。ここでは寄進を行わなかったので、七郎、三郎が地主だった。

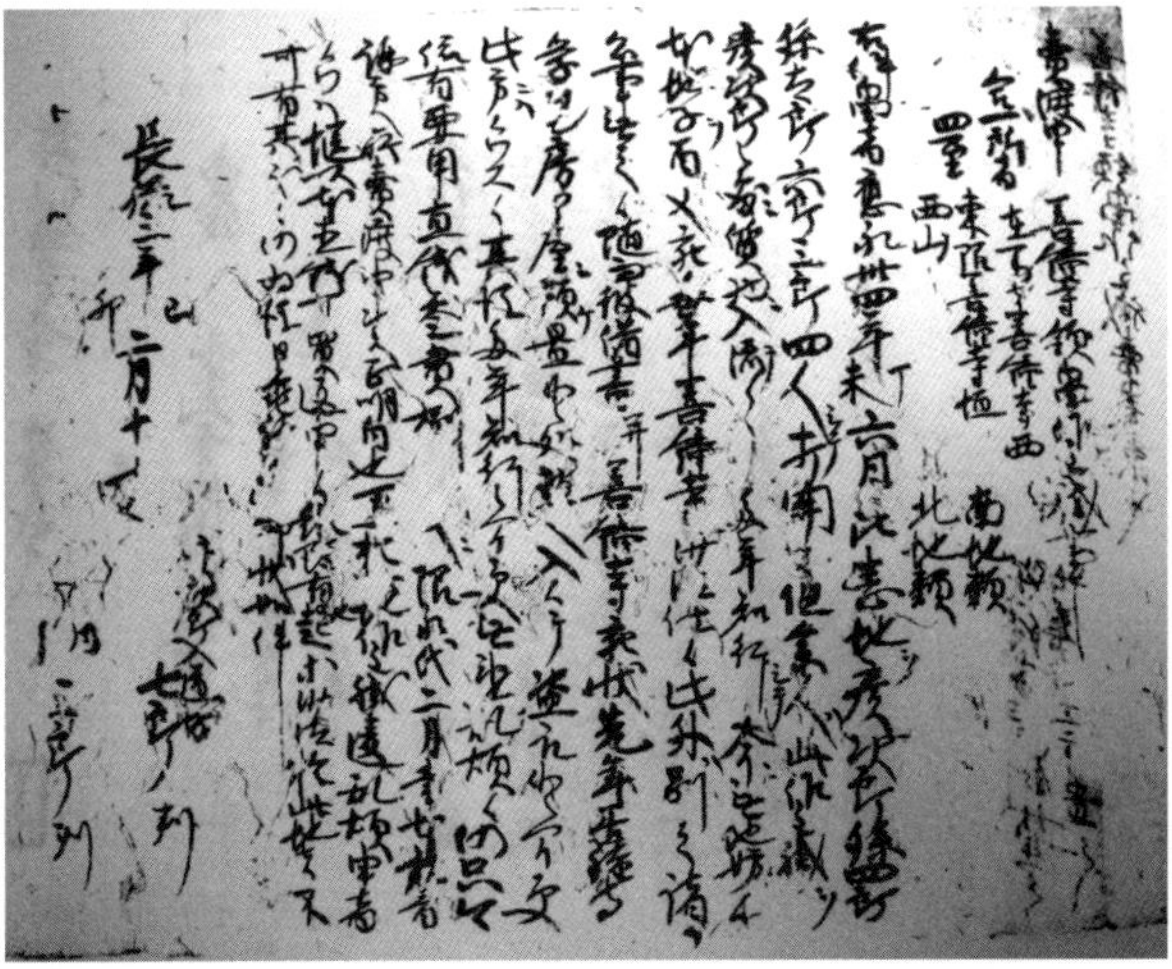

長禄3年（1459）2月17日、坂七郎・三郎連署売券（東大寺文書Ⅲ部5の231）　善勝寺（善鐘寺）は般若坂にあったが、その西隣を一族が開墾し集積している。七郎は河原とあるからエタ系の人物だが、御馬方に勤務する役人でもあり、一帯では上層で富裕だった。東大寺蔵。

近世に綱貫のような皮革商品がこの坂で売られていたことは『奈良の部落史』

三六三頁を参照されたい。なお坂のグループとは別に九内堂の東に居住する京都系山水河原ノ者がいたことは既述したが、彼らは工事現場の大乗院庭園近くに仮住まいしたものであろう。奈良の重要拠点のひとつは般若寺坂（善勝寺坂）の上にあった。

その４　太鼓製作

皮革産業の代表が太鼓製作である。大型で良質の皮革を作り上げる高度な技術が必要だった。興福寺金堂供養料足日記（春日大社文書一九四号、M73）に、

興福寺供養兼日用意下行記録委細日記別紙在之

（中略）

一　楽器等料理事

（中略）

一貫文　中太鼓皮作賃

十二貫五百文　同太鼓張賃

（中略）

応永六年己卯四月廿五日　「奉行所唐院英空」

とある。河原ノ者が製作したにちがいない。中規模の太鼓用の皮を作るのに対し一貫文（本書の現代価格への換算相場では十五万円）、さらにそれを太鼓に張る費用は十二貫五百文、およそ百九十万円となる。なお、丹生谷哲一『身分・差別と中世社会』（三一・一〇四・一一一頁）が検討した『教言卿記』応永十五年（一四〇八）九月二十九日条・十月三日条にみえる禁裏御大（太）鼓張直記事の北山宿は京であろう。

その5　刑吏

『多聞院日記』に、処刑の場としての般若寺坂が登場する（B三一四頁）。人通りの多い般若寺坂に処刑場があった。

（天正十四年八月）二十九日　今日既於般若寺坂夫婦十九才　（ア）フリ殺了

あぶり殺すとあるから火焙りである。大鳥居辺での強盗嫌疑で、本人は罪を認めなかったが執行された。遠国では火焙り刑があると聞いていたが、奈良の人々が眼前にするのは初めてだった（「目前ニ沙汰之限、前代未聞々々」）。新領主が羽柴（豊臣）秀長となって、厳罰主義が指示された。浅猿事（あさましきこと）とある。

刑の執行には細工があたった。ここでは斬首断頭である。刑の執行にあたっては酒米・酒肴が執行者の数に応じて支給された。文安二年（一四四五）三月、細工が興福寺に罪人の処刑執行報酬の規定を申し入れた記事がある。

六日

犯人二人断頭、細工間酒米、当職方一斗七升、内半分八升五合会所斗（升・ます）下行之、半分ハ雑掌三人、各二升八合宛《ずつ》下行之、仍出納分二升八合下之、就中直垂《ひたたれ》ハ雑掌三人役也、各三十文宛出之云々、

一　犯人両人之時者、間酒米二石下行之由、細工申之、於犯人直垂者、人数分沙汰之、細工間酒事者、雖為何人可為一石、仍古今沙汰此分也、不可然申、然之由令下知之処、猶申沙汰衆方、付書状之間、一石下行有限先例之由、令返答旨、公文目分訟訴了、

十日

犯人断頭、細工酒肴事、一日衆徒之衆議、任犯人々数、可下行之由、雖及催促、先例分各返答了、

二十日

犯人断頭直垂布五尺五寸、細工酒肴料一斗七升、支配之廻文中綱持来、則令致了、

（「通目代記録」文安二年三月条　花園大学情報センター〈図書館〉所蔵福智院家古文書、M81、82）。

間酒米は不明だが、酒肴とも記されている。執行機関の事務方である当職・通目代《とおりもくだい》には一斗七升が支給された。直垂の入手に当たる雑掌（事務方）にも銭が支給された。執行人である細工には、より多い米が支給された。細工は刑の対象（被執行者）が二人であれば、酒米は二石、つまり一人で一石だと主張した。通目代は一回の執行には一石だとしてそれを認めなかった。

「犯人直垂」とあるのは「犯人断頭直垂」に同じであろうか。「直垂料」も執行役（雑掌）に支給された。断罪時には新調の直垂で正装したようだ。その服は二度と着ることがない。一度しか着ない直垂は支給される原則か。布が支給されたようだ。ここでは「細工」とあるが、エタと同一だったと考えられる。

その6　野犬狩り

エムタの語は室町時代になると『大乗院寺社雑事記』『経覚私要抄』などの興福寺史料にいくつかみられる。春日若宮の記録『応永二十四年記』・同年（一四一七）四月十九日条を引用する（M76、B一二〇頁）。

（四月）十九日乙亥天晴、以職事安氏相触云、損鹿野犬有之云々、状如此、則以案文遣之、談

義所犬候歟、然ハ当方不可存知候、若野犬事ナラハ、若当方方へも可来候歟、可得意下知候了、
昨《（抹消「夕」）》日　重自参龍衆被触云、只今モ又一疋損之云々、同急束《（速）》に致本走《（奔走）》、被取《（捕）》候者、可目出候、
若又不叶候者、エムタニ可仰付候、其又無正体候者無力、ヰ《（射）》サセテナリ可取《（捕）》之、同急束可被
給御沙汰候、両惣官被触之云々、北郷神人語申云、三疋有之、余犬ヲハ、キト不可有其儀云々今夕南北神人欲搦之
処、遁《（マヽ）》逃候間不取之、仍神主方難計候由、以常住申之云々、

野犬が鹿を襲って殺した（損なっていた）。犬を捕獲しなければならない。犬が飼い犬なのか、野犬なのかが問題だった。飼い犬ならば飼い主の責任である。管理人のいない野犬であれば、神の鹿を保護する立場たる若宮の職掌となるから、若宮が処置しなければならなかった。談義所の犬ではないかといううわさがあったが、もしそうならば、談義所が対処する。この記録の記者である若宮には無関係となる。

本書第一章にも述べたが、飼い犬ならばまだしも、野犬の捕獲となると至難である。射殺しかない。逃げ場のない場所に追いつめさえすれば、射殺できたが、むずかしかった。五月十六日、ふたたび鹿が殺されているところが発見された（同日条、M76）。

一日比搦犬沙汰有之、然神人ハ南北神人一二度カラメム《（搦）》トスルトコロニ不叶、則参龍衆方不叶
之由申候ハ、、然ハエムタニ仰付、カラメムニ不叶候ハ、ヰ《（射）》テナリトモ取ヱ《（得）》テヨシ及沙汰候

云々、

北方南方神人が二度ほど搦めとろうとしたが、失敗したので、エムタに命じることになった。最終的には生け捕りでなくとも、射殺でもよいとなった。なお十六日条によれば殺された鹿の処置（取退）は北山者に命じたとある。北山者は清掃（死鹿除去）、エムタは犬捕獲が業務であった。

その7　清掃・清目

先に断罪に際して細工が登場していた。奈良の細工が史料にみえるのは鎌倉期である。文永二年（一二六五）十二月七日の関白一条実経《さねつね》春日参詣にかかわる事前の各種業務・物資調達指令の記録がある。「御参宮雑々記」（興福寺中綱賢俊日記、国立公文書館・内閣文庫、M28）は先にも少しみたが、『奈良の被差別部落史』が詳しい。

横行および細工の任務に関白一条実経参宮時の掃除があった。大掃除・寺中掃除・不浄物掃除に大別されている。大掃除は奈良市中全体の役になったが、別個に横行が溝の掃除を命じられている。溝は遺棄物・排泄物が多く不潔になりがちであった。八幡伏拝以南の路次については、不浄物等は清目《きよめ》が沙汰すべしと、北山非人に下知された（このことは本書174頁に述べた）。横行・細工には逆野辺（北山墓地）掃除が命じられた。

このとき仏具等にあわせ鶴亀も製作され、細工も参加している。

（鶴亀製作）

一同料膠六十五連細工ニ下知了、使戸上膳手　即出了

（楽器）

一可被用楽器事

左中大鼓一　同征鼓一　同鉾七本（中略）

同料膠十連召細工了、弁了

とある。鉾の製作や膠調達が細工の役割だった。膠《にかわ》を調達した。膠は煮皮であって、動物遺体処理の過程で製作される。

むすびにかえて――北山十八間戸・その後

本章では中世北山において、おりなされた人々の生き方と歴史をさぐった。賤視された人々について、過去には身分外身分とか、社会から疎外された存在といった見方がなされたこともあったけれど、彼らの業務はきわめて重視されており、権門社寺、幕府、天皇と結びつきながら、市中・農

村の人々の生活に密接し不可欠な職掌についていた。

北山を象徴する十八間戸や奈良坂の人々をめぐっては、これまで多数の歴史家が論じてきたけれど、般若坂、奈良坂いずれも東大寺東南院領（河上庄、鳥羽谷）であったこと、つまり土地の領有からいえば、東大寺管轄下にあったことを前提とした研究をみなかった。その東南院こそが延喜以降、東大寺悲田院を継承した院家である。聖武天皇に始まる東大寺・救ライ事業の継承がこの北山にて展開された。かの忍性もアウトサイダーではない。東大寺勧進上人として東大寺のトップにいた。その立場があったから慈善施設の建設を進めることができた。

北山宿ヨシガモト、奈良津彦神社に近接する東方・平野には、江戸時代初めまではライ者の村があったと考える。

「（非人温室は）本願（聖武天皇）御時に、（略）遠く北山の上に遣わさる」とあったように、聖武天皇の時に国家による公的な救ライ施設がこの村につくられていた。そうした経緯があって、般若寺はライ者救済の拠点になった。救ライの村たる奈良坂非人宿の祖型も形成された。これらが光明皇后伝説発生の背景である。皇后宮職付属であった悲田院の経営を東大寺が担った可能性が高い。まずは国家的な救済施設が造られ、その衰退後には、般若寺や宿が救ライ業務を継承した。

奈良坂非人陳状においては興福寺が登場するが、清水寺支配下の清水坂非人との相論だったから、清水寺の本寺たる興福寺が、強い影響力をもつ存在として登場した。たしかに興福寺の支配もつよく受けたが、東大寺の支配力も同等以上にあった。東大寺が乞場の権益を非人に保証した黒田庄のうち出作も東南院領であった（『平安遺文』二二六一、二二八二）。

北山宿とは離れて、南方、善勝寺坂（般若坂）の坂上にもライ者の村がつくられていた。そうした立地をふまえつつ、東大寺大勧進たる忍性のような人物によって、北山十八間戸（非人温室）が現在位置に建設されたようだ。

善勝寺坂（般若坂）には、中世後期に河原ノ者の居住が確認できる。中心人物は大乗院馬屋方に勤務する獣医でもあった。小児の生命を脅かし続ける野犬の捕獲処理、犯罪者に対する刑の執行、路上の清掃、皮革製品の生産など、市民生活の向上に貢献し続けたが、時代の制約でそうした業務は賤視の対象とされていた。

近世にはその河原ノ者の職掌を東之坂（かわた）が継承した。東之坂は十八間戸の周囲にあって、川上村に属していた。河原ノ者の職掌だった大垣成敗（断頭役）、興福寺への草履献納、犬狩などは近世の東之坂が担っていく。その中心であったのが、かわた甚左衛門家である。東之坂が中世の河原ノ者の職掌を継承している（山村雅史「中近世移行期における奈良における河原者―寛文四年の申状案文の再検討」『研究紀要』4、一九九七）。部分的には北山非人が担った死鹿処理なども行うようになっていたけれど、中世「河原ノ者」は原則として近世「かわた・穢多」に連続する。その頃、死鹿処理にあたるものはカワタだったが、それを命令（下知）するのは北山宿で、また肉のうち、四つ足（モモ肉）は北山（非人・癩者）が得た（B本文八四頁）。狩においては、最初に獲れたイノシシの四つ足は山の持ち主（狩倉山の所有者）の取り分になる。命令は北山側から出され、北山が上位にあった。

北山非人はいったん追われたとする史料もある。明和六年（一七六九）六月の松屋空西遺言状（『松操録』、B八三頁）によれば、享保年間（一七一六〜三六）に「興福寺様より北山共御追放」とある。興福寺との断絶後、十八間戸は東大寺の支配下に入ったという伝承もあったようだ。中世の宿非人の黒田庄乞場からの追放や河上横行にみてきたような、離反はときおり起こり、近世にもみられた。

非人の生活基盤の根本たる癩者の生活保護にかかわる義務と権益、救ライ業務も、江戸時代になって東之坂（かわた）に移った（B本文一四八頁）。北山十八間戸の管理に彼ら東之坂が密接にかかわった。かつての北山宿、奈良豆比古神社の周囲にあった物吉村は、次第に減少衰退し、南方の北山十八間戸に機能が移行していった。

江戸時代の十八間戸は奈良町奉行の管轄下にあったが、修理に際しては芝居興行の利益が当てられることもあった。癩人に芝居の名代が渡されたこともある。修理は継続されている。十八間戸が完全に廃絶していた期間はない。細々ではあっても建物があって、修理を重ねながらも維持され、患者が生活していた（吉田栄治郎「救癩施設・北山十八間戸の最後の住人」『リージョナル』4、二〇〇六）。患者の流浪放浪は避ける必要があった。

大正八年（一九一八）、史蹟名勝天然紀年物保存法が施行された。準備期間を経て二年後の大正十年に、日本で初めて史蹟（国）が指定された。奈良県では九件が指定されたが、なかに「救ライ」施設「北山十八間戸」が含まれていた。指定当時、工場建設で取り壊される危険があった（『奈良県史蹟勝地調査会報告書』第七冊、一一頁)。戦前の史蹟指定には国家主義的な傾向がみられるとされることも多いが、こうした病苦者の史跡も指定された。光明皇后伝説が背景にあるとはいえ、実態はまごうことなき貧者、困窮者、そして賤者の史跡(史蹟)である。時の政府と担当官(内務官僚)が、こうした遺跡を保護し顕彰しようとした見識は高く評価できる。

補論一　非人宿への入宿

高野山・阿弥陀堂・とくほうし

文明四年(一四七二)、ライとなった正陣は高野山に向かった。『紀伊続風土記』禿法師の項に、「此の党――皆癩人なり」として、高野山蓮花谷の東、大河の南岸に阿弥陀堂があり、癩病庵と呼ばれる住所があったとある。『高野山古絵図集成』(一九八三)には近世を中心とする多数の高野山絵図が収録されている。山上のみごとな伽藍のなかにみすぼらしい「ライ病人家」が奥の院に向かう川の西側、阿弥陀堂周囲に記されている。他の近世絵図も同じ場所を描く。表記は「ライ人家」、「とくほうし」、「物吃」、「タモ」など絵図によって異なる。みな同じものを指している。「とくほうし」が「禿法師」であることはいうまでもない。

高野参詣者の過半は奥の院(弘法大師廟所)に参詣する。病者は参道に並んで参詣者に物乞いしたのであろう。ただしそうした記述は『続風土記』にはない。平素は、塗橋以東の寺院の膳の残りもので生活していたとある。残飯生活だった。大晦日のみ後夜の鐘以後、塗橋以西に出て「禿法師」と高声に呼叫して各院から酒餅を得たとある。京中の「物吉」、奈良の「はなく千本」に酷似する。

高野山への参詣形態は、近代になって鉄道や索道の開通によって大きく変わる。主要参道だった中世の町石道は近代には極楽坂に代わられた。そこには多数の患者がいた。参道に患者がならんで、参詣者に対し物乞いをしていたことは、昭和初期に登山した、かなりの人々が記憶している。

――極楽坂から女人堂に到る石段を歩いてあがる。「後生願う、助けてくれ」ってならんでおる。こっちもはじめあたりの人には賽銭をあげるが、あんまりぎょうさんだから続かん。（すると）「後生ですから、どうぞたすけて下さりませ」といって怒ってくる。

たばこをくれ、といって手がのびる。骨が出てる手がみえて、びっくりしてたばこを落とすと、もう拾われてる。

（田辺市の郷土史家・阿倍弁雄氏・明治三十八年〈一九〇五〉生まれ・故人、ほかより筆者聞き取り）

国立療養所への隔離収容政策が始まる以前には、こうした光景が当たり前にあった。そして町石道が参詣の中心であった時代には、参詣者の最終目的地である奥の院への参道入り口が患者の生活の場であった。

いならぶ物乞いの人々のなかには、それまでの地位が高かった人が少なからずいた。

非人宿への入宿――肥後国々分寺宿・和泉国取石宿

中世の肥後国では、武士（鎌倉御家人）が発病して逐電し、非人宿（肥後国分寺宿）に入ったことが舛田文書に書き残されている（『鎌倉遺文』二五六〇五）。

蓮道者、肥後国々分宿仁令現在之仁也、且依癩病更発、逐電者

鎌倉幕府に奉公する御家人であっても、発病すれば逐電せざるを得なかった。彼のばあいの逐電先は肥後国分寺宿であった。国分寺宿の一部はずれに非人宿があったのだろう。

宿に入るには、なにがしかの代価が必要だったように考えている。入宿料・手付け料である。それは発病以前の境遇によっても異なっただろうが、われわれが思うほどには安価ではなかったのではないか。

宿は、労働を期待できない病者の、残された半生の面倒をみる。仮屋・寝具・最低限の仏具がまず必要だった。宿は入宿者に対して、しかるべき対価の支払いを要求したし、その額により待遇ほかに差が出ることもおそらくあった。伊賀の二人の姉弟の場合は、それを支払うことができなかっ

高野山山上 阿弥陀堂と癩者
彼らは、とくほうし（禿法師）、物吃（ものども、またはものだもカ）、ダモと呼ばれた。『高野山 古絵図集成』より。

とくほうし　正保3年（1646）、『高野全山図』御公儀上一山図より。金剛峯寺蔵。

ライ病人家　『高野全山及び周辺の絵図』より。文化8年（1811）、赤松院蔵。

ダモ　『高野全山及び周辺の絵図』より。西南院蔵。

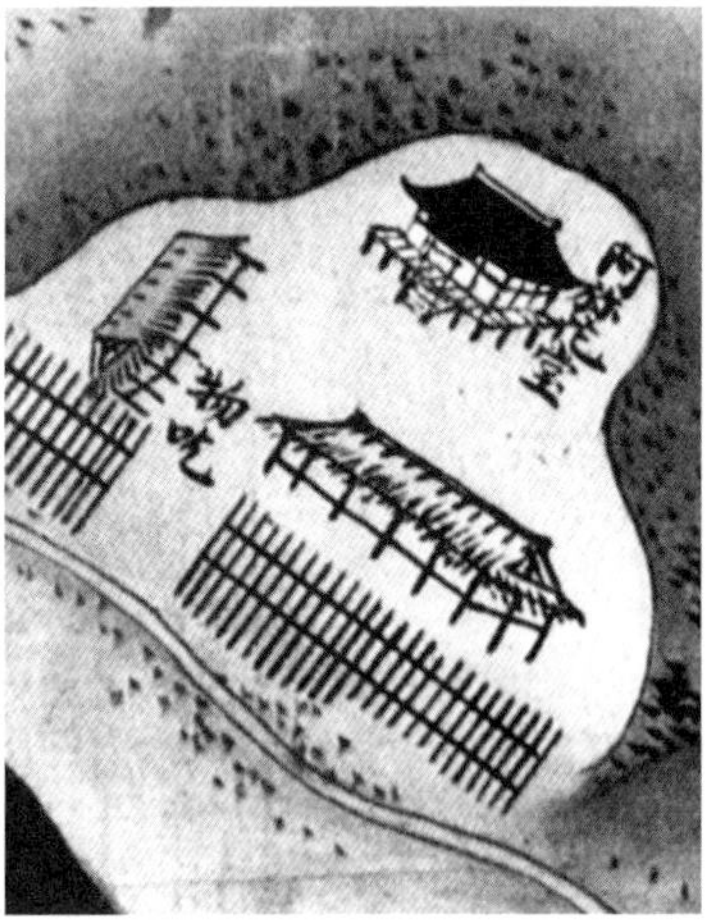

物吃　『高野奥院総絵図』より。寛政5年（1793）、持明院蔵。

たようだ（本書106頁）。このように考える理由は以下である。

鎌倉時代の叡尊と非人長吏また和泉国取石宿とのやりとりが記録されている。すなわち建治元年（一二七五）八月二十七日、非人宿長吏以下七名が叡尊に提出した連判状の一節に次のようにある（『感身学正記』、『鎌倉遺文』一一九九三）。

（1）

一　受癩病之者在之由、承及時者、以穏便使者、申触子細之時、自身并親類等令相計、重病之上者、在家之居住、始終依不可相計、罷出者、不可有子細、不然者為長吏、致涯分志者、向後可止其煩、背此義、過分用途於責取、付数多非人、成呵責、與恥辱事、可令停止之、

一　重病非人等、京都之習、依無他方便、於上下町中、致乞食之時、為諸人致過言詈辱事、可停止之、

ライになったものがいると聞いたら、（非人宿から）穏便なる使者を出し、本人と親類を交えてよく相談し、在家にては（家にいたままでは）、生活の継続ができないという結論をえて家を出るのならば、よいのだけれど、そうでないのなら、長吏が誠意を尽くして、煩い（紛争）を留めるべきである。この趣旨に背いて、多額の用途（礼金礼物）を取ろうとして、大人数の非人を派遣して、責め立て恥をかかせることはあってはならない。

重病となったライ患者（非人）が、京都では町に出て乞食をする習わしである。このとき侮辱するような言葉を浴びせかけてはならない。

また弘安五年（一二八二）十月二十日和泉国取石宿非人起請文（同上、『鎌倉遺文』一四七二六）に、

（2）

又住居家癩病人、路頭往還癩病人、雖見目聞耳、一切不可申、一切可任彼意取意

家にいる患者や、また路頭にいる患者がいた。見たり聞いたりしても、あれこれ干渉してはならない。本人たちの意に任せるべきである。

上記（1）（2）から次のように解釈する。

彼らや彼女ら患者はいまだ非人宿の組織下に入ってはいない。宿側は当然支配下におくべき人たちだと考えて、強引に誘引行動を取ったようだ。叡尊は、患者が自身の意志で宿に入ろうとするのならよいが、そうでないのなら長吏が意を尽くして、そうした争い、もめごと（煩い）を停止させるべきであるといっている。過分な用途（代金）を責めとったり、譴責《けんせき》したり辱めを与えてはならないと諭した。逆にいえば、実際には過分な用途をとることが多く行われていた。

過分用途の具体的な内容はわからない。おそらくは病者の出自、家庭の財力によっては、多大な寄付を求めることがあったのだろう。貧者に対してはそうした要求はできなかったはずである。

『宮城県史』一八・医薬体育編所収の鈴木立春「癩史」には、近世仙台藩における癩人小屋・癩人頭のもとの史料が多数収められている。難解ではあるが、小屋支配下の者が「癩病人有之候へは理不尽に押込候」「自今巳後癩病者有之、其家内より相出候は丶各別」などとあるのは、叡尊の戒めの文言に似るところが多い。

乞食社会を論じた論考を読むと二つの異なる場合がある。まず四天王寺で乞食の生活体験を記録した清水精一『大地に生きる』(同朋園、一九三四、のち『近代民衆の記録』4流民、一九七一、また『サンカとマタギ』などに再録)に記された体験によると、新入りの儀式では歓迎される。その日その日のおもらいは、「おかあ」(頭であるチャンの妻)に差し出す。掟を破ったものには厳しい制裁があるということだから、乞食相互では完全な平等社会であったらしい。清水は共産制社会といっている。

いっぽう収入(おもらい)から一定を上納したという見解もある(浅草の事例、石角春之助「乞食裏譚」、前記『流民』に再録)。各持ち場を一時間で交代するとある。やはり平等社会であり、収入の多寡で差別が発生することはなかった。

「非人の中にカッタイは巾が利き」という言葉もあって、同情を引きやすく貰いの多いライ患者は優遇された。

「乞食の上前をはねる」(ような奴)という言葉がある。著者は日常語・常套語として聞いていたと記憶する。すでに乞食自体を知らない世代が多く、死語化しており、若い学生は知らない。上納があったからこうした言葉が発生した。だが乞食頭との間には扶助関係・信頼関係があった。

もともと転落によって入る社会であるから、元来対価は要求されないが、ライの場合については出自の経済状況により、入宿料の請求があったように考える。

補論二　般若寺再建願主・良恵について

般若寺を再興した願主良恵については、研究史に混乱がある。川勝政太郎『日本石材工芸史』（一九五七）は東大寺別当良恵（建久三〈一一九二〉～文永五〈一二六八〉）だとする。『西大寺叡尊伝記集成』註（一九七七、三三頁）も「仁和寺諸師年譜」、「東寺長者補任」三、「東大寺別当次第」、「血脈類集記」八、「本朝高僧伝」五十五をあげており、東大寺良恵であると判断している。『国史大辞典』（一九九一、大矢良哲執筆）も前東大寺別当としている。東大寺良恵こそが、東大寺造営にあたった伊行末《いのぎょうまつ》と組んだ人物なのだから、きわめて妥当である。にもかかわらず異説がある。

異説は、㋐『重要文化財般若寺塔婆修理工事報告書』（一九六五、関係部分は岡田英男・木田光昭氏執筆）が最初で、㋑吉田文夫「忍性の社会事業について」（初出は一九六九、『重源　叡尊　忍性』日本名僧論集・吉川弘文館、一九八三に再録）、㋒『大和古寺大観』三（一九七七）に継承された。いずれも再興願主上人「良慧」（良恵）とは、弘安三年（一二八〇）九月十日・西大寺叡尊像胎内文書（『西大寺叡尊伝記集成』『鎌倉遺文』一四〇九三）に登場する「大和国人良慧　観良房」であって、東大寺別当の良恵とは別人だとする。また㋑、㋒は嘉暦三年（一三二八）「律宗行事目心鈔」（下）に興正菩薩（叡尊）、海竜王寺長禅大徳、西大寺二代長老（信空）とならんで登場する「般若寺観良大徳」であるともする。㋒は『西大寺田園目録』宝治二年（一二四八）十二月十三日条にみえる良恵比丘を史料に追加する。まず前者・胎内文書では、交名に書かれた結縁八百人のなかの一人となる。ワンノブゼムの扱いにすぎない。列記される「良慧　観良房」からは、最大の功労者たる般若寺再興願主という印象は受けない。

後者史料（「律宗行事目心鈔」）について、㋐は『大日本仏教全書』を、㋑は「家蔵」史料を引用する。ともに同文だが、列記された叡尊ら四人の人名からいえば、「般若寺観良」は正しくは「般若寺良観大徳」すなわち忍性を指すだろう。㋑は文永六年三月二十五日の般若寺文殊供養の記事二点を引用する。一点は「中臣祐賢記」で「紫（思）円房（叡尊）、勧良房与結構也」とある。いま一点は「法隆寺別当次第」で「文殊供養大勧進西大寺師縁房・良観房上人」とある。紫円房と師縁房が同一人、つまり思円房叡尊であるように、勧良房と良観房は同一人で、勧良が誤記で良観つまり忍性が正しい。異説は文永四年（一二六七）に忍性が関東に下向したことから良観房は忍性ではないとし、良観房が観良房のあやまりだとまで極論する。しかし「法隆寺別当次第」に「大勧進良観房上人」とあるのだから、疑いようがないことである（和島芳男『叡尊・忍性』年表参照）。前者（「中臣祐賢記」）文中に「結構」とある。結構には「用意、実現、執行」などいくつかの意味があるが、常陸にいたとしても、また鎌倉にいたとしても、遠くにあって募金送金（勧進）など、支援活動をした。文殊供養のような最大の行事に奈良に戻らないはずがない。
㋐は東大寺図書館蔵「高野大師御慶伝上」の「寛元三年（一二四五）十月二十四日於南都北山般若寺筆功畢」という記事も引用するが、このとき前東大寺別当良恵は生存しているから、彼を指すとしてよい。
叡尊像が作成された弘安当時、（九条）良恵は生存しておらず、本人（九条良恵）が結縁した可能性はない。僧位としては良恵が叡尊よりもはるかに上だから、たとえ生存していても参加はしなかった。また胎内文書にみえる良慧と田園目録にみえる良恵は同一人物であって、東大寺別当であった良恵とは別人となるが、無名の彼に般若寺再興の願主になり得るだけのカリスマ性はないし、当然に資財力もない。「般若寺観良大徳」は「般若寺良観大徳」の誤記であって、忍性のことで、無名の観良房良慧とは別人である。

良恵イコール観良房説は『部落史史料選集』あるいは細川涼一『感身学正記』（東洋文庫、一九九九）など、専門書にも一般書にも採用されたが、じっさいは誤りで、川勝氏や小林剛氏の古典的見解が正しい。般若寺再興の願主（スポンサー）にふさわしい人物は、東大寺別当として仏僧の頂点に立ち、弘長当時に七十歳を越えて、叡尊（六十歳）よりも年長で、南都宗教界に君臨していた（九条）良恵その人である。吉田氏らの異説が生まれる背景には、東大寺や興福寺から独立した西大寺派・異端の般若寺という強い固定観念（バイアス）がある。

くりかえすが般若寺復興の中心にあったのは東大寺である。層塔造塔は五重塔については東大寺別当のもと順定によって建てられ、十三重塔は東大寺伊行末から子の伊行吉に継承されたが、その間のスポンサーは願主良恵〔元東大寺別当〕であった。

補論三　諸権門と本宿・末宿——京都の場合、山門・南都・東寺

本章は奈良坂のみを検討したが、京都についてもみておきたい。

喜田貞吉〔「つるめそ考」同著作集〕以来、犬神人・清水坂非人の両者は同一とされている。『部落問題・人権事典』も同一のものとしている。しかし前者は延暦寺配下、後者は興福寺配下にあった。異質ではないか。

八坂神社文書の年欠申状〔『八坂神社文書』一二五三〕に、「当坂者事、山門西塔院転法輪堂寄人、祇園御社犬神人」とある。『部落史用語辞典』〔犬神人の項、脇田晴子『日本中世被差別民の研究』〕は、この史料から坂者〔さかのもの・清水坂〕は祇園社に吸収されているとみる。鎌倉期は別であったが、室町期には同一とする見解であろう。

清水坂に専修念仏者が居住して、南都山門により破却されるという事件がある。法然大谷廟も破却された。『部落史史料選集』古代中世編・犬神人の項に詳しいが、この事件について記す日蓮宗側史料は、大谷廟事件は犬神人によるとし〔日蓮「高祖遺文録」嘉禄三年〈一二二七〉十月十六日・『鎌倉遺文』三六七五〕、『明月記』や法然側の「拾遺古徳伝」〔『大日本史料』嘉禄三年・安貞元年六月二十二

日条）は、清水坂の濫僧によるとする。この段階では、支配系列において別であった犬神人（山門系列）と清水坂非人宿（興福寺系列）は、周囲からは同一視されている。

貞治三年（一三六四）六月十四日におきた田楽と犬神人の喧嘩を記す二つの史料は、まず『東寺執行日記』では、「新座田楽幸夜叉、為坂物被殺害」、『師守記』では「田楽与犬神人有喧嘩」、そして田楽が殺され、坂者は「被疵」と記録される。犬神人と坂者は同一とされている。『九条家歴世記録』明応三年（一四九四）九月廿八日条にも「山徒之輩坂之者号犬神人」とある。

三枝暁子による新史料を駆使した「中世京都の犬神人」（『比叡山と室町幕府』二〇一一、初出は二〇〇二）によれば、清水坂非人（葬送に関する得分をもつ、乞食癩者を含む）を母体とする形で犬神人が現れる。彼らは祇園社に所属する。室町期に山門は祇園社を介さずに清水坂を支配するために坂公文所を設定した。坂沙汰所・坂公文所は犬神人と相論することもあった（永享九年〈一四三七〉）。犬神人の葬送権益（三昧輿取得権）は天台門跡関係に限定されるが、清水坂は浄土宗寺院にも及ぶ。

この研究に従って整理すると、清水寺は最後まで興福寺の末寺であったから、清水坂非人も清水寺の支配下に置かれるという性格を失うことはなかっただろう。*しかし並行して山門の支配が大きく浸透したのである。戦国から寛文にかけては癩者は物吉村に集住し、犬神人は弓矢町に住んで分化した。後者が「つるめそ」と呼ばれ、弓弦や懸想文を売る職人・商人になった。

上杉本「洛中洛外図屏風」に祇園祭礼の先頭を行く犬神人の姿がみえるが、「日吉山王・祇園祭礼図屏風」（サントリー美術館）にも覆面し武装して御輿行列の先頭を警護する犬神人の一団がいて（『BIOMBO

屏風　日本の美』、『日本の美術』484祭礼図、河内将芳『祇園祭の中世』カバー写真）、前者よりも物々しい。

天和三年（一六八三）、坂弓矢町年寄連署覚（『八坂神社文書』三二八）での年寄は出羽、美濃といった国名を名乗っている。弓矢町は祇園祭りにて御輿・中御座を警護する「つるめそ」（武者行列）の保存町で（建松商店街振興組合ホームページ）、昭和四十九年まで警護行列をつとめていた。江戸時代には「坂弓矢町」で「坂」を称した。明暦二年（一六五六）と万治二年（一六五九）に、坂豊後が祇園山本甚太郎から非人銭一貫文を受け取っている（『八坂神社文書』一二四二―三）。坂弓矢町は祇園社警護をしており（河内将芳『祇園祭と戦国京都』二〇〇七）、清水寺配下ではなく、比叡山系列である。江戸時代の坂は非人（癩者）を支配・管理する側だった。

「八坂法観寺参詣曼荼羅」（『社寺参詣曼荼羅』大阪市立博物館編）の五条橋東のたもとでは、癩者が橋賃を徴収している。「清水寺参詣曼荼羅」（同上）には柿色衣装の犬神人がいる。前者では坂の途中に弓がみえる。兵器か商品かのいずれかだが、おそらく後者だろう。奈良豆比古《ならつひこ》神社の縁起によれば（『神道大系』大和）、奈良坂も弓弦を製作している。清水坂でも非人（癩者）が弓弦を製作し売った。清水寺側の坂にも弦メソがいたと考えられる。もともと祇園社は春日社の末社で、興福寺末であったが、天延二年（九七四）に天台宗の影響下にくみこまれた経緯があった（『日本紀略』『清水寺史』通史〈上〉、二一〇頁）。清水寺は最後まで興福寺の末寺だったが、至近距離からの支援のある八坂に比べれば、勢力増強はむずかしかった。近世には癩患者がいた長棟堂は坂北帝（御門）院長棟堂清円寺となり、晴明塚とともに物吉村の中心建物となった（横田則子「物吉考」『日本史研究』

『八坂法観寺参詣曼荼羅』にみえる五条橋と清水坂下　橋のたもとで橋賃を受け取る癩者。両側の塀には矢狭間が切られている。坂のあがり口の小屋には弓。法観寺蔵。

正月懸想文売として紹介された「つるめそ」　大正6年(1917)また8年に風俗研究会が復元した際の写真が『歴代風俗写真大観』(江馬務、正編1931、続編1932)にあって、「犬神人といえる弦売の一族」とある。

三五二、一九九一)。弓矢町の西に位置している(村上紀夫「近世『弦召』考」『大阪人権博物館紀要』三、一九九九)。

さて『政基公旅引付』をはじめ九条家史料に「笠鞭《かさむち》」といわれる宿ノ者(夙ノ者)が登場する。彼らは筑後・越後・加賀といった国の名を名乗った。京都から和泉日根野《ひねの》まで弓弦五十張を持参している(『新修泉佐野市史』5)。弓弦であるから、つるめそ(犬神人)の系列か。ただし東九条庄周辺にいたから祇園犬神人ではないし、清水坂非人でもない。しかし奈良坂・清水坂のように、いずれかの本宿の系列支配下にあって、末宿として、九条家のような権門の専属になっていた。

正和五年(一三一六)和泉国日根野庄日根野村絵図には注記があって、「古作ヲ坂之者、池ニツキ（築）了」とみえる。この「坂之者」について、むろん清水坂の住人だったと考える必要はなく、近隣の蟻通《ありとおし》神社境内の物吉か、和泉の拠点的な宿（夙）村である信田《しのだ》宿あるいは久米田宿の宿非人だと考えられる（本書71頁）。

紀伊国に「坂ノ惣分」があったことは本書327頁に述べる（鞆渕八幡神社文書）。『鶴岡事書日記』応永五年（一三九八）に関東の「坂」がみえる（本書264頁）。

東寺周辺には八条院町ほかに散所《さんじょ》があった（『散所・声聞師・舞々の研究』）。東寺直属の散所である。寛文四年（一六六四）東之坂長吏申状案（B二三六頁）に「京にてハとうし（東寺）、五条、なら（奈良）にてハ北山、西之京、紀伊国まつちとうけ（真土峠）、高野ノ非人」とある。

東寺は真言宗の京都拠点である。本山高野山山上・蓮花谷には多数の非人（癩人、トク法師）がいた。ライバルの天台宗・比叡山が八坂祇園に拠点を有したように、また興福寺が清水坂に出先組織を置いたように、真言系寺院も非人組織を独自に有していたのではないだろうか。清水坂と同じ構造があったのなら、本山・高野山の非人所（蓮花谷・阿弥陀堂）がすなわち、真言系寺院権門の本宿であり、東寺散所（ないし周辺の非人宿）が本宿高野山非人所の末宿ではないか。

ただし清水精一『大地に生きる』を読むと、大阪天王寺の非人が東寺の春の縁日にて出稼ぎに行く際は、「東山のチャン（頭）」に挨拶と仁義を行わなければ物貰いはできない、とある（『サンカとマタギ』二二七頁）。鎌倉時代の『一遍上人絵伝』に四天王寺横の街路上の癩者が描かれていた。『紀伊続風土記』には「天王寺日過僧」とあった（本書110、312、337、341頁）。東山は八坂清水を指すのであろう。東山が東寺境内・乞場の支配権をもっていたといえるし、こうした関係は古くまで遡るかもしれない。

天皇家の場合も、また室町幕府も、所属する類似の組織をもっていただろう。内裏・御所近辺の散所や声聞師村はそれを示唆する。土師部《はじべ》末裔たる由緒をもつ夙村の人々（五条家所属）は、五条家にも天皇家にも両属した可能性がある。

延暦寺支配下にあった八瀬《やせ》童子は、河内・和泉以下十三ヶ国の国名《くにな》を名乗っており、それは後醍醐天皇から与えられたとしている。国の名乗りは長吏に共通する現象ではないか（宇野日出生『八瀬童子　歴史と文化』二〇〇七。堀一郎『我が国民間信仰史の研究』（二―四九七頁）は「宮中掃除役を勤めた八瀬童子」とする。吉田栄次郎「奈良街北郊夙村の由緒の物語」『リージョナル』5：www.pref.nara.jp/secure/14191/r51.pdf）。彼らは葬送のおりに天皇家に奉仕した。御所に穢れが発生した際に登場する人々がいるが、彼らもまた天皇家所属の集団に該当する。彼らの集団は周囲からの視線とは異なって、とりわけ貴種意識・選民意識が強かった。

京都市中にはいくつかの権門に属する集団がいた。清水坂下は最大規模ではあったが、唯一ではなく、ほかにも非人所・北畠・柳原・東九条ほか散所があった（『京都の部落史』1、一二四頁以下）。

＊ 山城国西岡宿人の塩売買を示す史料として著名な年欠『八坂神社文書』・「北風文書」にみえる「当坂鎮守大伽藍仏供灯明、同長棟非人湯粥」の坂鎮守と大伽藍については、地主神社と清水寺と解するのがふつうだし（『京都の部落史』1、前近代一一二頁）、『振濯録』（安政三年・一八五六）が引用する『開田耕筆』（享和元年・一八〇一）にも「犬神人種、預祇園及清水地主神祭儀」とある。清水寺成就院は五条橋勧進僧を支配し、五条橋通行料徴収の権利を得ていたし、五条晴明塚にあった法成寺は成就院末寺で、橋銭徴収に当たった五条中島大黒堂も成就院（清水寺）管轄下にあった（『京都市の地名』、下坂守『描かれた日本の中世』二六二頁）。清水寺が橋勧進に当たり、みたようにその任の一部に癩者が当たっていたのなら、清水寺は以後も清水坂非人に強い影響を持ち続けた。

第三章

都鄙の療病寺・悲田寺・清目（カワタ）

——救ライ（癩）活動の展開と地方の差別構造

はじめに

悲田院は前近代における救ライ患者施設（収容施設）として広く知られる。悲田（院）は仏教でいう慈悲を実践する場であった。孤児を保護育成し、病苦の人を収容した。悲田院は日本独自のものではなく、仏教国には普遍的に設置されたと考えられる。『一遍聖絵』（『一遍上人絵伝』）詞書・弘安二年（一二七九）によれば、京都・因幡堂本尊は天竺祇園精舎の「療病院」本尊であり、釈迦が自ら彫刻したものとされている。それを踏襲する記述は『山城名勝志』（『京都叢書』巻四、二一〇頁）ほかにも多くある。「療病院」の原点は天竺（インド）、釈尊その人にあるとされていた。唐に悲田養病坊が設置されていたことは、道端良秀『中国仏教と社会福祉事業』（一九八五）、高瀬奈津子「唐代悲田養病坊の変遷とその成立背景」（『仏教史学研究』四五―一、二〇〇二）などに明らかにされている。

日本古代においては、光明皇后の救ライ活動が知られる。伝説的な要素に包まれているが、『続日本紀』天平宝字二年（七五八）八月、同四年六月（皇太后崩伝）に記述があり、光明皇后による悲田院・施薬院設置は史実であろう。この場合も則天武后の設置した悲田養病坊に倣ったという考えもある（新村拓「古代における施薬悲田院について」『日本医療社会史の研究』一九八五所収）。インド・中国からの影響があった（悲田院の東大寺東南院への継承は前章で述べた）。

キリスト教では救ライ施設にラザレット（レプロサリウム）がある。発病した患者は生きたまま葬儀を行い、生ける屍としてラザレットに入った。市民権は剥奪され、決まった日にのみ、市外に出て物乞いをした。遠方からもはっきりわかるように、白い布きれを付けた黒いマント、高い帽子、がらがら鳴子を曳き、拍子木を叩いた。あえて市民が避けるようにする。外に出ても市民との接触はないに等しかった（カルロギンズブルグ『闇の歴史』竹山博英訳、一九九二）。

当時もっとも憐れむべきで、かついたわるべき、しかしながら、忌み嫌われる存在でもあったライ患者の救済は、宗教家には大きな課題であり、喜捨のみでは当然に不足する財源は、為政者に求められた。宗教者側が救ライ活動（患者の収容）の実務を担当し、国家が財政支援をするという構図は、おそらく古代律令時代から、中世以降まで、前近代を通じたものであった。平安時代には空也・永観らが、鎌倉時代には叡尊《えいそん》・忍性《にんしょう》・一遍らが宗教家として活動した。彼ら宗教家が表面に出るが、財政面では公家政権（京都朝廷）や武家政権（鎌倉幕府）が支援した。日本のみならず世界にも共通しよう。つねに為政者が十分な救済を行うことはなかったはずだが、宗教者に共鳴した為政者が支援を強める時代はあった。

ライ患者の境遇は悲惨で、まったく光の差さない世界であったから、記録はまれにしか残らない。救ライ活動は歴史上、無数のようにあったが、諸活動のほとんどは史料を残さず、歴史に記録されることは少なかった。歴史の表面に現れるものは、どうしても記録の多い中央都市での活動になるし、かつ情熱をもって救済活動にあたった高僧の記録となる。京都悲田院、鎌倉極楽寺悲田院での活動は著名で、研究も多い。だが史料の残り方こそ断片的ながらも、各地には散在する悲田院があり、多様な活動を示している。ライ患者は一定の確率で、あらゆる地域に発生した。『続日本後紀』天長十年（八三三）五月十一日にみえる武蔵国入間郡・多摩郡両郡界の悲田処五宇が明白に語っているように、諸国諸郡に救ライ（収容）施設が設置されていたであろう。中央都市からの視点のみでは不十分である。この章では、都鄙《とひ》双方の視点にたって、近世史料や地名史料を含めて、史料の範囲を拡大する。史料再収集により、新視点を獲得する。中央都市はむろん、地方でも、あるいは特定の宗派に限らず、多くの宗教活動でも、救ライがひろく展開されたことがわかるだろう（武蔵国悲田処については、東村山市『武蔵悲田処に関する研究並古道沿いの寺社について』著者東原那美、一九八二）。

一　中世都市と周辺

1　京の療病寺、悲田院・悲田寺

平安京三条東悲田院・薬王院

平城京には皇后宮職に付設という形で施薬院・悲田院が置かれていた（光明皇后崩伝）。皇后宮職に常設の施設とはいえないので、東大寺に委託されていた可能性がある。平安京では東・西悲田院があった。悲田院（悲田寺・ヒデンジ）の沿革は『京都市の地名』（日本歴史地名大系、一九七九）、『泉涌寺史』（一九八四）、新村拓『日本医療社会史の研究』（一九八五）、網野善彦『非人と遊女』（一九九四）ほか、詳細な研究があるけれど、なお考えるべき点も残されているし、言及されていない史料も多い。まず変遷をみておきたい。

律令期以来、平安京の南辺に東悲田院（鴨河悲田）・西悲田院があって、孤児・病者の収養にあたった。孤児は成長後、平民として編戸される。施薬院の管轄下にあったが、のちに検非違使管轄下となる。当初の両悲田院は廃絶し、東悲田院は三条京極に移る。その場所での史料的上限は長寛三年（一一六五）の火災記事である（「清獬眼鈔」）。

網野善彦は三条京極への移転は、そこに薬王寺があったからだとする。薬王寺が悲田院と呼ばれたこと、そこに温室があったことは「永観伝記」からわかる。永観は自らを乞丐人と称し、東山禅林寺（永観堂）に居住した（『古事談』、永観については五味文彦『院政期社会の研究』八二頁）。

禅林寺ニ梅ノ木アリ（中略）、年コト（毎）ニ、取（実を）テ薬王寺ト云処ニヲホ（多）カル病人ニ、日々ト云ハカリニ施セラレケレハ、アタリノ人、此木ヲ悲田梅トソ名タリケル（『発心集』）

承徳元年造顕丈六弥陀仏、安置薬王寺（中略）於其処設温室、四十余年漿粥菓蔬、随時求施（『拾遺往生伝』）

なぜ三条京極から離れた禅林寺の梅が悲田梅と呼ばれたのか。薬王院には病人が多く、温室もあった。つまり三条京極・薬王院こそがライ者、困窮病苦者を収容する悲田院であった。よって、そこに供給された梅が悲田の梅といわれた。

『一遍聖絵』弘安七年（一二八四）閏四月に、一遍が「三條悲田院に一日一夜蓮光院に一時おはします」とあり、三條での存続が確認できる。嘉元二年（一三〇四）、後深草上皇葬儀があり、泉涌寺による非人施行があった。そこに東悲田院の語が安居院悲田院と並んでみえている（後掲、249頁）。

〔補注〕

三条河原ノ者・エタ

至徳二年（一三八五）、三条京極にはエタがいて、土地所有の権利を得ていた。至徳二年九月十一日・社辺下地秋地子納帳（『八坂神社記録』上、五三〇頁）に、

下　五十五文
百文　羽川西頬当年始（而）勘落・於僧道的坊口入　三条京極エタ　同日（九月二十日）

とある。野田只夫「中世賤民の社会経済的一考察」（『京都学芸大学学報』A文科、一四、一九五九）に紹介された史料である。頭注に「下」とあるが、この史料での頭注は「下」か「加」のいずれかで、加は加地子とあるから、下は下作か。「三条京極エタ」と並記される請作者たちに、ヒ物（檜物）師、桶作、番匠、ヤ子《ね》フキ、カチ（鍛冶）、陰陽師、比丘尼らがみえる。

延徳二年（一四九〇）二月の『実隆公記』、『蔭凉軒日録』に登場する三条河原者が三条京極エタに相当するのであろう（『京都の部落史』一七〇頁）。悲田院の近くに非人および河原ノ者（エタ）が配置されていた。なお四条河原者もおり、天正十五年（一五八七）、東三条に移動する前の余部《あまべ》（天部）村に相当する（応永三十三年〈一四二六〉、酒屋交名、『同上』一五三、一九〇頁）。

『雍州府志』（新修京都叢書一〇）に悲田院（大応寺、二四四頁）とは別に、東三条・悲田寺の項目があり、与次郎、節季候《せきぞろ》、鳥追、敲《たた》き等の記述がある（五七八頁）。東三条とあるのは、近世に岡崎村（字円照地、円勝寺旧地）に移動したのちのもので、京極・鴨河原ではない（『同上』二四〇頁、『京都坊目誌』上ノ六ノ三八八）。その起源は安居院《あぐい》悲田院が泉涌寺に移り、非人との関係が絶たれた寛永末

から正保二年（一六四五）頃にあるとされている（「悲田院村と非人」『京都の部落史』1所収）。さらに『雍州府志』は東三条の南にある天部《あまべ》と悲田寺とは一双をなし、「天部悲田寺共号穢多」と記述しているが、そうした見方があったのだろうか。われわれの理解では悲田寺は非人ではあるが、エタではなかったはずである（天部については上掲、および川島将生『中世京都文化の周縁』一八八頁以下）。

平安京西悲田院（上悲田院）＝安居院悲田院

西悲田院ないし上悲田院と呼ばれたもうひとつの悲田院は、京南悲田院の廃絶後、安居院悲田院として登場する。この安居院は寺院ではなく、地名である。寺院としての安居院は応仁の乱での焼失まで、いまの大宮通上立売北・前ノ町にあり（『山城名勝志』京都叢書、八二頁、『京都市の地名』）、比叡山東塔竹林寺の里坊であって、悲田院とは無関係である。その一帯、大宮寺ノ内を「あぐい」（安居院）と通称する。

年月日未詳ながら建治元年（一二七五）頃と推定される田総文書には、「安居院悲田院領備後国長和庄」とある（『鎌倉遺文』一二一三六）。

また嘉元二年（一三〇四）、後深草上皇薨去《こうきょ》にともなう非人施行は、泉涌寺長老覚一上人により行われ、安居院悲田院と東悲田院がみえる（『公衡公記』）。

安居院悲田院　一貫文　温室料
東悲田院　一貫五百文　非人施行　百五十人分
　　　　　一貫文　温室料

文和三年（一三五四）正月、足利尊氏発願により筆写された一切経（園城寺蔵）のうち、「大般若波羅密多経」など四二巻の書写は、泉涌寺および末寺が担当した。書写者三三人のうちに、悲田院関係者である至顕、全修の名がみえるとある（『泉涌寺史』本文編、一二九頁）。泉涌寺とかかわりが深いので、二人は安居院悲田院の僧であろう。このように鎌倉中期から南北朝初期における安居院悲田院の存在が確認でき、それは泉涌寺に近い宗教的立場にあった。

文明三年（一四七一）一月三日、後花園院の火葬は悲田院にて行われた。『親長卿記』によれば、後花園天皇遺骸は、応仁の乱に細川陣となったために形ばかりになっていた悲田院仏殿に運ばれ、荒垣の中の火屋にて火葬された（以下関連史料はいずれも『大日本史料』同日条所収）。葬儀の記録である『山のかすみ』（泉涌寺文書所収）は、列が本堂から西に仮設の火葬地に向かったと記述する。

悲田院での火葬は、泉涌寺が応仁の乱で焼亡したための措置であった。火葬は律家の沙汰として行われており（『宗賢卿記』）、『大乗院寺社雑事記』は「彼の悲田寺は泉涌寺末寺」と明記している（同月二十四日条）。

大応寺と悲田院　『京都の歴史』4、306頁より。

のち正保二年（一六四五）の泉涌寺への移転にあたり、旧寺地は隣寺の大応院（上京区堀川上御霊前上る扇町）に寄付された。『雍州府志』『山州名跡志』「京都御役所向大概覚書」（新修京都叢書一〇、二四四頁）、『山城名勝志』（清文堂史料叢書）など地誌類は、いずれも大応寺が悲田院の地であると記している。寛永十四年（一六三七）の洛中絵図（宮内庁書陵部所蔵、『京都の歴史』4、三〇六頁に概要図）に、大応寺、その南西に悲田院が描かれている。いま大応寺境内に接して後花園天皇火葬塚があって、宮内庁管轄（国有地）である。

『泉涌寺史』が、悲田院開山として紹介する無人如導＊は、鎮西《ちんぜい》義《ぎ》・知恩院で出家し、安楽寺（所在地は「関西」とも記されるが、泉涌寺史は筑前とする。筑前ならば、大宰府安楽寺）、ついで筑後秋目（ママ）安養寺にて一〇年間練行した。悲田院明玄長老に律典密乗を学び、金台寺に隠遁した。晩年に信州善光寺にて一夏説法を行った。

＊「無人和尚行業記」『続群書類従』所収、「律苑僧宝伝」、『本朝高僧伝』、以上は『大日本史料』六編二一、『泉涌寺史』本文編、中世の泉涌寺、塔頭誌、大塚紀弘『中世禅律仏教論』一八〇頁。

安居院悲田院の法灯が無人如導以前に絶えていたわけではない。筑後安養寺は久留米に現存し、元久元年（一二〇四）以降は浄土宗泉涌寺派の寺となって、南山律師の戒と善導の浄土教を併せ行った（「北京泉涌寺一派」「持戒念仏道場」）。無人の年齢（延文二年・一三五七寂）から考えて、元禄五年改帳のいう「延慶元年（一三〇八）開山」は早すぎると、『泉涌寺史』も指摘する。たしかに「無人和尚行業記」の側に悲田院は明玄とのかかわりで登場するのみで、開山記事がみえず、不審である。元禄帳の史料的価値は低そうだ。延慶以前にも安居院悲田院領が存在しており、その荘園（長和庄）も健在だった。明玄がいた悲田院は安居院悲田院にちがいない。無人如導は高僧であるから、悲田院の充実に貢献はしたが、それは廃絶寺院の再興ではなく、悲田院自身は継続されていた。

泉涌寺末寺悲田院は、文亀元年（一五〇一）六月五日、後柏原天皇以降、歴代天皇の綸旨に「泉涌寺并悲田院住持職事」あるいは「泉涌寺并安楽光院・悲田院住持職之事」とあり、一六世紀には完全に一体化していた（泉涌寺文書、『泉涌寺史』史料編）。

なお『扶桑鐘銘集』にある正応六年（一二九三）二月三日の鐘銘（『鎌倉遺文』一八一〇四）は安居院大宮悲田院鐘銘とされているが、上記「行業記」の記す経緯には重ならない（『泉涌寺史』本文、六三八頁）。鐘銘に登場する行円《ぎょうえん》（久米田寺か）や慈願《じがん》は律宗系寺院仏像胎内銘（文永五年・元興寺聖徳太子像、弘安三年・西大寺叡尊像）のような史料に散見される。西大寺系の人々が安居院悲田院の活動を支えていた。

平安京五条・悲田院

上杉本「洛中洛外図」に、「ひんでんじ」があり、室町五条坊門東南の寺となっている。歴博甲本（旧町田本）「洛中洛外図」でも境内に非人らしき人が描かれており、平安京東悲田寺とされている（国立歴史民俗博物館ホームページ、小島道裕氏解説）。これは上記の東西悲田院（東は二条京極、西は安居院）とは位置からいって別物となる。『宣胤卿記』永正元年（一五〇四）閏三月八日の因幡堂参詣記事に、「悲田院の辺りに餓死者が多数いた」と記される。因幡堂は烏丸松原上ルで、松原通りがかつての五条大路である。同三年六月十一日、雷が悲田寺と下京の小家に落ちた（実隆公記）。『京都市の地名』はいずれも上記室町五条坊門の悲田寺に相当するとする。網野は、三条京極から移建されたもので、天文十五年（一五四六）下京無縁所（真継文書）に該当するとする。

興福寺など各派の悲田院

官が設立した平安京東西悲田院のみならず悲田院は、本来各宗派や各地方にもあった。

先に紹介した東大寺悲田院は皇后宮職の委任・継承であろう。養老七年（七二三）、興福寺内に施薬院・悲田院を建て、封戸《ふこ》・水田・稲を施入した（『扶桑略記』・『史籍集覧』一）。『平城坊目考』南城戸町に悲田院の記述があり、阿弥陀寺末だった（一八五頁）。同町に悲田院地蔵堂があり、入江泰吉『古都の暮らし・人』に昭和三十年代の写真がある。興福寺には悲田門があり（同四九二頁）、興福寺から移動したものとされる。喜田貞吉が五ヶ所唱門と悲田院の関係について言及している（『著作集』

一〇、三六四頁)。比叡山東塔東谷には、天禄元年(九七〇)良源建立の施薬院と悲田院があったといい(『山門堂舎由緒記』、『群書類従』二四・釈家部)、比叡山山麓大宮谷には悲田谷という地名がある。讃岐国願興寺(さぬき市寒川町)は施薬山悲田院という寺号をもつ(『京都市の地名』、『香川県の地名』)。

平安京・禅家の悲田院―五山派

五山にもあった。義堂周信『空華《くうげ》日用《にちよう》工夫《くふう》略集《りゃくしゅう》』(昭和十四年辻善之助編による刊本。東大史料・収蔵史料目録DBにて公開)永徳元年(一三八一)十二月二十一日条によれば、義堂周信(一三二五～八八)は僧禄の命を受けて、その年十一月十日に建った悲田院の棟牌(棟札)を書いた。

> 廿一日承僧禄命、書悲田院棟牌之銘、実以永徳元年十一月十日而建之、化主号牛僧者名元聖字無己

建物の化主は牛僧と号し、元聖という名で、字は無己といった。化主は街坊化主で、市街を回り施物を請う。ここでは施主の意である。辻善之助による注釈があり、元聖は無己《むき》道聖(一三九一没)。無極志玄(天竜寺二世、一二八二～一三五九)の門弟で、相国寺・曇仲道芳(一三六七～一四〇九)の師にもあたる(「天竜宗派」「補庵京華続集」『大日本史料』七編十一、四〇八、四一一頁、応永十六年閏三月二十九日条)。「天竜宗派」に「景徳無己道聖」とあり、山城景徳寺(諸山)住持であった(玉村竹二

『五山禅僧伝記集成』)。永徳元年の悲田院は、五山派の禅僧がかかわって建設したもので、頂点にいる義堂周信に銘文作成を依頼したと考える。

中世後期、禅・律それぞれが悲田院を設けていて、律が安居院悲田院、禅が五山悲田院であった可能性がある。玉村竹二は上掲書で、悲田院は足利義満の発願と推定している。所在地は未詳だが、天正十三年(一五八五)十月二日の大徳寺文書・指出に「本所悲田院」とみえるものはこの悲田院かと思われる(『大日本古文書・大徳寺文書』八の一四一頁)。

大永三年(一五二三)から享禄元年(一五二八)にかけて、禁裏御料所となっていた加賀国軽海《かるみ》郷に関して、悲田院が代官を望み、成就したことが『実隆公記』『御湯殿上日記』にみえる。軽海郷には幕府領(武家御料所)もあったし、南禅寺領もあった(『天文日記』、以上は『石川県の地名』)。この悲田院は五山系の悲田院であろう。

〔補注〕禅宗と底辺にあった民衆とのかかわりについては原田正俊「放下僧・暮露にみる中世禅宗と民衆」(『ヒストリア』一二九、一九九〇)がある。円爾《えんに》の弟子である自然居士が拠点としたのが一遍巡《じゅん》錫《しゃく》地である雲居寺、そして安倍晴明ゆかりの法成寺であった。自然居士を祖とする放下僧は芸能者として発展していく。原田正俊「中世の嵯峨と天竜寺」(『講座蓮如』四、一九九七)に掲載された臨川寺《りんせんじ》大井郷界畔絵図には、晴明墓がみえる。延寿堂が臨川寺と、天竜寺との二ヶ所にみえる。名前からして、重病者を収容し、葬送も行ったものだろう。ホスピスに近いが、信者や民衆に解放されていたのかどうかは不明。延寿堂は太宰府横嶽山崇福寺にもあった(太宰府横嶽山諸伽藍図、『太宰府 人と自然の風景』五三頁)。原田氏の紹介するもう一点の絵図、鈞命絵図の釈迦堂門前に旦過《たんが》が書かれる。

薬王寺の場合も安居院悲田院の場合も、あるいは場所が確認できない五山ほか諸宗派の悲田院の場合も、いずれでも律令官制下の施薬院・悲田院からは変質しており、個別の寺院、ないしはそれに付設された悲田院という性格になっていた。収容者も平民ではなく、乞食・非人として扱われるようになる。ただし悲田院領荘園は全国に多数あったから、律令以来の悲田院がもつ公的な性格が継承された側面は濃厚にある。

悲田院と鴨河・六波羅蜜坂下

『小右記』には悲田病者への施行記事が多くみられるが（東大史料編纂所古記録ＤＢ）、悲田と並び鴨河堤病者窮者、六波羅蜜坂下之者が登場する。

令注悲田病者并六波羅蜜坂下之者数悲田卅五人、六波羅蜜十九人（万寿四年〈一〇二七〉十二月四日条）

悲田・六波羅蜜病者・乞者等給米・魚類・海藻等（翌五日条、藤原道長死去にともなう施行）

悲田并鴨河堤病者窮者等令給少米（長元四年〈一〇三一〉八月二十八日条）

六波羅蜜とは鴨川東岸にあった空也の西光寺を継承した六波羅蜜寺を指す。空也は応和三年（九六三）に十余年の歳月を費やした紺紙金泥《こんしこんでい》大般若経六百巻の書写の功を遂げ、同年八月二十三日、鴨川河畔において供養を行った鴨川岸が供養の場で、病苦・貧者を救済の対象とした。「六波羅蜜坂下之者」も同じ集団を指そう。後継にあたる人々が、清水坂・坂下非人となった。こののちも悲田と称され、長五人衆を悲田寺と呼んだ（堀一郎『我が国民間信仰史の研究』二—四八〇頁）。

悲田院への施行は一月と八月ないし九月に行われることが多いが、臨時の施行もあった。施物は米（白米）、魚（干魚塩、塩曳鮭）、海藻（和布《わかめ》）、冬には炭、八月には熟瓜など。悲田院への施行と同時に革堂（原文は骨堂）の盲者に斗米が支給されることがあった（長元四年八月二十八日条）。

悲田院にいた人数は、『左経記』寛仁元年（一〇一七）七月二日の鴨河氾濫記事では悲田病者三百余人であるが、『小右記』ではおおよそ三十人前後である（上記、万寿四年九月十八日の場合でも三十一人）。鎌倉時代の大和に非人が千人単位でいたことと比べれば、はるかに少ない。平安京悲田院は誰であっても受け入れたわけではないのかもしれない（新村の著書が紹介する施薬院管下の延命院、崇徳院は、資産財源を藤原氏が提供したことから、受け入れる困窮者は藤原一族に限定されていた。一五頁）。

悲田院と葬送

施薬院・悲田院の業務には葬送が含まれていた。差別の問題を考えるうえで、重要である。前掲・新村の研究（一三頁以下）によれば、施薬院領の山は愛宕郡鳥部《とりべ》郷椋原村にあった。椋原は読み方を含め不詳だが、鳥部郷には葬送の地として知られる鳥部野、鳥部山が所在した。この山の藤原氏葬送地管理を施薬院が行っていた（仁和三年〈八八七〉五月十六日勅、『三代実録』）。施薬院は賻物《はくもつ》、すなわち死者を弔い、遺族にものを送る業務を行った。このことも上記と関連する。ほか貞観十七年（八七五）正月二十九日、冷泉院火災での殯料《もがり》支給を担当した。

悲田院は臨時に死体埋葬を行った（新村著書一八頁以下）。『続日本後紀』承和九年（八四二）十月十四日、二十三日条に左右京職・東西悲田院が、嶋田および鴨河原の髑髏を焼かせたことがみえ、その数五千五百余頭であった。費用には義倉物が宛てられた（嶋田は葛野《かどの》郡嶋田河原、『類聚三代格』貞観十三年閏八月二十八日）。悲田院収容者がこの業務（清目）にあたっただろう。

2 鎌倉の被賤視——極楽寺悲田院ほか

鎌倉極楽寺・悲田院と癩屋

忍性《にんしょう》は摂津・四天王寺において聖徳太子が建てたという四箇院、つまり敬田院・悲田院・施薬院・療病院のうち、悲田院・敬田院を復活した。奈良では般若寺を拠点とした。難波・奈良のみならず、鎌倉や常陸国筑波郡（三村山極楽寺）ほか東国においても活動した。鎌倉での布教拠点は、常陸に同じ「極楽寺」である。

鎌倉・極楽寺を創建したのは「極楽寺殿」「極楽寺入道」と呼ばれた北条重時（一一九八〜一二六一）である。北条義時の三男で、六波羅探題として活躍し、五十歳を過ぎて鎌倉に戻り、連署として執権時頼を補佐した。その時頼は重時女子の夫、つまり娘婿である。時頼のあとに執権となった長時は重時の子である。幕府重鎮の重時は晩年を鎌倉極楽寺で隠居した。極楽寺は北条氏の寺で、鎌倉幕府機関に等しい役割を担った。

この極楽寺には忍性が建立した悲田院・療病院があり、極楽寺療病院にはその本尊薬師如来の縁起があった（「極楽律寺要文録」、東京大学史料編纂所謄写本）。『極楽寺縁起』に「療病悲田之二院」とある。順忍回向文（金沢文庫文書『鎌倉遺文』三五―二七〇三四）には、

> 若為竭者堀井与水、若為病者施薬石、為飢饉之者与飲食、為乞食（「非人」と書き直す）之者施衣装
> 弘安六―四―十四日至文保――死者一万七千百六十六人、環□（家）者七万九百九十九人
> 此外療病院、悲田院、投浄財建立之、勧諸人経営之――

と療病院、悲田院記事がみえる。記事に死者一万七千とある。弘安六年（一二八三）から文保（元年は一三一七）までの累積というが、この間三四年ある。ライ患者が家に帰ることはなかった（皮膚病の誤認を除く）。年に死亡者は五百人で、毎日一人か二人が死に、ライ患者も多く含まれていた。しかしその五倍の病者・困窮者が治癒し帰宅できた。

『元亨釈書』に桑谷療病所とある。叡尊の日記『関東往還記』（関靖による刊本、一九三四、『西大寺叡尊伝記集成』にも収録）に、

弘長二年（一二六二）五月一日
依諸人之所望、従今日又被講古迹又儲食行向両處之悲田與食并授十善戒・忍性向浜悲田、頼玄
向大仏悲田

とある。大仏悲田とあるから極楽寺ではなく、大仏寺に付属する悲田があった。桑ヶ谷は「大仏の西」とも表現されるから、これが大仏悲田に対応するのではないか。「性公大徳譜」（多田院文書、『鎌倉遺文』）にも大仏谷の記事が多い。

同（文永）十一年（一二七四）飢饉死於大仏谷集飢人五十余日施粥等
桑谷病屋　十年（弘安）（一二八七）不択親疎病者集

同書に「（忍性）二階堂五大堂大仏別当　生年七十」とあって忍性は大仏寺の別当にもなっている（二階堂は永福寺で、五大堂は明王院）。「浴室病室非人所　各立五所休苦辛」とあるのだから（同書）、鎌倉・極楽寺にいる間に、五ヶ所に浴室病室非人所を設置したはずだが、その五ヶ所すべてはわかっていない。鎌倉が中心で、極楽寺と桑ヶ谷、さらに坂下と前浜厩の近辺が考えられる。浜悲田は由比ヶ浜（前浜）であろう。

次の史料は鎌倉周辺の悲田院に温室（非人湯）があったことを示す（金沢文庫文書、『神奈川県史史

料編』二、古代中世二／一六三三、『鎌倉遺文』二三三六〇）。僧侶が非人のために垢擦りをし、奉仕した。

猶〱申候、非人ゆ（湯）をあひせ候ハん時、かたい（乞）のあか（垢）なん（等）とを、僧達すらせ給候ハんするにて候、御入候て、御結縁御坐候者、尤悦入候〱、委細之由、此僧申させられ候へく候、是非十人御施主ニ憑《たのみ》たてまつり候へく候

見参之後、何条御事候哉、抑極楽寺炎上之事、律家廃微時刻到来候歟と、殊更嘆入候、御心中併《しかしながら》奉察候、兼又当寺辺宿候ニ、極楽寺古長老文殊像を安置せさせ給て候事候、それにつけ候てハ、彼處温屋《ゆや》候ハぬほとに、是僧おハしまし候か、温《ゆ》をたて丶御わたり候か。同古長老御報恩、今月十二日文殊供養

極楽寺古長老とは忍性で、文永四年（一二六七）から常住した。後任の長老が順忍で嘉暦元年（一三二六）没。当初、非人温室（温屋、湯屋）はなかったが、忍性が建設した。書状は「湯屋にて非人が入浴し、僧たちが垢擦りをする計画でいる。どうかあなたにも、「十人施主としての協力を仰ぎたい」といっている。

極楽寺悲田院は近世絵図（「極楽寺境内絵図」『鎌倉の古絵図』Ⅰ所収、本書262頁）にみえている。療病院と薬湯寮、施薬悲田院が描かれており、前者近くに癩宿が、後者近くに病屋がある。また坂下馬

病屋もあった。この図は極楽寺の最盛時のあるべき姿、ないし復興目標を描いたものと考えられる。いくつかの建物は中世における存在が他の文献で確認できる。

坂下馬病屋・前浜厩

上記譜に、「忍性八十二才　同（永仁）六年（一二九八）　建立坂下馬病屋、常莅《のぞみ》彼厩、唱仏名札、書真言、令繫頸」とある。忍性が馬の首に真言を書き付けた札を掛けたというのなら、病苦の馬が救済対象である。「馬衣《うまぎぬ》并　帷《かたびら》　与非人」とあり、非人組織のもとに病苦の馬を介抱する人がいたと考える。病死ないし疲弊すればその処置を行う人も周辺にいた。極楽寺絵図にも坂下馬病屋が描かれている。

屠児

明応九年（一五〇〇）七月立秋日『文明明応年間関東禅林詩文等抄録』（東大史料編纂所所蔵写本）の荒居閻魔《あらいえんま》堂円応寺修理勧進状に、「荒居鯨海□前、鶴岡在後、右長谷十二面当途五焉、左市鄽《シテン》四ケ町屠児焉」とあって、当時の荒居閻魔堂旧地は長谷観音と屠児居住地の中間にあった。

馬血・血庭

これまでの研究は、極楽寺付近にて救ライに従事した人々が、鶴岡八幡宮犬神人《いぬじにん》であるとしてきた。鶴岡八幡宮犬神人は『鶴岡事書日記』（『続群書類従』三〇上、『部落史史料選集』1、三四四頁）に

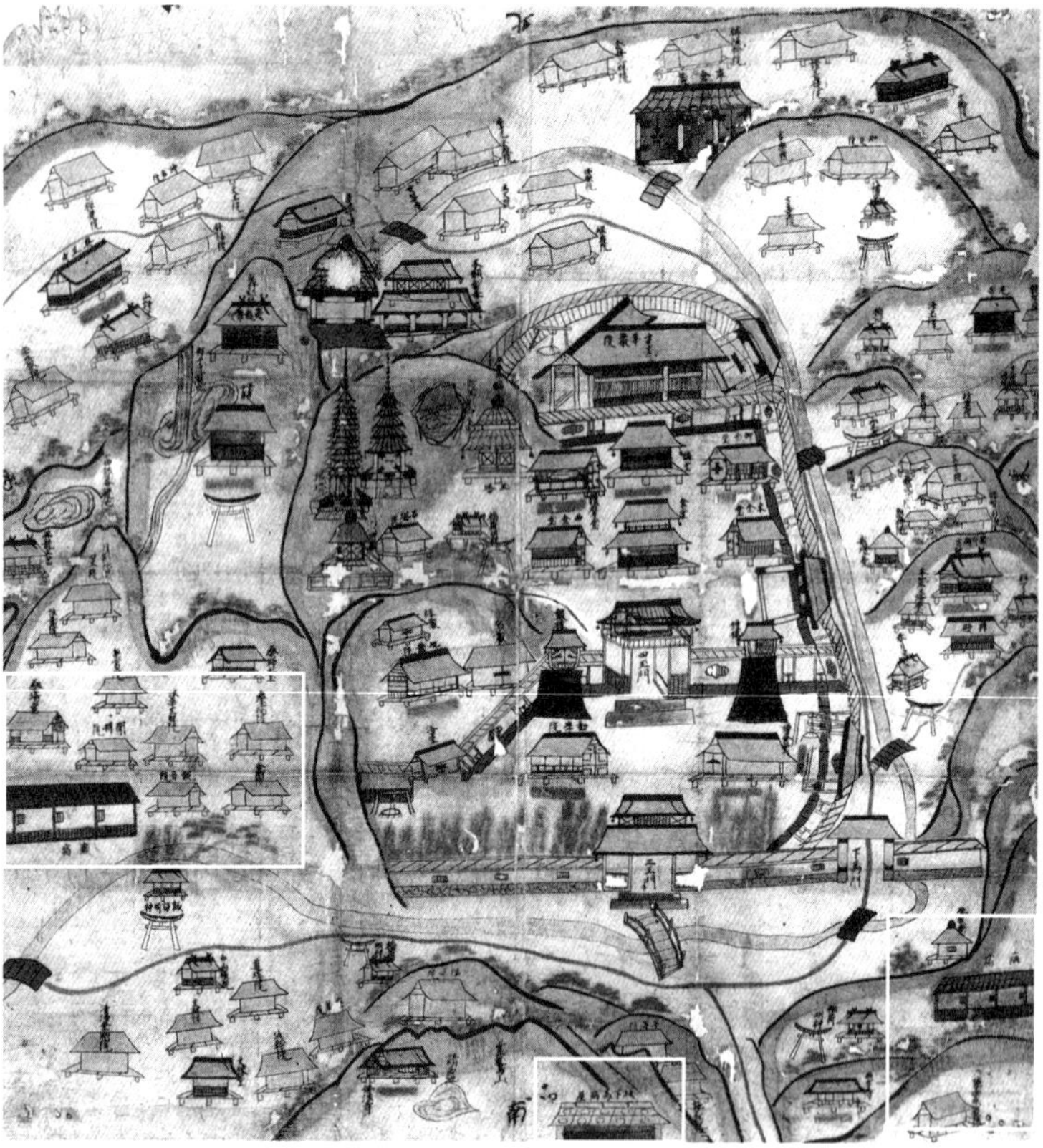

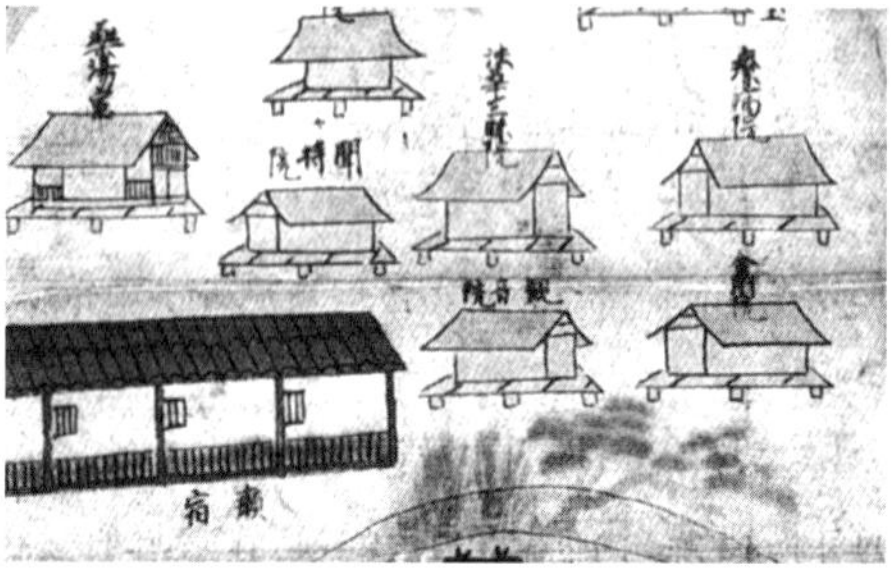

極楽寺境内図とその部分図　近世図であるが、伽藍配置にほかの中世史料に合致するところがある（本文解説）。極楽寺の往時の姿、あるべき像が描かれた。療病院・薬湯寮・癩宿らの一群（下）、病宿・施薬・悲田院の一群（次頁上）、そして坂下馬病屋（次頁下）がある。極楽寺蔵、鎌倉国宝館写真提供。

みえている。

五月九日（中略）
為宮中禁法随一之処、取馬血事不可然之由申
遣了、執行有答（返脱カ）、堅可申付由畢（以下略）
十一日（中略）
馬血事被仰之処候、執行返事社家候、則令披露之処候、社家被官仁等堅可申付候、供僧中相互
ニ可有禁制候、是ハ社内禁法ノ随一ニ候、出血事者、以人馬同事候、若於違犯倫者、申付犬神
人、可取ス其馬候之由、社務ノ返事ノ由、執行送申云々（以下略）

馬血、すなわち血庭《チニワ》またはウマコサシと呼ばれる作業にかかわる記事である（ウマコサシは坂井康人「東日本における中世被差別民」『解放研究』二〇、二〇〇七、一一八頁）。馬針《バシン》を使用して鬱血を抜く、疲馬回復法のことで、近代は馬喰の仕事だった。中世の京都祇園社では馬血には坂ノ者が従事した。奈良善勝寺坂では御馬方・坂七郎が従事した。彼は河原七郎ともいわれている。『北野社家日記』延徳三年（一四九二）十一月二十九日条では「今朝馬血取之、河原者沙汰也」とあって、やはり河原者が従事した。鶴岡では社内禁法（おそらく血を嫌う境内地での血抜き禁止）に背いた場合、馬が「犬神人」に引き渡された。鶴岡の馬血従事者は誰なのか。この規定では犬神人ではなかったこ

とになる。

犬神人・坂

『神奈川の部落史』(二〇〇七、一七頁)や坂井論文は『鶴岡事書日記』応永五年(一三九八)五月九日以下に「坂」がみえると指摘している。「社頭警固」に関して、神主、小別当、小社神主等、三綱、承仕下部、鐘推、坂、以下神官、宝蔵沙汰人等職宰らが結番し、昼夜警固した(『続群書類従』三〇上、一二二五頁)。この坂は犬神人につながるだろう。八坂犬神人(非人)の場合と比較すると、彼らは日常的に祇園社に奉仕しており、近辺に居住していたと考えられるから、鶴岡八幡宮の場合も同様に考えてみたい。

極楽寺皮作・丹裘役

『相模国続風土記稿』には極楽寺皮作《かわづくり》に宛てた乙丑八月廿六日の資親《すけちか》発給文書と慶長四年(一五九九)鶴岡丹裘《たんきゅうやく》役事書が記録されている。前者の乙丑は永禄八年(一五六五)に相当し、「極楽寺分之内、一貫五百遣シ置者也」とある。後北条氏の鎌倉代官大道寺資親の発給文書である。ほかに二通、源頼朝発給文書ほかが収録されるが、偽文書とされる。合計四点の伝来経緯は不明ながら、ともに「浅草・弾左衛門所蔵」とあって、ある段階でエタ頭・弾左衛門のもとに集積された文書である。丹裘は赤い皮衣の意で、非人の衣装に一致する。これらから極楽寺村にいて、のちには穢多として登場する人々の祖が上記の犬神人だったとみる研究者が多い（石井進、藤沢靖介、鳥山洋氏ら）。極楽寺長吏に宛てた文書の内容は、「雪下宿《ゆきのしたしゅく》中之（へ）非人不可入事、赤橋面不下馬可致政道」（慶長四年史料）である。雪下宿は鶴岡周辺の街区であろう。「非人」の取り締まりが長吏に命令された。赤橋は『新編鎌倉志』では、仁王門前、源平池の反橋とされている。事実上、八幡宮境内であり、雪下村だった。「政道」とは取り締まること、成敗の意と考える。丹裘役は下馬をしないものを「政道」せよ、というのだから（「不下馬」は「不下馬者」と解する）、八幡宮に近接した一画に拠点があった。極楽寺村から当番のものが若宮大路周辺にきて警邏《けいら》したことは考えられる。鎌倉の長吏同類であった山内彦左衛門頼助は大永三年（一五二三）と書かれた鶴岡少別当法眼良能書下に登場する（塩見鮮一郎『資料浅草弾左衛門』増補新版五六頁）。鳥山洋「『相州鎌倉極楽寺村長吏類門帳』と関連する史料について」（『解放研究』一六、二〇〇三）によれば、近世には極楽寺長吏の旦那寺は山ノ内（時宗）や大町（日蓮宗）にあった。

極楽寺村の皮革製作者については天正十二年（一五八四）九月七日北条氏勝朱印状があり、極楽寺長吏に対し、板目革《いためがわ》十五枚納入が命令され、ほか必要に応じ「鹿・犬・牛・馬の毛皮、なめし・ふすべ、いため（皮か）る事、似合いの細工以下」を申し付けられた（由井文書・『神奈川県史』資料編3、九〇一二、板目皮は生皮《きがわ》・のびしょうじ前掲書）。

近世に長吏頭・九郎左（右か）衛門は、鶴岡八幡宮放生会に烏帽子素袍《すおう》の正装で先立を歩み、清道を務めた（『相模国続風土記稿』、石井進『日本の中世1　中世のかたち』二〇〇二）。この村は、たしかに鶴岡社役を務めている。上記慶長文書には「鶴岡丹裘役事　石階掃除一月三度可致之事、社中不浄并人鳥獣以下死候物ハ取捨、掃除可致之事」と八幡宮への奉仕内容を定めている。清目役であった（菊池山哉は一日に三度の石階掃除と読んだが、誤りで、それほど頻繁ではない。『別所と特殊部落の研究』第二編一一二頁）。

極楽寺村絵図と近世長吏

『続風土記稿』に長吏八軒が居住するとされた近世の極楽寺村字金山について、上記『鎌倉の古絵図』（3）に村絵図が掲載されている（ただし改訂版では割愛された）。解説に紹介される弘化二年（一八四五）の口上書（瑞泉寺蔵）には、

一当時寺領家数拾三軒御座候、内四軒百姓、九軒ハ穢多共住居罷在候
一長吏頭九郎右衛門・太郎左衛門両人年々正月六日当寺江年始ニ罷越、其節裏付草履壱足宛《ずつ》（ママ）持参仕、当山より備餅《そなえもち》一餝《かざり》つゝ遣来り申候

とある。この「寺領」、「当寺」、「当山」は円覚寺である。書上にある一連の事件は、村内に神領が存在すると主張する鶴岡八幡宮と、それを否定する円覚寺の抗争である。円覚寺は、自身所有の絵図のみならず、百姓捺印の絵図面帳によっても、穢多住居の屋敷まですべて当寺領だと確認できる、

と主張する。どうやら八幡宮側が穢多住居は八幡宮領であると主張したようだ。また八幡宮は穢多共については社役のこともあるので、彼らの人別は八幡宮に任せてほしいともいう。

金山は書上では百姓と穢多の混住であった。絵図には九郎左《ママ》衛門・太郎左衛門の屋敷地や所有地が七筆あり、百姓所有地もある（『鎌倉近世史料』ではこの村に田畑を所有する人物は九郎右衛門となっている）。村のはずれには非人小屋が描かれている。非人小屋は穢多の支配下にあったのだろう。『新編鎌倉志』極楽寺西方月影谷の記述に「昔は暦を作る者住せしとなり」とある。暦製作は陰陽師系の暦生の仕事で、月影谷には博士（被賤視民）がいたはずである（本書690頁、秀吉と陰陽師）。江戸末期になると長吏と極楽寺との関係は薄れ、円覚寺の寺領になっていたけれど、鶴岡八幡宮は、穢多にかかる社役があって、穢多は支配下にあると認識していた。長吏頭九郎右衛門・太郎左衛門ら十軒弱は穢多身分で、慶長期の極楽寺皮作の後裔であった（金山については前掲『資料浅草弾左衛門』三九八頁）。

宝永六年（一七〇九）紀伊国屋文左衛門の記録（『鎌倉三五記』『鎌倉市史　近世近代地誌紀行』所収）には杖突、鉄棒引、長刀、槍、獅子頭（平塚舞太夫）、そして面掛十人が続いたとある。『鎌倉攬勝考』鶴岡八幡宮並若宮神事行列之次第には、

麻上下着用両人左右に立、極楽寺村長吏弐人、鉄棒極楽寺の長吏弐人左右に立、鉄棒を曳く、
獅子二頭左右に列す　孫藤次下知之、孫藤次　素袍熨斗目着用

とあって、以下大貫、面掛拾人・長刀と続く。杖突、鉄棒引を極楽寺村長吏が務めた（『神奈川の部落史』一四頁）。坂ノ下村にはハラミット祭り、面掛け行列として守り伝えられてきた祭礼行事がある（前掲石井著書、鳥山洋「被差別民における鎌倉」『解放研究』二二、二〇〇八）。上記の面掛に該当するとされ、大正期まで非人面行列といわれたことが強調されている。ただし祭礼は坂ノ下村のもので、極楽寺村ではない。明治二十年御祭礼順列帳（『鎌倉近世史料　長谷坂ノ下編』七〇頁所収）では行列は「御榊　鉾」に始まり、長刀や獅子、御面以下が、上記に共通するが、長吏が務めたとされる杖突、鉄棒引はみえない。鶴岡神主配当領名寄帳（『鎌倉近世史料』極楽寺村編九七頁）によると、極楽寺村金山の畑百文を坂ノ下三左衛門が受領している。両村の行き来・交流があり、源頼朝が非人の娘を孕ませ、子が長吏の祖になったという伝承を一部に含めた仮装行列となって、その素材のゆえに「非人面行列」といわれたのではないか。

極楽寺の癩屋にいた人々は非人のはずだが、やがて一帯に皮作の村ができた。菊池山哉は「古図によると施薬院はちょうど部落の前面、川を隔てた所に記してある」とする（二編一一二頁）。けれども近年絵図にみえる仏法寺の位置が確認された（国指定史跡仏法寺跡）。絵図の白山権現は現存する白山神社だろう。これらをふまえて位置を再検討すると、菊池の見解は単線的に思われる。

文献絵図により推測できる中世鎌倉の被賤視民には、極楽寺および坂ノ下馬病屋に非人（悲田院）、長吏、皮作、前浜に屠者、鶴岡周辺に犬神人、山ノ内に長吏らがいて、さらに坂があった。忍性が非人に馬衣を与えたように、鎌倉では非人が疾病馬の介護にあたった。戦国期以降、長吏は穢多を指したが、近世には非人小屋もあったし、博士（暦）もいて、別個の存在だった。東国や四国では非人も皮革製作に従事した事例として、坂ノ者が皮革製作にあたり、長吏と呼ばれた土佐の例や、関西にて宿非人が鹿皮製作にあたった例が紹介される（『神奈川の部落史』五一・五三頁）。『宮城県史』一八所収の鈴木立春「癩史」には、貞享（一六八四〜）から文化六年（一八〇九）にかけて、仙台藩では癩人が斃馬を扱い、癩人小屋は穢多頭の支配下にあったとする史料が紹介されている。本来、長吏（エタ）と非人は職種を異にしたはずだが、東国では両者の差異化や対立よりも、支配・被支配関係への移行が図られた。

二　地方都市（大宰府・国府）と周辺

1　大宰府

その1　大宰府施薬院・諸国続命院

福岡市に薬院という地名があり、施薬院のあったことが語源であると、近世・近代の地誌に記されている。施薬院の、セはサイレントで、ヤクインと発音する。豊臣秀吉側近の施薬院全宗もヤクインと読んだ。

これは大宰府関連施設の施薬院となるのだろう。律令下では悲田院は施薬院の職掌であり、平安京では悲田院は施薬院別院であった（新村前掲書）。施薬院は悲田院と関連が深い。

律令国家における官制では延命院・続命院・悲田院・救急院などの院が置かれた。大宰府続命院に関しては『続日本後紀』承和二年（八三五）十二月に次に始まる長い記事がある。

癸酉
故參議刑部卿從四位上小野朝臣岑守。前爲大宰大貳時、建續命院一處。以備往來之舍宿。

小野岑守の建言によって大宰府への往来筋に続命院が建立された。それは檜皮を葺いた七宇からなり、墾田百十四町がその経営にあてられた。

大宰府管内であればゾクミョウインという地名は豊前国京都《みやこ》郡（続命院）、筑前国御笠郡（俗明院）、肥前国三根郡（続命院）に集落の地名として残っている。続命院維持のための免田と考えるよりは、豊前・筑前・肥前の各国続命院が、そこに立地していたと考えるほうがよいだろう。すると各国に続命院が設置されていたことになる。旅行者の救済ならば各地になければなるまい。

こうした慈善施設はどこにどれだけあったのか。とりわけ救ライ施設・悲田院の実態はいかなるものだったのだろうか。中央・都にのみ置かれたとしても有効性は少ない。患者や貧窮者は各地で発生するし、患者が遠い都にまで行くことはありえなかった。武蔵国入間郡・多摩郡の悲田処のように、国府から離れた二郡郡境に一ヶ所置かれる場合もあった。地方機関である大宰府にはむろんのこと、各国・国衙《こくが》（国府）にも、当然設置されていたであろう。

その2　筑前国療病院、極楽寺、般若寺

療病院、極楽寺

都から遠いところに置かれた施設について、文献で確認できる第一は、大宰府療病寺である。すなわち弘安九年（一二八六）の関東式目（比志島文書・『鎌倉遺文』二一―一六一三〇）に、武藤盛資分として書き上げられる所領群の冒頭に療病寺・極楽寺がある。

関東式目
関□（東）要□（須）之仁者、可□（下）遣子息親類、其外者、自身（可脱カ）下向之由、□（被）定了、而未下向之輩有之云々、
可令注申之由、同可相触守護人、
　　弘安九年閏十二月廿八日
一守護人
遠江前司時定（北条）・肥前国高木西郷山田庄領家惣地頭両職
大宰少弐入道浄恵（経資）・筑前国三毛小郷預所職
大友兵庫入道々忍・筑前国怡土庄志摩方三百町惣地頭職
一為宗人々
武藤四郎右衛門尉盛資・筑前国療病寺并同国極楽寺地頭職

薩摩禅師入道尊覚・豊前国上毛郷内原井村・阿久(安雲か)封村、筑前国小山田村、金□(田)六郎左衛門尉時通跡

少弐《しょうに》（武藤）氏は鎌倉幕府の鎮西支配機関の長である。盛資は嫡子ではないから、少弐ではなく武藤を名乗っているが、守護に次いで「宗たる人びと」の筆頭に記される。弘安八年（一二八五）武藤（少弐）景資は岩戸合戦で兄経資に敗死した。盛資は資能男で経資・景資の弟である。豊前守だった。盛資は勝者として敗者たる兄景資の資産一部を継承しただろう。療病寺と極楽寺は幕府・九州支配機構（鎮西奉行所）の長官であった少弐一族の筆頭資産であった。彼の根本所領が療病寺と極楽寺の地頭職であったことにはいささか意外な感もあるけれど、療病寺・極楽寺領（荘園）が九州各地に多くあったからだと推測できる。

療病寺は文字どおり病者の治療にあたる施設であろう。文献によれば各地にあった。たとえば四天王寺四箇院のひとつが療病院であった。東大寺戒壇院にも療病院があり、療病院地蔵菩薩田注文（建武五年『大日本古文書』東大寺文書一一）が残されている。鎌倉極楽寺にはやはり療病院があった（本書257頁）。『極楽寺縁起』順忍回向文に悲田院・療病院建立記事があることも述べた。

大宰府極楽寺とは文化三年（一八〇六）の『大宰府旧蹟全図』（北図、次頁写真は『太宰府　人と自然の風景』より、ほかに『太宰府市史』地図環境編）、都府楼南に「ゴクラクジノアト」と描かれている極楽寺であろう。

極楽寺址

『福岡県地理全誌』（『福岡県史』）御笠郡に、

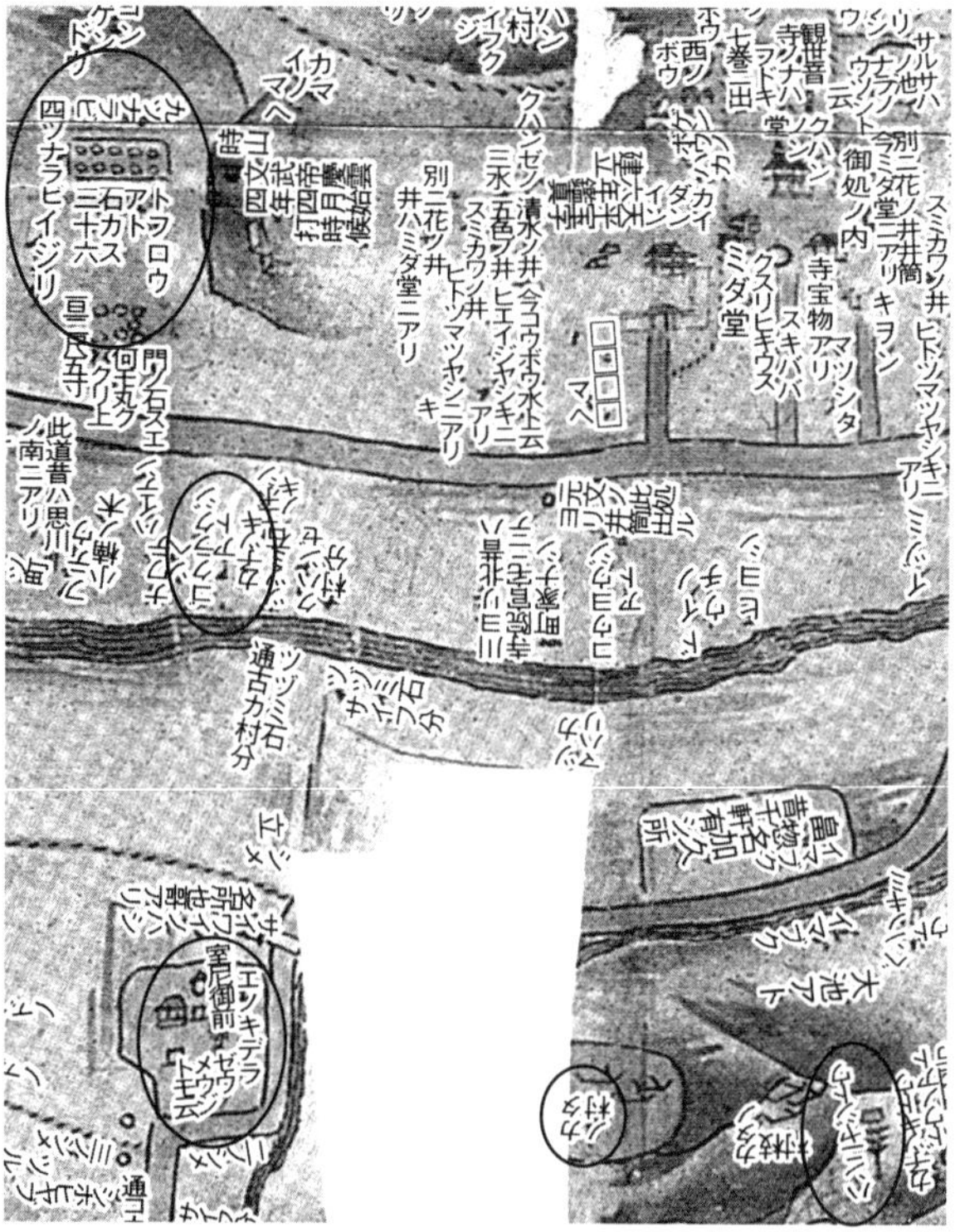

大宰府都府楼・極楽寺・榎寺・片野・般若寺塔　文化３年（1806）、『大宰府旧蹟全図』北図、木村敏美蔵。『太宰府 人と自然の風景』より。

観世音寺本堂ノ西南一町ニアリ、今ハ田トナレリ、四十九院ノ一ナリ。続本朝往生伝ニ曰、沙門能圓者、太宰府観世音寺傍《かたわら》極楽寺僧也（以下略）

とあって、「続本朝往生伝」が引用されている（この所伝と同じ内容の説話が『今昔物語』十五にみえる）。極楽寺の名は観世音寺四十九院として『筑前国続風土記』（元禄元年〈一六八八〉貝原益軒編纂開始）にみえている（「楽極」寺と誤植のある本がある）。

佐々木哲哉「太宰府市大字南（旧御笠郡片野村）の民俗」（『部落解放史ふくおか』六三、一九九一）によれば、上記の極楽寺からみて御笠川対岸になる位置にも、別に極楽寺と呼ばれる地があった（筆者・服部の聞き取りでは「ゴクラク」と呼ばれる土地が公民館の東にある）。これはどう考えるべきか。筆者はここに極楽寺の院坊、類似の施設があったことを想定している。

ところで療病寺はどこにあったのだろう。これについての手がかりはない。ただし大宰府には般若寺があった。遺跡があり、塔心礎と、その近くに石造七重塔があり、後者は国指定重要文化財として保護されている。発掘調査の結果では、七世紀末ないし八世紀前半の創建で、一二世紀までの活動が確認できるが、廃絶時期は不明とある。『上宮聖徳法王帝説』裏書に、白雉五年（六五四）、孝徳天皇の不予に際して筑紫大宰帥蘇我日向が建立したとある般若寺に相当すると考えられている（吉川『国史大辞典』、川添昭二氏執筆）。

般若寺といえば奈良坂にあった般若寺が想起される。本書でも詳述した（第二章）。寺名の一致は偶然だろうか。観世音寺は東大寺の末寺でもある。もしも都市奈良と都市大宰府に共通の構造があったのなら、般若寺が療病寺を兼ねていた可能性もかなりの確率で推定できる。もうひとつの極楽寺（片野）はこの般若寺にも近接する。

療病院が少弐（武藤）氏の筆頭資産であったように、同様に鎌倉療病寺（極楽寺）も北条氏の筆頭資産であった。いったいなぜこれらが資産になったのだろうか。

療病院の建設と維持は莫大な資金を必要とする一大事業であった。

『師守記』貞治六年（一三六七）四月二十一日条、および「柳原家記録」応安元年（一三六八）所収、後光厳天皇綸旨（『大日本史料』六編、二十九―一一〇頁、三十―一一一頁）をみよう（ほか『師守記』五月十六日条）。

今日六角面在家取棟別十文宛是但馬入道々仙俗名道直為立療病院、可渡唐船之間、造立彼船之料云々、相副武家使者小舎人云々、被成　綸旨云々、家君不被出之、不及相触也、先々如此、在家役不及沙汰也

宋船造営要脚山城国以下棟別事、道仙申状副具書如此、子細見状候歟、可為如何様哉之由、可被仰遣武家之旨、天気候所（也、脱）、以此旨、可令洩申給、仍言上如件、仲光誠恐頓首謹言

十月廿九日　　　　　　　　　　　　　　　　左少弁仲光奉

進上　民部大輔殿（西園寺実俊家司）

京都東洞院療病院の建設には日元貿易の利をあてる計画であった（ただし、この翌年に元滅亡）。北朝、医師但馬入道道仙の療病院設立の資として、京都市中、六角面在家ほかに棟別十文の棟別銭を課したとある。これだけでは不足するから、唐船を渡すとある。この事業が実現したのかどうかわからないが、天皇や武家を動かすまでに至っている。療病院の維持には巨大な経費がかかる。いわば集金システムが必要だった。そのことは多くの人たちの共通認識で、巨額の利権でもある集金システムを導入しうる名目が得られた。療病院に付属する所領の給与も検討されたのだろう（医師道仙は『大日本史料』六—二五—四八七頁、二六—四四四頁、二七—八七九頁、ほか多く登場する。東大史料DB。著名な医師で恐らく実権があった）。

文亀二年（一五〇二）、三条西実隆は泉涌寺に参詣した日の記事（『実隆公記』同年七月三日条）に、

抑療病院事薬屋某興行近日築地始也云々、今日皷騒之声風聞、其発願之趣超過也云々、末代不可思議事也

「薬屋が療病院の建設を始めた。きょうはあちこちでさわぎになっている。発願の趣旨は大規模な

もの」と書き残している。療病・極楽両寺が鎌倉幕府の大宰府統治者である少弐武藤氏の掌握するところとなったのは、この経営が為政者の義務であることに加え、経済権益につながりやすいという背景があった。

その1　大宰府の賤視される環境

『筑前国続風土記拾遺』御笠郡宰府村に、「聖廟に参詣する遠近の諸人（中略）、交易し、歌舞妓・傀儡等の伎戯場を張て」とあって、近世芸能者の存在がうかがえる。また鎌倉時代に「宰府遊君」がいたことが、弘安二年（一二七九）の有浦文書で確認できる（詳細は本書504頁）。天平二年（七三〇）、大宰府に児島という名の遊行女婦がいて、六十五歳と高齢であった大宰帥大伴旅人につくしたことが、『万葉集』三、六に残されている。

ほかの大都市に同じ構造であろう。貴賤を受け入れ、貧富をのみこむ都市構造がある。芸能に関しては苅萱《かるかや》関のような説教節《せっきょうぶし》にしばしば登場する遺跡が存在する。すでに永享十年（一四三八）二月十六日の箱崎油座文書（『地理全誌』、『福岡市史』史料編）には苅萱関過銭がみえている。文明十二年（一四八〇）の宗祇の「筑紫紀行」にもみえる。非人芸能たる説教語り、石童丸の話のなかでは枢要な場所である。芸能者がいて賤の環境におかれていたのではないか。「大宰府旧蹟全図」北図（『太宰府　人と自然の風景』、『太宰府市史』環境資料編付図）には苅萱関から水城《みずき》に向かった道沿い右手にクグツと記されている。これが上記『拾遺』にいう傀儡ならば、目的地の寸前に芸能者が活動していた呪師庭《しゅしのにわ》《(のろんじ)》と東大寺との関係にも似ているだろう。
なおこの図にはその近くに商人頭□頼朝判とある。一部文言が破損のため読めない。

その2　鬼燻の「鬼」

近世の大宰府都府楼近傍にも被差別部落はあった。

喜田貞吉が主宰する『民族と歴史』（二の二、一九一九）に次のような報告がある。「太宰府天満宮・燻鬼《おにすべ(ママ)》にては、箕直し（土俗、之を雲助と呼んでゐる）という部族のものを擬鬼に雇って来る例であった。擬鬼となるものは、体質剛・強健のものでないと、到底猛烈なる薪の煙に堪へ得ない」（「大宰府追儺《ついな》の鬼に雇わる、賤民」鮎川不二雄寄稿）。

喜田貞吉の注記に「余も先年親しく此の『鬼すべ』を見た事があるが、其の鬼を虐待すること、実に残酷極まるもので、到底正視に堪へぬ程であった」とある。この記事は堀一郎「近世特殊民漂泊民の呪術宗教的機能」（『我が国　民間信仰史の研究』二、宗教史編、四八三頁）にも、上記を典拠として引用されている。

鬼燻については『筑前国続風土記』（一七〇一成立）に詳しい記述がある。そこでは「鬼とり」とあり、「是は貧人をからめて鬼と名づけ、堂のあたりを引き廻り、杖にてたゝ《(叩)》き、松のけぶりにて、ふすべて、『鬼とりたり』とての、しる事、今に年毎に絶えず、いにしへは観世音寺、武蔵寺、安楽寺、此の三所にて行ひける。年のはじめ、寺のほとり道行人を捕へ、おもてに蒙倶《(ママ)おにめん》をおほ《(覆)》はせ、身に色どれるきぬ《(衣)》きせ、儺鬼と称し、里のうちゆすりて、男女多く出つゝ、是をうちて鬼やらひとす。鬼いたうくるし《(苦)》めり。この俗いにしへよりこれあり。この故に観世音寺のあたり、此日行人なしとぞ。元亨釈書に見えたり。今は道行人をばなやま《(悩)》さずして、貧人に物を得させて鬼とし侍るなり。武蔵寺、観世音寺に、今は此事なし」とある。

『元亨釈書』にみえるとあるのは、

「淳祐元年《(宋、一二四一)》（略）仲夏発四明*孟秋著博多、本朝仁治二年《(一二四一)》辛丑也（略）、大宰府有勝藍名観世音寺、歳首行駆儺、其日捕寺之四傍*路人、頭蒙鬼面、身披彩服、名為儺鬼、引過殿庭*、此夜闔府*男女入寺、打是鬼、為駆儺、鬼甚困極、国俗自古有之、以観世音寺四畔、此日無行人、侘州旅客、往往*来此就捉、府之横嶽山有湛慧、明顕密、多異迹、適適是境、僕曰、今日観音寺駆儺也、師恐遭追捕、乞従別路、慧曰、戒徳*之士豈有之、果執慧行鬼事」

＊『国史大系』三一—七、円爾弁円伝、一一〇頁、『大宰府太宰府天満宮史料』八、『続風土記拾遺』上、四六一頁。四明＝中国浙江省東部　寧波　四傍＝あたり　殿庭《デンテイ》＝内裏や城郭内の庭　闔府《コウフ》＝府のなか全部　往往《オウオウ》＝しばしば　戒徳＝持戒の功徳。

という記述である。観世音寺の例であるが、たまたまその境を歩いていた横嶽崇福寺湛慧が鬼にされたという。

『太宰府市史』民俗資料編（一九九三、七七五頁）には近世地誌記述の詳しい紹介がある。追儺《ついな》は節分鬼払いの原形であり、修正会にて行われる。各地の寺社で行われていた。この地域では観世音寺、武蔵寺、安楽寺（太宰府天満宮）で行われていたが、激しすぎる所作をともなうせいか、いまは天満宮のみに継承されている。

地域の歴史に詳しい知人・複数にたずねてみた。

「鬼すべ（太宰府天満宮）の鬼は、通りすがりの旅の者がなることになっているが、昭和四十年代までは太宰府市の被差別部落から出ていた。いまはちがう」

「子どもの時、見物していて、母からそういわれた。叩かないことになっているが、酒を飲んだ若者がいっせいに（鬼に）襲いかかる。かなり危険であった。（鬼になった若者は）米を一俵（正確には、ほかに塩一俵・酒一升）、もらっていく」

「天満宮から白い馬が出て迎えに行った」

喜田は虐待といった。叩かれ、松葉で燻されながら堂の中を九周回る。虐待の姿が子どもの疑問となり、明治生まれの母親の差別発言をよんだのだろう。

「貧人」とある。貧しいから米一俵（現代なら二〜三万円ほど）・塩一俵・酒一升にて身の危険を引き受けたのだろうか。上記報告にあった「雲助」なる蔑称・差別表現は、聞き取りの範囲では確認できなかった。

知人のひとりはその村がどこかさえも知らないといった。鬼の子といじめられるから絶対に誰なのかはわからないという意見が多数だったが、前掲佐々木報告（『部落解放史ふくおか』六三）には、この村から出たと記されている。明治五年から八年をかけて編纂された『福岡県地理全誌』では村の産業が網羅されていて、高級履物であった「花草履」（彩色されたぞうりか）を二万足、あるいは庶民の履く草鞋を八千足と大量に生産し、主要産業としていた。

足利尊氏領片野村

その片野村の名は南北朝期以来の史料にみえている。

奉寄進

天満宮

筑前国三笠西郷内片野村小河六郎跡地頭職事

（中略）

文和二年八月七日　右馬権頭源朝臣範光（一色）

（太宰府天満宮文書『大宰府・太宰府天満宮史料』一一）

小河六郎については未詳ではあるが、「南海流浪記」宝治二年（一二四八）に伊予国寒川地頭小河六郎祐長（『大日本史料』五編一六、一六〇頁）、弘安十年（一二八七）の陸奥新渡戸文書に小河六郎次郎宗直、明徳三年（一三九二）頃の東寺百合文書、また播磨小河文書に小河六郎兵衛入道、永禄頃の「小河文書」に豊後の小河六郎らの人物がいる。文和二年（一三五三）に名が登場するこの小河六郎も一統であろう。小河六郎「跡」であるから、足利尊氏（一色氏）を敵とした。すでに死亡していたかもしれない。建武元年（一三三四）十一月十九日、北条氏一族の名越時如が奥州・津軽で敗れる（『大日本史料』六編二、一三八頁）。その降人交名（南部文書）に小河六郎三郎という名前がみえる。小河六郎の三男であろう。六郎三郎は北条氏・名越流の代官だった。してみると小河一族には北条氏（得宗家・名越家）の被官になるものがいたらしい。北条氏滅亡の直前には得宗家と名越家は親密であった。少弐領には北条氏領に奪われるものがあった。先に療養寺が武藤（少弐）氏所領であったことをみたが、鎌倉末期には片野を含む地域が北条氏所領になっていて、代官に小河氏がおかれたのではないか。片野は療病寺領のうちのひとつだった可能性がある。それが足利政権成立後に没収され、本来ならば小弐氏に戻されるべきものだったが、尊氏領となって、文和二年に一色範光によって一部得分が天満宮に寄進された。そうした状況が想定される。寄進の理由は天満宮が「賊徒征伐の尊神」だからだとある。

ほかに筑前町村書上帳・「手日記」中の永正十七年（一五二〇）に「一御笠郡内下片野三十町事、以前当（天満宮満盛院）社領候（以下略）」、年欠（享禄二年〈一五二九〉か）十月二十日鬼村長直書状（満成院文書）に「下片野*」とみえている（いずれも前掲書・一四巻）。寄進以降、天満宮領「御月次連歌領所」となっていた。上片野・下片野の双方からなっていたこともわかる。

＊　この下片野について、石瀧豊美「近世初期福岡藩の部落史史料について」（『部落解放史ふくおか』七九、一九九五）は、太宰府村・片野谷《かたんだん》を想定しており、この村とは別の村だとする。ただし太宰府旧蹟全図北図でのカタノ谷は、描かれた修理田、踊町、八ヶ窪、仮又、陣ノ尾（いずれも小字名に現存）との位置関係からすると、般若寺跡に近接していたと思われる。

慶長七年（一六〇二）の黒田長政黒印代官目録には、「一百八拾六石四合内　同郡かわや村　片野村」とある。『松原革会所文書』（中野文書、『部落解放史史料叢書』5、一九九一）にも、男皮、馬皮を納め、あるいは銭を上納したこの村、そして村の人物が散見されるし、また『筑前国革座記録』（福岡部落史研究会、一九八一〜八四）にも村の名がみえる（佐々木報告にも引用）。

片野村には本村と新村があった。『部落解放史ふくおか』（六三）にこの村の民俗誌を寄稿された佐々木哲哉氏および関係者によれば、かつて両村は親近性を欠き、ことごとく対立していた。至近の距離にあり、同じ村として同じ学校に通学しながらも、通婚が成立したのは、やっと三〇年ほど前のことという。上記慶長七年目録にても、あるいは地誌にても、ひとつの村として記述されはするが、その実は別村で、江戸時代には別々に庄屋がいたし、氏神も異なっている。本村が新村に対して高圧的だったことは一見して明瞭だった。ともに運動体（部落解放同盟）に属するが、熱心であったのは新村で、本村はそれよりは少数だった。

差別を受ける側にいるにもかかわらず、相互が対立することはある。『筑前国続風土記拾遺』などでは、両村の区別は記述されていないが、同じ村とも考えにくい。

太宰府市指定天然記念物「晴明井のエノキ」が本村にある。晴明井が所在する村の多くは、ふつうは旧陰陽師系・声聞師《しょうもじ》系であって、エタ（皮革技術者）系ではなかった。『太宰府市史』はいくつかの「晴明井」所在地を紹介しているが、そのうち複数は芸能系の村であって、柳田国男「毛坊主考」（『柳田国男全集』一一）や、乾武俊「二つの『盆踊り』をめぐって」（『部落解放史ふくおか』六一、一九九一、のち『民俗文化の深層』所収）にも、志摩郡の村について、言及・分析がある。『筑前国続風土記拾遺』によれば、志摩郡のその村は本村のほか七つの小村からなり、そのうちに俳優を業とする一村と、エタとされる二つのムラ、計三の小村を含んでいた。前者（俳優村）は乾報告では、今日では差別の対象になっていないとあるが実情はわからない。報告には、かつて晴明夫人・勝門姫の塚があったけれど現存しないこと、「殿側の井戸」があり、安倍晴明が掘った井戸だとある。「晴明井」という言葉はなく、また他の柳田等の報告にも晴明井に関する記述はない。

本村と新村は、村の起源と性格を異にしている可能性が想定できる。佐々木哲哉氏は、本村はライ患者救済系の村ではなかったかとする。共同調査された故中村正夫氏（当時の福岡部落史研究会会長）も同じ意見だったという。しかし史料上は両村の扱いに差異がない。

〈本村〉

先の佐々木報告には古図をもとに明治二十八年（一八九五）に作成された本村《ほんむら》地図（「昔、吾が村」、

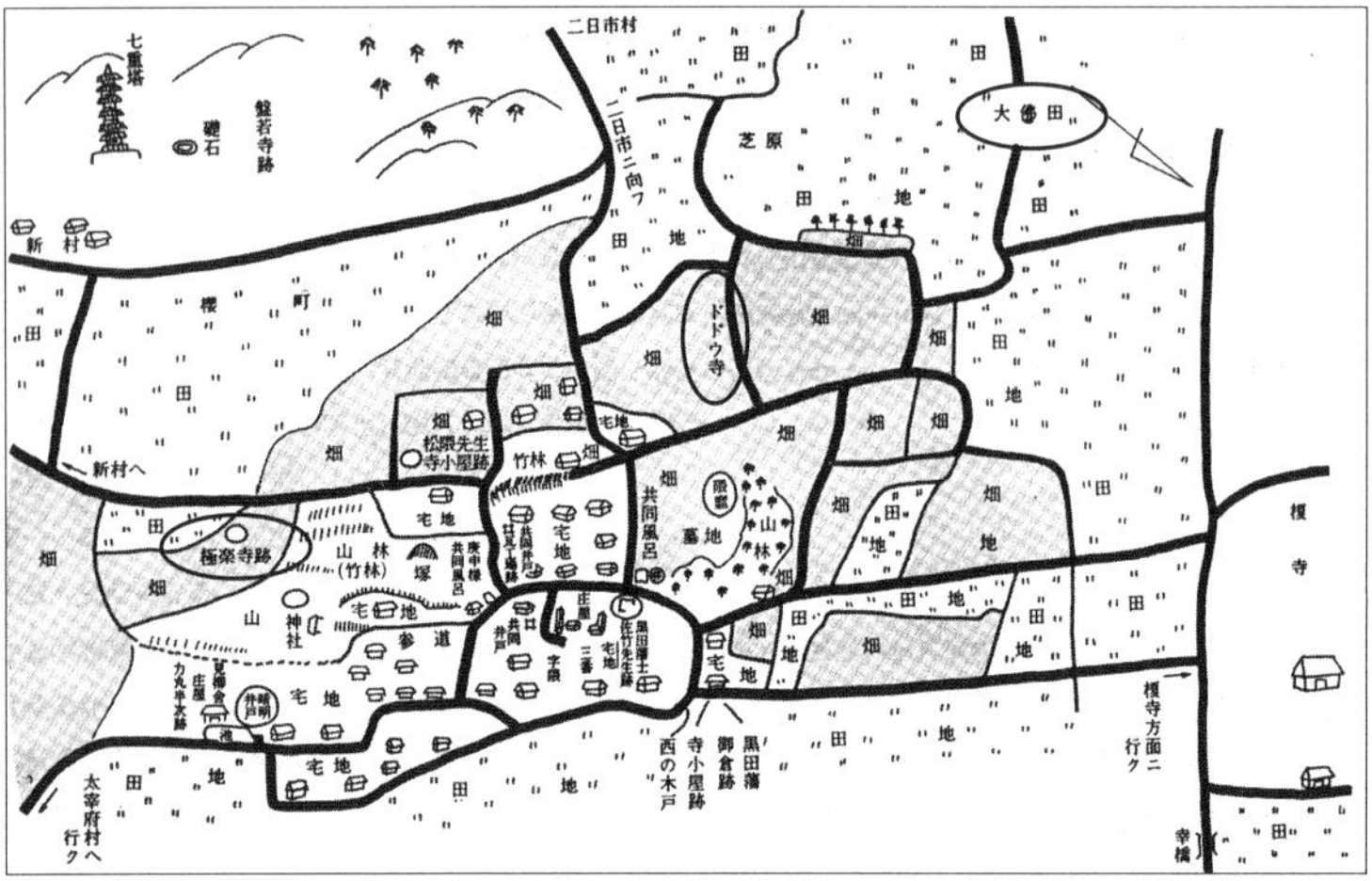

明治期の片野　「昔、吾が村」より。本村が中心で、左上（南東）の新村は「吾が村」には含まれていないかのように小さい。極楽寺跡・ドドウ寺・大仏田の地名がある。佐々木哲哉氏報告より。公民館にも同図が掲載されている。

この図では本来広範だったはずの新村は数軒が図示されるのみで、「吾が村」分としてはほとんど新村が描かれていない）が掲載されている。この地図や報告中の聞き取りによれば、本村には庄屋宅が二軒、寺子屋跡が二ヶ所、黒田藩御倉や黒田藩士の宅跡があった。御倉の管理で藩士が配されたのであろうか。黒田藩足軽であった家もある。庄屋は先祖が宗像神官だったといい、『宗像神社史』神官に「寛文五年（一六六五）より神職を辞してその名を絶つ」と記された、同一の名前の神官家に一致すると指摘する。佐々木氏は宗像神官がライに被患したため、ここに移り住んだのではないかと推定する。庄屋は給米十七俵を受けた。ほか天保三年（一八三二）に足軽であった家もある。軍事にも彼らは参加しており、その力が必要だった。先祖を強調し誇る傾向は、本村に特有で、新村には稀薄である。

本村の寺子屋のうちのひとつは、天保七年（一八三六）庄屋により創設された私塾見柳舎で、これらの存在が語るように、裕福で教育に熱心な村であった。本村の氏神は鹿島神社だが、近世史料では毘沙門堂とのみ、みえる。

〈新村〉

新村の家の伝承によれば、太宰府天満宮祭礼にその家からのハグマ*（白熊）が出なければ、祭礼が始まらなかった。また藩政時代には同家が村の皮革の元締役であった。年貢を入船から船に積み、黒田藩に納めたとある。新村の氏神は天満社である。上記の天満宮祭礼とのかかわりも含め、太宰府天満宮との結びつきが感じられる。新村の人的系譜については、同様に差別されていた他地域からの移住伝承が多い。

＊ ハグマはヤクの尾の毛。兜や槍などにつける。中国産で輸入品なのだが、日本人の好みにあわせて加工したのなら、この村にて生産したのだろう。

聞き取り調査をされた佐々木哲哉氏は、農村集落によくある神社信仰、つまり宮座、また宮座内の富と格式を示すジンガ（神ガ、宮座構成員）意識が稀薄なことにおどろいたという。かわりに西本願寺への帰依、篤い阿弥陀信仰があった。本村の月三回の四日講・おかいご（御会講）、あるいは新村のオコブツサマ（御講仏様）があり、各家の年忌（オザ・御座）はむらの行事として行われ、使夫（シフ）が太鼓で触れ回った。戦後廃れた行事もあるが、集まった全員が正信偈・後生歌を諳んじ、唱える姿に強い印象が残ったという。この世では報われることが少なくとも、来世では報われる。阿弥陀のもと、生まれ変わって、報われたい。現世否定・未来志向が強い信仰心となったと佐々木氏は考えている。ただし別の被差別村での報告（後掲・乾報告、本書322頁）は「ムラに生まれてよかった。村に住んでると、仏さまのこととか、人のぬくもりとか、虫がおさまる。気がなごむような気がしますね」という女性の発言を伝えている。虫がおさまらないような不当な仕打ちを受けても、村はいつも癒してくれた。本当の人間の温かさがあった。

般若寺はすなわち療病寺で、近傍の極楽寺伝承地は都府楼南の極楽寺の支院ではないか。これが本書の推論である。両寺は開山以来、病苦の貧窮民を救済してきた。その仕事に従事する人々も多数いた。その村は療病寺領の村だった。大宰府周辺の賤的環境の起源は、律令時代の大宰府療病寺・悲田院に由来した可能性が考えられる。ライ患者・貧窮者の支援をする般若寺が廃寺になって、患者の保護機能は失われた。時期は不明だが、般若寺の縮小、ないし廃寺によってその境内と周辺塔頭区域に空間が生じ、あらたにやってきた人々により「新」村、すなわち新しい村が形成された。

本村が先祖を誇るのは、病苦による平民からの転落を暗示する。反面、被差別地域からの人の移動によってのみ、村や家の起源を説く新村は、身分の移動を認めなかった近世「皮多」村の系譜を示すだろう。しかし江戸時代にあっては両村ともに、後者だとして記述されている。旦那寺のあり方も後者である。

2　国府と周辺

その1　肥前国悲田寺と新善光寺

悲田院・悲田寺は諸国に置かれていた。次に九州諸国について考えるが、文献で確認できる悲田院が肥前にある。すなわち肥前国悲田院が中世の古文書に登場する（龍造寺文書・年月日欠田数帳、『鎌倉遺文』三二―二四七九二）。

ヱリ田　一町　　悲田院

悲田院があり、少なくとも一町の面積の田があった。免田であろう。この帳は千員《ちかず》という名の田を書き上げたものだから、そのなかに悲田院免田があった。

承元三年（一二〇九）四月二十五日河上神社文書（『鎌倉遺文』三―一七九三）に、

留守所

可早任先例并御示《（神仏の告知）》現旨、勤行　河上宮五八月会流鏑馬事

佐嘉郡
　留守所　千員　安松　末吉　五郎丸　得永　貞清　福光　稲吉　大領　末弘

とみえているから、千員は肥前国留守所に次ぐ地位にあった人物の仮名である（仮名は「けみょう」、実名を名乗らず仮名で呼び、親から子へ相伝されていく）。千員は高木氏であったと考えられる。高木氏（藤原資朝）に宛てられた建長五年（一二五三）八月十七日将軍家政所下文、あるいは同年十二月八日の実相院文書（『佐賀県史料集成』一五）に「佐嘉郡内大蔵千員田畠（一部略）并高木屋敷同陣内藤（マヽ）木田畠」などとみえている。千員の一部（ないしはすべて）を高木氏が所有していた。高木氏は肥後菊池氏や筑前兵藤氏・山鹿氏に同じく、大宰府官人であって、刀伊《とい》入寇時に功のあった藤原政則（蔵規《まさのり》）を祖にもつ（志方正和『九州古代中世史論集』一九六七、服部『武士と荘園支配』五九頁〜）。

　書き上げられた千員名の耕地地名には、一の坪、二の坪、三の坪、四の坪、五の坪、上六（ジョウロクは十六）、上八（ジョウハチは十八、オ音とウ音の置換）とあるから、条里制施工地域であることは確実であるが、現在の地名に比定できるものがほかには見あたらない。悲田院と並んで下段に書かれた所有者（権利者）の名前に藤木・藤木寺がある。藤木は現、佐賀市北東の農村であって、旧佐嘉（佐賀）郡である。

　かくして肥前国庁でも最大勢力であった在庁官人（国府に勤務する役人）の所領のなかに悲田院所領が少なくとも一町、設定されていることが確認できた。

さてこの悲田院が肥前の現地にあった寺院なのか、それとも京都悲田院を指すのかという問題がある（網野善彦氏は後者の立場）。述べたようにライ患者も乞食も必ず一定の割合で発生する。けれど、彼らがたとえば肥前から京にまで行くことは、到底不可能であった。各地に救ライ施設が造られたと考えなければおかしい。全国各地に悲田院があったと考えるべきだし、とくに肥前国府周囲の場合にはその痕跡がある。それは地名だ。

地名に残るヒデンジ

ヒデンジという地名が佐賀市高木瀬町高木・川原屋敷の一角にあった（次頁参照）。高木は高木氏の苗字の地であって、在庁官人筆頭の本貫地《ほんがん》（発祥地）である。ヒデンジは登記簿記載地名である小字名（土地台帳記載地名、公的地名）ではなく、地元の人々しか使わない通称地名である。佐賀では通称をしこ名という。

『高木瀬町史』（佐賀市立高木瀬公民館、一九七六、高木瀬は高木と長瀬の合併町名）にも記述があって、悲田寺の跡としている（ただし悲田寺免であった可能性もある）。高木は肥前国府の所在地（旧大和町）に近い。悲田寺そのものの所在地は、にわかには断定できないが、龍造寺文書にあった悲田院（悲田寺）に関連することはまちがいない。

新善光寺の登場

南北朝期になると次のような史料がある。多久文書・征西将軍宮令旨（『南北朝遺文』九州編四―四六九七）である。

肥前河上社末社一品宮本司増勝申新善光寺長老并長福寺明億房悲田院預所等神用対捍事、重申状三通如此、彼輩背度々催促無沙汰云々、早相尋実否、載起請之詞、可注申之状、依仰執達如件

佐賀郡上高木川原屋敷に残るヒデンジ地名　服部『二千人が七百の村で聞き取った二万の地名、しこ名』より。ゴチック体が聞き取りによる収集地名＝しこ名、明朝体が小字名＝土地台帳記載地名。ヒデンジ地名は『高木瀬町史』にも記録されている。嘉瀬川沿いにわずかに北上すれば肥前国府。

正平廿二年九月三日　　左少将（胤房）（花押）

於保弥五郎（胤宗）殿

河上社末社一品宮とは、弘長年間（一二六一～六四）に正一位に列されたという、淀姫社のことであろう。河上淀姫社領の得分「神用」を、新善光寺の長老や長福寺の明億房《みょうおくぼう》、そして悲田院預所らが対捍《たいかん》（差し押さえ、抵抗して奪い取ること）している*と、河上社の本司が訴えた。

＊ ただし『大日本史料』では悲田院は神用を対捍された側だと解釈しているようで、「征西大将軍懐良親王、肥前河上社末社一品宮本司増勝の訴に依り、於保胤宗をして、新善光寺長老及び長福寺明億房の、悲田院預所等の社役を濫妨するや否やを注進せしめらる」と綱文（見出しとなる梗概文）を立てている。けれども悲田院が河上社「神用」納入の担当だとは考えにくい。「等」の用法からも、新善光寺長老や長福寺、そして悲田院預所の三者が何らかの口実により、神用を対捍したと考える。よって上記綱文は「長福寺明億房、悲田院預所の、」に改めるべきだと提言する。こう解釈すれば新善光寺と悲田院が当時きわめて近い立場にあったこととなる。

新善光寺は信州善光寺を各国に勧請したものである。根本の信濃国善光寺周囲にあった被差別・被賤視に関しては、小林計一郎『長野市史考』（一九六九）、井原今朝男『中世のいくさ・祭り・外国との交わり』（一九九九）が詳しい。中世から近世には善光寺を拠点に救ライ活動が行われていた。信濃国善光寺についての詳細は後述する。善光寺は全国六十六州に新善光寺として展開され、拡大される。一国一ヶ寺とはかぎらず、複数の新善光寺がある国もある。
中世の九州周辺では、文献によれば筑前国新善光寺（『元長卿記』永正二年正月十八日条）、長門国新善光寺（『大日本史料』天正元年十月十五日条・持世寺文書、『大日本史料稿本』弘治三年十月二十三日条・『萩藩閥閲録』）の存在が確認できる。また豊前国善光寺は鎌倉時代の建物が残り、重要文化財となっている。ほかにも肥後に遺称地がある。以下にも述べるが、諸国善光寺のうちには周囲に差別の環境があるものがいくつかあると考えている（渡辺達也「時枝領の成立と被差別部落覚書」『おおいた部落解放史』一六、一九九五）。

先にもみたが天正十三年（一五八五）には、京都・泉涌寺塔頭十七寺のうちに新善光寺、悲田院および長福寺があった（泉涌寺文書、三寺のうち前二寺はいまもある）。これらは泉涌寺周囲に移転してきたものだというから、つねにセットであったわけではないものの、教義上、近いものがあった。正平段階の肥前において、奇しくもこの三者は同じ組み合わせになっている。新善光寺と長福寺、そして悲田院が共同歩調をとった。もともと三寺に親近性があった。

地名に残るゼンコウジ

善光寺という地名も残っている。やはり肥前国府の周辺、佐賀郡にあった。嘉瀬川の右岸になるから、国府からみれば対岸だが、旧大和町（佐賀市）池上・於保《うう》にゼンコウジという地名がある。

於保のうち下《しも》於保《うう》の村の集落北端である（位置は次頁地名図に示す。於保は地元ではウウと発音する。地図ではゼンコウジの位置が佐保となっているが、正しくは下於保。佐保は、その西に上佐保・中佐保・下佐保がある）。ゼンコウジは小字ではないが、通称地名で呼ばれている。

ところで於保といえば、まさしく正平・多久文書の宛先が於保弥五郎胤宗であった。彼の苗字の地（本貫地）に善光寺があったということは、於保氏の先祖が檀越《だんおつ》として新善光寺を勧請していた可能性を示していよう。於保弥五郎は相手（新善光寺ほか二者）の言い分を聞き、実否を確かめよと

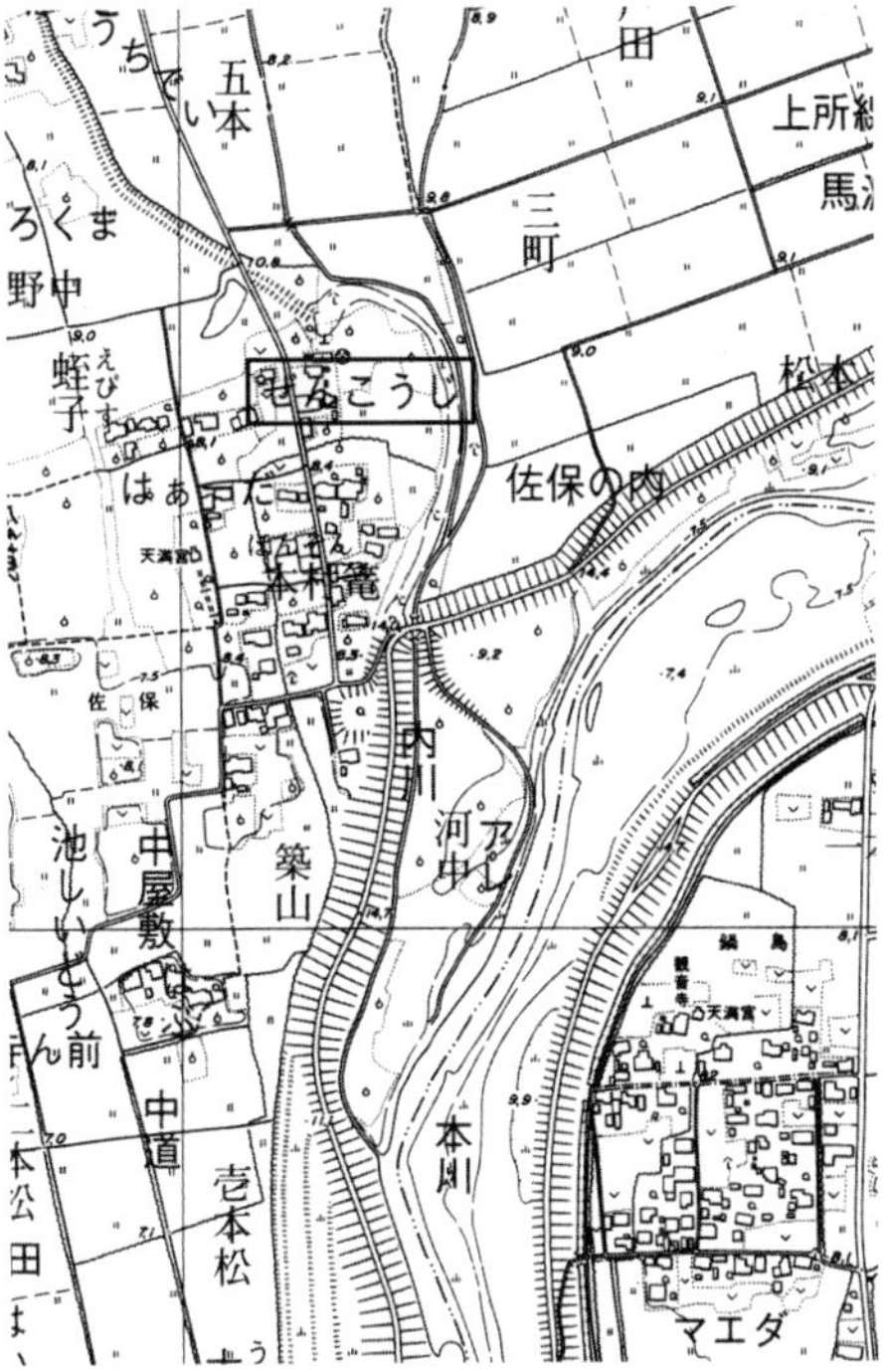

佐賀郡於保（上於保）に残るゼンコウジ地名　服部『二千人が七百の村で聞き取った二万の地名、しこ名』より。ゼンコウジは聞き取りにて収集できた地名、しこ名（通称）である。肥前国府は嘉瀬川の対岸、左岸（東方）にあった。

いわれている。於保氏にとって少なくとも新善光寺は近い存在だった。遵行（職務執行）効果が十分に見込める人物（ここでは於保氏）を遵行使に任じたことがわかる。

以上から地元に地名を残す悲田院（寺）が、京都ではなく、肥前国府の寺院であったことも明らかであろう。なお神埼郡詫田村に善光寺があり、曹洞宗で箱川村妙雲寺末寺であるが、関連は不明。多久文書にみる南北朝時代の新善光寺は、於保氏と関連が深い佐賀郡にあった。

その2　信濃国善光寺境内と門前

近世善光寺の賤の環境

各地新善光寺の総本山たる信濃善光寺周辺をみたい。そこには、賤視されていた人たちが住む地域があった。先に掲げた小林計一郎のしごと（『長野市史考』一九六九）によって、信濃善光寺の近世の様相を、ついで井原今朝男のしごと（後述）によって中世の様相をみる。小林著書には「近世善光寺町における賤民」「善光寺の癩病人部落」という重要な論文が含まれる。小林は「善光寺境内にかなりの数の癩病人がたむろしていた」「じっさいにそれを見聞した人がいくらでもいる」（四六七頁）という。小林が旺盛な調査活動をしていた昭和三十年代には、江戸時代生まれの人も生存していたし、ライ予防法による収容隔離が進められる以前の状況を知る人が多数いた。

小林によれば、善光寺には次の（1）〜（3）の賤視された人々がいた。

（1）町離《ちょうり》（長吏、穢多）。一一ケ所に住み、一は元禄八年（一六九五）に善光寺境内北側の北ノ門《きたのもん》町から河原崎《かわらざき》に居住。善光寺の院坊である「妻戸《つまど》」の檀家である。町離頭がいた。警察下吏。享保五年(一七二〇)に町離は十五戸。明治七年(一八七二)に二十二戸。

(2) 非人(横大門《よこだいもん》の者、横大門乞食)。横大門は河原崎に隣接する。横大門頭がいて直接善光寺の命令を受けた。警察下吏。明治七年に十二戸。

(3) 癩病人(道近坊)。新田裏に非人小屋を造って居住、町離頭の支配下にあった。

(3)の癩病人は往来する商人から市役《いちやく》を徴収する権利を有していた。癩病人は河原に小さな村をつくって住み、ふだんは善光寺境内にて乞食をした。癩病人の頭は道近坊《どうきんぼう》と呼ばれた。また非人小屋を指して道近坊ということもあった。道近坊は行路病者の介抱や行倒人処置を任務としていた。善光寺にはそこで死ぬことを目的として来る者が少なくなく、行路死人《こうろしにん》が多かった。境内を縄張りとしていることの礼としての奉仕であり、それが市役徴収の根拠になってもいた。道近坊は乞食に似るが乞食ではなく、六部《りくぶ》のような格好をしていた。

(2)の横大門乞食は道近坊とは別で、居住区が異なり、境内の東に接する岡にいた。明治になって、寺禄打ち切りにより、非人への手当は出さないから、寺役を務めるにも及ばないと通達されている。善光寺では定期市が開かれ、境内に露天商もいて、玉屋という商人頭が源頼朝から与えられたとする市役免許状をもち、幕末までその権利を得ていたし、善光寺の大祭である祇園祭の祭主にもなったが、一般町民からは忌まれ、賤視もされて、通婚はなかった。彼は非人と平民の中間的な存在だった。

(1)の町離は「お庭はき」と自称し、境内の清掃を任務とした。町離と横大門はいずれも警察下吏であるが、警察(取り締まり)範囲が異なっていて、それは清掃範囲の異なりでもあった。町離は善光寺平の広域から市役および三把役《さんわ》を取り立てる権利を有していた。町離は百ヶ村以上の旦那場をもっていた。旦那場は斃死牛馬の取り扱い範囲であろう。江戸や福岡など各地のエタ村がそうであったように、城下町や中心都市にて皮革生産そのものを行うことはあまりなかった。

小林の整理では善光寺周辺で賤視された人々に関わる金は左のとおりで、

1　座銭《ざせん》　前期(七月十三日)、座に加わる平民が玉屋に納入
　　　　後期(十二月二十一、二十四、二十六日)、座に加わる平民が善光寺大勧進に納入
2　市立礼銭　村入用から町離へ納入
3　入市税　七月、十二月の二回に入市者が癩病人に納入

2、3が彼らが徴収できた金、1の前期が差配者が徴収できた金となる。

賤視された人々は非人と町離(穢多)に大別されるが、とくに前者にはいくつかの集団があった。なお小林の「癩病人の市役徴収権」は『日本歴史』一一五号(一九五八)に掲載されたが、早くも次々号に永島福太郎「『癩病人の市役徴収権』を読んで」(同一一七号)が掲載され、畿内の事例が報告されている。

中世善光寺の賤の環境

次にこうした善光寺の近世の様相が、中世にも遡ることを明らかにしたのが、井原今朝男「中世東国における非人と民間儀礼」（前掲『中世のいくさ・祭り・外国との交わり』一九九九）である。井原が重用した史料は中世善光寺絵巻であり、そこに描かれた善光寺周辺のライ者や盲人など、非人とされた人たちを紹介する。

A「善光寺如来絵伝」（『聖徳太子絵伝』鶴林寺所蔵、『鶴林寺と聖徳太子』二〇〇八、二〇頁）、楼門に向かって右横、土塀の前に五人の乞食。うちひとりは塀に掛けた仮庇の下に横たわっている。一人は六尺棒を持ち、上半身裸。楼門左には五人の芸人、二人は高下駄、うち一人は傘を持ち、一人は肩に猿がいて猿引きである（次頁絵）。

B「善光寺如来絵伝」（淵之坊所蔵）、門前にて非人施行、歩行困難者が戸板で運ばれている。

C『一遍上人絵伝』歓喜光寺本（聖戒本）巻一、善光寺の裏を歩く琵琶を持つ盲僧と従者、善光寺西門を歩く絵解き法師。開いた長柄傘の柄に巻子が結び付けられている。巻子は善光寺絵解きに使われる善光寺絵巻である。絵解きをするときには傘の柄から絵巻が下げられて、聴衆の前で拡げられる。*

＊　先行研究に黒田日出男「ぼろぼろ（暮露）の画像と一遍聖絵」（『月刊百科』三四五、三四七、一九九二）、「修

信濃善光寺楼門前　部分拡大図の右側が乞食・病者、左側が絵解き・猿引きら雑芸人。鶴林寺蔵『聖徳太子絵伝』のうちの「善光寺如来絵伝」。

行者たちの旅」(『中世を旅する人びと『一遍聖絵』とともに」『朝日百科日本の歴史別冊』一九九三)。原田正俊「放下僧・暮露にみる中世禅宗と民衆」(『ヒストリア』一二九、一九九〇)。

彼らと彼女らは、ぼろ(暮露)ないしぼろぼろ、ぼろんじと呼ばれた。絵描き紙衣《かみこ》をきて、長柄笠《ながえかさ》を持ち、蓬髪《ほうはつ》の中年の人物と、はちまきをする若者、そして市目笠《いちめがさ》の女が一組セットになっていて、たいてい女は赤んぼうを抱いている。『一遍上人絵巻』十二巻・一遍臨終の光景に描かれているボロは、鳥箒《とりははき》と摺簓《すりささら》を持つ。簓は田楽、説

傘の下の巻物が絵解きに用いる曼荼羅や境内図の絵と推測される。集団のなかに常に赤んぼうを連れた女性がいる。絵師の好みで描かれたというよりは、この集団にはいつも赤んぼうがいたからだと考えてみたい。『一遍上人絵伝』(一遍聖絵)、巻3、6、12より。清浄光寺蔵。

経、歌祭文などの謡い物、語り物の伴奏に用いた。楽器である。烏箒はちり取り、羽箒のことだが用途は不明。黒田氏は紙衣を着るのは、衣に絵を描くことが容易だったからだという。派手な図柄で人目を惹いた。彼ら五、六人は絵解き語りをする一座であった。* 演奏者団（楽団員）だともいえる。語りは男だけではなく、女もした。赤んぼうの登場や泣き声が必要なシーンもあったのではないか。若い夫婦ならば、つねに赤んぼうがいる状態がふつうなのかもしれないが、いつでもいること、それもつねに赤んぼうがひとりだけということには、不自然な感がある。自然な家族というよりは、作為された家族・親子の可能性も考えられる。じつの子であるとはかぎらず、借りてくることもあるだろう。

＊ 前頁・原田氏はひるまき（蛭巻）棒を担ぐ姿を強調している。また一尺八寸の打ち刀が、やがて芸能に特化して尺八になり、暮露の後身である虚無僧の持ち物になったという。ただし「尺八」の言葉自体は正倉院文書にみえる。善光寺絵解きについては徳田和夫「牛に引かれて善光寺参り譚の形成」（『絵語りと物語り』一九九〇）など。虚無僧の起源である虚無寺（紀伊由良興国寺）を風呂地といったとする説がある（『小倉藩田川郡添田手永・大庄屋記録集』七隈史料叢書六、九三頁）。

D 『一遍上人絵伝』清浄光寺本（宗俊本）、善光寺の踊り念仏、遊芸人が多い。井原がいうこの遊芸人もボロであろう。長柄笠を持ち下駄を履き、蓬髪（前頁絵）。

E 後述する「善光寺癩病院」伝承

町離（穢多）が善光寺院坊である妻戸の檀家であることは紹介した。『大塔物語』（『続群書類従』）に妻戸時衆と十念寺聖が登場する。応永七年（一四〇〇）の大塔合戦ののちに、彼らは戦場に立ち、引き取り手のない遺体を火葬し供養した。身元がわかるものは妻子方に形見の品を送り届けた。善光寺門前桜小路の遊女は、なじみが戦死したことを悲しみ、その死骸をたずね、時衆を頼んで葬儀を行い、自身も出家した、とある。この時代、妻戸は時衆で、埋葬を行った。

善光寺は平安時代には平安京にも勧請された。日本六十六州のいくつかには分身寺が造られた。金井清光『一遍と時衆教団』（一九七五）によれば、平安期には九州に筑前稲光善光寺と豊前芝原善光寺があった。『一遍上人絵伝』に、若き日に大宰府を訪ねた一遍が「肥前国清水の華台上人の御もとにまうで給ひき」とある。この清水はいくつか比定候補地があるが、金井氏は、肥前は筑前の誤りで、「法水分流記」や「鎌倉佐介浄刹光明寺開山御伝」（『続群書類従』）に、「筑紫・花台（華台）・清水上人」と記述のある華台上人がいた清水寺（現在、宮若市若宮・清水）だとする。そして筑前善光寺（若宮・稲光）はこの清水寺に至近であった。一遍は、筑前清水で善光寺の知識を得、憧憬を抱いた。文永八年（一二七一）正月に大宰府を発って、四月にはるばると信州善光寺を訪ねた。弘安八年（一二八五）にも、再度参詣している（『一遍上人絵伝』）。

一遍・時宗と善光寺および新善光寺の関係は深い。まずは『一遍上人絵伝』新善光寺本（重要文化財）が想起される。かつてこの本を所持していた新善光寺は五条橋西詰の南側、京都市下京区御影堂町にあって、御影堂と呼ばれていた。天長年中（八二四〜八三四）、空海が開いたとされ、天正十五年（一五八七）に御影堂町に移ったという（『山州名跡志』、現在は滋賀県長浜市）。時宗教団は十二派に分かれていくが、この京都御影堂は時宗御影堂派の拠点である。一遍上人の御影があった（「京童」）。十二派のひとつ、解意阿の門流解意派の拠点となったのは常陸真壁郡海老島（茨城県筑西市明野町）の新善光寺である。*

＊　なお山城国新善光寺は先のものと別に、もうひとつ、現在は泉涌寺塔頭となっている寺院がある。寛元元年（一二四三）、後嵯峨天皇の勅願による創建で一条大宮にあった。新善光寺文書という多数の中世文書を保有する。その敷地は「一条大宮新善光寺敷地」「八条坊門室町西角」などとみえている（史料編纂所ＤＢ・新善光寺文書）。室町期後半には泉涌寺内にあって、上杉家の墓所寄進を受けている（永正十四年八月廿二日上杉定実寄進状）。悲田院や長福寺とならび、泉涌寺塔頭であったのはこの新善光寺である。この寺院もまた病者・貧者の救済を行ったにちがいない。

聖による新善光寺の全国展開

善光寺展開の濫觴《らんしょう》は一遍の登場以前からある。「明月記」嘉禎元年（一二三五）閏六月十九日条に、京都で善光寺仏が写され京中道俗が争って拝みにいったとある。上記寛元設立の新善光寺とは八年の差があるが、この模造（模写）が契機となり、寺伝（『泉涌寺史』本文編・塔頭誌）にいう寛元元年（一二四三）にいたって、後嵯峨天皇より勅命を得て、精舎を建立したと考えてみたい。であれば両者は同一寺院に思われる。ほかに京には新善光寺と号した天仁二年（一一〇九）創建の来迎堂もある。

鎌倉・新善光寺の場合は「尾張前司名越山庄（荘）・新善光寺辺」（『吾妻鏡』正嘉二年〈一二五八〉五月五日条）とあるから、北条名越氏が檀越だったのではないか。この名越・新善光寺は関東大仏造営のため唐船を派遣したことでも知られ、財力があった（森克己「鎌倉大仏と日元貿易」『日宋文化交流の諸問題』）。

新善光寺運動は、一遍時宗教団によって加速されたと考えられる。『一遍上人絵伝』に登場する諸国の新善光寺はきわめて多い。下野・新善光寺（小山市卒島）は弘安三年（一二八〇）、一遍の廻国を契機に改宗したとある（『栃木県の地名』）。『一遍上人絵伝』『遊行上人縁起絵』（山形光明寺所蔵）に登場し、永仁五年（一二九七）、二祖他阿《たあ》真教《しんきょう》が下野国小山新善光寺の如来堂に暫し逗留し、紫雲たなびく奇瑞を見たとある。布教の基地となった。小山市卒島には道場の地名が残り、これが新善光寺旧地である（服部英雄『景観にさぐる中世』五五頁）。

信濃国大井庄にあった信濃国新善光寺については、やはり井原今朝男氏の論考がある（「信濃国大井荘落合新善光寺と一遍」『時宗文化』一六～一七〈二〇〇七～〇八〉、「中世の僧侶と庶民の実像」『史実中世仏教』第一巻、二〇一一、三八頁）。

南佐久郡北牧村諏訪社（松原神社）梵鐘（重要文化財指定）銘に、

「敬白　信州佐久郡大井庄落合新善光寺　奉施入槌鐘一口（長四尺二寸 口二尺六寸）
右志者為法界衆生往生極楽也
弘安二年己卯八月十五日　大勧進法阿弥陀仏　勧進説法者二人（念阿 道空）
大旦那源朝臣光長並諸旦那　大工伴長」

とある。弘安二年は一二七九年であるが、銘文下部には寛元二年（一二四四）七月に阿弥陀仏を置き、八月には「観音勢至一光三尊三金銅を鋳た」という記述、あるいは建長元年（一二四九）に「不断念仏始之　勧進法阿弥陀仏」なる記述もある。法阿弥陀仏を名乗る勧進聖がいた。この段階ではいまだ一遍の活動は始まっていないけれど、二人いた勧進説法者は「法阿弥陀仏」「念阿」で阿弥陀仏号、阿弥号をもつ勧進活動は三五年におよんでいる。銘文にある観音勢至を脇侍とする「一光三尊」、すなわち一枚の舟形光背の前に三尊がたつ像こそ、善光寺式阿弥陀如来である。そして「大旦那源朝臣光長」は『一遍上人絵伝』に登場し、「弘安二年の冬、信州佐久郡の大井太郎と申しける武士、この聖にあひたてまつりて、発心して一向に極楽を願ひけり」とある大井太郎光長である。『一遍上人絵伝』には踊り念仏を終えて立ち去る一遍の一行を、姉とともに見送る大井太郎がその大きな屋敷とともに描かれている。大井光長一族は一遍に会うよりも前に、すでに大井庄に新善光寺の伽藍も仏像も梵鐘も完成させていた。絵詞のいうとおり一遍に会ったのちに、彼が発心したとすると、父親の代に完成していた新伽藍を、一遍上人に見せ、その教えに急接近したのであろう。その寺は善光寺になぞらえた寺であった。感激のなかに一遍を迎え、二代にわたって造営してきた新善光寺を誇らしげに案内した。

一遍は美作一宮に詣でている（『一遍上人絵伝』）。楼門の外に踊屋を造り、けがれたる者を置いた（詞書に「非人」、絵にも描かれている）。一遍は「かなもり」に退き、神社側の反応をみる。この金森は今ある金森山新善光寺とされている。また『一遍上人絵伝』では布教拠点である尾張国甚目寺《じもくじ》本尊は善光寺如来脇侍とする説を紹介している。

越前国井川新善光寺（敦賀市）の場合は、それまでの真言宗寺院を正安三年（一三〇一）他阿上人が巡化《じゅんげ》の際に時宗に改宗して、新善光寺としたとある（『福井県の地名』）。『一遍上人絵伝』には、乞食やライ者の姿が多数描かれている。一遍はライ患者ら障碍者の救済に尽くしそれを宗教的課題とした。熊野での実践が広く知られていて、いまも熊野山中や熊野参詣道（小栗街道）沿いにはそうした痕跡が多数ある（服部英雄『峠の歴史学』）。

藤沢靖介「時宗と関東の被差別部落」（『解放研究』一一、一九九八、東日本部落解放研究所、一九八七）は、武蔵国や周辺では被差別部落が時宗寺院を檀那寺とする傾向が顕著であると指摘する。『一遍上人絵伝』によれば、弘安四年に奥州路を南下した真教は石浜道場に止宿している。保元寺（法源寺、いまは浄土宗）はいまも「石浜道場」の看板を有するが、長吏弾左衛門役所・居住地のあった浅草新町に一〇〇メートルの位置にあるという（後者は位置の移動がある）。金井清光氏は善光寺の拡大には善光寺聖の活躍があったと指摘している。

各地の新善光寺は貧者・弱者の救済を実践する拠点であった。彼らは信州・（長野）善光寺の差別構造をもそのままに展開した。仮に国府であれば非人所や、皮革の村（河原の者）は従前より存在していただろうから、その再編を行ったことになる。国府以外に新善光寺が展開する場合は、その地にて新たに病者救済ほかが行われたのではないか。

おそらく信濃善光寺を核とする全国新善光寺のネットワークがあった。天竺、百済そして日本へ、と善光寺本尊は三国渡来とされており、アジア志向があった。信濃善光寺は応仁二年（一四六八）には朝鮮に使者を送っている（以下、井原前掲書）。元亨三年（一三二三）、伊那郡上島観音堂（上伊那郡辰野町）において、善光寺仏師妙海が造仏した十一面観音に、種々の胎内品が納入された。それには紀伊国（和歌山県）高野山禅定院の金剛三昧院からの仏舎利や、京都高山寺栂尾《とがのお》上人が加持した土砂、そして種々宝薬があった（『信濃史料』五巻、井原今朝男『長野県の歴史』）。種々宝薬には、先にみた鎌倉名越・新善光寺ほかが海外貿易にて将来した薬品が含まれていたと思われる。薬草は種々病者の苦痛を和らげることに貢献した。ネットワークを拡大する主体が、ライ者救済に積極的に関与した時宗教団、時宗僧であろう。時宗教団では「信州善光寺癩病院開山」は遊行上人一向俊聖の高弟である養阿弥であると伝承していた（井原・一一二頁、金井清光『一遍と時宗教団』）。

その3　肥後国新善光寺と国分寺宿——カワタの初見

国府は地方最大の都市である。貧者もいれば、喜捨に頼らざるを得ない病患者も集まってくる。肥後国分寺宿にいたライ患者、侍だった蓮道については既に本書226頁に述べた（舛田文書、正和四年、『鎌倉遺文』二五六〇五）。

肥後国国分寺跡は熊本市出水《いずみ》にあり、塔心礎は若干移動してはいるが、近くに残っている。法灯は守られて、いまも講堂跡の上に現国分寺（曹洞宗）がある。蓮道が入ったとされる国分寺宿は、国分寺宿そのもの（本宿）ではなく、宿のはずれにあった非人宿（乞食村）であろう。こうした村が肥後国府近くの国分寺宿に形成された前提には、悲田院が肥後国府に設けられたことがあったと考える。

そしてこの地域にも新善光寺があった。

A

肥後国神蔵庄春武名地頭職田畠配分坪付事

詫磨西彦四郎（親基）殿分

□（百）姓　法一作田畠付壱町壱段、屋敷

一所大路越肆段四丶（丈）　一所小柳弐段　一所禅寺丁壱町

一所前田弐段弐丈　一所卒都（婆脱カ）町壱町　一所同肆段

一所畠地弐町　一所畠地壱段長弥次郎作

一所畠漆段津左藤入道作

同安三郎作田畠

馬渡カハタ作

一所八段内三段三丶中、宇曾殿方遺候

南依残四反一丶中

□（一）所春上二段中　一所六坪壱段一丶（丈）中内

『詫摩文書』（詫摩二家共有文書）　馬渡の下の文書は「かハタ」、「ヲハタ」、刊本によって読みが異なる。ヲワタという地名・人名は周辺にはない。「かハタ」と読みたい。大分市歴史資料館寄託。

畠地壱丁二、中付屋敷壱丁二反　弐段弐丈南殿方遺之残四、中

同二郎三郎作田畠

一所春上壱丁　一所六、三反一、中一所畠地屋敷付屋敷壱丁三反

同諸四郎入道作、畠地五反付屋敷二丁　天神免畠

新善光寺院主分、并承仕分等　一願御房　坊地、

右、分配坪付之状如件、

　　建武五年正月十一日　　　源秀親在

　　　　　　　　　　　　　　源親利在

（『南北朝遺文』九州編一―一一一七）

B

きやう（京）にのほ（上）するもん（もん書）所の目録

一通　りんし（綸旨）の正文

一通　しやくいのゆつり（譲）状正文

（中略）

以上十四（十七に訂正、つは通）つ

一、春武新善光寺院主分之文書

（中略）

五通　建武二年閏十月五日

このもんしよ《（文書）》等、たしかにうけとり《（請取）》候て、きやうと《（京都）》にのほり《（上）》候ぬ　親基（花押）

（『大日本史料』六編二、一二九頁）

神蔵庄《かみくらのしょう》に関しては、詫摩文書（大分市・詫摩二家共有文書、大分市歴史資料館寄託、大分県有形文化財指定、『新熊本市史』史料編古代中世）に多数の中世文書が残る。それにより庄内の名に与安《よやす》名（付惣別当職）、十禅師宮正禰宜（十禅師神主）、春武名、平田村、近見村などのあったことがわかる。与安名はいま世安という村の、十禅寺宮は十禅寺村の名前で、春武は春竹村として、平田・近見もその名が残っている。春武名には大楠里、萩原里があったが（康永二年〈一三四三〉十二月二十四日一族所領注文）、この大楠・萩原もいま春竹村の字名に残っている。与安名は藤原（大友）能直からその次男詫磨能秀に譲与された。十禅寺は十禅師、つまり山王十禅師のことであり、神蔵庄鎮守であった。十禅寺村には山王（日吉）社がある。神蔵庄は国府近傍の村からなり、おそらく国衙在庁名から構成された荘園であって、それを隣国の豊後守護でもあった大友氏が所有していたのであろう。春武は神蔵庄の中心的な名で、ほかに小春武もあったと推測される。この国府周辺によった荘園・神蔵庄関係史料のうち上記二点に、新善光寺が登場していた。

近世の『肥後国誌』は春竹村ノ内・別所村に善光寺があり、河尻大慈寺末寺であるとする。明治十五年『肥後国託麻郡村誌』春竹村誌では「琴平神社、元善光寺境内ノ鎮守、善光寺は明治四年廃寺」とする。いまの琴平神社地がその旧地であった。

Bによれば綸旨正文や安堵御教書正文などの重要書類とともに、新善光寺院主職の文書を京都に持っていくとしている。新善光寺院主の補任に関わって、京都で何かの処分が行われた。

世安には旦過瀬《たんがのせ》があった。阿蘇街道（川尻街道）が通過する。筆者は前著『地名の歴史学』（角川叢書、二〇〇〇）において、世安・無漏《むろう》寺と旦過の関係を考察した。旦は朝の意味であり、朝に過ぎる、すなわち一夜の宿りを借りて朝に出て行く。それが旦過で、もともとは中国の寺院制度に由来する禅僧（雲水）らの無料宿泊所を指す。日本にも輸入された。中国、長安や越州にて学んだ空海の高野山や高野街道にもみられるが、中国仏教を直輸入した禅宗寺院には顕著に多く、整備もされていた。交通の要衝たる都市的な場、主要街道や港津に多く、九州では小倉の旦過が旦過市場として有名である。旦過は無料宿泊所であったから、乞食の宿所にもなりがちで、そうした点からも賤の環境に結びついた（本書337、341頁参照）。そして世安・旦過にもほど近い、周辺のとある一角には、賤の視線で見られがちな地域があったことも紹介した。古くからの住人はその地域の人々に対し、「サンカク」なる賤称を用いて呼んでいた。

この本はいくらか版を重ねたので、版元が普及版（角川ソフィア文庫）も出版した。題は『地名のたのしみ』と変わったが、一部を除いて内容は同じである（二〇〇三）。新聞書評でも紹介され、より多くの人の目に触れることになった。すると地域の郷土史家から、この本は差別呼称をそのまま

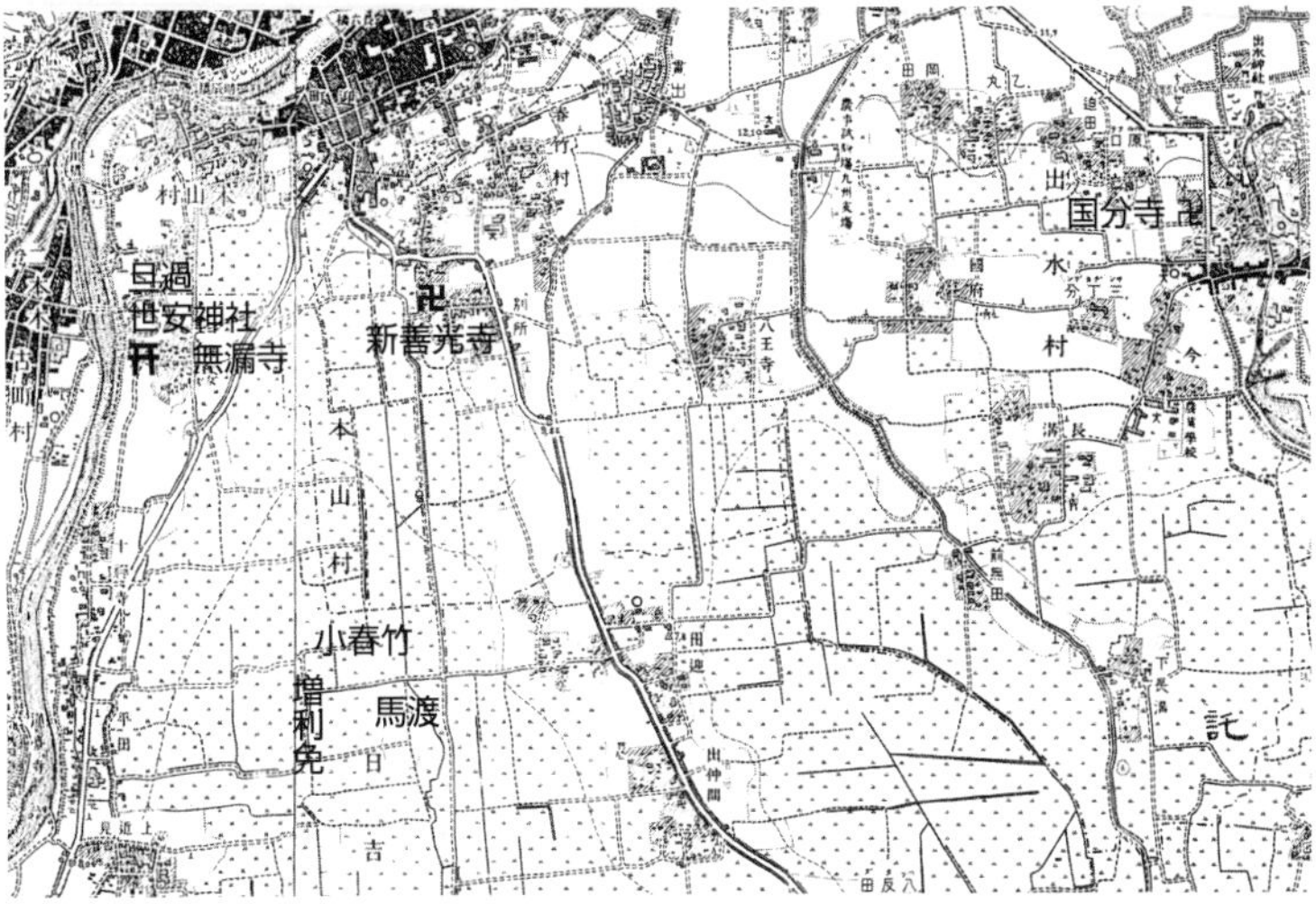

大正期陸地測量部２万分１図を縮小・加筆

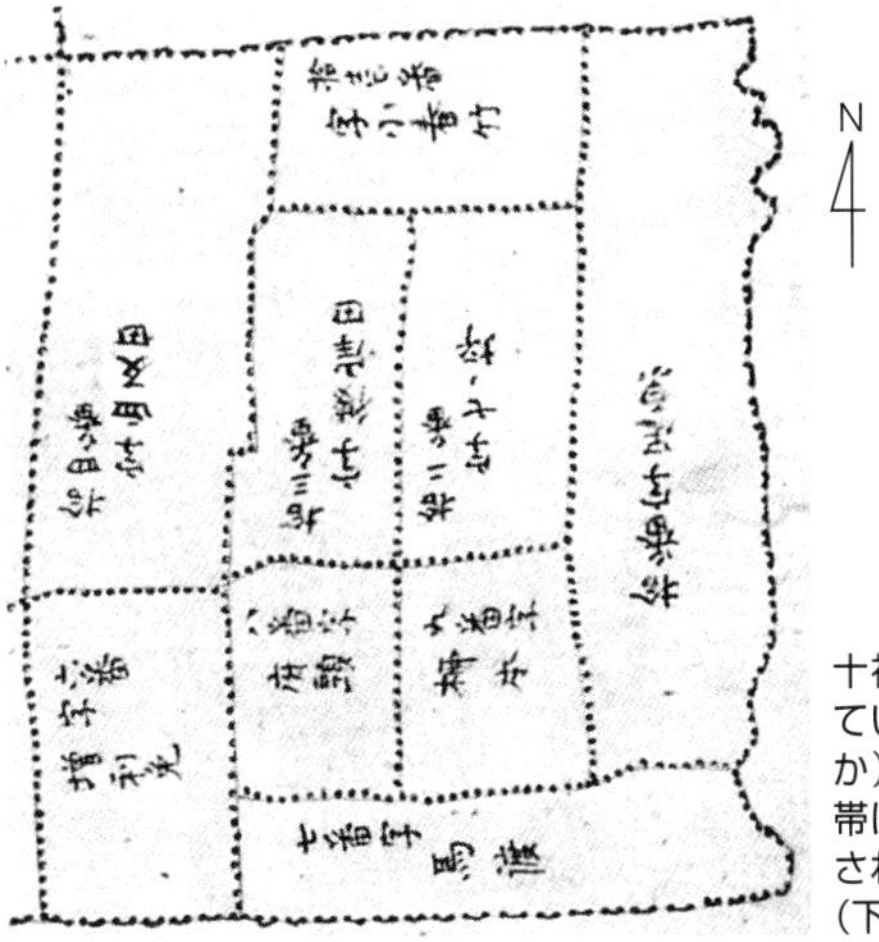

十禅寺村の字図　「カワタ」が耕作していた馬渡、隣接して増利免（草履免か）、村内に字小春竹もある。馬渡一帯は水田地帯だったが、近年市街地化された。『新修熊本市史別編 絵図地図』（下）より。

出しており、人権問題に抵触する。回収すべきであるという手紙をもらった。おどろき、ただちに熊本まで面談に行った。指摘には事実関係の指摘も含まれていた。すなわち、わたしが当初から彼らがそこにいたと考えていた点については、そうではなく、明治期に別の近くの場所から移転したこと、渡守とは無関係で、当然渡船業は差別の原因ではないと指摘された。その指摘は自らのホームページに掲載して訂正した。また、この地域のことはその後にわかったことや訂正も含めて、引き続いて「岩窟に住む家族たち　九州の『漂泊民』サンカ像」(『歴史のなかのサンカ・被差別民』二〇〇四)において取りあげた。ここここそが肥後の山中を放浪するサンカ(九州ではヒニン)の本拠地だったのである(本書第六章四五一頁)。彼らが明治まで居住していた場所は河原、現在は公園となっている下河原の近くだったらしい(村の移転に関わる明治期の新聞記事があるという。筆者未見)。

京都府警察部『隠語輯覧』(大正四)三類四三頁に「三角、窃盗其他ノ犯罪常習者ガ甲乙各地方ヲ転々流浪スルヲ云フ」とある。四類二五頁にはややニュアンスが異なるが、「共謀犯人ノ互ニ意思ヲ通ジ遠隔地逃走」とある。『司法警察特殊語百科辞典』も同様である。これに依拠と思われる立川浩之『野史呼び名辞典』サンカクの項には「大正時代に諸地方を放浪して歩く盗人」とあった。京都と熊本であるから、直結するのかはわからない。警察が作成した隠語辞典とはいえ、差別意識に満ちた表現である。上記の記述では賤称自体は伏せざるを得なかった。読者には文意不明だったことであろう。

旧稿を発表してから一〇年以上が経過した。九州新幹線熊本駅まで徒歩で一〇分足らず。一キロメートル以内の近距離にあって、現状ではビル街ばかり。そうした過去を記憶する人はいないわけではないが、きわめて少数者になった。世代更新による差別意識の希釈がある。元来は使ってはならない差別語ではあるけれど、賤称を伏せると、意味が伝わりづらい。言葉にこめられた賤視（差別意識）を考えることもできない。差別の根絶を願い、それに資するための史実解明を任務とする学術書として、ご海容を願いたい。

皮作りの村

差別、賤視はその一区画だけではなかった。『肥後国誌』に記述がある。『肥後国誌』は、もともとは森本一瑞が『肥後國志』として著述し、安永元年（一七七二）に完成、水島貫之校補として明治十七年（一八八四）に出版された。そののち『肥後国誌』（一九一六～一七）として刊行され、一九七一年以降、青潮社より数度にわたって、復刻されている。いまこの地域の記述をみると、三ヶ所について「穢多村」という記述がある。いずれも一村のうちの一部である。そしてそうした村について明治十五年頃の『郡村誌』（『新熊本市史』別編一巻・絵図地図、下所収）と対照すると、その三村のうちには行刑場や屠牛場のある村がある。物産についてはある村は牛皮から雪駄にいたる一二種の皮革製品をあげているし、もうひとつの村は革下駄緒と七島草履の二種のみを書きあげ、もうひとつの村は皮革に関連する物産品は何も書いていない。しかし三村が江戸時代を通じて皮革製品の製作加工に従事してきたことが想定できる。

慶長九年（一六〇四）詫摩郡春竹村検地帳は加藤清正検地である。『熊本県未解放部落史研究』第一集（一九七四）は、そのなかの、

五反六畝　四石四斗八升　えつた
下畠　壱畝弐拾斗八升二分　えつた
中畠　七段四畝五石壱斗八升　えつた
下田　六畝七斗三升三分　えつた

という記載を紹介している。春竹村のうちのある一画には、彼らの居住区と耕作地があった。

先にあげた建武五年の坪付帳には、「馬渡カハタ作」とあった。馬渡は春竹に隣接する十禅寺の小字名である。いまは十禅寺からも独立した町名になっている。水田を住宅開発した新興の町のようで、町名の馬渡はウマワタリと読ませているが、古くからの人はモウタイといっており、モウタイギツネの話をする。カハタ作（『新熊本市史』ほかの読み）についてはヲハタ作と読む本もあるが（『熊本県の地名』『南北朝遺文』ほか）、写真に示したように文字は「か」と読むことができる。ヲハタという地名も人名も周辺にはなく、意味が通じにくい。

カハタは皮多を指しているではないのだろうか。カハタの人々がこのモウタイにまで出作していたように思われる（大塚正文「村境の不用地への強制移転の実態」『部落解放研究くまもと』三五、一九八一、

検地帳記載の分析は大塚正文「肥後の被差別部落」『近世部落の史的研究』下、四二七頁を参照されたい)。小字馬渡に隣接して増利免という小字がある。草履《ぞうり》免の意としか考えられない(角川地名辞典は「草履作」を賤称とみなして『佐賀県地名辞典』では伏字にしたが、『熊本県地名辞典』の該当箇所は操作していない)。『部落史用語辞典』によれば、皮多の初見とされていたのは永享二年(一四三〇)十一月二日土佐国香美郡下人売券の端裏書と本文の「かわた」である(臼井寿光編著『兵庫の部落史』一八三頁)。「初《はつ》山《やま》のかわた四郎」が下人を買い取った。

その4　常陸国でのカワタの初見

カワタが系統的に登場するのは戦国期になってからで、駿河国今川領七条文書に散見される。肥後のカワタとは二百年近くも史料の空白がある。肥後馬渡を耕作したカワタを皮多と判断してよいのか、躊躇する向きもあろう。

しかし近年の研究でもう一点、カワタ史料が報告されている。南北朝期、遠く常陸にカワタが登場している(高橋裕文「近世初中期の水戸領皮多集団の構造と職業」『解放研究』一八、二〇〇五)。すなわち康永四年(一三四五)三月　日、薬王院文書(『茨城県史料』『南北朝遺文』関東編、一五四四)に、

一　かわた入道　一町
一　かわた三郎　八反

とある。薬王院は常陸三宮吉田神社の神宮寺であり、吉田は常陸大掾一族吉田氏の苗字の地である。のちには水戸城下町となるが、当時にも都市に準ずる状況があったようだ。『水府地理温故録』に、

　一　吉田神社うしろを経て、僅四町を行過ぎ、登る坂をかわぼう坂という、昔平塚の住穢多五兵衛（略）先祖居し所ゆへ、此の名有といふ

とある。しかしながら言い伝えしか残らないともしている。かわぼう（かぁぼう、賤称皮坊）、つまりカワタがいた。南北朝期以前から「かはた」がこの地にいて、佐竹氏による移転まで居住していたとみることができる。このことの意味はすこぶる重要だと考える。諸国国府や準ずる都市に皮革製作者がいて「かわた」と呼ばれていた。彼らの耕作地は肥後では少なくとも八反、常陸では一名が一町、一名が八反と卓越して広かった。

中世の皮革製作者の関係史料は少なからずある。建長四年（一二五二）安芸国沼田庄の白皮造給三反・皮《革》染給五反、肥後国人吉庄・寛元四年（一二四六）三月五日の皮古造（革籠作）については服部『武士と荘園支配』（一一頁以下）に記述し、後者・人吉庄では狩倉・鹿皮との関連を考えてみた（鹿皮は牛馬皮とは扱いが異なった）。給分を与えられているように、上級権力と結びついており、記述のうえからは、差別の様相がうかがえない。また『民経記』嘉禄三年（安貞三〈一二二七〉）六月

記紙背文書に地革・赤革・藍革とみえるものは牛革ないし馬革であろう。ほかにも「皮染五反上」(紀伊金剛三昧院文書、『鎌倉遺文』一九一七九)、「皮作入道跡、皮細工」(薩摩入来院文書、『鎌倉遺文』三〇四七九)、「一字皮屋」(同、三〇六一六・三〇六一七)、「一反　小今犬給皮細工田坪九反内四反」(紀伊記俊尚文書、『鎌倉遺文』一八七八四)、あるいは「八番・皮染座和布座」(石清水宮寺旧記、『鎌倉遺文』二一六九〇)など多い。『小右記』には贈答品としての色皮が頻出する(東大史料DB)。

三　中世農村の差別構造

1　筑前国若宮八幡社と清目

『醍醐(寺)雑事記』巻九によれば、平安時代の醍醐寺清目は皮革製品たる馬具の障泥《あおり》を上納し、裏无《うらなし》(草履)を納めていた。清目はのちの河原ノ者に共通性がある(丹生谷哲一『検非違使』一九八六、三三二頁)。彼らは醍醐寺に付属する清目として汚穢の除棄にもあたったが、同様に京都の各権門はそれぞれ独自に清目をもっていた。中世後期には幕府や貴族(摂関家)・寺社がそれぞれ独自に河原ノ者を配下に置いていたが（本書第二章補論三、禁裏河原ノ者、公方河原ノ者）、その原形である。朝廷では検非違使のもとにあった下部・放免がその業務にあたった（丹生谷・同上五一頁ほか）。そして平安京以外にあっても、地方の寺社には清目が置かれていたと想定できる。

中世に「清め」「清目」が登場する史料は少なくはない。そのひとつを『若宮町誌』（福岡県若宮町、二〇〇五、九大図書館リポジトリＱＩＲ（http://hdl.handle.net/2324/17770）にて紹介したことがある。すなわち弘安八年（一二八五）の筑前国若宮八幡神社・社領坪付帳が、青柳種信筆写史料、および清賀白虹筆写本として伝わっている。青柳種信（一七六六～一八三六）は『筑前国続風土記拾遺』の編集責任者、清賀《きよが》白虹（一八九三～一九三八）は考古学者である。

筑前国若宮社放生会のために御供田《ごくでん》・饗膳田《きょうぜんでん》・流鏑馬給《やぶさめきゅう》・楽器領田《がっきりょうでん》・長刀渡役田《なぎなたわたしやくだ》・清メ田《だ》（清田）・田楽領田《でんがくりょうでん》があった。また社領に庭草掃除領田《にわくさそうじりょうでん》がみえている。

（略）

一　八月一日放生会

一長刀渡役田　三段　重久　大宮司抱

（略）

一　庭草掃除領田　一段半　竹原内赤井手

（略）

一　清メ田　二段（一段）　原田　灯油田　水原内

（略）

弘安*八年三月　日

清メ田がみえる。弘安帳原本の所在は不明で、大正、ないし昭和初期までは若宮八幡社にあったと考えられる。いまは写本のみが伝わっている。青柳種信筆写本（福岡市立博物館蔵）に「清メ田」、清賀白虹筆写本（旧若宮町町史編纂室架蔵・明治三十九年〈一九〇六〉正木喜三郎先生資料3）では「清田」とある。この地域には江戸時代の細かな地名を書き上げたホノケ帳があり（『若宮町誌』下、八〇頁）、多くの地名がわかる。水原《みずわら》に清メ田が、平に清免田があった。前者は現在も小字（土地台帳に「清メ田」）があり、後者は小字ではないが、通称地名として残る。庭草掃除領田はこの弘安帳では竹原内赤井手にあったとされるが、ホノケ帳では庭草は水原の地名として登場する。ほか沼口に掃除面（掃除免）という地名があった。このように若宮社の周辺には清メ、庭草（掃除）、掃除に従事する人々に与えられた給免田が多くあって、その一部が地名として伝わる。彼らは免田（給田）を与えられているように、重要視された。若宮八幡社にも、荘園・若宮庄の人々にも不可欠な業務を担っていた。

庭草掃除に従事した人々、清メがいた。その後裔たちではないかと推定される村については、乾武俊「二つの『盆踊り』をめぐって」（『部落解放史ふくおか』六一、一九九一、のち『民俗文化の深層』一九九五）に報告があり、村の生活を紹介している。288頁に紹介した「村に生まれてよかった」という発言はこの村の婦人部長のものである。

＊　弘安八年帳には閏七月という記述がある。じつはこの年には閏七月はなかった。したがって弘安八年という年紀は疑うべきなのかもしれないが、筆者はこの帳がマニュアルとしての役割を果たす以上、閏月の記載を落とすことはできなかったと考えている。閏月は毎年あるわけではなく、弘安八年にもなかったけれど、ほぼ三年に一度（正確には一九年で七度）やってくる。よってマニュアルに閏日の記述は落とせない。そして八幡社にとっては最も重要な記念日である弘安四年閏七月一日、すなわち蒙古軍が台風のために水没した弘安役の戦勝記念日を選んで、閏月を記したものと推測した。この推測の当否については、各位の判断を仰ぐが、蒙古襲来を退けた鎌倉時代後半には各地の神社でこうした行事に対応する社領坪付が作成されている（重要文化財に指定されている玉垂宮大善寺文書など、『鎌倉遺文』一九二三八）。このことから弘安帳の記載は鎌倉時代後期の八幡社にとっての理想、あるべき姿である社領の具体を示していると判断した。

弘安年間というから七百年以上も前から存在した清目の系譜を引く村がある。弘安帳にみえていた長刀渡は、いまも若宮放生会の中で行われていて、この村の人々が中心となって担当している。誇り高き行事である。

2　八幡社と被差別大衆

肥前国長嶋庄の若宮と清目

肥前国長嶋庄・文明十四年（一四八二）にも若宮田とならび「きよめ田」がある（橘中村文書、『佐賀県史料集成』一八、写真は東京大学史料編纂所ホームページ、所蔵史料目録データベース、橘中村文書00000124.jpg）。

しほみのふん（潮見分）四反、ふしや田《歩射田》いしはし
三反、此内一反こく《御供》田、若みや
四反、りうわう《竜王》田　みやし五郎大夫
二丈、きよめ田、五郎大夫
三丈、わかみやとの《若宮殿》
しけしやけとく田《寺家社家得田》　い上《以上》三十一丁一反中
文明十四年壬寅　十二月三日　左馬助　長尊
中村こうしゆ
御方たち

潮見分として歩射田ほかと併記されている。この若宮は潮見神社の若宮とみるべきであろう。潮見神社の祭神は中宮が応神天皇・神功皇后である。八幡信仰であった。その若宮周辺には清目がいたと考えられる。きよめ田の所有者は「みやし」（宮師）五郎大夫であった。

祭礼への参加・武士が信仰する八幡宮の場合

清目役が祭りの先導を務める事例が歴史的には多い。鶴岡八幡宮放生会（『神奈川の部落史』二一頁以下参照）、奈良の春日御祭（『日本歴史の中の被差別民』、網野善彦論考二二頁）、讃岐金比羅社大祭などの例がある。ほかにも渡辺広『未解放部落の史的研究』（「賤民と祭礼」）に多くの事例紹介がある。洛中洛外図（上杉本）・祇園御霊会*には、つるめそ（犬神人）の姿も描かれている（脇田晴子『日本中世被差別民の研究』二五四頁、明応九年〈一五〇〇〉八坂神社記録、本書235頁）。

＊『師守記』貞治四年六月十五日条（『大日本史料』六編二六）祇園御霊会記事に、「少将井神輿為武家沙汰仰穢多《エンタ》奉舁云々」とある。エンタ（穢多）が神輿を担ぐこともあったようだが、将軍足利義詮母服喪中の特異例と思われ、「無為神妙」「有其恐者歟、神慮叵測」とある。

祭礼には賤視されていたはずの人々が誇り高く参加した。筆者がそうした事例を最初に聞いたのは備後国太田庄（甲山町）である。その地区の氏神はやはり八幡宮であった。祭礼の日には彼らが

「祭灯が暗うござる」など細かな指示をし、日常と逆転して村人を差配した。

鶴岡八幡宮が本宮の焼失後に現社地に遷宮したのは建久二年（一一九一）十一月である。『吾妻鏡』同月二十二日条によれば、遷宮祭にて秘曲宮人の舞を務め終え、帰京しようとする京都楽人・多好方らに餞別として路次用など二十二疋の馬が送られた。多好方には馬五疋、荷鞍馬五疋のほか行縢《むかばき》、直垂、絹など多数が贈られた。ほか好節・府生公秀・同守正と、そして助直に餞別の馬が与えられた。助直は備中国吉備津宮清目の子であった。助直は鹿毛馬二疋とむかばき（行縢夏毛）・くつ・てぶくろを得ている。清目として遷宮の祭礼に参加したのであろう。祭礼には清目が不可欠であった。楽人多好方の一座にいて、清目の任務を遂行した。

弘安七年（一二八四）九月　日付、摂津国住吉社宮司解（『兼仲卿記』同月廿一日条、『鎌倉遺文』一五三〇三）に、「仍於穢物者、任例以清目之輩、即時取退已了」とある。この場合も住吉神社には穢物除去にあたる清目が必要とされていた。

賤視された人々の祭祀参加の事例をみると、圧倒的に八幡神が多い。永享十一年（一四三九）、近江長浜八幡宮塔供養奉加帳（『近江長濱町志』本編上）に以下のようにみえる。

（前略）

鍛治　馬三疋取　　檜皮師　馬一疋取

そま（杣）　馬二疋取　　をふが（大鋸）引　馬一疋取

ふかふさ　二百文取
春満猿楽　馬二疋取
サカ《（坂）》ノ物　馬一疋取
野ヒジリ《（聖）》　二百文

山階猿楽　馬二疋取
さん《（散）》所物　馬一疋取
カハラノ《（河原ノ者）》物　二百文

当日以上

塔供養の日に散所・坂ノ者・河原ノ者がいた。猿楽もいる。野聖もいて八幡社（村落）から報酬を得た。鍛冶・檜皮師・杣・大鋸引へのそれは、塔の建設そのものに携わったことへの謝礼であろう。猿楽は祝典をにぎやかにし、盛り上げることに貢献した。猿楽を楽しみに近隣から群衆が集まる。猿楽は馬二疋を得た。散所と坂ノ者はその半分の馬一疋だった。河原ノ者が得た額はさらに二百文（三万円程度）であったから、格段に少額である。はたして彼らは何に貢献したのだろう（坂田郡散所は本書682頁）。

紀伊国鞆渕庄《ともぶちのしょう》に天文十九年（一五五〇）の鞆渕八幡神社の遷宮・祭礼記録があって、黒田弘子「戦国～近世初期の賤民と祭礼」（『歴史評論』四二六、一九八五）に分析されている。やはり報酬支給のようすがわかる（次頁写真参照）。

（前略）

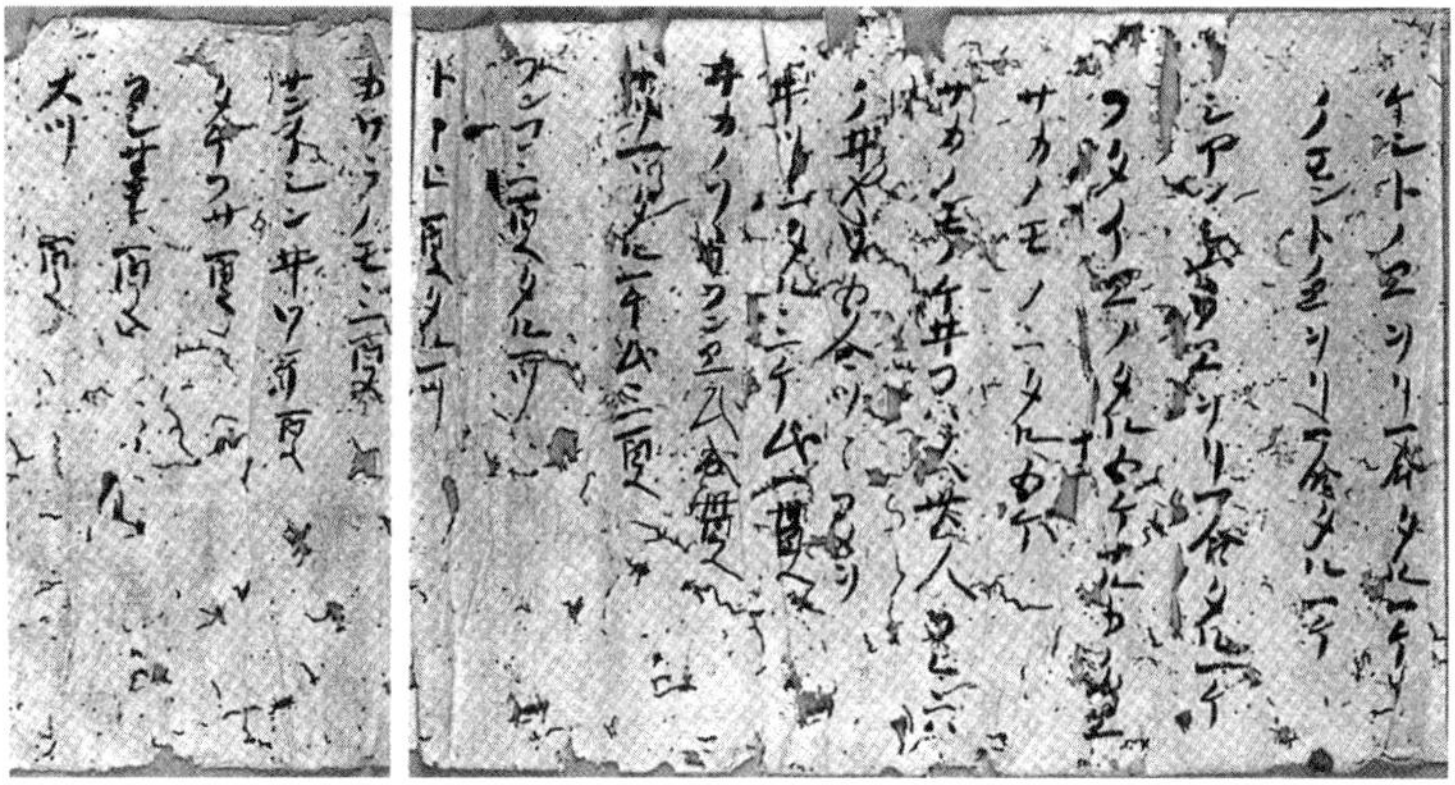

天文19年（1550）、紀伊国鞆渕八幡宮遷宮・祭礼記録　祭礼におけるサカノモノ、カワラノモノの役割を知り得る。鞆渕八幡宮蔵。

ケシトノ《下司殿》ヱ、ヲリ《折》一合、タル《樽》一ケ」クモントノ《公文殿》ヱ、ヲリ一合、タル一ケ」シアンシユウ《寺庵衆》ヱ、ヲリ一合、タル一ケ」フタイ《舞台》ヱノタル五ケ、サルカク《猿楽》ヱ」サカノモノ《坂ノ者》ニ、タル五ケ」サカノモノケ井コ《警固》ハ（合カ）三十人フレニハ」ク井ヤウ五合ツヽ、コメヲ」井ツ《伊豆》ニ、タル三ケ　代一貫文」サカノ《坂》ソウフン《惣分》ヱ　代弐貫文」サツマ《薩摩》タル一ケ　代三百文」フンコ《豊後》二百文、タル一ツ」ト（ノ）ヒ《宿直》百文、タル一ツ」カワラノモ《河原ノ者》三百文」サンイシン《散仕》井ワテ《岩出》百文」タケフサ百文」フシサキ百文」大ツ百文」山サキ百文

（中略）

天文十九年十二月四日カノエ井ヌ《庚戌》ノトシ
キヤウ《今日》ハ井《亥》ノヒ《日》ナリ

舞台と呼ばれる人がいて、猿楽がいた。坂ノ者もいたし、坂ノ者でも特別に「坂ノ者警固」「坂ノ惣分」と呼

ばれる人もいた。警固は三十人もいた。伊豆・薩摩・豊後と国の名前で呼ばれている人たちも、坂ノ者の一団であろう。紀伊周辺から多人数の坂ノ者が集まってきている。そして河原ノ者もいた。サンイシンは散仕とされている（黒田）。岩出《いわで》以下は近隣の地名である。鞆渕庄外から呼びよせられた人たちである。

　彼らはいかなる仕事をし、八幡宮に貢献したのか。舞台・猿楽が、人集め・人寄せであることは先と同様だろう。前者の略した部分に、

　サルカクノ六《(禄)》ノキ《(儀)》ハ、サタムルトコロハ、タチ《(太刀)》・クツワ《(轡)》ヲソヱテ、銭五十貫ナリ
（猿楽の禄の儀は、定める規定は太刀・轡をそえて銭五十貫）

とある。現代の貨幣価値に換算すれば、五十貫は七百五十万円にもなる。別に樽酒（角樽）十五も支給されたから猿楽座は二、三十人はいたのだろう。坂ノ者惣分への報酬は二貫文と多い。河原ノ者へは三百文だから少額だった。彼らの仕事としては、警備・清掃・基礎工事（地形・地業）などが考えられる。警固衆が警備を行ったことは当然だし、また各人への報酬に弓があたえられることもあったから、坂ノ者への謝礼は、弓の供給に対するものかもしれない。河原ノ者については、近世に皮田村とされた名手庄狩宿村の被賤視民が、鞆渕の祭礼に先払いを務めたことが渡辺広『未解放部落の史的研究』四〇頁や、黒田弘子によって指摘されている。天文にも同じであった。ほか、多くの人出・群衆を目当てに集まってくる商人（露天商）の差配も期待されただろう。祭りは市日・縁日の光景と同じだった。河原ノ者への報酬が少ないのは、彼らが別途、商人からの収入を得てい

たからではないかと想定する。肥後益城初市にて部落の人たちが店を出す人たちからしょば銭をとった例がある（大塚正文「肥後の被差別部落」『近世部落の史的研究』下、四二七頁）。

猿楽や大夫への報酬と同時に河原者にも出した例は、近江八幡市野村神社の天文四年（一五三五）鳥居建算用帳（『野洲町史』一、『散所・声聞師・舞々の研究』三六六頁）にもあるが、前二者がそれぞれ二百文であるのに対し、河原（川原）者は三十文とやはり少なかった。

近江長浜八幡、紀伊鞆渕八幡、いずれも八幡宮であった。弓矢八幡であり、「南無八幡大菩薩」と唱えられた。武神である。八幡を信仰する人々に、軍事物資・武器の調達に携わる人々が組み込まれることは当然だった。賤視された人々の祭礼参加は宇佐八幡の場合でも、石清水八幡・鶴岡八幡・筥《（箱）》崎八幡でも、いずれも同様だったと推測する（宇佐八幡に関しては椛田美純「被差別部落はなぜ作られたのか」『おおいた部落解放史』三、一九八六）。

豊後若宮八幡社のひとつは高田郷にあった。元禄十二年（一六九九）豊後国国埼《（東）》郡高田郷若宮八幡祭礼図が残されており、祭礼行列が描かれている（『豊後高田市史』巻頭グラビアおよび三二一頁）。先導を獅子頭が行き、毛槍・長刀と続くが、獅子頭については算所奉仕とされている。算所は周辺各社で算所踊り、算所歌舞伎芝居を行う芸能村であった（神田由築『近世の芸能興行と地域社会』三四九頁）。

また『部落解放史ふくおか』（九一号、一九九八、一七頁）に、「宇佐宮行幸会では豊後国国東郡穢多頭安岐塩屋村太郎左衛門が宇佐宮に神輿を迎えに行き、さらに神輿が奈多宮に到着するまでの先導役をはたしたという記事が『豊城世譜』にみえること、奈多宮神職十八家の最後に苗字のない太郎左衛門がいて、元和三年（一六一七）に、その表記が『皮多』太郎左衛門（刀脇差し御免）と変わる、と指摘されている（芦刈政治「被差別民衆と神社信仰」『おおいた部落解放史』一〇、久米忠臣「八幡奈多宮社人・太郎左衛門」『同』一七）。

長吏の場合も犬神人や算所の場合もあった。差別問題が論じられる場合に、本村の祭礼に参加できない、宮座から外れるという事例がしばしば報告されているが、もともと氏神が別であったケースもある。八幡神社のように広域に氏子をもつ宮では、歴史的には被差別民衆が祭礼神事に加わる原則であったと考える。

ほか、中世荘園における清目給については網野善彦氏の指摘があり（『中世の非人と遊女』五八頁〜）、服部『武士と荘園支配』（九五頁）にも若干ふれた。

3　文明二年、筑前国の旦過とかったいさか

わたしは二〇〇四年に山梨帝京大学にて行われたシンポジウムに参加した。シンポジウムは中世のココロを復原しようという企画だった。のち、その内容は『モノとココロの資料学』（高志書院、二〇〇五）という本となり、わたしの報告は「地名資料論」と題して収録されている（一五九〜一七七頁）。地名から歴史を組み立てようとするなかで、差別にも言及し、ココロの復原を試みた。

筑前国上白水の地名地図　書き込みは小字名（土地台帳記載地名）と聞き取りによる収集地名。※がついているものが、小字（公的地名）ではない通称地名。いくつかのものが近世地名や中世地名としてみえている。白水八幡宮の前を肥前街道（坂本峠越）が通り、直角に曲がって西へ坂を下る。

中世地名の復原

福岡県春日市域に上白水《かみしろうず》という村がある。村内の地名を詳しく記した室町時代の古文書が対馬宗家に残っている。文明二年（一四七〇）の宗《そう》肥前守所領を書きあげた文書（宗家文書、仁位郡御判物写、九州大学謄写本・『長崎県史』史料編一、五二四頁、『春日市史』上、一〇六七頁）がそれで、そこに書かれた地名について、まず小字調査を行い、次には現地に赴いて聞き取り調査を行って、地名復原図（前頁）を作成した。

筑前国　中（那珂）郷内白水村畔付の事
一所二段二丈もん田　一所二段きのした
一所四段三丈まいとうつわか　一所三段かミのましる
一所五段四丈此内一反いれう ゑほしかた　一所　五反四丈しものましる
一所三段しんかい、一所四反かしい（ハ）田
一所二段一丈しんかい　一所三段もりの下
一所三段いけの内　一所五段二丈小つかわら
一所一段二丈ふたまた　一所三丈かつたいさか
四町二反いしつか名

一所二段二丈もん田　一所四丈□□□あし□□□
一所一段二丈もりの下　一所二段二丈三たん田
一所五段かやかへ　一所五反一丈みせまち
一所二反三丈ハしい丶田　一所一丁ひしを
一所二段二丈こなかさき　一所二段二丈さんたん田
一所四段きしのした　一所一段みそはさま
一所四段まつもと　一所五段きしやの木
一所四段なか田　一所五段いけのしじう
一所一段小いけ　一所二段つかのくち
はらきのか丶へ申候分
文明二年八月　日　盛政（花押）
宗肥前守知行分

以上の地名は以下のように分類できる。

◎今も小字にあるもの（6）
門田　きのした　かしは田（柏和田）　いしつか　こなかさき（下白水に字長崎）　いれう（井料）
◎小字にはないが、位置が記憶されているもの（5）

えぼしがた　しんかい　なか田　小池　かやかへ

◎位置不明(16)

まいとうつわか(近世地名に「前とう」)　かミのましる　しものましる(近世地名『市史』近世資料編に「上ノマセリ」「下ノマセリ」)　もりの下　いけの内　つかわら　ふたまた　かつたいさか　三たん田　みせまち　ひしを　みそはさま　まつもと　きしやの木(ちしゃのき、か)　いけのしうつかのくち

ほか、上記坪付にはない地名に「たんば天神」がある。

門田・井料

いま一帯は山陽新幹線の車両基地ができていて、かつての農村景観、耕地はなくなった。その後にも、さらに博多南駅ができて、近郊都市化した。いまは高層ビルも目立つけれど、以前の農村の姿と詳細を記憶するむかしからの人も多い。

門田《もんでん》という地名がある。最初に門田の水懸かりを調べてみた。カミショウズ・シモショウズという湧水点があった。ショウズは湧水のことで、冬の寒いときには湯気が立ち上り、夏には涼をとれるほどの湧水であった。その水が、用水として門田にかかっていることがわかった。隣りには、井龍という地名がある。春日市役所の小字図にはイシヅカ(井静)になっていたので躊躇したが、それは誤りとわかった。門田の隣りには石塚という地名がある。これは正しい地名である。てっきり

同じ地名が別位置に出てくるのかと思ったのだが、そこに「井留井手」という用水井堰があると明治の記録にあった。井留井手は門田のなかにある。井留・イリュウならば、井龍に音通する。つまり井留・井龍はイリユウで井料（イリョウ）の意味である。オ音とウ音はしばしば入れ替わるので（大田が「うだ」、ようじゃく、ゆうじゃくなど）、イリョウはイリュウになる。井静は井龍の誤りであった。小字門田と小字井龍は隣り合って存在する。

門田は家の前の田んぼであることが語源であり、大阪府などでは門田という名前の小字（土地台帳・登記簿記載地名）は無数にみられる。中世の和歌から考えると、門田は視覚的にほかの田と区別できたようだ。たとえば、

夕されば　門田のいなば　おとづれて　あしのまろやに　秋風ぞふく　大納言経信

山ざとは　門田のいなば　見わたせば　一ほ出でたる　夏のあさ露　藤原家隆

夏と秋と　ゆきあひの早稲の　ほのぼのと　あくる門田の風ぞ身にしむ　二條為忠

経信の歌に「秋風ぞふく」とあるから、およそ暑い盛りの立秋（西暦の八月七日か八日）に、門田の存在が認識できたことがわかる。家隆の歌では真夏なのだけれども、門田には、もうすでに一穂出ていると詠む。三番目の為忠の歌には「夏と秋とゆきあひ」とあるから、つまり立秋で、「早稲」は「ほのぼの」、早朝の門田には早稲があるとうたっている。門田は早稲を植えていて、立秋の頃にはそこだけ成長が早いから一目でわかった。そうしたことを和歌から読み取ることができる。

ふつう、多くの農民は晩稲のほうを好む。なぜなら反当収穫量が晩稲のほうが多いからである。

早稲の場合には反当収量は少ないけれども、一刻も早く米を得る必要がある場合、つまり飢饉などでは高価に売ることができた。端境期だから高値で売れるということもあろう。ある特定の意図をもって、早稲田である門田が村落のなかに設定されていた。

ショウズという湧水がこの門田に用水として引かれていた。中世の農業は旱魃に弱かった。中世の記録をみると、しばしば「旱天旬に及ぶ」とあって、日照が一〇日も続いたと書かれている。旬、すなわち一〇日の日照などは現代の私たちにしてみれば日常のことだが、中世の人々は一〇日も日照が続けば、さらにそれ以上の旱魃が続くことを経験的に知っていたと思うし、実際、一〇日、二〇日と日照が続くと凶作に陥った。用水といっても取水堰は竹のしがらみで堰《せ》いたものだけで、用水能力が各段に低かった。つまり川の水が減って水位が下がってきたら、取水できない。そうした危機的状態にすぐになるような時代が、中世だった。ところが、この門田には湧水がかかっている。地下水である湧水を使っていれば、その年がどんな日照であっても影響は受けない。湧水（地下水）は恒常的に一定量が湧出するからだ。

水さえあれば日照りのほうが米はできる。まわりは白く枯れても門田だけは黄金色の稔りがある。それを出挙《すいこ》で貸し付ける。中世の農民は、災害にとても弱い農業を強いられていたから、種籾を食べてしまう年も多かった。門田をもつ領主は米を蓄えて出挙で貸し出すし、飢饉のときにはふつう五文子（利率五分）のところを十文子など倍の利率で貸し付けたりもする。領主は村の再生産に寄与はしているけれども、自らは天災を利用して私腹を肥やす。餓死者が出ても、彼らだけは富む。

タンバ（旦過）

白水の地名で興味深いのは、タンバ（タンガ）である。本章312頁でも述べたようにタンガは、禅宗寺院関係の無料宿泊所である。托鉢をして修行する雲水を泊めるために旦過（タンガ）という施設を造っている。『合類節用集』に「乞食部屋を旦過と曰ふ」とある。無料宿泊所だったから貧人が集まりやすかった。

福岡では旦過と書いてタンガ、あるいはタンバと呼んでいる。たとえば志賀島（福岡市東区）の旦過、今津（同西区）の旦過はタンバと読まれる。

明治時代の書上にタンバ天神があって、上白水の旧県道のそばとあるけれども、いまは誰も記憶していない。この旧県道は中世の段階では肥前街道が通っていた主要な道で、ここに寺屋敷という地名があって、かつて乳峯寺《にゅうほうじ》があった。乳峯寺は謝国明という有名な中国人が建てた禅寺である博多承天寺の塔頭である。タンバはその関係でこの地にあったのであろう（補注その1参照）。

かったいさか

文明の古文書のなかに「かったいさか」という地名がある。かったいは、乞食のことである。室生犀星の詩に、

もしやうらぶれて異土の乞食《かたい》となるとても、帰るところにあるまじや

とある。たとえ自分がうらぶれて知らない土地の乞食になっても、帰るまいと室生犀星は決意を語っている。詩の美しい響きと現実は異なっていた。このかったいのかなりの部分を、ハンセン病者（ライ者）が占めていた。

中世の上白水にも「かつたいさか」という地名があった。乳峯寺が置かれ、旦過も設置されるほどだったから中世白水庄は栄え、街道を多くの人が行き交った。そこに患者が集まる一角があった。わたしはこの問題を考えはじめた最初から、戦前の療養歌人・明石海人の歌集『白描』（改造社、一九三九）を愛読してきた。社会から追放され、転落せざるをえなかった患者の気持ちを、これほどに伝えるものはほかにはない。明石海人は静岡県の人で、東大病院に診察を受けに行った。

診断の日　病名を癩と聞きつつ暫しは己が上とも覚えず

そむけたる　医師の眼をにくみつつ　うべない難き　こころ昂ぶる

医者からハンセン病と告げられたけれど、その視線が自分を見ていない。それを憎みながらも、自分もまた肯定できない。

待てる家　妻に言ふべかるあまたはあれど　一言にわが癩を告ぐ

妻は母に　母は父に言ふわが病　襖へだてて　その声を聞く

自分の病を妻に告げた。妻がその言葉を両親に伝える。静まり返ったなかで言葉が聞こえる。

うから皆　我を嘆かふ　室を出で　子等の笑まひに　たぐひてあそぶ

「うから」は親、兄弟姉妹、親族のこと、ハンセン病患者になれば、嫁に行った姉・妹たちまでも離縁された。「うから皆我を嘆かふ」には、そうした悲劇の予兆も含まれている。はりつめた空気の部屋を出ると、何も知らない子どもたち。無邪気な子どもが重い気持ちをわずかだけだが、なごませてくれる。この子たちにも厳しい運命が待っている。

家を棄てて

駅のまへ　えのきの梢《うれ》にこの暁《あけ》を　ここだく群れて　鴉はさわぐ

人目を避けて早朝に列車に乗らなければならない。

さらばとて　むづかる吾子をあやしつつ　つくる笑顔に　妻を泣かしむ

小さな赤ん坊も異様な雰囲気を察してか、泣き止まない。その子をあやすために笑顔をつくると、妻が泣いた。妻にも子にも二度と会えない。

鉄橋へ　かかる車室のとどろきに　憚らず呼ぶ　妻子がその名を

列車が動き、なおも気落ちは沈む。鉄橋にさしかかって、大きな音に車内が包まれた。我を忘れて、妻よ、そして子よ。名を叫ぶ。

五百年の時空はあっても、患者たちの心性は変わるまい。

私は「かつたいざか」という地名を室町時代の古文書にみつけた。肥前街道の坂道が上白水から西に下っていく。その一角にてそうした人たちが物乞いをしていたのだろうと想像した。無数の明石海人が、無数の時間、そこにいた。

記憶のなかのカッタイ

わたしは上記を文章化したのちに、二〇〇七年九月、白水池に関連して、同じ話を地元の春日市でもした(「地名から考える筑前国白水庄と白水大池」、春日市歴史民俗資料館)。上記の村が所在する市である。それまで「カッタイ」は完全に死語であると信じていた。講演会が終わったら二人の老婦人がやってこられて、興奮気味に話された。いまの話を聞いて何十年ぶりかに思い出した。自分たちが若い頃にはカッタイという言葉をよく聞いたというのである。老婦人は「ライ」という言葉を使われていたが、発病した人が行く決まった地域があって、そこを指すとも言った。そういう場所はこの近くでは二ヶ所あるとも言った。そして発病した人の家の子たちは結婚ができなくなったというような話もされていた。なんと室町時代の「カッタイ」は四百年を経過しても、決して消えていなかった。おろかにもそれまで気づくことがなかった。

ライ（ハンセン病）は科学の力で克服された。ライへの差別はやがて消えていくだろう。差別の根源であった病気が克服された。古い世代に残る「場」への記憶もまもなく消える。差別は、科学によって、人間の叡知によって克服される。

〔補注〕

その1　卑賤視された旦過（たんくわ）について、伊勢については脇田晴子（『日本中世の被差別民』二〇六頁）が指摘する。阿波については富永文書（八幡公民館所蔵）「水身居（ミズワリ）筆記録」（『徳島県部落史関係史料集』3・所収）に以下のようにある。

一掃除
　此掃除之義ハ三好郡住居ニ相限之事
一猿牽
一茶筅師
右身居之者、先年より棟付帳、宗門帳、別帳ニ申付来候へとも、元建不相見、畢竟穢多ニ相准之義と相見候
付リ探禾之義も本文身居之者、同様之者にて諸事右ニ相准取扱候、尤探禾ノ義ハ板野郡ノ里浦住居ニ相限之事
一走役小役共申付来候
　但猿率之内無役ニ申付候者も有之、走役申付候者も有之、區々ニ相成居候へ共、正徳享保棟付御改通區之侭ニ居置候様、文化十四丑年棟守記録ニ有之

一諸願之義ハ村役人当ニテ役人添書ヲ以願出候
一知行割之節ハ総寄頭入ニ相成候様相見候
一穢多
右身居棟付帳、宗門帳、別帳ニ申付来候者指免ノ様正徳三巳年棟付記録ニ有之
一諸願之義ハ村役人当役人添書ニ決而指出候
一養子取組之義ハ、百姓ニ同断、暇證文ニ遂見印候筈、享保十三申年棟付記録ニ有之

近世小田原藩領でも確認でき、『小田原市史』（史料編近世二、一三三頁）に獄門に関して、「足軽八人・町道心二人・其外たんぐわ以下召連」、「則獄門ニ掛候　たんくわ并ゑんたニ番申付之」「牢屋古道具、籠番之者并たんくわにとらせ候事」（書抜御日記）という記事がある。刑執行をする「たんぐわ」がいて、同心・えんた・牢番とは区別されている（福家清司氏・藤澤靖介氏のご教示を得た。本書110、312、337頁参照、高橋啓『近世藩領社会の展開』八〇頁参照）。

その2　福岡県には「かつたい」地名は、ほかに豊前（行橋市）にもある。明治十五年には存在した地名である。現地にて聞き取りを試みたが確認できなかった。主要街道が通っている場所だったから、同じような光景があって、ライ患者が人々の喜捨によって生きていたと考える。大阪府にも物吉坂という地名がある。物吉もまたライ患者のことで、そうした人たちがそこに物乞いをしていた光景を想定する。

その3　悲田寺については述べたが、肥前・佐賀地方の被差別村には十分言及できなかった。佐賀では非人をゼンモンといい、エタをチョウリ（長吏）といった。後者はチョウリンボウのような賤称にもなる。地名としてはチョイとかチョンノマエのように音便変化していることがあるから注意が必

要である（服部『地名の歴史学』『地名のたのしみ』）。地域の特色として少数散在がある。旧版『鳥栖市史』の民俗分野を担当された佐々木哲哉氏によれば、鳥栖市域のむらでは敬称を付してサンを付け、「チョウリサン」と呼んだという。各村はチョウリに一軒の家を貸与し、収穫した穂付きの稲穂を一束与え、穂を落とした藁はわら細工、草履の材料になった。チョウリは農繁期、村人が田で作業をしている間、太鼓を叩いて村を巡回し、警備を担当した。また行き倒れの処理にあたり、牛馬が死んだときの処理にあたった。正月になると羽織袴で、各家を祓ってまわる。まわってきたらお米をあげた。歓迎の対象であって、佐々木氏は差別どころじゃないという。むらはチョウリを必要としていた。

なお個別分散以外に独立村として集住するケースもいくつかあった。

その4　永仁四年五月十三日伏見天皇綸旨（遠江国平田寺文書）にみえる「□田院上人御房」を「悲田院上人御房」とよむ本があるが、平田院上人御房が正しい。

第四章

越後国荒河保の「入出非人所」と奥山庄の「ひにんかう屋(荒野)」

はじめに

鎌倉時代、越後国荒河保《あらかわのほう》の複数箇所に非人所があった。隣接する奥山庄《おくやまのしょう》にも非人を冠して称される「ひにんかう屋（荒野）」があった。非人所・非人荒野は岩船郡《いわふねぐん》すなわち荒河保側の史料にも、蒲原郡《かんばらぐん》すなわち奥山庄側の史料にも登場する。つまり荒河保地頭だった河村家の文書（河村文書）、および奥山庄地頭であった中条《なかじょう》家に残された文書（三浦和田文書）、その双方にみえている。ただし確実に「非人所」が所在したと史料に記されているのは荒河保のみである。

石井進氏は井上鋭夫『山の民・川の民』の解説（一九八一）において、「（中世の）非人所とよばれるものの現存するほとんど唯一の例」だとされている。すなわち非人所を記述した唯一の中世史料という。そこで氏は「非人所とはそもそも何であったのか」と問いかける。『忍性菩薩行状略頌』に「浴室・病室・非人所、各々立五所休苦辛」とあることを指摘し、律宗忍性らの活動との関連を示唆している。忍性が開設した非人所は浴室・病室をともなうもので五ヶ所にあった（本書259頁）。「非人所」とある以上、本書が強調してきたように、その本質はライ患者や喜捨を乞う障碍者ら、つまり「乞食」の収容施設とみたい。しかし研究史の関心は必ずしもそうした方向に向けられてはこなかった。

筆者（服部）も荒河保・奥山庄に関しては論考を発表したことがあり（本書358頁所引、『信濃』掲載論考）、以下は自省をこめての記述になる。私見は発表後、徹底的に批判された。研究は活発化したけれど、関心の方向は主として非人所の所在地解明（すなわち荒河保・奥山庄境界線復原）に集中した。それはむろん重要なことだし、旧稿でも本稿でもこの問題を検討し、紙数を割く。私見は未熟であったが、批判者の見解にも矛盾が多い。また批判を契機に差別史研究が深化したという実感がない。つまり荒河保・奥山庄に言及した論者らが、（一部の方を除けば）積極的に差別の解明にとりくんでいるという印象も受けない。非人所を考えるうえで解決しておくべきことが多くあった。非人所は領主の譲状（財産分与書）に資産として書き上げられている。非人所であればおよそ一般社会からは疎外された存在とみる向きが多い。なぜ非人所を所有することが領主にとって有利であったのか。まず非人所のもつ資産価値の説明が必要だろう。また譲状には「非人所在家五宇」とあるけれども、五宇とはどのような規模であり、非人は何人ほどいたのだろうか。答えはまだない。

この稿では奥山庄・荒河保研究の課題である郡界および非人所の位置について再考し、その後に判明した事実を示してみる。研究の現段階に満足感はない。郡界については従来の村上山説ではなくそれより北側に郡界（保・庄界）があったと考えなければおかしいし、また非人所はその郡界よりさらに北側にあったと推定できる。ここでは新たな方法として以下を提示したい。すなわちこれまで未検討のままだった瀬波郡絵図（慶長・上杉家所蔵本ほか）、そして『荒川町史』資料編等（一九八六〜二〇一一）において紹介された入出野《いいでの（いりでの）》にかかわる多数の新出近世史料の検討である。従来の研究は旧中条町の史料に依拠してきた傾向がある。しかし上記により史料の範囲と視点を拡大できる。近世史料で得られる視点を、遡って中世史料によっても確認できるだろう。それをふまえて非人所の本質を考える。

ここ北越後の非人所に言及した最初の研究は、井上鋭夫『一向一揆の研究』（一九六八）である。井上説の場合は非人所の所在した入出山を山間部にある鍬江・鍬江沢付近の飯盛（イッデ）山に、石神面を鍬江の杓子林に比定し、同時に、この地域での差別呼称たるタイシ・ワタリに着目した。さらに彼らが山間部にいたことを前提に、非人所のタイシを山の民・金掘り・太子信仰の徒であるとした。この説は長い間、定説の位置を占め、諸論考で引用されていた。しかし残念ながら、推定の前提は入出山現地比定の誤りによるものだった。『新潟県史』通史編2（一九八七、一三九頁）も否定的であり、『部落史用語辞典』（「たいし」の項、執筆木下浩氏）も「推定の域を出ない」としており、現段階では井上説を支持する研究者はいない。

研究史については『日本荘園史』（6、北陸地方の荘園）、『中条町史』（通史編、二〇〇四）などに詳しい。膨大にすぎるのでここでは省略するが、この『中条町史』には青山宏夫「庄園の境界と紛争」がある。同氏には「荒河保と奥山庄の境界について」（『人文地理』46〈3〉、一九九四）ほか関連論文が数点ある（国立歴史民俗博物館ホームページ、研究活動）。

次に、差別史では越後を対象とする、木下浩『辺縁の未解放部落史研究』（柏書房、一九八六）と、阿賀北地方を対象とする、

1　佐藤泰治「部落史の見直しの一視角―越後の身分制と渡守の地平から―部落史の見直しの一視角」（『部落解放研究』一〇〇号、一九九四）

2　佐藤泰治「古代～中世後期・越後・阿賀北のタイシ」（『続部落史の再発見』解放出版社、一九九九）

3　佐藤泰治「中世越後の非人」（『解放研究』一二、一九九九）

が重要である。短い作品だが、木下浩「渡し場聞き書き」ほか『部落の生活史』（一九八八）所収の論考は印象に残る。

「たいし」（てぇし）は上記3に、「いまでも凄まじい賤称である」とある。一定の年齢以上の人にとっては、使ってはならない禁句であり、しかしそれ以下の年齢の人には実態がわからない死語になりつつある。渡守、湊の船頭が含まれていた。彼らは渡船場や湊津を生活拠点とし、その町・村の一角、おおくは村はずれに住んでいた。また湊ではなくとも新村のような形で原野・開拓地に移り住むこともあった。

『色部年中行事』をみると、かわらのもの、たいし、渡守はそれぞれ別個に記されている（後述）。また木下著書七四頁の村明細帳記載職能民一覧・阿賀北には穢多や非人、はかせ、陰陽師、カネタタキなどがみられるが、たいしはみえない。井上鋭夫氏は雲上公伝説を媒介として、非人とたいしを結びつけようとした。だが実態として疑義がある。

文化六年（一八〇九）海老江村明細帳（『中条町史』資料編Ⅰ、五三四頁）に、

家数百弐拾六軒
内　百姓四拾八軒
　水呑七十九軒
寺　一軒
人数五百五拾五人（略、馬や御蔵・高札などさまざまな記述がある）
一　渡守　弐軒

とあり、享和二年（一八〇二）の家数人別帳には各村の家数・人別が詳細に記されるが（資料編Ⅳ、二五四頁）、末尾集計に、

此の人数合、壱千三百五拾弐人（内訳略）
外
貝附村渡守六軒
此の人数三拾七人
内男拾九人、女拾八人

とあって、渡守は別帳であった。上記佐藤論考に近世では渡守は「民籍」を別とし、エタと同様に「人外《にんがい》」として扱った、とある。また近世村上藩では穢多頭助四郎の支配下に、非人・渡守・恵比寿太夫、猿太夫があった（同六六頁）。渡守・船頭はライ患者や乞食の統括者ではなかった。非人とは異なるし、倒れ牛馬処理、皮革製作業に従事するエタとも異なるグループである。賤称であるけれど、現地には「よつあし」とか「むつあし」という呼びかたがあったらしい。いまは死語である。けものやむしが連想される。呼ばれる人には耐え難い蔑称だった。二者が同じ人々への賤称だったのか、ちがう集団を指したものかも未詳である。

一　史料とその性格

さて非人所を記述する基本史料は四点あって、A、B、Cが鎌倉期の荒河保側史料（『色部文書』）、Dが室町期の奥山庄側史料（中条文書）である。Bは奥山庄と荒河保の境界を示す史料であって、作成者も両保・庄の地頭らである。よってBは奥山庄史料であるともいえる。A～Dは『奥山庄史料集』『中条町史』『新潟県史』に収録されている。A～Cは、はやく部落問題研究所編『部落史に関する総合的研究』資料編第四（一九六五）にも収録された。これは編年史料だったから、本来第五巻以降が刊行されていれば収録されただろうD（延徳二年奉書）は未収録となった。なぜなら刊

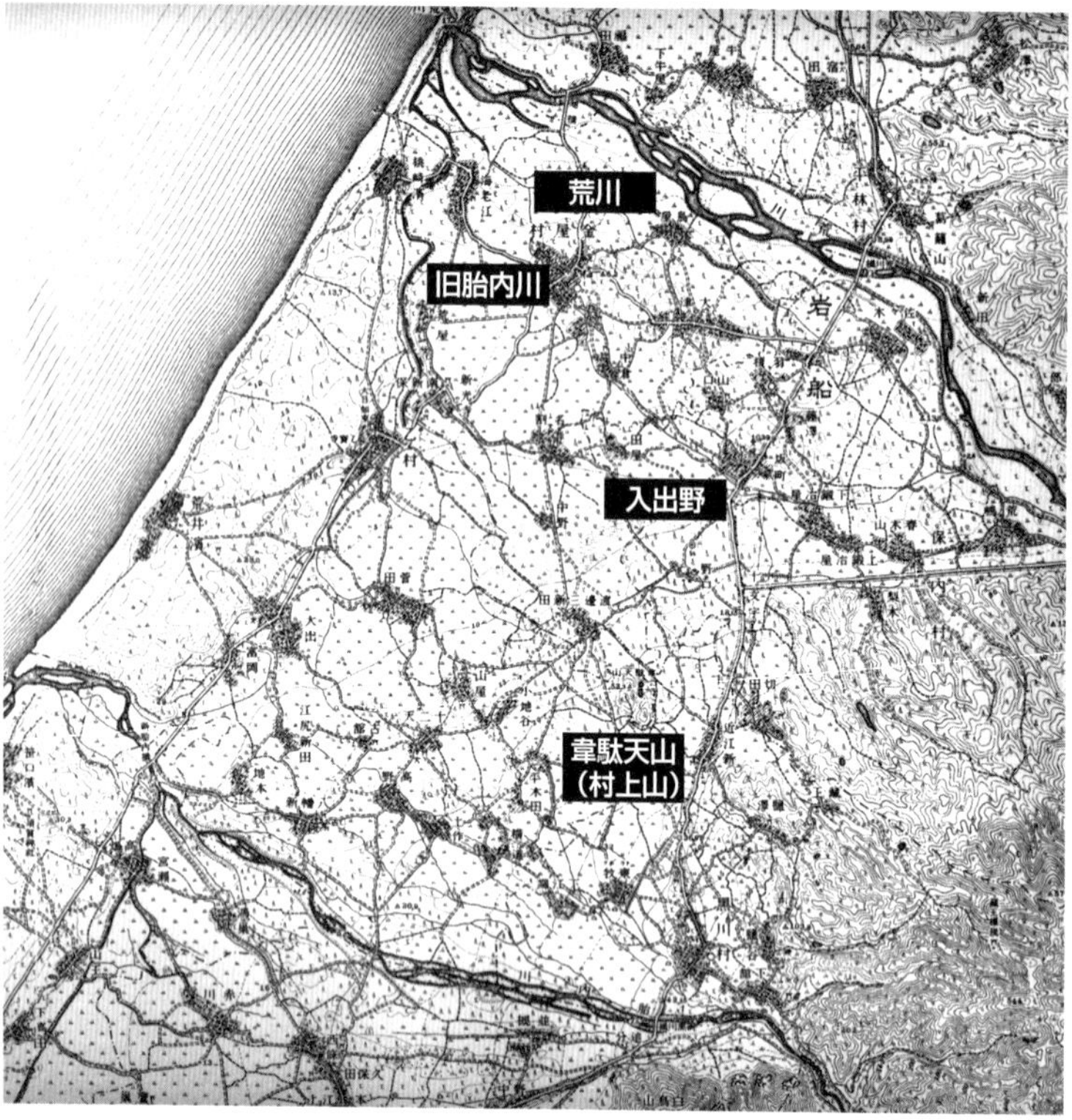

行は四巻までで中断し、五巻以降は未刊となったからである。それを補完する原田伴彦編『編年差別史資料集成』の三巻（一九八三）にはA〜Cが収録されたが、四巻（一九八四）該当部分にDは未収録である。ついで部落問題研究所より刊行された『部落史史料選集』（部落問題研究所編、一九八八、該当箇所執筆者は大山喬平氏）は編年ではなく事項別史料集だった。やはりDは掲載されなかった。

荒河保の非人所についてはA「入出非人所」、B「蓮妙之非人所」、C「石神面　在

家一宇　非人所畠少々」「入出山非人所」（在家五宇　蓮妙房跡）、奥山庄についてはD「ひにんかう屋」としてみえている。「非人所」は「入出」（入出山）と「石神面」の二ヶ所にあった。「入出」については、史料上「入出」「入出野」または「入出山」とみえている。「入出野」と「入出山」は近接してはいても、別の場所であろう。Dには「ひにんかう屋」とあるから「非人所」は山（「入出山」）だけではなく、荒野にもあった。

　Dは県史や町史には収録されたが、差別史の史料集からは漏れることが多かった。しかし異なる視角を提供し、非人所を考えるうえで不可欠の史料である。

　A　河村氏所領配分状案（反町河村文書、「古文書集」所収文書、『新潟県史』中世2、二七六、四九八、四九九頁、通常は各断簡を別史料として扱う。『鎌倉遺文』二一巻―一六四一六、二二巻―一六五〇九）

(ア)　河村小太郎入道々阿遺領配分案

　　四男余五秀通分

　越後国荒河保内田三町一段大廿六歩（六百苅 一段定）

山口七段小四十八歩　門田六段小三十歩

源新太夫一町半　新光寺跡五段六十八歩

入出六十歩　大瀬二段

中津河　　鷹巣山

同保内在家　三十五宇

中津河十八宇　源新太夫一宇

新光寺跡一宇　入出非人所五宇　次目（継目）ニ在判

―

（イ）前嶋二宇　一宇平内　一宇四（郎脱か）三郎　一宇平次大郎　四日市東南八宇

河瀬三ヶ所　江五瀬　飯沼瀬　宮瀬

山一所　菅生沢口　野一所　入出野

　相模国河村

　畠八町二段半　在家一宇四郎三郎跡

右、配分状如件

―

（ウ）*弘安十一年二月八日

右衛門尉　藤原

左衛門尉　丹治

＊　この文書は本来三つの断簡であった。「次目（継目）ニ在判」とも書かれている（紙の貼り合わせ面・糊継目に花押を据え、不正な継ぎ足しがないことを証明）。文書の所属も「河村文書」「色部文書」となっていた。現段階では右のような順序で接続するものとされている（丸山・田村論文）。構成は荒河保の田、在家、相模河村の順で書き上げられる。在家三十五宇とあるが、合算すればたしかに三十五宇になる。「前嶋二宇」とあり、その後が内訳だとすると、そこに三宇が書き上げられていることは不審である。また「中津河　鷹巣山」が書かれてそのあとに再び河瀬、山が書き上げられる点も順序としてやや不審である。これらの問題は残るが、三点は接続するとして論を進めたい。なお、本史料は荒河保地頭のうち四男であった秀通分のみのもので、記述が荒河保全体におよぶものではない。

B　荒河保・奥山庄地頭和与状　（反町三浦和田文書、『新潟県史』同右、一一〇頁）

和与
　越後国荒河保与奥山庄堺事
右件境者、於二番御引付両方番訴陳、雖申子細、所詮云国衙、云地頭方、以和与之儀始所立之堺者、自鳥屋岫至吉田入之両方尾山中円山之頂、自件円頂至荒沢、随件荒沢之流、至彼沢流廼下北曲目、自件曲目至村上山北麓与蓮妙之非人所南垣根之中間、自件中間之牓示、至荒河新保源新大夫在家南堀口、自彼堀口至白崩、自件白崩浜堺者、至積石倉牓示（割書略）件境之次第、引朱於絵図畢、但向後若荒河流、越当時新立之牓示、雖流入庄内、於河者可為保領進退、至河以北境以南海陸者、可為庄領進止也、次於荒沢流者、両方可為用水之、仍相互守和与之旨、永

代不可有違乱之状如件、

　正応五年七月十八日

荒河保一分地頭河村余五秀通同新太郎藤原秀国等代

　　　　　　　　　　河口筑前僧明俊（花押）

奥山庄一分地頭和田四郎平茂長代殖野十郎教房（花押）

　　　　　　　　　　荒川保司弾正忠職直（花押）

（裏書省略）

C　荒河保在家注文断簡（色部文書拾遺・反町色部文書『新潟県史』資料編4、五八頁、『鎌倉遺文』脱漏）

（前欠）

一石神面　在家一宇　非人所畠少々

　田大　富松名定田　千二百三十苅　内下田　百苅

一佐々屋在家二宇

　一〃鏡円房　一〃丹藤三　黒俣阿弥陀堂丹

　田百苅　新田并畠開発少々

一入出山在家一宇　平太三郎跡　畠在之

一蓮定房　在家一宇畠在之　入出山内

一　入出山非人所　在家五字　蓮妙房跡　不知交名　山堺　四百苅　仏供田　門田在之　開発少々
一　鼓田分　在家九字
（以下略）

D　千坂実高・（毛利）性秀連署奉書（山形大学・中条文書、『新潟県史』同右、三九八頁）

去年以来数度御粉骨、無是非次第候、然間、蒲原郡奥山庄黒川知行分内
一所金屋名　一所波月
一所　宮瀬　一所ひにんかう《（非人荒野）》屋
除寺社分、為御恩可有知行之由候也、仍執達如件
　　延徳弐年八月十一日　沙弥性秀（花押）
　　　　　　　　　　　対馬守実高《（千坂）》（花押）
　中条山城守殿

二　越後国岩船郡（瀬波郡）・蒲原郡の郡界の変遷

1　境界復原の矛盾

さて筆者服部はかつて「奥山庄波月条絵図とその周辺」（『信濃』三二―五、一九八〇）を発表した（以下旧稿とする）。当時、文化庁文化財保護部記念物課に勤務しており、奥山庄遺跡の史跡指定のため、中条町をしばしば訪れた。その頃、奥山庄研究といえば井上鋭夫氏の研究しかなく、新潟県歴史学界ではむろんのこと、中央学界でも絶対の権威だった。だが地元・中条町には「井上説はおかしい」という雰囲気が濃厚にあった。村上山・入出野に関する高橋亀司郎氏の論考（「平木田葦駄天山周辺の開発」『土地改良区だより』一五）も発表されていた。

私見は表題のごとく非人所を正面から分析したものではなかったけれど、井上説を批判する過程で非人所の所在にふれている。差別の実態を調べるうちに、山の民に対するものよりは、むしろ川の民に対する差別の要素が濃いと考えた。タイシ末裔の村のことはある程度知られていた。ほかにあまり知られていないが、非人後裔の村があった。明記はできなかったが、それもふまえたつもりだった。しかし不十分な点、未消化な論点が多かった。私見発表以後、井上説はおおむね否定され、目的のひとつは果たしたけれど、新たな説も多く出て、私見も徹底的に批判された。批判の第一は両保・庄の境界線（堺相論線）復原が点にとどまり、線として示されていないということである（上掲石井論考、本書346頁）。いま振り返ってみて、また改めて史料にあたり直して思うことは、境界線の復原がきわめて困難であったことである。自分には理解できなかったことがいくつかあった。原因は史料相互の記述の差異・矛盾に気づかず立論していたことにある。史料はそれぞれに作成された経緯・意図を異にする。表現の意味も異なっている。それらを峻別することなく、異なる主張を同じレベルで受けとめてしまっていた。

非人所のあった入出山を「村上山・韋駄天山」に比定すると、そこは荒河保ではなくなり、奥山庄になるはずである。だが「入出山」にあったはずの非人所は、史料上の記載では荒河保のうちであった。奥山庄に所在した非人荒野は上記の荒河保非人所とは別であろう。ここでは多くの論者が依拠していた、境界は村上山にあったとする前提・史料解釈が誤りであることから説明したい。

2　中世の郡境

律令国家が定めた古代以来の郡界は、どの程度定着し、その後、どの程度変化したのだろうか。当初未定であった境界がいつ決定されていったのか。その後、動いたのか、あるいは動かなかったのか。荒河保は岩船郡（瀬波郡）に、奥山庄は蒲原郡に属し、両保庄界はそのまま両郡界であった。

中世史料によって、郡界に沿っていた村々の名を確認すれば、元徳三年（一三三一）に奥山庄側とされる大長谷、小長谷、黒俣はいまでも蒲原郡（胎内市、旧黒川村）であるし、荒河保・奥山庄境界絵図での荒河保土沢はいまも岩船郡（現村上市、旧荒川町）であるし、奥山庄桑柄（鍬江）はいまも蒲原郡で、両者が郡境をはさむ村だったことに変わりはない。一見現在の境界と異なっているかのようにみえるものに、荒河保側史料にみえる黒俣阿弥陀堂がある。黒俣は奥山庄の村として書き上げられた。奥山庄のはずなのに、荒河保側に登場するのは不審である。しかし弘安九年（一二八六）の史料（河村文書）では「黒俣沢　是南奥山境」（この南は奥山境）と記述されているから、黒俣沢は境界域を流れていた。境界未定地や移動分がいくぶんかはあったとしても、おおむね郡界は中世のものが近世近代にまで踏襲されたところが多い。

3　慶長の郡境

岩船郡（瀬波郡）・蒲原郡界については、慶長二年（一五九七）瀬波郡図（上杉家所蔵、『越後国郡絵図』所収）が重要である。この郡図は村相互の位置関係を示したものと思われる。たとえば、かじが谷村、おおゐし村、ぬま村など飯豊山中に延びる村々はもっと大きく南に張り出すはずだが、そのようには描かれていない。作図目的は各村が瀬波郡に帰属していることを明確に描くことだった。蒲原郡分の郡図は残されていないが、瀬波郡図での郡境は「あかすじ」で印がされている。平野部では川筋・街道筋も描かれてわかりやすい。今日の郡界と異なる点がいくつかあって、まず荒川・旧胎内川合流地点（河口）には郡界がなく、新保より西、砂丘上に海に向かって郡界がある。荒川河口の良港、経済拠点の桃崎浜は蒲原郡ではなく、瀬波（岩船）郡分であった。旧胎内川左岸では郡界はいまより南にあった。そこより東になると直線に描かれている。瀬波郡平野部における南限の村は、名割村、坂町村、切田村、土沢村、山本村、ゐくじ（幾地）村となっている。近代まで旧岩船郡（荒川町）である。現在では名割から郡界までには中野（名割新村）、長政（紀伊国新を含む、渡邊三新田）、野口新村があるが、いずれも新村・新田とあるように、慶長以降の新村である。ここ

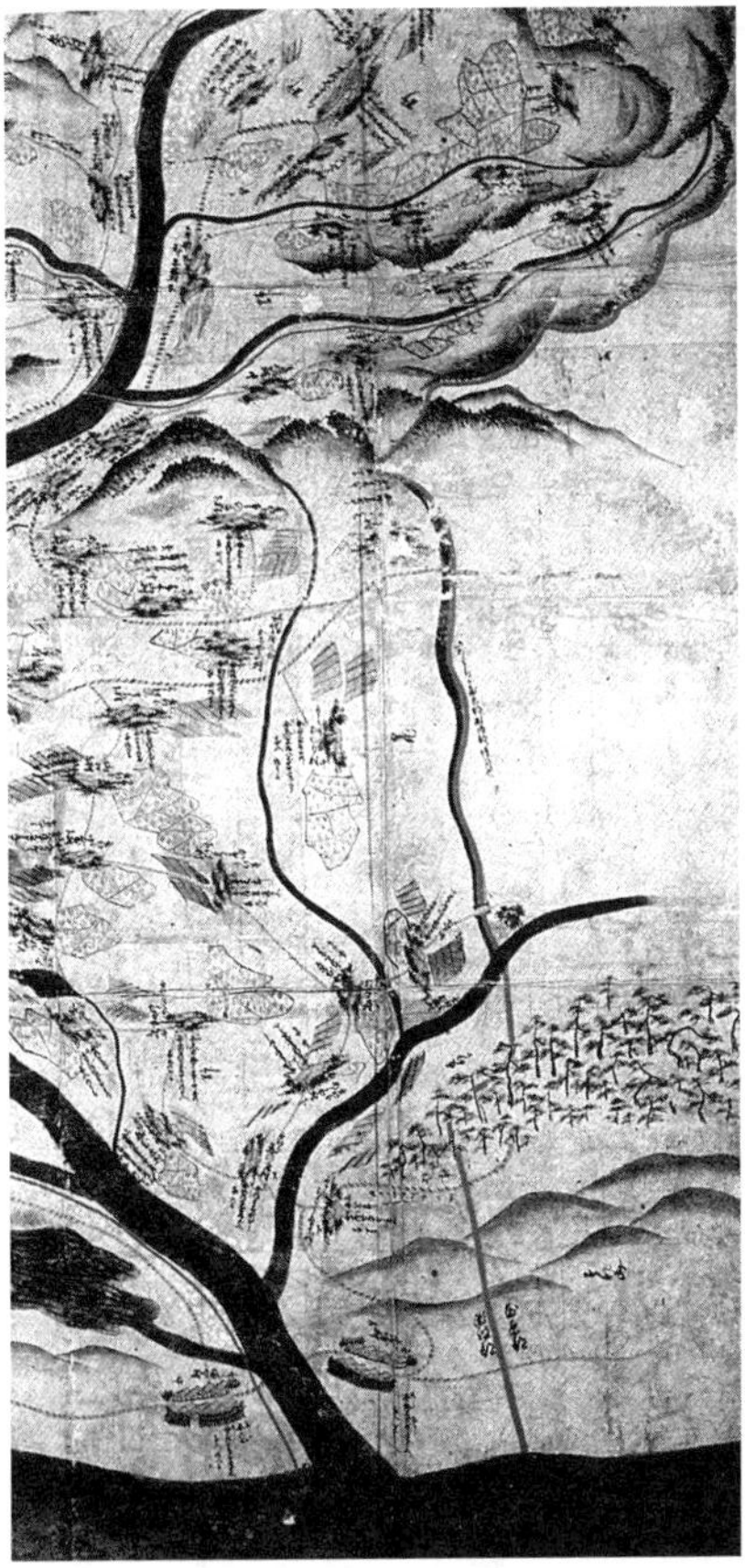

慶長２年（1597）瀬波郡（岩船郡）図にみる蒲原郡境　平野部では河川に朱線が引かれており、からす川に境界があった。上杉家蔵。

では郡界をはさむ村々の帰属に大きな変化はないと想定される。

名割南方の境界は慶長郡絵図では「からす川」とされている。烏川は二つあるようだ。『新潟県の地名』ではA「塩沢を北流し、近江新村の東を流れる」とあり、B新保村の項には「西を旧胎内川が流れ、南から烏川が合流する」とある。烏川の水源には塩谷臭水油坪《くそうず》があり、原油のために上流部の川が黒かったことが烏川の由来ともいう。現在は耕地整理にともなう河川改修で、本来の流路がわかりずらいが、戦後の米軍空中写真をみると、近江新の東から蛇行しながら北上し、坂町に到っている。坂町からは西へ流れ、海老江で旧胎内川に合流する。下流部は国土地理院五万分一地図にも烏川とあるし、『荒川町史』資料編所収の近世文書にも多く登場する。しかし（南）新保よりはるか北で合流しており、Bとは異なる川のようだ。

慶長期には烏川・蔵王川合流地点から、名割南方に向けて直線的に流れる川が烏川と認識されていた。これがBのいう烏川流路に近い。

慶長にはこの川沿いに一直線に郡境が描かれている。これは近代の郡境（胎内市・村上市境）が複雑に入り組んでいることとはだいぶちがう。この瀬波郡図には蒲原郡・村上山が描かれていない。郡境に山があれば双方から載せるのが原則で、近世のマニュアル書・手引書に明記されている（国境郡境論『荒川町史』三頁）。村上山は郡境とは無関係で、真の境界は烏川という河川である。東方では郡界線は北上し、山中に入ってのち、土沢の南に降っている。

なお「至荒河新保源新大夫在家南堀口、自彼堀口至白崩、自件白崩浜者至積石倉牓示」という正応年間の境界は、新保から砂丘を突っ切って海に出る点が、この慶長図によく合致する。正保国絵図や万治二年（一六五九）検地帳では桃崎浜は蒲原郡所属となっている。また本庄家蔵瀬波郡図の別本（村上郷土研究グループ、一九七三）でも、桃崎浜は蒲原郡である。慶長二年から正保の間に桃崎浜の帰属に変化があった。

4　村上山（韋駄天山・五輪山〈五倫山〉）

郡境を一直線に描くもう一点の近世地図がある。文化十三年（一八一六）「越後輿地全図」で、郡界線が明示されている。その線上に「村上山」と書かれている。村上山は、長政東方の標高五二～五三メートルの山全体を指す。現在は土取のため頂部が消滅しているが、土地は北側山麓を含め、すべて胎内市平木田（旧中条町）に属している。現在は、この山の上を市境（旧郡界）など境界線は通過していない。（旧）郡界は複雑な線を描きつつ、山の北方を通っている。

村上山の「村上」とは中世奥山庄内「村上村」のことである。村上山は中世（奥山庄）「村上村」のなかの山であって、境界の山ではなかった。

元徳三年（一三三一）六月五日海老名忠顕和与状に、

村上村堺事　東者切田名、西者山野村法蓮屋敷堺之、南者江波多、北者荒河保限之

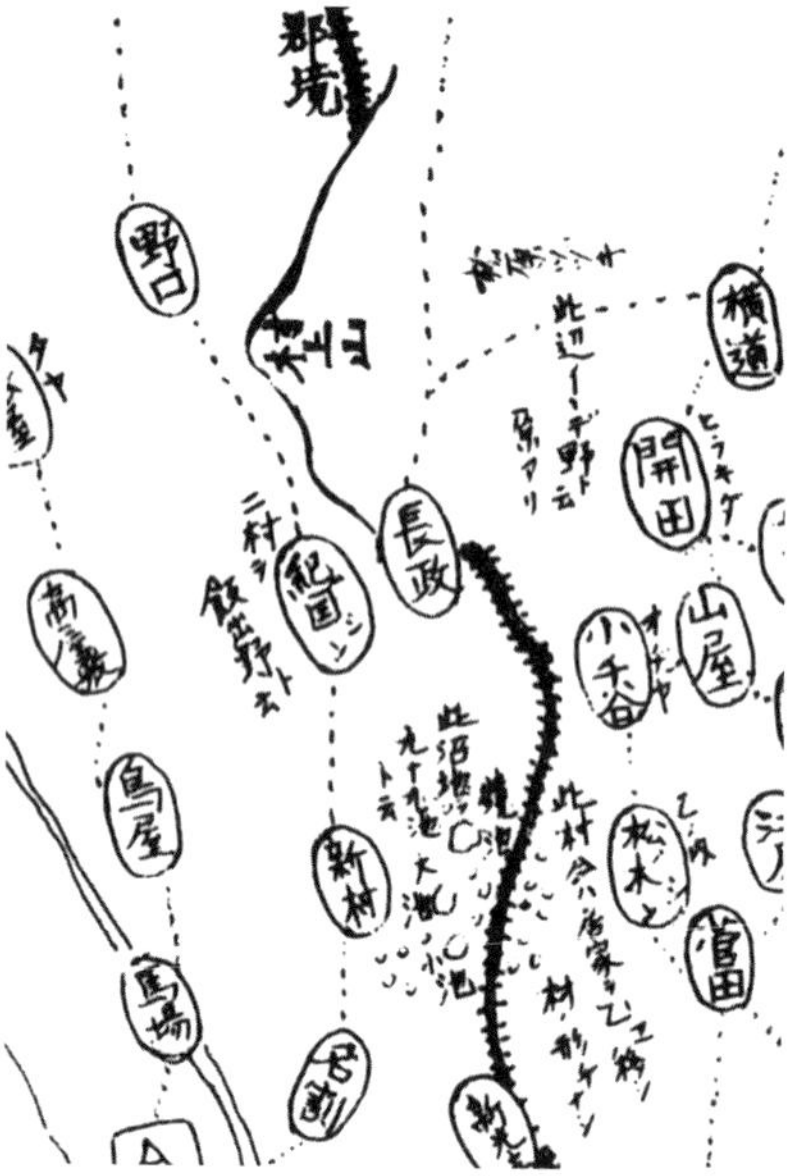

文化13年（1816）越後輿地全図（模写）　きわめてラフな地図なのだが、一見すると郡境が村上山を通過しているかのようにみえるため、研究史上に大きな影響を与えてきた。『おくやまのしょう』8より。

とある。（東）切田、（西）山野（山屋）、（南）江波多（入江端・下江端）、いずれも地名が残る。山屋はむろん蒲原郡で、切田も館切田（山切田）は蒲原郡である。中世村上村は北側にて荒河保と接しており、そこが保庄境界であった。この村の山が明治初年には村上山ないし韋駄天山と呼称された。

韋駄天山の名は宝暦四年（一七五四）に家督を相続した旗本松平乗展《のりのぶ》（大給《おぎゅう》松平・高野旗本知行所）が村々の困窮を救うために、領内である蒲原郡高野旗本知行所平木田村にある山に韋駄天社を祀ったことが由来とされる（『日本歴史地名大系』新潟県）。この経緯にも明白なように、蒲原郡（奥山庄）のうちである。他領たる岩船郡ではむろんない。以前には村上山と呼ばれていた。

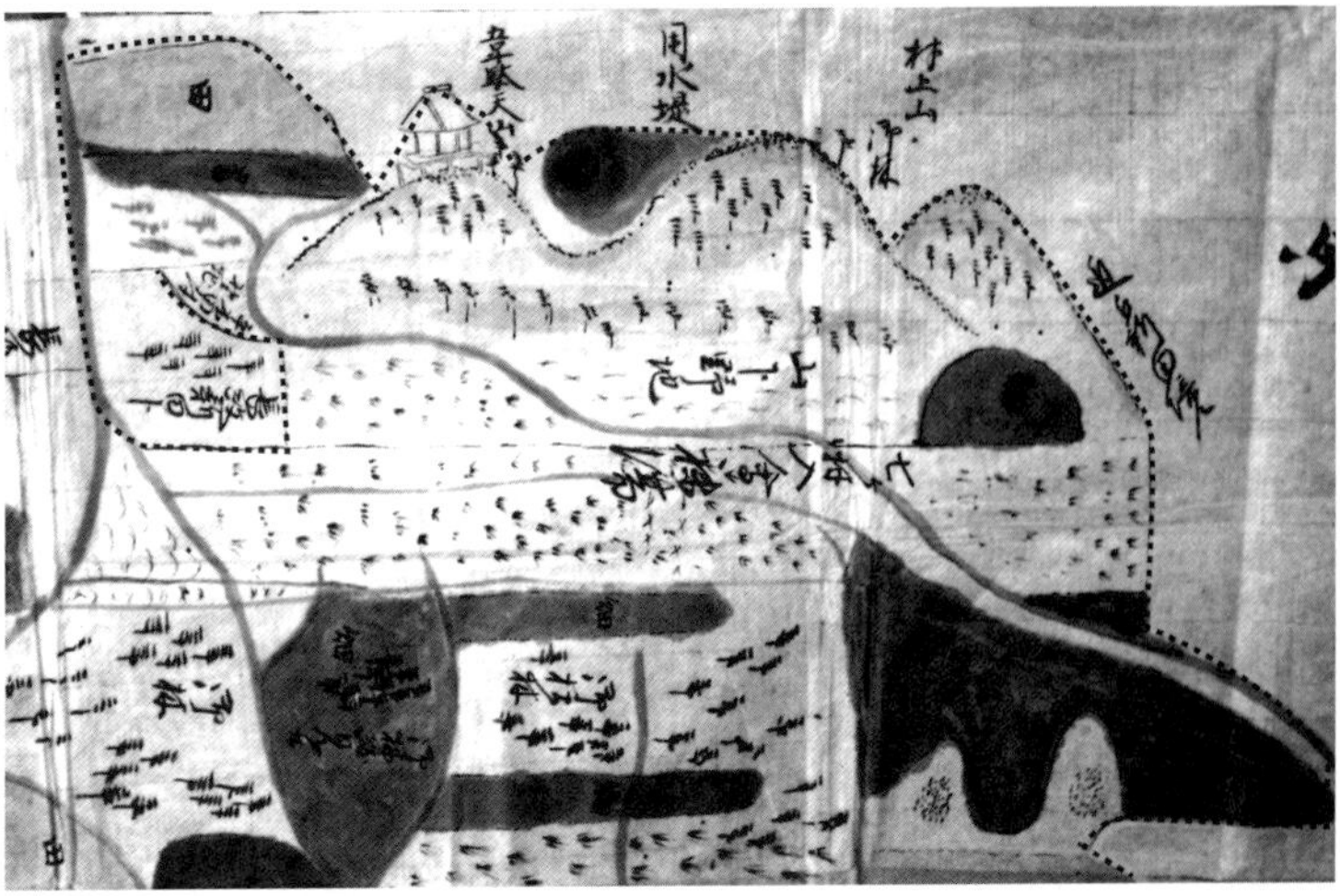

明治2年(1869)巳3月、平木田絵図　点線を入れた線（元図は朱線）が平木田村村界、西側（左）の長政新田は岩船郡であるから、この部分は郡界。東側（右）の近江新田は蒲原郡であるから、この線は村境。近世の郡境は近江新田の北および東となる。高橋亀司郎氏所蔵絵図③。

『おくやまのしょう』八（巻末特集　韋駄天山・一九八三）に紹介された、①明治初年韋駄天山周辺田畑反別地図（同誌では「高橋亀司郎氏所蔵絵図」とされているが、実際は別らしい）によると、西には建物がある韋駄天山、ついで名前がない最も高い山、つづいて五輪山が西から東に並び、南側に「右字・村上山廻り　永引之場所」とある。さらにその二百年前の②万治二年（一六五九）平木田村本田新田田畑検地帳表示地名一覧（高橋亀司郎「平木田村覚書」、同上号）にも畑方として、字「村上山廻り」がみえている。同じく③高橋亀司郎氏所蔵明治二年（一八六九）巳三月平木田絵図は上記絵図①と構図がよく似ていて、建物のある山を韋駄天山と記す点は同じだが、名前のない山をはさみ、東の山については「村上山御林」と記している。

また④同氏蔵明治初期各村位置図は平木田村北の山を「五倫山」としている。

以上のように、近世の村上山は蒲原郡に帰属していた。

5　享保の郡境

文化十三年図が与えてきた印象は強く、研究史にも大きな影響を与えているが、見取図的要素が濃厚で、実態とはかけ離れている。真の境界を示してはいない。なぜならそれより以前の郡境と以後の近代郡境がわかるけれど、文化絵図とは異なっているからだ。文化を遡る百年前の享保十二年（一七二七）「坂町・名割村境出入図」（名割・高橋太右エ門氏所蔵、資料編3巻頭グラビア）から当時の郡界がわかり、それが近代の郡界に類似する。

すなわち野口新村は岩船郡、平木田村は蒲原郡であった。上記享保十二年図に「是より平木田村分」という記載がある。それより北は「古田跡　野口新村古田跡」とあって、郡界が確認できる。平木田村は五輪山西池からの水路で、野口の水源は別らしい。五輪山西池からの水路上で東が野口、西が平木田となる境界線は、韋駄天山から長政（渡辺三新田村）に向かう近代の境界線に同じである。ただし享保にはいまだ長政は開発されていないので、現在の郡境と異なる部分はある。用水路沿いの境界は山屋・坂町間の道を西南に行く。その道には「境通より名割村分」と記されている。すなわち郡境の道で、さらに山屋方向に行ったところに境池がある。仮に境池を郡境と推定すると、

享保12年（1727）坂町・名割村境出入図　郡堺塚および「是より平木田村分」（蒲原郡）が郡界。村中山（村上山）よりは北。高橋太右ェ門氏所蔵、『荒川町史』資料編３所収。

現在の線とはちがっており、今、岩船郡が享保当時よりも越境している。

この図に郡界塚が描かれている。現在の市界（郡界）は享保郡界を踏襲している。郡界塚は現在の郡界線（市境）上のどこかに比定するのが妥当である。これを旧黒川村と旧中条町の境界線上に比定する意見がある（『中条町史』通史編）。しかし旧黒川村も旧中条町も、ともに蒲原郡である。その場所は郡界ではなく村界で、郡界塚ではありえない。塚は、絵図では小山状に描かれてはいるが、指標としての表現だから、実際の大きさではない。相論絵図の場合、描かれる塚は、実際よりは大きく描かれる（服部「日根野村絵図と荒野の開発」『九州史学』一三一、二〇〇二）。

次に『荒川町史』Ⅶ巻頭に掲載された享保二十年（一七三五）長政・紀伊国両新田廻り分

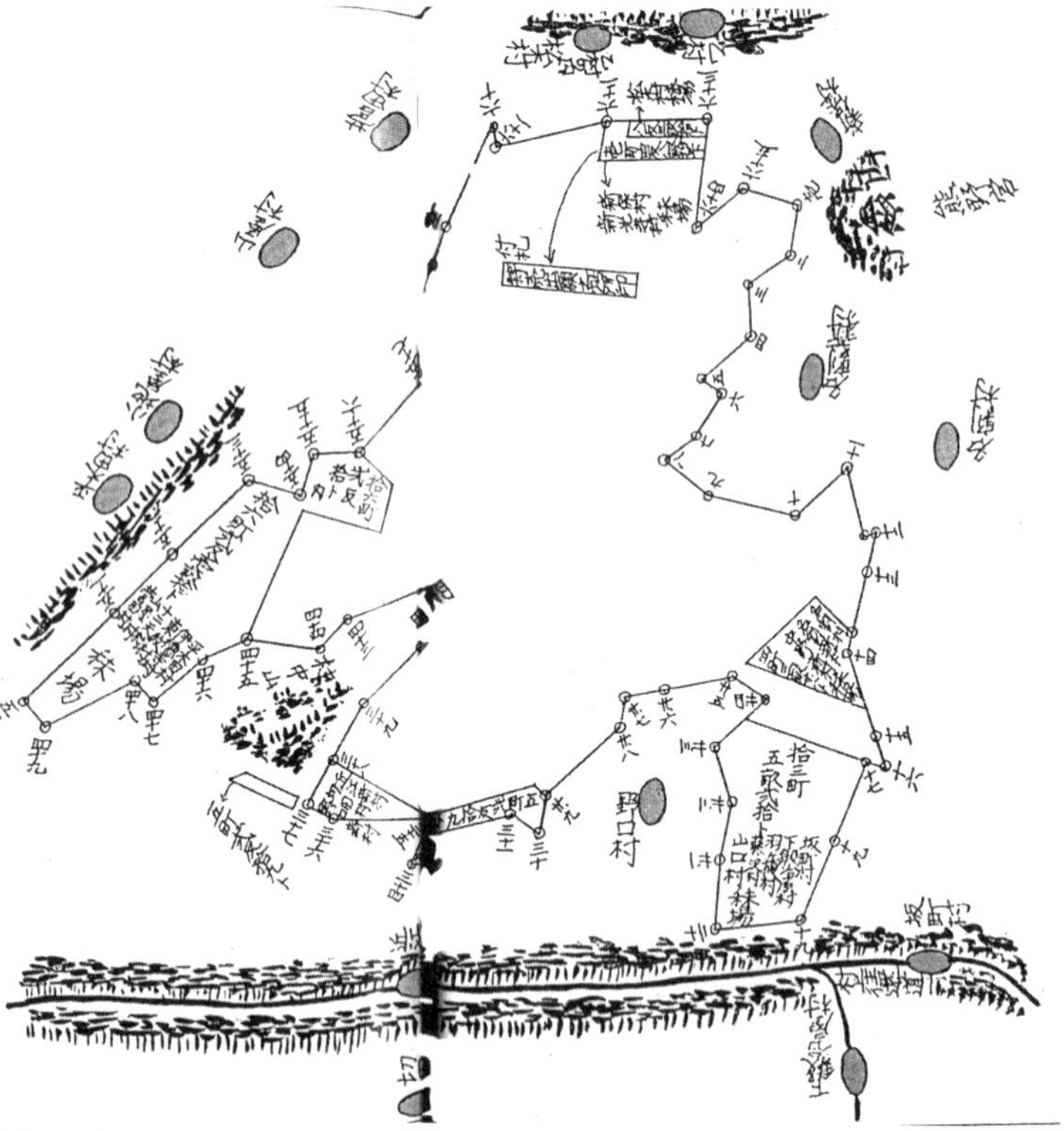

享保20年(1735)長政・紀伊国両新田廻り分検図　長政新田・紀伊国新田は岩船郡、平木田村・近江新村は蒲原郡。『荒川町史』資料編VII所収、南新保区所有文書。

検図をみる。標題のように両新田廻りを確定するための地図である。長政・紀伊国両新田村は岩船郡である。そのまわりに西に平木田村・東牧村・山屋村など蒲原郡六村の「秣場《まぐさ》」が描かれている。よって、ここ（蒲原郡）と隣接する長政・紀伊国両新田（岩船郡）との境界が郡界である。

村中山の東には近江新村（蒲原郡）・切田村（両属）・野口新村（岩船郡）共有秣場があるから、郡界はこのかこみのなかのどこかに引かれていた。郡界は村中山（村上山）を迂回して北側を通っており、村上山の蒲原郡帰属は明白である。

この図によると、村中山に接続して「古田」がある。入出野からは除外された蒲原郡分水田である。これが現在の五輪山西・平木田所在の池（南側が蒲原郡平木田村、北側が岩船郡長政）が灌漑する平木田の水田を指す。この享保二十年の郡界は、享保十二年の郡界を踏襲していると判断でき、現在まで継承されている。

なお各秣場と新田を囲んで、一番から六十五番まで境界指標が数字で示されている。この境界指標はのちにも「享保弐拾卯年・御分間初杭」ないし「元杭」と呼ばれて「今以歴然に相保ち罷り在り」とある（Ⅲ巻二一三頁）。岩船郡内の各村相互で続いていたきびしい境界争いの結末である。

6　入出野（イリデ野、イイデ野）

黒川村（蒲原郡）の小字をみると、近江新に入出野という字が、荒川町（岩船郡）の小字をみると切田に入出野という字がある。「越後輿地全図」は村上山の南方、蒲原郡開田（平木田）から岩船郡長政にかけて「此辺イ丶デ野ト云原アリ」と注記する。長政と紀国シン（新）にも「二村ヲ飯出野ト云」と注記がある。この範囲は岩船郡（荒河保）分である。入出野は両郡にまたがっていた。

この図が示すイ丶デ野は郡界周辺にあったが、実際の入出野ははるかに広大だった。つまり入出野は坂町南方にまで広がる一大原野で、近郷十九ヶ村の入会地（共同利用地）であった。入出野は以下のように坂町村、荒屋村、山口村、名割村など岩船郡多数の村の文書にみえて、各村の用益地であった。

元文三年坂町村明細帳（『荒川町史』資料編Ⅰ四五六頁）

　字入出野

一当村松木御林

（略）

外ニ入出野新田中路通り（ほか四五八頁）

天保五年荒屋村明細帳（『荒川町史』資料編Ⅰ五二三頁）

一用水池三ヶ所　荒屋村新光寺村立会

是ハ入出野御新田之内、午洗池、雁ヶ池、堀池三ヶ所

宝暦十年山口村指出帳（『荒川町史』資料編Ⅰ四七二頁）*

山口村

字入出野秣場

是は野口新村、坂町村、山口村、藤沢村、白河御領羽ヶ榎村、下鍛冶屋村〆六ヶ村入会にて、

前々刈来申候

*Ⅰ四六八頁に、五ヶ村入会とされる「市出野」は入出野と共通性があり、一見同じものにみえるが、普請ヶ所帳・三四〇、三四六頁では「いちいでの」（松林）と「いりでの」（松林）の双方がみえるから別。

安政四年名割村差出帳（『荒川町史』資料編Ⅰ五〇四〜五〇五頁）

入出野高柳清水

入出野笹ヶ池

このように広範に、各村ごとに入出野記述があった。荒川、胎内両河川の水源は飯豊山《いいで》である。

一　荒川通

是ハ河上水元、羽州米沢・飯豊山より（略）

一　胎内川通
是ハ河上水元、羽州飯豊山より（略）

（文化六年海老江村明細帳『荒川町史』資料編Ⅰ五三四頁）

入出野は飯出野とも記される。イイデ（飯豊）山大権現が鎮座する山々を水源とする二つの大河。その川が形成する広大な山麓原野を指してイリデノ・イイデノといった。開発されたいまからは想定しづらいが、きわめて広大な野である。野としての土地利用、採草地としての利用、松林としての利用がなされていた。入出野は入会地として両郡の共同利用がなされ、境界は未定の状態が続いたが、新田開発を契機に郡界が決定された。

入出野では江戸時代中期以降、少しずつ新田開発が進められた。享保十九年（一七三四）に開始された紀伊国新田、享保二十年（一七三五）からの長政新田、渡辺新田は紀伊国・長政両新田を入手した渡辺三左衛門が両新田地先の新開発を願い出、文政三年（一八二〇）に新開発された。しかし安永二年（一七七三）明細帳（『荒川町史』資料編Ⅰ五一二頁）では、

紀伊国新田　一家壱軒人数三人
長政新田　一家壱軒人数二人
一其外両新田ニ家壱軒も御座なく候

とあって、それぞれ家は一軒しかなかった。

開発前の入出野は数百町におよぶ広大な原野であった（『荒川町史』、『日本歴史地名大系』）。現在の郡境は入出野新田開発にともなう、秣場の減少に備えて確定された。イリデノ原野は両郡にまたがり北は坂町にまでおよんでいた。

7　正応五年（一二九二）、村上山北麓・郡界中間牓示・蓮妙非人所

慶長と享保以降の郡界はかなり印象を異にするが、新田開発以前、両郡入会としての採草、採木地利用であった時期には、烏川流路による単線的な境界と認識されていた。このことをふまえて、再び中世に戻る。

荒河保と奥山庄の境界を記した正応五年（一二九二）のBには、「随件荒沢之流、至彼沢流曲下北曲目、自件曲目至村上山北麓与蓮妙之非人所南垣根之中間」とある。荒沢という川を両保・庄の用水にするとも書かれているから、境界にあって双方の水利が可能な地形であった。現在、荒沢という名前の川はないが、慶長図にみる烏川流路に近い川筋を流れていただろう。臭水を水源とする烏川本流ではなく、蔵王から流れてくる分流であろう。その荒沢の曲がり目が境界線の指標（仮に1）で、その次の境界指標（仮に2）は村上山の北の麓と、蓮妙非人所の南の垣根の中間点であり、そ

こには牓示が置かれていた。指標1までは荒沢の川筋だが、2は牓示が置かれていたのだから川筋からははずれていたようだ。さて「村上山北麓」と「蓮妙之非人所南垣根」との「中間」に牓示があるという記述の仕方からいって、村上山が南に、非人所が北に位置していたと考えられる。境界線そのものがこの村上山、ないしは非人所の地点にあったわけではなく、両者の中間点＝指標2たる牓示を、東から西へ、山から海へ、境界線が通過していたのである。この点は文化絵図が村上山を郡境であるかのように図示しているイメージとは遠いものである。指標2の南側に村上山があり、2の北側に蓮妙非人所があって、その南側の垣根が2（牓示）からも（おそらく村上山からも）、見通せる目印だったことを示している。

村上山は奥山庄に帰属し「村上山北麓」「中間牓示」「蓮妙之非人所南垣根」と南から北に順に並び、「蓮妙之非人所」は荒河保であった。村上山の北麓よりも北に牓示があり、さらにその北に荒河保非人所（入出山・入出・入出野）があったとすると、村上山の北麓以南に荒河保非人所を想定することはむりである。旧稿執筆時、わたしにはこの点が理解できていなかった。

8 「村上山のはるかあなた」と「堺」

「和与状勘文」（年欠）なる史料がある（越後文書宝翰集・三浦和田黒川氏）。正応五年和与状の勘文、つまり解釈書で、和与状の記述を説明している。

のりふさ

奥山庄方地頭代　教　房判

ミやうしゆん

荒河保地頭代僧　明　俊判

このなのり見へす、よくよく見分させへく候、し《(字)》ハ此分にて候か

同保司職直判　何とよミ候哉

このならひ三人ハゑんつ《(絵図)》のうら《(裏)》をふうし《(封)》候て、はん《(判)》をして候人にて候、いつころかやうの人ハあらかハ《(荒川)》ニ候て代官し候ける哉、そのふん委うけ給へく候、おくやまのたいくわん《(代官)》も、たれ《(誰)》にて候ける哉、なたい《(何代)》ほとまへ事にて候哉、又このほとの事にて候哉、此なのりをもつてくハしくたつね候て、

法蓮在家

申のほせへく候、心得のために申候、ゑつ《(絵図)》のうら二三人してはんをのせ候人にて候、又ゑつ《(絵図)》ニねんかう《(年号)》候ハす候、さためてふるほく《(古反故)》のなかニいつころゑつ《(絵図)》をつくるとゆう事候哉、見候へく候、

一ほうれんさいけと申候て、くろかハ《(黒川)》のうちニやちのそいニいへ《(家)》か候と、ゑつニ見へて候、いまも候哉、きりうめのあたりとおもひ候、たつねへく候、又あらかハ《(荒川)》のうちニハやち《(谷地)》ハ候ハす

候、のハはくたい（野ハ莫大）候、やちの事ハさらにあらかハのゑつニハ見へす候、やちニハおさ（長）をかき、のニハすき（杉）をかきて候か、あらかハのさかいニハやちハ候ハす候、くろかハのうちならてハやちハ候ハす候、の（野）も村上やま（山）のはるかあなたよりさかへ（境）ハたちて候、此分いつれをもよくよく下殿そのほかニたつね候て、申のほせ候へく候、ゆめゆめふさたあるましく候、そのほかかくしき事共申のほせ候へく候

勘文はむろん正応当時のものではない。何十年かのちに、正応に位置した三人（明俊《みょうしゅん》・教房《のりふさ》・職《もと》直《なお》）ほかについて、何と読むのか、荒河の代官は誰か、奥山の代官は何代ほど前の人物かと議論している。絵図をもとに両保・庄の関係者が議論している状況が記されていて、法蓮在家については、「今でもあるのか」と書いてある。法蓮は先にみたように、村上村西の堺に「西者山野村法蓮屋敷堺之」とあって、奥山庄内だが、その屋敷の位置が問題になっていた。法蓮在家は屋号のようなもので、本人が死んで、幾世代を経過したのちにもわかったのであろうか。

史料の記述の概要は以下である。

黒川には「やち」が多い。荒河には「やち」はない。しかし「の」（野）は莫大《ばくだい》にある。荒河の絵図をみても「やち」はない。絵図では「やち」には「おさ」を描き（「おさ」水田の一区画、田一枚）、「の」には杉を描いている。「やち」は荒河にはなく、黒川にしかない、としたうえで、「の（野）も村上やまのはるかあなたより、さかへ（堺）は、たちて候」としている。絵図は現存してい

ないが、その絵図では「の」と「やち」を明瞭に描いていて、そのことで、保・庄も区別された。境界は絵図上では、はっきりとしていた。野は荒河保に多く、その堺はおおまかには野と谷地の境でもあって、「村上山のはるかあなた（向こうの方）」から野が始まって、「境立ち」となっていた。よって中世・正応段階には境界は村上山の「はるか・あなた」にあったといえる。村上山と境（牓示）ははるかに離れていた。

以上から、

文化図（一見、山頂部が郡界であるようにみえるが、正しくは麓より北）→享保郡界（村上山より北に郡界線と塚）→慶長期（烏川と呼ばれていた河川が境界）→鎌倉前期（境界は村上山麓より北の中間牓示、村上山のはるかあなたより、さかへ）

と確認できる。史料を時系列にて配列すれば、鎌倉期以来、史料は一貫して村上山より北に境界があると明記していた。村上山に郡境があったことはない。

三　入出山と入出非人所

1　入出山

荒河保入出山は、北は坂町・鍛治屋にいたる広範な野（入出野）にあった山ということになる。建治三年（一二七七）四月二十八日譲状（中条文書）では、「いりて山」が「奥山庄」内として譲られていた。奥山庄側でいうイリデ山が村上山を指したであろうことに異論はない。ところが入出山は荒河保の史料にもみえて、荒河保内であった。その山は奥山庄の入出山とは別位置だと考えざるを得ない。これまでの研究は入出山（村上山）は郡境にあったという前提に立っていたが、その前提が成り立ちにくい以上、荒河保内入出山と奥山庄内入出山とは別なる存在として考え直してみる。荒河保のイリデ山は坂町にまで拡がる広大な入出野のどこかの一画にあった。

史料B（三浦和田文書）

件曲目至村上山北麓与蓮妙之非人所南垣根之中間

史料C（色部文書）

一 入出山在家一宇　平太三郎跡　畠在之

一 蓮定房　在家一宇畠在之　入出山内

一 入出山非人所　在家五宇　蓮妙房跡　不知交名　山堺　四百苅　仏供田　門田在之　開発少々

烏川を境界とする慶長図をもとに中世をイメージしてみる。村上山と烏川までの距離（指標2〈牓示・郡界塚〉までの距離を北側に、等距離分行った位置に、むろん岩船郡・荒河保のなかに蓮妙非人所があった。この場合、蓮妙非人所は山ではなく野（入出野）のなかに比定される。

史料A（353頁）には「入出六十歩」「入出非人所五宇」がみえるが、この史料には、「山一所　菅生沢口　野一所　入出野」とあるように、山と野は明白に区別されている。Aには三ヶ所に入出が登場する。Aにおいて「入出」とある場合は山ではなく、野として認識されている。Aでは「入出」の地名は山として表記されてはいない。Aでの「入出非人所」は入出山ではなく、入出野にあった。

しかし同一のはずだが史料Cでは蓮妙房跡のある入出山非人所は山と明記され、山堺があったし、四百苅の仏供田・門田もあった。なぜ顕著な山がないのに山といったのかはわからないが、「春木山」（荒川町）のように平坦地でも山とされることはある。尾張・三河などでは非人集団を山とか山屋敷といった（『近世尾張の部落史』三三五頁）。

正応の和与で決定された境界は、村上山のはるか東方から西へ浜にまでいたるものであった。山から海までの間は二里（八キロ）ほどの距離がある。指標（牓示）は北曲目、中間牓示、南堀口、白崩、積石倉牓示の五つであった。各指標によって一五〇〇メートルほどの間隔をおいて各地点が確定されていたことになる。点によって結ばれる一五〇〇メートルの直線的な見通し線である。目安的なもの、大ざっぱなものにならざるをえない。絵図上にのみ、境界が示された。そのようなおおまかな境界でよかったのは、多くが野や谷地であって、もともと入会的な土地利用、入り組みがなされていて、民衆生活のレベルでは境界線は不要だったからである。こうした状況は中世を通じて変わらず、近世中期、新田開発が進行するまでも変わりはなかった。

2　欠落した視点

私見は不十分だった。しかし私見を批判くださった各論考を含めた場合でも、未解決の問題があまりに多い。われわれの視点全体に、欠落していたもの、盲点があった。

文献史学には往々にしてありがちなことだが、研究者は文字に残された記述がすべてであると錯覚しやすい。おそらく非人所五宇は全体像ではなく一部であった。そのことは、五宇以外に石神面（位置未詳）にも非人所畠があったことから容易に推測できる。石神面は入出山ではあるまい。また在家五宇を有した秀通は四男で、与えられた所領も少ない。嫡男ではなかっただろう。よってこの譲状に記載された分は荒河保に河村一族が有していた所領のごく一部である。惣領や他の庶子に、入出非人所在家の何十宇か、そして石神面の非人所在家ほかが譲与されていた可能性も想定しておきたい。

また奥山庄側にも譲状に書かれた入出山があった。そして史料Dには奥山庄の「ひにんかう屋」(非人荒野)が登場する。これは荒河保の入出野・入出山とは別である。その周囲に非人所があったと思われる。さらには「かう屋」なのだから、奥山庄非人所は山ではなく、荒野にあったと考えることができる。史料の五宇は全体のごく一部で、史料には出てこないほかの部分がまだまだあっただろう。非人所五宇とは非人所全体の何であったのか。

蓮妙は五宇全体の所有者(管轄者)であるけれど、「不知交名」とあるように、実際には五宇の在家それぞれには、本来、交名(名前)の記されるべき持ち主が別にいた。また跡とあるから、すでに死亡(ないし転居)している。蓮妙が在家十数宇を所有していたのなら、領主的な存在であった。カリスマ性のある宗教的リーダーということも考えられる。かの忍性にはおよばなくとも、彼もまた似た存在ではないか。一ヶ所で四百苅の仏供田をもち、門田も所有して、開発行為も推進した(「開発少々」、前353頁では六百苅が一反、ただし『新潟県方言辞典』では百苅が一反相当、とある)。開発の進まない野が多かった入出の田はわずかに六十歩が史料にみえるが(前掲)、こうした開発水田であろう。蓮妙には資財力もあった。

3　非人所の規模

先にみたように大和や和泉・紀伊の非人宿には一つの宿に千人に近い数の非人がいた。越後荒河保五宇の在家持ち主は、非人そのものではなく管理者であろう。よって各一宇には数十人の非人がいたことになる。『一遍上人絵伝』に書かれた小屋が非人の住居である。ならば、あまりにもみすぼらしい。とても在家役を負担する「宇」として計上されるようなものではなかった。管理者の在家の周囲に非人小屋が点在していた（『続日本後紀』天長十年〈八三三〉五月十一日条に記される武蔵国入間郡と多摩郡の境界に設置された武蔵国悲田処は五宇であった）。

患者にとって山の上での居住生活は考えられない。入出野は平坦地で、かつ原野山林だったから、多数の人の目にはさらされずにすむ。土地利用が過密ではなかったから施設は造りやすかった。非人所に近く、蒲原郡から岩船（瀬波）郡に向かう羽州海道があり、人通りが多く、喜捨が得られやすかった。そこから遠い位置にあってはならない。できれば社寺近接地が望ましいが、そこまでは確認できない。患者の発生が止むことはない。形を変えつつも、非人長吏（この時は蓮妙）が差配する村がここに維持されていた。

中世には荒河保側史料で確認できる分だけで五宇分で、それは一部であった可能性がある。一宇は非人を統括する管理者の数であり、患者はそのもとに多数いた。数百人はいたのではないか。

蓮妙非人所の非人たちは埋葬に従事する人々で、埋葬を主たる生業としたと田村氏や青山氏が主張している。中世墳墓（韋駄天山遺跡）を守る三昧聖であったというのだが、まず人数の点から従えない。

韋駄天山墳墓地は二百年間で約二〇基造立された。未確認のものが仮にこの倍あったとしても四〇基、五年に一度の造墓であった。要するに領主のみの墓、殿様墓である。決して民衆墓・大衆墓地ではない。近世岡山藩の場合、歴代藩主の墓地、和意谷墓所の墓守は一軒であった。

また和泉国日根野庄の三昧聖の場合、埋葬業務にかかわるテリトリーがあって、土丸三昧聖では入山田村と土丸が担当する範囲であったと推測される。二つの村を対象に一人（一組）の三昧聖がいた。むろん毎日葬儀があったわけではないから他の仕事にも従事した。

三昧聖説では五宇以上あった非人所の規模が説明できない（背後に二万人の人口があれば、毎日誕生する人間と死亡する人間がいた）。なお『新潟県史』は、韋駄天山墳墓の土器が室町期であることから、鎌倉期に遡及することに否定的である。

4　利権としての非人所・在家・非人荒野

非人所は元来生産性を期待できないはずなのだが、譲状に財産として記載された。譲状には資産が書かれる。在家や田であれば資産的価値はわかりやすい。梁《やな》のような資産も書き上げられている。

たとえば元亨三年（一三二三）八月七日河村秀久譲状（反町・河村文書、『県史』二七九頁）には、「一　かわのせ一所《うなきのせ》いまのふたハやななり」とある。魚がよくかかる梁を相伝した。経済的権益である。譲状にはそうした権利が書き上げられる。非人所が同様の経済的利権だとすれば、非人所（悲田）領が付与されていたものか。それを所有することによって、経済的効果が期待できた。

Dの延徳の史料によると、奥山庄黒川分の非人荒野は「数度」の「御粉骨」への恩賞として与えられている。生死を懸けてきた戦場での働きの対価が「非人荒野」の利権だった。「非人荒野」は大きな資産であった。荒野であるにもかかわらず恩賞として与えられている。本書276頁にみた、悲田院用途にあてられた天竜寺船（遣明船）の事例などが想起される。

権益の中味はわからない。秀通分（史料は353頁）についてみれば、入出に田地はほとんどなかった。譲状全体には田地三町二段弱があったが、そのうち、在家一宇分があった源新太夫は田が一町半、同じく在家一宇分があった新光寺跡は五反六十八歩、水田があるが、五宇があった入出の田地はわずか六十歩にすぎず、水田はないに等しかった。在家の数、規模と田数が正比例する関係にない。入出からの経済価値は田地ではなく、非農耕地からの収益であった（在家が多いが田数記載のない中津河、在家の記載のない鷹巣山についても同様のことがいえよう。鷹巣山は雛の鷹を捕獲できる山であって、そこに大きな権益があった）。

ほか本書でも指摘する経済以外の軍事力も考慮した。

四　課題　阿賀北の差別問題・タイシ（テェシ）・ワタリとの関連

最後にタイシ・ワタリにふれる。タイシは避けて通れない、差別史上、重要な課題である。佐藤泰治「古代〜中世後期・越後・阿賀北のタイシ」（『続部落史の再発見』解放出版社・一九九九）によれば、渡守たるタイシは新発田市早道場太子堂の講に属していた（菩提寺や宗派は別）。彼らが太子を篤く信仰していたが故につけられた呼称・蔑称だろうという。

ワタリについて井上鋭夫氏は河原衆（カワラシ）、非人、ワタリと呼ばれる人々が村上市近郊にいたとしている（前掲書八五頁）。井上著書はワタリについては全国の事例を紹介し、そこから帰納してイメージをつくった。「ワタリ」については、北越後にどのような実態があったのかはわからない。いっぽうに「タイシ」（ふつうはテェシと発音する）なる差別呼称と、残酷な差別が存在したことは明瞭である。過酷に差別されたタイシとワタリは同じもので、地域が異なるという見解もある。

井上説以前の研究を引用する。桜井勝徳「水上交通と民俗」（『日本民俗学大系』）に、

> 渡しに関して思い出すことは、北陸の河辺にはチャシ《ママ》と呼ばれる特殊民がいて、渡し守りを業としていたということを、かつて柳田国男氏から教えていただいたが（『綜合日本民俗語彙』チャシの項）、ちょうどそのころに（昭和一一年秋）、新潟県の三面川の下流地帯を旅行して同地

の大滝新蔵氏から次のことを承った。すなわちこの地方の三面川筋と荒川筋とには、農を主とはしているが、渡し守りを業とし、また竹籠や、ワタリ草履と称する竹皮草履などの竹細工に巧みな特技をもつ人たちの部落が少しずつある。荒川筋では四部落ほどあって、この人たちをテイシと呼び、三面川筋には五部落ほどあって、この人たちをワタリと呼んでいるが、テイシ・ワタリはこの人たちにとり非常に侮蔑した意味の言葉になっているということであった。

次に『綜合日本民俗語彙』の該当箇所をあげておく。

テイシ　新潟県岩船郡の種川筋で渡守を業とする者。それぞれ四、五の部落を受持ち、農を営みながらする。竹籠を作るのが巧みで、またワタリ草履も作るという。ワタリは荒川筋で呼ぶ同業の名。タイシやチャシというのと同系の名である。

初版も改訂版も同じ内容である。岩船郡の「種川」とは旧胎内川か（瀬波郡図に「たゐな川」、音通するか）。実際は荒川筋に多かったと考える。桜井氏の記述が正しければ、ワタリは三面川筋であろう。村上在住の郷土史家・大滝新蔵氏の発言によれば、テイシとワタリは流域によって呼称がちがうが同一である。佐藤泰治「部落史の見直しへの一視角――越後の身分制と渡守の地平から――」（『部落解放研究』創刊号、一九七二）によると、一九二八年の実態調査において、部落への呼称

（蔑称）が多様であったとして、

わたり、かわら、かわらし、たいし、おっぽうたいし、さんまい、えた、ばんた、ちょうりっぽ、ぶんじ、じなみ、もうと、ほいと、にわはき、にし、にしむら、にしぐらなどを列挙している。ここに「わたり」と「たいし」が登場している。

『色部年中行事』をみると、テイシ・ワタリ・カワラノモノが別々に登場する。

半形のもち一まい、桃崎の渡しもり参候時被下候

五百文　たいしに被下候

弐百文　かわらのものに被下候

同　百文　かわらのものに被下候

彼らは領主のもとに挨拶に行くことがあった。京都奈良の場合の河原ノ者に同じである。越前にたいしが登場する（福井県立図書館所蔵石倉家文書、『福井県史』資料編六、中近世4、六七七頁）。

先之写

当渡し舟之事、如先々申附ル上ハ、諸役令免除者也

青木六兵衛

今井孫左衛門

天正十一

四月二十四日

たいしのもりのものへ

ここでは、たいしは渡船業に従事することで諸役免除とされている。領主との結びつきは各地の賤視された人たちの立場に共通する。つづく六月十六日の文書ではわたりのもの、わたりたいし、たいしのものともへ、とみえている。たいしのもり、とあるから聖徳太子を守する人々だった。大河には橋がない時代であるから、渡船業の重要性はとてもよくわかるし、領主との結びつきもわかる。しかしなぜかくも深刻で残忍なまでに差別・賤視されなければならなかったのかがわからない。

荒河保・奥山庄の「非人所」とタイシは、直接関連しないと考えている。広大な野の一角には非人の後裔を自認する村もあったと聞く。それはタイシに対するほどに残忍なものではなく、今日の若い世代ではまったく克服されて、意識もされていないが、歴史的にはそのようにみられていた村があった。河川労働や運輸業に起因するものではなく、非人所ともタイシとも関係しないけれど、この地の荒野開発が進むなかでの労働力集中投下（移動）で、差別の派生経緯があったものと考えている。

タイシは戦国期には登場しており、その段階から武士支配階級と深く結びついていた。この点は室町期に、恩賞として非人荒野が与えられた領主と非人との関係に同じである。タイシと非人はおそらく別で、とりわけタイシへの差別が著しかった。

〔補注〕 中世東国における非人の事例として陸奥国高用《たかもち》《(こうゆう)》名が取りあげられることがあるが、まちがいであろう。入間田宣夫「鎌倉幕府と奥羽両国」(『中世奥羽の世界』一九七八、六七頁) は正安二年ないし元亨四年、陸奥国高用名で手殖(植)三丁や水田五丁の作人となった淡路房・伊与房(伊予房)・河内房らについて、国名を名乗るものは、河原宿五日市庭の宿非人であったとしている。この見解は一部研究者に受容されて、東国における非人の存在形態を示すとされているが、いかがであろうか。東寺百合文書に京都代官伊予房、高野山文書に平野伊予房、ほか『鎌倉遺文』では弟子伊与房、仏像胎内文書に伊予房とあるような多数の事例がある(東京大学史料編纂所データベース)。これらからは賤視の環境は見いだせない。陸奥国高用名の場合もとりわけて賤視があったようには考えられない。

第五章　重源上人と「乞匃非人」

——建仁二年の狭山池改修碑にみる土木工事と差別された人々

はじめに――狭山池改修碑にみえる「乞匃《きっかい》非人」（こつがい）

重源

重源《ちょうげん》上人は平家によって焼亡した東大寺を再建した人物、勧進上人である。いまに残る東大寺南大門と、のちに焼亡する大仏殿は彼の指揮の下、宋人・陳和卿《ちんなけい》らによって建築された。重源の遺品やかかわりのある文化財は東大寺以外にも多くあり、播磨国浄土寺の阿弥陀堂と阿弥陀三尊像（快慶作）、伊賀国新大仏寺獅子像のある台座、山城国醍醐《だいご》栢杜《かやのもり》遺跡の八角円堂ほか、周防国阿弥陀寺の鉄宝塔、水晶五輪塔、同法光寺阿弥陀如来坐像と阿弥陀堂などが知られる。この時代を代表する優品で、浄土寺の阿弥陀堂は東大寺南大門にならぶ大仏様建築の代表である（大仏様という建築様式は、かつて天竺様といったものに同じである）。

重源は三度の渡宋経験をもつ（「入唐三度聖人重源」安元二年〈一一七六〉二月六日高野山旧延寿院鐘銘、現在和歌山県泉福寺梵鐘、坪井良平『日本古鐘銘集成』五九頁、『玉葉』寿永二年〈一一八三〉正月二十四日条に「渡唐三ヶ度」）。アジアの学問、先端技術を熟知し、国内（日本）はむろん、宋の優秀な建築家集団、土木家集団、技術者集団を統率することができた。そして、同時に重要なことは、彼のこうした仕事には、差別された人たちの力があったことである。

狭山池

大阪府にある狭山池は、『日本書紀』崇神紀に登場する古い池で、行基が改修している（『行基年譜』）。その後に重源が改修した。彼の伝記『南無阿弥陀仏作善集』にも記述がある。平成五年（一九九三）、狭山池をダム化する工事の事前発掘調査により、鎌倉時代の改修碑が発見された。碑にはまさしく建仁二年（一二〇二）、大勧進重源のもとに行われた狭山池の工事過程が記されていた。重源が築いたその堤防は、慶長十三年（一六〇八）、片桐且元を奉行として行われた豊臣秀頼による工事で改修されている。重源工事の記念碑文を刻む巨石は、このとき動かされ、取水口施設に再利用されていた。

敬白三世十方諸佛菩薩等
狭山池修複《（復）》事
右池者、昔行基菩薩行年六十四歳之時、以天平三年歳次辛未、初築堤伏樋、而年序漸積及毀破、
爰依摂津河内和泉三箇國流末五十余郷人民之誘引、大和尚南無阿弥陀佛行年八十二歳時、自建
仁二年歳次壬戌春企修複《（復）》、即以二月七日始堀《（掘）》土、以四月八日始伏石樋、同廿四日終功、其間
道俗男女沙弥少《（小）》児乞匃非人□《（迫か）》、自手引石築堤者也、是不名利偏為饒益也、願以此結縁□□一
佛長平等利益法界衆生敬白

（キャカラバア）
大勧進造□（東）大寺大和尚　南無阿弥陀佛
少勧進阿闍梨（バン）阿弥陀佛
（オンアボキャベイロシヤ）　浄阿弥陀□（佛）
（ナウマカーボタラマ）　順阿□□□（弥陀佛）
（ニハンドマジンバラハラ）（バリタヤウーン）

番匠廿人之内
造東大寺大工伊勢　同物部為里
造唐（塘か）人三人之内　大工宗保

碑文は行基の行跡を継承した重源の業績を、賛美し、顕彰するものである。その碑文には、工事に参加した人たちが「道俗男女沙弥少児乞匄非人」であると表現されている。ここには「乞匄非人」と表現された人たちが含まれていた。

非人の上にある文字は、これまで「乞丐《こつがい》」と読まれていた。しかし『狭山池』埋蔵文化財編（一九九八、七九頁）に掲載されている拓本を見ると、丐の右上部、一部たる水平に連続する三本線（正）は確認できなかった。そこで大阪府立狭山池博物館において実物碑文を①左側斜め上からの

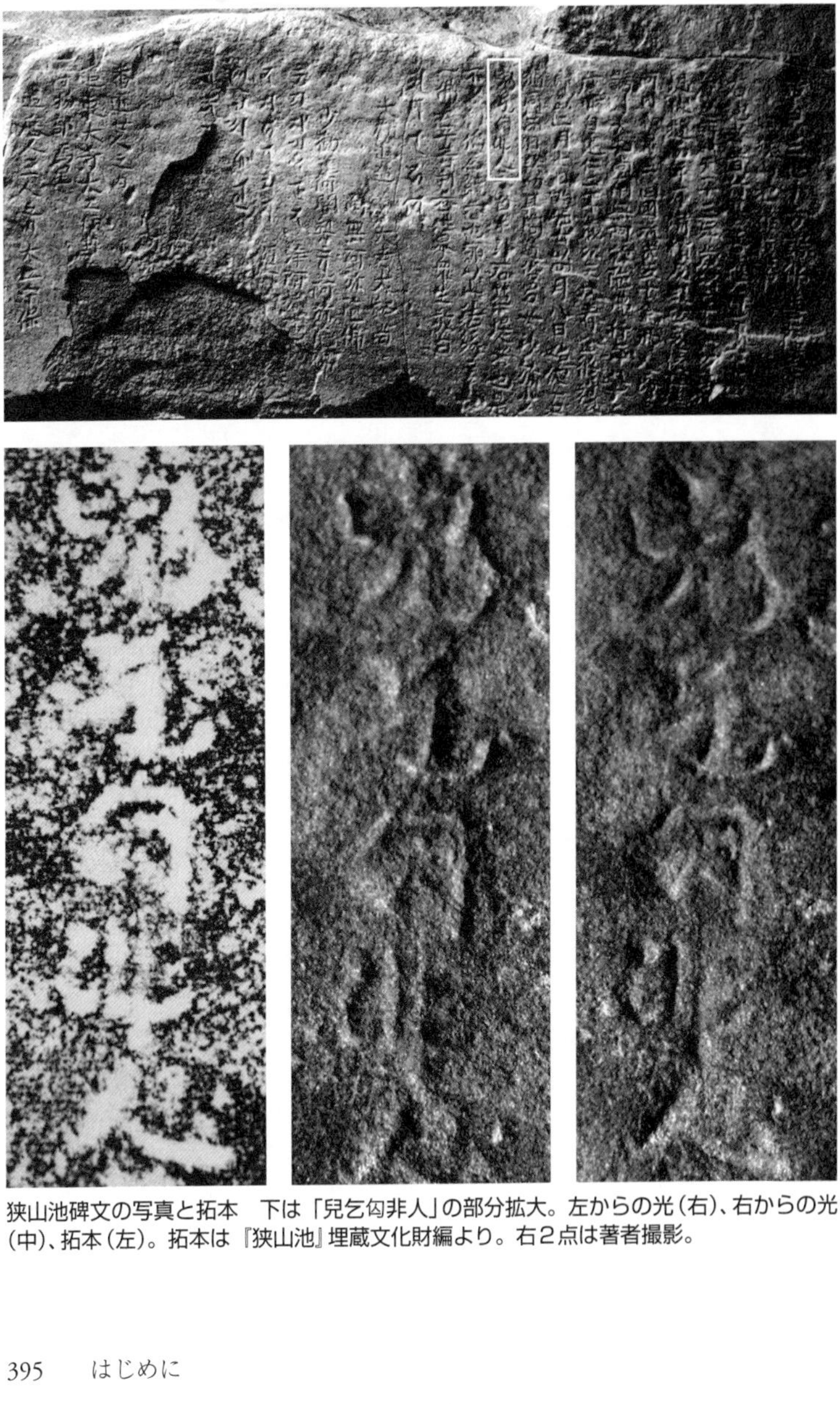

狭山池碑文の写真と拓本　下は「兒乞勾非人」の部分拡大。左からの光（右）、右からの光（中）、拓本（左）。拓本は『狭山池』埋蔵文化財編より。右２点は著者撮影。

光、②右側斜め上からの光で観察・撮影し、③拓本（博物館蔵）とも比較した。

まず勹（つつみがまえ）は明瞭である（よって「丐」ではない）。かまえのなかは人（ひと）のように見える。拓本では横棒がある。それ以外の画（うけばこ凵）は確認できない。劣化によって文字の左下面が剥落したともいいがたいので、もともと字画がなかった可能性もある。もしかまえのなかが「人」だとすると、その文字は『大漢和辞典』（諸橋）にあるが、意は「つつむ」であって通じない。そこで字形が似る「匃」（かい）、または「匈」（きょう）、いずれかの異体字、異字と考えた。

それぞれの字意は『大漢和』に

「匃」カイ、こう、あたえる、丐（俗字）の正字

「匈」キョウ、むね、「胸」、匈臆／おそれる／さわぐ、匈匈／北方の人種、匈奴

とある。よって後者の「匈」は字意として通じにくい。

用例をみると「乞匃」は経典（「六度集経」「無量寿経」）・『日本霊異記』・『今昔物語』二〇、四〇・『方丈記』・『沙石集』など多くにみえる。「きっかい」あるいは「こつがい」と読む。丐に同じ文字であって、『日本国語大辞典』は「こつがい」に「乞丐・乞匃・乞匄」を宛てており、『色葉字類抄』には乞匄コツカイとある。

いっぽう乞匈の用例もまた多くあって、「乞匈孤独之苦」（般若寺文書・『鎌倉遺文』一〇四〇四）、「乞匈非人」（西大寺騎獅子文殊菩薩像胎内文書・『鎌倉遺文』二一二一七）、「修悲田院済乞匈不堪行歩疥癩人」（多田神社文書・忍性伝記『鎌倉遺文』二四〇〇九）があって、貞慶（『愚迷発心集』）、法然（「法然

上人行状画図」）、親鸞の言葉にも「乞匃非人」がみえる。江戸時代には「穢多非人乞匃」（『天保撰要類集』）もあった。

乞匃であれば近世の乞胸には通じるが、けれども字意としておかしい。匃と匃は文字がきわめて似ていて、中世には混用があった。

本書では字形が近く文意も通る「匃」を採用し、「乞匃非人」（きっかい、またはこつがいひにん）と読みたい。従来の「乞丐非人」と同意の異字であり、匃が正字で丐が俗字である。

狭山池工事に非人が参加している。通常、加わることはないかのような人々までもが参加したというニュアンスであろうか。人々はどのようなかたちで参加したのか。女性や「少児」の参加も強調されている。女性はともかく少児（小児）の参加は、通常、土木工事ではあり得ない。労働力としても期待できない。碑文は単なる顕彰のための比喩なのだろうか。

そうではなかろう。碑文の記述は、中世の土木工事に対し、賤視され差別された人々が労働力として参加したことを示すと考える。なぜなら同様な事例がいくつかあるからだ。まずは正和五年（一三一六）の和泉国日根野《ひねの》村絵図に書かれた注記がある。九条家領であった日根野村荒野の南西のはずれ、庄域の境界線に重なるかのように池が描かれている。そこには「古作ヲ坂ノ物、池ニツキ畢」と記されている（服部英雄「日根野村絵図と荒野の開発」『九州史学』一二三、二〇〇二）。「坂ノ物」もまた、賤視され差別される人々たちを指した。中世非人の最大の拠点であった京都清水坂・奈良奈良坂や鎌倉鶴岡八幡宮には「坂のもの」がいた。紀伊国には坂惣分があった（本書238、

264頁）。

この池が灌漑する地域は日根野（九条家領）ではない。庄域外（九条家ではない領域）を灌漑する池である。それなのに古来よりの良田である日根野分の古作を潰して造られてしまった。くわえて築いた集団は「坂ノ物」である。ここには明らかに差別による非難の口調がある。「坂ノ物」の参加があった。日根野の場合はつねの一般的な事例ではなく、特殊事例だったらしい。

彼らは何故土木工事に参加したのか。土木工事は危険が多い。リスクを負う職業であり、それ故に人々が避けがちな仕事だったとはいえそうである。しかし中世特有の事情・背景として、本章では「土用の禁忌」との関連を考えてみる。

一　土用の禁忌と土木工事

碑文には工事日程が記されており、様子がよくわかる。用水池であるから、稲作への支障は絶対にあってはならない。工事は非灌漑時期（冬）に行われた。建仁二年（一二〇二）二月七日に「始堀土」、四月八日に「始伏石樋」、四月二十四日に「終功」となっている。どうしても田植えに間に合わせる必要があった。五月（旧暦）になれば五月雨（梅雨）が降る。梅雨の季節、すなわち田植時期に池が機能し、十分に水を行き渡らせること、つまり貯水開始が要求された。この年の四月二十四日はグレゴリウス暦五月二十四日（ユリウス暦五月十七日）に当たる。かろうじて梅雨入りに間にあった。

〔補注〕 旧暦（明治以前までの太陰太陽暦）から新暦（現行の太陽暦）への換算は、『新訂補正三正綜覧』（一九七五）による。『三正綜覧』（一八八〇）の改訂四版に相当し、明治以来、東京天文台が正誤訂正してきた結果を反映させており、三版八〇〇ヶ所の誤記が修正されている。同じ頃、電子計算による内田正男『日本暦日原典』（一九七五）が刊行された。朔旦冬至に関して計算値のママになっていた一九年ごとの十一月記載が、実行上の暦（天文上の暦に作為を加えた暦）とされたはずである。実際は各年各朔日に差はほとんどみられない。文永三年（一二六六）七月朔は、『三正綜覧』はユリウス暦八月一日、『暦日原典』八月二日である。前者はもとの『三正綜覧』を四版にて改訂したところであり（そこのみ手書きが活字になっている）、修正する前の記述と『暦日原典』が一致している。理由および正否は不明。また『新訂補正三正綜覧』には誤植がある（三〇〇頁・正元が立元、三五〇頁・永正六年西暦の二月は一月、三六五頁・天正十二年がふたつあって、後者は十三年、など）。順番を注意すれば気づく単純誤植がほとんどとはいえ、留意したい。

「三正」の三は太陽暦（ユリウス暦・グレゴリオ暦）・太陰太陽暦（日本・中国）・太陰暦（イスラム暦）の三種の暦法を指す。『日本暦日原典』にはイスラム暦はむろんのこと、中国暦さえ掲載されていない。日本暦と中国暦の対照ができないので、『三正綜覧』の補完にはなりえない。カシオ計算ソフト（http://keisan.casio.jp/ こよみの計算）は簡便で有効である。天体力学によるとあり、『暦日原典』と同じである。明治以降の旧暦換算も可能で、三正綜覧よりカバー域が広い。鎌倉時代に関しては、ユリウス暦が表示され、グレゴリウス暦（現行暦）は表示されない。国立天文台は旧暦に換算する一般からの質問に対し、『日本暦日原典』に依拠して回答しており、自身での国立天文台編になる換算表は作成していないとのことである。

四立（立春、立夏、立秋、立冬）と土用

二月七日に掘削を開始した。石を伏せた日、四月八日は灌仏会であった。お釈迦様の誕生日に、みなの気持ちを合わせ、巨大な石を伏せる。計算し尽くされていた。

その二日前、四月六日（旧暦）は立夏であった。立夏は太陽暦だから、旧暦での日にちは一定していないが、新暦（太陽暦、現行暦）ではおよそ五月六日である。この日四月六日がグレゴリウス暦五月六日（ユリウス暦四月二十九日）に相当した。現行暦で換算すれば、この間三月十七日から四月五日までの一八日間が土用である（三月は小で二十九日まで）。土用は春・夏・秋・冬にあって、立春、立夏、立秋、立冬（四立という）、それぞれの前、一八日間をいう。工事期間はまさしく土用期間を含む。

土公神

中世人は陰陽道《おんみょうどう》（中国の陰陽五行説に由来）の影響を強く受けている。陰陽道は土用の期間に土の掘削など、土をいじることを、とても忌む。すなわち土公神（ドコウジン、ドックウ、ロックウ）は春には竈《かまど》、夏には門、秋には井戸、冬には庭にいる遊行神である。土用の一八日×四は七二日だ

が、四回中に一回一九日の場合がつくられて、一日を加えた七三日が、土公神が移動する時期とされた。この七三日は春夏秋冬からそれぞれ土用一八日を引き除いたものであって、三六五÷五（＝七三日）に同じとされていた。土公は地霊的存在で、その所在を侵せば、強くたたるとされる。ほとんどの人々が土を掘り起こすことを避けた土用の時期に、重源は大土木工事を行った。二月七日に開始し、田植えに間に合わせなければならない。土用でも工事を行った。このことが「差別」の問題にかかわると予測する。

土用の禁忌

中世史料から土用の禁忌についていくつかの事例を挙げておく。

金堂之柱六七本、未着岸仕候へとも、土用以前に礎《いしずえ》居《すえる》計《ばかり》と存候之間（金沢文庫文書、『鎌倉遺文』三四巻二六一九五）

委細可承候、又山をハ石きり《（切）》ニ、土用以前ニきり《（切）》はて候やうに、きらせられ候へく候（金沢文庫文書、『鎌倉遺文』三八巻二九三二七）

このように建築工事や石切を避けた。中世の土用禁忌は『古事類苑』（歳事部、方技部）に詳しい。富沢清人『中世の荘園と検注』（一九九六）、山本隆志『荘園制の展開と地域社会』（一九九四）などの研究が言及したように、土用の期間には検注も避けた。

遂言上簗瀬検注事、土用以前尤可遂行之由（東大寺図書館所蔵因明短冊裏文書、『鎌倉遺文』三巻一二一六）

被定町段歩数、可令言上也、而土用之間、不能糺定、但相計其程（保延三年〈一一三七〉九月・妙高寺文書、『平安遺文』二三七六）

検注は土を対象とするからであろうか。丈量用に土にふれることが多かったからであろうか。検注も禁忌だった。

貴族の日記では土用禁忌の記事はさらに多い。

土用間誡雖不犯土（『小右記』寛弘八年三月十九日条）

土用間可忌触土（『小右記』長和五年五月二十日条）

件両国(伊予・土佐)于今不勤、十六日土用、彼以前国々築垣等可築究之由（『小右記』寛仁三年十二月十三日条）

従明日土用、不可築乎否事同令申、臨昏来伝攝録命云、土用以後不可犯土者（同十五日条）

如土用事日不可犯土（『小右記』万寿五・長元元年七月十日条）

雖土用しハフスル《芝臥する》ヲハイマス《忌まず》ト大炊頭光平申、仍山ニ臥之　又池南ミキハ《汀》ニ石ヲ置其上同臥之
（『殿暦』永久四年九月六日条）

今日被渡釜殿釜、土用中可有憚歟之由、被尋陰陽寮（『経俊卿記』建長三年六月二十七日条）

土用已後可沙汰之由申之（『建内記』正長元年六月十日条）

こうした意識は貴族だけに特有のものではなく、民衆も同じだったと推測できる。なぜなら土用での土いじりの禁忌は、いまも民衆生活に根付いているからである。陰陽思想は庶民に浸透していた。九州各地で、聞き取りをした事例を三つ紹介する。

1　福岡県京都郡犀川町伊良原・釜の河内にて

昔は竈作るのに土で自分で作った。土をいじってはいけん日がある。土用のうちは土を取られん。火事が起こるとか、昔のものはいいおった。土がほしかったときはその前に注連縄を張って、土の神様にこれだけの土をくださいと頼むと良い。新しい土を取るのがいけない。壁土も避けた（『伊良原』福岡県教委、一九九九年、九大QIR、http://hdl.handle.net/2324/17967）。

2　熊本県球磨郡山江村合子俣にて

土用に鍬あげたらいかんというのはよくいった。竈も炭窯も一緒。新規の竈。やっぱり縁起を担ぎますから。それは守る。泥ねって口塞いだりするとは関係ない。戸口の《を》うちかけたりすっとじゃなかです。新規の竈作りが問題。どうしても土がいるときは、土用の前に土を神さまからもらっと

け。

3　福岡県朝倉市（旧甘木市）江川栗河内にて

炭の窯作りは一〇〇日ぐらいかかる。盆過ぎ頃に始まって、需要期には間に合わせる。むかしのひとから、土用につくるのはあんまりようない（よくない）と聞いている。土用の神様がいるからとかいった。

さて以下、中世の記録から、乞匃非人よりもより激しく差別されていた人々、当時「河原のもの」、「穢多」といわれていた人たちが土木工事に従事している記事を集めてみたら、明らかに土用期間に行われた工事もあった。

当築地崩、河原者請取搗也、九百云々（『鹿苑日録』天文九年六月二十日〈現行暦で一五四〇年八月二日に、ユリウス暦で七月二十三日に相当〉、立秋は八月七日だから五日前で土用）

「河原者請取搗」とある。搗は「つく」である。工事請負を承諾したという意味か。築地塀が崩れたのだから急ぐ理由があったのであろう。築地塀の崩れた土はもともと掘り出してあった土だから抵触しないだろうが、搗き直すのであれば新規の土は必要だったと思われる。土用の間も河原ノ者であれば工事が可能であり、河原ノ者はあらかじめ土を用意するなどしていたのかもしれない。

河原ノ者が受けとった九百（文）、そして「搗」が具体的に何を指すのかはよくわからない。一文は百五十円相当として九百文は十三万五千円相当である。全体の工事費ではあるまい。支度金・手付け金というニュアンスがある。おそらくかなりの対価が支払われた。彼らにしかその仕事はできず、彼らにしか依頼できない。土用という特殊な時期に依頼する。需要供給のバランスからいって、割高になった。

二　河原ノ者、エタと井戸掘り

次に井戸掘りにかかわる記事が多数あった。

『師守記』貞治元年（一三六二）十二月六日条
今日西井被堀《(ママ)》之、鳥目一連賜穢多了、今廿文酒直別賜之歟、井〔水〕自六月十三日旱魃、
諸々井水払底、悉払底之故也、

『蔭凉軒日録』延徳三年（一四九一）十月条
五日、（略）鑿松泉軒井、河原者三人有之、
七日、（略）河原者三人鑿小井之底、塗竈安釜、珍重々々

『北野社家日記』（明応二年三月十五日）

一 今日巽井河原者来而直之

陰陽道では井戸掘りは秋七月から九月は行うことはできないとされていた。井戸には土公神がいたからである。土用の禁忌に同じである。

土用のタブーも秋の井戸のタブーも一連のものだった。史料にみるかぎり、井戸掘りはさすがに秋を避けている。工事を命じた側にも祟るかもしれない。秋の工事は避けたが、井戸掘りが「河原ノ者」専門の仕事になっていた背景には、仕事の危険性に加えて、土公神タブーへの抵触、恐れがあったのではないかと考える。

なお『師守記』では鳥目一連が支払われ、それと別に酒代二十文が支払われた＊。鳥目一連すなわち百文はおよそ一万五千円。酒代二十文は一文を百五十円に換算して三千円だから、おそらく若干名分であろう。井戸は一日では掘り上がらない。井戸穴を開け、木枠をはめ、石を積む。濁り水が澄んで使用できるまでに何日もかかったであろう。十二月六日・一日分の日当だった。

＊ 東寺百合文書「宝荘厳院引付」・永和元年（一三七五）十二月十日条（『大日本史料』同年雑載）では穢多と注記された忠節な河原者に、酒直の足として三百文が支給されている。

三　河原ノ者と作庭

次に土公神は冬、十月から十二月には庭を遊行していた。そこで庭と河原の者に関する中世の記述をみよう。冬の事例として以下があった。

『看聞日記』（永享二年閏十一月）
十八日　南庭嶋形滝頭石等河原者立之（中略）河原物仙洞御庭物也
二十五日　南庭山水立石今日周備了、河原者賜禄物

『蔭凉軒日録』（永享七年十一月）
七日　南禅寺慶祥軒、庭前柏樹、遣河原者被召之、

『蔭凉軒日録』（明応元年十一月）
二十七日　自伊勢備中守殿宅、移庭松四株、河原者十六人入之
二十九日　河原者来栽庭松、善阿他適之故、左近四郎来栽之、河原者十六人、其外力僕数輩加之、大松四本、自伊宅（伊勢備中守）来、中松三株自意足庭前移之
晦日　早旦遣柏首座於鹿苑寺、前諾之小松取之、河原者八人、車一両、力僕数輩加之

（明応元年十二月）
朔　左近四郎来栽庭樹、河原者八人有之、自鹿苑寺山、来松樹十六本栽之、自東門前万善力者、
后園紅梅一株移之栽庭、

また庭ノ者として「御ゆとの、上の日記」天文十二年十月二十五日条があり、これも冬である。

御庭いてき《（出来）》まいらせて、ちかころ《（近頃）》み事《（みごと）》なるよし、みなみな申さる、、（略）御庭の物とも御たち《（太刀）》御おひ《（褒美）》下さる、

「河原物仙洞御庭物也」とあるように、「庭ノ者」は「河原ノ者」と同義である。仙洞御所に出入りし、時の権力者伊勢備中守の屋敷の松を移植している。「河原ノ者」は差別はされたが、地位は高かった。彼らはごくあたりまえに冬に庭の修理や手入れをしている。庭木の移植は葉が落ち、水分も抜けて、木が軽くなった冬、木の活動が低下する冬に行われる。よって土公神のタブーにふれざるを得ない。しかしまったく無関係のようである。ただしそれができるのは河原ノ者、庭ノ者だけであった。河原ノ者、庭ノ者であれば、土公神のタブーは回避でき、超越でき、依頼した側にも影響を与えない。そうした社会通念があったと思われる。河原ノ者は八人、一六人とチームを組んでいる。車一両も所有していた。当時車といえば牛車だから、貴族の乗用、官衙の軍事・輜重用の

みだった。河原ノ者はその高価な車をもつだけの財力、資産力があった。

よって土公神の祟りと河原ノ者の労働について、以下のようにいえる。

おおよそ土木工事は土用の期間は避けた。災害対応など緊急の工事は河原ノ者が行った。とくに危険な井戸掘りは秋には行わない。秋以外でも従事するのは河原ノ者に限定される。庭での工事は土公神の祟りがあるはずの冬でも行われていた。これに従事したのも河原ノ者で、彼らは庭ノ者といわれることもあった。つまり土公神の影響がおよぶ可能性のある場所で仕事ができたのは、河原ノ者たち被差別階層・被差別大衆であった。

ほかにも中世の土木工事に差別された人々が参加したと推定しうる事例はいくつかある。

石切

「石切」は「弾左衛門由緒書」(『日本庶民生活史料集成』一四)にみえて、彼らの支配下として主張されている。

『続正法論』応安元年(一三六八)八月二十九日条(『大日本史料』六編三〇、三四頁)に、石工と考えられる穴太《あのう》散所法師が比叡山西坂の道路を修理した記録があり、原田伴彦「石工と脱賤民化」(前掲書所収)に紹介されている。

応安元年八月廿五日政所集会議曰、重可被相触寺室事、来廿八日神輿入洛事、三塔既令一同之間、更不（可脱カ）有予議之処、西坂路次険《けん》麁《そ》無極条、穴太散所法《ほう》師《し》原《ばら》存奸曲故也、所詮明日廿六日巳点令登山、重可造之旨、可被加下知、敢無余日上者、争存緩怠哉、厳重可被加炳誡事

穴太は夙（宿）ノ者と同様に「穴太出雲」「穴太駿河」のように国名で呼ばれた＊。当時国の名前のみで呼ばれた集団は差別された集団だったと考える。

＊『駒井日記』文禄二年十二月二十六日条、北垣聡一郎「穴太の系譜と石材運搬」（『日本城郭大系』別巻1）。豊後国・岡城普請には「穴太伊豆」がみえている（文禄三年、『中川家資料集』一一八頁）。

地均し

叡尊は文永六年（一二六九）三月の文殊縁日に、非人を生身の文殊菩薩に擬して供養を行うことを文永五年の秋に議している。叡尊の伝記である『感身学生記』によれば、文永六年三月五日、施場と定めた般若寺西南の野（般若野五三昧北端）の地均しを北山非人に課し、地形の高下を整地させた。これはもともと非人施行を行う場を造るためのものだから、非人が参加することは当然だった。この場合、三月五日はグレゴリウス暦で一二六九年四月十四日に該当する。この日自体は土用に抵触しない。しかし文殊供養はそれより二〇日後の三月二十五日に行われた。新暦五月六日が立夏であれば、四月十七日（新暦）から土用に入ったであろう。地形工事がわずか三日で終了したとは考

えにくく、土用の禁忌に抵触することは必至であった。叡尊はそれをタブーはとはしなかった。

タブーを克服したものたち

以上の考察から、以下のように結論したい。当時の人間の心を圧倒的に支配していた陰陽道・土用の禁忌を克服できるものがいた。第一には差別された人たちである。「乞匃非人」（「坂ノ者」と同じであろう）の場合もあったし、「河原ノ者」の場合もあった。とくに「河原ノ者」は土用期間でも土木工事ができる論理（抜け道）や方法を用意していたらしい。タブーに対し、通常よくある抜け道は着手の日のみ禁忌の日を避ける、あるいは材料である土だけは事前に用意するという方法などだ。冬の庭仕事は、通常ではタブーとされたが、冬であっても彼らの専売特許になっていた。

井戸掘りは生活に不可欠で、数も多くあったが、じっさいに掘ることはきわめて高度な知識と技術が必要だった。危険な仕事でもあったから、一般人はもともと従事できない。これも河原ノ者が独占した。おそらく作庭・造園も同じような過程を経て、河原ノ者のみの仕事になった。「坂ノ者」も「河原ノ者」も通常人がさわり得ない仕事の領域を自身の領域にした。

そして卓越する宗教者、カリスマたちもまたタブーを克服できた。彼らは禁忌を犯すことによる祟りをわが身一身に受けた。したがって彼らの指示で、土用の禁忌はタブーではなくなった。

被差別大衆しかり、重源や叡尊のような卓越した宗教者しかり、いずれもタブーを克服できた。一般人が避ける期間であっても、どうしても土木工事を行わなければならない事態は必ず生じる。

高僧と被差別大衆のみが唯一タブーを克服できる。彼らであれば祟りを他に及ぼさない。それこそが力となった。土木工事に長けた行基・空海らは、そうした力とカリスマ性をもっていた。

狭山池の場合「乞匃非人」であった。非人も同様に石切・地業に従事した。

禁忌がなく常時の作業が可能な「河原ノ者」、それに対して常時には作業が不可能な一般の百姓。後者からみれば、前者には恐怖をものともしない尋常ならざる力がある。特殊な役割として始まった仕事が、いつしか専門化する。当初から他を排除し得たから、「河原ノ者」の独占業種となった。為政者にとっても有益なのはタブーのない人々だった。石切の後裔、穴太は士分格に取りたてられていく。おそらくほかにも為政者に重用されたグループは多かったであろう。とりわけ軍事に関する側面では重用された。一部上位者は「脱賤」できたと考える。

〔付記〕　本稿のもとは二〇〇二年十月二十六日大阪府立狭山池博物館における講演「鎌倉時代の開発と土木工事」(「重源とその時代の開発」)である。その後、井原今朝男氏による土用の禁忌と被差別民を扱った「連載　今にいたる中世寺院・僧侶の実像」が『寺門興隆』(二〇〇四年九月号~二〇〇五年二月号)に掲載された。服部報告分は遅れて歴史読本『歴史における悪所・被差別民』(二〇〇六)に発表したが、そのときは井原論文の存在を知らなかった。よろしく参観されたい。過去、日本中世史学界において宝月圭吾氏と中村吉治氏がほとんど同時期に灌漑用水に関する論考を競い合うように発表したことがある。井原氏と筆者も問題関心を共有できる同世代研究者である。

第六章　サンカ考

一　筒井功による三角寛批判・三角サンカ像の崩壊

サンカ、という言葉になつかしさを感じるのは、どの世代までなのだろう。

わたしは父親（大正五年生まれ）からこの言葉を聞いた。町ぐらしの父がサンカを知っていたわけではない。図書館で三角寛の本を借りてきてほしいといわれた。高校生の頃（一九六五〜六八）、ちょうど三角の本が評判になっていた頃だった。その後、大学に入って茨城県真壁で聞き取り調査をしていたときも、サンカという言葉を聞いた。常陸地方にてはサンカをみかけることが多かったようだが（柳田国男「茨城県の箕直し部落」『定本柳田国男集』三〇）、詳細を記憶しない。

サンカは山野を漂泊する。容易に姿をみることがない。まぼろしのサンカとして、人々の関心を引き寄せてきた。

九州にて勤務するようになってから、農村や山村の聞き取りでサンカの話も多く聞いた。だがサンカという言葉について知る人はおらず、カンジンまたはヒニンといっていた。後者のヒニンが多かった。むろん「非人」に由来しよう。地名にもかなり散見でき、ヒニン井手（安岐町）、ヒニン淵（犀川町横瀬）、ヒニン石（非人石・佐賀県東松浦郡南山村・浜玉町、「明治十五年小名字調」・『明治前期全国村名小字調査書』4による）などは、彼らが宿泊した場所、キャンプ地を指していた（後述、439頁）。

ヒニンなる呼称は九州に限るものではないようで、宮本常一『山に生きる人びと』(一九六四)所収「サンカの終焉」にも、「奈良大阪地方ではこのなかまをサンカとかヒニンともよんでいた」とある(五八頁)。

サンカはヒニンと同じような差別用語である。サンカは里人から差別されていた。接点をもつ機会は箕直《みなお》し営業のとき、注文から修理品の受け渡しまでの間、それだけである。作業の間は農家の庭先を借りたという人もいるけれど、サンカは極力人目を避けたらしい。自分の小屋にもちかえって仕事をするのがふつうのようだ。言葉の通りであって、サンカとは、江戸時代までは「非人」身分に属する人たちであり、世間の人々を警戒し、接触を避けてきた。

本書はまず、人々の関心を引きつけてきたサンカが、非人として差別されていたことを明らかにするが、同時に差別された側がもつ心、そして力をみる。差別された側のみがもち、差別する側はもち得ない心性・才覚を考えたい。

サンカ(セブリ)の存在を世に広く知らしめたのは三角寛(一九〇三~七一)である。三角寛こそが謎めいた魅力的集団としてサンカを描いた人物である。彼は朝日新聞社の社員でジャーナリストだった。サンカ小説を書き、流行作家になった。しかし三角の作品について、筒井功『サンカの真実・三角寛の虚構』(文春文庫、二〇〇六)が真相を明らかにしている。三角作品は事実ではなく、事実をもとにした創作である。一定程度の真実をもとにしていたかもしれないが、本質的には創作だった。ノンフィクションではなくフィクションである。

もともと三角は取材の過程で複数のサンカ（グループ）と接点をもっていた。しかし三角のその時代には、移動生活を継続するサンカはすでにいなかった。サンカの生計は箕作り、箕直しに主な部分があったが、ビニールの普及で、どの農家にも竹の箕や笊《ざる》があった時代は終わりつつあった。もはや移動生活（「放浪遍歴」）による営業、つまり箕直しでは生活が、なりゆかない。サンカの多くは都市の定住生活に移行していた。もはや写真を撮ることはできない。撮るとするなら、過去の時代の再現（復原）にならざるをえない。彼らの衣装も天幕も、三角が持参した。河原にて焼け石を投げ込んで沸かす風呂（焼け湯）も再現されたが、底に敷かれたのは桐油紙ではなく近代的なビニールで、これも三角が持参した。こうして撮影がなされた。被写体となったのは、まちがいなく、かつてサンカと呼ばれた人々であったが、三角が経営していた池袋人生坐で働く人が多かった。被写体が、移動生活をしていた（元）サンカだという点では、一部の真実を含んでいた。それ故であろう、アピール性もあったし、迫力もあった。しかしながら三角は写真を、正しく「再現・復原」だとはいわなかった。一〇年以上も前に撮影したもので、リアルタイムの写実・撮影だと発表した。同じ場所（ロケ地）にて、いちどに撮影された多数の写真が、遡ったさまざまな時代と季節に、別々のさまざまな場所、関東地方の各地にての撮影記録であるとして発表された。写真はひとをたやすく信じこませる。世間の多くは三角寛の作為をすべて真実だと思い込んだ。

三角は東洋大学に学位申請論文を提出し、博士の学位を得た。そのダイジェストが『サンカの社会』（朝日新聞社、一九六五）として刊行される。サンカの生活を写真で紹介した。世間は受け入れた。荒井貢次郎のみが批判した。*

* 荒井の批判は「幻像の山窩」「武蔵野の放浪民衆」（のち『近世被差別社会の研究　東日本の類型構造』明石書店、一九七九）、『サンカとマタギ』（日本民俗文化資料集成）1にも再録、三二一頁〜）。

筒井功氏によれば、三角の学位取得は順調ではなく、いちどは教授会で却下された（同書解説一三三頁）。荒井は東洋大学法学部の教員だった。論文は法学部ではなく文学部に提出された。学部が異なってはいたが、被差別社会の研究者である荒井にも審査委員を受けよとの打診があった。論文を一見し、彼は断る。だが、のちに書いたものでは三角の学位論文の内容に言及している（上掲論考）。荒井こそが三角の学位授与過程にて、直接間接に否定的な影響を与えた人物だと推測できる。しかし荒井（法学部）の意志とは逆に、東洋大学（文学部教授会）は博士号授与を決定した。荒井が指摘した矛盾点・不自然さのみでは、三角の世界を否定することができなかった。

それから半世紀近くが経過した。被写体となった人々、つまり過去にサンカであった人々は、個人名が雑誌『マージナル』『歴史民俗学』などにて紹介されつつあったし、利田敏『サンカの末裔を訪ねて』（批評社、二〇〇五）も刊行されていた。少年少女として写真に収まった人物の、半世紀のちの姿である。筒井氏は直接に彼ら彼女らを取材して、三角写真のほんとうの撮影場所の確定に成功した。

筒井氏は三角の虚構を完膚なきまでに暴いた。彼は有能なジャーナリストであり、その仕事ぶりに、卓越した調査能力が感じとれる。わたしは三角の写真を見たときに、このような写真が残っていることにおどろいた。疑うよりもおどろいた記憶しかない。それでもサンカが写真に撮られることを極端に嫌うはずだとは知っていた。被写体となった人物の、みょうに屈託がなく、明るく、平然とした態度・表情を不思議に思った記憶はある。また三角が大分県竹田市近くの出身であるにもかかわらず、鳥養孝好氏の竹田周辺のサンカ研究（後述）と、まったく接点がないことも不自然に思った。だがその疑念を徹底的に追求しようとは思わなかった。

サンカ文字は三角の虚構の最たるものとされている。サンカ用語自体が創作だったようだ。筒井氏はサンカ用語に関して三角が「著作権」を主張したことを紹介している。すなわち三角は、サンカ用語は自分の創作、ないし死滅語の復活であるとしている。三角にすれば創作なのだから、虚構という批判はそもそも的外れだとなる。サンカはよく符丁を使う。縄張りである山林内の木立に、縄張りであることを明示する記号を残すことがあるという。三角はそれにヒントを得てサンカ文字を創作したのだろう。一部の真実は含まれていた。だから都会人から隔絶したサンカの行動と世界に、多くの人が関心をもち、魅せられ、共感したのである（三宅武夫「ブランコ」は松山でサンカ文字が通用したとしており、これを根拠にサンカ文字の実在を強調する向きもあるが、三宅自身、三角の強い影響下にあったことはまちがいない。前掲『歴史読本』）。三角の遺児たちが父の作品は学術的な価値には疑点があると明言していたのは、三角が時おりには、みずから子らに語っていたからであろう。三角の世界のなかでは虚構ではなかった。あくまで作品だった。三角の基盤は真実に素材を得たうえでの文学・小説（フィクション）であり、サンカ研究も、その延長上にあった。三角のレポートは参照にはできても、全面的な依拠はできない。われわれは三角の影響のない世界に立ち返る。

そこで以下では、三角以前の人たる松浦武四郎（一八一八〜八八）、三角に先行する三田村鳶魚（一八七〇〜一九五二）をとりあげる。松浦武四郎の叙述はサンカの初見史料のようだが、これまでのサンカ研究では言及されていない。三田村の記述は引用されても正しく意味を追跡しようとはされていない。

ほか柳田国男（一八七五〜一九六二）、サンカとともに暮らした清水精一（一八八八〜）、同時代人だが三角の影響を受けていない宮本常一（一九〇七〜八一）らの著作をあわせ検討する。これらの作業によって、サンカの歴史像を復原する。

なお後述するが筒井氏のほか沖浦和光氏などがサンカ＝非人説を否定している。本稿はサンカ＝非人説に立つので、この点の検証も行う。

二　野人・松浦武四郎の窮地を助けたサンカ
――美濃「郡上の爺」と飛驒舞台峠・薬草の提供者

松浦武四郎は文化十五年（一八一八）から明治二十一年（一八八八）の人。探検家として知られる武四郎が若き日にサンカ（「山家《サンガ》」）についての記録を残している。武四郎のこの記録はほとんど知られていない。近世のサンカについては後述する安政二年（一八五五）の史料がこれまで最古とされてきたから、さらに二〇年遡る。初見史料であろう。貴重な記述である。

天保六年（一八三五）、つまり彼が十八歳（満年齢）のとき、北陸に始まる長旅をした。まだ少年といってよい。その一部が『飛驒紀行』であり、『神岡町史』資料編下巻（一九七六、編集担当葛谷鮎彦氏）に収録されている。ただし出典の記載がない。*松浦武四郎記念館（三重県松阪市、山本命氏）でも当方からの照会まで存在を把握していなかった。原本未確認とはいえ、文体は武四郎のものにまちがいないとのこと。この年、武四郎が北陸より飛驒美濃を経て三河信濃を旅行したことは、『校注簡約松浦武四郎自伝』（松浦武四郎没後一〇〇年記念事業協賛会、一九八八）によって確認できるし、飛越国境の籠の渡しを見ようとしたこと、船津・猿橋・高山・下呂（入湯）、四月中旬に美濃苗木という径路、さらには出瘡（はれもの）に悩んでしばしば村役人宅の世話になったことなど、内容が『自伝』と完全に合致する。頑強な武四郎も、この間はかなりの体調不良だった。

武四郎はサンカを「山家《サンガ》」と表記する（ルビが町史編者によるものなのか、武四郎の原注なのかは不明。前者か）。『飛騨紀行』ではサンカは珍しい存在ではない。武四郎は下呂から苗木までの間で複数回、サンカに出あっている。最初の遭遇では村の名前の記述がないが、下呂より南、美濃苗木への峠を越えようとして体力不足であきらめた。その峠は舞台峠と推定され（『神岡町史』）、その手前の村というから、村は御厩野《みまやの》、そこの辻堂が出会いの場であろう。

武四郎の短い記事から、サンカの実態の多くを読むことができる。武四郎は辻堂にて出あった人物らを「乞食」と表現しているが、自身は平気で彼らと三夜同宿しているし、子どもから魚を与えられ、三日目の朝には粥ももらっている。苗木に行っても同じように同宿した。探検精神に富み、好奇心旺盛な野人であった。差別意識はかけらもなく、痛快なほどだ。サンカの親切を懐旧し、「今筆を取るも、涙こぼる、ばかりなり」と書いた。サンカの親切は常人とは異なる温かみのあるものだった。民俗事例でも若者組（青年宿）とサンカの同宿は珍しくはない（本書439頁）。若者らには、やって来る山の生活者への差別意識は、稀薄だった。

武四郎がいた辻堂には三人の乞食が来たとある。ほかに子どももいたようだから、三家族であろうか。グループを統率していた人物は、飛騨にいたけれども「郡上《ぐじょう》の爺」と称し、武四郎との別れに際し、「郡上の爺」と三晩、ともにいたといえば、それだけでサンカ仲間が便宜を図るといっている。郡上は美濃（北濃）である。「郡上の爺」の影響力・組織性は飛騨にも東濃にもおよんでいた。事実、武四郎は苗木において「郡上の爺」の言うとおりにして、恩恵を受けた。「郡上の爺」は、世話役で、おそらく広域の「親分」だろう。彼は郡上郡（美濃・北濃）のどこかを根拠としていた。城下、郡上八幡はずれの非人村だと推測する。そして飛騨にやって来て、再び美濃（東濃）に向かった。その縄張りは国境を越えていた。

山ばかりに泊まり、人家に泊まらぬ、「若し泊まるときはその仲間にて、隣国にては決して徘徊させず」とある。人家に泊まるときはサンカ仲間の人家に限定され、隣国では行動させないという意味であろう。サンカは野外泊のジプシー生活のみに生きるのではなく、国中のどこかには人家（わが家）をもっていたという意味にとれる。友交わりをしない、ひとりずつ鍋を持つ、「厳法」つまり、きびしい掟、厳格な法律があったと、サンカの特色を武四郎は列挙した。「友交わり」をしないという記述は、『塵袋《ちりぶくろ》』の「非人、かたひ（乞）、えたなと（穢多）、人ましろひ（交際）もせぬ」という記述を思わせる。ぞうり・わらじを作り、箕を直すとあるところも、サンカ生活そのもののようだが、われわれの予備知識と異なって、それは「雨降りの内職」だとある。晴天の日中は別の仕事をしていたことになるが、武四郎は病気で休養中、彼らと日中の行動をともにできなかったから、記述はない。また富裕で財をなしているサンカもかなりの数がいると記している。

子どもの魚釣りがうまかったところもサンカらしい。糸も針も竿も脆弱でかつ貴重だったときに、たちまちに三寸のウグイ三匹を釣る手腕はみごとだし、必要な数以上に魚を釣ることもしなかった。医学も心得て、脈を診、山野草（薬草）を知悉し、その煎じ方など処方にも詳しかった。苗木のサンカは、この点、より顕著である。武四郎は二本杖（おそらく松葉杖）にて舞台峠を越えた。「苗木辺」でまずは庄屋を訪ねている。しかし結局そこでもサンカをたずねることになり、「郡上の爺」の話をし、再度苗木の泊り堂にて同宿することになった。彼らサンカは武四郎のため、宿泊所（泊り堂）に近辺の医者を「頼み連れて」きている。往診である。そして「煎薬十二貼を貰いうけ」とある。薬を出したのは医者で、もらいうけたのは乞食たるサンカである。先の御厩野の例と合わせても、山野の薬草に詳しいサンカは、医者への薬提供者であった。その関係で、彼らは医者からたやすく薬をもらうこともできた。

清水精一『大地に生きる』に大阪四天王寺・蜜柑山のサンカの生活が紹介される（『サンカとマタギ』に再録、二三八頁、原著奥書に清水氏の経歴は書かれていない）。

病気、発熱は草根木皮で治療する。発熱の時は蚯蚓《みみず》を煎じて飲む。咳の出たときは蜜柑の皮など柑橘類の皮を煎じて飲む。とくに面白く感ずるのは、その草根木皮が春夏秋冬、皆その時々のものが、その季節に起こり易い病気の治療剤になって居る。

彼らはどこでも薬の知識が豊富であった。ミミズを煎じてのむ解熱は中世後期の貴族の日記『(九条) 政基公旅引付』の冒頭・扉に書かれていて、貴賤を問わなかった。漢方薬ではミミズを地竜といい、速効の解熱効果が認められている。近世美濃の場合では医者とサンカとの間に医薬の提供・分業があった。サンカが主たる薬草供給源だった。サンカには安定した収入があり、裕福な面もあっただろう。武四郎は、彼らが遠火で干し置くという処置を施したうえで煎じてくれた薬の効用で、快調に戻ることができた。あとで薬の名を聞かなかったことを後悔している。

なお、「苗木辺にて山家と見る度に（中略）、其山家等ことごとく」とあって、「見る度」、「ことごとく」とあるから、武四郎が苗木にてサンカに出あったのは一グループだけではない。そして「苗木辺」が城下の周囲という意味なら、苗木城下の非人村を指すのではないかと考える。

このように武四郎の文から、サンカ＝非人として読むことが可能だと考える。まず「乞食」と呼ばれていること、次に彼らが飛驒で行動していても「郡上の爺」のように根拠地の名で呼ばれていること、また城下である美濃苗木の周辺にも拠点があったことが、その理由である。

武四郎は、サンカは悪いことはしない、銭を与えてもなかなか受けとらない、と記している。通説のイメージとは異なると思う。武四郎は江戸時代の人である。われわれが知る研究者の報文はみな明治以降のもので、それも主として警察からの情報によっている。おおらかで、プライドも高かったサンカの生活に、はたして解放令はどのような影響を与えたのか。熟慮したい。

以下に原文該当箇所を引用しておく（『神岡町史』史料編下巻、一二七六頁以下）。

松浦武四郎『飛驒紀行』

（下呂より）一日路行、村名失念せしが、庄屋にて宿を乞ひし處、翌朝何分気分あ《（悪）》しく、癪気ますます来り、起き難き故、如何せんと思ひしかば、宿の主人いたく憐れみ、是より先、上下り四里の峠《(舞台峠)》あり、中々其からだ《(体)》にては行難《いきがた》し、庄屋に願、壱・両日休みて其より出立せよとて、我が立起らぬ訳を庄屋へ云呉たれば、庄屋も来り、我を見て、如何にも是にては難渋なり、此家にても定めて迷惑ならん故、前の辻堂に到りては、と云しかば、我も蚕の多き人家に寝るよりは、其方よろしと、辻堂へ戸板にのせ《(乗)》られかき行きもらひ、爰にて寝たるを、村中順番に一日づつ握り飯を持運び呉たり、其二・三日の中は金《(睾丸)》腫れ、是より水の出る事、両股をひた《(浸)》し、其下に敷たるふとん、ひったりとぬらしぬる故、我は其ふとんを取片附て、むしろの上へ直に寝たり、其より大に腫も減じて快なり、藁の人身に薬たる事、是にて知れぬ、或夜乞食三人其堂に来り、我寝たるを見て大に憐れみ、其者等三人堂のうしろにむしろ敷、泊らんと如図、自在《(鍵)》を作り、飯炊き、汁・茶等までも煮て食したりけるが、此乞食は此辺にては山家《サンガ》と云よし、総て山に斗《ばか》り寝て、人家には泊らぬ法のよし、若し泊る時は其仲間にて其隣国にては決て徘徊させず、又友交りもせざると、是にて随分と貯財の者も有《ある》よしなり、至て厳法のよしなり、人ごとに一つの鍋を持居、其雨の降る時等は、草履・草鞋を作り、又箕を直したりして内職す、其堂等にて泊りし時にもすれど、是も決してわるき《(悪)》事をせざるものなりと、此者我が脈を見、また総身等見て山に入り草を三品斗《ばかり》摘来り、翌日迄遠火にて干置《ほしお》き煎じ呑し呉れ、又一人の子ども釣《(ママ)》を持て川に行きしが三寸斗りの石斑魚《うぐひ》を三疋程釣来り、焼て我に喰《くえ》と云《いい》呉ける に、我辞して不喰しが、強て旅にて煩ひ斯様なる処に寝、唯梅干に握り飯位《くらい》喰ひては躰も疲《つか》るる故、遠慮なくと云呉ける故、一疋を貰ひ喰ひしが、強て其晩にも其二疋を握り飯の菜《さい》にと、あたため呉《くれ》たり、三日目に其山家《サンガ》は其處を外へ引越と云につけ、一朱《（金貨）》一つを遣したるに中々不受、其朝も粥を煮て我に振舞呉たり、別《わかれ》に臨て是より美濃の苗木の方に行と、如我山家《サンガ》に出合給はば、郡上の爺と云に此處《ここ》にて逢、三日斗《ばか》り同宿したと云へと、おしえ《（教）》しが、如何にも爰を出立し苗木辺にて山家と見る度に、郡上の爺に飛騨の国何峠の彼方何村にて、三日世話に成りしと云ひしが、其山家等ことごとく我をいたわり、此姿に成りて人の門口を数る様なる様子になり、さぞさぞ気の毒、此辺は木賃もなし、また旅龍《はたご》やも大井迄はなし、農家はリヤウブ摘またかしき《（刈敷）》と云て、田のこやしにする木の若枝を苅に行、また家には蚕時にていそがし、我等が寝る處にても宜しければ泊りて行《いけ》と、いともいともねもごろ《（懇）》に云呉れ、又泊り堂にて自分近辺の医者を頼連来りて、我に煎薬十二貼《はり》を貰呉《もらいくれ》、一日滞留をすすめ、煎じ呑し呉たり、其心切実に今筆を取るも涙こぼるる斗《ばかり》なり、此控《ひかえめ》の厳なる事実に妙なり

扨此取り草にて大に快よし、唯其名を聞置ざるぞ、残念なり、九日ぶりに爰を立たんと庄屋に暇乞せしかば（以下略）

＊初版刊行後に飛騨市神岡町在住、都竹清隆氏より神岡町史記載『飛騨紀行』の出典は、『飛騨史壇』5巻4号（大正九年）所載の「松浦孫太・松浦弘の伝　付＝飛騨紀行」であるとのご教示を得たので付記する。孫太は松浦弘すなわち武四郎の孫である。

三　セブリとサンカ——三田村鳶魚の非人論

サンカの住居をセブリといった。『日本国語大辞典』に「せぶる」という項目がある。語義は「寝る、眠る、休む、横になる」、サンカ仲間の隠語として「山野に仮泊することをいう」ともある。サンカという言葉の意味に「山で寝ることをいう」とある（『隠語大辞典』日本隠語集）。サンカとセブリには語義に共通するものがある。『定本柳田国男集』では三ヶ所にセブリが登場するが、柳田はセブリとサンカを同じものとして記述している。「『イタカ』及び『サンカ』」（定本四巻）では大垣警察署長広瀬寿太郎氏の見解として、サンカには四種ある。セブリ、ジリョウジ、ブリウチ、アガリで、セブリが数において最も多い。野外において小屋を造り、魚を捕り、サヽラ・箒・籠・草履などを作りて売り、または人の門に立ちて物を乞う。これがセブリである、とする。『美濃越前往復』（定本三巻）には、

> サンカに四種あり、一をセブリと謂ふ。オゲ・ノアイ・ポンなど是に属す、さゝら・イカキ（笊）を売り、河川の漁をなすはオゲ・ノアイなり。又ポンス・ポンスケともいふ（略）、セブリの特色は神社仏閣、岩や橋の下に露宿する点に在り。

とある。続けて、

明治二十六年中、三河西加茂郡の三国山に、何百人というセブリの露営せるを発見せしことあり。一年一回爰に集まりて、結婚式を挙ぐなりといふ。

碧海郡重原にても五六十人の露営せるを見たることあり。東京付近の山林に居るといふ者も此セブリなるべし。セブリのみにても全国十万を下らざるべしと思はる云々、

と広瀬署長の見解を引用し解説する。このセブリは大方がもっているサンカの印象に重なる。

次は三田村鳶魚（明治三年〈一八七〇〉～昭和二十七年〈一九五二〉）の文章である。博学な彼の見識は大いに参照できる。『江戸東京辞典』あるいは『江戸の白浪』（『三田村鳶魚全集』十四巻）にセブリについての言及がある。前者を引用し、後者（一三二頁）のみにある記述を、便宜上△を付して補足する。

◇世間師とせぶり

物貰いには三種あるので、第一は非人から出るやつ、第二は乞胸《ごうむね》から出るやつ、第三は願人坊主、この三種からいろいろなことになっております。まず非人から出る物貰いから申します

と、非人から出る物貰いにもまた二種ある。一つは「せぶり」という、これはどんな字を書くか知りません。もう一つは世間師、これはどういう違いがあるかと言いますと、「せぶり」というのは代々（△親の代から）の非人で、これは良民に還ることが出来ないものです（△セブリは小屋ものです）。この「せぶり」は胸に袋を懸けて、袋の先を括って三角形にするのがしるしになっている。物貰いの中ではお歴歴のわけです（△こいつ〈三角袋〉を引っかけて出ると、乞食仲間ではなかなか幅が利いたらしい）。この連中は野宿をしますから、一人前の「せぶり」になる頃は歯が白い。[*1]世間師の方は身を持ち崩して、自分で乞食の群に落ちたやつで、足を洗えば何時でも良民に還れるのです。世間師の方は野宿が出来ない。もし野宿をすれば「せぶり」（△非人仲間）がひどい目に遭わせる。私刑を加えるわけです。ですからおあしがあれば木賃宿に泊る。さもなければ堂とか、社（△堂宮）とかいうものの下へ行って寝る。新非人だの、菰被りだの、宿なしだのというのは世間師の方です。よく吾々の子どもの時分に、そんな事をすると今にお菰になるよ、なんて言われた。それも世間師の事なのです。非人小星というものは、寛文以来ずっとある称えで[*2]ありまして、文化三年頃の記録には御救小屋と書いてある。もう少し前のところを見ますと、天明四年に小網町の米問屋の兵庫屋が粥施行をやった。その時に小屋を二つ建てて、一つは非人小屋、一つは素人小屋と分けております。物貰いでも腹からの者[*3]とおちぶれた者との二つに分けたので、素人というのもおかしな話ですが、素人といっている。窮民とか、碍災民とかいう意味なのでしょう。勿論非人の仲間には入っていない。新非人というのも、一時貰いという心持があるらしいですが、新非人という言葉が記録になくなったことは、実によろこばしいことと思います。

＊1　「歯が白い」は不明。比喩か。
＊2　「称え」は「例え」。
＊3　「腹からの者」、母親の腹にいるときから。生まれた段階で非人としての宿命が定まっている。

三田村は世間師が野宿するとセブリがリンチを加えるとしている。野宿は、世間師ではなくセブリのテリトリーだった。「野宿」は村の堂や社の下（社殿や拝殿の縁の下か）の宿泊とは区別されている。天幕・小屋がけ（仮設）であろう。人家のないところに宿泊できた。

三田村はサンカという言葉は使っていないけれども、彼のいうセブリこそがサンカそのものと思われる。セブリのテリトリーで桜の皮や竹を調達できた。テリトリーは箕直しの営業権、および原材料の調達可能範囲であった。営業権（縄張り）の範囲であれば箕直しの注文をとることができた。セブリのグループごとに範囲が定められていて、範囲外は別のサンカのテリトリーである。

いっぽうの世間師は素人ともいわれた。世間師は世襲のセブリのように、手に職があったわけではない。乞胸のように芸能にすぐれていたわけでもない。彼らは物乞いで生活しただろうが、競争では乞胸に負ける。安定した生活は得られない。セブリ（サンカ）の領域に入ろうとしてリンチされたのであろう。三田村の世界ではセブリこそが真のサンカで、それは代々の非人であった。

ただし後藤興善『又鬼と山窩』（一九四〇）によれば、サンカは「しょけんし」「けんし」・「やこもん」と自称したとある。前者は世間師、およびその略称で、後者は小屋者の転倒である（礫川全次『サンカと三角寛』二九頁、『サンカとマタギ』四六頁）。

この説明は三田村がセブリと世間師を相反するものとみた認識とは異なる。なぜか。サンカについては案外に研究者によって発言内容が異なる。柳田が依拠した情報源・警察署長の認識も、独特の領域があり、他の発言とは距離があるように思う（ジリョウジ、ブリウチなどは他の報告にはない）。サンカはそもそも、秘密性のなかにある。情報内容は、地域やグループによってまちまちであった。よって研究者の認識もばらばらになる。後学者たるわれわれはいっぽうが誤りであると断ずるのではなく、いずれもが真実の一面を捉えていると考えるべきだろう。三田村によればサンカはセブリであり、また後藤によれば世間師（しょけんし）でもあった。

再び三角と筒井功に戻る。三角の提示したデータの虚構を、白日のもとに晒した筒井だったが、サンカの本質については明言を避けた。たとえば、前掲書九五頁二行ではサンカを表す言葉（箕直し、箕屋、箕打ち・ミーブチ、テンバ、箕つくりカンジン、ミツクイドン）が賤視の響きをもつこと、面と向かっては口にできない類の言葉であると指摘し、ほとんど非人と同義の差別語である、としている。いっぽうでは「それがどのような理由に基づくのかは、本書の主題からは離れすぎるので、言及を控える」と回避している。筒井氏は二四六頁にてサンカ研究は被差別史であるとしている。筒井は茨城県の箕直し村住民についてレポートする（二三二～二三四頁）。近隣の大正生まれの女性の「むかしは新平民と呼んでいましたよ。バンタともいいましたねぇ。ミナオシとバンタとカーボは同じじゃありませんか。このへんの者は、あの人たちとは縁組みをしませんでしたよ」という発言を引用している。

この発言は不正確である。筒井は、箕直しは無籍だから、エタ（カーボ、皮坊）、非人（バンタ、番太は近世には番非人）、「新平民」（差別されていた人総体への昭和期までの差別語、発言者が一括しているグループは、それぞれの性格も異なるし、またサンカとは別の存在である）とはちがうとしている。

だがサンカの本質は非人である。彼ら彼女らは解放令以前、江戸時代には被賤視民で、非人だったとみるべきである。非人は非人小屋に住む。定住地があった。そこを拠点にして移動していた。移動は遍歴とか放浪とされるが、それも正しくはない。村人は異口同音に、彼ら彼女らは毎年、ある時期になるときまって村はずれに現れたと証言している。決まったルートがあって、そこを毎年移動するのである。

四　柳田国男・宮本常一・清水精一のみたサンカ

柳田国男『秋風帖』「ポンの行方」に、「今まで一年として来なかった年も無く、いつのまにかちゃんと来て小屋を掛け、つ、ましく煙を揚げて居る」、「軒の燕のようだが村人は気にしない」

とある。五木寛之『サンカの民と被差別の世界』でも、カンジン（サンカ）は少年期の五木がいた九州の山村に、年に一回か二回、周期的に訪ねてきてメゴ（目籠）や箕を直していったとする（二六、八七頁）。

井上清一に聞き取りをした宮本常一も彼らは回帰性移動で、毎年五月二十日にかならず西から矢部町北部に来て、山中の仮小屋に居住し、箕の修理が終わると五月二十七日に東に移動していったとする（「サンカの終焉」『山に生きる人びと』所収）。営業圏をもつ地域（縄張り）を巡回しながら、営業活動（箕直し）をしているのであって、無目的に遍歴しているわけではない。彼らは卓越した技術者であった。巡回は箕の損耗する度合い、修理が必要になる時間に合わせた経験則であり、合理的で計算されたものである。小屋がけは仮の宿のようにみえてじつは近くにフジなどが植えてあった。山の中に分け入らなくとも手近に箕直しに必要なフジヅルが手に入るようにしてあった。

五木寛之の前掲書に、瀬戸内海の家船について言及している箇所がある。海上生活で家をもたない彼らも、旧正月には母港に戻った（六一頁）。サンカも正月には根拠地に戻って、新春の門付けで収入を得た。

前掲の柳田国男『越前美濃往復』に、

岐阜県関の町にて、曾てセブリを狩り出し、各々国ところを聴きたゞして、それぞれ其方面へ分けて送還せしことありしが、後二三ヶ月を出ずして又合同して居るのを見たり。よほど巧

妙且つ鞏固《きょうこ》なる聯絡方法が彼等の中にはあるものと見えたり云々

とある。送還先となる拠点があった。聞き取りでも佐賀県唐津周辺にやって来た彼らについて、福岡県柳川から来ていたのではないかといっていた。大分県竹田市に来た人たちについては、宮崎から来ていたのではないかという。これらは語り口・方言からの印象であろうから、確たる根拠があるわけではないが、彼らに定住拠点はあったはずである。

宮本常一が紹介するサンカの集住地・拠点はみな大都会・大阪だった。荒井貢次郎が高麗川沿いで出あった箕直しの老人と孫は、新宿駅西口の露天商で雑炊屋であった（前掲）。利田敏の報告（「サンカの最新学」『歴史民俗学』二二、五七頁、二〇〇三）に、三角の写真に写る□島政次郎は下谷《したや》万年町の生まれ、同一人物らしい□島政吉は下谷万年町二丁目□八番地の箕直し、妻だったと考えられる□島ヒロには十二歳のとき、大正四年（一九一五）に作成された戸籍があって、本籍は同じく下谷万年町二丁目□八番地（ただし出生地は埼玉県北足立郡桶川町）であったと報告されている。下谷万年町は、かつて明治大正期には東京三大貧民街とされた地域で（横山源之助『日本の下層社会』）、樋口一葉『たけくらべ』には軽業師、人形使い、大神楽、角兵衛獅子などが下谷万年町あたりをねぐらにしていたとある。□島家族の拠点がこの東京下谷のスラム街にあったことは疑いない。

非人も一様ではない。警察刑吏・葬送・芸能などさまざまな業務がある。サンカはそのなかで川と山を得意とし、そこを過半の生活の場とした集団である。

ただしサンカは非人ではないと考える人はいる。沖浦和光氏はその一人のようで、『歴史の中のサンカ・被差別』での対談におけるサンカの語源についての発言をみると、「坂ノ者はサンカとは別。川魚竹細工を業とするサンカにはならない」といっている。これは、サンカは坂ノ者からきているとした喜田貞吉《きださだきち》説を批判する発言である。坂ノ者は非人だから、それを否定しているのである。たしかに非人を分類すれば、清水坂に常駐する非人と旅に出るサンカはちがうかもしれない。前者は近世非人ではないかともされる。しかし竹細工は非人の生業であった。非人も毎日同じ場所にいるわけではない。四天王寺・蜜柑山のサンカは東寺の縁日には一五〇人ほどの団体で京都まで遠征しているし、小グループでの移動は多かった（前掲『大地に生きる』）。

後述するサンカ＝坂ノ者説を批判する人たちは、そもそも音便変化・転倒に否定的だが、この本の同じ三一頁には「ヤコモノ」という言葉が出る。ヤコモノとは「小屋（非人小屋）のもの」で転倒である。セブリについて荒井貢次郎は、「伏せり」が語意であるという（前掲「幻像の山窩」）。セとフを置換し濁音化させた隠語である。このように隠語や蔑称では転倒置換が多い。ネタ（種）、トウシロ（素人）などは一般でも使われる（詳細は本書453頁）。

大阪四天王寺ミカン山で生活した清水精一は、そこに住み、「わたしは乞食の子どもだから」という娘の更正・就職を図るが、戸籍謄本の提出で行き詰まる。「無籍者である。而かも人の嫌う山窩の娘である」と書いている。娘はサンカで、サンカは拠点を出て、山そして川に旅していた。

宮本常一がサンカについて書いた文章（「サンカの終焉」『山に生きる人々』）を引用する。ミカン山とは清水がいた山である。山の民でもあり、川の民でもあった彼らは、都市民でもあった。宮本は彼らへの接近を試みて失敗する。その記述は印象的である。

奈良・大阪地方ではこの仲間をサンカともヒニンとも呼んでいた。そしてその数を正しく知ることはできなかったが、おびただしいものであったとみられる。私が大正の終り、大阪にいた頃にはまだいくつかの大集落を見かけた。大阪天王寺駅の西方、現在市民病院の建っているところはもとミカン山といって草地の台上であった。その台上に莚でかこった小屋の大集落があった。それがサンカの部落であった。おなじ頃、大阪市の新淀川にかかっている長柄橋の下の川原にも大集落があったし、淀川にかかった都島橋の下にも莚張りの大きな部落があった。これを目して乞食の村だといっている者もあったが、「あれはサンカだ」と教えてくれた人があった。私はこの集落につよい興味をおぼえて、はいりこんでいろいろ話を聞いてみたいと思って、都島橋の下ではこの仲間といっしょに水泳をしたり、夕暮のひとときを話してみたりしたことはあるが、ついに親しく交わることはなかった。ただ、昼間はうすぎたなくしている娘たちが、夕方川で水浴して髪をくしけずり、浴衣を着ると見ちがえるように美しくなって、それが橋の上に上って欄干に寄りかかって夕涼みをしているのを見ると、橋下の莚小屋の住民とは思えなかった。その橋下の仲間は長柄橋の下の仲間やミカン山の仲間ともたえず交渉をもっているとのことであった。

夕刻、橋の上で涼む。サンカの少女の美しさの回想は、他の研究者にも、またサンカを記憶する人々にも共通する。

次なる章においてはフィールドを九州、そして大分県に移して、サンカの世界を考える。

五　岩窟に住む家族たち――九州の「漂泊民」サンカ像

1　漂泊民に関する聞書

漂泊する山の民、川の民であるサンカ。『三角寛サンカ選集』が復刻されて、サンカの人々への関心がふたたび高まりつつあった頃、鳥養孝好『大野川流域に生きる人々』も刊行された（二〇〇〇）。鳥養も三角寛もともに大野川流域の出身であった。還暦記念事業会から刊行されたこの本が、事実上の遺稿集になってしまったことは、はなはだ残念であったけれど、そのなかに収められた「山窩・山の人生の一側面――昭和28年の記録から」など二編はサンカのことを考えるうえで、きわめて具体的な記録、論述である。

サンカの宿は雨風を防ぐことができる洞窟・岩陰で、先史時代の遺跡と重複することが多い。それで鳥養のような考古学者の関心を呼んだ。同じく考古学者の乙益重隆にも、肥後球磨《くま》地方のサンカについての報文がある（「山の神話・その他」『列島の文化史』2、一九八五）。むろん鳥養らには周辺域にしばしば姿を見せた人々に、もともと深い関心を寄せていたということがあった。鳥養の場合、おぼれそうになったサンカの子を救ったことから交際ができたということだから、警戒心の強かった彼らとも、ある程度うち解けた会話ができたと思われる。

　戦後生まれの筆者は、漂泊する人々を見たことはないけれど、関東地方や中国・九州各地で聞取りをしていて、彼ら彼女らの記憶を聞くことはしばしばあった。九州では民俗事例としてサンカなる言葉を聞くことはない。以下本文では、「九州におけるサンカ」というような表現をするが、学術用語として使うのであって、民俗語彙ではない。九州、とくに豊前・豊後・肥前・肥後では「ヒニン」ないし「カンジン」という差別呼称で彼らのことを呼んでいた（後藤興善「山窩記」、『部落史用語辞典』）。「非人」に由来する。差別用語であるが、この語が本質を示す。

　ほかの呼称には生業から「ミ《箕》ソソクリ」という地域もある（本書441頁）。「そそくる」は「鍋ソソクリ」など小修理の意である。箕のほか、こうもり傘も修理したという。川原にいたことから「カワラソウ」というい方もあるようだが、この言葉は直接聞いたことはない。いずれにせよ、賤視されていた。

　サンカは乞食を意味するヒニンの概念に含まれていた。鳥養の記述に、三ヶ所のヒニン穴が紹介されているように、地名に使われる事例もある。サンカたちの暫時生活する場所があったことに由来しよう。管見でいえば、まず、

Ａ　福岡県犀川町横瀬の祓川川筋にそうした呼称ならびに記憶があった。

「大川（祓川）にはいくつも淵があった。『鍋淵《なべぶち》』は川底の岩の部分に、鍋のようにくりぬいた形がある。そのうえに『きゅうへい淵』、『きゅうへい』さんがカワント（河童）に引かれた。またそのうえに『ヒニン淵』があった。

ヒニンちゃ家もない、何もない、旅をする人。いっとき横瀬と伊良原の境におった。夜わしらがそこに（若者宿として）泊まってたら、一緒にきて寝おった。冬はここの山の神さま（に）、おらんときは、ねぇぐらいだった」

（服部「伊良原の歴史と地名」『伊良原』一九九九、二六〇頁、http://hdl.handle.net/2324/17967）

Ｂ　大分県安岐町塩屋の場合、安岐川からの権現井手にそうした呼称があった。

「権現井手はこのへんではヒニン井手といった。大きなヨノミ（エノミ）、そんな木があった。その下がおり《居》やすかったんでしょう。差別の言葉になるけど、家をもたん人。ホームレスとは違う。家族もある。仕事もある。学校（校区）が違ったから、（自分はその場所に）いつもは行かない。そんな人がおったんだろうけど、いるところは見たことはない。おばあちゃんも見たことはないという。カドヅケに来る人は何人かおった」

熊野神社境内にも近かったから、しばしの期間、滞在したものであろう。

（以上は服部「安岐川下流域の歴史と地名」『塩屋条里遺跡』一三九頁、二〇〇一、http://hdl.handle.

net/2324/17963）

C　佐賀県北波多村行合野（恵木）。ヒニンという言葉は登場しないが、ゼンモン（禅門、乞食に同義）という言葉が使われた。

「波多津より（側）の蝙蝠岩《こうもりいわ》。川の縁（ふち）、洞窟の広か。六畳一間はある。今も崩れとらん。岩の中に、コウモリのぶら下がる。箕直しぜんもんさんの隠れ家やったろうねぇ。電気はなかけん、ランプ使いよったろうか。たき火だけやろうね。

私の父は、足の悪かったけんねぇ。たか細工（竹細工）が得意。竹籠やなんか作ってた。ぜんもんさんの、のぼってくる。家に呼んで教えてもらったりしていた。ザルとか。かご作り、せんごく（千石）ぞうけ、一斗そうけ。米の一斗入る。虫のつかん。木・六、竹・八（木は旧暦六月、竹は八月に採取すると丈夫）。

男の人一人だった。どこからきたのかは知らんもんね。家族の（家族がいたという）記憶はなかですよ」

なおコウモリ岩の住人については隣県の柳川から来たといった人もいる。

（以上は『北波多村史』資料編〈集落誌〉、八九五頁、行合野参照）

D　福岡県八女郡星野村茅原

（その1）「みそそくり、天草にき（近く）。天草で作ってみそそくり専門に来た。（修理が）上手。（箕は）先がすぐかけてしまう（それを直した）。お観音さんにいた。

ホイト、モノモライ、これはまったく別。袋ぶら下げてきてから、米をもらった。米を皿に引っかいてから、それで何げに、ことわらずに、どうでん、やったばい。留守番しているのはとしよりだから（一々断わらない）。大分県境の矢部のほう。□□ほいと坊主、こげな大きなかごをいのうて持ち込まれると。ごちゃごちゃお経は唱えた。

みそそくりは専門家。ネコダ、稲干しのむしろ、（それを作る人は）泊り込み」

（その2）天草から筵織りにきていた。夫婦で見えていた。既製品はツギ筵、手織りはネコダ、ネコダは継ぎ目なしに織り上げる。重い。

上記C、Dには差別のニュアンスはまったく感じられない。

（以上は『星野村の棚田』四章、一九三頁、http://hdl.handle.net/2324/17968）

E　佐賀県嬉野町加杭

「そいから昔はまだ他に、えーあれはヒニンだ、さぁなんだていうて、家は持たんで住所も決めんでね、ずーっと、あの川端に、竹がおいとってね、川端、あがんところにね、住んでさ。そして農機具の、私たちはミ《（箕）》ていうばってん、風でゴミをとる。あがんとか、そいからジンパチとか蓑、こういうものを作ってね、そして売りに来よったよ。

もう不定住、定住してない人間ね。あの、昔はヒニンていいよったばってんが、ええ、そがんとがおって、それはやっぱい、昭和の、終戦までやったね。終戦前はちょいちょい、そがんとのおったばってんが、終戦後はもう、あんまい、おらんごとなった、はい」

F　大分県竹田市飛田川

次に鳥養の論考に登場した場所をレポートする。まずは、ある少年の回顧から始めたい。

稲葉川が流れる。河原いっぱいには赤いトゴウ（岩盤）が露出し、それがとぎれたところにアシカタブチと呼ばれる丸くて大きな淵があった。深さは四メートルも五メートルもあって、底まで潜ることのできる子は少なかったが、下は砂地になっていた。たくさんの魚がおり、夏には近所の子どもたちの遊び場になる。ときおり、そこに一風変わった人たちが混じることもあって、素っ裸で行水する女の人がいた。見ていた少年には、自然に振るまう女たちの恥毛がまぶしく見えた。近くの岩窟に小屋掛けして住む人たちだった。

男は、川に来た子どもたちにときどき釣りを教えてくれた。「そげなみみずじゃ釣れん、これを使え」といって太い山ミミズを掘ってくれることもあった。男のいうとおりにすれば、たいていは釣れた。少年には言葉遣いが、地の人とは違っていたように聞こえた。宮崎のほうの言葉だったような、たたきや（テキ屋）のような言葉遣いだった記憶がある。

彼らの家は竹の刺股に茅を掛け、煙出しのところが煤で真っ黒だった。夏には屋根をはねのける。

なかに鍋釜の生活道具が見えた。

子どももいた。男の子も女の子もいた。子どもたちは遊びに来る少年たちと、年格好は変わらなかったが、学校で会うことはなかった。未就学児童だった。

子どもたちは親から「あれらとは、つきおうちゃいけん」といわれていた。「なして学校にいかんのじゃろか」と質問すると「ヒニンじゃけぇ、学校にいかんのじゃ」と親は答えた。少年はその答に簡単に納得していた。学校に来てもいじめられるだけだ、とも思っていた。昭和二十年代も終わり、三十年にかかるぐらいの頃である。

二〇〇一年夏、この飛田川地区にすむ旧知の友人の案内で、アシカタブチ現地を訪れた。渕自体は河川改修でなくなっていた。むろん友人こそが四〇年前の「少年」（平尾胖氏）である。

アシタカブチ近く、岩屋に残る鉄釘。ランプをつるしたのではないか。

かつては小さな山道しかなかったというが、いまは県道が通過している。ちょっとした駐車スペースがあり、そこからでも覗くことができるほど、その岩窟は近距離だった。しかし真夏であったから藪になっていた。藪を払いながらいく。岩は洞穴ではなく、オーバーハングの屹立した岩の下、岩陰だった。横なぐりの雨は防ぎにくかったかもしれない。岩にはほぞ穴のみならず、いまだに金釘が残っていた。下は平坦で金網、酒瓶などもあった。すべてが彼らの残置物なのかどうかはわからなかったが、明瞭にすぎる生活痕跡があって、時間差を感じることがなかった。友人はさっさと降りていった。「思う出しとうもないとこじゃ、早う戻りたい」という。なにかひっかかるところがあったようだ。近くにはいても、大きな距りのあった人々の生活の跡。たぶんそれを部外者に見せることに違和感・抵抗があったのだろう。

友人とともに近くの久原《くばる》地区に住む大正六年生まれの方を訪ねた。久原は飛田川地区のなかの集落で人家は三軒しかない。サンカの住んだ山は全体上から下にかけて三人の地主の所有で、彼はその一人だったらしい。老人は話すことにとても抵抗があるようだった。いまから仕事に行くからだめだ、とさかんにいった。ほかにもたずねてくる人がいるが、みな断ったともいった。しかし顔なじみの友人の取りなしで口を開いてくれた。

> 連中は、（自分が）子どものときからおっちょった。あそこの金釘はランプをつり下げたんじゃ。あんたたちはランプといっても知るまい。湧き水も前はあった。こんこんと出る。ぜったいに濁りゃせん。県道をつくるときに埋めたてた。あの岩はばくち岩っていった。バクリュウ（博労・馬喰）なんかが月に二、三回開帳、もうかった、損した、今でいやぁ暴力団、トラブルがあっちゃ、死んだやつもいて、Aさんの所有地にいけちゃるという話（死体が埋めてある。それだけ普通の人は行かないところだった）。

ワンメゴ（椀目籠）、ミイ（箕）、いまみたいな精巧な唐箕はない。箕のフルイ、そういう農家が必要とするもの、メシワン、農繁期、畑に使うコエジョウケ（肥桶）、野菜カゴ、そんなのを作る。

戦後の国勢調査にいったことがある。昭和三十年ぐらい。七、八世帯おった。多いときは六十何人おった。

——えーっ、うっそお。

川の反対側にもおったから（それぐらいにはなる）。川の中で飯炊くため、炉を作った。（国勢調査の質問、姓名確認などに）自分では字を書かん。

——字書ききらんのですかねぇ。

勝手なことばっかりいう。□田姓で、なつ、ふゆ、あきとか本当かどうかわからん名前を適当にいう。□目と□田の二つの苗字だけだった。

親分格は□目三太郎おじ、いばっちゃる。犬をこうとる。いのししにかぶせる猿ぐつわみたいなやつ、あれをつけていた。そん犬にかまれたことがあるぞ。生計そのものに□目三太郎の言い分が通った。いえば大家。□田はその分家。その下に長女・婿、長男・嫁。序列、配列があって、箕、ジョウケを一ちょう売れば、負担金（上納金）、親分の□目三太郎に納める。親分が見とる。唐箕がいくら、ちゃんと確認。いばっちょったぜ。

お寺の御院家さん、学校に行くようにものすごく説得して、子どもを学校に行かせた。□田のむすめ、有名な作詞作曲家が、これはまた将来、大したもんだと太鼓判を押して、歌手でデビューした。テレビに出るまではならんけど、ものすごいべっぴんさん、容姿端麗。界隈で五本の指には入る。母親はぶすだったから父親に似たんだろう。御院家さん、何年か前に自転車で檀家回りに行くときに、その娘にあった。『その節はお世話になりました。お世話を返します。御院家さん、あぶないから車を買いなさい』、そういわれた。御院家さんが自分でそういった。

国勢調査は夜九時頃いかんとみな戻ってこん。寒いときでもあったから、（火をたいて）河原の石を温める。布にまいて湯たんぽの代わりにした。国勢調査のとき、それを始めてみた。はっきりと覚えとる。

魚をとるのは、これまたうまいんじゃ。魚の取り方は彼らから習った。おまえたちは自然と逆行してる。金は使うばかりで魚は捕れまい。自然でいけ。古い家の台所にみんなが嫌うムカデ。雨降り前にあれが出ちくる。まむし、おれたちはまへびというが、あれが夜鳴くと、必ず翌日は雨。ムカデは大雨か地震かを予知する。出てきたムカデを捕まえて逃げんように、囲《かこ》うておく。大雨で水がどんどん増えてくる。いっぱいを一升にすりゃ（例えれば）、そのときはゴミがいっぱい。七合、六合、五合ぐらいになってゴミが減ったら、ぼつぼつ仕掛け、百発百中、ウナギ、コイがとれた。

魚は教えてもらったが、そのかわり雨の日に薪、ワレキ（割木）をとられた。連中は近くにある竹山から無償でもっていく。桜の皮も腰回りの一番いいとこ、それを剥いでもっていく。地元の我々があの連中に一番困ったのはなぁ、雨が一週間も降る。そしたらだまーって（黙って）、たきもん取りにくる、夜こっそり。あそこは愛想がいいとか、あそこはいけばくさる（怒る）、とかは知っている。天神（飛田川地区のなかの集落）の何人かは被害を受けている。久原（ここ）はたったの三軒、頻繁にきよった。彼らは彼らなりの言い分があるんだけど。[*1]我慢できん人もおった。連中が夜、まちのせいしん館に映画を見に行った。そん留守ん間《あいだ》、誰かが火をつけた。そげな事件もあったんぜ。住んでなんかいられるか。持ち物も焼けた。小屋も丸焼け。住居《すまい》を変えて、どこかに行った。

彼らの独自の文字があったとかはしらん。暗号はたぶんあった。ショウケの注文があると、符号を使った。イとかワとか。

連中のことはカンジンといった。ヒニンとかはいわん。「割木をおくれまし、味噌漬け・しょうがをくれんか」、（それで）おれたちがカンジンといった。むこうは（自分のことをそんな風には）いわん。むこうが自分たちをなんていっていたかはわからん。


友人もこの地域での国勢調査に参加したことがあるという。昭和四十年代の話ではなかろうか。記憶がはっきりしないが、その当時、すでに彼ら彼女らは、ふつうの住宅に移転していたのではないかということだ。したがってここで古老から聞くことができた話は、彼らが移動生活から、定住を模索する段階でのものとなる。本来的な彼らの生活ではなく、変形したものだった。ふだんならば短期間で立ち去るはずが、長期になったからトラブルも起きたのであろう。

『竹田市史』民俗編を鳥養孝好が執筆している。カンジンの紹介はあるが、カンジンマイのような門付についての言及で、とくにサンカの記述はない。

2　サンカとヒニン

サンカという言葉の語源はどこにあるのだろうか。柳田国男「イタカ及ビサンカ」は明治四十四〜四十五年（一九一一〜一二）初版であるから、研究論考に現れたものとしてはもっとも古かろう（柳田全集および『サンカとマタギ』[*1]所収）。大阪方面の用語であるかのように記述しているが、柳田が少年期を過ごした播州の言葉でもあろう。「外部よりの称呼としては少なくも、関西地方にてはサンカの語、最も弘く行はる」とする。喜田貞吉「サンカ者名義考」（一九二〇、『サンカとマタギ』[*1]に再録）には京都周辺で、サンカまたはサンカモノと呼んだとある。後藤興善は「又鬼と山窩」（一九四〇、批評社より覆刻、『サンカとマタギ』[*1]にも再録）に、少年時代、サンカ、ドサンカと卑しみ恐れて呼んだと記しているが、古老によれば改正（明治維新か）以後の用法で、もともとはオーゲであった、とする。彼は姫路の出自である。松浦武四郎が「山家」と書いたことは本章に紹介した。濃尾平野でのサンカの呼称は飯尾恭之の報告（「サンカの最新学」『歴史民俗学』二〇、二〇〇一）にもあって、並行してオゲ、ノアイ、ナデシを使用する地域が図示される。美濃のうち郡上郡美並村ではノアイと呼んだ（『美並村史』）。飯尾は『広島県史』所収のサンカの語がみえる幕末期の文書史料にも言及し、写真版を紹介している（後述）。安芸地方もサンカだった。[*2]

『歴史民俗学』二〇、一八二頁に紹介された毎日新聞池田知隆編集委員による記事では、大正時代に（広島県内か）被差別部落内にできた融和住宅に入って定住した人物が、地区内で、山のもん、サンカホイトと差別されたとある。近畿、中国筋でサンカの言葉は使用されている。

九州でサンカという言葉を聞き取りで確認したことはない。[*3] 九州でサンカは一般的な言葉ではない。箕直しといいかえたり、いちいちの説明が必要だ。しかしながら九州でもサンカという言葉が出てくる事例がある。大正十一年（一九二二）大分県別府・的ヶ浜焼き打ち事件は「サンカ狩り」とされる。ここでは新聞、警察が「山窩」という言葉を使用している。警察用語としての「山窩」は、当時から九州でも共通語化していた。

さて基地に戻るものはサンカではないという理解がある（前掲『歴史民俗学』二〇、飯尾恭之の発言、一五頁）。しかし荒井貢次郎は、「サンカは常に風来坊ではない、定住の地に立ち返った」と述べている。[*4] 柳田国男「ポンの行方」（『秋風帖』）にみえる、国勢調査時に彼らが忽然と姿を消したという記事にふれての発言である。また「幻像の山窩」（＊1所収、『近世関東の被差別部落』一九七八ほかにも収録）では東京都北多摩郡村山町中藤の旅籠屋・奥住家（村山家）の大正期宿泊人名簿で住所のあることを確認できるとしている。詳しい説明がないのは残念だし、旅籠に宿泊し、宿帳を書く者がはたしてサンカか否かという問題も残るが、以下に述べるように荒井の見解は、大筋として正しいと考える。

サンカが定住していたことを示すものが上記の別府・的ヶ浜事件である。閑院宮行幸の直前に、貧民窟が焼かれたのである。ハンセン（ライ）病患者の歴史のうえで、きわめて著名な事件だが、本質的には「サンカ狩り」である（以下は白石正明「歴史の中の別府的が浜焼き打ち事件」『部落解放史ふくおか』一一二号による）。この事件では「非人小屋」「非人」という言葉が、内務省電文、大分県知事報告、代議士発言に頻出する。総数四三名のうち二三名が竹細工を業としていた。竹細工鑑札を持つものもいた。ハンセン病患者も三、四人いて、一人は老婆だった。「『私は此の孫と二人で此の村の方のお世話で辛くも生きて居ります。今此の村を追い立てられては、只今から生きて行かれません』と涙ながらに縋りたる事実あり」。

抵抗は不可能だった。ハンセン病患者には疼き・痛みを和らげる温泉療養がわずかな慰めである。しかし当局は「身体より膿汁を流しつゝ、毎夜十二時過ぎより共同温泉に入り、砂湯の中に朝迄寝る」ことを、衛生上の問題とした。湯場の経営者や湯治客の苦情もあったのだろう。焼却は「殆ど毎年実行致し居り候儀に之有候」とある。「一種の浮浪人であります。職業は竹細工で、毎年一度は小屋を焼かれる習慣で、焼かれると山へ逃げ帰る。また帰って来るといふ有様である」という発言もある。これが差別を糾弾する側にたった人物の発言である。

これらの発言はおそらく的ヶ浜の実際を伝えている。行楽地、景勝地において美観を損ねる小屋は、当局が毎年のように排除を企てた。じっさいに焼却することもあった。だが焼かれてもすぐに小屋は再建された。「本人は事件後三月二十七日に至り、再び此の地に来り、新に小屋掛けを為せり」とある。事件（三月二十五日）の二日後には再建された。二ヶ月後の五月三十日、的ヶ浜で賭博犯が三〇人逮捕されているが、かつての住民に替わり、約四〇〇名が住んでいた。定住と移動をくり返す。定住時の拠点には違いないが、移動中の住居とさして変わらぬ粗末な小屋だった。

熊本城下の近郊に、複数の研究者が以前にはサンカの村だったと考えている地区がある。城下近くに住む彼らは明らかに生活拠点をもつものだった。彼らは拠点をもちつつ、移動・漂泊をしていたのである。定住する里人、村人の目には、通過していく彼ら家族が、漂泊し移動のみしているとみえたにすぎない。ほんとうは都市に拠点を置くいっぽうで、移動していた。

定住と移動をくりかえす形態は、じつは江戸時代からのものだった。ここの場合、近世、彼らが川原の非人小屋に住んでいて、非人小頭の配下にあったこと、明治期の融和事業で現在地に強制移転させられたことが、地元研究者の調査によって、わかっている。極度に貧困な生活を強いられ、それが以降も差別解消への大きな壁になった。地元研究者の話を引用する。

川どじょうやら、とるのがうまい。それを売る。原っぱで竹細工しとる。正月は門付け、めでたいなぁ、めでたいなぁ。両親が働かなきゃ、食っていけない。出稼ぎで、たいがい留守。子どもはいつも薄着。それでも風邪はひかん。学校にきても、すぐけんか。鼻血うっだすまで取っ組み合う。勉強どこない。運動会のかけっこだけは一等賞。物が置いてあれば、すぐにもっていく。置いてあるから、放ってあるからというのが彼らの理屈。理屈だが、ほかのものにはカッパライにしかみえない。まわりからは嫌われざるをえなかった。近くにある旧エタ系の村とは、また格別になかが悪い。ともに差別に立ち向かうべき両者が、たがいに自分たちは、あれとはちがうというばかり。

今はビルがいっぱい。外からでは全く何もわからない。年寄りしか知らないから、やがて差別もなくなるでしょう。彼らが強制移転させられたことは、もう何十年も前、そこの老人から確認したし、明治の新聞記事を見つけたことがある。

漂泊者は、拠点をもちつつ移動していた。柳田国男監修・日本民俗学会編『民俗学辞典』は、近代になって一部が定住を開始したものとみる。しかし、そうではなく、それ以前からだっただろう。全体を知ることのない里人には、サンカは謎の存在であった。なぜ彼らが周囲に強い警戒心を抱いていたのか、一般人、ましてやマスコミとの接触を極度に嫌い、写真に写ることを忌避したのか、隠語(符丁・暗号)を多用し、閉鎖状況をつくったのか。*5 そしてなぜ「ヒニン」なる呼称で呼ばれたのか。上記の視点を導入すれば、すべてが明らかになる。「ヒニン」なる呼称は、これまで単なる比喩・蔑称とされて、その意味は深くは問われなかった。しかしまさしく封建時代の身分制の反映であった。

サンカはサンカモノが本来らしい。辛未年つまり明治四年(一八七一)の浜田県からの伺(照会)が『公文録』に残されており、『近代部落史資料集成』一、三八九頁に収録されている。

当管下ニ、サンカモノト唱ヘ候者罷居、此者儀往古ヨリ入籍ノモノニ無之、山中又ハ海辺岸窟等ヘ仮ニ小屋ヲ構ヘ、今月此地ニ住居、来月ハ彼ノ地ヘ転居等隠顕出没其所ヲ定メス、元来農業モ致サス、只竹細工或ハ子ドモノ手遊ヒモノヲ作リ、或ハ噺モノ真似等致シ、村々回リ抔シ

テ渡世致シ（以下略）

たしかにサンカを指している。喜田貞吉（前掲「サンカ者名義考」）はサンカ・サンカモノとは坂の者であるとする説を提起した。しかし中世の奈良坂非人、清水坂非人に代表される「坂の者」も近世の非人にはつながらないとされる。サカニンという言葉が山窩を指すテキヤ、盗人仲間の隠語で、山窩は蟄居する山中の小屋、という説が『隠語輯覧』にある（五類一一頁）。後藤興善は喜田説について、国語の音韻変化の通則から考えて承服できないとしたが、その批判は当たらない。ン音は強調語として付加される。逆にン音弱化もある。したがってしばしば強調点が移動し、置換される。たとえば神田（ジンデン）について、福岡県犀川町伊良原では「ジンデ」といい、同県星野村では「ジデン」という。同じく座における神官（ジンカン）について伊良原では「ジガン」といい、「次官」、「神願」などの漢字を当てる。星野では「ジンガ」といい、「神裸」と漢字表記している。ン音が強調され、あるいは弱化する。倒置が隠語に多いことは述べた（本書435頁）。

本書はサンカの初見を天保六年（一八三五）松浦武四郎の記述（山家）とした。これまで初見史料とされていたのは、嘉永八年（ママ、安政二年〈一八五五〉）の史料で、「サカント唱無宿非人共」「山かの者共」「サンカの者共」とあった（東広島市八本松吉川・竹内直文氏所有文書、『広島県史』近世資料編四、七四一頁、写真は前掲飯尾報告）。サカン表記もある。混用は実際の発音の反映、ないしは故意の倒置ではないか。サカンモン・坂の者が、サンカモンと発音されたとみることは不可能ではなく、後藤がいうほど不自然とは思わない。しかし言葉は連続しても、実態としては変容が大きい。

この史料に、「山野人離之小蔭等へ数多寄り合、小屋掛ケ等いたし」とあるのは、われわれも知るサンカの行動に一致する。百姓が「肥シ」（人糞肥）をほしいために、彼らを灰小屋に置いているとも記されていて、郡役所は「心得違」だとしている。百姓がサンカを庇護することもあった。郡役所は身体屈強であるにもかかわらず、博打など放蕩渡世をするとして、村から立ち去らせよという方針だった。

後藤興善は「山窩談義」のなかで、ショケンシのなかにヤコモン（生まれついてのサンカ）とラコ（あとからの加入者）がいて、ラコにはライ病患者が多いと報告している。まさしく中世・近世の非人宿そのものだといえる。歩行困難な重病患者を帯同して、遍歴ができたとはとうてい思われない。定住地はあった。後藤の報告にサンカの符牒をサンショ言葉というとある（「播州のサンカから聞いた話」）。ここでは鋸の隠語であるとして別の説明になっているが、やはり散所、算所も連想される。

サンカは物乞いをしなかった。隠れ住んで、人通りの多いところには出てこなかった。あくまで箕という製品と食料などとの物々交換で生計を立てた。たしかに乞食（非人）とは対照的である。まったく別のグループが存在したのか、あるいは実態は一つで、われわれが、彼らの相反する側面を別の場所でみてきたということなのか。おそらくは後者であったと考える。

九州各地での聞き書きと史料的な検討を通じて、漂泊民の実像が少しずつみえてきたように思う。近世以前の彼らが非人に属したことは確実である。明治解放令後も定住と移動をくりかえした。季節的に農村を巡回して箕作りを生業とし、その間移動生活・野外生活をした。川漁に長けて、生活の一助ともしたが、漁自体はサンカの本質とはいえない。サンカが移動生活をやめたのは、ビニール製品の普及で、農家が箕を必要としなくなった時以降である。

鳥養氏の家の近くにも、ばくち岩同様に、ヒニンの住んだ洞穴があった。三角にも、鳥養にも、彼らは身近で気になる存在だった。先の友人も同級会で、いまもその話題が出ることがあるといった。周囲から遠ざかり、消えていった彼ら彼女らの行方に詳しい人もいるそうだ。三角らの写真に写っていた漂泊する少年少女は、いま著者よりいくぶん年長者として市民生活を送っているはずである。*6

鳥養の報告は以下の文章で終わる。「望むらくは、山窩であった人々へのいわれなき差別がなくなることを、また、われわれとて、その差別を消し去らなくてはならない義務を痛感する」。

＊1　井上清一「山窩物語」（谷川健一『サンカとマタギ』日本民俗文化資料集成〈一九八九〉三一書房所収）によれば、竹製品の製作を依頼する側は、自身の持ち山からの用益を認めている。それは一回かぎりの契約ではなく、依頼された側は、その都度たのまれなくとも、毎年、製品を届け続けた。こうした原材料依頼者提供という契約を依頼者の側が忘却することがあったのだろう。

＊2　「尾張サンカの研究」（『歴史民俗学』二〇、二〇〇一、四一～四三頁）。

＊3　前掲＊1井上論考によれば、彼らをよく知っていた井上の場合でも、柳田の論文を読んで初めてサンカという言葉を知ったとある。井上氏が調査した蘇陽村については、宮本常一『山に生きる人々』巻

頭に人と家の写真がある。

＊4　『サンカとマタギ』（＊1）における、谷川との対談。先に紹介した飛田川地区における国勢調査の事例は、すでに本拠地に帰ることができなかった特殊事情下のものとなろう。

＊5　三角が公表し、のちに「復元および創作」と訂正したというサンカ文字の一部原形は記号・マークではないか。符丁をさらに暗号化したものや自己を示すマークだったのかもしれない。先の乙益報告（『列島の文化史』2）には、桜の皮をむいたあとに、丸、三角、四角、Y字などのマークが付けてあったとある。宝来正芳『犯罪捜査と第六感の研究』（一九三八）の紹介する結縄文字もある。

記号と文字は別である。宿帳を書いた人たちには識字能力があったが、天幕での移動生活者は多くが文盲だった。頭だけが寺子屋に行き、矢立墨壺を持参して移動したのだろうか。

＊6　『歴史民俗学』22、サンカの最新学。

補論

アシカタブチにいた人々について熱く語ってくださった飛田川地区久原《くばる》の工藤章（大正六年生）さんは、旧稿を発表したあとに亡くなられた。話に出てきたご院家さんは仏厳寺の阿南龍昭和尚である。平成四年（一九九二）十月二十九日に阿南和尚をたずねた。以下のようなお話をしてくださり、当時の新聞記事も見せてくださった。

「ツルが瀬とか岩本とかには穴があって住んでる人がいた。あとで擁壁工事をしたとき、岩本の穴はなくなった。玉来の駅、登っていく。ヒメダルマの後藤さん（の家）、今削って吹き付け。あそこにもおったんだ。拝田原に越えていく中川神社の所、ニンメン（人面）という岩、その先のカーブのところ、水の流れの内側、砂小石が溜まってクマザサがたくさん生えているところ、その河原に三角で家を造っていた。岩を持ってきて、カマをかけて、ご飯を炊いていた。あそこにおることはわかった。川の向こう側に岩があったが、その岩はつぶれた。天神の所からくる道があって、沈み橋があった。大雨が降ればわたれない。久原地区は工藤と甲斐苗字、五軒だったけど二軒が立ちのきになって三軒が檀家で、わたしがおまいり（読経）。杉の木があって藪があった。岩におった。バクチ岩っていったように思う。

ずーっといましたですねぇ。いつ頃きたのかはわからない。たまたま自分が民生委員・児童委員になった。子どもが（学校にも行かずに）泳いでいたのを見た。アシカタブチ。学校に行かない子どもがおると聞いて、山越えして拝田原にいった。民生委員になって最初の仕事。おかあさんは（ご主人が亡くなられたのか）、□□子さんという長女と一緒。就学の必要があります。学校に行きませんか。おかあさんがすすめない。「先生たちがわたしのようなところに学校訪問されるのは気の毒」。それを「心配しなくともよい」といって、何とか説得。子どもたちも本を集めたりして協力した。わたしと先生、教頭が私のとなりの人で、和田啓一先生、学校が全部手続きを進めた。ひとり□□子さんが入学できた。ランドセル、本も準備した。

□一《（ママ）》さんというおにいちゃん（新聞では□治）。年齢からいったら学校に行くとき（就学年齢）は、もう過ぎていた。竹田市立豊岡小学校。旧の校舎のとき、学校に行くと、にいちゃんが窓からのぞいている。□□ちゃんも一緒に行こうか、っていったら、とても喜んだ。なんとか入学式に間に合った。兄妹並んで勉強、涙が出た。窓口をのぞくとぱっと隠れる。しっかりした子です。いじめのことは聞いていない。世界識字年、教育水準トップというのに、こういう人もいる。そのときに西日本新聞の記者もきて記事を書いた。□□ちゃんはいろいろ苦労したとは思う。

お兄ちゃんも就学させた。おかあさん、道で会うと、遠くからにこにこしていた。一学期一学期と上がっていくのは厳しかったろうなと思う。よういったなぁ。学問は飛びとび、義務（教育）は時間が足りなくとも卒業させる。昭和四十年前後に自衛隊に入ったけど、その後の消息はわからない。

おかあさんたちが、なんとか屋根の下に住むように家を探した。大水ばかりの所ではしょうがない。先方は「どんな人が住むんですか」と聞く。（説明すると）「ちょっと、それはぁ」って、何回も断られた。茶屋の辻に一軒、そこにやっと入ることができた。おねえさんもいて、学校に行かず、竹田市のお店につとめて字が読めなかったけど、字も数字も覚えて読めるようになった。一族が日田にいたらしくて、日田市、そこから手紙が来た。よう届いたなぁというぐらいの手紙。□□子さんがおかあさんに、通訳していた。どんな宛先を書いたのかなあと思う。

ちゃわんめご（茶碗目籠）を売って歩いた。□□子さんがついて歩いた。よくできた、すばらしいちゃわんめご、あのめごを大事にとって置けばよかった。クマザサで編んで、めごで茶碗をかわかす。

おじいさんがいて山伏姿。あさ法螺貝を吹いている。近所の人が寄りつかなかった。大水が出ると荷物を持ってお宮に避難。今のバッティングセンターの上、鳥居が道ばたにある。また引いたらクマザサで屋根を造る。そのうち、おじいさんがおらなくなって、岩のほうきれいに掃除してある。いってみたら□□子さんのお母さん、むしろ引いて台がある。先生が家庭訪問に来られるので、待っています。おかあさん、喜んだ。

とても美人ですよ。□□子さんも□□さんもおかあさんもきれいやった。平家の落人という誇りをもっていた。市役所に行けば本籍とか住民票とか、わかるかもしれない。平家の落人で身を隠す。宮崎の五ヶ瀬、ミョウダケを越えてこられたらしい。誇りをもっていた。仕事を受けた人なんかはヒニンって言葉を使っていた。ヒニンゴロとか使っていた。みなおそれて近寄らなかった。（自分は）接触はあったし、若い家族からお年寄りまで、前にもいたことは知っているけれど、小さかったし、途中京都で勉強したので、竹田の生活が途中とぎれた。帰ってきてお寺のことをするようになって民生委員最初の仕事だった。

□□子さんは△△デンとかいうスナックに、客でいったらその子がおった。まだ憶えとってねえ。本堂修理の時、土建で作業にきたひとのおくさん、むこうから□田さんと姉弟だっていった。いまもおるよ。□□子さんは昭和三十一年生まれ、長女ということになっていたが（姉がいたのだから、父親のちがう戸籍だったのだろうか）。あったときは独身だった。たぶんいまも結婚していないだろう。□□ちゃんも結婚していないと思う。

（工藤さんの話に出た）□目さんという名前はきかない。三角寛先生、あったことはある。お母さん孝行、終戦直後だったけど、母親の法事がりっぱ。朝地から行列をして、ちゃんときて、坊さんは真宗の人、檀那寺、菩提寺は教念寺、すばらしい法事をなさった。寺にいて東京に行かれた。

鳥養先生は考古学に熱心とは知っている。旧姓竹田中学の何年か下、後輩。

カンジンとはいわなかった。カンジンは別の部族、仏教の勧進はよい意味、乞食も布施の行、いい意味なんですけど。自分で作ったものを売っていたから、物乞いをする人とはまったく別。不安がられていたことは確か。別に理由はない。環境だからでしょう。

おかあさんは戦争未亡人とかきいた。離婚かは定かではない。兄弟が戦死で、年金かなにか、もらっているとかとも、きいたことがある。子どもが三人。卒業写真があると思う。わたしは昭和三年生まれ。民生委員も一四期と二年。定年になるとき保護司の姉といっしょに叙勲。民生委員はいろいろなことにかかわる。児童委員会、人権擁護。社協の副会長。人生の半分は福祉だった。」

見せていただいた新聞記事（西日本新聞・大分県版）は昭和三十九年十二月五日付であった。

貧しい兄妹に実った善意

竹田市豊岡小学校（和田啓一校長）四年生□田□治（ママ）君は同級生より五年も年上だが、昨年四月、一年に入学した特異な児童。この入学には美しい善意のエピソードが秘められている。

●□治君（十四歳）もう四年生　入学一年、みんな驚く成長ぶり　竹田市五年前の冬、同校校庭のはしっこで妹□□子ちゃん（八つ）の手を引きながら、□治君は楽しく遊ぶ学校の子どもたちを毎日ながめていた。子どもたちは同じ年頃で、学校にもこないこのふたりに疑問をもった。「なぜあの子たちは学校にこないのか……」問われた先生たちは返答に困っていた。

●両親説いた阿南さん（民生委員）

□治君の一家は竹カゴを作っていて、ときおり住所も変わる。「それで……」先生たちの返答に、子どもたちは納得のいかないまま、「では不幸な友だちを慰めよう」と子ども会で決めて、十数冊のマンガ絵本が□治くんに贈られた。

□治君の家は学校のすぐ近くだ。「あの子はどうしたのだろう」四百人の子どもの心に疑問を残し続けて五年……新しく地区の民生委員になった阿南龍昭さん（三〇）は、このことを知り、ひまあるごとに□治君の家によっては入学をすすめた。三日に一度の熱心さに、父兄もついに折れた。

□治兄妹の晴れの入学には福祉事務所からも祝いの品が贈られた。大きな一年生……先生たちの心配は一年後のいま、明るい兄妹の姿に消しとんでいる。

●五年に進級させようとした

和田校長の話　□治君をことしの夏、五年に進級させようとしたところ、まだ四年でいい、実力のつくまでに進級したくない、とキッパリ答えたので、驚くやらうれしいやらでした。おかあさんも、そんな□治君の成長を泣いて喜んでいると聞き、職員も子どもたちもとても喜んでいます。

第七章　太鼓製作と中世筥崎宮散所

はじめに――筥崎宮と太鼓

神社にとって太鼓は必需品である。太鼓の音・リズムは一種の興奮状態を引き起こす。神との対話である祝詞・神楽に不可欠なのだ。いったい、いつから、誰が太鼓を作ってきたのだろう。神道の始まりと同時なのだろうか。

古代の古文書にみられる太鼓は、中国から雅楽が輸入されたことにともなうもので、西域に起源があって、上から吊すものだった（『古事類苑』楽舞部）。『古事記』『日本書紀』では「つづみ」と表現されている。筒身であろうか。太鼓の製作は木材をくりぬいての胴（筒）の製作に始まって、牛皮の加工など、きわめて高度な技術が必要である。誰にでも作れるものではない。よい音が出て、長持ちもする太鼓を作ることはむずかしかった。熟練技術者はいったい、どこにいて太鼓を製作していたのか。

天暦七年（九五三）二月十一日の伊勢国・近長谷寺資財帳（『平安遺文』一巻二六五号）によれば、この寺の楽器に、「太鼓壱筒、楷鼓壱筒、干鼓壱筒」がみえている。一〇世紀には地方寺院で幾種類もの太鼓を所有することができた。この太鼓は「筒」単位で数えられている（筒は筩《ドウ》に同じ）。「楷鼓」は正しくは手へんの「揩鼓」で、鞨鼓《かっこ》の一種である。首から下げ、胸腹部につけて、二本の桴《ばち》で打ったのだろう。羯鼓は現在でもカッコ踊り、カンコ踊り、花田植など、民俗行事で使用されている。

筑前国筥（箱）崎《はこざき》宮にはむろん多くの太鼓があった。建治二年（一二七六）の年紀のある「八幡筥崎神寶記」（『大日本古文書・石清水文書』二巻四三三号）をみると、

一　拝殿廻廊御神寶

として書き上げられたものは、磬、錫杖、幡、金鼓にならび、

大鼓二面　口三尺　在台　綵色

で、

一　同拝殿御神寶

には、

大鼓一面　口二尺　在台綵色

また、

一　大太鼓四面左二面　右二面　在綵色金物
日輪二　月輪二　火炎綵色　筒綵色綱布八段
台在水曳　鳫歯　在登階綵色

あるいは、

一　持大鼓二面綵色

ほか鞨鞁一面　壱鞁一面　参鞁一面

など、また弥勒寺分には、

大鼓二面在台綵色

などが財物として書き上げられている。八幡宮には口三尺（九〇センチメートル）また口二尺（六〇センチメートル）、そして彩色の大太鼓（いずれも置き太鼓）が計七面、持ち太鼓が二面、計九面、弥勒寺には大太鼓が二面あった。八幡宮や神宮寺（弥勒寺）には神事に不可欠の楽器として、多数の太鼓が置かれていた。彩色の大太鼓はおそらく両面に雲龍・鳳凰が描かれており、これは雅楽用であろう。われわれが体験するように、古代中世にも神事、祝詞は太鼓の音とともに始まった。

国家が皮革製作の過程に関与する歴史はきわめて古く、文献資料の登場とともに始まっている。すなわち「馬牛皮」「牛皮」「死馬皮」、「死伝馬皮」の語が、正倉院文書中の諸国正税帳や郡稲帳に頻出する。天平の昔から、老廃駅伝馬は皮革製品の材料になったし、それが律令国家の重要な収入になっている。ほか洗革料鹿皮ともみえている（東京大学史料編纂所・奈良時代古文書フルテキストデータベース）。甲《かぶと》の材料や履沓《はきぐつ》の素材（「履牛皮」）、また太鼓・楽器の原料として、皮革は国家にとって、貴重な存在であった。

筥崎宮《はこざき》（箱）は朝廷が護持する神社である。文永十一年（一二七四）の蒙古襲来時に筥崎宮が放火されたが、この筥崎宮の焼亡に対し、三ヶ日の廃朝が行われた。廃朝は服喪、日食などの天変地異、そして火災があったときに、天子が政務をみないことをいう。ふつうは三ヶ日で、重事は五ヶ日である。相当に格の高い神社でなければ天子が政務をみないという事態にはならない。火災によって廃朝が行われた事例を『古事類苑』（政治部）にみると、大神宮、賀茂別雷社、紀伊日前宮、宇佐神宮、香椎宮などの重要神社ばかりである（ほか内裏、大極殿、神祇官も同じ扱い）。香椎とならび筥崎は、国家鎮護を担う国営神社であった。大量に太鼓が製作されたし、その製作所からは、さらには各地の神社にも太鼓が分配されたと想定できる。

一　筥崎宮領と「さんしょ」（散所）

筥崎八幡宮の所領を書き上げた文治三年（一一八七）八月の社領坪付がある（田村大宮司家文書、『鎌倉遺文』一―二五三）。中世前期の筥崎宮根本社領（本来の所領）の坪付帳で、筥崎宮が、みずから社領と認識していた耕地群が記されている。なぜこの時期に、この土地台帳が作成されたのか。『吾妻鏡』文治三年八月三日条に源頼朝が筥崎宮宮司（秦《はた》）親重《ちかしげ》に対し、那珂《なか》西郷、糟屋《かすや》西郷などを与えた旨の記述がある。この所領安堵の際の基礎資料としてこの坪付が作成されたのではないか。

筥崎宮・田村文書には同じ日付の源頼朝書状写がある。この書状自体は『吾妻鏡』の記述をもとに、後世に作成されたものとされている。けれども『吾妻鏡』に記された所領安堵の事実があったことは疑いなかろう。同じ日付をもつ坪付帳はある程度信頼できる。なぜなら坪付帳は田籍簿・土地台帳である。記述は詳しく精密である。まったく架空の帳簿を偽作しても、意味はない。年号の仮託や、耕地の正確さの度合は考慮しておく必要があるにせよ、この史料によって中世前期の筥崎宮が自領と認識していた所領概要を把握できる。

記された所領（耕地）は糟屋西郷分、中原分、那珂西郷分、大宮司名田分、高木分そのほかから構成されている。それらをみていくと、明治十五年段階の糟屋郡箱崎村一帯、および那珂郡堅粕村周辺の小字と一致する地名がいくつかある。ただし「那珂西郷」とあった分の所領については那珂郡の西方になるはずだが、一致する地名は堅粕村周辺から南方犬飼村・松園村（以下『福岡県史資料』所収の明治十五年作成小字名調に記載された村名を使う）に分布する。実際には近世の郡界からいえば、那珂郡の東部ではないかと思う。

さて坪付帳の最末尾に、「此外　さんしよの物とものさい所　一ゑんしんしなり」と書かれている。「此外散所の物どもの在所、一円進止也」という意味であろう。すなわち「散所」に属するものたちの在所（居住地）は、筥崎宮がみな直接に支配しているとある。注目すべき記述である。

中世畿内の場合をみれば、社寺権門に直属する本所神人と、散所神人があった。この散所は散所非人とも表現されることがあり、差別された人々を含む存在であった。史料上にみえる畿内の「散所」を詳しく分析した研究が、山本尚友『被差別部落史の研究』（岩田書院、一九九九）である。山本の研究によれば東寺散所の場合、東寺門前を中心に東寺領内に展開した（一九〇頁）。散所は声聞師・陰陽師や掃除系であり、清目は皮革系であったとする。散所と清目は区別された別個の存在である。しかし判明するものでは、東九条散所や久我庄内東西散所のように近接地に置かれることが多かった（同一六七頁）。

北部九州における鎌倉初期の被差別民にかかわる史料はこの記述しかないだろう。あまりに断片的だ。速断は避けたい。しかし畿内の事例を参照にしながら考えていけば、この史料の記述を歴史学に活かすことができる。本所と散所があった。散所近くに清目が置かれる例も多い。筥崎宮が多様な手工業者を必要とし、把握していたことはまちがいない。生産者を直営の形で自社領内に抱えていた、ないしは容易に調達できる人物を抱えていた。それが「散所のものどもの在所」ではなかろうか。

明治初年に政府の指示で作成された『福岡県地理全誌』（明治十三年頃、『福岡県史 近代史料編』一九九三）は、箱崎西方堅粕村の枝郷・枝村であった複数村に、解放令以後の叙述であるにもかかわらず、「従前屠児住ス」と注記した。『筑前国続風土記拾遺』にも同様の記載がある。賤視されていたことが確実なこれらの村を含む周辺地域の明治十五年当時の小字名と、七百年を遡る先の文治所領書上にみえる地名を較べてみると、一致するものがかなりある。坪付中、明治十五年の小字と一致する地名を、当時の村名（〔 〕内、村の字は省略されている）ごとに分けて書き上げてみる。

一　糟屋西郷分

〔箱崎〕みくりまち（巡り町）、しまめくり（島巡り、堅粕にもある）

一　中原分
〔箱崎〕いてのわき、いてのうへ（大井手、乙井手、井手口）
〔金平〕くすのきまち（楠町）
〔堅粕〕ふちた（藤田）
一　那珂西郷分
〔犬飼〕いぬかいのほり（犬飼）
〔松園〕〔堅粕〕いしはし（石橋）
〔堅粕〕かたかすのはして
一　屋敷分
〔比恵〕ひゑ
一　上家分被召坪乃事
〔堅粕〕はなかくろ（花黒、八丁花黒）
〔金平〕八らうまち（八郎町）
一　□□□□分
〔箱崎〕〔馬出〕〔堅粕〕みつまち（上水町、下水町、水町、水町）
〔西堅粕〕・〔堅粕〕よしつかのそい（吉塚浦、吉塚）
一所　奥行取之分

みつまち　いしはし　よしつかのそい（前々行の近所か）
〔箱崎〕まつはら（松原口、地蔵松原）
〔馬出〕かわら田（瓦田）
一所　高木分
〔箱崎〕はら田（原田）
〔金平〕くすのきまち（楠町）

筥崎社領は上記の村と耕地に分布していた。筥崎宮散所は書き上げられた田地に対し「此外（このほか）」とされている。上記の土地と同位置ではなく、重ならないだろうけれど、近くにあったことはまちがいない。筥崎散所の起源は鎌倉初期よりも古い。それはいわば準国営工房・コンビナートであって、卓越した技術の保持者が優れた工芸品を生産する場所であったと想定する。

『筑前国続風土記拾遺』の馬出村の項をみると、「町中に檜物師ならびに家上《やね》を製る工人多し、筥崎宮の敷地なり」とあるから、江戸時代にも筥崎宮直轄と考えられる工人がいた。また「此村（馬出）と金平村との境に楠町と云地　有。筥崎大宮司の蔵の古文書に見へたり。俗伝にむかし楠田長者という者の別埜（元本のママ、別墅〈べっしょ〉または別所〈べっそ〉か）の跡とて有、此長者いかなる人なりしか、詳ならす」と記している。散所は坪付に書き上げられた田地の近くにあったと推定できる。おそらくは各工房は分散していたが、それを統括する人物がいたのだろう。散所長者をモデルにしたといわれる山椒大夫は森鷗外の小説によって広く知られている。この地域にもそうした富裕な支配者、散所の長者がいたとみておかしくはない。近世に革座のあった堀口村は、地名から考えれば戦国時代に御笠川新流路（新堀）が開鑿された後に成立した村であろう。しかしそれ以前から筥崎宮に皮革製品を提供できる機能が長者屋敷の周辺に用意されていたと考える。

二　太鼓田地名の分布

中世史料と太鼓免

二〇〇五年三月のこと、久留米市教育委員会文化財課収蔵庫において、玉垂宮文書の一部である御船文書をみる機会があった。一年中の神事とそれを負担する村々を書き上げた永仁四年（一二九六）十二月　日・玉垂宮・大善寺物（仏）神事記文（『鎌倉遺文』二五―一九二三八）には、「一御神寳修理事」のなかに「台太鼓」があり、ほかの文書にも、太鼓の文字が散見された。貞和三年（一三四七）九月二十二日玉垂宮・大善寺仏神田免田注文（『南北朝遺文』九州編二―二三七一）には、多くの舞人給や楽田とならんで、「一段　大鼓免　安武村」が、またその写本かと思われる貞和三年（一三四七）九月仏神田免田注文（同二三七〇）でも、楽人給として、白口村・舞師給などとならんで、「一段　安武村　大台鼓免」がみえている。玉垂宮でも太鼓を重視し、その維持（太鼓の製作、修理）のために二段（ないし一段）もの広さをもつ免田を設定していた。二反であれば反当五俵（四斗俵）と仮定して四石の米が生産される。四人が一年間食べることができる米の量である。その田からの年貢相当分が毎年太鼓製作者の維持費に充てられていた。

大田植の太鼓田

地名の太鼓田にはいくつかの意味合いがある。まず農耕儀礼にかかわるもので、大田植・花田植が行われる田を太鼓田と呼ぶ場合がある。『宗像郡誌』（五一三頁）に収録される「宗像郡太鼓田記録」には、

五月田植の比にいたりて吉日を撰み、耕牛十二疋、田人弐百人斗り、古来伝りたる田植歌のありけるを、其の歌を諷ひ、笛、太鼓、鉦鼓などを打はやして賑ひ植るなり、是を太鼓田といふ。

とあって、これは大田植の印象が強い。しかし異なる意味をもつ太鼓田があって、これが古文書にみる太鼓田に対応する。前掲明治十五年の小字名調を検索してみると意外なことがわかる（福岡県小字名に関してはデータベースを作成ずみ）。

小字の太鼓田

まずは筥崎宮の位置する糟屋郡とその西にあたる那珂郡に太鼓田地名が集中する。

・糟屋郡

別府・タイコテン　松崎・タイコデン（太鼓田）　名島・タイコデン（太鼓田）

・那珂郡

馬出《マイダシ》・タイコデン（太鼓田）　春吉・タイコデン（太鼓田）

このように糟屋郡と那珂郡には太鼓田地名が多く五ヶ所もある。そしてふしぎなことに「太鼓田」記事があった宗像郡には、一ヶ所もこの小字太鼓田がない。さらに隣郡である御笠郡・席田郡をはじめ、早良郡・怡土《いと》郡・志摩郡・夜須《やす》郡・遠賀郡・上座郡・下座郡をみても、筑前にはほかにない。筑後では生葉・上妻・三潴《みずま》・御原・山本・竹野・御井の七郡を検索したが、これにもない。豊前では仲津・上毛《こうげ》・京都《みやこ》・田川・企救《きく》・築城《ついき》郡の六郡と大分県分の宇佐郡・下毛郡を検索したが、上採銅所にタイコ畑があったものの、豊前に太鼓田はなかった。大田植を行う田が太鼓田であるならば、各村に均等に太鼓田があってしかるべきなのに、そうはなっていない。にもかかわらず、糟屋郡と那珂郡のみに五ヶ所もある。また中世に太鼓免があったと記されている三潴郡にないことも不審である。

筥崎宮と太鼓田

この太鼓田は大田植に由来するものではないし、各村にあったと思われる太鼓張り替え時の費用捻出に備えた太鼓免ともちがうようだ。糟屋郡・那珂郡特有のものであり、さらにいえば糟屋郡にあった筥崎宮周囲に特有のものではないか。筥崎宮のもとにあった散所が太鼓の納入に責任をもっていた。太鼓田の米は散所に納められ、散所を通じて太鼓の実際の製作者に支給されたのではないだろうか。中世の史料に散見される「太鼓免」もまた「太鼓田」と呼ばれることが多かったと考えるが、糟屋郡・那珂郡のみに太鼓田が集中することからは、筥崎宮散所領としての太鼓田が想定できる。筥崎宮直轄の太鼓納入者・製作者・修理張り替え者には古代以来中世を通じて、高額な報酬が支払われた。京都山科掃除散所も障泥・裏無の皮革製品を上納した（『京都の部落史』1・三五頁）。散所機能の一部はおそらくは近世那珂郡革座に継承された。この推定が正しければ、その起源はとても古いと考える。

太鼓胴内黒書銘

さて偶然のことだったが、文書を閲覧したその部屋に、破れ太鼓が置いてあった。とある神社から譲り受けたものという。わたしは唐津市にある佐賀県部落解放研究所の中村久子さんと、『北波多村史』（現在の唐津市北波多）の仕事を一緒にした。地区公民館にはたいてい太鼓がある。盆踊り、あるいは寄合の招集などに、太鼓は不可欠だった。使われなくなり、手入れを怠った結果、いまでは破れ太鼓になったものもある。中村さんはそうした太鼓の所在を知るやいなや、倉庫に入って太鼓の銘文をさがす。はがれた皮のわずかな隙間からのぞけば、胴の内側に銘文がある場合がある。被差別部落（近世皮多村）の名と製作者の名が記されていることが多い。胴の外側に書いたものはない（皮に直接書く例はある）。閉ざされてしまった空間にまで視線は及ばない。内側に書けば、読むものは誰もいなかった。太鼓は三〇年ほどで張り替える。時代を経て破れ太鼓になったときに、銘文は再び世に現れる。作者の名前や製作地はそのとき明らかにされる。作者の生存中には表の世界に出ることはあまりなかった。けれどもいつか後世の人の知るところとなる。この太鼓を作ったのはわたしなのだ。張り替えはわたしがした。製作者の矜持・誇りを、痛いまでに感じることができる。

立ち会ってくださった方はなかを見ていないという。さっそく懐中電灯をさがしてきてくれた。墨書銘文はあった。昭和四年（一九二九）、久留米市内で製作されたもので、製作者名もあった。筑前・九州の核たる筥崎宮には、「散所のものども」が直属していた。筥崎宮が国営神社ならば、そのもとの散所こそは国営工房ではないか。筥崎宮は太鼓製作者、優秀な技術者を囲い込んでいたはずで、工人には技術にふさわしい相応の対価が支給されていた。

〔補注〕 現存する中世の太鼓については、大矢邦宣「天台寺長胴太鼓の銘文をめぐって」（『岩手県立博物館研究報告』九、一九九一）に詳しい紹介がある。長胴太鼓は加東市朝光寺の永仁六年（一二九八）、吉野町吉水院の徳治三年（一三〇八）、尾道浄土寺の正和五年（一三一六）が古いとされる。舞楽の鼓はさらに古く、奈良手向山神社の康平四年（一〇六一）二台を最古とし、建永二年（一二〇七）の唐招提寺に続く。なお豊後国東長安寺の太鼓銘文は文永三年とされて、かつ後筆とされている（胴内墨書銘文はふつう後筆である）。しかし文永三年は丙寅であるが、ここでは午とあるから干支があわない。「文」永のようにも読めるけれど、「文」には「ノ」が二本あって一画多い。刳りぬきが円形ではなく変形で、鉄ではなく木の鋲がある古式太鼓ではあるが、胴内銘に記された寛文四年・寛文五年（一六六四〜一六五、片皮）、正徳弐辰（一七一二）のおよそ五〇年毎の張り替え時期と字形を勘案すれば、安永三年午ノ六月十一日（一七七四、甲午）と読むべきである。

太鼓の胴内墨書その１　太鼓の胴内墨書にある京都天部橋村理右衛門の堂々たる花押。なぜか名前が抹消されている。銘文のうち複数が共通する別の太鼓が、唐津藩御座船・正中丸にて使用されていたことが大船頭松下家天保１４年日記からわかる。この太鼓も、もとは唐津藩船手にあったと推測され、現在は水主町のくんち・山の太鼓として使用されている（福岡市梅津太鼓店提供、中村久子氏のご教示を得た）。

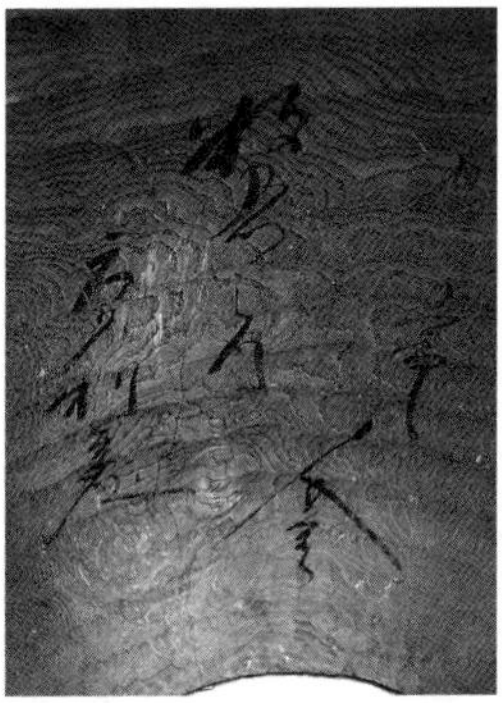

太鼓の胴内墨書その２「上市之介重 数九ツ之内 天部利兵衛」。吉野上市の介重（助十郎）が天部利兵衛に送った、胴９つのうちのひとつ（岡崎三浦太鼓店提供、大垣市内寺院の太鼓、古川与志継氏のご教示を得た）。

第八章

人身売買史断章・現代と中世を交錯する遊び女像

本稿はまず通時代的にあった遊女の実態を人身売買の視点からみる。ついで時代を遡って中世の遊女を考える。

一　みどり町の女

プサンみどり町は韓国のなかの日本語地名の町だ。旅行ガイドブックにはない。けれど、タクシーの運転手はみな知っている。その日本語町には「ガラス窓のおんな」がいる。商品としての女性が、肩ひもの白いドレス、統一されたユニフォームでガラスの向こう、明るいへやに並んでいる。異様な光景で日本人には異次元の世界である。二〇〇四年の夏、プサンに行ったときに同僚の先生にガイドされた。「やり手ばばぁ」がいて、さかんに誘われる。現役を引退した、もと娼婦である。「あなた」「しゃちょう」「見るだけなら、ただよ」「日本語できる子いるよ」「三番目の子、サービスいいよ」。強引に腕をつかもうとする。中に入ってお茶を飲んで品定めをするものらしい。みなが引くので、「見学?」。

冷やかしとわかれば、トーンも落ちて静かになる。むだな努力はしない。夜の九時前だったから酔客の到来にはまだ早いらしく、念入りに化粧をしている女がいる。いかにも開店前という雰囲気で、ウォークマンを聞く女もいれば、携帯で通話する女もいる。誰と何を話しているのだろうか。

遠くの一団からどっと拍手が起きた。誰かが押されて中に入った。むろん日本人で、学生・体育会系ののりである。外国だから恥の感覚がないのか、性の売買にもともと無感覚なのか。

「ショートで七万ウォン、ショートは一五分」、韓国事情に詳しいN先生の解説。七千円ぐらいであろうか。白人女が手をふってくるのでこちらも手を振る。ロシア人だろうと同じく解説。昔は「外人は好まなかったが」とのこと。長い時間いるようなところではない。

帰り道、血相を変えて坂道をかけ上ってくる青年に出会った。やりてばばぁに腕をつかまれても振り切り、真剣そのものだった。トラブった激しい会話。もしかしたら、こうした世界に入った恋人を取り戻そうとする若者か。一瞬想像したが、当たっていたのかどうかはまったくわからない。

この町の下に伝染病病院と称する病院があって、日本植民地時代の建物が近年まで残存していたけれど、取り壊された。性病病院、駆黴《くばい》院で、東京吉原病院や名古屋・愛知県立中村病院と同じである。福岡市内の公衆便所の落書きに、「みどり町の女　マグロ」とあったと聞いた。この町はプサンが開港した明治九年（一八七六）、日本人が婦女を募集したことが始まりという。

ソウルにもスオン（水原）にも同じような町があるらしい。どの都市にもあるのだろう。三八度線、軍事境界線近くに大規模なものがいくつかあるが、まるで異なり、日本語などしゃべれる雰囲気ではないという。

日本と同じで、ビジネスライクに体を売る女もいよう。だがむかしながらの、弟、妹の生活、病弱な父母の暮らしのために身を売る女性も多いという。まさしくこの二〇〇四年八月に、韓国では法的に売春が完全禁止となった。後日、テレビで政府が進める廃娼政策に反対する娼婦たちが、デモ行進したというニュースを見た。自分たちは貧しい父母・家族を救うためにこうした仕事をしている。生きるすべを取り上げないでくれ。テレビ画面の女性はそう訴えていた。貧困が転落させた。

二　遊女町の光景

日本でも戦後しばらくまでは都市や地方の町に遊郭があった。名古屋の中村・大門はいまでも大きな破風のある古風な木造建築が林立し、特異な雰囲気がある。そうしたあたかも文化財級の建物のなかには、いかにも使われず、虎ロープが廻らされた閉鎖建物もあったりした。いずれ取り壊され、ビル、マンションになるのだろう。レトロな町だが、間隙にソープランドが目立つ。歩いていたら、とつぜん道路の真ん中に揃いの黒服の若者が一〇人ほどか、バラバラッと走り出て整列した。大股を開いて腰を九〇度に曲げ、頭を下げている。何ごとかと思うと、まっくろな高級車が出ていった。背にはこぞって、「稲葉地一家」。名古屋ではよく知られた組織である。最厚礼で客人を見送る。中村は六連隊の兵士を対象とし、大正十二年（一九二三）にできた新遊郭である。

福岡博多の場合、海際の町・州崎浜に散在していた女郎屋が、慶長年間に柳町に集住させられて、遊郭となった。風紀取り締まりの都合であろう。一ヶ所に集めた。江戸時代の絵図（「福岡城下町 博多近隣古図」三奈木黒田家絵図、九州大学文化史研究施設所蔵、宮崎克則『古地図の中の福岡・博多』海鳥社、二〇〇五、九州大学デジタル・アーカイブ http://record.museum.kyushu-u.ac.jp/kochizu/top.html#00）を見ると、「流」（ながれ）と呼ばれる博多の碁盤目の町割から離れて、東は石堂川河岸の石垣に、のこる三方、北西南も囲まれた一角をなす長方形の柳町遊郭が描かれている。吉原に同じ構造である。比較的近接した海側に、福岡・博多に三ヶ所あった非人村のひとつ、七ッ仮屋がある。

明治期の繁栄ぶりは「福岡市営業案内地図」（明治四十）にもみえ、四三軒が並んでいた。町は、明治末期に移転し、海際の最北端から逆に博多の南側、新開地に移った。九州帝国大学医学部が馬出松原に設置されることに決まって、環境問題が発生したための移動だったとされる。大学が設置された場所は石堂川をはさんで、なお、かなりの距離があるが、移転に賛意せずに現地に残った「新三浦」は料理店となり、医学部関係者に顧客ができた（西日本シティー銀行ホームページ・ふるさと歴史シリーズ「博多に強くなろう」）。いま水炊きの料亭として知られている。江戸・吉原では高尾太夫を抱えた三浦屋が著名だが、各地の遊郭に「新三浦」ができた。柳町跡地は最近まで福岡市立大浜小学校があった周辺である。

柳町が移った先は新柳町といった。昭和前半の地図には明記されており、大門《おおもん》通りなどそれらしい名も付けられている。

知人・名郷氏の回想

(新)柳町は超一級の店が三軒、金玉楼とかたいそうな名前が付いたところ、次に一級の店が三軒、あとはふつうの女郎屋。おれが職人で屋根を直していたら、窓がちょこっと開いてて、お尻が上がったり下がったりするのが見えた。仕事ができん。遊びに行ったのは職人年季が明けてから。柳町はふつうの飲み屋も多かった。

あがりこんで、何日も泊まりこむやつがけっこういた。月給もみんな、使い込んでも払えない。この頃仕事にでてこん。(遊郭の側も)付け馬を行かせても、払えんといわれたらおしまい。取りはぐれる。会社に電話するのが一番。「お宅のとこの誰々さんが、あがりこんで金を払ってくれん」。社長が「のぼせやがって」といいながら支払いに行く。借金を払ってやらないと、仕事が滞る。

昭和三十年頃でも、物差し片手に、やり手ばぁが若い女、新人さぁ、腹に力を入れて股をしめろ、って手をつっこんで、教えてた。男を喜ばす技術。それがよけりゃ何日でも泊まり込むさ。おれは職人だから、中に入ってそういうところも見た。

福岡の遊郭は、あとは春吉と大浜。大浜は競艇場の近く、(大浜は)ダイブ落ちたね。格下。大浜の客は水手(かこ、舸子)や漁師が多かった。半年も海にいて金はあるけど、話し下手。大浜の飲み屋で(おれがもてて)女たちがわーっとなるのがおもしろくない。(向こうも女目あてで来ているから）よくけんかになった。あいつらは暗いね。

昭和三十三年、売春防止法で廃業するとき、大浜の経営者が井尻のほうで大きなアパートを建てて、おれが職人で行った。十八か十九の頃。棟上げ式の日にそこに女郎さんが八人ばかり、下から見てる。おれたちも屋根の上ではりきった。一緒に酒を飲んだ。「わたしたちみたいに何の技術もなくて、今さら、やめろといわれても」とか、「若い人はまだ新しい仕事ができるけど、わたしたちでは」とか、いっていた。一番若いのに意気投合して便所まで誘われたけど、ほかの男、（相撲取りの）大内山みたいな顔した大男、そいつがドンドン、「こらー、何しとう！」じゃまされた。「このやろう、食いものの恨みとマメの恨みは大きいぞ」、できてりゃおれの筆おろしだった。島原の出身者が多かった。貧乏な家ばかり。

（年をとって）やめてやり手になるのは数が限られている。案外年季が明けて結婚したのが多いし、□とこなんか、子どもが二人、できてるもんなぁ。

福岡市城内住宅、聞き取り調査にて、回想

柳町、みんなでいく。五、六人、多かりゃ一〇人くらい。やっぱり顔見るもん、下は見ん。おれはあっち、おまえはあっち。若いけん激しい。一時間に二発も三発も。泊まりだと朝、太陽がまっ黄。そんな奴らばっかりくる。女は五体がもたん。男はいかせても自分がいったらいかん。毎日夕方に卵がもらえるそうです。小便まり《ばり》（小用）にいったらおなごがしくしく泣いている。何事ね。

「カラダは売っても心を売ったつもりはなかばってん」。

こっちは朝帰らないかん。女は昼寝るから朝からずーっと寝とるですよ。寝ぼすけは見送りもせん。「久子っ、おまえおれに買われたとやろ、見送りぐらいせんか」。それぐらいきついんでしょう。「またきてね」、っていうから、なじみになる。

借金があると、年季が延びる。「あんたこの頃あんまり売れんけん」、って高い着物買わされる。自分がもってくるわけじゃない、おかみさんが着せる（外出は許されなかった）。いくらかわからん。二百円とか三百円（と高額だった）。

自分たち、どうしてもとなり（の店）がよか。移ろうとする。それを引きとめることもあった。

エイズほど恐ろしくはないけど、淋病とか梅毒。ペニシリンができたから何も関係ない。友だちは淋病にかかったけど、優秀な子どもができた。尿道炎にはなる。いろんな人間が入っている。女は石炭酸で洗う。便所の高いとこ、ジャーって洗う。梅毒になったら大ごと、一ヶ月も休まにゃならん。女も用心したですよ。

加藤シズエや市川房枝ががんばって廃止。そのあと女性はバアとかスナックとかの雇われママさん、結婚した人もおるという話。元気な人は子どももできる。客引きするやり手は仲居さん。バックに金を持った人がおると、けっきょくおめかけさんですよ。遊郭の裏話はおもしろかですばい。

福岡市から南三〇キロメートルに佐賀県鳥栖市がある。周囲には久留米、端間《はたま》（小郡市）、鳥栖、榎津（大川市）などに遊郭があった。久留米は軍都で、榎津は筑後川河口の港町、端間は宝満川から筑後川本流に出る川船の積み替え地点である。

鳥栖市史編纂時の聞き取り調査にて、回想

（T氏）春に船を一日やとうて、流れを下って有明海で潮干狩り。一時間では行き切らん、川口の最後からまだ三〇分下る。（沖の州で潮干狩りを終えて）汐が満ちてくると上る。ちょうど夕方に榎津につく。（榎津は外洋に出る）千石船に積み替えるところで、栄えていた。船の底がつかえて上れない。青年は女郎屋へ。女どもが、ずらーっと並んどる。わたしは十五、十六、まだそういうことはしらん。十七、八で関心が出た頃はそういう制度はなくなった。（いったん降りると）潮待ちで船がこん、安心して二時間ぐらい、いられる。

（M氏）端間は、宝満川を帆掛け船がどんどんきたらしい。船頭の町で女郎屋が四、五軒あった。鳥栖駅にいると進駐軍がきてHatama Station?って、聞かれてチュウインガムをもらった。照月《しょうげつ》によく行った。（端間）駅の前。十八歳で鉄道勤務、初任給が六千九百円、本採用になって七千八百円、「遊び」は三百円、「時間」が五百円、「泊まり」は千円。「遊び」は二〇分か三〇分、ほんとの一発、「時間」は一時間、若いけん、二回できるものはしていい。（時間になると）枕時計のジャーッと鳴る。ばあさんが「時間ですよ」って、いうてくることもある。「泊まり」は朝までよい。なじみはできるよ。同じ店で朝、横の女に変えたら（その女が男を盗ったといって）リンチされる。ちがう店に行くならいい。

久留米は東町、シラ山、柳橋、一番の赤線は瀬の下、って決まっていた。鳥栖は駅の前、八軒屋、いま一軒だけ建物が残っている。鳥栖は（近すぎて）あんまり行かんかったなぁ。

（T氏）福岡は柳町と大浜、市内電車で行く。柳町、（あの店は）なんていったかなぁ、わたしら若いやつがいったら通さん、全部帰される。仲居さんがガーンとしとる。時計を置いとくからといってもだめじゃ。全然、格が違う。

「そんなにちがうんですか？」

（M氏）そりゃーぁ、ちがう、そりゃーぁ、よかですよ。きれいな人が多い。そのかわりよか人が行く（金持ちが行く）。

文久二年（一八六二）、博多柳町からひとりの女性が逃げた（横田武子「博多柳町　とらや」『（福岡県）県史だより』六一・六二〈合併〉、六三〈一九九二〉）。柏木という源氏名の遊女で身重であった。数日で目明かしにとらえられる。捜索費用・礼金・妊婦養生代など二十六貫六百二十文の借金が加算され、年季も二年増しになった。柏木は、二月廿日より店引（休暇）、二月三十日に二貫百文をババ（子添え婆または産婆か）に支払い、三月廿四日夕より店に出た。臨月でもぎりぎりまで客を取らされていた。彼女は丸五年・金六両で身売りされていた。柳町の遊女はもっとも高価だった女性が金十両・丸四年、もっとも安い女性が一両・丸十年の年季であった（年齢等は未詳）。婆に金を支払っている。産婆なら、子は産めたものの、引き離されたのであろう。赤子はどうなったのか。産後まもなく店に出たのなら母乳はどう処理したのか。哀れである。逃走したことからすると、父親がわかっていたのではないかと思うが、その先で何があったのかなどいっさいわからない。

横田の研究によれば、当時、男の借財の支払いで売られた女性もいた。六ヶ年季、身代五両で身売りした女性が、二年つとめて逃走し捕まって、同じく五両・四ヶ年で下関、豊前田《ぶぜんだ》町の遊郭に売られた例もある。

幕末の物価高騰期なので、米一升二百文、一両七百文で換算してみると、当時の一両は三斗五升の米が買える価値である。一年間に米一石を食べるとして、四ヶ月分の米代であった（現代の五万円ほどか）。柏木の六両は一人が食べる二年分の米代（およそ三十万円程度の感覚か）であった。これで五年も拘束され、さらに逃走で二年が加算された。柳町は高級遊郭のはずだが、この店はそれほどではなかったのだろうか。のちにみる江戸・吉原での価格に比べると異様に安い。

「おんな」のいる場所は津々浦々、宿場、鉱山町、兵士のいるところ、ほかに人の行き交うあらゆる場所が想定される。旅人の宿場には飯盛女がいて、男たちの相手をすることがあった。中山道和田宿に残された人身売買文書が、長野県『和田村村誌』（二一六頁）に引用されている。飯盛《めしもり》女の請状である。享和三年（一八〇三）亥八月、娘うたが親である播磨赤穂郡奉公人親・篠原東広によって売却された。篠原という人物は苗字をもっており、それなりに地位のある人物のはずだが、にもかかわらず娘を売った。「十二歳より二十五歳になるまで」「旅籠屋飯盛下女奉公」に出て、その値段が金八両だった。駆落ちすれば一〇日以内に探し出す、病死すればそちらで葬ってほしい、気に入る人がいれば置き替えされたい、万一妻に望んでくれるものがいれば、そちらで聞き届けてやってほしい、などとある。必ず里に戻してほしいという気持ちはないかのようである。売券の文言は決まり文句か。八両で一四年間も下女として拘束されるのだから、ずいぶん人間の価値が低かった。飯盛女の場合は遊女として売られたわけではない。

本橋成一監督の映画「ナミイと唄えば」に登場する「なみばぁさん」は九歳のとき（一九二〇年頃か）、二百五十円で辻町（沖縄・那覇）に売られた。一緒に売られた子は器量よしで三百円だった。なみばぁは自分が売られたことよりも、そのことに腹が立った。ひとの値段に差があった（二〇〇六年六月三日、朝NHK福岡・サタデートーク「沖縄のおばあを撮る・本橋成一」）。

中野栄三『遊女の生活』（雄山閣、一九九六、一八頁）は「身代金は江戸中期でも四十〜五十両であった」とし、お軽勘平の例を挙げている。西山松之助編『遊女』では禿《カムロ》は七、八歳から十二、十三歳までの勤めで平均二両二分、年季は七、八年で売られたとある。天保三年（一八三二）に新吉原送りになった隠し売女の入札価格は平均二十両、人妻二十歳は金三十両三分、後家四十二歳は金四両二分、銀一匁二分であった。天保三年は飢饉で物価の高騰した年であるが、金一両を銀六十匁、米一石あたり銀百匁とすると、金一両で米〇・六石買えた。金一両を九万円とすれば二十両は百八十万円である。吉原の遊女となることは高級遊女になることで、その売買価は比較するかぎりでは他より高い。ただし四十代の女性は七分の一で、遊女としては働けなかった。

中世の場合だと、辻子君と交渉をもつ値段は、中世の「蓮如上人子守歌」ではかけあいで百文に始まって三文まで、二条柳町の規定では上三十文、中二十文、下十文であった（「遊女・傀儡・白拍子」〈「週刊朝日百科日本の歴史」一九八五〉）。かりに一文百五十円で換算すれば、上は四千五百円、中は三千円程度か。

三　遊女と差別

娼婦たちは貧しい家に生まれたか、または没落で不本意な半生・一生を送る。彼女たちは身分的にどのような地位にあったのか。遊女屋の経営者（傾城屋）は差別されていたとされている。遊女屋の亭主はくつわ、ないし忘八・亡八と呼ばれ、さげすまれた。くつわの語源は馬の轡のように女たちを自在に操ったことかららしい。忘八・亡八とは仁義礼智忠信孝悌の八つを忘れ、失ったものという意味とされる（中国における鼈《すっぽん》の異称で、悪口であるとする滝川政次郎の見解もある。『遊女の歴史』、一九六五）。『（長崎）犯科帳』にも身分（職業）としての「忘八」がみえる（延享五・寛延元年六月二日裁）。『弾左衛門由緒書』（『日本庶民生活史料集成』部落・所収）の主張では傾城屋はその支配下とされる。賤視されていただろう。

遊郭は被差別部落の近傍に置かれることが多かった。弾左衛門屋敷のある一角と、吉原の関係はそれをよく示す（『部落史用語辞典』、ただしともに変遷がある）。先の博多遊郭・柳町の場合、近傍に離れて七ッ仮屋という非人村があり、川の対岸ではあったが、福岡藩領における皮革販売・生産の拠点的な集落があった（『筑前国続風土記拾遺』）。佐賀城下でも堀をはさんで遊里とエタ村があった。隔離政策が取られたことは、遊郭であっても被差別部落であっても共通する。

遊女屋の経営者（傾城屋・くつわ）は豊富な資金力があって、地域の名士になるものも多かった。被差別村に多くの人が足を運ぶことはなく、むしろ避けたけれど、遊里には多くの男たちが訪れた。

武家方女性や百姓妻の不義をなしたものは遊女屋に渡されたという。天保八年（一八三七）豊前国企救《きく》郡大庄屋・『中村平左衛門日記』（北九州市立歴史博物館刊）に、

八月廿九日
下篠崎村佐二郎と申者、妻不義致し、御調子《しらべ》之上、密夫は入牢、女は荒縄にて縛り、御門外近村引廻し、田野浦女郎屋へ被下、勝手に召遣候様被仰付

とあるから、おそらく「姦婦」への処罰として遊女・女郎におとされたと思われる。田野浦は企救郡内にあった関門海峡の港であり、いまの北九州市門司区である。

『日本国語大辞典』・奴《やっこ》*の項に『随筆・吉原大全』（一七六八）が引用されている。

武家方にて不義などありし婦人を、いましめのためとて、あるいは五年、三年のねん《（年）》にて、この里《（吉原）》へつとめに出すことを、やっこといいしなり

＊　家族の犯罪の縁座で「奴」とされた事例は相当に多い。犯科帳では奴と遊女は明確に区別されている。奴は奴婢で、人格の認められない奴隷である。『長崎犯科帳』で奴とされたものには二歳や三歳の童女が含まれている（元禄十六年八月二十六日裁）。

武家・百姓身分から遊女に落とされることはあった。だが地域性もあるようで、『（長崎）犯科帳』をみてみると、遊女町・傾城町送りという事例は案外に少ない。若干の例はあるものの、親が面倒をみきれないというような理由のある、特殊な条件下での事例であった。たとえば享保十四年（一七二九）七月二十四日裁の場合、密通をした、なつは「両親共も手に余り」とあり、享保八年六月十一日判決の、せきの場合は、「両親方より罷り帰り候様ニと、度々申遣候得共、承引不仕」とあって、親との折り合いが悪く、傾城町のもの（丸山町くつわ）に相渡されることになった。よほどに特殊事例であったようで、後者では長崎奉行所は江戸にまで伺いを立てている。一般的な事例とは考えられない。

情死の未遂者は非人の手下《てか》とされた。近江長浜・知善院日記（『近江長濱町志』一巻本編上、三一二頁）に、「享保八年《（一七二三）》二月、男女の情死を厳禁し、死体を弔い絵双紙又は狂言等に作ることを禁じ、その未遂のものは三日間之をさらしたるうえ、非人の手下に申付くべしと達せり」とある。

事件を起こした遊女が非人手下とされた例はいくつかある（以下の事例ほか元文二年〈一七三七〉三月二十三日裁など）。もし遊女が非人身分であったとしたら、非人手下では処罰としての意味をなさないわけだから、遊女の身分は「賤」ではない（以下、森永種夫『犯科帳・長崎奉行所判決記録』、なお倉本潤子「近世日本における都市女性の法的地位」・九州大学修士論文と一覧表を参照した）。

遊女は人格を失った非自由人ではあったが、「エタ・非人」とされて「賤」視された人々への差別とはまったく異なっていて、あくまで平民であることを要求されていた。

文化元年（一八〇四）四月二十五日判決は非人手下とされた例である。丸山町升屋の遊女吉川は、町人と偽ってしばしばあがっていたエタ身分の龍蔵となじみになった。龍蔵はエタの頭格である「皮屋町エタ乙名」であった。龍蔵の叔父のエタであった恒右衛門が身請け銀八百五十目（銀六十匁が金一両、よって約十四両）を用意し、いったん吉川は龍蔵の妻として小屋に囲い置かれている。これがいつしかうわさになったようだが、外聞を恐れて龍蔵の身分を主人に明らかにしなかった。吉川の親戚である清左衛門や庄三郎（吉川叔父）が相談し、下関に住まわせようとしたが、金銭のやりとりに問題があったりして実現しなかった。

裁きでは遊女吉川を非人手下に申しつけ、清左衛門妻や升屋の遣手《やりて》らは協力者として「居町払」とされた（この事件は森永種夫『流人と非人』岩波新書、一三九頁以下にも詳しい）。それまでの遊女が賤民身分ではなかったことは明白である。非人とエタは峻別されたと考えられ、非人頭の側に引き渡された。非人に落とされた遊女吉川にはどのような運命が待っていたのか。頭の世話係とか妾だったのか。龍蔵がいる側のエタ頭には引き渡されなかった。龍蔵と吉川は引き離され、おそらく生涯めぐりあうことはなかった。龍蔵は再度犯科帳に登場する。吉右衛門と名前を改め、まつという女性と結婚していたが、彼女は龍蔵の四〇年前の事件を知らなかったといっている（嘉永元年〈一八四八〉六月七日裁）。

身請けをしてくれるほどだった。愛情には充ち満ちていた。地獄の日々を送る彼女に、男は優しかった。たとえエタ身分であると打ち明けられても、好きになった感情に変わりはなかっただろう。現代の目線では、残酷で非道な掟である。叔父恒右衛門への判決に「愛情之余リとは申し乍ら」と記されていて、判決は寛大にみえるが、封建制度の残酷さは底辺民衆にいっそう厳しかった。

遊郭に賤民身分のものがあがることは禁止されていた。文化八年（一八一一）三月十八日の裁きではエタおよび非人身分のものが遊女の買揚げをしようとしたという理由で、男は手鎖、銭を受け取った女（遣手か）は「請取候銭二貫文取上、無構」となった。文化当時、米一升が銭六十五文、百文で一升二合とされているので、没収された二貫文があれば二斗四升の米が買えた。八〇日分の米代に相当する。豪遊するつもりだったのだろう。文化九年二月二十四日の裁きでは同じく非人が遊女を買い上げたとして「手鎖」を申し渡されている。「非人之身分も弁まえず、不届」とあるが、そのこと以外に犯罪行為らしいことはしていない。実際には賤視された身分のもの多数が登楼していたと推測されるし、くりかえしあがったものは確実にいる。外見はなにも変わらない。ただ、つい溺れて、支払い不能などの事態になり、身元確認がなされて発覚するのであろう。

以上から逆に、賤視された身分のものが遊女になることもまた、認められていなかったといえそうだ。為政者は「良」民と「賤」民の交わりを避けようとしたのであろう。しかし柳田国男「イタカ及びサンカ」(『定本　柳田国男集』四巻、四九〇頁)には、ある被差別部落の祖先は熱田の禰宜であったが、なじみを重ねた遊女がエタであることが明らかになって、遊女の出身地に移り住んだという伝承のあることと、明治三十九年の伊勢には被差別部落出身者の娼妓が四五〇人もいたことが記述されている。中山太郎『売笑三千年史』二六九頁は賤視された階層を出自とする娼婦たちについて、民俗事例を含めて紹介する。

『神奈川の部落史』(一一九頁)では、横浜開港場に設けられた外国人を相手とする港崎《みよ》遊郭に、被差別部落の女性が集められたとする風評を紹介している。

遊女の出自は身分としては侍や町人・百姓であり、遊女となっても奉公だから、身分はそのままだった。賤視された女性が遊女になることがあったのか、なかったのか。明治以降はあった。近世以前はないという原則だった。

『長崎犯科帳』には遊女の犯罪が多く記述されているが、多数は欠落(駆落ち)で、唐人屋敷・出島とのかかわりでの品物持ち込みや、盗品がらみの事案も多い。懐妊し、無届で出産し処罰を受ける例もあった(弘化三年八月二十三日裁、三十日押込)。遊女が懐妊した場合にはどうなるのか。子連れの遊女はありえない。出産にいたることは珍しく、堕胎を強いられたと思われる(前掲、博多柳町柏木の事例は出産)。ただし阿蘭陀人・唐人という、日本において妻子(家)をもつことができない異国人を相手とする長崎丸山遊女のみは、長期間揚げ続けられるなかで、妊娠出産ができた。横田冬彦氏のご教示によれば、異人遊郭・丸山遊女の奉公証文には、ほかにはない妊娠規定と出産後親元に引き取る規定があるという。

身分は平民で、被差別民を排除する。しかし外に出る自由さえもない。恋愛もできなければ、子を産み育てることもできない。自由な人格たる最低限の要件をことごとく欠いていた。商品、奴隷で非自由民である。あらゆる希望が消えていく。心中が多いのも当然で、誰しも自殺を考えた。

遊郭で働く女性は、人身売買された人たちであったが、江戸時代の身分制では親の身分のまま、侍なり、百姓なり、町人のままで、ただ人別帳に「奉公」とのみ記された。年季が明ければ、ふたたび生家に戻ることになっていた。しかし身分は平民でも、実態は「賤」だった。彼女たちが生家に戻れる可能性は少なかったし、戻った場合には周囲からの白眼視が待っていたであろう。まちがいなく差別の眼であった。

不運・不遇な彼女たちを愛した男は多かった。桂小五郎（木戸孝允）や伊藤博文は芸者を妻に迎えた（三本木遊郭幾松、馬関小梅）。海音寺潮五郎は神宮皇學館の学生であったときに遊郭の女性を愛した。学問を取るのか、女を取るのかと迫られて敢然と退学、二十一歳でその女性と結婚した。のち國學院大学に入り直して卒業し、小説家として成功した。

坪内逍遙もまたその一人で、根津遊郭の盛紫、すなわち奥田せんと恋愛し、苦界から救出し、妻に迎えた。伊藤博文らが、奔放で剛胆な性格で、生涯にわたって多数の女性を愛したことに較べると、逍遙はまじめで厳格な性格であり、結婚後は妻以外の女性を愛した形跡がない。そうした性格の反映で、妻の出自について周囲が語ることはぜったいに許さなかった。秘密とされたのである。

逍遙が妻と結婚するまでの心境をつづった文章は残されていないが、彼の日記のなかに、妻せんの母（奥田たみ）を大阪の実家（高津新地五番町）に訪ねた際の文章が残されている。すでに坪内士行『坪内逍遙研究』で紹介されている（『未刊・坪内逍遥資料集』CDROM版、逍遙協会刊、二〇〇一）。土産を渡すと、たみは涙を流して喜んだ。「食事をしていって欲しい。弟の金次郎には姉さんの所へ行って下男にしてもらえ、といっている」。語り続けるたみに、逍遙は「外聞もある。金次郎にはこさせないで欲しい」といった。「すでにせんは奥田家のものではない（別家の養女になっていたことを指す）、表向きは金次郎の姉でもない。りっぱな職人になってからなら別だが、いまは親戚として会うことはできない」と突き放した。

「予が名を公に語る勿れ。人、予が名を問はバ唯旦那といふべし。已《やむ》を得ずんバ、よい加減の名前を用ふべし」

「予は卿に対して表向ハ無関係の人なり、毎月の贈与ハ仙子の志なり。されバ例月の金額だけハ、卿の此世界にあらん限りハ、仙は義務としても贈るべし。況んや生誕の恩あるをや。又曰く年来の喜びハ、予に向って言ふに及ばず、仙に対していふべし。仙は卿の生む所なりと雖も、殆ど卿が子にあらず。幼にしてハ他人に養はれ、人となりてハ苦界に沈めらる。卿それ之を思へ」（せんはあなたが産んだ子かもしれないが、あなたの子ではない。幼いときは他人に養われ、成長してからは苦界に沈められた。それを考えよ。）

子を売った母への厳しい口調に、妻が強いられた境遇への強い感情移入を感じる。「百感こもごも起こる中に涙した」という心情も痛いほどにわかる。逍遙にとっては、せんへの愛情は、彼女の過去を包み隠すことだった。「今後も金は送るが、妻との関係を周囲に明らかにしないでほしい」と強要する。それは遊里にいたことがいかに世間から白眼視されるかを、如実に示している。芸妓出身者に対し世間がいかに冷たかったかは、たやすく想像できる。差別を排除し、払拭することは難しかった。しかし逍遥自身に、性を金銭で購ってきたことへの罪悪感はなかった。時代がそうした行為や制度を当然のこととして受け入れていた（服部英雄「逍遙の母」『比較社会文化』一一、二〇〇五　http://hdl.handle.net/2324/8673）。

四　中世の遊女・白拍子

さて視点を七百年前、中世にまで移す。上記の実態・人身売買によって供給され続ける遊女と、それへの差別がどこまで遡及されるのかを、具体的に確認してみたい。

白拍子は男舞であった。立烏帽子《たてえぼし》・白の水干《すいかん》・袴姿に白鞘の銀の太刀、扇——白の男装で、りりしく舞う麗人（『平家物語』『徒然草』）。多くの男たちを惑わせたことだろう。その白拍子は仏御前、妓王、静御前のように平清盛、源義経ら貴顕とのかかわりでしか、史料に登場しない。妓王、静御前は身請けされて妻女になっていたのであり、史料に登場する段階ではすでに白拍子ではない。「元」白拍子である。

はたして差別されていたのか否かについては現代史家にも相反する見解がある。私見は差別があったとみる。文安元年（一四四四）成立の『下学集』は「白拍子歌而、衒売女色也」と売春行為を明確に記述している。『倭名類聚抄』（承平年間〈九三一～九三八〉源　順《みなもとのしたごう》編纂）に、「遊女　夜発附（中略）白昼遊行謂之遊女、待夜而発其淫奔謂之夜発也（略）」とある。遊女が夜には夜発となるという説明のようだ。

『大山寺縁起』（脇田晴子『中世被差別民の研究』二〇〇二、二九六頁）に、「当山御願の猿楽の中に白拍子と云ふ遊女あり」とあり、近世の『貞丈雑記』も「白拍子と云ふは、遊女也」と認識している。遊女については平安期から、淫猥なイメージが一貫してあった。

白拍子呪曲、又乱舞、次巡事施各芸能（『兵範記』仁安二年〈一一六七〉十一月十五日条）

今様の会、終夜ありて後、乱舞・猿楽・白拍子、品々尽くしき（『梁塵秘抄口伝集』）

御酒宴之間、白拍子等群参施芸（『吾妻鏡』建久元年〈一一九〇〉六月十四日条）

酒席に多数で侍り、踊り、終夜つまり夜中までいた。

『古今著聞集』巻九武勇の條に、「強盗入たりけるに、貞綱は酒に酔て白拍子玉寿と合宿したりけり」。ほかにも白拍子との同衾は、源師時（一〇七七〜一一三六）の日記『長秋記』元永二年（一一一九）九月三日条にみえる。

於遊女白□□宅、予州*以下、遊君を率いて、小前宅に向かう、半夜に及びて唱歌す。暁更に至って宿に帰る。相公*は熊野を迎え、予州は金寿を招き、羽林*は小最を抱く。

* 予州は記主師時の妹婿伊予守藤原長実、相公は師時の兄師頼、羽林は従兄源顕雅。

酒宴に参加した一門兄弟の年齢は似通っており、最年長師頼（一〇六八〜一一三九）が当時五十一歳、「下官自本此事不好、仍帰自□間就寝了」と、じぶんはまっすぐ帰ったと書いている記主師時が最も若く四十二歳であった。みな中年である。師時は妹を思い、義兄の行動が愉快ではなかったのではないか。

白拍子は遊女のなかからとくに音曲芸能に秀でたものが選ばれて、男装の麗人として舞い、脚光を浴びた。しばしば貴顕との出会いがあった。

ただし豊永聡美「中世における遊女の長者について」（『中世日本の諸相』下、吉川弘文館、一九八九）によれば、五節舞《ごせちまい》の舞姫は王臣諸氏の子女から選出され、それぞれの舞姫に女房、童女、下仕《しもづかえ》が付けられる。このうちの下仕に遊君が当てられることが多かった。したがって正規の朝廷儀式では舞に関しても主役ではなく、脇役・下仕だった。淵酔《えんずい》と呼ばれる朝廷での酒宴は年始（正月二日か三日）と、新嘗祭五節、つまり十一月寅の日と、年に二日である（年始淵酔については『古事類苑』歳事部、五節淵酔については『古事類苑』神祇部・大嘗祭）。朝廷から報酬はあっても、おそらくその二日分に宛てる費用のみではないか。貴族が主催する宴席などに招かれることも多々あったろうが、舞だけで生活がなり立つ白拍子はきわめて少数だろう。本質は遊女であった。

網野善彦『日本論の視座』（小学館、一九九〇）、『中世の非人と遊女』（明石書店、一九九四、のち講談社学術文庫、二〇〇五）、また網野と後藤紀彦との共著『遊女・傀儡・白拍子』（『週刊朝日百科日本の歴史』一九八六）は、白拍子への差別はなかったと強調する。当初白拍子は差別されていないが、一四世紀以降になって地位が低下したとみる。網野の見解の基礎は、ひとつは院の皇子を産んだ遊君たちや、静御前のイメージにある。もうひとつは宮廷祭祀において彼女たちがはたした役割と、朝廷や幕府（遊君別当）など公的機関への組織化にある。しかし史料残存の偏り、つまり貴顕にかかわる記事でしか史料が残らないことを考えると、網野のように楽観視はできないし、差別されなかったとみることもできない。史料に残った彼女たちは、江戸時代の上臈《じょうろう》遊女がそうであったように、幸運を射止めることのできた一握りの少数者のケースであった。遊女も白拍子も、その供給源は、あらゆる時代を通じて人身売買であり、ほかにはない。以下では管見に入った鎌倉期の史料によりつつ、遊女・白拍子の世界をかいまみる。網野の見解については是正が可能であると考える。

①赤間が関の遊君

『蒙古襲来（竹崎季長《すえなが》）絵詞』によれば、建治元年（一二七五）鎌倉に向かう竹崎季長は長門国に立ちよって、赤間が関にて烏帽子親《えぼしおや》である守護代三井季成に面会する。季成は遊君同席の宴席を設けて烏帽子子《えぼしご》の季長を接待した。「関につく。時の守護三井新左衛門季成、烏帽子親たりしにつきて見参せしに、遊君どもを召して名残を惜しみ」。後年の竹崎季長が回顧し、わざわざ記した。無足人であった彼にはめったにない機会だった。関門海峡赤間が関は、潮待ち風待ちに枢要な津であり、多くの遊女がいた。絵詞に三井季成を守護とするが、守護正員は二階堂行忠である。行忠は鎌倉にいて、三井季成が守護代であった。よって守護代は現地守護所の最高支配者である。トップの彼が烏帽子子の接待に使ったのだから、赤間が関にいた多数の遊君のなかでも、最高級の白拍子が対応した。高級な遊君たちは、財力をもっている貴顕とのみ接点をもつ。男たちの要請を断れば断るほど仕事の単価が上昇したから、少ない仕事で多額の報酬が得られた。

下関の遊郭は稲荷町から豊前田《ぶぜんだ》町、新地にあって、かつては揚屋町もあった（『山口県の地名』）。壇之浦合戦で生き残った建礼門院の官女に発するとされているが、じっさいはもっと古いであろう。

②呼子遊君

正和三年（一三一四）四月十六日鎮西下知状案（有浦家文書、『佐賀県史料集成』、なお『鎌倉遺文』遺漏か）によると、文永十年（一二七三）頃に肥前国松浦庄東嶋村内地頭職を有していた栗兼親は、呼《よぶ》子《こ》浦遊君宜香《ぎこう》の夫であり、正和相論で彼らと対決した松浦山代氏は天福元年（一二三三）にこの村を兼親に、安貞二年（一二二八）には宜香に沽却《こきゃく》した。

呼子はのちに豊臣秀吉の朝鮮出兵の基地となる津であり、その地の遊郭は売春防止法の施行まで存在し、対岸から船に乗り、女たちが手招きする岸べにこぎよせる風情で知られていた。千年の歴史を有していたことになる。隅田川を行く江戸・吉原の光景にも共通する。小端舟に乗って葦間より現れ、上下する旅船に漕ぎ寄せる江口・神崎の遊君らの光景とも同じである。いま旧遊郭は旅館街になっている。御家人の妻になった呼子の遊君宜香は土地を集積するほどであり、資産家でもあった。

③宰府遊君

同じく有浦家文書だが、弘安二年（一二七九）十月八日関東下知状案（同上、『鎌倉遺文』一三七三〇）に、肥前国御家人・佐《さ》志《し》留《とどむ》の母阿経は「宰府遊君」であったとある。そうした事情を反映してか、相論対象であった佐志村内の塩津留・神崎（旧鎮西町塩鶴・唐津市屋形石村）は「無主地」となっていた。相伝する人がいない。そのうえに阿経は「宰府遊君」であると主張され、「宰府遊君」であるが故に「領知あたわず」とくりかえされる。遊君が低くみられ、資格も問われていたことの証左である。九州最大の都市大宰府に遊君らがいる一角があった。

④大友能直の現地妻・白拍子

豊後田原氏の祖である泰広は大友能直《よしなお》の子で、母は能直在京中の妾白拍子であった。「大友田原系図」*によれば大友能直の子は多数いて、そのほとんどは母の名がわかる。

母高山四郎入道女——親秀、能秀（詫間別当）、時直、五郎（早世）、時景（一万田）、禅能、能郷、
　能基、朝直（早世）
母白拍子——有直　秀直
能直在京之妾白拍子——泰広
将軍所杉檜局——女子
母名不明——女子、女子

＊「大友田原系図」は東京大学史料編纂所所蔵史料目録データベースで公開されている。

能直は「貞応二年十一月二十七日卒五十二歳」とあり、承安二年（一一七二）から貞応二年（一二二三）を生きた。子だくさんで、嫡男の母、つまり正妻高山氏との間には男子だけで九人の子がいた。ほかに子をもうけた白拍子は一人ないし二人いた。幕僚でもあった能直は、おおむね鎌

倉か京のどちらかにいたであろう。正夫人は鎌倉にいて、京都にいるときは白拍子が現地妻だった。白拍子の子である泰広（田原氏）は若い時期に九州国東《くにさき》・田原別府に下ったとされている。『吾妻鏡』での登場回数は能直が三一回、親秀が六回であるのに較べ、泰広を含めた庶子は一度も登場しない。大友の子らしく巨大な所領を与えられた。けれど京・鎌倉での要職にはつかなかった。

⑤悪口の対象となる白拍子・いかがわしい白拍子

後藤家文書・応長元年（一三一一）七月廿二日鎮西下知状（『佐賀県史料集成』、『鎌倉遺文』二四三七六）によると、後藤一族・浄明らの祖母本阿は白拍子の出身であった。

善願吐悪口由事、任口舌、以祖母本阿、古《いにしえ》白拍子之旨、載訴状之條、罪科之由、浄日称之、而本阿根本依為白拍子、申其子細畢、又口舌之詞、悪口之旨、善願陳之

本阿が白拍子だったと訴状に載せることが悪口に当たるかどうかが争われていて、結論では「過言」ではないとされている。事実なのだからということであろう。女性が過去に白拍子であったと書くことは悪口であると、認識されていた。白拍子だった過去は鎌倉期の武家社会においてもマイナスのイメージをもたれた。

白拍子が登場する史料には、白拍子を白眼視した背景を感じうる記述が多い。列挙しよう。ま

ず沙彌《しゃみ》道本義絶状案（薩藩旧記・国分寺文書、応長元年閏六月二十四日、『鎌倉遺文』二四三五八）がある。道本が彼の子と推測される土左寿丸冠者を義絶した文書である。その理由は冠者が白拍子を自愛し、国分寺領の年貢を私用したうえで、結局白拍子とともに逐電した。守護代のもとにいるということで起請文を書いたりしたが、その都度それを破ったので、永代義絶をした。その後も白拍子を自愛したが、その白拍子に逃げられた（江平望「薩摩の白拍子について」『ミュージアム知覧紀要・館報』九、二〇〇三）。よってここに公家武家に義絶を明らかにする、という内容である。女性を溺愛しただけでは、こうした表現にはなるまい。白拍子に対する差別意識が露骨である。

応長元年十一月　日、備前国野田庄々官保広申状（東大寺文書、『鎌倉遺文』二四四八〇）の口調も似る。

一　去延慶二・三両年之間（一三〇九～一〇）、対馬殿不被顧公損、召寄白拍子、被念置之、至于数十人之従類、令眷養、昼夜仁、酒宴乱舞之外者無他事、是又非公損哉

白拍子を召し寄せて酒宴乱舞をすることは公損であるとされている。

以下にみる史料の表現でも、武家社会には白拍子に対する批判が濃厚にあった。

弘安六年（一二八三）・宇都宮家式條（『鎌倉遺文』一五〇四四）

兼亦白拍子・遊女・仲人等之輩、居置彼地事、一向可停止之

正元二年(一二六〇)・院御所落書(『続群書類従』『鎌倉遺文』八四六二)

内裏焼亡アリ　河原白骨アリ　安嘉門院白拍子アリ

文永四年(一二六七)十二月二十六日・関東評定事書(『鎌倉遺文』九八三七)

次非御家人之輩女子并傀儡子・白拍子及凡卑女等、誘取夫所領、令知行者同可被召之

寺院でも大同小異であった。駿河北山本門寺文書・文永五年(一二六八)八月　日・実相寺衆徒愁状(『鎌倉遺文』一〇二九八)に、

一　院主代迎蓮遊君於院主坊、切食魚鳥、令度蚕養事

(略)当代或迎居好色之女(略)一寺滅亡、只在此時歟

とある。こうした表現は白拍子・遊君が、つねに尊敬され崇められる存在であったとみることを拒否するだろう。鎌倉時代でも、白拍子はいかがわしく、猥雑なものとみるのがふつうだった。

⑥祭祀芸能の場での白拍子の重要性

しかし神社祭祀には彼女たちのもつ芸能的才覚が必要であった。永仁六年(一二九八)十一月

十九日・紀伊国浜仲南庄惣田数目録注進状写（『鎌倉遺文』一九八七五）には八幡宮八講米、井料、スマウ《（相続）》并神子酒代に並んで、「五斗三升二合二夕　白拍子レイロク」が記されている。レイロクについて『日本国語大辞典』は礼録の字を宛て、褒美として賜る禄とする。典拠にはこの高野山文書と一八六七年の『和英語林集成』の「Reiroku レイロク礼録」の二点を挙げている。白拍子に対する俸禄が荘園での算用（収支決算）にあった。

大和春日神社文書・年欠四月三日　大中臣祐賢書状案（『鎌倉遺文』一四二〇四）は拝殿沙汰人五郎左衛門の乱脈経理ぶりを糾弾するもので、「毎日の神楽銭」が巨多となり、不慮の借銭さえ必要になっているとしたうえで、「如今者、忽拝殿滅亡之基、終者白拍子等堪忍、不可事行候哉」とする。「堪忍」はいろいろな意味があるが、「事ゆかず」とあるから、堪忍分つまり扶助料ないし生活費の意味に解される。この認識の前提に、白拍子の芸能は毎日の神楽を奉納するうえで不可欠であり、そのために堪忍分を支給しなければならないというものがあった。

龍造寺文書・年月日欠　龍造寺田数帳（『鎌倉遺文』三二—二四七九二）には、「白拍子八反内」とみえる。神楽を奉納する神社には白拍子への礼録、堪忍分を支給する料田があった。

以上⑥のものは網野の見解を補強する史料になる。このように白拍子は、芸能面では神社祭祀、とくに神楽にかかわって俸禄を得るものがいて、必要とされ、崇められる側面はあったが、反面では賤視もされた。巫女の一面にも似よう。さらにいえば被差別大衆が等しくもつ両面である。

⑦白拍子との間に生まれた貴顕の子

容姿に優れ才覚あるものは、宴席での接客のなかで、貴族や武士とも懇意になって、妻妾となるものがいた。天皇（院）とも公卿ともなじんだ。

後鳥羽上皇の皇子・皇女のうち以下が白拍子腹であった（「本朝皇胤紹運録」『群書類従』五）。

母舞女滝――覚仁法親王

母舞女姫法師――僧覚誉・道伊・道縁

母舞女石（父は御簾編男娘）――熙子《よしこ》内親王

舞女石の父、御簾編男とは御簾・ミスを編む男の意であろう。いかにも作られた名前である。名前もないような身分であったか。男子は全員が出家している。白拍子なる出自に対する差別・賤視があったからであろう。

源義朝子のうち義平の母は『尊卑分脈』に橋本宿遊女と記述されている。義平は生涯無官で、母を異にしたと推測される弟朝長《ともなが》が中宮大進に昇任したことに較べても、差異があった。

白拍子は美しくて才覚のある愛らしい女性として、彼女を愛した男性から差別を受けることはなかったけれど、地頭御家人の場合であれ、院・公卿の場合であれ、周囲からは性を売ってきた女性として白眼視され差別を受けた。

しかし網野・後藤らが強調したように、差別を受けた形跡のまったくない人物もいく人かいる。

徳大寺実基（一二〇一～七三）は父公継二十七歳（数え）のときの子で、十六歳で少将になったのを皮切りにトントン拍子に出世して、従一位太政大臣となっている。その母は「舞女　夜叉女」であった（『尊卑分脈』、前掲後藤論考、『公清公記』観応元年〈一三五〇〉三月二十二日条・『大日本史料』六編一三、五一二頁）。その弟実嗣は母が左大臣実房公女であっても、従三位左少将が最高位だった。

これは白拍子*・舞女*に対する差別がなかったとみる網野・後藤らの見解の有力根拠である。ほかにも後藤は西園寺実藤（正二位権大納言、母舞女）、洞院公尹《とういんきみただ》（正二位権中納言、母白拍子無量）の事例を挙げている。公尹の場合は兄公雄《きみお》（母頼氏卿女）が正二位権中納言に、兄公守《きみもり》（母法印公審《こうしん》女子・従二位栄子）が従一位太政大臣になっているものの、遜色はない。たしかに昇進に関して差別されてはいない。しかしこれが一般的といえるのだろうか。

全体的に白拍子が差別されていたことはまちがいがない。そうしたなかで差別されていなかった少数例があったとしても、それでもって全体としてあった差別傾向を否定することはできない。徳大寺実基らについては権力者であった親の特別な愛情があった特殊例と考える。

＊　前掲豊永聡美「中世における遊女の長者について」によれば、舞姫すなわち白拍子というわけではなく、舞姫のほうが白拍子よりは格上である。ただし洞院公尹の場合は白拍子と明記されている。また夜叉女なる名前もいまでいう源氏名だとすれば遊女であろう。

⑧白拍子の再生産―宿長者の特殊性

貴顕と白拍子の間に生まれた女子が、白拍子になった例はあるのだろうか。それはないと考える。

白拍子はどのように再生産されてきたのか。白拍子が自由に子を産むことができたのなら相伝もされよう。子を産んだ例は多い。しかし子を産み育てることは、現役の白拍子であることと両立せず、身請け・引退後であろう。白拍子の再生産・供給は主要には人身売買によっていて、容姿・芸能・才覚に優れたものが地位上昇し、妻・夫人の座を得たと考える。

遊女組織ほど多額の金銭が集積されるところはあるまい。現代でも暴力団組織は、売春グループの背後にあって、関与する。遊女組織が女性だけで構成されていたはずはない。金銭や女をめぐるトラブル、暴力行為は日常茶飯であろう。女たちだけで解決できる範囲を越える。背後に武力（暴力）をもつ男たちの存在を推測したい。遊女、宿に寄生し、一体となって利権を吸い取る武士団の一面の姿である。美濃・青墓宿の長者であった大炊《おおい》は遊女を束ねた。宿の長者は利権構造のトップにたつ。利権構造は維持され再生産され、それを奪おうとするものに対しては、対抗し、防衛措置がとられる。長者の地位は世襲・相伝されたに違いない。遊女のいる宿は女性の組織である。当然なのだが、宿の遊女長者の地位には女性がつく。利権構造を掌握するものと、長者、そして遊女はどういった関係になるのだろうか。

遊郭の女将は経営者の妻であろう。ふつうそれは利権として継承される。宿はその集合体であったから、巨大な利権である。

青墓宿には源為義、源義朝など源氏の棟梁が深く関与し、彼らの息がかかった武士団（内記平氏）がいた。棟梁と宿の長者との個人的な男女関係だけでは説明がつかない。美濃・青墓宿について記す『吾妻鏡』の記述をみる。

建久元年十一月二十九日、庚戌　青波賀駅に於いて長者大炊の息女等を召し出されて、纏頭*あり。故左典厩、都鄙上下向の度毎に、此所に宿せしめ給ふの間、大炊は御寵物たるなり、仍って彼の旧好を重ねらる丶の故か、故六条廷尉禅門の最後の妾（乙若以下四人の幼息の母、大炊の姉）、内記平太政遠（保元逆乱時に被誅、乙若以下同令自殺畢）、平三真遠（出家後鷲栖源光、平治敗軍時、為左典厩御共、廻秘計、奉送于内海也）、大炊（青墓長者）、此四人連枝也、内記大夫行遠子息等云々

＊纏頭（てんとう、てんどう）は『下学集』（元和本）に「遊妓之賄賂」とあり、『日本国語大辞典』に「歌舞、演芸をした者に、褒美として衣類、金銭などの品物を与えること。

大炊の父、行遠は内記大夫であった。内記は中務省の官職で大内記は正六位に相当する。大夫は五位の通称だから衛門佐や国守（大国）に同格で、官位は高い。『小野氏系図』に「六条判官殿御代官愛甲内記平大夫」とあって、内記平大夫は為義の家人とされる。所領は遠隔地・坂東にあったかもしれない（相模国愛甲庄か、『長秋記』天永四年三月四日条、前掲豊永論考）。しかし在京勤務の期間も長かった。この一門が青墓に勢力をもつうえで、女子が為義夫人となったことは重要な契機となった。為義流源氏も東海道筋すべての宿を掌握していたわけではあるまい。平家方が掌握する宿も

多かった。為義流は主従ともども、いくつか拠点の宿を支配下にできた。

建久元年（一一九〇）の頼朝上洛は亡父義朝の慰霊・顕彰の旅でもあった。尾張知多郡野間での父の廟所参詣をはじめ、母の在所（実家）の熱田も祖神として参詣している。義朝子のうちで、遊女の子とされているのは義平（橋本遊女、『尊卑分脈』、ただし「三浦系図」は母三浦義明娘とする）、範頼（『尊卑分脈』に母遠江国池田宿遊女）がいる。しかし『吾妻鏡』では橋本宿に遊女が群参したとあって、その情景を詠んだ梶原景時の歌を載せてはいるものの、父や兄のことにはふれていない。池田宿や蒲御厨にいたっては記述そのものがない。詳細に記述された青墓宿は破格だったといえる。青墓宿と大炊に関しては『平治物語』にも記述があるが、諸本によって微妙に記述が異なる。ここでは信憑性が比較的高いと考え得る『吾妻鏡』の記述から、宿の構造を読み取りたい。

まず年齢を確認しよう。

源為義（一〇九六〜一一五六）　源義朝（一一二三〜一一六〇）　源頼朝（一一四七〜一一九九）

為義の北の方は、「最後の妾」とあって、為義晩年、おそらく四十代後半に関係が生じた。その子乙若は『保元物語』（新日本古典文学大系）によれば、保元の乱（一一五六）での自害のときに十三歳（尊卑分脈では十四歳、数えであり、満ではない）とあり、一一四四（ないし四三）年の生まれとなる。頼朝と乙若は甥と叔父の関係になるが、三ないし四歳ちがいの叔父だった。その弟三人のうち亀若は『尊卑分脈』に十一歳とあり、頼朝とほぼ同じ年の生まれだった。鶴若（九歳）、天王（七歳）も年が近かった。京都の頼朝は祖父の家に行くたびに彼らと遊んでいただろう。幼なじみであったにもかかわらず、敵味方となり、悲劇的な最後となった。頼朝には鮮明な記憶が残った。「最後の妾」(北の方)が為義妻妾となった年を二十五歳とし、一一一八年生まれと仮定すれば、建久元年つまり一一九〇年には七十二歳だが、もし生存していたとしても、京都にいたと考えられる。

『吾妻鏡』に「大炊は御寵物」とあり、大炊は義朝の愛人であった(『平治物語』にはその子「姫御前」ないし延寿が愛人であったかのような記述があり、混乱がある)。大炊は為義の北の方の妹であるから一一一八年以降の生まれとなる。『吾妻鏡』の記載順に従って、連枝のうち四番目の子とし、かりに一一二八年生まれとすれば義朝よりわずかに年下である。建久元年(一一九〇)には六十二歳前後で、生存していたかどうかは微妙なところであろう。

ところでこのとき頼朝は大炊の息女等に会っているが、息女の父親は誰であろう。息女の父親の可能性が高いのは義朝で、ならば息女は頼朝の妹か。また息女等の「等」は誰を指すのか。大炊息女は大炊二十歳のときの子として、一一四八年前後の生まれで、頼朝とほぼ同年だった。建久元年には四十二歳前後。舞ったのはその子、つまり大炊孫で、頼朝の姪であろう。頼朝が平治の乱時に落ち行く際、青墓にも立ちよっていたのなら、この異母姉妹(推定)と面識があったかもしれない。建久元年に青墓宿で健在であった妹、姪に対面した。

保元の乱、平治の乱、義朝の敗死は大炊や内記一族の運命を変えた。内記平太政遠、平三真遠《さねとお》らの一族は失墜・出家し、後ろ盾を失い、零落した大炊も長者を追われたと考える。青墓宿の利権構造は平清盛についた側の人物に掌握された。有力地方豪族は一族出自の女性を、宿長者として送り込んでいく。抗争・内乱の都度それがくりかえされる。そうした宿の利権掌握・支配構造があった。源頼朝勝利は大炊一族を長者に復活させた。

すなわち利権の上に立つ宿長者・遊君長者は血縁によって地位につく。特殊な限られた存在である。人身売買により供給され、容姿や芸能によって地位が次第に上昇する白拍子・遊女多数とは別の存在で、経営者だった。長者は宿の利権を握るものが継続されるかぎり、世襲された。

⑨白拍子の身代請文

最後に白拍子の人身売買史料、建長八年（一二五六）四月廿五日・白拍子玉王身代請文・真福寺本倭名抄裏文書（『鎌倉遺文』七九九二）を検討する。

請申　　西心身代事

合一人者

右、件子細者、沽却西心之養子得石女之時、買主実蓮房許にて、五ケ年之間に遣候《か》を請畢、其故者、五ケ年之内、本銭十四貫文にて可請出之由、約束によりてなり、雖然、其約束お《を》たかへて、他人爾沽却、然之間、五箇年約束も不可懸之処爾、今買主石熊大郎城田御領へ付沙汰候によりて、被召身代候、雖然、本人実蓮房致此沙汰者*、不可相知之由、返答及両三度之間、於今、

買主之沙汰者、存外也、依之、玉王彼身代請出給之処也、但本人実蓮房若相交天、可遂問注*之由、有申事者、今年之内ハ彼西心お相具天、可遂一決也、仍為後日沙汰証文、注進之状如件、

建長八年丙辰卯月廿五日　　白拍子玉王（花押）

*『CD－ROM版鎌倉遺文データベース』では「致此沙汰」が「致沙汰」、「可遂問注」が「可遂間注」と入力されているが、あやまり。写真参照。

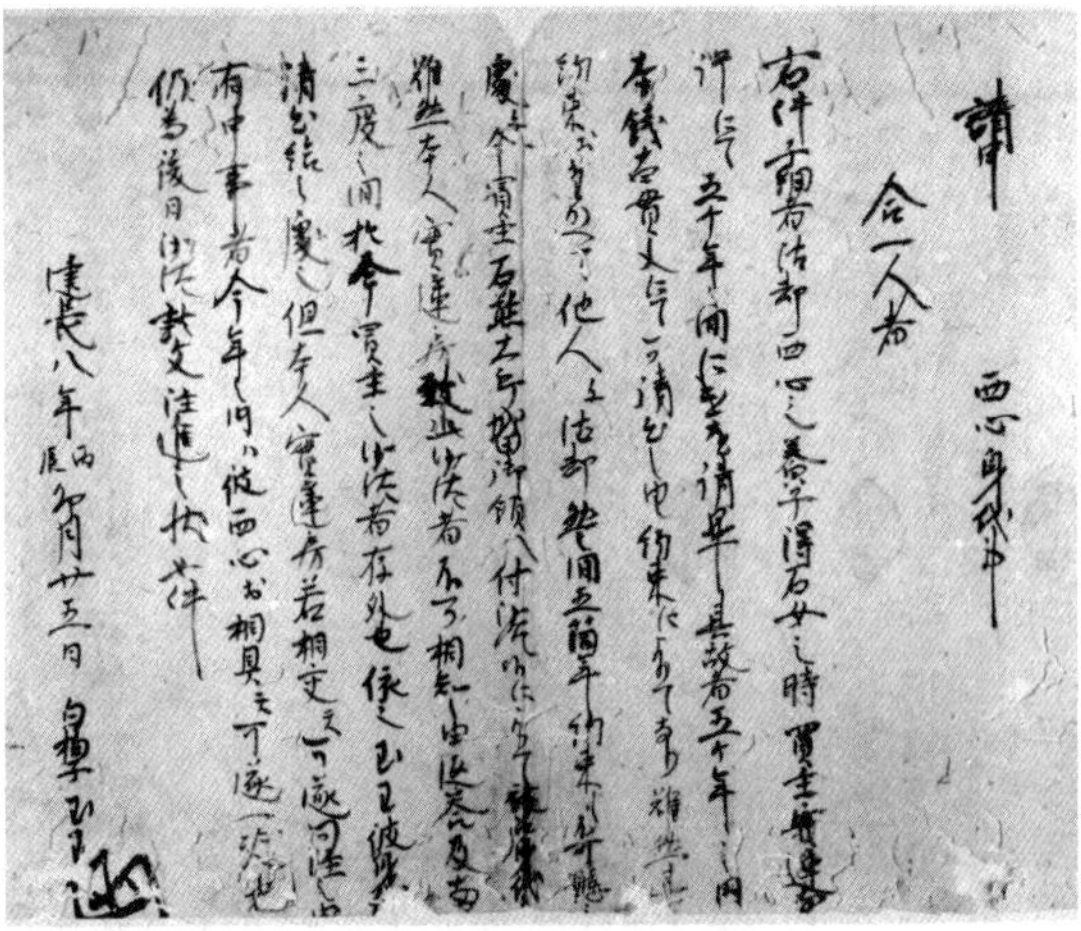

白拍子玉王請文　日付の下の「玉王」の筆跡は本文中の「玉王」と同じ。花押は女性のものとは思えないほど豪快。真福寺本倭名抄裏文書。真福寺蔵。

この史料は、白拍子の人身売買の実態を示す史料とされて、江戸時代以来紹介・言及されてきたという。早く『宝生院蔵倭名類聚鈔紙背文書』（古典保存会、大正十五年〈一九二六〉）として影印版が刊行されてもいる。逐語解釈を含んで言及した研究も阿部弘蔵『日本奴隷史』（一九二六）、中山太郎『売笑三千年史』（一九五六、三二八頁）、牧英正『日本法史における人身売買の研究』（有斐閣、一九六一、一四二頁）などがある。難解で、内容も正確には把握しづらい。白拍子玉王が請け出した得石女について

は、明記こそないが、多数の研究者が白拍子であると考えている。筆者もそう考えてよいと考える。「西心身代事」とある箇所の「身代」、今買主の石熊大郎のもとにあった「身代」、そして白拍子が請け出した「身代」とはいずれも得石女（または彼女の代価）を指すと考える。白拍子玉王に請け出された得石女もまた、白拍子と考えるのが自然である。

牧は人身売買の観点からの中山の逐語解釈を「甚だ参考になる」といって引用した。筆者も中山太郎の解釈に親近感をもった。しかし網野善彦氏は疑問を投げかけている。中世前期の白拍子は自由民であり、賤視はされていない、賤視されたのは時代が下がった、のちである、というのが網野の一貫した主張である。『岐阜市史』通史編（原始古代中世、一九八〇）にて検討を加え、この文書が遊女の人身売買文書であることを否定する。否定の根拠は養女・得石女を売却した西心、また売られた得石女の性格が不明で、白拍子かどうかは定かではないのに、遊女の転売のイメージを与えることは誤りという点にあるようだ。* しかし難解にすぎる。多くの識者が「に、遣を」と読んだ部分を、「にけを」と読み（『鎌倉遺文』の読みも「にけを」とする）、得石女が逃亡したことを前提に解釈を展開する。しかしわかりづらい。筆者（服部）は、旧稿（後掲523頁）では「にけを」を踏襲したが、文意がほとんど通じないので訂正して、この箇所を「に、遣候を」と読む。字の重なりはあるが、点ほどに小さく「候」が書かれていると考える。「五ヶ年之間に遣候を請畢」は五ヶ年の契約で遣わす（派遣する）ことを請けた、と解する。

＊　網野説は『遊女・傀儡・白拍子』（『朝日百科日本の歴史』一九八六）での後藤紀彦の見解を踏襲・継

承する（七七頁）。網野の『岐阜市史』の論考は『日本中世土地制度史の研究』、そして著作集に収録された。『中世の非人と遊女』（一九九四）には収録されていない。

以下では四つの新視点を導入し、中山太郎説を発展させせつつ、よりわかりやすい解釈をめざす。

①売買（「沽却」）された西心養子得石女の身請料*に注目したい。五ヶ年のうち、本銭十四貫文にて請け出すべし、とされていた。十四貫で買い戻せる。得石女の金銭的価値は十四貫文であった。一貫は米一石を買うことができる値段である。人は一年に米を一石食べるとされる。中世と現代とでは度量衡に差があって、当時の升《ます》は同じ一合、一升《しょう》であっても、いまの七〜八割ぐらいだった。よって十四貫あれば、当時なら一〇人が一年間食べる米を買うことができるといえる。米価の価値変化も含めつつ、米価換算してみれば、現代の百五十万〜二百万円前後であろうか（五年であるから一年では三十万〜四十万円である）。

先にみた和田宿飯盛り女の場合の、一年三万円と比較すれば異様に高額である。吉原の遊女が二十両で百五十万円から二百万円程度であったことに近似する。柳町の柏木は丸五年・金六両（三十万円）だったから、この得石女は異様に高い。特殊な人身売買である。

得石女を遊女・白拍子と考えなければ、解釈が困難である。彼女が高収入を得るからこそ、転売もされるのである。

＊ 得石女の売買価格が高いことは、脇田晴子『日本中世被差別民の研究』二九五頁にも指摘があり、十八歳男子が一五年で一貫五百文であったこと（出典記述を欠く）と比較している。通常の人身売買は売却された期間内の扶養・扶育の意味もあって、さほどに高額にはならなかった。

②次にこの文書には漢字が使われている。和風漢文である。女性である白拍子玉王が自身で書いたのならば、通常、仮名書きになるはずだ。しかし玉王は仮名も書けなかったらしい。また作成主体であるはずの玉王に対して敬語（「給」）が使われている（「玉王彼身代請出給之処」）。花押は書き慣れた手で、かつ男性的である。玉王は自ら本文作成には関与しなかった。自筆であるべき花押についても本当に玉王が筆を取ったのかどうかはわからない。

③石熊大郎に関連すると思われる石熊なる人物が、建長八年二月一日延命御前・延寿御前・石熊賀銭利銭下行注文（『鎌倉遺文』七九六〇）にも登場する。

注　延命・延寿・石熊賀利銭入下日

　雑事　建長八年大歳丙辰二月一日

百文六文入石熊賀銭　ゐのくま二下

延命御前賀銭百文六文入二ほりかハ二下

延寿御前賀銭百文六文入二ほりかハ二下

ゐのくま（猪熊）、ほりかハ（堀川）は平安京の地名である。延命御前・延寿御前そして石熊は京都に関係が深かった。得石女は青墓か京都に売られたのではないか。延寿が登場する。延寿は『平治物語』では源義朝愛人となる青墓の女性の名と同じである。『梁塵秘抄口伝集』（日本古典文学大系『梁塵秘抄』）にも今様を相伝した女性として多くみえる。その祖は宮姫だが、「郢曲相承次第」（『続群書類聚』一九、三二九頁）に「天暦聖主（村上天皇）第十姫宮号宮姫、為東国青墓宿長者、今様堪能也、天下今様皆彼余流也」とある。宮姫は青墓宿長者だったから、芸能を継承する延寿も青墓の長者であろう。『口伝集』には江口・神崎の君や青墓・墨俣の者が東山法住寺に集まったとある（脇田『日本中世被差別民の研究』二九〇頁）。今様堪能であった宮姫・延寿は、遊女ではあっても、相伝をする長者である。

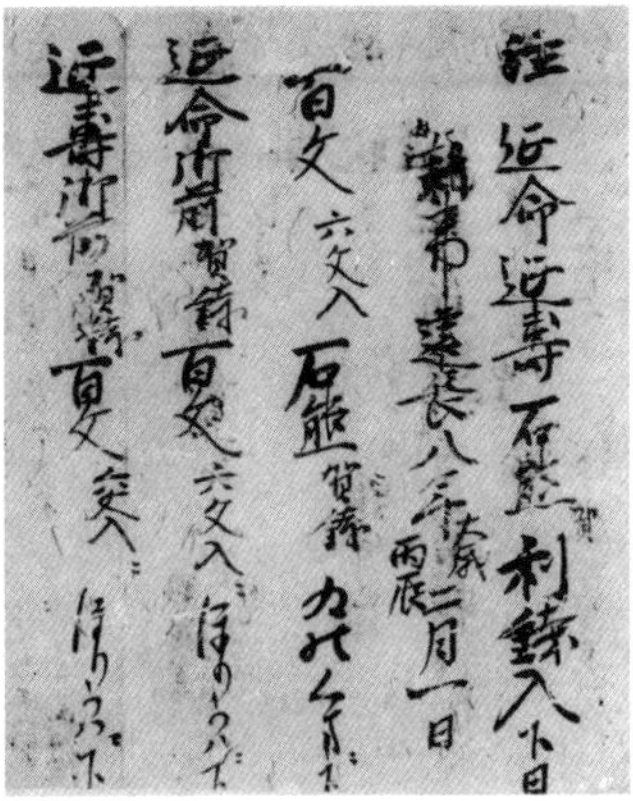

石熊は、建長８年白拍子玉王請文にみえる。今買主石熊大郎本人か、または関係者。いのくま、ほりかわとあるから、舞台が京都に移っていたと考える。真福寺蔵。

「今買主石熊大郎城田《きたい》御領へ付沙汰候によりて、被召身代候」とある。石熊大郎が城田御領に沙汰を付したとあるように、城田御領に訴えた。石熊大郎は城田御領に訴えたならば有利になると考えていた。何らかの縁故があったのだろう。

④この文書は紙背文書だった。ある人物なり機関、場所に集積された文書の裏側が反古紙《ほご》として再利用される。表側になった書物（倭名抄）の紙背文書（裏文書）として残ってきた。この真福寺本倭名抄裏文書のうち、紀年のあるものは建長八年（一二五六）から文永二年（一二六五）までである。そして文書全体に、城田領や城田寺政所という名前がほぼ共通して登場しており、城田寺政所に保存されていた反古文書が、倭名抄書写の用紙に使われたといえる。おそらくは城田寺政所で訴訟が行われて、その証拠書類としてこれが提出された。白拍子玉王の背後にいた人物が、得石女の保護者たる身請け人になった。玉王が身代を請け出したとされているが、名目上の存在にすぎなかったことも想定される。しかし一連の経緯と保証効力を文字化して、訴訟の場に提出する必要があった。

そこで以下のように経緯を推測する。

最初に得石女を売却した西心は、五年以内に十四貫で取り戻せると思い、代価（本銭十四貫文）を用意して、買主実蓮房に交渉した。しかしすでに得石女は、より高額で石熊大郎に売却され、取り戻せなかった。得石女は京か、青墓に売られた。今買主石熊大郎は条件付きなどとは知らずに得石女を買ったところ、紛争になってしまったので、得石女も戻すから金を戻してもらいたいと主張した。思わぬ要求に、実蓮房はこの沙汰については何も知らない、五年契約などなかったとくりかえすばかりだった。それで石熊大郎が城田御領に提訴し、逆に実蓮房を告訴した。石熊大郎は城田御領に訴えれば有利に運ぶことができる立場にあった。そのときに得石女の身柄が、いったん身代として拘束されるような形になった。白拍子玉王は不安定な得石女の身分を安定させるために、名目的な請け出しをした（実際の金銭の移動があったかどうかは不明）。訴訟は玉王とその背後にいる人物（文書作成者）が当事者（訴人）になった。おそらくは石熊大郎の代理人か。争いの相手（論人）は不誠実な転売を行った実蓮房となった。実蓮坊が違約金を西心に払えば西心は納得し、石熊大郎は得石女を獲得できた。西心も有力者と結びついて行動できたのであろう。実蓮坊と対立する西心は利害の一致により、玉王背後の当事者と組むことができた。訴訟機関であった城田御領（城田政所）に対し、経緯を記したこの書類が提出されたと考える。

おそらくは得石女の養父を称する西心も、きわめて高額で彼女を売っているから、白拍子を経営する集団のなかのひとりであろう。

このように考えれば、白拍子玉王の関与といい、彼女の金銭的価値の高さといい、遊女として売却され、京都（ないし青墓）に行っても遊女として十分働けると見込まれ、転売されていった一人の女性（得石女）にかかわるものであることは否定できまい。

〔補注〕　本稿の初出である『歴史の中の遊女・被差別民』（二〇〇六、一五二頁）所収の本題論考での玉王請文の解釈は「にけを請け」と従来の逃走説を継承しており、不十分であったから撤回し、ここに改める。

はやくは『日本書紀』天武天皇五年（六七六）に「所部百姓遇凶年、飢之欲売子」、『延喜式』（国史大系、七二三頁）に「凡父母縁貧窮売児為賤」とある。飢饉凶作になれば、幼い子らは売られ、賤となった。飢えがあって、貧困があって、だが一部には富めるものがいた。生きるか死ぬか。その瀬戸際に、売って、売られて、それでも生きる。生きる選択肢こそが優先した。買われた少女に、もっとも高い金銭的価値を付ける。春を売らせることが、なにより早道だった。悲しすぎるが、いまも日本を含め、地球の各地で、そうした行為がつづく。

遊女・遊君としての人生を強いられた女性は、おびただしかった。中世史料に残る遊君・白拍子は表面に浮上し得た、ごくごく一部の存在である。表面に現れることのなかった巨大な氷塊が海中にあった。本稿では、中世の白拍子・遊君は大半が白眼視され、差別されたこと、尽きざる供給源として飢えと貧困による少女売買があったことを確認した。

第二部　豊臣秀吉

第九章　少年期秀吉の環境と清須城下・繁栄と乞食町

はじめに

秀吉は尾張の農村、中村（愛知郡）で生まれ育った。しかし清須生誕説もある。水陸交通の要衝清須（西春日井《かすがい》郡・中島郡）には三斎市も六斎市もあり、秀吉生誕地とされる御園は城下の中心・市場町であった。秀吉の伯父は焙烙《ほうろく》売りだった。姉婿となる鷹匠綱差《つなさし》の弥介は、海部《あま》郡が本拠だったけれど、清須の御鷹屋敷・御餌差屋敷にもしばしば足を運んだ。彼は一応士分だったが、周囲には賤の環境があった。清須城下には乞食町ならびに同義である玄海があった。親元を離れ、孤児となった少年期の秀吉は、この乞食村に頼らなければ生存は不可能だったのではなかろうか。

一　清須城下の復原

1　清須・御園ゴウ戸

豊臣秀吉はどこで生まれたのだろう。

秀吉は尾張中村（中村のうち、中々村）で生まれた。これが定説である。『太閤素性記』（『改訂史籍集覧』）に書かれていて、ひろく流布している。秀吉と縁戚になる加藤清正や小出秀政も中村の出自という。現在の名古屋市中村区中村には生誕地の記念碑があって、秀吉・清正記念館も造られている。

では秀吉生誕地・中々村説が、絶対的な定説かというと、そうでもないようで、異説がある。『祖父《じじ》物語』（朝日物語）に「秀吉は清須ミツノガウ戸の生まれ」とある（『史籍集覧』所収、『清洲町史』一九六九、一三五頁にも引用。ガウ戸をカラトとする本もある）。

『清須翁《おきな》物語』（「清須翁書付」、「朝日物語」）は『祖父物語』にほぼ同じ内容である。近年、『清須翁物語』蓬左文庫所蔵本が『新川町史』（資料編、二〇〇六）に収録された。新行紀一氏による詳しい解説が載せられていて、それによれば、その成立経緯は「御樹木屋舗《おじゅもくやしき》由緒書」（日下部錠一氏所蔵文書）に記されている。遊猟中にたちよった藩主徳川義直に、林喜左衛門が信長時代の話をしたところ、流布する『信長記』と相違する点が多いということで、興味をもった義直から、話の書き留めを命じられる。それに「ジジものがたり」と名付け、褒美をもらう。登場人物の実在が、他の史料で裏付けられ、新行氏は、信憑性が高い記述と評価している。

林喜左衛門の先祖は信長に仕え、浪人して、清須に隣接する朝日村に住み、その弟は清須西市場樹木《じゅもく》屋敷*に、代々それぞれがその地に居住した。朝日は今の清須中心地の東に隣接し、城下はここまで及んでいた。後者は清須城内の樹木屋敷である。同時代を知り、地域を知る人間の記憶である。

＊　樹木所《じゅもくしょ》・樹木屋敷はふつう城内の中心近くに置かれる。福岡城、明石城などにも事例がある。なお『清須翁物語』奥書には「寛永十九年壬午霜月　吉（ママ）」とあって、奥書の前に柴田修理や丹羽五郎左衛門ほか五名の没年と「今年」までの年数が書かれている。

『祖父物語』（清須翁物語）は信頼できる。『祖父物語』に「清須ミツノガウ戸」、『清須翁物語』に「清須みすのの、がうどと、申所にて」と記された「ミツノ・みすの」とは清須のどこなのか。『史籍集覧』は「中島郡水野」と注記したが、中島郡に水野はない。『張州府志』府城志、名古屋御園、の記述中に、「在清洲、名御簾野《みすの》町」とある。よって「ミスノ」が「御園《ミソノ》」のことだとわかる。オ音・ウ音の混同・混用は、しばしばあった。この時代には中間的な発音があった（クガネ・コガネ

〈黄金〉、ヨウジャク・ユウジャク〈用作〉。ミソノはミスノともいわれたが、文字表記では多く御園と書かれた（現在も清須および名古屋の双方に地名御園がある）。

秀吉が中村の生まれであれば、農村で生まれた。たぶん「百姓」の出自となるけれど、もし清須・御園生まれならば都市民で、出自は農民ではなく、職人ないし商人の可能性が高い。『清須翁物語』（祖父物語）は同時代人の記憶ということができる。『太閤素性記』は、本文中の注記によると、作者養母が信長の弓を預かっていた中々村*代官・稲熊助右衛門の娘で、彼女は秀吉とほぼ同年であったとある。これも事情をよく知る人物の証言となる。しかし『太閤素性記』は、別の箇所での本文中注記にて、著者の祖母が浜松城主飯尾豊前守女子キサであって、彼女が孫、つまり著者に語った話だともしている。キサは朝比奈駿河守に嫁した。伝承の出所が二つ以上あるらしい。

* 「中々村」については『尾張徇行記』、下中村の項に、

此村ハ即上中村ノ南ニアリテ、下中村・中中村（ママ）トニ組ニ分リ、中々村ヲ、一ニ中ノ郷トモ称セリ

とあるように、下中村の一部だった。天文二十一年（一五五二）織田信長判物（織田秀敏宛、『織田信長文書の研究』）には「中村方三郷事」とある。中村方は三郷あって、中々村（中ノ郷）はそのひとつであろう。江戸時代には上中村ではなく下中村に属していた。ただし秀吉にかかわる遺跡は上中村のほうに集中している。慶長検地では、上中村・下中村両村という村別になされた。中々村はいずれか、おそらくは下中村に含まれている。元和元年（一六一五）と推定される原田右衛門発給の免状に、「高千六百弐拾四石三升三合　中村」とあり、ここでは二村ではなく、一村として賦課されている（歴史地名大系）。近世初期には中々村は独自の一村ではなかった。村より下の小郷にも代官が置かれていたか

は要検討。

『太閤素性記』には複数系統の説話が織り込まれている。『祖父物語』は、まったく別系統の説話である。『祖父物語』にも『清須翁物語』にも、織田信長が清須城大手「松の木門」（位置不明）二階門のふしあなから秀吉に小便をかけたという話が収録されている。研究者は史料的価値を疑うだろうが、信長は「大うつけ」「大たわけ」「かぶき者」とうわさされ、少年時代には常軌を逸した行動をとっていた（『信長公記』）。そうしたエピソードのひとつが誇張されて伝わったとみたい。

さて、この場合のどこで生まれたかという設問は、出生地をいうものではないだろう。どこで生まれたかを知る人は限られた少数である。本人はむろん知らないけれど、親から聞いて知る。ふつう尾張地方では第一子は母親の実家《さと》で産む。秀吉母は尾張御器所の人とされているから、秀吉が御器所で生まれた公算もあるけれど、彼には姉がいたし、むしろどこで生まれたかを問うときは、誕生後どこで育ったかという意味であろう。秀吉がもの心ついたときには、母は秀吉の実父とは異なる男性と生活していた。秀吉が養父（筑阿弥《ちくあみ》）と中村で生活していたことはほぼ確実である（補論、本書556頁）。だがそれ以前に生まれ育った土地の記憶、実父の思い出はどこにもなかっただろう。どこで生まれ育ったということに秀吉の関心は薄かった。秀吉の親戚は母方に限られるが、御器所と中村は一里強の距離がある。母方の親類、つまり一族の嫁ぎ先が中村に集中するのなら縁故婚か。よくわからない。

『祖父物語』系の清須ミソノ生誕説は、農民ではなく、都市民としての秀吉出自を示唆している。これは魅力的な説になり得る。はたして清須ミソノガウ戸とはいかなる場所か。

2　御園三齋市

清須城の中堀にかかる北側の橋が（旧）御園橋で、その北側に御園神明社がいまもある。御園は城の（旧）堀端の町である。御園神明社に天正十八年（一五九〇）朝日殿による寄進がなされた旨、『張州府志』に記載がある。朝日は秀吉妻高台院・寧《ね》の母・杉原定利夫人で、『清須翁物語』にも「太閤のしうとめあさひとの」（『新川町史』六七二頁）とある。慶長三年（一五九八）三月十六日黒甲（黒田甲斐守長政）あて浅野幸長書状（『大日本古文書・浅野家文書』二五七、四四四頁）に「七まがり様、朝日様への御ふみ」とある。七曲は朝日の姉で浅野長勝妻である。

秀吉周辺には御園神明社への篤い信仰があった。『尾張名所図会』には神明社に「秀吉公御煩御祈祷書付」が残されていたことが記されている（以上『清洲町史』六三二頁）。秀吉と周辺の人間が御園神明社を崇拝していた。

見曽野《みその》町市日事
八日・十八日・廿八日

右之市日、売買可為□□□□□法、村質・所質、不可執、喧嘩口論儀、勿論御停止被成訖、若令違□□□□

以上

其町市之事、如前々八日・十八日・廿八日、一ヶ月三日可相立之状如件

文禄三年午

七月朔日　　　　三位法印常閑　花押

みその町

老衆中

（年欠市日制札および文禄三年七月朔日三好吉房制札、『張州府志』所収）

清須ミソノ（御園・見曽野）に市が立っていた。ミソノは商人町であった。御園三齋市は、御園神明社・町屋周辺に、八日・十八日・二十八日に市が展開し、町屋前の路上に露天商が集まった。市日である。

清須にはほかに桑名町・長島町の六齋市があった。すなわち一宮市苅安賀出土木簡・告知札（一宮市史編纂室所蔵、『清須・織豊期の城と都市』一九九八所収、国立奈良文化財研究所木簡データベース）には以下のようにみえる。

す（清須）　くわな町　なかしま町
いち日の事
□（九）日十四日十九日　廿九日　たち申候旨
あるべく候
いろ々々ニ可仕候
□月一日

清須・桑名町は御園の西方にあった。現在の小字、つまり土地台帳記載地名（登記簿地名）にはないけれど、一場（御園を含む一帯の旧村名）には桑名町、大津町、伊勢町、鍛冶屋町がある。いずれも自治会の名前に継承されていて、地図にも記載されている。しかし長島町という町については、『清須城懐古録』も不明とし、記憶する人もいない。桑名・長島いずれも伊勢国である。織田信雄（信長次子）は伊勢長島城から清須城に移封された。そのときに移転・移動した人々にかかわる地名だという。主要な武士は城内に居住した。桑名町は北西のはずれに近い。桑名、長島、伊勢は、伊勢商人を連想させる。移動してきて、このあたりに住んだものは伊勢商人ではないか。隣接する鍛冶屋町には鍛冶屋が住んでいたと考えたい。

清須*には一場（北市場）、西市場という地名がある。『駒井日記』によれば中市場、北市場があった（文禄三年四月三日条、『清洲町史』八二〇頁〜）。一場（北市場）が桑名町・長島町の市に相当しよう。六斎市の史料（木簡）はいつの時代のものか不明である。清須と書いた市日の告知札が一宮市苅安賀で発見されたのだから、苅安賀（苅安賀城）関係者に市日を周知させたメモであろう。苅安賀と清須の間は二里ほどである。清須の市日は苅安賀の市日に影響を与えた。

御園・三斎市（文禄三年）と桑名長島・六斎市（年未詳）は隣接していた。桑名町・長島町には四、九、十四、十九、二十四、二十九の日に市が立った。御園には八、十八、二十八日に市が立った。美濃路（岐阜街道）に面していた桑名長島六斎市のほうが、御園三斎市よりも倍開かれて、繁栄していた。隣接する両者併せて一ヶ月に九日は市が立つ。市には客を寄せるためのさまざまな仕掛け（音楽・演芸）があった。三日に一日、市日には露天商が集まり、お祭り騒ぎで賑やかに栄えた。城に接する御園では米商人・油商人ら御用商人が店舗を構え、毎日商買していた。

＊　清須の町は名古屋に移る。清須越である。ミソノは名古屋の人間にはよく知られており、演芸場である御園座が有名である。名古屋城南外堀にかかる橋は三つあって、東側が清水口橋、南のうち東が本町橋（本町御門橋）で、西側が御園橋（御園御門橋）であった。後二者に通じる南北の立て筋が本町通り、御園町通りであった。桑名町・長島町、中市場、いずれの町名も名古屋に移った。中市場という地名からすると、清須に東市場や南市場もあったように思うが、確認できない。名古屋では昭和五十年代の町名変更まで、碁盤割り南北道に各町名が残されていて、著者も母から「中市場」「伊勢町」の親戚について、よく聞いた。

3　清須の舟運

ガウ戸についてはわからない。ゴウド地名は神戸、郷戸と書くものが多い。渡し場もしばしばゴウドと呼ばれた。相模川四の宮の渡しはゴウドの渡しと呼ばれていた。長良川には河渡宿《ごうど》があって、河渡の渡しがあった。御嵩《みたけ》町顔戸《ごうど》は可児《かに》川をはさんで顔戸北と顔戸南があるから、渡河点にかかわる地名のようである。名古屋市北区楠町味鋺《あじま》に北合戸・南合戸があって庄内川に近い。濃尾平野内陸を流れる五条川でも、清須あたりでは干満の影響があって、五条橋には伊勢湾からの潮が遡及する。現在でも五条川（清須）には海の魚であるボラやイナダ（ボラの幼魚）がいる。潮汐の力で自然にのぼってくるのである。

潮汐限界は流路の屈曲が多いほど奥まで遡上する。有明海の場合でいうと、筑後川でも六角川でも近世のショートカット工事の都度、潮汐上昇限界が下降している。五条川も近世以降ショートカットされた。すると現五条橋よりも上流まで潮はのぼっていたのだろう。大潮時の遡及限界点が御園周辺にあったとしたら、御園市場の立地条件には、内陸港湾、ゴウド*（仮称）の存在があった。

＊　ゴウドは、別本によってはカラトとある。カラトとはふつうは樋門を指す言葉だが、尾張地方では樋門については杁《イリ》と呼んでいて、カラトの言葉はあまり使わない。

清須は美濃路が通過する。清須にて伊勢路（桑名道）が分岐する。この陸上交通の利便性から立地を説かれることが多いけれど、実際に物資運搬のうえで重要だったのは大量に物資を運ぶことができる水上交通である。

桑名ニ在之八木(※)参百石清須神明え、遣餼料被下候間、舟ニ而清須へ相届、神明之禰宜ニ、京升ニテ慥ニ可計渡者也

天正十八年八月廿八日　古田兵部少

（「尾張国寺社領文書」『新川町史』資料編2。なお『懐旧録』一六五頁では「上畠神明社古文書」として紹介があり、多少読み下してあるほか、古田重勝署名の下に「印」とあって、当時原本があったようである。）

桑名にあった三百石（四斗俵ならば七百五十俵相当）の米は数艘に分けて桑名の港を出る。引き潮を利用して木曽川沖合、伊勢湾まで下る。干潮時の沖合では、広大なる干潟・浅瀬のなかに、木曽川澪《みお》（澪は干潮時の干潟内河川、満潮時には海のなか）と五条川*・庄内川澪が合流する地点がある。そこにて潮が満ち始めるのを待つ。満ちてくれば潮に乗って、庄内川河口へ。分岐点から五条川に入る。舟さえあれば、清須まで労せずに運搬できた。同様に濃尾平野の諸河川・伊勢平野や三河平野の諸河川の潮汐上昇限界まで、楽に相互乗り入れができた。潮汐の流れに乗ることにより、行き来

と大量物資の運搬ができる。濃尾平野・伊勢平野は清須からの内陸水上交通網に結ばれていた。清須が政治経済都市として成立した大きな要素である。信長や秀吉の幼少期の清須は、こうした商業経済都市たる城下町であった。秀吉は清須と中村の双方に縁者があって、いくどとなく往反したと推測する。

＊　庄内川と合流していた五条川は、のち流路変更で下流に独自の水路が開削された。それとは別に庄内川の別流路として新川が開削される。新川では水上交通が盛んになった（『新川町誌』六八一頁）。五条川には『新川町誌』七七八頁によれば、堰止めの杁を含んで十ヶ所の杁があった。よって船の交通は非灌漑時期をのぞいては不可能になった（魚は杁があっても上流へ通り抜けることができるから、現在の清須・五条川で海洋性ボラが観察できる。舟は上流には行けない）。清須城主豊臣秀次の時代に新田開発が推し進められている（本書702頁）。杁の設置を伴う新田開発と水上交通は両立せず、軋轢が生じやすかった。清須から名古屋への移転、清須越の背景にはこうした問題もあったのではないか。名古屋では堀川が掘削され、水運を担った。

『清須城懐旧録』によればミソノ周辺の旧地名には北から弓町、小人町、御園町、北東に御園葭町があった。「ゆみちょう」は土地台帳にもあって、いまも記憶されているが、他の地名については記憶する人に会えない。小人町という地名は城下町に多く、コビトマチと呼ぶ。御小人町と敬称が付されることもある（金沢、相馬中村、和歌山など）。『日葡辞書』（一六〇三〜〇四）に「Cobito（コビト）〈訳〉上靴を取るとか、その他下賤な役目とかを勤める若者」とある。中間よりは下級だというから、家臣団のなかでも末端である。御園の北が下級・低層武士の町だったことを確認しておく。

4 先学による清須の歴史地理調査

清須城下に関しては江戸時代から歴史的な調査が行われ、尾張（徳川・名古屋）藩によって絵図が作成されている（尾張藩編纂「清須図」、『尾州志』付図）[*1]。明治四十五年（一九一二）に林良泰[*2]『清須雑誌稿』（稿本）が叙述され、昭和十八年（一九四三）にはその子の林良幹の遺稿『清須城懐古録』が刊行された。ここにはいわば史跡学の成果が示されており、地名も詳しく記録されている。『清須城懐古録』は、清須には公的な地字と私称の字があるとして、後者を積極的に収集している。このような調査は各地城下研究でも多くはみない。貴重な記録である。さらに近年の『新川町史』にて、徳川林政史研究所所蔵村絵図が刊行され、江戸時代の清須南部の姿が明らかになっている。

＊1　『尾張古地図集』昭和五十三年愛知県郷土資料刊行会より覆刻、尾張藩編纂『尾張志』付図。

＊2　林良泰は永禄六年（一五六三）に小牧越に際して移動によって消えた地名が私称であるとし、松平忠吉時代にあった地名が公的な字になったと判断して論を展開するが、この点は納得できない。多くの字名（農民的呼称）のうち、どの字名が土地台帳記載の小字となり、どれが採用されなかったのかは、偶然である。適宜、一小字の広さを勘案しつつ、代表呼称として事務的に小字名を決定していった。取捨選択は台帳作成を進めていった担当官吏たちの偶然で恣意的な判断にすぎない。公私あわせて農民的呼称のいずれもが、最終段階の松平忠吉・徳川義直時代の遺称であろう。それらのうちには、斯波・織

田時代から引き継がれたものが多くあった。

二　秀吉の義兄

1　つなさし弥介

清須城下のうち御園は五条川西岸である。当時も今も、この場所での五条川付替え工事は行われていない。川東をみると、鷹匠屋敷とその北に御餌差屋敷があった。近世尾張藩作成の清須城下図に餌差屋敷、猿屋敷の名が記され（本書551頁）、『懐古録』（一一七頁）はいまも地名が残るとする。

秀吉の姉（瑞龍院、秀次母）が嫁いだ弥介（のちに木下、三好、吉房、常閑）は『祖父物語』（清須翁物語）に「海東郡乙のこう」の「つなさし」（綱差）とある。「乙のこう」は海東郡乙之子（津島市）とされている。『尾張名所図会』も「当村乙之子《おとのこ》村の人、（豊臣）秀次実父三位法師宅跡」と伝え、貴船社には「天正年中長尾三位法印造立の棟札ありて、社地頗る広大なり」と伝える（三好吉房は長尾姓も名乗った）。三好常閑は清須城主となったから、縁故地に寄進したとする所伝も信じられる。

綱差とはいかなる存在か。『日本国語大辞典』は「鷹匠の下司」としている。近年江戸時代の綱差について研究が進んでいる（根崎光男「江戸周辺の諸鳥飼育―幕府綱差の身分と飼付御用―」法政大学人間環境学会『人間環境論集』二〇〇八、法政大学機関リポジトリ）。鷹匠の組織は、鷹を調練する鷹匠と、その配下の餌を与える餌差、および鷹場の管理をする鳥見とその配下の綱差からなっていた。

鷹匠（調練）―餌差
　└鳥見―綱差（猟場の確保）

鷹狩りに行く場合、鷹の標的となる鳥が鷹野にいなければならない。武士が狩りをする場合、狩倉には必ず動物がいなければならないのに同じである。狩倉は一般の人々が立ち入らないよう、禁猟区扱いにした。パトロール人員も必要だった。同様、鷹場には必ず獲物の鶴や雉が潜んでいるように、大型鳥類が住みやすい環境を維持し、時に餌付けをしておくことが必要だった。それが綱差の役目である。近世の綱差は苗字帯刀を許される場合と、そうではない場合があった。

清須周辺は鷹場として著名であった。清須から東、小田井・稲生方面に向かう道を御鶴街道といった（『新川町史』一八八頁）。清須周辺には御鷹野（須ヶ口）、はとびや（鳩部屋、阿原、以上『新川町誌』一九九五、一〇一八頁、新川町の自治体誌には町史と町誌があり、後者が旧版）など鷹狩りにちなむ地名が多い。

2　鷹匠屋敷・御餌差屋敷

みたように『尾州志』付属絵図によれば、鷹匠屋敷が五条川東にあった。「御餌差屋敷」は愛宕山の北にあった。「餌差」は「御餌差」と敬称を付されて呼ばれている。愛宕山（愛宕神社）は寺野の北外れ、隣の「下ノ郷」との北境にある。真福寺の北になる小山である。清須城下といっても、城下の中心からははるかに外れていた。

餌差屋敷に隣接して猿屋敷があった。猿屋敷とは何を指すのか、わからない。秀吉との関連も連想したくなるが、にわかには結びつかない。厩には猿が飼われていた。五条川東岸には幸若屋敷もあった（『清須城懐古録』一一七頁）。五条川の東岸には彼らのもと、底辺民衆が生活する場もあった。

鷹匠には必ず餌差（餌刺）・餌取がついた。鷹匠には高い禄高が与えられた。餌差はその鷹匠チームの一員である。しかし食肉として動物を扱った。鷹は生き物だから餌《えさ》がいる。鷹は原則として生肉しか食べない。奈良時代の平城京主鷹司では生き餌として鼠を与えていたらしく、平城京出土木簡に伊賀国から主鷹司に鼠を貢進した記述がある。鼠は、最も優れた餌であろう。繁殖させたのであろうか。鷹の餌には生きている小鳥を与えることもある。餌差は鳥もちで小鳥を捕るか、吹き矢で捕獲した。また鳩を与えることが多かったようで、上記鳩部屋はそれに関連する（鳩部屋伝承は尾張南部・下ノ一色にもあるという。加藤富久氏ご教示による）。

子犬も餌になった。『多聞院日記』天正七年七月廿一日条に「一　安土ヨリ鷹の餌トテ、犬取ニ来了ト」とあって、安土から奈良まで犬を捕獲にきている。犬の捕獲は、河原ノ者の仕事であったから、安土の河原ノ者がやってきたようである。江戸時代、水戸藩でも犬肉を与えた（福田千鶴『江戸時代の武家社会　公儀・鷹場・史料論』校倉書房）。鷹数羽に犬一匹が与えられたとしても、その一匹分の肉は一度しか使えなかった。動く生きた餌を、常時捕獲・繁殖させることはたいへんだった。

動物の屠殺、食肉の処理にあたった人々は、中・近世には差別の対象になっていただろう。だが餌差は士分であって支配階級であった。差別はされていない。餌差町は鷹匠町とならんで町名に残っている（松本市、和歌山市、大阪市など、旧江戸神田餌差町）。「清須古図」では「御餌差屋敷」と敬称「御」が付されていた。餌差は職制である。『徳川禁令考』前集二—一七・享保六年（一七二一）九月　日に「餌差の者巡行の儀に付達　御鷹之餌鳥、唯今迄者国々無限、御餌差并弟子餌差共相廻り、鳥取候様に相間候得共」とあり、やはり敬語を冠している。「御餌差」なる敬称は、御犬同様に主君の御鷹に対するものであったかもしれない。

3　餌差・餌取

餌差は本来差別されないが、接点にあったというのが私見だ。餌差と同義と思われる「餌取」はエタ（「穢多」）の語源として説かれることさえある。『塵袋』の記述は有名である。

「キヨメヲエタト云フハ何ナル詞ハゾ」

「穢多根本は餌取と云ふへき歟。餌と云ふは、ししむら鷹の餌を云ふなるへし」

類似した記述は多く、あたかも定説の地位を占めるかのようだ。まず『倭名類聚抄』には「屠児」に「恵止利」と訓じている。『今昔物語』巻十五（二十七、二十八）に「餌取法師」がみえる。『名語記』（建治元年〈一二七五〉）に「ゑたは餌取也、ゑとりをゑたといへる也」、ほか『塵袋』を継承した『壒嚢鈔《あいのうしょう》』も同内容。

しかしながら、この解釈に対しては古くから疑問が提示されている。たとえば盛田嘉徳「賤称語源考」（『中世雑芸能と賤民の研究』）が「鷹を飼うには少量ずつ、絶えず新鮮な餌を補給する必要があり、……死牛馬の肉などはむしろ利用率の悪い飼料であった」として「必然的な結びつきはない」とする。殺すのは鳥である鷹自身で、餌取の仕事はそれまで殺さず生かしておくことだった。ほか定説への否定的意見には柳田国男「所謂特殊部落の種類」（『定本柳田国男集』二七）、および初期の喜田貞吉らの意見があって、『部落史用語辞典』の項を執筆した渡辺広が要約整理しているが、漢文を和訳する過程で生じた錯誤という見解である。生き餌しか食べない鷹を飼うのに、「屠」はいかにも不要な行為である。さらにいうと「餌取」姓は現代の苗字にもみられるので、賤の身分であるとか、差別の対象であったとは考えにくい。

『類聚三代格』二十・承和元年（八三四）十二月二十二日太政官符に「主殿主鷹織部等寮司雑色駈使并犬飼餌取等事」とあって、官司の雑色と同等の身分で、餌取は主鷹司の雑戸として位置づけられている。官司職員の一員であった。支配階級である。

しかし鷹匠・餌差の分業には差別された人々、「河原ノ者」たちとのつながり・リンクが濃厚にあった。鷹の餌に犬の生肉を与えたのなら、捕獲専門業者たる河原ノ者との業務提携が必要であった（本書一章、および先の安土・奈良の例）。差別される側の業務を、分業の形で、集団内部に組み込んでいた。『塵袋』のような理解はこの混同に原因があるだろう。

堀一郎『我が国民間信仰史の研究』二、四七六頁および菊池山哉『特殊部落の研究』（『別所と特殊部落の研究』二編七章二〇五頁）が紹介する高橋文書（戸倉文書）では「六導者」の六番目に餌差がみえ、「是者六導者、河原ノ者トハ此等ノ事也」としている。この史料は配下となる被差別者の拡大を主張する側の作成で、偽文書とされるが、主張とみることはできる。餌取の一部が河原ノ者と同一視されるケースがあった。この点では彼らが差別と無縁であったのかは、なお検討の余地もある。

秀吉姉が嫁いだ弥介は鷹匠・綱差であった。清須の城下からは西方、乙之子《おとのこ》（海部郡）にいたという。乙之子近傍に鷹場があったのだろう。しかし乙之子と清須は七キロほど、二里足らずであったし、鷹匠組織の一員なのだから、しばしば清須の鷹匠屋敷には足を運んだことであろう。

弥介は鷹匠の一団にいたから、支配階級に属した。しかし末端である。秀吉やその縁者が育った環境はこうしたものだ。少年期の秀吉や係累となる人物は清須の中心と周縁に大いなるかかわりがあった。

三　乞食村・玄海

1　乞食村

清須には乞食村があった。

『信長公記』天文二十三年（一五五四）「柴田権六中市場合戦事」をみよう。

一　七月十八日柴田権六、清洲へ出勢、

　あしがる衆

（省略）

此等として、三王口にて取合追入れられ、乞食村にて相支へ叶はず。誓願寺前にて答《（応）》へ候へ共、終に町口大堀の内へ追入れらる。

柴田勢を先頭とする織田信長軍の攻撃に、清須城にいた（守護代）織田彦五郎信友勢が敗れた。

引用に続く記事には信友勢三十騎ばかりが討ち死にした、とある。『清須合戦記』（『改訂史籍集覧』六六五頁）にも類似の記述があって、こちらでは、三王口の守備方と乞食村誓願寺前の守備方は連続して退却したのではなく、別方面の隊であったように書かれている（これは『信長公記』をもとに、それを解釈した記述である）。

三王（山王社、日吉神社）は今もあるが、清須城の城内・南方である。清須城には変遷があるが、最終期・松平忠吉時代の遺構に即して説明すると、外堀の南出口は二つあった。おそらく東の道が名古屋・枇杷島からくる美濃路で、西の道（本町御門、大門）が萱津からくる小栗街道（清須では小栗街道と呼ぶ。いわゆる鎌倉街道、美濃・伊勢路につながる）であった。外堀南・東側出口（名古屋口）から城内に入った道は二手に分かれる。左（西）の道は山王社の南参道に通じている。『信長公記』には「清洲《(須)》の城外輪」とある（七月十二日の前段）。もしも忠吉時代の三王（山王）口が、信長時代のそれを踏襲しているとすると、三王口とは城南にあった東出口（枇杷島・名古屋口）を指すのであろう。主戦場は中市場とされているが、三王（山王）付近に中市場があったものか。中市場は前にもみたが、『駒井日記』文禄三年四月三日条にも「清須中市場」とみえている。『懐古録』一二二頁では中市場町は故地不明となっている。

合戦は中市場近くの四ヶ所で行われ、山王口、乞食村、誓願寺前、町口大堀でそれぞれ小競り合いがあった。「乞食村にて相支へ叶はず」とあるから、乞食村は外敵の侵入があった際には、そこで支える役割を要請されていた。軍事力であり、織田軍団の一翼を担っていたけれど、「乞食村」

として差別されていた。

似た例は大坂冬の陣にもみられて、慶長十九年（一六一四）十一月十九日徳川家康は蜂須賀至鎮《よししげ》、浅野長晟《ながあきら》、池田忠長らに命じて、大坂城仙波口（船場口）新城辺の大坂方が守る「穢多ヶ嶋」（「穢多崎」、「穢多村」）を攻撃し、これを手中にした（『駿府記』『大坂冬陣記』『当代記』『蜂須賀伝記』）。この場所は先行する天正四年（一五七六）織田信長による本願寺石山合戦の時も要害として攻防の要になった地で、『信長公記』に「木津ゑっ田が城」とみえる（『兵庫の部落史』一二〇頁）。『太平雑話』は渡邊の穢多が本願寺に籠もって住居としたことが語源だとしている（以上は『大日本史料』十二編十六）。この場合は被差別大衆の合戦参加の事実は読み取れないが、ほかにも被差別大衆（エタ・非人）が武力を行使した例は多い。*

＊『泉州四郡村高』に「府中物構、堀、土居、角矢倉あり、大道筋南北の端に門を建て、御幣を立て、軍勢甲乙人、外より入れず、武者共これ在り、穢多入れず」とあるのは、穢多の入城が通例だったと読める（『会報』泉佐野の歴史と今を知る会、二八九）。

2　玄海

『名古屋市史』風俗編（大正四年、四二九頁）をみると、「乞食は之を玄海と称す、玄海は地名なり。清洲にも同じ地名あれば、彼の地より移したるならん」とある。

誓願寺の場所や性格は今のところ不明である。『清須城懐古録』付図（三〇頁）には乞食村誓願寺比定地の図示がある（A案とする）。同書も、乞食村は「玄海」と呼ばれたといい、「玄海寺」もあったとする。『懐古録』は城下の拡張につれて、移動があったとしている（六五、七五、七六頁）。清洲西の廻間にも「玄海廻間」の地名が残っているとし（七六頁）、さらに土田地内白山社および同地内白山玄海寺を挙げる（一四一頁表）。これはA案とは明らかに別位置であるから、B案とする（七七頁）。後者は三王口からは遠い。『清洲町史』一六二頁に「玄界」は城の東方に比定されているが、『懐古録』の推定（A案）をふまえたものと考えられる。『町史』本文一六七頁では玄海寺は土田から廻間にあったとしている。これは『清須城懐古録』（B案）の踏襲である。

『懐古録』は書き下ろしではなく、遺稿集だから、記述に前後の齟齬《そご》があって読みづらいところもある。城外から城内、また城内から城外への移動があったという考え方らしい。

『民族と歴史』二巻一（大正八年、三〇二頁）に三宅光華「名古屋の玄海部落」を収める。「慶長中、清洲より白山社を遷し、その別当職玄海和尚が玄海寺を創建、社の東に二、三の小屋を建てて、窮民を収容し、教化した。（大正八年）戸数凡そ五六百戸、人口二千四五百人とある。従来この地に『見洗三百』という諺があって（あるいは「足洗三百日」というニュアンスか）、多少の資力を得て独立の生活をなすを得るものは、『士農工商』に復帰するをつとめてゐるが、事実は容易にその風習と束縛とから脱する事ができない」とあって、区内西念寺住職や小学校長の改善運動を紹介する。

近年の木下光生氏の労作、『近世尾張の部落史』（愛知県部落解放運動連合会、二〇〇二）には、詳し

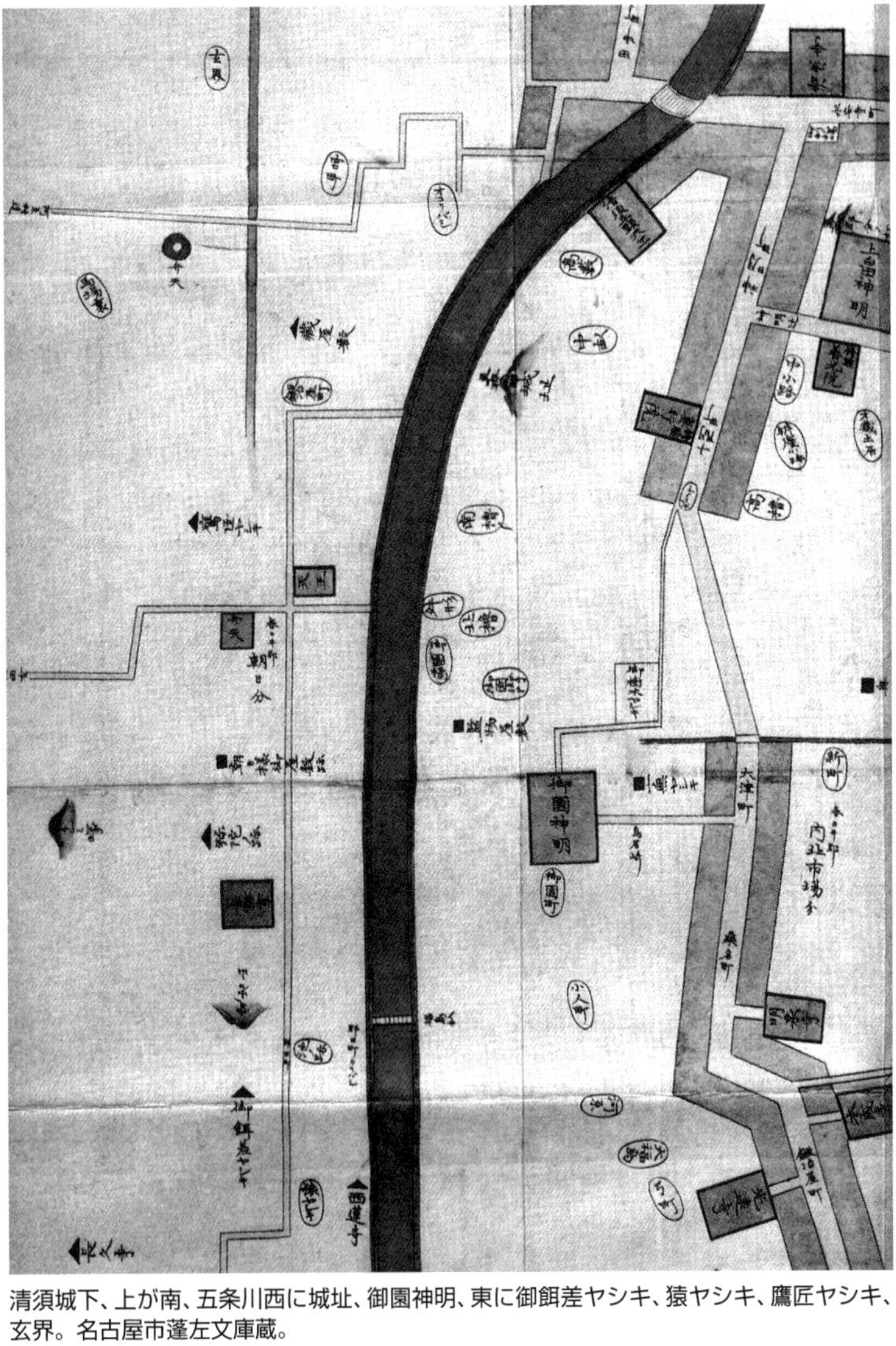

清須城下、上が南、五条川西に城址、御園神明、東に御餌差ヤシキ、猿ヤシキ、鷹匠ヤシキ、玄界。名古屋市蓬左文庫蔵。

い記述がある。名古屋城下と周辺には非人組織内では特権的な地位をもつ入江町とそれに準ずる新屋敷があり、それを頂点として、土器野《かわらけの》、枇杷島、甚目寺《じもくじ》（以上は西三ヶ所）、下山、本山、東山（以上は東組）の「山々」とさらに玄海村があった（三六、三八頁）。入江町は広小路の牢屋敷・刑場に近接し、非人頭・惣内（職名）が居住した。この入江町は宝永五年（一七〇八）までは「乞食町」と称していた（一五頁）。

玄海村は行刑などでも下働きしかせず、非人組織のなかでも地位は低かった。本居内遠『賤者考』に、「玄海村に居住するためには頭に日に一銭を支払う」とあることからすると、流浪乞食（路上生活者、転落者）が最初に定住する場、小屋（家）をもつことのできる村が玄海で、世襲の乞食がいたのが乞食町のようだ。文献上にも早くから登場しており、明暦四年（一六五八）に「東玄海にておんな歌舞伎芝居興行」とあって、近世初頭の存在が確認できる。安永二年（一七七三）の火災記事によれば、千軒ほどの規模があった。『那古野府城志』に記された「玄海村地所書上」では、清須より白山円教寺が引き移った際の主僧が玄海で、その裾に乞丐が集まって、それらを指して「玄海者」といった。

いまではおそらく死語で、大正生まれの名古屋市民にたずねたが、ゲンキャーなる言葉を知っている人には出会えていない。しかし『名古屋方言の研究』（芥子川律治、一九八〇）には説明があり、典拠として「金鱗九十九之塵」が引用される（昭和になって伊藤次郎左衛門氏ら財界人による積極的な地域改善運動が進められた）。

3 清須・二つの玄海

玄海は慶長清須越で清須から名古屋に移った。玄海（玄界）という地名は、清須では『懐古録』がいうA（城内）、B（城外）の二ヶ所があったらしい。『新川町史』別冊絵図地図編・清洲村（四四頁）および『清洲町史』巻頭写真・徳川林政史研究所所蔵・清洲村絵図に城下・玄界がみえる。

清須の玄界なる近世小字は、今では使われていない（明治十五年段階の小字を記録した『愛知県地名集覧』にも清須玄海は二ヶ所とも登場しない）。しかし『懐古録』著者林氏の時代にはふつうに使用されていたようだ。『懐古録』復原図は近世絵図の玄界の位置の通りに、古川前、弁天前の位置に乞食村を復原している。しかし名古屋では乞食町と玄海（玄界）が別々の存在であったことからすると、乞食村が玄界の位置そのものであったのか、別に乞食村があったのか、検討が必要であろう。筆者（服部）は後者であると考えている。

そこで清須の非人村（乞食村）と名古屋のそれを比較して推定するならば、清須越（名古屋越）の際、（清須）乞食村は牢屋敷・刑場とともに（名古屋）乞食町（入江町）となり、（清須）玄海村は新城下の東郊に移って、（名古屋）玄海村になったと考えられる。名古屋における二つの非人村の階層性からいえば、清須でも乞食村が世襲・重役中心で牢屋敷・刑場近くに置かれ、玄海は病者・転落者ら新参者の受け入れが主体であったと考えられる。

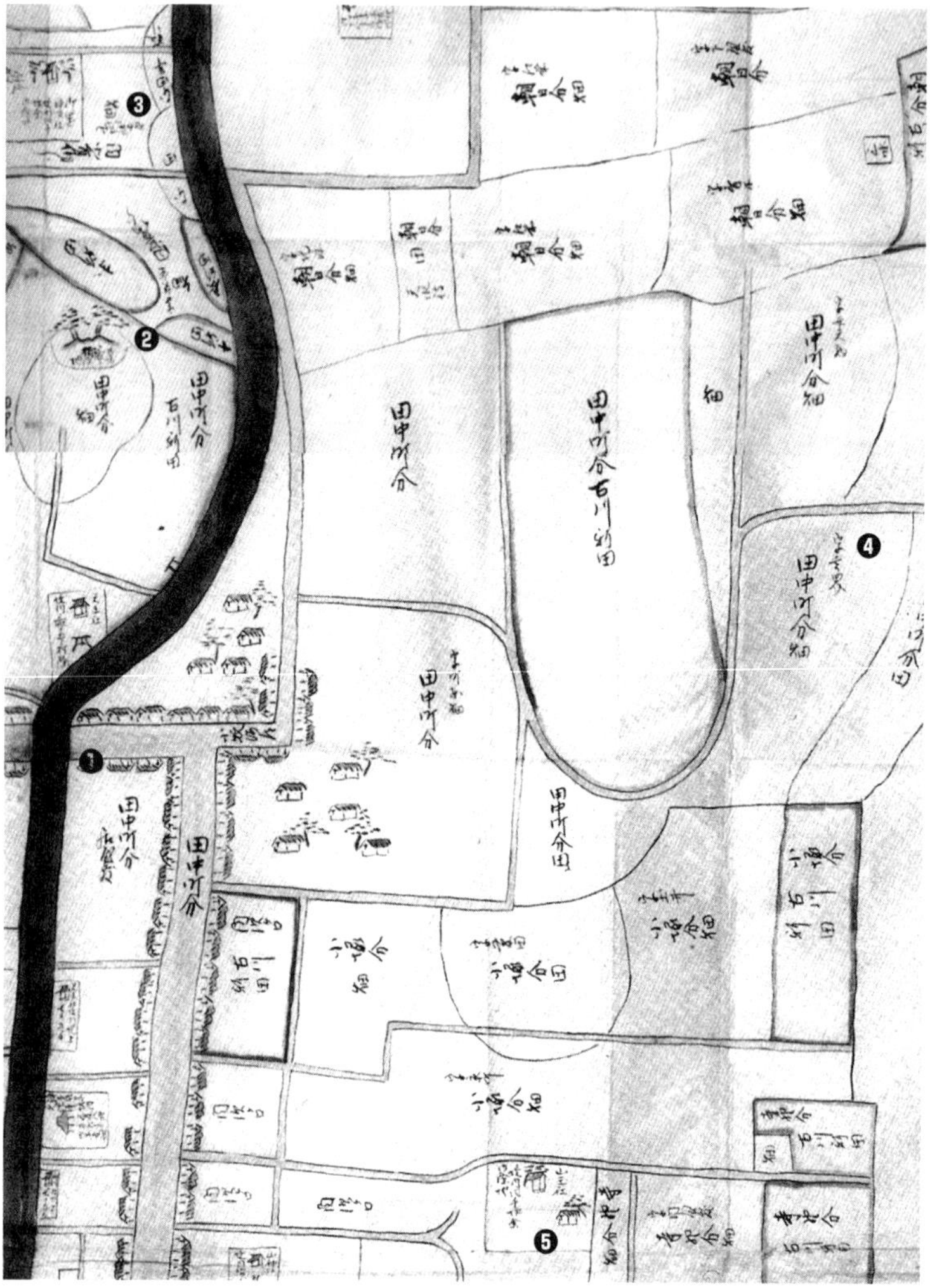

春日井郡清洲（清須）村絵図　五条橋（図中の❶）北に「古城」❷、その北に字御園❸、秀吉生誕地説がある。五条橋東に字玄界❹。名古屋に移った非人村玄界（玄海）の旧地であろう。名古屋道（美濃路）東に山王社（日吉神社）❺。清須乞食町は「三王口」近くにあった。徳川林政史研究所所蔵、『新川町史 資料編2・別冊絵図・地図編』所収、天保12年（1841）頃か。

名古屋乞食町が人の往来が多い広小路・刑場の近くにあったことからすると、清須も同様であろう。『清須合戦記』では織田彦五郎信友の首は「御城門ノ端ニ首ヲ掛ケラレシトカヤ」とある。信長の頃の刑場の位置は不明だが、主要街道に近接し、乞食町もその近くにあった。だから、戦場にもなったのである（『懐古録』は三八屋敷〈片端と第三郭堀との間〉、あるいは西堀江慶證寺付近が刑場であったとする所伝を紹介する）。清須玄海は乞食町とは別位置にあったのだろう。

4　甚目寺と清須――『一遍上人絵伝』

みてきたように、「乞食村」（非人村）はハンセン病患者の世話をする村、物乞いをする人々からなる村である。『一遍上人絵伝』甚目寺《じもくじ》での施行の画面に、ライ患者のグループを、警棒を持って暴力的に差配する長吏と思われる三名が描かれていた（絵伝では名称不詳）。上述のように近世の甚目寺にも非人村があった（本書552頁、本田豊『戦国大名と賤民』二〇〇五、五頁〜）。甚目寺と清須は一里も離れておらず、近接している。清須城下の発展にともなって、おそらく甚目寺周辺の長吏（非人）村が、城下にも分出していった。『一遍上人絵伝』の長吏は警棒を持っていたが、それはより先鋭な武器に変わっていき、武装集団ともなった。

補論　秀吉と中村

本書では清須生誕説をふまえて清須の町を検討してみた。しかしながら秀吉の「郷里」中村については『祖父物語』（『清須翁物語』）にも記述があって、秀吉が幼年期を中村で過ごしたことはまちがいのないことだ。

すなわち「つくし（筑紫）に侍う」小早川が丈夫者として清須の留守居にあったときの話とある。筑前名島城主小早川隆景は天正十八年（一五九〇）の小田原攻めに際し、清須の留守居役になっていた。*

＊　吉川文書（天正十八年）五月二十四日豊臣秀吉朱印状に「清須星崎・羽柴筑前侍従（小早川隆景）とのへ」、同年年欠五月七日豊臣秀吉朱印状（内山光男氏所蔵文書）に「清須小早川侍従とのへ」とある。

小早川（隆景）が清須から中村まで秀吉の供をした。「小早川には恥じるような話だが、自分はこの中村で育ち、わやく*（無茶。非道）なることもして遠江に落行し、松下石見に仕えた。侍ほどおもしろいことはない」。

＊　日葡辞書に「ワヤクモノ、または、Vayacuna（ワヤクナ）モノ」。

「いざ、この中村を百姓どもの作り取り（無年貢地）にさせてみよう」と秀吉がいうので、小早川は「このようなめでたい御代、お取らせなされるのがよろしいでしょう」といった（隆景は減収にはなるが、秀吉のために賛成したのである）。すると秀吉が、「この村に仁王というわっぱがいるはずだ。自分より少し年長だが、あるときこの道筋で、自分が仁王が刈った草を少し取ったら、『遅くきて草も刈らないやつ！』といってひどくおこり、鎌柄《かまつか》でわれを叩いた。その遺恨は今に忘れられない。その仁王を、まず斬ってから取らせよう」といった。そのとき仁王は生きていたけれども、村人は「死んでしまった」と陳じた。「子はいないのか」と再び聞かれたので、「子も死んだ、孫はいる」と答えたところ、「孫なら遠いから仕方がない」といって、中村一円を百姓に下されたとある。『尾張名所図会』（付録）に子どもである仁王と秀吉が喧嘩をしている光景があるから、有名な逸話らしい。なお、高麗陣に中村の人々が陣中見舞いにこなかったので、「にくい奴らだ、見舞いにくれば路銀は渡し、大坂までの船にも乗せてやったのに」、といって「作り取り」を召し上げたことになっている。ただし『尾張徇行記』所収の文禄二年（一五九三）九月十四日付、秀吉朱印状には仁王の名前が含まれている。

天正十八年（一五九〇）の話だから、秀吉は当時満五十三歳、それより年長の仁王は五十五か五十六ぐらい、たしかに小さな孫がいてもおかしくない年齢だった。仁王の消息を知らなかった秀吉は、村の情報には詳しくなかったのなら、長い間中村を訪れたことがなかったのだろう。またいったん免許した「作り取り」（年貢皆免）を二年後の高麗陣（一五九二）で取り上げたというのだから、同世代であっただろう当時の村役たちを含め、村人への思いもあまりなさそうである。清須も中村も、秀吉を受け入れなかった。だから遠江に行ったのだろう。秀吉に冷淡だったほうろく売りの伯父（本書591頁）も含めて、清須も中村も、自分を追い出した町や村ではなかろうか。

親にも親戚にも見捨てられた幼年期の秀吉は、乞食町や玄海に身を寄せることがあっただろう。それが本書の見通しである。

第十章　秀吉の出自

はじめに

「それから放蕩無頼な悪少年が、親類や何かから見放されて、どうともならないで乞食をするようになり、小屋掛けをして、大勢そこに集まっている、これが非人です。これ等の者は親兄弟から見放され、勘当されている」（三田村鳶魚「世間染みてくる」全集十四巻一三二頁より）。

秀吉（藤吉郎）は養父筑阿弥《ちくあみ》と折り合いが悪く、家を出て放浪していた。矢作《やはぎ》川ではつながれていた船の中で寝ていたという。ならば三田村がいう「非人」（ストリートチルドレン）だったのではなかろうか。

一　賤の環境

1　針売り

若き日の豊臣秀吉、すなわち木下藤吉郎は賤の環境にあった。石井進の遺著『中世のかたち』(中央公論新社、二〇〇二)は、このことに初めて言及した歴史書である。本の帯に「豊臣秀吉は若いころ、なぜ『針』を売って歩いていたのか」とある。若き日の秀吉が針を売っていたこと、そして妻となった「ね」*が連雀《れんじゃく》商人の家の出であったことの二点に言及され、針売りは賤視されていた、連雀商人もまた賤視されていたとした。すなわち秀吉の周辺には賤視された環境があったということ。こうした指摘は、小説・俗説は別として、アカデミズムからの発言としては初めてのものであろう。

＊「ね」(寧)は、「ねね」とも、「おね」とも。おねの「お」は敬称である。「まつ」を「おまつ」さま、ということに同じ。

研究史からいうならば、類似の論点は早くから指摘されている。たとえば盛田嘉徳『河原巻物』（法政大学出版、一九七八、一〇七頁）では「足軽・河原ノ者」を並記する「応仁記」を引用しつつ、「手柄を立てて出世する者もできることは当然で、豊臣氏の旗下にも、出身が中世賤民、またはそれに近いと思われる武将が幾人もある」と記述している。残念ながら盛田著書の場合には、具体的な武将の名前の提示と根拠が示されていない。また秀吉自身には言及がない。

日本史において信長・秀吉の時代はもっとも流動的でダイナミックな時代であった。おそらくは侍身分を解体した明治維新期にも匹敵しよう。これまでも豊臣秀吉は身分の流動性・上昇を代表する人物であったが、ふつうは一介の百姓から身を起こしたとされている。もしも賤の環境に身を置きながら、天下人、関白になった、となれば、さらに時代は混沌としていた。

針売りの記事は『太閤素性記』（『改訂史籍集覧』）以下にある。

> 一、太閤十六歳天文二十年辛亥春中々村ヲ出ラレ父死去ノ節、猿（ママ）ニ永楽一貫遺物トシテ置ク此銭ヲ少シ分ケ持テ清洲ヱ行、下々ノ木綿ヌノコ（布子は木綿の綿入れ）ヲヌフ大キ成ル針ヲ調へ懐ニ入先鳴海迄来テ、此針ヲ与テ食ニ代ル、又針ヲ以テ草鞋ニ代ル、如此針ヲ路次ノ便トナシテ遠州浜松へ来ラル、浜松ノ町ハヅレ牽馬《ひくま》ノ川と云辺ニ白キ木綿ノ垢ツキタルヲ著テ立廻ラル

永楽銭一貫を清須で木綿針に換え、次に鳴海まで来て針を食物に換え、次に針を草鞋に換え、そ

のように針を路次の便として浜松まで来た。銭一貫は百文緡《さし》・十緡（個）分だから重い。だから針に換えたのだろうか。しかし針で銭一貫分相当（現代の貨幣感覚ではおよそ十万〜十五万円）はかなりの量だから、運搬に苦労することはこれも同程度である。単に他の商品（食料・草鞋）と交換するのなら、針に交換せずとも、直接銭で買えばよかった。逆方向の清須まで迂回せずに、まっすぐ鳴海を目指せばよかった。秀吉はなぜ清須に行って銭一貫文を針に換えたのか。針売りとして生きていくためであろう。

石井氏は針売りが差別の対象になったと説いている。針は軽い。値段も廉価である。店舗をもたずに街頭で売り、訪問販売で売った。大きくもうけることはできないが、下層の民衆が生きていくうえで、もっとも手軽にできる職業であろう。*

石井進氏（一九三一〜二〇〇一）は著者（一九四九生まれ）よりも二十年近く年長である。一世代前の研究者、人々には、針売りが賤視につながるという感覚は、ふつうに受け入れることができたのではないか。九州でこんな話を聞いた。

――身体障がい者というか、耳が悪かったり、目の見えんとか。旅の人、手を引いてくる。観音様やお宮に泊ったりして、季節になったら毎年（同じ時期に）くる。だいたい同じ人だった。志摩郡が縄張りでしょうねぇ。歌を歌ったり、針売ったり。縫い針、もってきんなっとる。ふつう針は別の小間物屋で買うけど、もってこらっしゃる。ただじゃなんだし、いくらかでも買ってもらったり、歌ったり。歌は上手、いつも歌ってるからでしょう、聞きよかった。やっぱり恵みでしょう。

かわいそう。いうちゃいかんけど、ヒニンとかいった。ヒニン、ヒニンって、ものもらい、乞食ですよ。それで一銭やる。一銭はあめ玉三つ買えるくらい。今の五十円か百円。（福岡県志摩郡桑原・現福岡市西区にて）

＊　久野俊彦「職人の由来書　『商人の巻物』に見る表象と民俗」（久野・時枝務編『偽文書学』一八〇頁）に、『商人の巻物』には市が立ち上がった後、針二〇〇本を四方へ撒くと、河原ノ者が針を拾いとる、という習俗が記されている。石井著書にもこのことが強調されている。参考に記しておきたい。

2　賤《あやし》の子・乞食

秀吉の出自について、同時代、またそれに近い時代の人はどうみていたのだろうか。

『豊鑑』（寛永八年〈一六三一〉）は竹中重門の記述だから父半兵衛（重治）からの聞き取りが含まれていよう。

尾張の国に生れ、あやしの民の子にてありしが
郷のあやしの民の子なれば、父母のなもたれかはしらむ。一族などもしかなり

「あやし」（賤）の子とくりかえして強調され、父母の名前も知る人はいない、一族も同様まったくわからない、としている。

秀吉の出自の低さを強調する文章は、頼朝以来なる血筋を誇る島津氏では露骨である。「由

来なき仁」「故なき仁」と強調する（「上井覚兼日記」天正十四年一月二十三日条、『島津家文書』三―一四三六）。

この御返書、関白殿へにて候へば、勿論その通りに相応の御請けをなすべく候。さりながら羽柴事は、寔《まこと》に由来なき仁と世上沙汰候。当家の事は、頼朝已来愁変なき御家の事に候。しかるに羽柴へ、関白殿あつかいの返書は笑止の由どもに候。また、右の如きの故なき仁に関白を御免の事、ただ綸言の軽きにてこそ候へ。何様に敬はれ候ても苦しかるまじきよし、申す人も候。（以下省略）

ただし出自への言及はない。

安国寺恵瓊《えけい》の（天正十二年）正月一日付の書状をみる。

「羽柴〳〵と申し候て、少事之儀ハ、小者一ケ《ひとかけ》ニても、又、乞食をも仕候て被存候仁」

「少事」は「少時」、若いときの意である。羽柴はいまこそときめいているが、若いときは一欠片《ひとかけ》ほどの小物だった。乞食もしていた。秀吉が「乞食」をしていたという噂はやはりあった。

「平姓杉原氏御系図附言」は後世の記録だが、日出《ひじ》藩主木下家に伝来した史料である（『豊臣一族のすべて』一九九六、新人物往来社）。秀吉と寧《ね》の結婚に際しては、寧の母親の賛同が得られなかった。

「秀吉公の卑賤を嫌ひたまひて、御婚姻をゆるし給はさりしに」

身内である木下家の情報である。寧は連雀商人の家の出であった。石井氏は下層の身分だったとみる。寧は、いったん織田家の弓大将であった浅野又右衛門と妻である実母妹（七曲）夫婦の養女になった。寧は養子縁組で身分が上昇した。その女性との釣り合いも取れぬ。秀吉の身分は周囲からかなり低くみられていた。

3　猿まね芸

『清洲町史』は、秀吉の生誕地を清洲《（須）》と見る。「木下弥右衛門《（ママ）》が中村の人とあるから、『中村の出生』となったままで、『祖父物語』には清須御園の生まれとある。事実は母の再婚により、尾張中村に移って育てられたものだ」としている。その中村で藤吉郎は義父と折り合いが悪く、親元を出ていく。親戚は清須とその周囲に少しはいたようだが、親しく面倒を見てくれるものはいない。どこにも頼る人がいなくて、一人の子どもがどうして生活していけるのか。路頭に迷って、ストリートチルドレンになった。『太閤素性記』をみたい。

「皮ノ付タル栗ヲ取出シテ与之、口ニテ皮ヲムキ喰、口本猿ニ均シ」

松下加兵衛の主である浜松城主飯尾豊前の娘たちの前で、栗を食べる猿を演じたとある。『素性記』筆者、土屋知貞の祖母こそが、その飯尾豊前守女子のキサだったとある。当事者からの話というならば、実話だろう（小和田哲男『豊臣秀吉』一九八五、ただし中々村代官からの話などもあって、この本は複数系統の話からなっている）。単なる猿まねではない。口で栗の皮を剥いて食べる。猿そっくりの口元で。常日頃、容貌が猿に似ているといわれて、思いついた芸であろう。後々まで少女たちの記憶に残る見事な芸だった。余興・隠し芸の域を超えており、いわゆる大道芸と思われる。

秀吉は清須から他国・遠江に行った。松下加兵衛が久能から浜松への路上で、異形の者を見つけた。「猿かと思えば人、人かと思えば猿」だった。路上で猿まねをしていた。浜松城まで連れて行かれた藤吉郎は、飯尾豊前やその娘の前で上記の芸をした。道中、猿芸をつづけながら放浪していたことになる。この芸で多量の針を売る。生活は可能だったろう。

「猿引」は「弾左衛門由緒書」にみえる職種である。自身で「猿」を演じたのなら猿引きではないが、このような芸で金を稼げば「乞食」同然と見なされた。大道を生活の場とするものは乞食であって、非人長吏の支配下に入らなければ乞場から排除された。乞場とは寺社の門前や大道筋など施しが得やすい場、人の集まる場所と、さらにそこにおいて活動する権利、鑑札を指す。乞場（境内地、大道）にて生活収入を得るものは、身分も非人に転落する。しかし非人組織のなかで生活の保証を得た。第一部に述べたように、ライ患者が非人身分に転落するプロセスと同じであった。

もし松下加兵衛が拾わなければ、彼は大道芸人、猿芸をして施しを受ける流浪乞食（非人）のままだった。

秀吉は行きついた清須で、食べることにも困っていた。大道芸は物乞いと同一視されている。誰もが自由にはできない。秀吉は（清須）玄海・乞食村に入り、非人となったと推定する。秀吉は生まれつきの賤民ではないが、貧困の流浪生活中に、短期間、乞食村にいたと思われる。臨時にでも貧困者を受け入れた村が玄海村で、べつに乞食村もあった（両者のちがいは本書553頁）。玄海には長吏（乞食頭）がいた。おそらく「乞食の上前をはねる」*といわれる上納金が必要だったけれど、清須玄海村に行けば、小屋は与えられ、生活できて、死ぬことはなかった（乞食頭へもらいを全納するタイプの村もあった。清水精一『大地に生きる』）。江戸時代の非人（乞食）は足抜けが可能だったが、それはこの時代にも同じであった。大道芸で成功し、蓄財に成功すれば、村から出ること（足抜け）は可能であった。脱賤である。清須でも、ほかでも猿を真似た大道芸を見せつつ、針に付加価値を付けて売った。

＊　著者は大学で講義しながら思うのだが、現在の学生にとって、「乞食」という言葉は死語である。「乞食の上前をはねる」といっても、説明しなければ意味もニュアンスも通じない。道ばたに座って、前に空きかんを置き、行き来する人に声をかけ、物乞いをする光景は消えた。しかし著者は韓国の釜山にて最近にも見た。中国の蘇州・上海でも物乞いはいたし、サリドマイド奇形児らしき障がい者を車に乗せた老女や、自身片足の障がい者が台車を駆使して物乞いする姿を見た。世界各地にはとても多くいる。今の日本ではホームレスに替わっている。ホームレスの多くは空き缶拾いなど仕事をしており、物乞い行為はしない。乞食とは異なる部分が多いと考える。

大道芸といえば、読者はよく似た例を想起されるだろう。油売りだった斎藤道三は、一文銭の穴に油を通す妙技で人を集めた（「美濃諸旧記」、小和田哲男『戦国武将』一九八一）。きわめて共通性のある話ではないだろうか。栗の皮を口で剥く猿まねだけではなく、秀吉は六本指だった（本書571頁）。大道をゆく人々の足を立ちどまらせなければ、収入はおぼつかない。猿芸が得意な若い針売りは、仕官の機会、松下加兵衛との出会いを待った。

二　フロイスが記した秀吉

1　古い蓆《むしろ》、茣蓙《ござ》 esteiras velhas

フロイス『日本史』（"HISTORIA DE JAPAM" Biblioteca Nacional-Lisboa リスボン国立図書館、一九八三年刊）をみる（以下松田毅一、川崎桃太訳、中央公論社版によりつつ、ブラジル人ナシメント・ジルベルト氏の協力を得て、原文を参照した）。「きわめて陰鬱で下賤な家（baixo sangue 低い卑しい血統）から身を起こし」（1―第八章一九三頁、Segunda parte, C30, IV-p.222）とある。類似する表現は第四章一四九頁、第六章一七六頁など随所にある。

第一六章三一七頁（Segunda parte, C53, IV-p.398）、「彼は美濃（Mino、正しくは尾張）の国に、貧しい百姓の倅 filho de hum pobre lavrador（貧しい農民の息子）として生まれた。若い頃には山で木を切り薪をとって、それを売って生活するためのお金を稼いだ。彼は今なお、その（当時の）ことを秘密にしておくことができないで、極貧の際には古い薦 esteiras velhas（古いむしろ、莫蓙）以外に、身を掩うものとては、なかったと述懐している（貧しすぎて、むしろばかり着ていた。そのことを否定できずに話している）。だが勇敢で策略に長けていた。（ついで）そうした賤しい仕事を止めて、美濃の国主が戦士として使い始めた（奉公し始めて）。徐々に出世して（収入と評価が増して）注目された。（略）しかし彼はがんらい下賤の生まれ baixo sangue であったから、重立った武将たちと騎行する際には、他の貴族たちがみな馬に乗っているのに、彼だけ馬から降りた（下馬を常とした）」。「古薦」のみを身につけていたのなら、まさしく「薦被《こもかむ》り」「おこもさん」ではなかろうか。*乞食にとっては菰《こも》、ムシロは必要な敷物兼防寒具であった。貧農の子に生まれた秀吉は、ムシロを携行する生活、つまり確実に乞食生活を経験している。

＊　屋外生活者がムシロを持つことは世界共通らしく、ブラジルでもムシロを持つだけで特別な目で見られるそうである。ムシロには保温力がある。登山装備が貧弱だった著者の高校時代、冬山登山に茅ムシロを持っていって雪上のテントに敷いて宿泊した記憶がある。なお乞食社会のなかに入って書かれたルポルタージュに、石角春之助『近代日本の乞食』（一九二九、一九九六復刻）がある。

2　フロイス記述の真実性——六本指だった秀吉

フロイス『日本史』の信憑性について述べておく。フロイスの記述には日本史研究者があまり知らない内容が多く含まれる。そのため従来は研究者であっても記述を疑う意見が強かった。たとえばフロイスは秀吉には一つの手に六本の指がある（Tinha seis dedos em huma mão）と書いた（第一六章三一七頁、"HISTORIA DE JAPAM" Segunde parte, C, 53, IV-p.398）。

六本の指——さぞかし不自然に感じる読者が多いことだろう。筆者手持ちの松田・川崎訳、昭和五十二年版（五十三年版・第四版もおなじ）の訳者注記をみると、「事実を詳細かつ的確に描写するフロイスが、なぜこのような馬鹿馬鹿しい記事を書いたのか、著しい瑕瑾である」とある。さらにその背景まで詳しく解説している。フロイスに一体化したかのような訳者であっても、このような評価であった。ところが四年後の普及版（昭和五十六年）では訂正され、評価が逆転している*（三一七頁注5）。すでに古く三上参次「豊太閤に就て」という論考に紹介されていたのだが（『安土桃山時代史論』一九一五、一六八頁、三上は慶応元年生まれで昭和十四年〈一九三九〉没）、前田利家の伝記である「国祖遺言」（金沢市立図書館・加越能文庫）に、秀吉は六本指であると記述されていた。一部歴史家に、秀吉の右手指が六本だったと記す文献は知られていたから、情報提供を受けた松田・川崎氏が訂正したのだろう。

大閤様は右之手おやゆひ一ツ多、六御座候、然時蒲生飛驒殿・肥前様・金森法印御三人しゆらく《（聚楽）》にて大納言様へ御出入ませす御居間のそは四畳半敷御かこいにて夜半迄御咄候、其時上様ほとの御人成か御若キ時六ツゆひを御きりすて候ハん事にて候ヲ、左《さ》なく事ニ候、信長公大こう様ヲ異名に六ツめか、なと、、御意候由御物語共候、色々御物語然之事（東大史料編纂所写真帳、一八表—裏）

織田信長は六本指の秀吉を、「六つ目」と呼んでいたという。秀吉は天正十五年（一五八七）、五十歳まで六本指だったから、死ぬまで切り落とさなかった。

今日情報が増加して、日本人の多指多趾例も明らかにされている。一定の確率でそうした子どもが生まれてくるけれど、手（多指）は幼時に手術するから一般には知られていない。足は目立たないので案外にいて、著者知人O氏はそういう人を知っているといい、多趾者の会があるという。

『カラマーゾフの兄弟』では六本指の息子（赤ん坊）の誕生がひとつのテーマとなっている（江川卓『謎とき「カラマーゾフの兄弟」』新潮選書）。キリスト者・宗教者が多指の子を見る感覚はこの小説からも読み取りうる。フロイスたちは、秀吉が何かの大きな罪を負っているとみただろう。

三上は六本指のことを、なかば懐疑的に記述した（「如何ですか、他に正確なる書にはまだ見当りません」）。三上・松田等、ともに多指に関する知識、そして記述を補完するもうひとつの史料に関する知識がなかった。前田利家の記述も、フロイスの記述も、それぞれが孤立した史料であった間は信憑性を疑われた。しかし同時代人による証言が複数揃った以上、もはや疑ってはならない。六本指だった秀吉は、大道芸でそれを活用したのかも知れない。

四〇〇年後の研究者にはわずかな部分的情報しか与えられていない。それを自覚しよう。研究者はすべてを知っているわけではなく、むしろ何も知らず、わずかな事実をもとに、全体の復元を考えているにすぎない。乏しい知識に基づいて、同時代人の記述を否定することは学問の自殺行為である。本書は諜報者たる同時代人フロイスの記述を一等史料とし、史料批判はふまえるが、記述された内容は最優先させて史実を確定していく。

＊ 松田・川崎訳は版を重ねるベストセラーになった。市中にある本書の大半が未訂正版である。訂正は普及版でなされたが、こちらは版を重ねることはなく、やがて文庫本化された。文庫本では注釈が省略されたから、この訂正を本から知りうる人は少ないだろう。ただしインターネットには六本指に関する情報が過剰なまでにあふれている。

3　殺された秀吉の「弟」「妹」

そこで再度フロイス『日本史』（松田・川崎訳、第一部第一二章二五五頁、"HISTORIA DE JAPAM" Segunde parte, C, 44, IV-p.328）の記事をみる。

関白が都に出発する数日前（一五八七年二月〈天正十五年正月初旬〉）、全員がきれいな服装をした貴族二、三〇人を従えて、ある若者が伊勢王国からやってきた。若者は関白の兄弟だといった。その若者の知りあいのほとんどがそれ（弟だというの）は事実だと証明した。秀吉（の出）は王家の血ではなく、むしろ汚くて最低な血 vil e baixia estirpe であった。一族親戚たちは農業や漁業（釣りの技術）や他に似たような産業（生業）をやっていた。あと（そのほかの親戚）は、彼（関白）が大きな力とプライド（名誉）に囲まれているのをみ、（関白が）大きな尊厳をもっているから、自分の貧しさと、苦しさの低い地位から抜け出て、関白から新しい生活と名誉を与えてもらえるよう、（伊勢からやってきた若者が期待したのと同じように）招待されるものがいた（松田訳によれば、杉原家次や三好秀次を指す）。

関白は誇りと尊大とさらに軽蔑の態度で、あの男（伊勢の若者）が自分の息子かどうか、認めるのかを母に聞いた。母はその男を息子として認めることがとても恥ずかしかったし、神様 Deos をあまり恐れなかったし、神様の正義を知らなかったので（本当のことを告白しなければならなかったのに）、まるで人間であることを否定するかのように、「そのような者を生んだ覚えはない」といった。その母の話がまだ終わらないうちに、秀吉は、ただちに若者、そしていっしょに来た人々を捕縛し、秀吉の前に連れてこさせて、首を切った。首は都に行く道沿いに棒で串刺しにされた。（関白は）彼の自分自身の肉体の血筋の者すら（己れに不都合とあれば）許すことはなかった。

その三ヶ月か、四ヶ月あとに、関白は尾張王国に他に（自分の）姉妹がいて、貧しい農民（耕作者）であるらしいことを耳にした。そこで彼女に興味はなかったが、同じ血をもっているものたちの低さ（己れの血統が賤しいこと、baixeza de sua progenia）を打ち消そうとし、裏切り偽る気持ちを隠しつつ、彼女に名誉を与える、よい知らせと幸せがあるから（それ相応の待遇をする）というメッセージをだして、京都へくるように命じた。彼女もできる限りの準備をして、他に何人かをつれて都にきたが、到着するや否や、冷酷で残酷にも首を切られた。

天正十五年ならば秀吉は五十歳を過ぎているから、若者なら弟妹の話になる。フロイスにしたがえば、秀吉には弟秀長や姉（日秀、秀次母）や妹（旭姫）以外にも、弟妹がいた。大政所（なか）の「結婚」歴も三度以上あった。「結婚」とはみなしがたいものも含まれよう。問題の子（伊勢）は彼女自身も隠すような存在だったが、母の過去と秀吉の出自を消すための犠牲になった。自分の肉親であったのに、男（弟）を殺害したとすると、現代の目からは異常である。空白期の大政所に秘密があったように読める。フロイスを多く引用し、記述する桑田忠親もこの記事には言及しなかった。キリシタンの弾圧に転じた秀吉の冷酷な性格を強調するための、フロイスによるフィクションとみなしたものか、黙殺した。しかし事実であろう。

この事件にはのちの徳川吉宗御落胤・天一坊事件との共通性がある。吉宗は、将軍はおろか和歌山藩主になるはずもない男だった。自由に過ごしていた若き日に、隠し子がいた可能性は否定できない。しかし子の突然の出現は為政者には不都合だった。

秀吉の母は男運が悪かった。母子ともに極貧のなか、知られてはまずいような生活も経験した。秀吉の出自・生い立ち、そしてその母には秘密があった。

三　秀吉の縁者と連雀商人

1　秀吉は父のない子

『豊鑑』は秀吉の父母の名を知る人はいないとした（本書564頁）。秀吉の父は木下弥右衛門だと思いこんでいるわれわれの感覚は、同時代人とはまったく異なるものだ。渡邊世祐『豊太閤の私的生活』（一九三九）によれば、古くから秀吉私生児説があった。『尾州志略』『平豊小説』がそれで、前者の『尾州志略』（『尾陽志略』か）は地方の伝説を根拠とし、後者の『平豊小説』は父の菩提寺を建立しなかったこと、贈官の追福もしなかったことが根拠である。渡邊はたんなる想像として退けた。しかし寺がないというのは説得的ではないか。

秀吉は母や妻の縁戚者を多く部将にとりあげた。たとえば小出秀政は母方義叔父である。同郷、尾張中村出身で、秀吉の叔母（大政所妹）を妻とした（『寛政重修諸家譜』の秀政の項に「室は秀吉姑をば」、吉政・秀家母の項も同じ）。おなじく中村の出である加藤清正は、その母が秀吉母と従姉妹だった。天野貞景の『塩尻』に高台院母朝日局（木下家利女子）は大谷刑部吉隆母（東）の伯母であると記述がある（『尾張徇行記』朝日村）。大谷吉継も杉原（木下）一統に含まれるかもしれない。母の親戚（加藤・小出）や妻の親戚（杉原・木下・浅野・大谷）は積極的に取り立てた（秀政の母は「とら」といい、彼女に宛てた秀吉書簡は『太閤書信』一二四、二九六頁）。しかし父の縁戚筋が登場しない。

福島正則は宣教師の報告に、「秀吉の甥福島」として登場する。すなわち一六〇四年イエズス会年報（『一六・七世紀イエズス会日本報告集』第一期四巻）に、「太閤様の甥にて二ヶ国の守護・福島の望みによりて」とあり、フロイス『日本史』Ⅰ（"HISTORIA DE JAPAM" C, 37, V-p.287 一五九一年、天正十九＝文禄元。松田・川崎訳では1—二四章、七五頁）では「秀吉の甥 hum sobrinho de Quambacudono は Yyo の国・半領の主君」であった。

また、同 C, 80, V-p.608・一五九三年（文禄二）に「老人サンガ（三箇）殿 Sangandono の息子、マンシオ（Mancio、頼連）は先ず Hio の国にて、関白の甥の一人と一緒にいた。（甥は）残酷な男で大した理由がなくても高麗でマンシオを殺したかった」と記されている（松田・川崎記訳では2—四五章）。

Yyo と Hio は伊予国の別表記で、ポルトガル語ではH音は発音しない。天正十五年（一五八七）福島正則は伊予半分十一万三千石の領主であり、関ヶ原合戦後には安芸・備後五十万石を領したから、一六〇四年（慶長九）にはたしかに二ヶ国の領主であり、記述はきわめて正確である（以上は服部「フロイス『日本史』Ⅴ部八〇章：松田毅一・川崎桃太翻訳の検証」、http://hdl.handle.net/2324/18350）。

しかし甥、つまり秀吉姉弟妹の子とすると該当者がいないから、従姉妹・従兄弟の子であろう。

福島正則＊画像（正則家臣上月文右衛門筆、妙心寺海福院蔵）の妙心寺嶺南和尚賛に「太閤相公ノ閥閲ニシテ弱冠ヨリ武ヲ以テ」「豊臣閥閲　尾陽生縁」とある。『寛政重修諸家譜』では正則母は秀吉伯母木下氏（ほか）とある。

＊　福尾猛市郎・藤本篤『福島正則』五頁に、「『寛政重修諸家譜』に『木下弥右衛門妹の子』とある」と書いている。しかし『寛政重修諸家譜』（同書六頁にも引用）には、弥右衛門妹の子なる記述はなく、母は「秀吉の伯母木下氏」（父正信の項）とのみある。また福尾氏の七頁には弥右衛門姉（ただし年齢があわないとしている）、五頁には妹とあって、記述に一定性がない。木下氏とは誰か。大政所なかの氏姓は不明、というよりは苗字・姓ともなかっただろうけれど、某氏ではなく木下氏と呼ばれた可能性がある。ね（北政所）の系統も木下氏であった。伯母であって叔母ではないから、母の姉となるけれど、正則は秀吉より二十五歳も下であって、不自然である。正則とほぼ同年の加藤清正は大政所・従姉妹の子である。

母の係累は数人を数え得る。妻の係累も重用された。しかし父方では思い浮かぶ人物はいない。父の菩提寺はなかった。それは父がいなかったからだと推測した。秀吉縁者が秀吉を頼ってきたことはフロイスがくわしく記述している（本書574頁）。父方の伯叔父や従兄弟たちがいたのなら、仕官を希望しないわけはない。不思議だが、父がいなかったから、その係累もいなかったと考えれば当然のこととなる。

再度、渡邊世祐が引用した文献をみよう。

『尾州志略』——蜂須賀郷蓮華寺有僧密通于子女、即有身、於此嫁于中村郷筑阿弥者、天文五年春生男子於中村、秀吉是也

『平豊小説』——秀吉は其の母野合の子なり、そのいとけなかりしとき、つれ子にして木下弥右衛門に嫁したるに、弥右衛門早く世を去りければ、其の頃織田家の茶坊主にして、筑阿弥といひしもの、浪人して近村にあるをもつて、すなはち之れを入夫したり。この故に弥右衛門は秀吉の継父にして、筑阿弥は仮父なり。

渡邊は史料が後世のものであることを強調し、「何処まで信用すべきか疑わしい」「想像力のみに據ったもの」としたけれど、フロイスの記述の基調にはよく合致する。大政所は木下弥右衛門ないしは筑阿弥と接触する以前にすでにお腹に子がいて、その父親が誰かはわからなかった(『尾州志略』では蓮華寺僧)。

秀吉にとって木下弥右衛門も義父であるらしい。『祖父物語』は父を尾州ハサマ村(甚目寺町廻間)生まれの竹《チク》アミ(筑阿弥)とし、秀吉幼名をコチク(小竹)とする。この点は『太閤記』も同じ

で童名日吉としながらも、信長はしばらく小筑と呼んだとある（『太閤素性記』では秀吉幼名は日吉丸、竹アミは義父で、小竹は秀長）。折り合いの悪かった義父が竹アミであって、少なくとも秀吉には父親と意識し、尊敬できる人物はいなかった。弥右衛門は秀吉にはほとんど無関係な人物だった。後世になってつくられた人物なのかもしれない。秀吉に父はいない。竹アミに苗字がなかったように、彼にも苗字がなかった。

木下という苗字は寧と結婚してからの名前だという見解は、渡邉『豊太閤の私的生活』にもみえている。しかし連雀商人であった寧の一族（杉原）が当初から木下姓を称していたわけではない。「豊臣」姓は源平藤橘の賜姓にならい、新しい姓として天皇からもらった。「羽柴」姓は上司の丹羽・柴田から一文字ずつもらった。秀吉はいつも上のものから苗字をもらっている。上田秋成『膽大小心録』（岩波文庫、日本古典文学大系『上田秋成集』三三〇頁）に、「主なりし松下をうらやみて、公のかたつかたをそぎて（旁《つくり》をのぞいて）木下とは申たりけり」とある。木下姓は、主人の「松下」加兵衛の「松」から旁（公）を除いた「木」、それに「下」を付けた（岡田章雄編『人物・日本の歴史』昭和四十年、渡邊世祐・前掲書もほぼ同様の見解）。秀吉は松下加兵衛への恩義を強く感じており、自分の成功とほぼ同時に知行を与えている。発想はいつも同じだった。*

寧が養女に入った浅野の家は、織田家中の弓組侍だったから、はじめから姓があった。長浜時代にも浅野を名乗っている（『太閤素性記』〈改訂史籍集覧、三一二頁〉は「津島ノ住」とする。ふつうには浅野は現一宮市浅野とされ、宅跡が史跡公園化されている)。

＊秀吉の名前がどういう経緯で付けられたのかはわからない。秀の字は織田家ではよく使われている(織田信秀をはじめ秀孝、秀敏、秀俊、秀成、『織田信長家臣人名辞典』)。六角義秀の観音寺城に出仕し、片諱を賜って「秀吉」と名乗ったという記事が『江源武鑑』巻十七、十八にみえている。これもにわかには信じがたい。

2 秀吉の縁者・その1 れんじゃく商い、清須の七郎左衛門(杉原家次)

『祖父物語』『清須翁物語』に、ね(寧)の出た家(杉原)は連雀商人であったとある。

其比清須に七郎左衛門とて、れんぢやく商していけるものあり、是は藤吉郎がために、おは聟也(略)後に杉原伯耆と申しけるハ七郎左衛門か事なり

とある。引用を省略した箇所には最初、秀吉が七郎左衛門をあるじの如くに丁重に扱ったこと、七千石取りになったとき、七百石を与え、将来どのような大名になっても十分の一を与えると約束し、おとな(乙名、老)にしたことが書かれている(長浜城時代は本書665頁、家老)。

「れんじゃく」とは、商品を連尺で背負って売り歩くこと。また、そのあきない、つまり行商をい

う。キレンジャク・ヒレンジャクという鳥がいる。柳田国男『綜合日本民俗語彙』に（背負った時）「端二本の長く垂れたところが、連雀という鳥に似ているところからか」とある。

石井進『中世のかたち』は、連雀商人は差別された存在だと強調している。そのイメージは、ひとつは「狂言　連尺」にある。狂言に連尺（連雀）という演目がある。新市開設の光景を髣髴《ほうふつ》とさせる。

連尺商い「罷り出でたるものはこのあたりに住居いたす連尺売りでござる。天下治まり、めでたき御代でござれば、国々に市多くある中にも、ここ御富貴に付き、新市を御立てなされ、いずれのものにはよるまい、早々まいり一の店《たな》に付たるものを、末代までも抱えさせらる（ひとつかさ・一の司をくださりょう）との御事でござる*」

「何月何日に市場を開設する。最初に市に到着して、店を出したものには末代まで被官たることを認めよう」（被官は別本では一司、石井氏によれば「営業税免除、市の管理」）。その高札を見て、夜更けにまず女商人が現れる。彼女が一眠りしている間に連雀商いが現れる。彼女の荷物を押しのけて一番の席に座る。

＊　石井著書が依拠したせりふの多くは和泉流（『日本庶民文化史料集成』和泉流古本六種）である。大蔵流ではかなりが省略されている。大蔵流は『大蔵虎光本狂言集』、なお『狂言全集』国民文庫・所収

の「狂言記外編」は和泉流とあるが、省略が多く大蔵流に近い。

連雀商人は登場すると、「自分こそが新市で一番乗りをする。権利を得たら行商はやめ、店売りの商人になって、綾・錦を売る呉服商になりたい」といった。女商人の商う品は餅（和泉流に「カチン」、餅の女房ことば）、酒（大蔵流）であった。対する連雀商人は絹布であったが、女商人から、「絹布とは一間の幅（一・八メートル）に裁った布のこと、背負うた中身は小間物か昆布の切れはし」と罵られた。

豊田武氏がいうように、中世史料に見える「商人」は行商人、「町人」は店舗をもつ商人を指す。石井氏はこの見解に依拠しつつ、行商をするレンジャク商人は低い身分だと規定した。

石井進『中世のかたち』で重視された史料は、ほかにも「連釈の大事」がある。そこに書かれた行商人たちは、題名からして連雀商人に近い存在であろう。そこには紺掻《こんかき》、弓矢をはじめ、いたか、ごぜ、けいせい（傾城）、笠縫《かさぬい》、白拍子までいて、差別される人々が多かった。ほか『貞観政要格式目』にみえる連釈衆には草履作、癩者、伯楽、渡守、山守、傾城、結筆（筆結）、墨子（墨師）などがいて、賤視されていたとする。

ただし石井氏に先行する専論研究に、伊東弥之助「連雀町、連雀座、連雀商人」（『三田学会雑誌』三九―六、昭和二十一年）があって、むろん石井氏も引用しているのだが、ここではイメージが異なって、彼ら連雀は特権商人だった。城下の中心部に連雀町があった。「連釈の大事」も『貞観政要格式目』も興味ある書物だが、それまで歴史家が慎重な取り扱いが必要だとしてきた史料でもあった。確実な同時代史料からのイメージをまず重視すべきであろう。古文書に登場する側の特権商人・連雀商いの姿を確認しておこう。

3　古文書にみえる連雀商人

◎武田領の場合

「判物証文写」

定

如旧規、連雀役・木綿之役、御代官、被仰付候之条、対自他国之商人、無非分様、以寛宥、役銭可請執之旨、被仰出者也、仍如件

元亀四年癸酉

八月廿七日（朱印）

友野宗善

定

連雀役之御代官、相勤候之間、今宿之内、屋敷壱間之地子、被下置候者なり、仍如件
元亀四年癸酉
九月十二日（朱印）
伴野宗善

武田勝頼が伴野宗善に連雀役等の代官職を、同じ日に某に魚座役の代官職を命じている（『大日本史料』天正元年八月二十七日条）。そして役目の期間中には今宿の屋敷一間の地子を与えている。連雀役代官職となった伴野は商人司の頭であって、武田領商人を統括する特権商人であった。

◎後北条氏・武蔵岩槻領の場合

武州文書（『埼玉県史』資料編6、八七三）

「本書直写」
於岩付領、れんしゃくし（ママ）公事・棟別、免許之由候、道也（太田氏資）證文明鏡之上、猶不可有相違旨、
被仰出者也、仍如件
丙子　「寅ノ印判」
五月廿二日
「自岩付殿御中」

勝田大炊助とのへ

勝田文書（『埼玉県史』資料編6、二九四、伊東論文にも引用）

於岩付領、れんしやくし（ママ）之公事・棟別、免許之由候、證文明鏡之上、猶不可有相違者也、仍如件

永禄三＊　　氏資＊（花押）

勝田佐渡守との

前者は天正四年（一五七六）丙子五月、北条氏政が、勝田大炊助に対して、武蔵岩槻城太田氏房領内に於ける連雀公事等を免除した。後者はそれ以前、一六年前の永禄三年（一五六〇）にも同様に勝田佐渡守に対して免除があった。岩槻領では本来城主に対し連雀公事・棟別を納入する義務があったが、勝田佐渡守・勝田大炊助が免除された。勝田の名乗り（佐渡守・大炊助）は武士的だが、連雀商人を統括する立場にあったのだろう。

＊　永禄三年には氏資はまだ岩槻城主ではない。日付も欠くし、永禄三年が正しいのかどうかは吟味の必要がある。

◎後北条氏・川越領

れんちゃく町、新宿に立申候上は、諸役ゆるし置候、若火事出来候共、其まゝ居申候て、けし可申候、但法度書江戸次第たるべき者也、仍如件

天正十九年卯七月十六日　　酒井重忠（花押）

かわこへれんちゃく衆中

川越の連雀衆を保護する内容で、新宿に連雀町を立てたとある。新宿に誘致したのである。火事の際、消火責任を義務とするが、他の諸役負担を免除するという内容である（伊東論文所引）。

◎後北条氏・松山領

『新編武蔵風土記稿』比企郡・『埼玉県史』資料編6―一二七三・上田憲定（カ）印判状写

一　当知行分に有之候れんちやく衆、棟別赦免之事、永代差置候、為其印形出置者也、仍如件

甲申十二月十三日　　岡部越中守　申次

岩崎対馬守殿

池谷肥前守殿

甲申は天正十二年（一五八四）年である。『新編武蔵風土記』にみえるもので、宝暦の頃の町場の争論に提出され、岩崎子孫が勝訴したが、文書の現物は上に差し出したとある。この文書に続き、岩崎対馬守が池谷肥前守および大畠備後守の両名に出した乙酉（天正十三年）十一月十四日書状（同上、『埼玉県史』一三一三）があって、「本郷宿の地形《じぎょう》が結ばれて、新市場を割添えたこと、三人の者に相触れて祝着である」とある。また「土貢は毎年五百疋（疋は十文、よって五貫文）を出せ」とある。新市開設にあたって、まず平坦地を造成したのであろう。積極的誘致である。造成経費は毎年五貫文と少しずつ回収した。つづいて丙戌（天正十四年）二月晦日・本郷新市場宛の制札が出されるが（同上、『埼玉県史』一三三二、上田憲定制札写）、その条項のなかに「一於当市商売之物、諸色共に役有之間敷事」とある。新市場非課税策、つまり楽市政策である。新市開設にあたっては連雀町における連雀頭のような、自治的組織での強力な統制者を必要とし、誘致し優遇した。

このように文献をみるかぎり、連雀衆は集団をなし、その統領である連雀頭は大名権力の保護を得つつ、新市場の一角を占有するなど有利な活動を進めていた。大名に直結した新興商人団である。

連雀町の地名は東日本の城下町に多く残る。ほとんどが大手前など城下の中心地域にあった（岡崎・浜松、掛川、前橋、高崎など多数）。江戸の神田連雀町（のち三鷹に移転）は江戸城の城門に近かった。伊東氏はこの現象は市が置かれた場所に近接して特権商人が住んだからだとしている。

三斎市、六斎市の市日（一日市なら一日、二日市なら二日）に、市を求めて毎日毎日移動して歩く行商人の商品は、軽い物が主体である。境内地や路上の露天で商売をした。米や酒のような重い物はあまり行商には向かない。市場在家と呼ばれる市場の中にある常設店舗で商売した。米、酒は店舗で売る。米や酒は生産地である農村では売れず、都市でしか売れない。狂言連雀での女商人は餅、酒を扱う。「商人」とあるが町人タイプで、おそらく別のところにも店をもっていた。対する連雀商人は、店をもたない。

新興商人だから出自には身分が低いものが多かった。店をもちえず、店をもつ商人（町人）からは低くみられていた。狂言連雀はそのイメージを強調したものだ。だが新興商人は新興の大名と結びついて急成長した。大名も商人も、いずれも多くは卑しい出自だった。

次に示す七条文書は連雀商人が拠点をもちながらも、各地に行商していた姿を伝える。戦国大名と皮革商人との結びつきを示す史料として、部落史研究上、著名な史料である。

（印文「義元」）

薫皮・毛皮・滑革以下れんしゃく商人、他国江皮（ママ）を致商売と云々、其所来町人等、皮を持否事問尋、荷物ニ隠置者糺之、押置可注進申、但寄綷於左右、荷物違乱不可申、或号権門被官不勤其役之類、堅可申付、有先例故皮留之趣如件

天文十三甲辰

四月廿七日

大井掃部丞殿

（『静岡県史資料編』八、中世三、七条文書・一六七九号）

皮留とある。天文十三年（一五四四）今川氏が大井掃部丞に対し、連雀商人が他国にて薫皮《いぶしがわ》ほか毛皮・なめし革を販売することを禁じた。

大永六年（一五二六）六月十二日今川氏親朱印状は、かハた彦八に対し、川原新屋敷を安堵して、皮の役を申し付けている（『静岡県史資料編』八―同九二〇号）。享禄元年（一五二八）十月二十八日寿桂尼朱印状は同じく彦八に同内容を保証するとともに、急用の皮については国中を走り廻って調達せよ、と命じている（同一〇二五）。その宛先はいずれも大井新右衛門尉であった。大井掃部丞は新右衛門尉の後継者であろう。大井掃部丞はかわた頭（彦八か、その継承者）への命令権（支配権）をもっていた人物で、同時に連雀商人に対する強い支配権をもっていた。連雀もカワタ頭も大井の支配下にあった。

以上をふまえて清須の連雀商人、秀吉伯父であった七郎左衛門（杉原家次）の地位を考える。尾張には元亀・天正に「尾濃両国の唐人方并呉服方商人司」といわれる伊藤宗十郎がいた。織田政権に直結する商人司（連雀頭）である。秀吉幼年期はこの時代より前だが、この元亀朱印状には「改而申付訖」とあって、それ以前から伊藤氏の権益は織田氏によって保証されていた（『金鱗九十九之

塵』所収・元亀三年十二月十二日織田信長朱印状、桜井英治「商人司の支配構造と商人役」『日本中世の経済構造』所収)。

伊藤氏のような特権的な商人司がいるなかで、「七郎左衛門とて清須にレンジャクアキナヒして居ける者あり」(『祖父物語』)とされた連雀商人七郎左衛門(杉原家次、長浜城時代は弥七郎、竹生島文書、本書664頁)はどのような立場だったのだろうか。これを検討するにあたって、もう一人の秀吉の伯父をみておきたい。

4　秀吉の縁者・その2　焙烙売りのおじ

同じく『清須翁物語』『祖父物語』にホウロク(焙烙＝土鍋)売りであった秀吉伯父、又右衛門が登場する。

藤吉郎始て馬に乗る時、甚目寺《じもくじ》の東北町に又右衛門と申、ほふろくうりあり。藤吉郎かために伯父なり。馬借給へと云けれハ、我かやう成る奉公人を親類に持はむつかしきもの也、節々よせぬか能そ、とて終に馬をかさゝりける也。(中略)

後埴原加賀守(清須城代)太閤へ申様、甚目寺に御つめのはし(爪の端)の者有、ほうろく商仕あさましき体にて罷在、ふひん(不便)にさふらふあいた(候間)、御目見へ仕らせ度と申せは、しやつ(奴)はそのむかし、馬をかさゝりし者なり、馬をたに、かし《（貸）》たらは、今は国をも、とらすへきものを、なむち《（汝）》か百姓ならは米五表《（俵）》とらせよ、おち《（伯父）》にてもあれ、ほうろくうりと、*もちをあきなふとも、御かまひなき、とて直に通せたまひしか。

＊『清須翁物語』『新川町史』は「と餅を」、『祖父物語』は「とも土を」、と異なる。ほうろく売りなのだから後者か。

焙烙売りの伯父は秀吉から馬を貸して欲しいと依頼されたが、「このような奉公人を親戚にもつと、むずかしい、節々（しょっちゅう、『日葡辞書』にXexxet）、よせつけないのがよい」と悪口をいってついに馬を貸さなかったとある。

そののち、清須城代の埴原加賀守が「甚目寺に爪の端ほどのものがいて、焙烙商いをしている。みすぼらしくあわれだから、お目見えさせましょうか」と秀吉に尋ねた。それに対し、「あの伯父はむかし馬を貸さなかった。馬さえ貸していれば今頃は国も与えたものを」といって、伯父であろうと焙烙売りであろうとかまわない、といって会おうとしなかった。ウツボ作りが上手で、強大なウツボを作った松葉村の「イザリ」竹祐には米十石をあたえたが、このおじには五俵を与えた（三斗俵なら一石五斗）。

姉婿のほうの弥介は秀吉に馬を貸した。秀吉が綱差弥介の所に行き、栗毛の雑役馬を借りた。鞍はあったが鐙《あぶみ》がない。くさったような鉄鐙《かなあぶみ》（鐙は木製がふつう）の片側があったので、反対側には細引きをつけて代用とし、供がいなかったので、弥介が「らんぼう取り*でもしながら付いていくか」と藤吉郎に従ったとある。

＊『祖父物語』では「乱濫とし（知）りながら」、『清須翁物語』では「らんぼう取りしながら、吾か付てゆかん」。ここでは後者に従う。「らんぼう取り」は、「どろぼう」の意。「濫妨取」 他人のものを奪うこと、『羅葡日辞書』（一五九五）ranbo dori（ランバウドリ）。

したがって秀吉は縁者ならすべて登用したわけではなく、苦境にあったときの自分を支援したものだけを登用したことがわかる。織田家臣であった綱差弥介は義弟秀吉に従った。陪臣化は、主君の許可なくは行い得ないだろう。綱差役を棄てて秀吉家臣になったというよりも、弥介はこのときには綱差を失職していたのだろう。綱差時代には乙之子から清須までの往反や鷹場の見回りに馬が必要だったけれど、雑役馬一匹しかもっておらず、それを秀吉に渡したら、らんぼう取りするしかなかった（『続鳩翁道話』〈一八六三〉に、「すべて越前にて、農家に畜〈かひ〉置く馬は雑役〈ザフヤク〉というて、みな牝馬じゃ」）。

武士には馬が必要である。敵陣に馬で駆け入ることによって、歩兵（雑兵）を蹴散らすことができる。馬がなければ、騎馬武者に蹴散らされる陣笠足軽にしかなれず、戦死する確率も増える。馬さえあれば戦いに勝てることが多かった。*秀吉は戦闘に不可欠な馬を借りる必要があった。弥介の馬は鐙が片側しかなかった。乗用馬ではなく、鞍に振り分けた物を運搬する駄馬であろう。

＊　暦応二年（一三三九）合戦に馬を失い、馬・鞍・具足を至急送れと手紙を書き続けた武士がいたが、あえなく戦死している（高幡不動・不動明王胎内文書）。北条時頼の「鉢の木」、山内一豊妻のエピソード、騎馬民族と万里の長城からも馬の軍事的重要性がわかる（服部『歴史を読み解く』六頁）。

秀吉伯父又右衛門はホウロク（土鍋）売りだったが、土鍋売りは『七十一番職人歌合』に登場する。石井進『中世のかたち』は「弾左衛門由緒書」にみえるとしている。この焙烙売りは馬を貸せなかった。焙烙を仕入れたり、売りに行くのに、少しも馬を手放せなかった。秀吉に従った弥介とはそこがちがった。彼らにくらべると、連雀商人七郎左衛門（杉原家次）は数段格上だった。長浜入城時、最初から厚遇された。自分の十分の一禄を与え、おとな（老名、家老）にした。七郎左衛門はそれまでにかなりの支援をしたはずで、それへの報賞だった。弥介以上にはるかに資産があった。おそらく複数の馬をもっていた。連雀商人ではあったが、伊藤の配下にあって、それなりの地位があったのではないか。極端に差別された存在ではなかったはずである。

連尺町、連雀町が各地の町名に残る。新興でなりあがりかもしれないが、もはや差別の対象ではなかった。連雀商人の頭は城下の大手に店を構え、連雀商人を取り仕切った。頭の手代もそこに店を構えた。七郎左衛門はその一画にいただろう。市で貧しい品物を売り、賤視されるような存在ではなかったと考える。

5　周辺の人物像

信長も秀吉も能力主義だった。秀吉は身分を問われず登用された。清須城代だった埴原加賀守も『祖父物語』では「甲州ノ巡礼ナリ」、『太閤記』では信州出身、巡礼だったとある。

本章の冒頭に盛田嘉徳氏の見解を紹介した。秀吉旗下で賤民階層の出自だった可能性をもつ人物とは誰を指していたのだろうか。縁者である福島正則は「大工（番匠）の子」（福島記〈『知新集』巻二〉）とも「桶屋の子」ともあった。桶屋は俗説というが、ほぼ同義である。その父は竹を得て箍《たが》を締め、ときに棺桶も作った。『盈筐録《えいきょうろく》』一六二巻に「父は与衛門とて卑賤の者なり」とある。加藤清正は「あのう石つきの子」とする『古老物語』の記述もある。穴太《あのう》は石工だが、「散所」とされており（本書410頁）、「出雲」「駿河」「伊豆」のように国名で呼ばれていた。賤視されていたことはほぼ確実であるが、これは清正の技量からする、後からできた話かもしれない。

阿部弘蔵『日本奴隷史』（大正十五年、第八章）は『續武家閑談』に、関ヶ原役の前、眞田信幸の弟幸村を罵りたる言に、已れは穢多の大谷めに随へと怒りたることが見える、としている。大谷吉継を指していようが、彼はライだったとされるから、そこからの混同かもしれない。しかしそのようにみられがちな人物が秀吉周辺に多かった。

永原慶二「中世社会の展開と被差別身分論」（『部落史の研究』前近代編）に皮革に従事する棟梁は、

「掃部」（掃部丞）を称することが多いとある。先に大井掃部をみた。掃部といえば堀秀政の父（秀重、伯父とも）も、祖父も掃部大夫であった（『織田信長家臣人名辞典』）。堀久太郎（秀政）が皮多の軍事支援を受けたことは脇田修『河原巻物の世界』（一七五頁）に指摘がある。皮多の軍事支援を受けたこと自体はどの大名にも共通する。

蜂須賀小六が野臥《のぶせり》総帥だったことは『太閤記』のような俗書にしか記述がない。渡邊世祐『蜂須賀小六正勝』（一九二九）のように野盗説を完全否定する論者もいるが、大名権力に対し、何の根拠もなく捏造するだろうか。渡邊説が俗説を否定した最大の根拠は、天正十七年（一五八九）頃には矢作川は「渡し」で、慶長五、六年（一六〇〇～〇一）頃になってはじめて架橋されたという点にある。しかし建武二年（一三三五）に橋はあった（『太平記』）。もともと橋は架橋と流失をくりかえす。天正十七年に橋がなかったからといって、その四〇年前の天文二十年（一五五一）当時にも矢作川橋が存在しなかったとは断定もできないし、橋の上でなくとも接点をもつことはできた。『太閤記』では「夜討強盗を営みとせし、その中に能兵共多く候」、そのなかで「番頭にもよろしき者」を、小六も含めて一〇名ほどを列記している。特異な武装集団の頭領蜂須賀小六と、そして彼と主従契約を結びえた秀吉との連合なくして、美濃攻撃は不可能だった。

戦国大名と被差別民の結びつきは、原田伴彦『日本封建都市研究』（一九五七）以来、前掲の豊田武や永原慶二らの論考、また柴辻俊六「甲斐の皮多文書について」（『甲斐路』一九、一九七一）、石井著書など多数の研究がある。文書をみるかぎり特権職人のようにさえみえるが、鐙・馬具・沓など皮革の供給にとどまらず、特殊部隊ともいうべき武力そのものでもあった。朝鮮の役や高天神城、諏訪原城で用いられた攻城用具「亀の甲」は、戦車に牛の生肉付きの皮を被せて防弾、防火とした（「黒田家譜」ほか、『古事類苑』兵事部）。信長・秀吉軍団においても、当然に彼らの役割は重視された。彼らの力なくして戦争には勝てなかった。兵士とカワタ、貴と賤、どこに境目があるのかはわからないほどである。権力構造には貴賤が表裏の関係にあって、技量・才覚をもつ人物に「脱賤」は困難ではなかった。武力と金力、それが身分の流動を促した。

第十一章　秀頼の父

秀吉は賤の世界を知った男だった。底辺から貴の頂点に到った日本史上唯一の人物である。秀吉の人となりや行動を考える。彼の周囲には生涯、陰陽師をはじめとする賤とかかわり深い集団がいて、さまざまに影響を与えた。本書は秀頼非実子説を提案する。陰陽師らは日本の歴史に大きく関与したが、そのことは抹殺された。

一　疑い

豊臣秀頼の父は誰なのか。むろん豊臣秀吉――なのであろうか。

最初に確認しておきたいが、秀頼の父親が秀吉である確率は、医学的にいえば限りなくゼロである。I医師（I市中央病院産婦人科部長）にたずねることができた。秀吉の場合、男性に欠陥があった、そう考えてほぼまちがいない、とのこと。まわりの人にその話をすると驚く。しかし意外に思わない人もかなりの数いて、そうでしょうね、とうなずく。

秀吉は何人の女性と性交渉をもったのだろう。正式に妻妾となった女性のほかにも女性はいて、数知れない。

『伊達家世臣家譜』（茂庭氏の項、仙台叢書、九〇頁）は「（そのとき）愛妾（側室）が十六人いた」とする。この数字は生涯を通じての側室の数ではない。その時点の数だから入れ替わりもあった（病気による辞退がある）。権力者の常として、交渉のあった女性は一六よりも、はるかに多かった。

秀吉が後継者たる甥秀次に与えた天正十九年十二月廿日朱印状（本願寺文書、藤田恒春『豊臣秀次の研究』二〇〇三、二一一頁）に「女狂ひに好き候事、秀吉真似《まね》こはあるまじき事」とあって、秀吉本人も周囲も認める女好きだった。フロイス『日本史』もこの発言を引用していた。

フロイスによれば、秀吉は自身でも多数の女たちを囲っていると語っている。二百人以上mais de 200の女性が大坂城にいた。別の箇所では政庁に貴族の娘を三百人trezentas mulheresを留めていて、訪ねていく種々の城にも同じように女性を置いていたとする（松田毅一・川崎桃太訳・中央公論社、二―一九九頁、Luis Frois "HISTORIA DE JAPAM" Biblioteca Nacional-Lisboa, 1984, C, 69, V-p.530、同上二―三一五頁、C, 80, V-p.604、一六章、一―三一八頁）。

けれども、これらの数字は侍女を含めた数であろう。フロイスは前段記事に続けて、秀吉の獣欲のため、京や堺から結婚前の娘と未亡人が毎日のように大坂城に連れてこられては戻され、秀吉の気に入った美しい女だけが城内に留められたと書いている。これも侍女の入れ替えを指すもので、誤解と推定する。彼女たちの生活費は秀吉が負担していて、大坂城でも聚楽城でも伏見城でも、城内の女性は全員がいつでも秀吉の寵愛の対象となる可能性はあったけれど、みながそうなるはずはない。

ている（二―一六頁、Segunde parte, C, 36, V-p.26）。フロイスが引用する一五八八年三月三日オルガンティーノ書簡では、もっと極端な描写がなされている（二―一六頁、Segunde parte, C, 36, V-p.26）。

「ぜいたくな都の宮殿は、専制君主のための売春宿 postribulo（松田毅一・川崎桃太訳本では遊郭）に過ぎず、売春宿の主人（恋の取り持ち役）alcoviteiro である Amandeetoccun（松田・川崎訳本は Chamado toccun の誤写とする）、すなわち徳運（施薬院全宗）という、七〇歳に近い、比叡山で一番偉い坊主が、美しい女を次々につれてくるよう命令していた」

鶴松誕生以前の話であるが、一夫一婦しかありえないキリスト教世界にとっては、多妻制度である側室制度は、とりわけて否定すべき嫌悪対象だった。唾棄すべきヨーロッパ売春宿（松田訳では「遊郭」）と同じものとみなされた。

正確な数はともかくとして、秀吉が常人に比すれば、はるかに多くの女性と愛し合うことができたことはまちがいない。けれど、こうした環境にもかかわらず、秀吉は一人の子も授からなかった。女に囲まれて五十二歳までを過ごし、それでも子のできなかった男が、五十三歳になって、一人の女性、茶々（淀殿、浅井《あざい》氏、浅井長政女子）との間だけに、子宝に恵まれた。そんなことがほんとうにあるのだろうか。鶴松が死去すると、たちどころに身代わりのように拾（秀頼）が誕生している。秀吉はすでに五十七歳だ。このふたりの組み合わせのみに、それほど都合よく子どもができるものなのか。秘密があるとみるべきだろう。

側室は経産婦

茶々以外の女性は妊娠できなかった。秀吉側室には既婚者（結婚経験者）・未亡人もいた。そのうち経産婦、元夫との間に子がいたと推測できる女性は多かった。例えば秀吉のもっともお気に入りで、終始傍らにいた京極龍子（松の丸殿）は、前夫武田元明との間に子がいた。龍子が若狭国神宮寺の境内外・百姓家を産屋として出産した記事が、「若州観迹録」（『大日本史料』十一編一、六一一頁）にみえている。出産経験のある女性であった。『陰徳記』によれば大坂城内にいた宇喜多秀家母（ふく）は、秀吉の寵愛を受けたらしい。むろん出産経験がある（この女性〈ふく〉と秀吉についての諸説は光成準治『関ヶ原前夜』ＮＨＫブックス、一九一頁）。

ふくを含め、秀吉は滅びた大名、自身が攻めた大名の遺族に思いを寄せる傾向があった（若狭武田氏龍子、浅井氏淀殿、忍城主成田氏長女子甲斐など。あとにみる柴田勝家子息妻だったと推測される三の丸殿織田氏もその一人か。本書618頁）。征服欲の達成と同情・罪悪感の混在である。敗北側の敵意・戦意を削ぐこともできた。そうした側室には経産婦がかなりの割合を占めていた。

秀吉から離れれば子が授かる

側室のなかには病弱などの理由で暇をもらう女性もいる。秀吉から離れて別の男性と結婚すると、すぐに子ができたケースもある。醍醐の花見にも参加した加賀殿、すなわち前田摩阿（利家女子）は病弱で、秀吉が病に倒れた後、許しを得て公家（万里小路充房）に嫁入りして、まもなく子（前田利忠）を産んだ（『加賀藩歴譜』、桑田忠親『豊臣秀吉研究』六三七頁）。
秀吉の愛妾のひとり高田次郎左衛門女子（種）は、秀吉から茂庭綱元（伊達政宗家臣）に与えられ、彼女は綱元の子、亘理宗根を産んだという。*

＊　前掲『伊達家世臣家譜』、桑田『豊臣秀吉研究』六四一頁、一説では伊達政宗の子を産む。綱元に与えられた理由は朝鮮陣参陣の褒美とある。しかし他の所伝もある。

フロイス『日本史』は、「関白の愛を受けていた妾（manceba、めかけ、内妻、情婦、"HISTORIA DE JAPAM" Biblioteca Nacional-Lisboa, C, 80, V-p.606）が病気になって自分の家に戻って療養した。秀吉より黄金一枚を得、自由行動を許されたものと考えた。病気が治って、ある僧侶に嫁ぎ、一子をもうけた。挨拶に赴いたとき、秀吉が激怒した。夫、子ども、乳母、母親とともに竹鋸刑、火刑によって殺された」と記している（松田訳、二の四五章・三二六頁）。

この事件は、他の記録、つまり『時慶記《ときよし》』（『時慶卿記』）文禄二年（一五九三）十一月四日条にも記されており、女性は「大閤ニ被召置候女房」で、「御暇不申出候、男持候」、つまり秀吉に無断で結婚したと明記されている。その女性の「子ト乳（乳母）ハ煮殺候」、その女性本人と夫（「親二人」）は竹鋸刑に処せられたとあり、フロイス記事にまったく合致する（後述）。

宣教師の報告「一六〇一、二年の日本事情」には、太閤が存命中、宮殿にいた女性が、太閤が亡くなったので都で結婚し、出産をし、直ちに受洗したが、まもなく亡くなったとする（『一六・一七世紀イエズス会日本報告集』一六〇頁)。この女性が秀吉の愛人だったかどうかは不明であるが、秀吉の没後に城外に出たのなら側室かもしれない。

秀吉との間では子ができなかったが、別の男性との間ならば、子を産めた女性が少なくとも三人は確認できる。百人以上いたかもしれない女たちのほとんどは、相手の男性が秀吉でさえなければ、子を産めたのである。女性側の妊娠能力に問題はない。男性に欠陥があった。この欠陥(無精子症)の回復、経年ないし服薬による治癒は医学的には考えられない、とのことである。

この問題に関して、これまでの歴史学は、何も疑問を抱かなかったのだろうか。

秀頼は秀吉の子として生まれた。それが歴史的事実である。それ以上のことは学問が考えることではない。おそらくはそれが答だった。ほんとうは誰の子なのかというような問題設定は、三流週刊誌が話題にするテーマと同じだから、学問はかかわらなくともよい。わかることはないし、わかったとしても秀頼が秀吉の子であったという歴史が変わることはない――

なるほど。そのとおりかもしれない。著者としても、こうしたテーマでの冒険は避けたいという気持ちはある。しかし仕組まれた虚構があったのなら、それはあきらかにすべきであろう。秀頼の誕生時、誰も秀吉の実子とは信じてはいなかった。それがいつのまにか実子となった。もし当時の人間が実子ではないと知ったうえで行動していたのなら、それをふまえて人々の行動を考えるべきではないのか。当時の人間の感覚で考えるのか、それとも受け入れてしまった結果のみを継承する現代人の感覚で考えるのか。不自然さは徹底排除したい。ありえない確率にすがる意味はない。

自分には実子が生まれることはない。それを一番よく知っていたのは当の秀吉である。五十歳をすぎても、いつの日にか、必ず子どもが生まれると信じていた——そんなことがあるはずはない。秀吉は自らの肉体的欠陥を承知し、実子が授からないことを前提に行動した。秀吉は好色だったけれど、それだけの男ではない。無から頂点にまで昇りつめた秀吉の知恵は、常識では計り知れない。

誰も信じなかった秀吉の子

秀吉の子の問題について、学問の場こそは無関心だったが、世間は納得しなかった。古くは秀吉が生きていた時代、鶴松が生まれたときから、新しくはいまに至るまで、子の父が誰なのか、が論議されてきた。俗には秀頼の父は大野修理《しゅり》（治長《はるなが》）とする見方が多数派のようである。『明良洪範』（『武士道全書』一九一二、国会図書館「近代デジタルライブラリー」79/301）という書物に次のようにある。

豊臣秀頼は秀吉公の実子にあらずと竊かにいへる者もありしとぞ、其頃占卜に妙を得たる法師有て、かく云ひ初しと也。淀殿大野修理と密通し、捨君と秀頼君を生せ給ふと也、秀吉公死後は淀殿弥荒婬になられし事、大野も邪智婬乱且容貌美なれば也、名古屋山三郎が美男成に淀殿思を懸け、不義の事有ける也、大坂の亡びしは偏に淀殿不正より起りし也

『明良洪範』は真田増誉という人物の著作で、正徳（一七一一〜一六）頃までの幕臣らの事績記録で

ある。近世初頭の伝聞記事を集成したものである。「秀吉の子ではない、と占い師がいいはじめた。大野修理（治長）が捨君（棄君・鶴松）と秀頼の父親である」という意味であろう。

大野修理との密通風評は秀吉没後から

淀殿と大野修理の密通の話は根も葉もない話ではなかった。同時代人の証言がある（『萩藩閥閲録』内藤小源太文書・慶長四年〈一五九八〉十月朔日周竹〈内藤隆春〉書状、三・一六九頁）。

おひろい様之御局をハ大蔵卿と申之、其子ニ大野修理と申、御前能人《ごぜんのひと》候、おひろい様之御袋様と密通之事共候か、可相果之催共にて候處、彼修理を宇喜多被拘置候、被相果候共申候、高野江逃候共申候由候

関ヶ原合戦一年前の状況である。むろん淀殿も秀頼も健在である。豊臣政権を支える筆頭格の毛利家内部に、淀殿が修理と「密通」しているという風評があった。「大野修理治長は宇喜多家に送られ、そして殺される」（「相果《た》」）という噂や高野山に逃げたという風評もあった。内藤周竹（隆春）が語った話は、鶴松や拾（秀頼）生誕時ではなく、そのはるかあと、秀吉死後の話だから、鶴松誕生にそのまま当てはめることはできない。*

* 大野修理との恋愛説は、上田秋成『胆大小心録』（岩波文庫、『上田秋成全集』十巻）など学者にも継

承されていった。

卜筮《ぼくぜい》法師の子説

天野信景（一六六一〜一七三三）の『塩尻』巻二六（日本随筆大成第三期一四、五四頁）は、上記『明良洪範』に似ているが、結論がまったく異なる。

豊臣秀頼は秀吉の実子にあらず、大野修理の子かと疑ひけるとなり。されど其実は、当時卜筮の為に寵せられし法師あり。淀殿これに密通して棄君と秀頼を生ぜしとなん。大野は秀吉死後に淀殿に姪しける。淀殿は容貌美にして、邪智姪乱なりし、名古屋山三が美男なりしにも思ひかけて不義のことありける。凡そ大坂滅亡の起りひとつに淀殿にあり。

大野治長との恋愛は秀吉死後のこととする見解は、さきの内藤周竹（隆春）書状に整合する。さすがに天野信景は尾張藩の碩学である。彼は秀頼の父親は大野ではなく、占卜法師だとした。読者にはあまりなじみのない説であろう。結論を先に示すが、筆者（服部）はこの無名法師が父だという江戸時代の学説に親近感をもった。さまざまな状況がそれなりに合うと思われるからだ。以下では高い可能性のある説として、この考えを復権させる。

さてこの分野での近刊書が、福田千鶴『淀殿』（ミネルヴァ評伝選、二〇〇七）である。本稿では引用する史料や研究文献を、多くこの著書により知り得た。ここで福田氏は、秀頼は秀吉の子（実子）にまちがいないと断言している。秀吉は残忍なまでに嫉妬深く、淀殿（茶々）は「貞淑」で、「密通」などできるはずがないから、とのことである。この見解は桑田忠親『太閤豊臣秀吉』（講談社文庫、一八二頁）には、より鮮明に主張されている。

「貞淑」という根拠は不明で、少なくとも同時代人・内藤隆春が伝えた事実とは正反対である。淀殿は秀吉の死後も落飾しなかった。北政所（寧、ね〈ねェ〉、ふつう「おね」というが、「お」は敬称）や京極龍子（松の丸）は、秀吉の死後、直ちにではないとしても、数年後には出家して尼になり、秀吉の菩提を弔った（北政所は高台院に、龍子は誓願寺に入り寿芳院）。淀殿（茶々）は秀吉とは一〇年ほどの生活で、年は三十歳も離れていた。鶴松誕生時、茶々は二十歳、秀頼誕生時は二十四歳、秀吉死亡時に二十九歳だった。出家はせず、大坂城を出なかった。母の市御料人も夫長政を失っても出家せずに再婚したから、同じ道を歩んだわけである。そこで浮いた噂が残された。淀殿はやはり奔放で、常識にはとらわれぬ、恋多き女性ではないか。

けれども、たしかに二度も不義を働いて秀吉の子をなすことは考えにくい。その点は同感である。ただ視点を変えれば、福田氏とは異なる結論が可能である。

秀吉自身がかかわり、秀吉が命令して、生物学的には秀吉の子ではない子を、茶々に産ませた。それならば不義でも密通でもない。断罪もされない。

側室を置くのは、むろん女性を気に入ったからであるが、巨大な城の一角、二の丸なり西の丸なりの御殿に住まわせ、老女も女中も多数が必要になる。それだけの経費をかけうるのは跡継ぎを残すという目的（名分）があるからだ。すでに何十人の女がいて、子ができないとわかっていた。そのうえで、なおかつ新たに茶々を側室に迎える。茶々は織田信長の姪である。信長は、主《あるじ》であり、かつ尊敬する師である。母市御料人への想いもおそらく事実だろう。秀吉は当初から彼女に子を産んでもらうつもりだったのではないか。茶々からすれば、種がないとわかっている秀吉の側室になるにあたり、子（「秀吉」の子）を産むことを条件とし、かつ自身の使命としたのではないか。方法はあった。いまも不妊治療として行われている「非配偶者間受精」である。

ルイス・フロイスの指摘

鶴松も秀頼も豊臣秀吉の子ではないという説は、同時代（リアルタイム）からある。まずは宣教師ルイス・フロイスが書き留めた記事をみる。

「かれには唯一の息子がいるだけであったが、多くの者は、もとより彼には子種がなく（esteril、不毛、不妊、実がならない）、子どもを作る体質を欠いているから、その息子は彼の子どもではない、と密かに信じていた」（『日本史』二―一九五頁、Segunde parte, C, 3, V-p.26）。

「関白には信長の妹の娘、すなわち姪にあたる側室の一人との間に男子（鶴松）が産まれたということである。日本の多くの者がこの出来事を笑うべきこととし、関白にせよ、その兄弟、はたまた政庁にいるその二人の甥にせよ、かつて男女（nunca filho mem filha）の子宝に恵まれたことがなかったので、（こんど誕生した）子どもが（関白の）子であると信じる者はいなかった。だが彼はこの出産について盛大な祝典を催し、母子ともに大坂城に住まわせることにし、その子の育成と世話を寵臣である浅野弾正（長政）に託した。（関白は）初めて子どもを見に行った時にはわざわざ一三万クルザード（クルザードは624頁参照）を土産にもたらした。それはこうした手本を示すことによって、諸侯がこの例に倣い、多額の贈物をするよう促すためであった」（『日本史』五―二五七頁、Segunde parte, C, 13, V-p.103）。

フロイスは、秀吉の兄弟（秀長）のみならず、二人の甥（秀次・秀勝か）にさえ子がなかったといっている。ほんとうだろうか。われわれの知識では、秀次には子が数人いて、のちにみな惨殺されたはずである。

そこで『系図纂要』をみてみた。秀長に男子がいなかったことは周知の通り。女子は二人いた。いずれも生年不明だが、フロイスの記述をいかせば、女子は天正十七年（一五八九）以降の生まれであろう。次に秀次の子は多いけれども、長子仙千代丸は文禄四年（一五九五）に六歳（数え）で殺されている。よって天正十七年には生まれていない。その姉は九歳だったから、天正十七年には生まれていた。秀勝は、妻お江与（小督、お江、のちの徳川秀忠夫人）との間に（九条）完子がいた。文禄元年の生まれだから、彼女は天正十七年には、生まれていない。

おおむねフロイスの指摘通りである。天正十七年段階で男子はひとりもいない（女子は秀次に一人いた）。後世の知識から判断してはいけないということだ。フロイスは宣教師で、同時にカソリック布教のための情報収集者でもあって、その使命はローマ法王庁への正確な情報提供であった。間諜者である。『イエズス会年報』も、集約である『日本史』も、その目的に沿って記述されている。収集し記述した情報（事実）は正確である。もしも不正確な情報をもたらしたならば、彼らの布教にマイナスになる。

豊臣家全体に子ができないことは、市中では相当な評判になっていた。おそらくは彼らの行為への報いとされていたであろう。

当時から、秀吉の「子」についてはうさんくさく思われていたし、世間はまちがいなく「秀吉の子ではない」と噂していた。秀吉の実子と信じるものはいなかった。けれども秀吉は率先して自分の子であることをアピールした。大金もばらまいて、口を封じた（この事件の詳細は後述する）。以上、誕生当時から「実子に非ず」とするうわさが流布していて、多くの人がそれを信じていたことを確認した。

〔補注〕秀吉をめぐる研究は、彼が著名人であるだけに多数あるけれど、そのぶん混乱も多く、基本的な事実さえも確定されていない。たとえば長浜時代、秀吉には実子がいたという説があって、漠然と信じている人が多い。巷間に流布する有害なる実子説については、本書で別に検討する（補論一「秀吉実子説がある朝覚、石松丸、および養子金吾〈小早川秀秋〉らについて」）。

受胎日に別の場所にいた夫婦

秀吉は多忙だったから、秀吉と茶々の二人が、ともに暮らしていた時期、つまり茶々が「秀吉の子」を妊娠する可能性のある時期、場所は限られる。茶々が秀頼を受胎したと推定される時期に、この二人は同じ場所にいたのだろうか。

妊娠すれば受胎日から標準二六六日で出産する。ほとんどの人が予定日プラスマイナス一五日の間で出産する（現在は最終月経から数えるから四〇週＝二八〇日。約一五日が引き算される。俗に十月十日《とつきとおか》というが、旧暦ではひと月は二九日と三〇日がある。満ではなく「数え」である。旧暦換算では九ヶ月間、つまり二九・五日の九倍が二六五・五日である。九ヶ月分＝一〇ヶ月目〈十月《とつき》〉がほぼ二六六日になる。一〇日は遅れた場合を含むものか）。それより遅くなれば胎児が育ちすぎる。当時のことだからきわめて危険で、母子ともに死亡した。鶴松、秀頼（拾）誕生の二六六日前、すなわち九ヶ月前を逆算しよう。

○鶴松誕生は天正十七年（一五八九）五月二十七日、受胎想定日は天正十六年八月二十七日頃

○拾誕生は文禄二年（一五九三）八月三日、受胎想定日は文禄元年十一月四日頃

前後一五日（秀頼の上限は十月二十日頃、文禄元年十月は大で三十日まで）が可能性のある範囲内である。鶴松受胎時には、秀吉は京都または大坂周辺にいたから、この点での問題はない。問題は秀頼（拾）誕生の時である。

秀頼実子説に立つか、否かで史実の認識そのものが変わる。実子説にたつならば、茶々は秀吉に

随行して肥前国名護屋城に滞在していたことになる。いわば茶々の名護屋滞在説が崩れれば、実子説は崩壊する。わたしは茶々が名護屋城にいなかったことを論証するが、鶴松の誕生と拾の誕生には異なる事情があったと考える。まずは鶴松の場合から考えていく。

二　豊臣鶴松の場合

民俗事例　子が授かる方法

子ができない夫婦に、どのようにして子ができるのか。民俗事例でいえば参籠がある。子どものいない夫婦がいた。子宝が授かるよう神仏に願掛けをして、通夜参籠（おこもり）をする。満願近く、毎日毎夜の読経三昧で宗教的陶酔が頂点に達すると、妻が法悦を体験し、やがて子が授かった。こういう話は日本各地にあったし、韓国・朝鮮にもあった。子は神、仏の申し子として、大切にされた。

宮本常一『忘れられた日本人』が紹介したのは「太子の一夜ぼぼ」、すなわち河内太子堂四月二十二日会式の夜での、男女の自由な交渉である（岩波文庫、二四三頁、「ぼぼ」は女性の陰部。性交をも指す）。この日に授かった子は、太子の申し子として大切に育てられた。父親がわからずとも、である。

楠正成の誕生について『太平記』は「その母若かりし時、志貴《信貴》の毘沙門に百日詣で、夢想を感じて設けたる子と候とて、幼な名を多聞とは申候」とする。創作だが、平賀源内『風流志道軒伝』（宝暦十三年〈一七六三〉）は、主人公の出生について「（深井）甚五左衛門四十に及（び）て男子なきことを深く憂、夫婦一所に浅草の観音へ、三七日の通夜籠をなん、して祈りけるに、満ずる夜の暁、南の方より金色の松茸、臍の中に飛（び）入ると見て懐胎し、男子出生」とする（『風来山人集』）。網野善彦『日本の歴史をよみなおす』（ちくま学芸文庫、二〇〇五、一五〇頁）は、参籠の場がしばしば男女交情の場になったと指摘している。史料として「石山寺縁起」に描かれた参籠中、暗闇の男女が引用される。

弘長元年（一二六一）十一月三日大和福智院文書（『鎌倉遺文』八七三二）に、「一　以社司氏人之身、対于社参之女人（中略）、密通慇懃、剰発妄執（後略）」とある。神に仕える身が密通したうえ、女人に妄執（恋情）を抱いてしまった。これは犯罪として扱われた例だが、通常の行為と犯罪との境界線上のことがしばしばあった。

参籠は三七《さんしち》、つまり二一日の場合もあるし、あるいは百日詣の場合もある。百日とは相当に長い。韓国（朝鮮）でも不妊女性は百日祈祷（ペギルキド）を行う。山中での生活が足腰を鍛え、健康になって子が授かるという説明なのだが、それだけではないような気がする。どうしても子に恵まれない夫婦にも、いよいよのときは子が授かる仕組み・可能性が民間につくられていた。それにはかならず宗教的陶酔をともなう。神仏と一体となることが必要である。それさえあれば、罪悪感などどなかった。方法はいくらでもあった。

秀吉の養子たちと織田の血筋

秀吉には養子はたくさんいた。羽柴秀勝（次《つぎ》、織田信長子）、同秀勝（小吉、三好吉房子）、五姫（前田利家女子、ごう、豪）、小姫（おひめ、織田信雄女子）、小早川秀秋（木下家定子）、豊臣秀次（三好吉房子）。桑田忠親（『太閤の手紙』二二六頁）は羽柴八郎秀家（宇喜多）も養子だとするが、秀家は豪の夫だから娘婿である。また、将来の盟友たる徳川家康の子秀康、秀忠を養子とし、手元に置いて育てた。しかし家康の子が豊臣家を継承したならば、豊臣家は徳川家のものになってしまうから、養子の意味合いがちがった。丹羽長吉も同様で、じっさいは人質である。智仁親王（天正七年生まれ）は秀吉猶子であったが、扶育はされていない。鎌倉幕府における親王将軍のように、宮家（天皇家）を豊臣家継承者とする構想があったのだろう（信長も兄五宮を猶子とした）。しかしこの方法は、武家政権を公家政権に戻す危険をはらんだ。実現はむずかしかった。

養子には夭折した人物が多い。小姫や豪姫への溺愛ぶりは桑田著書（二一八頁）や福田著書（九三頁）ほかに詳細である。豪については「男にて候はゞ、関白を持たせ申すべきに」（豪がもし男なら、関白にしたかった）、「太閤秘蔵の子」と書いている。

北政所御殿のなかはこうした子どもがいっぱいいて、いってみれば保育所・幼稚園に近い状態だった。秀吉夫妻は子煩悩だった。実子ではなくとも子を愛した。鶴松や秀頼への深い愛情は、遺伝子の継承を直接には示さない。われわれの身の周りにもよくみられる光景で、血のつながりのない子であればかわいがらないというのは俗説で、現実にはその反対が圧倒的に多い。二、三歳から育てた子は特にかわいがったようで、養子・小早川秀秋（秀俊）も溺愛された。秀吉の手紙には金吾（秀秋）が頻出する。秀秋（秀詮）が死没したときの北政所の悲嘆ぶりが『時慶記』に綴られている（慶長七年十月二十一日、二十四日、十一月八日、十二月九日条）。子たちも北政所を実の母のように慕った。秀吉が死んだとき、秀頼は満五歳であった。かわいいさかりだった。

秀吉養子のとりかたには特色がある。秀吉縁者からの養子は姉の子（三好常閑子）より小吉秀勝、秀次の二人、妻北政所の甥（木下家定子）に秀秋がいた。三好常閑・日秀*間の男子にはほかに秀保がいたが、彼は豊臣秀長の養子になった。三好家からは三人が豊臣家養子となる。縁者だから多いのは当然であろうが、三好家では一時期、三好家（常閑系豊臣家）を継ぐべき実子が誰もいない状態になった。秀吉は三好家を私物化したともいえる。

＊ ただし秀次が生まれたとき、日秀は三四歳で高齢だった（天文三年〈一五三四〉生まれとして）。秀次の前にも、早世した子が複数いたのであろう。

もうひとつの特色が織田家への憧憬ないし執着である。七人の養子のうち、織田家からは信長の子（於《お》次《つぎ》丸（秀勝・御次）と小姫（信雄子）の二人を迎えた。お次が養子となったのは天正七年（一五七九）頃、満十二歳の時とされる。天正八年にはお次の発給文書が出ている。天正十年本能寺の変の二年前である。

秀吉側室に「三丸殿」がいる。信長の五女である。フロイス『日本史』が引用する一五八八年三月オルガンチィーノの書簡（前掲）では、秀吉は織田信長の娘のうち二人、そのうち一人は柴田勝家の息子の嫁、一人は徳川家康の子どもの嫁を妾にしたと書いている。「三丸殿」が以前には柴田勝家子息妻だった可能性が考えられる。松田翻訳はこの女性について茶々の誤り（柴田勝家妻の女子）と判断しているが、そうとはいえない。信長は丹羽長秀長男の長重と自分の娘を婚約させているから（「丹羽歴代年譜」『寛政重修諸家譜』、『大日本史料』天正十年十一月十二日条、結婚は信長死後）、最枢要の柴田家にだけそうしなかったというのは逆に不自然である。また織田信包《のぶかね》（信長弟）女子「姫路殿」も秀吉側室であった（渡辺世祐前掲書）。ただし『系図纂要』には前者の記述しかない。信包女子が信長養女になっていたとすれば、同一人物の可能性もある。信包女子には秀吉甥・木下利房の妻になった人物もいる（木下足守家譜）。

オルガンチィーノ*がいっていた「徳川家康の子どもの嫁」の候補は、信長長女五徳（徳姫）である。五徳は家康長男松平（岡崎）信康妻だった。信康の死によって、松平家を出、以後は弟織田信雄のもとで生活していて、小牧長久手講和の際に実質人質として京に入ったとされている。人質となった彼女を秀吉が妻同等に待遇したことは考えられる。主の忘れ形見を保護するつもりだったものか。城之介殿（信忠）の妻も己のものにしたとあるが、三法師秀信母のことか。こちらの詳細はわからない。

＊　オルガンティーノは、秀吉がおもだった貴人の娘を養女として召し上げ、彼女らが十二歳に成長すると、おのれの情婦にしたと書いている。桑田忠親『太閤の手紙』一二一、一二二頁に、前田利家女子まあ（摩阿）は「はじめは養女（十五歳）であったが、それがいつしか妾（二十一歳）と変わった」とある。十二歳でオルガンティーノの主張のような運命になった女性がいたのかどうかは確認できない。オルガンティーノは、秀吉が織田信雄（御本所様）子・小姫も囲う目的だったとする。小姫は三歳の頃から北政所に養育されて、秀吉夫妻からかわいがられた。彼女は書簡の二年後、天正十八年（一五九〇）正月二十一日、徳川秀忠（秀吉養子）と婚約し、翌天正十九年にわずか七歳で死ぬ（『時慶記』同年七月九日条）。オルガンティーノは、小姫への偏愛ぶりをみて五年後を予測したが、彼女は夭折した。前年一五八七年に禁教令を出した秀吉を、彼が憎んでいたことはたしかである。

茶々の妹、つまり信長姪であるお江（小督、江与）も、秀吉甥で養子でもある羽柴秀勝（小吉）の夫人になっている（のち小吉の死後に徳川秀忠夫人となる）。秀吉には織田家血筋への並々ならぬ思いがあった。秀吉は織田信長の後継者となったけれど、その過程で信長三男織田信孝を殺した。織田の血が豊臣家に入れば、簒奪者のそしりは薄らぐ。秀吉はそれを強く望んでいた。

天正十六年（一五八八）茶々は二十歳、秀吉は五十一歳である。秀吉は自分に子種がないことは百も承知している。茶々は織田信長の姪であった。茶々は選ばれた女性となった。他の夫人ではなく、茶々にこそ子を産んでほしい。先の章で、秀吉に父親はいなかったことをみた。のちには秀吉は自身を日輪の子、日輪受胎と称している（天正十八年朝鮮使節への書簡ほか）。茶々（淀）が産む子は、神仏の申し子である。決意さえすれば、秀吉に抵抗感はさしてなかった。茶々が産む子は豊臣の子であり、織田の子である。

四十台の寧には出産は困難だったし、糟糠の妻にそこまで割り切ったことはできない。なぜか三の丸殿も除外された。女性もそこまでは望まない。茶々は別だった。子が授からない生活よりは、浅井・織田の血を子に伝えるみちを選択したかった。主張もしただろう。「非配偶者間受精」による不妊治療と割りきればよい。

受胎

茶々が早くから大坂城にいて、秀吉の庇護を受けていたとすると、筆者に想定できるのは以下のようなことだ。

私見では鶴松、秀頼の二人のうち、少なくとも鶴松は、秀吉が承知したうえで、秀吉以外の男性の子だねによってできた子だとみる。不義密通ではない。むしろ秀吉自身が指示・命令した結果の子である。そう想定する。通常の夫婦の営みではないけれど、当時の風習の変形とみれば、さして奇抜なことではなかった。

通夜参籠と同じ装置が設定された。聚楽城または大坂城の城内持仏堂が参籠堂となったか。宗教者が関与したと想定する。宗教的陶酔をつくり出すプロは僧侶ないし陰陽師だった。先に卜筮を得意とする無名法師が登場したが、ならば陰陽師が近い（後述）。

人格をもたないこと、それが必須条件だった。人格があれば、豊臣家の将来に禍根を残す。親権者の登場は避けねばならない。『源氏物語』では暗闇のなかで光源氏は末摘花と契ったとされている。小説とはいえ、光源氏は相手の女性の顔を知らなかったらしい。同じようなことだった。茶々が承知さえしていれば、第三者である男と茶々が、互いにまったく顔を知ることなく性交渉することは可能であった。おそらく現代の非配偶者間受精の考え方と同じだっただろう。

子宝が授かる祈祷が行われたと想定（想像）する。徹底管理はされた。だが完全な秘密管理下でも不自然さは否めない。秀吉に子が生まれるとき、誕生前から多くの人が疑った。鶴松の誕生前と拾の誕生後には、不可解な事件が起きて、犠牲者が多数出ている。これら事件が茶々の妊娠に関係があると記した史料があるわけではない。関係はないのかもしれない。けれども風聞・うわさに対する秀吉の管理・対抗措置には尋常ならざるものがあった。

鶴松誕生前の落書事件

鶴松の誕生は天正十七年（一五八九）五月二十七日である。その前には聚楽城南鉄門での落書事件があった。同じ時期に本願寺とのかかわりのある事件もあって、双方併せ、極刑に処せられたものが百人以上出た（天正十七年二月廿五日～、『多聞院日記』『鹿苑日録』『言経日記』、福田前掲書・八六頁）。落書の内容は「殿下の儀を述べた」というだけで、詳しい内容はわからない。

『鹿苑日録』天正十七年三月条

二日　於関白御屋敷南之鉄門落書、殊述殿下之儀、以其罪、一昨日削鼻、昨日切耳、今日倒《さかさ》磔《はりつけ》ニ懸之、七人罪人、大政所殿彼仰請、六人者車、其以後磔云々。七人之外、一人者、於大坂四五日以前当座ニ切頸云々、前業所感可不歎息乎、若有罪、若無罪、杻械枷鎖、自仏在世、業因難遁耶

「六人は車」とある。車とは何か。のち秀次妻子処刑では三四人が七台の車に乗せられた（関白手掛衆「車」注文、藤田恒春『豊臣秀次の研究』二六七頁）。車とは市中引き回しのことで、そのあと磔《はりつけ》になる。「大政所殿彼仰請」とあるが、フロイス『日本史』五―二六一頁に「暴君の母（大政所）はその宗派に属していたし、また他の多くのものが（秀吉に勧告し、怒りを受けた）僧侶のために、執り成すところがあったので、その僧侶への怒りは鎮めたが、結果として外部から来たばかりの無罪の七三人が大仏殿のまえで、磔刑になり、彼らの住居も焼かれた」としている。『鹿苑日録』に言葉を補って解釈するならば、七人のうち一人は本願寺門徒であった大政所の懇願によって救命されたが、六人は処刑になった。それ以前に一人が大坂で殺されている。

『多聞院日記』天正十七年二月廿八日条

一　去廿五日夜歟、番所ノ白壁ニ上関白ヨリ下各々、近事恣ニ楽書沙汰之、番衆可知トテ大名

衆十人、籠者了、女「此間不見」生取了、沈思々々

（中略）

『同』三月十八日条

一　去月廿五日夜、聚楽ノ楽書付、番衆十七人、或ハ鼻ヲソキ五百五十七了又ハ耳ヲ切、悉以ハタ物ニ被上了、究竟ノ衆中ニモイツクシキ若衆アリト云々

一　大坂ノ天満本願寺ヲ憑ミ、関白殿ノ勘当人被入置事以外御腹立、種々及申事、地下ヲ探ニテ六十三人召取也、東寺面ニハタ物ニ被上了、男女并女童子クシニ出タレハ運次第也、サテ々々不便事也、一向無罪仁共也、アサマシ〳〵

同じ時に二つの事件が起きた。聚楽城での事件と大坂での事件である。後者、本願寺を頼んだ勘当人（牢人）事件では「地下を探によって六十三人を召取」とある。探《さぐり》とあるので密偵を放ったようだ。六十三人を召し捕り、はたもの（磔）にした。それもクシ（籤）によって磔となる人物が選ばれた。運次第とある。犠牲者には女童子が含まれていた。疑われたもののなかから一定の確率で刑死者を選んでいった。

前者では番衆がハタモノになった。これは先の二月二十九日以来の処刑者である（『鹿苑日録』）。まず鼻をそがれ、翌日に耳を切られた。三月二日に公開処刑された。逆さ磔《はりつけ》であった。残虐であればあるほど、市中のうわさとなる。絶対者への批判を許さぬことを周知徹底させた。恐怖政治と、

密告社会があった。思ったことを口にすることにも躊躇があっただろう。うかつなことをいったりすれば、どんな厳罰が待ち受けているかわからない。そういう風潮がつくられていた。日本人が読むことのできないポルトガル語という魔法の文字を使う宣教師たちは、比較的自由に記録が残せた。

子の誕生と金配り

秀吉はその一方で、貴族や僧侶への金配りを行った。先にみた（本書611頁）フロイスの記述には、鶴松誕生（天正十七年〈一五八九〉五月二十七日）時に秀吉が一三万クルザード*（一両小判三千枚弱）を持参したとあった。

＊　ポルトガルの基本通貨は、レアル real で、最初は銀貨のちに銅貨だった。クルザードは、金貨ないし銀貨。ロドリーゲスは「一クルザード、ポルトガルの金貨はシナの一両（タエル・タイス）に等しい」ともいい、フロイスは「銀では四四タイス、ないし四四クルザードにあたる黄金一枚」（フロイス『日本史』五—三二六頁、"HISTORIA DE JAPAM" C, 80, V-p.606、後述）と書いた。クルザードの価値がわかる史料をあげておく。

『十六・十七世紀イエズス会日本報告集』第I期第二巻

一五六八年十月二十日付日本アルメイダ修道士よりカルネイロ司教あての書簡に「当地に教会を建てることについて協議し、既に建設用の蓄えが四五〇〇クルザードあるため、ほぼすべての人がそれをよいことと考えた」とある。

『一五八〇年度日本年報』

（一五八〇年十月二十日）有馬が劣勢になって切迫した際、司祭が救援した記事。「司祭は多量の食料を購入させ、毎日喜捨を求めて修道院に来る貧者に施すほか、焼け落ちた諸城の人々をも救うことを命じ、食料と、可能な限りで金銭を与えた。またこの目的のために、定航船を利用して十分に蓄えておいた鉛と硝石・食料をかれらに提供したが、以上のことに約六〇〇クルザードを費やした」。

これを秀吉の一三万クルザードと比較しよう。一三万クルザードは教会を三〇近くも新築できる費用であり、船に積んだ鉛と硝石、さらに貧者に施す食料費の二〇〇回分であった。

日本人の記録にも鶴松誕生祝賀のことが多くみえている。誕生直前（七日前）には、新公家に対して金配りが行われた。これは誕生後ではないので、生まれる子が男か女かはわからない段階のものである。「新公家」とあるので、配った名目は公家の昇進祝と思われるが、秀吉にしてみれば当然予祝の意味合いがあった。

『お湯殿の上の日記』（八—一二三七頁）

天正十七年五月二十日条

けふ、くわんはくへ、しんくけ《新公家》とも御ふるまい有て、かね《金》ともをみな〳〵にいたさる〻とて、六の宮の御かたも、しゆらくへなしまいらせらる〻、きくてい《菊亭》・くわんしゆ寺《勧修寺》・中山・日野・えもんのかみ《衛門督》・上れいせい《冷泉》・西洞院七人御出有、六のみや《六宮》の御かたへ、きかね《黄金》二百まい、白かね《白銀》千まい、まいらせらる〻、きくていよりえもんのかみまては、しろかね十まい、西洞院

れいせいへは、五まい出され候

『多聞院日記』天正十七年五月二十四日条

一　去廿日聚楽従関白殿諸大名衆へ金銀被遣了、金千枚・銀千枚上ニテ、次第々々悉被遣、筒井四郎へ銀三百枚給了、惣シテ金銀ノ数事々敷儀也、中々不及交重事也云々（重事は重大な事件。大事）

五月二十日にふるまいがあった。六の宮は智仁親王で、秀吉の猶子だった。「きかね（黄金）二百まい、白かね（白銀）千まい」と莫大な金が配られた。秀吉は、小田原攻めの兵糧買い付けに黄金一万枚を使っている。黄金一枚は純金（九〇％以上）で、四十四匁ほど、一枚で十両だった（永原慶二氏座談会発言『有鄰』四二〇）。「まもなく子が生まれますぞ。弟か妹でございますぞ」。

二十四日の『多聞院日記』のほうは対象が大名であった。金を配る名目が書いてない。「ことごとしきことだ」とある。これも名目を付けた予祝であろう。お祝いをもらえばお返しをする。贈与相手から返礼があって、かなりの部分は回収できる。返礼は誕生祝いを兼ねるものになる。

二十七日に若君が生まれた。多くの人々が誕生を祝った。まず翌日に天皇が太刀を下賜し（『お湯殿の上の日記』五月二十八日条）、准后・女御が産衣を送った（同三十日条）。お七夜で、誕生祝いをする。そのときまでに名を付けて披露する。六月一日記事では、七夜（三日）前には「踏み合い」

（けがれのある日）もあって控えるとあるが、四日、七夜祝が過ぎると、男たち（貴族）が礼（お祝い）に淀まで行った（同日条）。七日には大覚寺殿（空性法親王、誠仁親王子）が淀に行った（同日条）。

六月六日、淀に於いて「法中《（僧侶）》衆殿下へ御礼、若君誕生之賀儀也」「殿下五十余歳、而始有当璧之命、洛中洛外伺候候而以賀」（『日用集』前田本、六月六日条）という騒ぎである。「五十を過ぎて璧（玉）の命が授かった」と単純に祝っている。徳川家康も京に向かった。「関白様よと《（淀）》の御女房御祝言候、若君様也」（『家忠日記』天正十七年六月三日条）、「殿様へ関白様銀二千枚、金二百枚被進候」（同七日条）。六月七日に祝辞を述べ、多量の金銀をもらった。本願寺も続く。

『言経卿記』天正十七年六月十三日条

一　興門ヨリ可来之由使有之、則罷向了、殿下御誕生ノ御礼ニ、今晩ヨリ上洛也云々

『同』六月十五日条

一　殿下若公御誕生御礼ニ、淀へ門跡《（本願寺光佐）》・同新門《（光寿）》・興門等御出也云々、仕合共好云々、門跡ヨリ銀子五十枚、同若公へ五十枚、金御太刀御父子也云々、新門跡ヨリ御父子へ銀子三十枚・金御太刀、興門ヨリ同父子銀子十枚ツヽ、金御太刀也云々、

松浦式部卿法印は太刀一腰と銀子五枚を送った（松浦文書）。

『当代記』にも、大名小名、京・堺をはじめとして町人が挙って進物を捧げたとある。大名たちは

すでに数日前に予祝で多額を受け取っている。さらにより多くを包んでいった。

こうした流れがつくられて、誰の子か、不義ではないのか、というような詮索よりも、五十を過ぎた秀吉に男子が授かった奇跡が、喜びとして固定された。なお上記の『日用集』によると、茶々の弟、蒼玉寅首座（浅井大膳介政重）つまり鶴松叔父も白銀千両なる大金と、生絹数十端を送って祝賀した。

このように鶴松誕生時には書き上げきれないほどの祝賀記事が残されている。しかし、拾（秀頼）誕生時にはこうした祝賀が、まったくといってよいほど記録されてない。誕生時に秀吉が在坂していなかったことが大きな原因であろう。それにしても雰囲気がちがいすぎている。鶴松誕生時には大がかりな仕掛けがあって、あきらかに祝賀ムードが作為された。秀頼の時はそれがなかった。

母を否定された茶々（淀殿）・対する鶴松母の寧（北政所）

生母・淀殿（浅井《あざい》氏）は、鶴松の母（育児権をもつ母）として認められなかった。このように書けば唐突であろうか。周知のように淀殿は小田原参陣を命じられている。鶴松は天正十七年（一五八九）五月二十七日の生まれ、小田原出陣命令は十八年五月。鶴松はまだ満一歳にもならぬ幼児だった。現代人の感覚ならば、とても母から離すわけにはいかない赤ん坊である。それにもかかわらず遠く関東までの出陣を命じられた。そもそも危険な戦場に女が赴く例はない。遠距離のうえ、長期にも亘る。高貴な身分の女性は養育をしないというけれど、子とまったく離されてしまうことはないだろう。母茶々は不満であった。茶々はのち、次の秀頼の時には母乳で育てている。育児から遠ざけられることを強く拒否する女性であった。参陣命令には抵抗したにちがいないが、従わざるをえない。彼女は秀吉後室組織において「御袋様」ではあったけれど、母、厳密にいえば「唯一の母」とはみなされていなかった。母なる人は別にいた。

母は北政所（寧）である。先に秀吉の養子を列挙した（本書616頁）。子たちには実の父母がいたが、養子になれば新しい父母（養父母）ができる。つねに子の父は秀吉で、母は北政所であった。鶴松が生まれてもこの構造が変わることはなく、鶴松は他の養子と同じように扱われた。

秀吉書状に「両人の御か丶さま」（寺村文書、『太閤書信』七六）とある。母親は二人いた。茶々は「おふくろ様」（『太閤の手紙』二八三頁）、「かかさま・おかかさま」（『同』二六七・二八四頁）でもあったけれど、二人の「かか様」のうち、つねに優位にあったのは「政かかさま」（北政所、『同』二八四頁）であった。

茶々の小田原行きは北政所を通じて命令された（本書673頁、五さ宛書状）。後室の長は北政所で、後室組織では北政所と茶々は上位下位の関係にあった*。

秀頼誕生を考える前に、淀殿（茶々、浅井氏）の置かれた立場を再度吟味したい。第一子、鶴松傅《ふ》（守り役）は浅野長政であった。フロイスは「その子（鶴松）の育成と世話を、寵臣である浅野弾正（長吉＝長政）に託した」と記している（本書611頁）。傅役《もりやく》浅野長政は寧の育った浅野家の出であり、寧（高台院）と長政の二人はともに浅野長勝の養子だった。つまり寧と長政は同じ家で育った（義）

姉弟の関係である。生母である茶々は、母とはいえ、鶴松育児の主導権を奪われていた。育児の実権も寧（北政所）にあった（なお傅を石川光重とする説もある。桑田著書一九二頁。石川は美濃出身である。傅は複数いたのかも知れない）。

秀頼（拾）の場合になると、傅役は片桐且元《かつもと》で、彼は茶々の父浅井長政の旧臣片桐直貞の子である。浅野長政とはちがって、茶々筋の老臣であり、彼女の意向に立ってくれる人物だった。

七月十一日の小田原開城後、秀吉は奥州に向かう。七月十五日淀殿（茶々）は小田原を出発する。北に向かった秀吉とは逆に、西に進んだ。一刻もはやく鶴松のいる京に戻りたかった。

茶々（淀殿）が鶴松と離されたことからいっても、鶴松母が茶々ではなく、寧・北政所であったことが明瞭である。この間、鶴松は聚楽城で北政所のもとで傅育されていた。

＊福田著書は、淀殿が、北政所と対等な、秀吉正室の地位にあったと主張する。しかし述べてきたようにその想定はむりで、秀吉在世中は後室の長は北政所が君臨していた。フロイスがRaynha（女王、クイーン）としたのは北政所だけで、淀殿がそのように呼ばれたことはない。淀殿が、大坂城にて実権を掌握するのは、秀吉の死後、北政所の出家後であろう。拾の命名も北政所から指示されている。淀殿妊娠の報告が北政所から伝達されたこと、小田原参陣が北政所から指令されたことなど、すべてに一貫している。

なお、淀城は鶴松妊娠を契機に築城されたというけれど（福田著書九〇～九一頁）、生まれてくる子が男か女かもわからない段階で、新城を築城することは考えにくい。淀城が産所に当てられたことは確かだし、「淀之御女房衆」（前掲吉川文書）と表現されてもいるが、茶々は三ヶ月ほどしか在城しなかった。「淀」の呼称が後世に与えた影響は強烈だが、まもなく壊されるように、またいま、その遺跡がほとんど残らないように、小規模な宿館風の城（小城）であった（淀城は二つあって徳川期の淀城は遺構が残っている）。

三　拾（豊臣秀頼）の誕生

次は秀頼誕生を考える。拾（秀頼）の時は茶々の独断に近かったか、ないしは秀吉の内諾を完全に得てはいなかった、と考える。再度、民俗事例を紹介する。

民俗事例　その2

A　流れ者というか、大分のほうからきた男が住み着いて、二年ぐらいいたことがある。ある夫婦に子どもが生まれた。成長してみれば誰が見てもその男そっくり。「かか大明神」、母親がだいじ、浮気はされても離縁はしない（福岡県伊良原にて）。

B　この村に兄弟の誰とも似ていない子がいた。村のなかにその子どもとものすごく似ている男性がいた（福岡県江川にて）。

C　大きくなればなるほど、よその家の男に似てくる。そっくり。花ぬすど（盗人）はよいが、種ぬすどはあかん。あとでわかるから（飛驒一重ヶ根にて）。非配偶者の子どもが生まれることはときどきあった。できた子どもは夫婦の子としてふつうに育てられた。

淀殿名護屋在陣説が成立しないこと

秀頼の場合は、受胎が想定される夜に、秀吉と茶々は一緒にいなかった。秀吉は文禄元年（一五九二）四月に名護屋城に到着、母大政所の死去にともない、いったん戻る。十月一日、大坂を再出発して肥前名護屋に向かった。『多聞院日記』に「十月一日　太閤ハ西国へ今朝出馬、夕部ハ兵庫御泊云々」とある。

十月三十日には博多に到着、十一月五日には名護屋で茶会をした（「宗湛日記」、「博多記」、「国書遺文」、『史料綜覧』）。秀頼の誕生は文禄二年八月三日なので、受胎日の標準想定日は十一月四日前後である。出産遅れを加味して半月前、十月二十日とみ、さらに精子・卵子の生存期間を考慮しても、どうしても十月一日より前ではむりだろう。もしほんとうに秀吉の子を妊娠したのなら、茶々は秀吉に同行していなければならない。

ところが茶々は肥前名護屋には同行しなかった。これが通説である。彼女は前後を通じて二の丸殿、大坂二の丸殿と呼ばれていた。よってこれまでの研究は大坂城二の丸にいたと考えてきている。ただ実子説に立つ福田千鶴氏や小和田哲男氏（ともに前掲書）は、名護屋に行ったとしている。

福田・小和田両氏の拠り所は以下であろう。まず「名護屋陣ヨリ書翰」（東大史料編纂所謄写本、同所ホームページで影印本の閲覧ができる）をみよう。佐竹家臣平塚滝俊の日記（紀行文）にみえる、平塚滝俊が名護屋にて目撃した秀吉到着時の光景である。なお平塚日記には二種類の写本がある。（1）が史料本で、佐賀県教育委員会『特別史跡名護屋城跡並びに陣跡』（一九八五年刊）にも引用される。（2）は桑田忠親『豊臣秀吉研究』が引用する別本である。「よとの御台所様（御前様）」以下の部分は双方を引用する。

殊更《文禄元年四月》廿五日ニ大岡《太閤》様、爰元へ御着を見物申候、上様ニハ御作りひけ《髭》を被成候、同御作りなてつけニ一そく《束》に御かみ被遊候、何もくろ〳〵《黒々》被成候、関東へ御はつかう《発向》の時分ハ、白く御ひけ《髭》を被成候由申候（略）御輿七丁、誠に見事成事、更に不及申候、

（1）よとの御台所様御同道御申被成候由申候、さうせう《相州》へ御はつかうの砌ニハ、此御台様御同心御申、おほしめすことくに候間、御吉れいを思召、此度も同道御申候由申候

（2）よとの御前様御同心のよし申候、是は御通しれ不申、相州御発向の時も此御台様同心御申、思召こと〳〵の間、御吉例のよしに候

茶々が秀吉に同行して名護屋に入ったといううわさがあった。名護屋入りしたとき、秀吉は撫で付け髪一束と付けひげで、得意のパフォーマンスを演じた。馬副衆五十人は猩々緋の羽織、引馬

（乗り換え用の馬）七十五疋も唐織・錦・金襴ほか金銀の馬鎧・流泉・馬面を着けた派手なものだった。

行列を見た滝俊は「淀の御台所・同道」のうわさを記している。「（此度も）同道御申候由（同心のよし）申候」と秀吉と淀殿が一緒であるといううわさを記しているが、（2）では「是は御通しれ不申」とあって、通行は確認できなかった。（1）（2）で文言に差があるが、意味は同じであり、構文も似る。（1）では、淀殿の通行が確認できないというセンテンスがそっくり脱落しており、筆写漏れであろう。

派手なパフォーマンスをしている以上、茶々がいたのなら必ず群衆の前に現れただろう。連れて行く意味は、そこにあった。だが現れなかった。最初にこの記事を紹介した岩沢愿彦「肥前名護屋城図屛風について」（『日本歴史』二六〇、一九七二）も、この「淀の御台所下向」記事は「誤伝」としており、中村質氏（『文禄・慶長の役城跡図集』一九八五）も「誤伝」と踏襲している。岩沢・中村両説が正しく、うわさは「誤伝」である。この種の誤伝・誤報は秀吉周辺にはかなり多かった（女子誕生、本書638頁）。「通行が確認できなかった」のだから、この記事によって淀殿の名護屋滞在を証明することはむりである。

最初から最後まで名護屋にて秀吉に同行した女性は京極龍子（松の丸殿）である。龍子は秀吉が一番相性の良かった側室である。『くんきのうち』文禄二年三月二十九日条によれば、この日秀吉は飾磨津から航海し、岡山に宿泊した。京極殿（松の丸・龍子）は別の船で備前片上にあがり、翌日に岡山に着いた。天正二十年八月、帰坂に際し秀吉（十四日出発）よりも二日前の八月十二日、京極龍子は名護屋を出る。八月二十六日、前日に到着していた秀吉のあとに大坂に帰り着いた。「京極様は八月十二日晩景、名護屋御たちなされ、廿六日に大坂へ御つき候なり。関東御陣・筑紫御陣、いかほどの御こころをつくされ、しかしながら（すべて）おしあわせよく」とある。名護屋に同陣し、辛労をともにしたという功績で、帰陣後、大坂城西の丸に新御殿を与えられ、移り住んだ（『くんきのうち』『太閤史料集』二二六頁）。淀殿が名護屋に行ったのなら、『くんきのうち』に記述があってしかるべきである。しかしそのような記事はない。

『豊前覚書』によれば、名護屋には「御たい所」と、北政所老女かう蔵主がいた。「御台所」が龍子であろう。北政所（ね）は大坂城留守居役であったから、現地名護屋にも代官（秘書）、つまり孝蔵主を置く必要があった。

名護屋城内山里丸に広沢寺という寺があり、広沢局という側室がいたと伝承される。目を患った女性だったというが、龍子も目の治療に有馬温泉に行っており、よく似ている。山里丸は本丸の風が強すぎるために、あらたに秀吉居所となった。そこに住む女性にふさわしいのは龍子だった。広沢の局と龍子は同一人物と思われる。*

＊　ふつう広沢局は名護屋経述女子広子とされているので、本書は異説となる。新日本文学大系『太閤記』は、淀殿と京極殿はともに小田原と名護屋に秀吉に同行、と注記するが（四七九頁）、根拠は不明。この本はおちゃあ（北政所侍女）を淀殿と解するなど（巻末人名索引）、疑問が多い。

平塚滝俊日記には、確実にいたはずの京極龍子がまったく登場しない。茶々と混同されたのではなかろうか。目的地は名護屋ではない。明である。秀吉は小田原の吉例を重視している。それにならえば、茶々を呼ぶときは、明の首都で皇帝を包囲したときであろう。中継地・名護屋に留まり、渡海できないことは、想定外で不本意なことだった。小田原陣にならえば最初から同行する必要はなかった。また吉例を重視したのなら、中途で戻ることは著しい不吉例になる。簡単に戻るわけにはいかない。茶々は名護屋にはきていない。後述のように秀吉は茶々の妊娠を、大坂からの使者（東）の報告と北政所の書状で知る。名護屋にきたとする論者たちは、いつ戻ったのか、なぜ吉例に反することが許されるのかについて説明できるのだろうか。

福田千鶴氏の淀殿肥前下向説は、『くんきのうち』記事、出陣式の「北政所」を茶々であるとする認識と、出陣パレードに参加することがイコール参陣（下向）であるとする解釈に起因している。二点とも誤りで、「北政所」は寧であり、出陣式（女騎）に参加した多数の女性が、ずっと肥前まで下向するはずもない。福田氏の誤りというよりは、先行する桑田忠親氏の誤りの踏襲である。この点の説明は別に補論とする（補論二「軍陣と側室――茶々の行動と名護屋」、本書672頁）。

大坂「二の丸殿」

茶々は懐妊がわかったとき（文禄二年五月廿二日）には、「二の丸殿」と呼ばれていた。

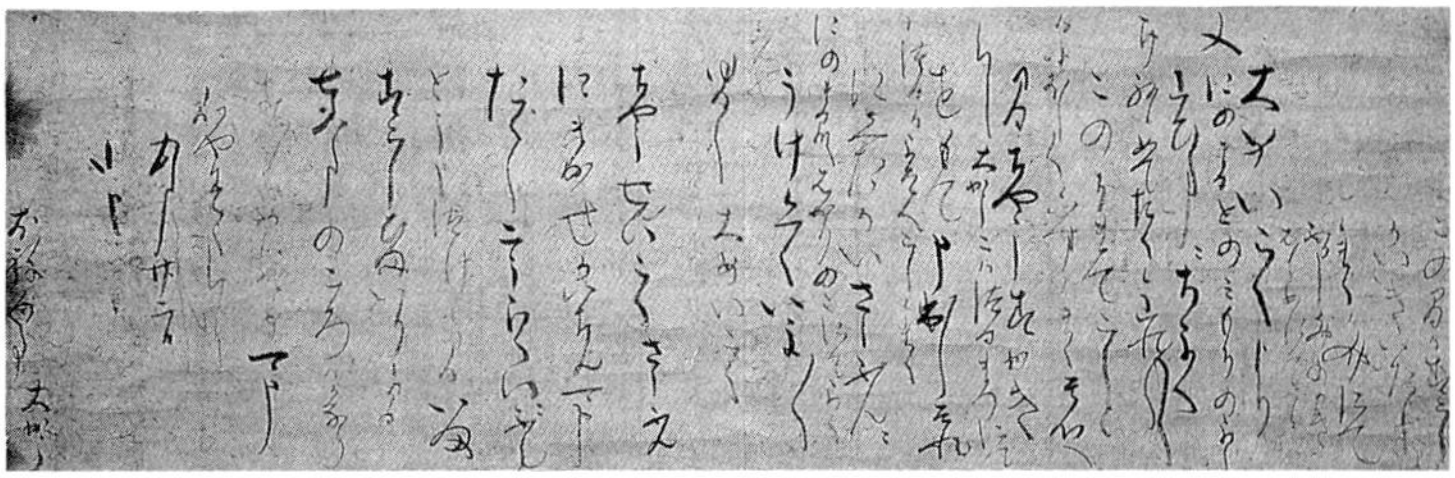

二の丸殿（淀殿）の妊娠を伝えてきた北政所への返書　本文に大明国よりわび事、袖と行間に子のことを書く。「大かう子は　鶴松にて」「二の丸殿はかりの子にて」などと記されている。佐賀県立名護屋城博物館蔵。

この間は、すこしかいき《咳気》いたし候まゝ、文にて不申、文のかきはしめにて候、又にのまるとの《二の丸殿》、みもち《懐妊》のよしうけ給候、めてたく候。われわれ〱は小《子》ほしく候はす候まゝ、其心へ候へく候、大かうこ《太閤子》は、つるまつ《鶴松》にて候つるか、よそへこし候まゝ、にのまる殿はかりのこにてよく候はんや。

（佐賀県立博物館所蔵文書、桑田『太閤の手紙』講談社学術文庫・二二五頁）

北政所宛秀吉書状である。この手紙はまず明国の使者が名護屋城まで来たことと、交渉の経緯を本文に述べている。公的な記述、大事を本文に記した。引用箇所は袖と行間の追而《おって》書《がき》で（写真参照）、この追信で私的なこと、小事たる茶々の懐妊について述べた。書式のうえではそうなるが、後者が小事ではなかったことはむろんである。寧からの連絡を受けて秀吉が茶々の妊娠（みもち）を知り、承った（うけ給候）と返事している。身持ちは妊娠の意味で「子持女《みもち》」のようにも表記する（『運歩色葉集』）、「身重」と同義語である。『日葡辞書』は「カノオンナ、ミモチニナッタ」「ミモチデゴザル」という用例をあげている。「女人ノハラウダ《孕》ヲ身モチナド云」（『詩学大成抄』）ともある（『時代別国語大辞典』室町時代編）。「二の丸との」はむろん大坂城二の丸にいた茶々である（桑田同書・二二五頁）。もし「二の丸」が名護屋城在陣ならば、秀吉が誰よりも先に知ったはずだから、「うけ給候」（承知した）というようなやりとりにはならない。安産祈祷の際も「大坂二之丸様御懐体《（胎）》之御儀」とあるし（大阪城天守閣所蔵文書、次頁＊1）。出産後の文禄三年五月でも一貫して「二の丸殿」であった。

十月一日に秀吉は茶々を残して大坂を出て、三十日に博多に到着した。ならば想定受胎標準日（文禄元年十一月三日）より前後、十五日以内に秀吉との同衾はなく、秀頼が実子であることには、決定的な疑問が生じる。

拾の産み月については七月であるという風評があった。なかには姫様が生まれたという誤報もあった。すなわち『時慶記』七月十三日条に「大坂御袋御誕生ノ月」、十六日条に「大坂ニ御袋姫君御誕生ノ由候、雑説也」とある（後者の記事は抹消されている）。

出産予定日は茶々の体調から判断できただろうけれど、秀吉といっしょにいた時期からの逆算もあった。出産は当然に遅れるはずで、八月三日となった。日が合わなかった。

「みもちのよしうけ《（承け）》給候」とある。文字どおりに受けとれば、茶々の妊娠を秀吉が知ったのは妊娠七ヶ月目であったことになる。この手紙によれば、寧からの正式の連絡はこの時が最初で、秀吉もはじめて知ったという形を取っている。[＊1] あまりに遅すぎないだろうか。妊娠三、四ヶ月でわかっただろうし、司令本部の名護屋と大坂はほぼ日常的に通信（伝馬）があった。とりわけての吉報なのだから、早く伝わるはずである。もしや吉報とは認識されていなかったのではないだろうか。五月下旬、北政所の老女東殿《ひがし》*2（大谷刑部吉継母）が名護屋まで往復している（葉上文書・五月二十七日ふく宛秀吉書状、『太閤書簡』）。北政所の書状を持参し、淀殿の妊娠について報告したのだろう。二十七日に「ひがし帰り候まゝ」また「勅使（明使）とともに（東が）能を見た」とあり、明使が到着した五月十五日以降、おそらく先の手紙を書いた五月二十二日も含めて、東は名護屋にいた。十五日以前からいた可能性もある。咳気のため、つまりせきがひどく手紙を書かなかったとある。秀吉が多忙だったことはまちがいない。ただこの表現は即答せず、心配する北政所を待たせたことへのわびではないか。

天野貞景の『塩尻』二六（ただし後世の記述、『日本随筆大成』一四、電子ブック）によると東つまり大谷刑部母は、北政所母たる朝日の姪だという。北政所とは従姉妹の関係となる。長浜城時代から北政所に仕えており、杉原一族かと思われる（本書669頁）。北政所にとってはもっとも信頼のおける女性だった。

*1　なぜ茶々からではなく、寧から連絡がくるのか。後宮（大坂城）の長を通じて後宮のできごとが秀吉に伝えられるしくみであった。「大坂二之丸様御懐体（胎）之御儀」について、書写山に対し「御産御平安」を祈念せよとした七月八日付の依頼状が残されている（前掲大阪城天守閣所蔵文書）。発給した大宰帥法印歓仲は北政所所轄の大坂名護屋間駅制（通信伝達・運輸）の実務にあたった人物だった。大坂名護屋間の伝馬（公用馬）使用には、北政所の「御おして」（朱印）が必要だったが（天正二十年八月

二十四日・秀次朱印状、「厳島文書」『古蹟文徴』）、歓仲はその責任者である（中野等『豊臣政権の朝鮮侵略と太閤検地』二六頁）。『高野山文書・続宝簡集』、卯月五日応其（木喰）書状によっても、歓仲が北政所側近であったことがわかる。大坂城にいて北政所の意向を実行する人物であったわけで、この安産祈祷も茶々自身の行為ではなく、後室の長・秀吉不在時の大坂城主たる北政所の行為であった。

＊2　東が大谷吉継母たることは『兼見卿記』文禄二年正月十三日条（『ビブリア』一一八、二〇〇二）に「北政所御祓（略）、東殿御祓、同子息　形《ママ》部少輔」、朝日親族という所伝はほかに『校合雑記』（『関ヶ原合戦史料集』、『関原軍記大成』近代デジタルライブラリー）。なお『歴史読本』平成九年七月号、『同』同二十一年九月号「大谷吉継の生涯」を参照のこと。

拾は秀吉の子ではない

秀吉は妻への返事に何と書いたのか。

われわれ（自分と寧）は、子はほしくはないと思ってきた。自分たちの子・太閤の子は鶴松だが、他界した。生まれる子は茶々（二の丸殿）一人の子でよい。

この追而書《おってがき》は文脈として理解しづらい。子が授かったことがわかった父親が、発する言葉なのだろうか。あまりうれしくなさそうだし、鶴松を追悼している。なぜ鶴松の生まれ替わり、われわれの子、「太閤子」が授かったぞ！　といわないのだろう。こんどの子には秀吉と北政所はふかくかかわらず二の丸の自由にしてやろうというニュアンスである。子（のちの拾）は北政所の子でも秀吉の子でもないかのようにさえ読める。

これまでの学者はどのように理解してきたのか。

「二丸殿が妊娠したことを喜び、殊更に自分は子どもを欲しく思はないと云ひ、自分には前に鶴松といふ子があつたが、今は此の世にない。今度の胎児は二丸殿ばかりの子であると云つて、胸中の喜びをわざと隠し、胎児の生育を切に願つたのである」(桑田忠親『太閤書信』二六二頁)。

あまり素直になってはいけなかったのだろうか。

「茶々の妊娠が順調であるとのことは承知した。結構なことである。私のような者は子を欲しくはないので、(寧も)その心得でいるのがよい。太閤の子は鶴松であったが、この世を去ってしまったので、(今度の子は)茶々一人の子にしたら良いのではないだろうか」「実母のもとで子がただ健やかに育てばよい、と切に願っていたのだろう」(福田千鶴『淀殿』一二九頁)。

福田氏の場合は「みもち(懐妊)のようけ給候」は、妊娠をはじめて知らされたということではなく、順調であることを告げられたものと解釈している。福田氏の立場であれば、そう解釈しなければ不自然なことが多数発生する。だが、「みもち」は「身重」に置き換えられる言葉である。言葉に即していえば不自然である。また桑田氏も福田氏も「われわれ」は複数ではなく、単数だと解している。室町時代の「われわれ」には単数の用例も複数の用例もあったが、ここでは秀吉が妻の寧に宛てた手紙なのだから、夫婦二人、複数と解すべきではなかろうか。

出産までは喜びの表現を控えることはたしかにあるが、私は両氏のようには解釈できない。妊娠に対する北政所のためらいがあり、それを秀吉が否定し、説得するという背景で読んでこそ、状況を読み取りうるのではなかろうか。

秀吉は当然に以前から妊娠の情報に接していただろう。腹も決めていたが、名護屋にやってきた老女東の口を通じて、北政所からの報告がはじめてあった。この段階では産み月の不自然さは発覚していないが、何らかの疑わしい状況があったのではないか。留守を預かる北政所には責任者として当惑があったのだろう。東が語る報告を聞き、秀吉は言葉を選んで返書を書いて、飛脚に託した。認知する。（たとえ秀吉の子でないとしても）二の丸の子として大事に育てよう。当事者にしかわからない、暗号のような言葉で意思を伝え、北政所に気持ちを伝えた。

秀吉とて想定できない事態だった。もし次の子が生まれる可能性がいくらかでもあって、期待をもっていたのなら、鶴松死後、秀次に関白を譲ることはなかった。

秀吉が出陣中・不在中の妊娠にもかかわらず、秀吉は結果を否定しなかった。むしろ肯定した。鶴松のときと同じ行為のくりかえしとした。

茶々の使命は「秀吉」子を産むことだった。茶々の子はかならず秀吉子として認められる。認めなければ鶴松もやはり秀吉の子ではなかったことになる。二つの選択肢のうち、否定はあり得ない。茶々が考えたように、秀吉が鶴松を否定することはなかった。秀吉には茶々の二番目の子、鶴松の替わりが必要だった。秀次にはなお全幅の信頼が置けなかった。

ひろい（秀頼）誕生と母子との面会

拾（秀頼）は文禄二年（一五九三）八月三日に生まれた。『時慶記』同日条に「大坂ニハ　大閤若公御誕生、浅井女ノ腹ト也」とある。誕生を知らせる手紙（三日発）は、八日に名護屋に届いている（「大和田重清日記」）。大坂名護屋間の飛脚の所要日数は足かけ六日である。秀吉は九日付で北政所（寧）宛てに手紙を書いた。「かえす〳〵、こ《（子）》のな《（名）》わひろい《（拾）》と申へく候」、と名をひろいとするよう指示した（高台寺文書）。『くんきのうち』に「さだめて拾子《ひろいこ》にてあるべし」とある。

この間四日には、「北政所殿ヨリ女房衆ニ帷一重給也、子女ニハスヽシ一給」（『時慶記』）と祝儀があった。ただ鶴松のときのような爆発的な祝賀ムードはなかった。

秀吉は当初八月二十五日に名護屋を出るとしていたが、それより早く十五日に発った。『時慶記』文禄二年八月十八日条に「大閤御上洛十五日ニ国ヲ御立候」とある。伝達日数六日だから、十八日を含めた六日前に飛脚が出た。十二日には帰国が指令されたようで、まず十二日晩景に京極龍子は出発している（『くんきのうち』）。第一陣で、前触れも兼ねた。二日後の秀吉本隊出発のことは名護屋にいたはずの『大和田重清日記』に、何も書かれていない。全軍への陣払いではなかったようだ。秀吉が大坂に戻ったのは八月二十五日である。このとき新生児に面会、母親・茶々にも面会した。秀吉は、茶々の手柄と認めた。愛児を失った茶々は、わずか三年でふたたび母となる幸せをつかむことができた。むろん単純には喜べない背景があった。「拾」なる名前は秀吉の正直な気持ちそのもののような気がする。

七月には生まれるはずだったのだから、遅すぎる朗報だった。通説では「男子誕生と聞いて、いてもたってもいられず、急いで名護屋を出発した」という。天正二十年七月二十二日、母大政所の逝去時や、文禄二年秀秋の下向の記録と比較しよう。『くんきのうち』によれば危篤の報は七月二十一日払暁（暁かた）に届き、翌二十二日に名護屋を出発した。『多聞院日記』八月三日条、『兼見卿記』八月一日条から、八月二日着とわかる。母の臨終に際しては翌朝直ちに出発し、一〇日間で大坂に戻った。秀秋は文禄二年三月十三日に大坂を出て、二十二日に名護屋に着いた。一〇日で到着した（「賜蘆文庫文書」および「武家事紀古案」の二通、ともに年月日欠秀吉書状、『太閤書信』二四五・二四七頁）。

拾誕生の場合は情報を得てからなお、七日滞在し、京極龍子に二日も遅れて出発、一一日をかけて大坂に戻っている。比較をするかぎりでは、大政所逝去のときほどには大至急で戻っていない。『多聞院日記』文禄二年八月二十六、二十七日条をみると、「一大閤昨夕大坂迄御帰城云々、国替可在之歟ト口遊、沈思〳〵」（八月廿六日条）、廿七日条に「大門大坂へ、大閤へ礼ニ御越了」とある。誕生した子のことがまったく出てこない。

唱門師払い（追放）

母子面会のひと月半後からは悲惨な事件ばかりが続く。最初は閏九月である。

『駒井日記』文禄二年閏九月十一日条

大閤様十日ニ御竹と中女房達被成御叱、則御しはり被成候由

簡単な記事で叱られ縛られたとだけある。さらにひと月後、秀吉留守中に起きた不祥事に関して、唱門師（声聞師・陰陽師）が追放された。

『時慶記』文禄二年十月十九日条
太閤大津へ御越ト、唱門師払ノ儀アリ、於大坂在陣ノ留守ノ女房衆、妄ニ男女ト之義問、金銀多取候罪□(三)依テ也

『時慶記』は西洞院時慶の日記である。当時参議であって、公卿だった（『公卿補任』）。「唱門師払ノ儀アリ」という簡単な記事だったが、これがこの先、数年に及ぶ唱門師大弾圧の始まりである。唱門師（声聞師・陰陽師）はふつう差別される存在だったが、大坂城内にいた唱門師は宮廷唱門師（陰陽師）ということになる。朝廷の声聞師（陰陽博士、公卿になるものもいる。本書704頁）同様、諸国の声聞師・陰陽師の頂点にたつ存在であろう。大坂城の唱門師は、いったい何をしたのだろうか。「妄ニ男女ト之義問」とある。そのことで金銀を得たことが原因で、唱門師払（払うは除去追放の意）になった。写真版（東大史料編纂所）をみれば、義と問の間は心持ち離れており、一単語として続く感じがしないので、義を問うたと解したい。唱門師はシャーマンとして心理を操り、トランス状態

を招くことができ、霊的処術が可能だった。いかがわしい魔術もあったかもしれない。それによって高額な対価を得ることができた。『時慶記』文禄二年十月十九日条を読むかぎり、発端では女房不祥事と唱門師（卜占法師）追放に因果関連があった。女たちは大坂城内の全員ではない。「若公ノ御袋《おふくろ》家中女房衆」（二十日条）、すなわち淀殿周辺にいる女房らだと明記してある。唱門師が彼女らから、金銀多額を取ったという罪だった。

大坂城淀殿付き女房の処刑

唱門師追放の翌日からは淀殿付き女房の処刑が開始された。

『時慶記』十月廿日条
於大坂若公ノ御袋家中女房衆、御留守ニ曲事《くせごと》在之由聞食、御成敗ノ義、一両日在之ト、孝蔵主ハ伏見へ被帰候

『同』廿一日条
於大坂成敗ノ義被仰出、以外上下気ヲツムル《（詰むる）》事アリ

『同』十一月九日条

唱門来、侘言《わびごと》ノ義申候、内々大炊《（大炊御門経頼）》ト申談候

さて年月の記載を欠く秀吉書状（大橋文書、『豊太閤真蹟集』四〇、『太閤書信』二六九頁）に、下記がある。

かへす〳〵、ひろい《（拾）》にちゝ《（乳）》をよく〳〵のませ候て、ひとね候へく候、ちゝたり候やう、めし《（飯）》をもまいり候へく候、すこしも、ものき《（物の怪）》にかけ候ましく候、以上

たかのとり五つ、みかんのひけこ三つ進之候

一日は文給候、返事申候はんところに、いそかわしき事候て、返事不申候、おひろい《（拾）》、なほ〳〵けなけ《（健気）》に候や、ちゝもまいり候や、やがても参申候はんか、きうめい《（糺明）》をいたし候て、参可申候、そなたへわかみ《（身）》こし候はゝ、かうはら《（業腹）》たち《（立）》候はんまゝ、まつ〳〵こなたにてきゝ《（聞）》とゝけ《（届）》候て、すまし候て、参可申候、かしく

廿五日

おちゃ〳〵へ　　ふしみより

大かう

追而書（右袖書、追伸）に、「ひろいに乳を十分与えよ、足りずば（おまえが）飯を多く食べよ」、

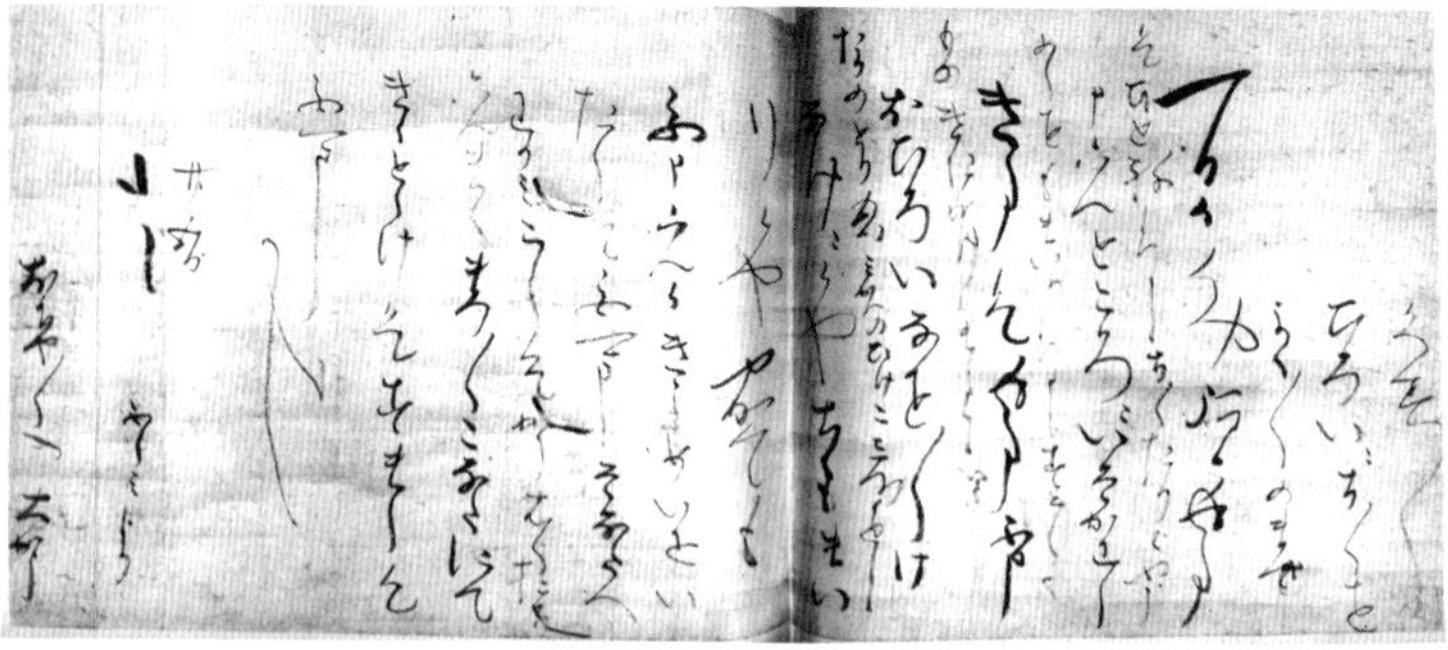

淀殿に宛てた豊臣秀吉書状　拾の乳が足りているか、を気づかう子煩悩ぶりを示す手紙として著名だが、手紙の書かれた25日が文禄2年10月であれば、5日前に「若公ノ御袋家中女房衆」つまり茶々のまわりの女房の処刑が決定されていた。糾明、業腹という言葉のほうが秀吉の真意であった。岡山県・大橋平右衛門氏文書『豊太閤真蹟集』より。

などと指示がある。おひろい育児への細々とした指示は、秀吉の子煩悩ぶり、好々爺ぶりを示す書状として、つとに名高い。しかしこのときに淀殿周辺が連続処刑されていたとすると、見方も変わる。文中に「糾明」、「業腹」ともある。「まず伏見で解明する、わしが大坂に行ったら何をするかわからないぞ」。怒りにまかせ、秀吉の心境を吐露した手紙にもみえる。

　この手紙が書かれた廿五日はいつか、また秀吉の怒りは何に対するものなのか。「ふしみより」とあって、秀吉は伏見にいる。一連の事件のあった文禄二年閏九月か十月の可能性が高い。『時慶記』によれば、秀吉は閏九月二十日から二十七日まで伏見、以後京、十月十九日に大津（前掲）、そのあと伏見に戻ったようで、二十日北政所付き孝蔵主が伏見に行った（「戻った」、連絡であろう）。十月二十六日は聚楽にて秀次による能の予定があったが、二十七日、秀次が急に伏見に行くことになった。よって二十日から二十八日まで、秀吉は伏見にいた。公卿を招待しての能を延引してまでも、急ぎ伏見に行く用件が発生していた。秀次が緊急に秀吉に会った理由は何か。秀次の強い主張があったと想定する。二十九日には案件を処理して秀吉も京に行った。延期された能は、この日に聚楽で行われ、秀吉（「太鼓」＝太閤）も舞った。すなわち書状の日は文禄二年閏九月二十五日か十月二十五日であって、一連の事件のさなかと判断してよい（『史料綜覧』〈昭和二十九年〉も『豊太閤真蹟集』も本事件に関わるとする）。

このような手紙をもらっても茶々がうれしいはずはない。おたけはとうに処分された。身近にいた女房たち、「若公ノ御袋家中女房衆」の大量処刑が宣言される。そうしたなかでの手紙である。「多数の男女と仏僧」（フロイス・本書652頁）がまもなく処刑された。おそらく拾（秀頼）の生物学的な父親は、このときに殺された。

太閤書状は、淀殿の話し相手、親しかった女たち、そして頼っていた僧侶が、ことごとく火あぶり、斬首（「成敗」）されるという局面で届くのである。

秀吉は表面上、おおらかに祝福した。だが淀殿は側近の女たちを次々に殺されていった。自分の部下や友人が三〇人（フロイスによる）も、死刑を宣告される事態（後述）を想像したい。「上・下、気をつむる」とある。「上」こそが、淀殿本人である。「糾明」「業腹」という文面。くりかえされる「拾を大事にしろ」「乳を与えろ」とする文言。信長姪たることを誇る気丈な淀殿といえども、心の底では恐しさを感じただろう。「若公ノ御袋家中女房衆」の犯罪であれば、ふつうは淀殿が問責されねばならない。ところがそうはならなかった。

このあと十一月四日には秀吉の側室であった女が、亭主とともに「竹鋸」にて、子と乳母は「煮殺」という処刑で惨殺された。フロイスも西洞院時慶も記述した事件である（本書604頁）。女（元側室）は暇をもらったと考えて大坂城を立ち去っていた。黄金一枚を与えられたので、女は慰労金と考えたのであろう。僧侶のもとに嫁ぎ、子をなしたのだから一年以上も前のできごとである。何も問題がないと思っていたからこそ、平気で秀吉に面会にいった。乳母や女の母親までの煮殺しは見せしめである。残虐であればあるだけ市中のうわさとして広まっていく。「若公ノ御袋家中」全体のふしだらな空気を否定した。大坂城奥御殿の規律の正しさを極刑で世に示し、風評に対処しうる風評をつくった。

文禄二年の事件については、ほかに徳川方史料にも記述がある。『当代記』（『史籍雑纂』所収、五九頁）文禄二年条である。

此比、諸国博士可有成敗之由曰間、山林江隠遁、其子細は先年大閤召遣給青女、闕落して不相見ことあり、此度見物の事有ける處に、見出之、搦捕、日来有様を被相尋に、博士隠置之由、令言上之間、如此

諸国の博士が成敗されるというのでみな（博士）が山林（山中）に逃げ隠れている。その理由は太閤の召し使っていた青女（若い女）がかけ落ちして、行方がわからなくなった。見物のことがあ

って、（それを見に来ていた）女を見つけ出して、絡め取った。どうしていたのかをたずねたところ、博士のもとにかくまわれていたといったので、このようなことになった。

この記事では僧侶（坊主）への言及はなく、博士すなわち陰陽師のみが語られる。女も女たちではなく、青女一人である。

博士は他の史料では追放となっていたが、ここでは成敗とある。青女が『時慶記』にみえる処刑された女性と同じ人物なのか、別なのかもわからない。『当代記』は二人の男女の問題のように記述するが、他史料を併せればそのようなものではないことがわかる。陰陽師が女をかくまった。おそらくは、博士・陰陽師の組織的な犯罪行為と見なされていた。

フロイスは下記のように秀吉が大坂に戻ったあとの情勢について、詳しく記述している。拾誕生そのものには言及がない（『日本史』二、四五章、"HISTORIA DE JAPAM" Segunde parte C, 80, V-p.604）。

関白は自分が名護屋に滞在している留守中に、運命占いをする黒魔術師たち（estes feiticeiros que lansão sortes）が、要塞大坂城にいる女たちから十個の大きな金の塊をまるで盗むのと同然に取りあげたこと、どういう方法でそうしたのかを知った。そしてものすごく怒って、統治している王国の魔術師たちを集めて数を数えた。それと同時にo Tangoという、とても崇められている悪魔の寺院にいて、わずかな小銭や食べ物を乞い求めている pedingo esmola（乞食）を召喚した。彼らの数は八百人に及んだ*。

＊松田毅一・川崎桃太翻訳では「神殿（バゴーデ）である愛宕（大権現）へ喜捨を募りに赴いていた人たちをも召集した」（話によると）「これらの者は百名に達する」と訳している。pedingo esmola を「喜捨を募りに赴いていた人たち」とする訳は難解で、通じない。ふつうにいえば乞食（わずかな小銭や食べ物を乞う人）のことである。oitocentas pessoas（八百人）を百人としたのは単純ミス。原文では[8]oito で改行があって、それで八が見落とされた。百人と八百人ではイメージがちがいすぎる。服部「フロイス『日本史』V部八〇章：松田毅一・川崎桃太翻訳の検証」http://hdl.handle.net/2324/18350。

「（ところで関白は）豊後の国では人口が少ないので、上記の人たちに運命占いをやめさせて、農業者になるよう、命令し移住させた。関白は、あれらは全員、大泥棒だと語った。

　関白の宮殿の女たちの間でも多くの混乱・不行跡がみられたので、多数の男女と仏僧 bonzos が死刑に処せられた。Raynha（クイーン・北政所）の秘書マグダレーナについては、関白は、彼女はこの騒動に無関係であることを熟知していると述べ、彼女はクリスチャンとして誠実な人であると言外にほのめかしていた。生きたまま火あぶりにされたものや斬られたものは三十名を超えた。」

「これらの僧侶たちが、きわめて贅沢な生活をしている。それに反し、兵士たちは Coray（朝鮮）に渡って、生命を失っている。僧侶たちは人目につかぬところで、女たちと数知れぬ紊乱、かつ破廉恥な行為に耽っている！（よって）予はこれらの僧侶を朝鮮に遣わすであろう。」

　以上は松田・川崎訳だが、依拠するテキストのちがいがあって、Wick 氏本（"HISTORIA DE

JAPAM" Biblioteca Naciona-Lisboa）は「兵士らの女たち！」suas mulheres! とある。「！」記号がない写本もあって、松田・川崎本はないほうのテキストを使用した。一般的な女たちというよりは、兵士たちの女、つまり従軍で留守の家にいる妻を意味するのではないか。だから「！」がついた。

淀殿の御殿が乱脈を極めていたことは疑いようがない。信長の時代、天正九年（一五八一）四月十日のこと、信長が竹生島参詣に行ったおり、必ず長浜に宿泊すると信じこんだ安土城本丸奥御殿の女房が二の丸に遊びに出たり、近くの桑実寺薬師詣りに出かけた。ところが三十里の行程をこなして、信長が日帰りで戻ってきたので、城内が「悵《もだ》え、焦がれ、仰天限りなし」という状態になった。女房は「くゝり縛」られた。女房をさしだせと命令されて、「御慈悲に御助」と嘆願した桑実寺長老も「同事に御成敗」（処刑）された（『信長公記』）。城内奥御殿の生活は退屈・退廃の極みで、わずか一日でも主人が不在となれば、物見遊山に出かける女房が多かった。

ましては唐入りだった。あるじが高麗に向かって、いつ戻るかわからない大遠征に出たのである。まったく同じことがおきた。秀吉が不在になって、たちまち綱紀がゆるむ。みなが勝手なことを始めた。

秀吉は正面切っては、管理責任者たる自身の側室（茶々）の断罪はしなかったし、できなかった。悪いのは、留守中にそうしたことをしかけた僧侶、そしてそれを導いた女と、仕組んだ陰陽師だ、とした。

『時慶記』にみる「唱門師《しょうもじ》」（声聞師）は、「陰陽師」と考える（両者を別とみる見解もある。本書681頁）。

「算置」「はかせ」とも呼ばれた。「運勢占いをする黒魔術師」（フロイス）も同じだろう。「唱門師」「陰陽師」は元来は賤視された存在である。宮廷陰陽師もいるが少数で、多数は算によって占いをする下級のあやしげなまじない師・占い師であった。占いによって報酬を得るが、寺の境内で占いを交えた物乞いもした。フロイスは黒魔術師と乞食を言葉のうえでは分けたが、両者は集団としては一体だったのではないか。

唱門師は読経もすれば占卜もする。次章に詳述するが、「唱門師」「陰陽師」のイメージはいまも韓国で活躍するムーダンに近いと思う。ムーダンは心身を病む人を祈祷するが、長時間、呪術を施し、楽器を使って、トランス状態を引き起こす。ひじょうに激しい祈祷、魔術を使う。韓国のキリスト者たちはフロイス同様に悪魔の魔術師と呼んでいる。ただムーダンは女性であったが、唱門師は男性であった。

事件は二つだった。一つは魔術師が一〇の大きな金の塊（金の延べ棒）を大坂城内の女性から巻き上げた事件である。これによって魔術師と愛宕にいた乞食八百人が拘束され、労働力として豊後に追放され、占卜や魔術をやめて農業従事者とされた。もう一つは大坂城内の女たちの不行跡によって多数の女性と仏僧三〇人以上が、火刑や斬罪に処せられた。

『時慶記』では男女問題を起こしたのは唱門師だとあった。いっけん無関係のような事件で一方は黒魔術師で、一方は坊主の事件だった。だが、底では共通していただろう。金・銀を取った点も同じである。処分内容をみると、唱門師は払（追放、『時慶記』）で軽く、死罪までには至っていない。

坊主は殺された。『当代記』では事件は博士が原因で、処罰は成敗だった。

一〇の金の塊、つまり金の延べ棒一〇本は誰が持っていたのだろうか。かりに一本でも、容易に持てるものではない。まして一〇本も持ち、かつそれをたやすく喜捨してしまう。どう考えても中枢部にいた女性であろう。秀吉に近い人物ならば可能である。不行跡をした女は『時慶記』によって「大坂お袋」周辺の女性とわかっている。一〇本の金の棒を与えた女性もまた、淀殿のごくごく近くにいた女性である。淀殿本人がいちばんあやしい。彼女が依頼した行為（子が授かる祈祷か）は一〇の金塊が与えられるほどで、それだけの代価がなければ危険すぎて、あわないものだった。

文禄二年冬以降、陰陽師には試練が待ち受けていた。「唱門師払」（唱門師追放）は十月一度かぎりのものではなかった。延々と続く。陰陽師というだけで全員が弾圧される。フロイスのニュアンスからすると、乞食狩りでもあって、農村再開発への労働力投入のようである。大坂城に関係した陰陽師に限定されることなく、全国各地の陰陽師が対象になった。彼らには一斉に開墾への従事が命じられた。宗教弾圧の様相が半面、農村再開発という大義名分が半面であった。この一連の事件が、すべて大坂城での不祥事件にかかわりがあるのかどうかは、たしかにはっきりとはいえないが、発端が大坂城内にあったと明記されている。陰陽師への追及は大坂・京都・丹波にとどまらなかった。関東においても波及があった。事件には陰陽師がかかわっていた。宮廷陰陽師は差別された郷村陰陽師の統括的な立場だったが、事件は末端にも拡がっていった。その経緯については最終章で述べる。

事件の見方

視点、前提を変えることによって、歴史の見方は異なってくる。最後にそのことを指摘したい。まずは秀次事件である。秀次との対立は鶴松誕生のときにはない。そのときに秀次は関白ではなく、まだ後継者の候補だった。鶴松が逝去したため、秀吉は秀次に関白を譲る。そこで想定外の秀頼が生まれた。

通説では秀頼という実子が生まれたことにより、秀次の関白という立場が不安定になって、反逆したことになっている。しかしちがってくる。明らかに実子ではなく、本来なら犯罪行為の結果の子として葬るべき子どもを後継者にした。そのことに、強く反発したのではないだろうか。淀殿周辺が処罰されるなか、秀次は公卿との能を延期してまで、秀吉に会いに行った（本書648頁）。強い主張があったのだろう。秀次や、その妻子・家族は、出生の疑点が明白だったにもかかわらず、自身の子だと承認した秀吉に対して、激しい不信感を抱いた。

秀次事件では、妻妾・子が皆殺しにされた。これは戦国の世の慣わしとはいえない。敵対者・謀反人については、本人および男子は殺害するが、女性まで殺すことはなかった*。

秀次の場合には妻子は誰も許されなかった。犯罪人・謀反人が秀次ひとりだったからではなく、関白（秀次）家の人たち、女も含めた全員が犯罪者だった。ひとりでも秀吉の方針に根本的な疑問をもつものがいることは許されなかった。秀次一家が何かを叫ぼうとしても、残虐刑の連続で不可能となる。目撃し、うわさを聞いた京童も口には出せず、落書事件も起きなかった。口封じである。

＊　大坂陣のあと、豊臣秀頼の男子（国松）は殺されたが、女子は尼になることで助けられている（のちの天秀尼）。茶々自体が織田信長を裏切った浅井長政の子だったが、助けられた。原城籠城方の首謀者の一人、芦塚忠兵衛の子どもである皆吉長右衛門・芦塚権右衛門が処刑されたおり、孫の男子十一歳・五歳も処刑された。しかし女房と九歳の娘は赦免されている（服部英雄『歴史を読み解く』一九〇頁）。

関ヶ原合戦にて、秀吉血筋のもの、浅野長政、福島正則、加藤清正、木下勝俊らがみな東軍についいて、徳川家康政権の樹立に荷担した（秀頼補佐役だった小出秀政の家でさえ東・西両軍に分かれた）。幼少時から北政所に育成され、いったんは秀吉の後継者とされながら小早川家に養子に出された秀秋も同じである。関ヶ原での離反も理解ができる。高台院（北政所）の豊臣家・大坂城へのまなざしも同じである。高台院は大坂城や秀頼に距離を置いた。秀吉が自分の子であるといえば、秀頼は秀吉の子なのだ。多くの大名がそれに従ったけれど、秀吉に近ければ近いほど、受け入れがたい感情が残った。

秀吉が異様なまでに秀頼の後見を大老に依頼し続けたことも、実子ではないことを大老たちが暗に承知していたからだとみることもできる。そしてあっけなかった豊臣家の瓦解・滅亡も説明できる。天下を統一しながら一代で滅びた数少ない政権である。

一、拾受胎の可能性のある夜に二人は同衾していない。

二、秀吉が茶々の懐妊を知る過程が不自然で、自身でも茶々の子は自分たち夫婦（秀吉・北政所）の子ではないかのように発言している。

三、在陣留守中の乱脈で淀殿周辺が大量に処刑された。

本章では秀吉に生物学上の実子はいないという前提に立った。四百年間封印された仮説に立ち戻り、これまで実子説から解釈されてきたあらゆる史料を再解釈した。新史料を使ったわけではない。研究者にはよく知られた史料ばかりであるけれど、しかし再解釈で評価・位置づけが逆転する。茶々（淀殿）にしてみれば、秀吉は父（浅井長政）と母（市）と兄（万福丸）を殺した男である。夫は父・母・兄の仇敵であった。そうした意識が完全に消えることはなかったと思う。伯父織田信長の遺産を簒奪した結果としての大坂城の繁栄。それを、母「御袋様」になることによって奪い返した女。そうならば秀吉よりも一枚上だった。信長姪としての誇りをもち続けた強い女として、淀殿・茶々を見直したい。

【補注】『備前老人物語』（『改訂史籍集覧』一〇、作者未詳）に

一　秀頼公誕生し給ひしかハ、上中下に至まて千秋万歳目出度と賀し申けるに、ある人さゝやきて、関白殿御滅亡の端、あらハれたりといひけり、このことハ又本多のいひしことのことしとある。本多は佐渡守正信。リアルタイムでかれの発言があったのだろう。徳川家中でも秀頼誕生の不自然さが危機を呼ぶと見込んでいた。

補論一　秀吉実子説がある朝覚、石松丸、および養子金吾（小早川秀秋）らについて

朝覚

秀吉には長浜時代に、子が生まれていたとする説がある。流布しているが、誤りである。検証したい。

渡辺世祐『豊太閤の私的生活』（一九三九、五二頁）が、「実子か養子か定かではないが、秀吉の最初の子である」とした人物がいる。朝覚という少年である。この段階で渡辺説は、「実子かどうかはわからない」とした。じっさいは「子であったかどうかもわからない」というべきであった。

先行して近世地誌『近江輿地志略』が秀吉の子としてきた。妙法寺の伝承に基づくものであろう。さしたる根拠はなかったが、話題性から影響力をもった。これを受け、桑田忠親『太閤豊臣秀吉』「もう一人あった太閤の子ども」（一九八六、一八一頁）が実子説を展開した。福田千鶴氏は「確証がない」と実子説に懐疑的だったが（『淀殿』八五頁）、小和田哲男氏は桑田説を継承して実子説をとる（『北政所と淀殿』三六頁、四三頁）。これに対し太田浩司『神になった秀吉』（市立長浜城歴史博物館）は（桑田説は）「全くのツジツマ合わせで、秀吉研究の第一人者には失礼であるが、歴史学の論証と

長浜市妙法寺にあった朝覚居士画像（のち焼失）　東大史料編纂所の史料目録では「伝豊臣秀吉子」とされている。伝承はあっても、史実とは認めがたい。

しては成立しない」といっている。まったくそのとおりであろう。以下私見を加えて説明する。

長浜市妙法寺（日蓮宗）にこの少年の肖像画があった。残念なことに火災で焼失し、写真しか残らない（東京大学史料編纂所架蔵）。編纂所の史料目録では「本光院朝覚居士画像」「伝豊臣秀吉子」となっている。天正四年（一五七六）に死んだ子である。この目録に「伝」が付されていたにもかかわらず、一人歩きした。

少年は目元が涼しげで、りりしい。美しいといってもよい。年頃は六歳を過ぎたぐらいか。元服前であることは童子の髪型（総角・あげまき）からも自明である。周忌法要にあわせ、故人を知る人物が描いたか。

この人物が豊臣（羽柴）秀吉の子（人によっては実子という）とされた。朝覚というほか名前がわからない。童名も伝わらない。前掲太田浩司『神になった秀吉』も指摘しているように（一〇九頁）、元服前に死んだのだから、実名がないのは当然である。渡辺世祐氏以来、この人物を秀勝とする説さえあるが、この点ですでに成り立たない*。

＊　信長実子で養子となった羽柴お次《つぎ》・秀勝は、その実名のうち、秀が秀吉の一字であることは当然として、下に使われた勝は柴田勝家の一字である。秀吉養子の次《つぎ》秀勝が勝を実名二文字の下に名乗ることができたのは信長実子であったからであろう。秀勝初見は天正八年庚辰三月吉日八幡宮奉加・羽柴藤吉郎秀吉・羽柴次秀勝連署状（長浜八幡宮文書・『近江長濱町志』一〇六頁写真）。このときはまだ幼児で、このあとも「次」の名のみで文書を発給した。天正四年以前、秀吉家中にて秀勝を名乗り得るような力関係は、そもそも存在し得ない。

画像には左に「本光院朝覚居士」、右に「天正四丙子（一五七六年、渡辺・桑田両氏ともに丙午と読むが、干支は丙子）暦十月十四日」、上に法華経の偈《げ》があった。この人物の墓碑もある。正面は日蓮宗特有の髭題目の下に「朝覚霊位」、側面右に「天正四年」、左に「十月十四日」とある。画像に一致し、まさに肖像の少年の墓碑である。もと鞘堂の中にあった。移転工事の際に発掘調査が行われ、墓石から二・五メートル離れた地下から石囲いの箱棺墓が見つかった。形式から天正期の大名一族の墓とされている。画像・墓碑・墓は一体といえる。財力豊かな両親の愛情が注がれるなかに、早逝した童児・朝覚のものだ。天正四年は、羽柴秀吉が長浜城主となった翌年である。

法華経の偈、髭題目があるように、朝覚は日蓮宗によって葬られている。秀吉母大政所は、熱烈に本願寺を信仰していた（本書622頁、フロイス『日本史』、ただし墓所は大徳寺天瑞寺だから臨済宗）。姉日秀はのちには日蓮宗に帰依している。朝覚は明らかに日蓮宗にて葬られている。当時の秀吉一家の宗旨は不明だが、母の影響があるとすると本願寺か。日蓮宗だったとすると姉日秀（三好）の系統ではないか。日秀が開いた瑞龍寺と妙法寺はいまも近い関係にあるという（『神になった秀吉』一一三頁）。

朝覚を確実に秀吉子だとみることは、できるのか。墓が大名形式である、画像が作成されている、当時の城主が秀吉だった。考慮しなければならない要件とはいえ、躊躇する。秀吉夫妻がまったくこの子どものことを懐旧していないからだ。系図にもない。子説は右に加えて、長浜時代の寺院への寄進が根拠となっている。関連する秀吉寄進状は、

徳勝寺（医王寺）　天正四年十月十五日
知善院　天正四年十月二十二日
妙法寺　天正十四年十二月八日

の三通が残されている。徳勝寺へのものは朝覚逝去の翌日の日付けで、知善院宛のものは八日後である。このことから研究者が朝覚を秀吉の子と判断した。知善院宛のものは初七日の二日過ぎに寄進したか。徳勝寺宛てのものは十月十五日付で、その日はまだ葬儀も終わっていない。こういうときの寄進は考えにくい。墓のある妙法寺への寄進がなく、徳勝寺・知善院に寄進したのはなぜだろう。領主による寺院への寄進行為はよくあるが、従前からの寺領安堵のような意味あいが多い。三通の寄進状文言には「朝覚追善のため」といった言葉がまったくないし、日付もばらばらなのに、追善供養と決めつけてよいのか。十四年の妙法寺宛てのものが追善ならば、誰に対するものなのか。その前年に逝去したお次《つぎ》秀勝*への追善ではないのか。これら日付は朝覚の祥月命日に異なる日付であ

る。

もし朝覚追善としての寄進だったのならば、一周忌法要などに墓所のある妙法寺に対して寄進がなされるようなケースが想定されるけれど、それらしい寄進状は残っていない。死亡直後、かつ葬儀前に他の寺に寄進していれば、逆に秀吉と朝覚は無関係ともいえる。

＊御《お》次秀勝は天正十三年十二月十日亀山城にて十八歳で死去した（大徳寺画像ほか、『大日本史料』十一編の二十四、同日条）。『兼見卿記』記事で、同年十一月三日に重篤で、母（信長側室）がきたことがわかる。ただしわからないこともあって、天正十三年九月十八日の安岡寺文書・同月吉日の清水文書に「羽柴小吉　秀勝」と署名があり、花押もある（『大日本史料』十一編の二十、三一〇頁、四〇五頁）。前者は付年号で後者は縦年号である。二通に小吉と明記されていて、お次ではない。お次秀勝がいるのに、兄弟（おそらく弟）たる小吉が秀勝を名乗ることはないと思う。当面著者には理解困難で、年号、名乗りを再確認する必要がある。

朝覚を秀吉自身の子（養子）だと決めつけることはできない。秀吉周辺の人物（近親、姉の子ならば秀吉甥）、重臣、浅井旧臣の縁者であった可能性も残されていよう。まして実子なる根拠は何もない。ただ満四十歳という年齢で城主であったから、養子がいた可能性はある。

石松丸

次に竹生島奉加帳（竹生島宝厳寺文書）をみる。長浜城主羽柴秀吉が竹生島に自身で百石分を奉納した。ほかに一門、家臣が銭や米を奉納した。寄進を受けた側がとりまとめた記録で、秀吉の家族、一門、家臣の名前がわかる。そこに登場する石松丸を秀吉実子とする説がある。

竹生島奉加帳（『近江長濱町志』四、四三〇頁、写真版は同上〈全部〉、冒頭カラー写真は『神になった秀吉』一一〇頁）は表紙に「竹生島奉加帳　百石　羽柴藤吉良秀吉（花押）」とある。

御初尾　五月吉日　五石　御内方
御初尾　同日　壱俵　大方殿
百疋　同日　石松丸　御ちの人
十月吉日　御初尾　壱俵　大方殿
弐十疋　南殿
斗帳　羽柴筑前守殿
天正六　二月十日　弐石　御内
天正六弐月十日五石米　拾石　杉原弥七郎

参拾疋　御内々　志ゝう殿
五十疋　同　御ちよほ
十疋　天正五正月　同
弐斗　同　うば
弐百文　同　おふう
参百文　同　まゝ
弐十疋　同　おあこ
弐十疋　おいし
弐十疋　お夜叉
弐十疋　同　中将殿
参百文　同　宮殿
弐十疋　同　おみや

竹生島奉加帳（竹生島宝厳寺文書）　御坊内（北政所）、おちょぼ のち伏見城天守黄金番か）、石松丸お乳の人、うば、南殿らがみえる。おあこは、のち金吾（小早川秀秋）の母になった人物の可能性がある。宝厳寺蔵。

やくり　五十疋　神子田藤左衛門（花押）

天正四丙子五月吉日　参貫文　杉原弥七郎　家次（花押）

（以下、長文のため略）

記載は天正四年（一五七六）と推定される五月吉日に始まる。*御内方（寧、おね）とその叔父である杉原家次（七郎左衛門、本書581頁、ここでは弥七郎）とその夫人、羽太（宇田）家慶らが寄進した（家次夫人らの記載分引用は省略）。その日より以後、天正五年正月（十二日、十三日から十八日）、十一月二十二日（以下は引用者略分）、十二月吉日、六年二月の記録である。天正六年二月以降、記述は十六年正月まで間隔が空く（その後は五月二十八日のみ）。秀吉は長浜を離れたから、そのためであろう。大坂城に移ったのち、長浜時代を回想し再度寄進した。ここに「御ひかし殿」も登場する（本書639頁）。

＊　表紙には「羽柴藤吉良（郎）秀吉」とあり、本文中には

「筑前守殿」とある（前頁写真、右側と上段中間）。秀吉は天正二年二月には藤吉郎の名で文書を出し（『近江長濱町志』三八四頁）、天正三年八月には筑前守秀吉の名で出している（同上四二三頁）。

冒頭部には女性陣が列記される。奉納集団にはグループがあって、最初の五月吉日御内方のグループは、秀吉妻である御内方（北政所・寧）の集団である。彼女の五石は群を抜いて多い。御内方・侍従殿三十疋、大方殿一俵、おちょぼ五十疋と続く。

大方殿は母親である大政所であろう。羽柴（豊臣）家中にいたちょぼと同じ名前の女性に、慶長三年（一五九八）九月十七日・血判起請文（大阪城天守閣文書）を書いた人がいる（『ねねと木下家文書』）。伏見城天守のきがね（黄金）・道具を預かり、起請文を書いた。また秀吉自筆の「よめ・ちよほう」宛消息が残されていて（益田文書、『豊太閤真蹟集』）、それによって、ちょぼが聚楽城茶道具を管理していた女性であるとわかる。若き日の長浜での「ちよほ」があり、その二十年後の姿が、聚楽城・伏見城の（お）ちよほであろう。侍従殿についての詳細は不明、父親が侍従に関係があった女性であろう。

五石はおよそ銭五貫＝五千文（今の貨幣価値で七十五万円相当）、一俵は籾であろうが、計算上玄米四斗＝四百文とし、疋は十文で四十疋は四百文だから、各人寄付額の比較ができる（疋と文が混用されている。寄進時の額をそのまま記録したからであろう）。ちょぼにつづいて同じグループ内に石松丸が見え、乳母に続く。石松丸には「御ちの人」と注記される。ふつう「お乳の人」と「乳母」は同義とされるが、区別されることもあって（御伽草子『酒呑童子』に「おちや乳母（めのと）の附き添ひて」）、この史料自身でも天正十六年奉納グループではお乳の人と乳母が別々に登場している。仮にお乳の人が授乳をする人で、乳母は養育係だったと考えておく。「御ちの人」が石松丸の名前で寄進し、寄進された側が御ちの人と記録した。石松丸は城内にいた乳児である。

この段階、天正四ないし五年に石松丸が乳幼児であったとする推定が正しければ、天正四年にはすでに六歳近くに成長し、その十月に死没する朝覚とは別人である。

次は十月吉日に寄進したグループがいる（史料の引用略）。大方殿が主唱して一俵、そして二百文おふう、二十疋（二百文と同額）南殿、次の「まゝ」は三百文で南殿よりも多い。

南殿は殿という敬称がある。彼女はこの史料の後半に再登場しており、天正五年丑十一月二十二日に「御城のうば（二斗、二百文相当）、御城の南殿（拾疋、つまり百文）」としてみえる。桑田氏は側室と見、かつ石松丸の母とみた。

「御城の南殿」とあるように、この人物が城内にいたことは確実だし、四十歳になった城主に側室がいておかしくない。ただ側室にしては寄進額がだいぶ少ない。大方殿のグループであったらしい。詳細不明としかいえない。まして石松丸母なる説には何も根拠がない。石松丸御ちの人の奉加額百疋つまり千文（一貫、今の貨幣価値で十五万円程度）は、他の人に比べれば多額である。石松丸が羽柴家内で重要な乳児であったことは推測できるが、それでも秀吉の実子であったとはいえない。

南殿の次行に登場している「おあこ」は、木下家系図に、金吾（小早川秀秋）実母とされる女性に名前が同じである。家老杉原家次の女子だったから、長浜近辺にいたといえる。その聟たる家定が杉原小六郎か。妻たるあこも「殿」のような敬称が付される段階に至っていない。

金吾

秀吉長浜時代の養子に「金吾」（のちの秀俊、小早川秀秋、同秀詮）がいる。小早川秀秋は秀吉後継者が秀次に決まるまでは、秀吉後継の最有力候補だった。天正十年（一五八二）本能寺の変のおり、金吾（木下家定五男とされる）は秀吉養子として長浜城にいた。金吾が総持寺に匿われたことを記す、北政所老女ひがし書状が長浜市にある総持寺に残されている（中川泉三『近江長濱町志』一九八八、四―四三六頁、『改訂近江国坂田郡志』二、昭和十九）。

わざと一筆とりむかゐまいらせ候、北のこほり、れうこゐん（楞厳院）そうち寺（総持寺）に、ひくわん（被官）五六人給候、
これはあけちらん（明智乱）のおりふし、金五さまを御かゝへ候により、そうち寺へ、くたされ申候由に
候まゝ、そなたにも、御ようしや候て給るべく候、これは中納言（秀次）さまきかせられ候も、くるし
からず候まゝ、そのぶん御心へ候て給るべく候、これらしきを、中納言さまへ申上候はんより
もと、それさまへ申入候、いかほとも御ようしや候て給るへく候、くはしくはこのつかい申候
へく候、かしこ

十九日　　大さかより

（捻封上書）

こま井
次郎さへもん殿
まゐる
申給へ

□　□
ひかし

（総持寺文書）

発給者を示す部分が剥落している。捻封上書により北政所老女ひがし《（東）》（大谷吉継母）の書状とわかる。本書639頁に述べたように、北政所母朝日がひがしの伯母という説があり（『塩尻』）、ひがしは北政所の従姉妹の可能性がある。先の竹生島奉加帳にも、天正十六年（一五八八）に「御ひかし殿」として登場している。

明智の乱（本能寺の変）に金吾が総持寺に逃げたことを記す、北政所老女ひがし（杉原一族、大谷吉継母）の書状　下が表（第一面）、上が裏（第二面）で「金五」とある。総持寺蔵。

小早川秀秋（金吾）のような著名な人物に関しても実は生年、死没時の年齢がわかっていない。金吾は天正三年

（一五七五）生まれ説（中川氏、四男とする。典拠不明）、天正十年（一五八二）生まれ説（『木下足守家譜』史料編纂所・史料目録DB、人見彰彦「北政所（高台院）と木下家の人々」『ねねと木下家文書』、田端泰子『北政所おね』）などがある。秀秋（秀詮《ひであき》）は慶長七年（一六〇二）十月十八日に逝去する（『時慶記』ほか）。この年齢についても諸説がある。『木下家譜』に合致するのは二十一歳説（『譜牒余録』『寛政重修諸家譜』）で、ほかにも二十二歳説、二十三歳説、二十八歳説（『慶長見聞書』）がある。『大日本史料稿本』は二十一歳説を有利とする。出典不明だが渡邊世祐『豊太閤の私的生活』二六一頁は秀秋二十六歳死亡（天正五年生まれ）とする。中川説だと満二十七歳、数えで二十八歳となる。

通説たる『木下家譜』の二十一歳死亡説だと、本能寺の変の時は生まれたばかり。巷間、秀頼誕生によって酒狂が始まったといわれるが、それが十二歳。慶長二年（一五九七）に朝鮮役で総大将となったときが十六歳（そこでの失態を問われて北庄十二万石に減封される）、関ヶ原合戦の時は十九歳となり、いかにも若すぎる気がする。

そこで兄の木下延俊についてみると、『木下家譜・備中足守』では寛永十五年一月七日没、六十五歳、『木下家譜・豊後日出』では寛永十九年一月七日没、六十六歳没とあって、記述にくいちがいがあるものの、「寛永日記」によって、後者の寛永十九年（一六四二）没が正しいとわかる。延俊は天正五年（一五七七）生まれで、金吾は同腹で四男説と五男説がある。仮に金吾が天正七年（一五七九）生まれとすると、秀頼誕生時（一五九三）には満十四歳で以後酒狂い、関ヶ原合戦（一六〇〇）には満二十一歳。出典不明ながら中川氏の天正三年説だと酒狂いは満十八歳からだから、これも捨てがたい。

秀秋は天正十三年閏八月十一日秀吉書状(『太閤書信』一一九頁)において、「きん五」と呼ばれているから、それ以前に任官していた*(正五位・衛門督か)。秀頼は文禄二年(一五九三)生まれで、慶長二年(一五九七)に左少将(正五位相当、翌日、左中将、従四位相当)に任官した。その時の秀頼が数え五歳(満四歳)だったことは特例であろう。秀秋が天正三年生まれでも十歳以前の任官である。

* 任官を渡辺著二六一頁では「右衛門尉」とするが誤り。天正十六年聚楽第行幸に金吾侍従(聚楽行幸記)がみえる。田端泰子『北政所おね』一九九頁に天正十九年に参議・右衛門督・従四位下に叙されたとあるけれど、『公卿補任』には「参議・従四位下」とのみあって、右衛門督とはない。前記のように、それより以前に右衛門督任官があった。

おあこ(雲昭院)は木下家定男子のうち四人の母で(勝俊のみ別母)、杉原家次女子である(『木下家譜』)。家次は家定叔父とされるので従兄妹結婚となる。『ねねと木下家文書』一六一頁系図によるとこの女性、つまり小早川秀秋たちの実母が「おあこ」とある。*

* この系図では「おあこ」を利房妻にしているが、世代的にあわず、家定妻が正しい。「おあこ」という名前の出典は調査中で、『木下家譜』の一本にはあるもよう。

系図にはないものの、おあこは家定との間に男子だけではなく女子も産んだだろう。多産であったし、すでに男子も三人いたから、寧（ねね）が従姉でもある義姉に次の子をほしいと依頼したと考える。

石松丸は天正四年五月に乳児であった。もし中川氏や『慶長見聞書』がいうように金吾が天正四年以前に生まれていれば、石松丸は金吾となる。『木下家譜』などの記述から推定される年齢にはあわないが、家譜の混乱も考えられる。秀吉や北政所や関係者が、長浜時代の秀吉子を懐旧した記録はない。もしも実子がいたのなら、「じぶんは四十前に子が授かった」と、いったはずである。養子を含めてこと細かく記述する系図類のどれにも、長浜時代の子は登場しない。フロイスは「秀吉には子種がない」といっていて、世間の人々もそう認識していた。秀吉本人もまわりのものも、一〇年前に実子がいたといわなかった。実子がいなかったからである。

補論二　軍陣と側室――茶々の行動と名護屋

出陣パレード

本書636頁の記述を補いたい。一般論としていえば戦陣に夫人たちの随行はない。戦場は危険で、女性の同陣は作戦行動に大きな制約を与える。ただし出陣式には多数の婦人が参加した。

秀吉の夫人や側室は秀吉が出陣するとき、その出陣式に参加した。輿に乗る夫人もいたが、多くが女騎《めき》姿となった。女騎〔女騎装束〕は古く平安時代から確認でき〔『小右記』『御堂関白記』『中右記』、半井家本『医心方』紙背文書〕、『鎌倉遺文』でも四例ほどがあるし〔以上、東京大学史料編纂所データベース〕、源実朝行列にも見える〔『吾妻鏡』建仁三年九月二十九日条〕。秀吉の頃の、大名の婚姻行列にも女騎が登場した〔田端泰子『北政所おね』八二頁〕。女騎は数騎から十騎程度で十分華やかだった。実朝のときは十五騎だったが、それが秀吉の場合は六十騎あるいは百騎以上だったというから壮観である。

『たいこう〔太閤〕さまくんき〔軍記〕のうち』〔『太閤史料集』所収〕の唐入り出発儀式をみよう。

三月一日御動座とおほせいだされ候へども、大軍と申すにあいさゝへ、しばらく御延引、吉例にまかせ、関東御陣へ御供候て、御しあわせよきにつゐて、北政所・佐々木京極さまに孝蔵主、おちやをあいそへられ、御同陣、供奉人数の事
服部土佐　御牧勘兵衛　大野木甚之丞　稲田清蔵　荒川銀右衛門　太田又助
御輿かず五十余ちやう、馬上のおんな女房たち百余騎、美々しき御よそおいなり

三月一日、唐入り出陣の予定が延びた。出陣の儀式に、小田原戦勝の吉例の踏襲として北政所、京極〔龍子〕、孝蔵主、おちゃ〔ちゃあ、老女〕が同陣した。吉例とは龍子や淀殿ら夫人を同伴したことをいうのであろう。福田千鶴『淀殿』は北政所を淀〔茶々〕のことと解し、茶々が唐入りに随

行したと読んだ。しかし北政所および京極氏に「相添え」られた、孝蔵主、ちゃあ（おちゃ）の二名は、ね（寧・のちの高台院）付きの女房（老女・執事）である。当然に北政所は寧（高台院）である。

騎乗の女武者百余騎が、あでやかさ、華やかさを演出する。夫人たちは京都での秀吉パフォーマンスに参加し、晴れやかな出陣を演出して見せた。秀吉は関東発向のときには白髭をつけたが、唐入りでは黒い付け髭にするなど趣向を凝らしている。パフォーマンス重視である。むろん、ここに登場した女性たちが直ちに戦場に行くわけはない。北政所もおちゃも、肥前には行っていない。ここを混同する研究者がいる。

女騎の宣伝効果は大きい。うわさには尾ひれがつく。なぜか肥前名護屋には女騎・輿にも参加していない茶々がくると風評がたっていた。夫人のひとり京極龍子（松の丸）が肥前まで同行したことは本文に述べた。京極龍子との混同があったに相違ない。孝蔵主も名護屋に行っている（『豊前覚書』、以上本書635頁）。

小田原出陣時の光景に、同じだった。小田原陣出陣記事をみよう（『たいこさまくんきのうち』）。

北の御方・佐々木京極さま、御同陣なされ候ひける、御輿数三十余丁、馬乗の御女房衆六十余騎なり

『太閤史料集』（桑田忠親氏校訂、一八二頁）は「北の御方」について「淀殿」と注記した。茶々が出

陣式にいたとしておかしくはないが、出陣式にいた北ノ御方であれば寧である。記事は三月一日のもので、三月段階には茶々の小田原行きは決定されていない。茶々の小田原行きが決まるのは五月過ぎだった。つまり四月十三日に秀吉は寧（北政所）の老女五さに手紙を書き、寧に対して、茶々を召し寄せたいので、準備するようにといっている。五月七日、「淀之女房衆」を小田原に迎えるための伝馬整備が命じられた（吉川文書）。淀殿は三ヶ月以上遅れて関東に向かった。「北の御方」も、馬上の「御女房衆六十騎」も、三月一日行事に参加したが、小田原まで参陣したわけではない。

唐入りの時の出陣式にも北政所（ね）と京極龍子、そして孝蔵主らがたしかにいた。けれども北政所（ね）は出陣式（パレード）に参加しただけで、少しの距離を秀吉と同行し、しかるべき場所で見送ってから戻った。京を出発するときの輿の数は五十丁、女騎百以上だったものが、肥前に到着したときにはわずかに輿七丁となる。出陣式に参加した女性の多くは、戦場である名護屋には行かなかった。輿七丁は以下にみる京極龍子と孝蔵主ほか女房衆分であろう。『くんきのうち』は龍子の同行を記述するものの、淀殿については何らの言及がない。淀殿が名護屋に行ったとは、いえない。

本書に述べたように、佐竹家家臣の『平塚滝俊日記』はうわさを聞いて、茶々随行こそが「吉例」であると思い込んだけれど、淀殿を確認できなかったと書いている。肥前での淀殿在陣はない。*

＊（文禄元年）極月晦日太閤朱印状（毛利家文書）によれば、名護屋在陣中に「簾中方」へ呉服・帯が送られている。歳暮の進物であろう。福田氏はこの簾中は茶々であるとする。しかし同行が確実な京極

龍子であろう。

つち御料人

龍子のほかに名護屋城内へ入城を要請された夫人がいる。つち（槌）御料人である。鶴田家文書・年欠十一月廿四日鍋島房重・龍造寺周光連署書状写（『佐賀県史料集成』七巻の六一号）をみる。

今度つち御料人　太閤様へ可被成御礼之通、被　仰出候由、従薬院（施薬院全宗）、此方まて御状到来ニ付而、申入候処、善次郎殿留主之儀候間、可有如何哉之由、尤ニ候、乍去　上意之所、可申分事、不及才覚候条、早々御参之御分別より外無之候、然時ハ善次郎殿御帰朝候て、自然何かと被仰儀候ハヽ、右之趣、自是も可申分候、兼又、御料人若於御帰宅者、御重縁之儀共、可然之様、見合可申事、不可有疎意候、猶石又兵可被相達候、恐々謹言

十一月廿四日　龍造寺阿波守 周光
鍋嶋豊前守 房重

鶴田因幡守殿
勝屋与三左衛門殿
後藤太郎左衛門殿
御宿所

内容は以下のようなものであろう。

「後藤善次郎（家信）夫人つち（槌）を太閤への御礼に来させよ、との施薬院全宗（徳雲軒、太閤側近）からの指示である。善次郎が留守（朝鮮陣に従軍中）であるからという、あなた方のご心配はもっともである。しかし上意だから仕方がない。早々にまいります、というほか、選択肢はない（御分別より外無之候）、善次郎が帰朝したら、何かというだろう。（そのときは、上意だから仕方がなかったと）こちらからも申しわけしよう。もし御料人さまが帰宅されたら「御重縁」になるよう、しかるべく見合になるよう努力しよう。」

天正二十年（一五九二）七月二十二日母大政所の逝去によって、秀吉は大坂に戻り、十一月に名護屋に戻っている。翌文禄二年（一五九三）八月には大坂に戻っているから、この十一月二十四日は文禄元年十一月であり、秀吉が名護屋に戻ってきた際のものである。母大政所の葬儀（八月六日）には京極殿・龍子も大坂に戻ったであろう。

つち（槌）御料人に出仕命令がでた。後藤・鶴田家中は夫である後藤善次郎が出陣中であるという理由で、断ろうとする考えもあったようである。それに対し、上意だから拒否はできない、善次郎が帰国し不満をいってもこちらで事情を説明（説得）しよう。もし御料人の帰宅があれば、重縁をすすめる、とある。

「上意だからどうにも仕方がない」（「御分別より外無之」）とは、あきらめである。重縁という言葉は「離縁」を前提にしている。「留主之儀……如何」「御帰朝候て、自然何かと被仰儀候」、いずれの表現にも、ただならぬものがある。つち御料人への出仕命令こそ、側室になるように、との命令にちがいない*（この史料については、大園隆二郎氏のご教示を得た）。

つちは槌市ともいわれ、後藤貴明の女子で（系図・『武雄史』）、永禄七年（一五六四）生まれ、竜造寺隆信の三男家信（永禄六年生まれ）と婚姻し、家信は後藤家の養子となった。敵対していた後藤家を龍造寺氏が実質支配下に治めた。つちは寛永十八年（一六四一）十一月十三日没、七十八歳。夫の家信は文禄元年三月二十六日伊万里から朝鮮へ出兵、同三年正月帰国。このとき槌市御料人二十八歳で、すでに、天正十年（一五八二）十八歳のとき、嫡男茂綱を産んでいて、母親だった。しかし家の記録では何事もなかったかのようであるから、側室にはならずにすんだとも考えられる。

* 秀吉が美しい婦人を側室にしようとして、女性に拒否された話は伝承にもある。肥前地域ではもっぱら改易されることになる波多氏の例で語られている（ただし裏付け得る史料はない）。鶴田家文書は波多氏にではなく、後藤氏にそれがおきた事例を示す。寺崎宗俊『肥前名護屋城の人々』一五二頁によれば、後藤家信妻女のほか、鍋島直茂妻女（陽泰院）にも招請があって、幸蔵主（孝蔵主）に泣きついて逃れたとある。ただし陽泰院は五十代のはずである。

第十二章　秀吉と陰陽師

一　声聞師・陰陽師・舞々

ここでは鶴松・秀頼兄弟の誕生に大きく関与したであろう陰陽師の実像と、秀吉による追放・弾圧事件を考える。

森本村舞々大夫・陰陽大夫

秀吉は長浜時代、近江国森本舞々村に次の文書を発給した（森本共有文書、写真は長浜市立長浜城歴史博物館編『神になった秀吉』八八頁）。

森本舞々大夫并陰陽之大夫共之事、人夫等之義令免許候、若此一在所之内、或侍衆、或百姓等、雖為一人、相拘にをいては、任請状之旨可加成敗者也

三月廿七日　　秀吉（花押）

もりもと大夫中

森本大夫（舞々・陰陽師）にかかる人夫役はこれを免除する。この村に「相拘《あいかかる》」（「かかずらおう」

とする・関与し賦課をかけようとする）侍や百姓は先立って作成ずみの請状によって成敗する。
「舞々大夫并陰陽大夫」とあるから、ここでは舞々と陰陽師は区別されているが、同じく森本村に住んでいた（山路興造「舞々考」〈『芸能史研究』一四一、一九九八〉は「京都において芸能に進出した被差別民は、この声聞師であり、本来の陰陽師は芸能に携わることはなかった」とする。二八七頁）。彼らに対して相拘るものが多かった。『浅井三代記』（改訂史籍集覧・通記類六）によれば、森本村の舞々鶴松太夫は浅井氏に仕え、天正元年（一五七三）小谷《おだに》落城のとき浅井《あざい》久政に殉じている（『浅井三代記』ほか）。山路興造「森本舞々村」（『散所・声聞師・舞々の研究』）は、久政と鶴松太夫は衆道（若衆道、男色）の関係にあったとみる。殉死したのならそういう関係だったのかもしれない。

以下、山路の研究（同上および「舞々考」）に依りつつみよう。慶長七年（一六〇二）森本村検地帳には、岩太夫、千太夫、満兵（万兵へ）太夫、かう（高）太夫、亀太夫、むめ太夫、田兵太夫、七郎太夫、辻太夫、源次太夫、幸松太夫、の名前がある。亀太夫・むめ（梅）太夫・岩太夫、幸松太夫は佳名で、縁起のよい名である。千太夫、満兵（万兵へ）太夫、かう（高）太夫も同様であろう。森本舞々村には太夫を称し、幸若舞を演じる芸能者が多数いた（太夫であったのは森本村の全戸ではないと考えられる）。高月観音堂には寛文四年（一六六四）辰九月に岩坪小徳太夫が奉納した絵馬が残る。江戸時代にも代官彦坂小刑部元政らが彼らの諸役を免除した（同文書）。

東浅井郡・渡辺去何の手記があって、

長政落城の期まで傍にありし、伊香郡森本村鶴松太夫なるもの、子孫、今に在り。昔は民間にも婚礼などある時、来りて諷曲をなし、正月には福神の絵を家々に賦りて、初穂を取りしと、祖母八十八歳にて宝暦中に死したるが話しき。

とある。森本村舞々の暮らしぶりがわかる。婚礼の席に呼ばれて幸若舞を演じ、正月には予祝を行って、初穂を得た。この村は田が十八町あって、農業の比重もかなりあった。宝暦に八十八歳で死んだ女性、つまり寛文・延宝頃の生まれで、元禄期に若妻であった女性が、辛うじて昔の舞々を回想した。近世後期には次第に、正月の予祝も門付けも範囲（興行権）が縮小していた。

大正八年『民族と歴史』二巻二号の「院内八島（唱門師の事）（河内将芳「院内八島」〈同上『散所・声聞師…』〉にも紹介）によれば、

滋賀県東浅井郡湯田村字八島の一部に古来院内八島といふあり。今は南八島と云ふ。明治維新前には二十戸已上三十戸近くもありしが、現今十戸已内に減ぜり。他部落よりは「ショモジく」と軽賤し、結婚交際も、坂田郡産所現今三戸伊香郡森本現今十三戸と通ずるのみ。当字の一隅に川を隔てゝ一郭をなし、薬師堂にて年中行事の春秋の祭礼をなし、氏神八幡宮の事には更に関係なし。維新までは伊勢の暦はこの一団より近村に配附する慣例なりし由、また各戸の男女年初には万歳の営業に出づ（以下略）。

このあとには、村には近村に並ぶもののない資産家がいたが彦根に移り、大地主もいて隣村まで他人の土地を踏まずにいけたこと、年々お茶を三百樽出したことが記され、村からはときおりには富裕なものが出たことが記されている。

ここに森本も登場している。舞々村森本の一部（十三戸）が声聞師・産所と通婚している。坂田郡産所は本書第三章三―2、325頁にてみた長浜八幡宮文書に登場する散所、あるいは大原観音寺文書・応永二十六年（一四一九）本堂造作日記帳（『史料纂集』古文書編一―一四四）ほか数点に登場する散所者（算所）の後裔である。山路報告に詳しいが、暦の配賦や正月の万歳が彼らの職掌としてあり、生活の糧になっていた。しかしながら彼らは結婚差別を受け、村の祭礼とは別に薬師堂にて祭りを行った。

上記は八島に関する記述から類推できる近世後期・森本舞々村の様相である。

建部算所村

近江国建部庄木流《きながせ》（旧神崎郡五個荘町・東近江市）には、近世後期まで枝村として「大夫《（太）》村」（唱門師村）があった。

大正元年の大橋金造「江洲産所村記」（『郷土研究』第二巻―八、四八三頁、『喜田貞吉著作集』一〇『部落問題と社会史』に一部引用）によれば、神崎郡旭村大字木流《きながせ》の小字として産所といふ所あり。木流の本村よりは東北北に当り、半町ばかりも離れ居り候。

「産所の藪」という藪だったが、近来は畠に開かれ、藪はない。もとは十七軒、次第に移住し、弥太夫・源助という二軒のみ残ったが、文政・天保頃に一戸は坂田郡へ、一戸は美濃へ移って、家はなくなった。

土地の者は近江源氏の牢人と称し、また弥太夫が家には佐々木家より賜りたる弓矢馬具など持ち伝え居りし由、尤も他とは一切婚姻等を為さず、竈祓《かまどはらい》、祈祷、家相方角《かそうほうがく》などを見て活計と致し居候ひし由、又百姓をも傍《かたわら》、致せし由に有之候、一老人其父より聞伝へ居ると云ふ話に、弥太夫が家は二室ばかりの小さき藁屋なりしも、内福の者なりし由に御座候

宝暦十年（一七六〇）彦根藩社堂調帳に書かれた十禅寺権現社は明治まであったが、合祀された。この村にも算所（散所）大夫に宛てられた織田信長や豊臣秀吉（文書は家臣宮木豊盛〈長次〉が出している）の発給文書が残されている（日本大学法学部所蔵文書・山路興造「木流散所」『散所・声聞師・舞々の研究』三九一頁）。

国一大夫事、召出候上者、於在所算所村諸公事者、如先々令免許訖、次分国中徘徊儀、聞食届候也

天正七
十二月廿七日（信長朱印）

当村之事、任上様朱印之旨、諸役儀不可在之候、若為下、何かと違乱之族於在之者、可請御諚条、此方へ可申越候、恐々謹言

七月三日　　宮木長次（花押）

建部算所村

大夫中

織田信長も天正七年（一五七九）に、ここの算所村に朱印状を与えて諸役を免除している（同右三九一頁）。国一は『多聞院日記』永正二年（一五〇五）五月五日条にみえて、奈良の吉祥堂勧進において曲舞を国一大夫が演じている。諸国で活動し、信濃や江戸でも活躍している（前掲）。信長は分国中の徘徊を許した。近江、ひいては東海北陸までの営業権が承認された。

秀吉も森本に引き続き、建部村算所に、同じような諸役免除状を出していた。宮木長次（豊盛）

は秀吉の家臣である。「上様」すなわち秀吉の命により、諸役を免許し、違乱の族に御掟に従わせるとしている。

秀吉は長浜入城後、諸職人に諸役を免許する替わりに、秀吉に奉仕させる朱印状を発給した。国友鉄炮や西草野鍛冶、畳指に宛てた文書（『近江長濱町志』一―一六〇頁、四―四二三頁）などがある。技術者（職人）を抱え込んだ。

戦国大名と皮革の村保護

戦国大名は皮革製作に従事する人々、つまり賤視された人々を、一部の特権を付与しつつ、囲い込んでいた。皮革業者については、東国では今川氏や後北条氏の場合は七条文書、宮本文書・浦島文書・由井文書などの古文書によってその事実が裏付けられる。西国に関しても、尼子氏の場合は蒲生務氏文書（『新修島根県史』）、毛利氏の場合は『毛利文書』や『陰徳太平記』によってわかり、永原慶二「中世社会の展開と被差別身分論」（『部落史の研究』前近代編）でも検討されているし、『部落史史料選集』（古代中世）に多くが収められている。徳川家康が長吏頭・浅草弾左衛門を厚遇したことはよく知られている。弾左衛門は毎年年頭に老中に賀詞を述べるため、江戸城に登城している（弾左衛門由緒書、『浅草弾左衛門』二一六頁）。上記・戦国大名や家康と、皮革業者との関係は、現代的にいえば、公共事業による軍需産業保護であった。牛・馬・犬・兎からの皮革は鎧や馬具（泥障・あおり）、刀、沓（履き物）、また太鼓などあらゆる軍事物資に必要不可欠で、膠を使った弓・弓弦もまた同様だった。

織田信長や豊臣秀吉の時代については、昭和五十九年（一九八四）に再発見された東京大学法学部法制資料室所蔵文書によって、皮革に従事していた四条・天部《あまべ》村に対して、信長も秀吉も保護する禁制を発給していたことがわかった（『京都の部落史』一、前近代、一七七頁に影写写真）。永禄十一年（一五六八）、信長は天部への乱暴狼藉や放火を禁じ、保護している。秀吉も天正十年（一五八二）、信長にならい、禁制を天部に発給している。この天部村は、源城政好「洛中洛外図にみえる河原者村について」（『京都文化の伝播と地域社会』二〇〇六）が明らかにしたように、「洛中洛外図屏風」（高津本、「時代統合システム」http://tois.nichibun.ac.jp/database/html/rakutyu/rakutyu_kouzu_menu.html）にみえる河原ノ者の村である。保護策は河原ノ者のもつ優れた皮革技術を独占し、奉仕させるためのものであった。陰陽師に対して出された特権保護は、皮革事業者を含む各種の職人に出されたものと同じ意味をもつ。

小田原北条氏と舞々

舞々を保護し管轄下に支配していたのは織田信長・豊臣秀吉のみならず、戦国大名に共通であった。小田原北条氏の場合も、舞々天十郎大夫を通じて、管内の舞々・いたか・唱門師を支配していた。江戸幕府編纂の『相州古文書』（内閣文庫所蔵）に「足柄下郡・小田原府内・古新宿町神事舞大夫・天十郎大夫所蔵」が多数収められている（藤沢靖介「民間宗教者・芸能民と『賤民』—舞々＝神事舞大夫と民間宗教者統制の研究から」『解放研究』一二、一九九九、そのなかの天文二十二年〈一五五三〉二月二日・石巻家貞奉書、天文二十四年四月五日・某判物は佐藤進一・百瀬今朝雄編『武家家法Ⅱ』〈一九九八〉に収録。『小田原市史』通史編〈戦国都市小田原〉にも永原慶二氏による分析があって、『永原慶二著作選集』六〈二〇〇七〉に再録)。

小田原では舞々大夫が「卜算を致す移他家・唱門師の類、任大永八年閏九月御置文、舞々の下に付之了」とし、役銭を相当に申し付くとある。

移他家《いたか》は『七十一番職人歌合』の三十六番目に登場し、流灌頂で流す卒塔婆を作る光景がある。『報恩録』(上、一四七四)に「いたか、売僧、鉢敲き」と併記されるように賤視されていた。小田原ではいたか・唱門師は舞々のグループにあって、かつ舞々大夫に支配されていた。

平時には病気治療など、合戦前には呪術的な神事で士気を鼓舞し、勝利を予言する。戦国大名は、さまざまな人心把握、人心操作に唱門師を利用したように思われる。

唐津城本丸跡出土地鎮皿

唐津城本丸では唐津市教育委員会による発掘調査が行われた(平成二十三年度)。その結果、古い石垣の存在が確認された。近世初期に現在の天守台石垣が築かれたときに、埋められた石垣である。その石垣内部から地鎮呪符が書かれた土師器《はじき》皿が出土した。二枚が重ね合わさり、二枚ともに「相生」の文字や五芒星(晴明九字)、四縦五横など陰陽道にて使われる文字や記号が書かれていた。そ

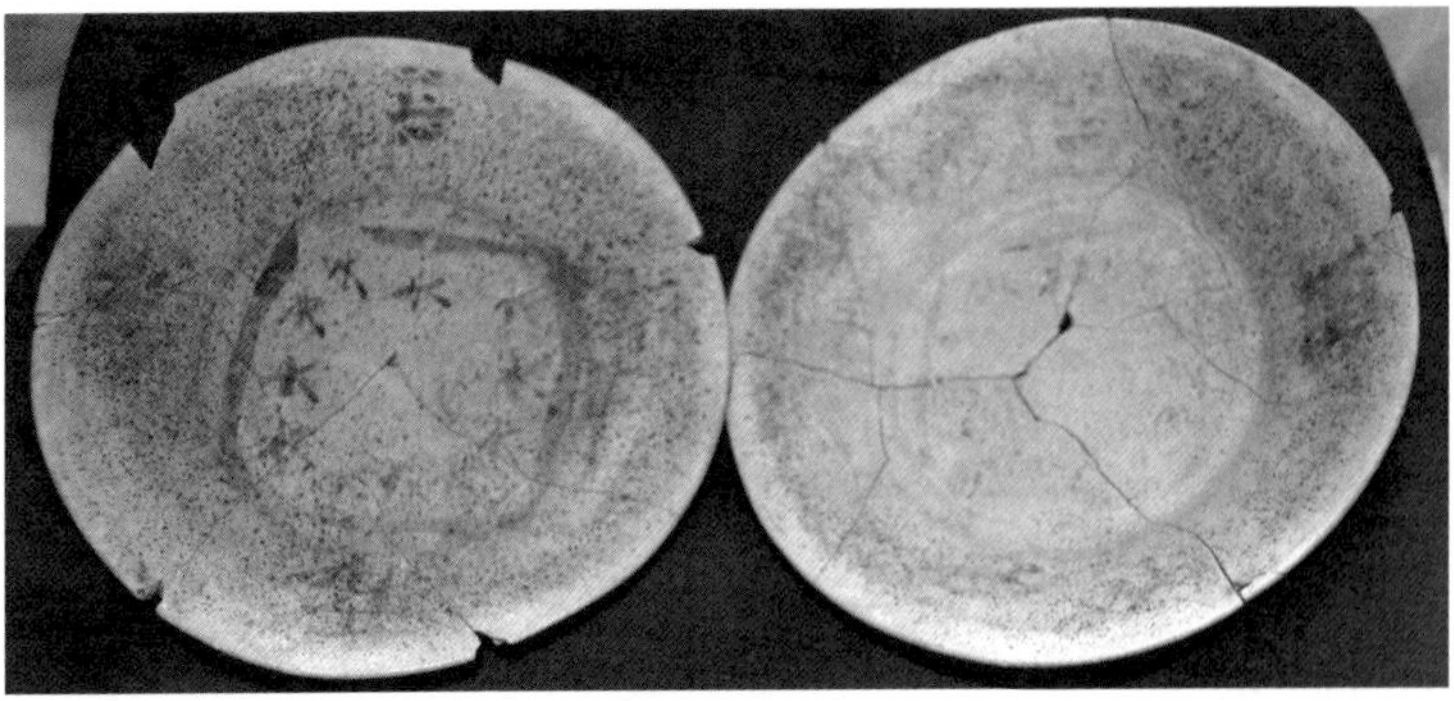

唐津城本丸の旧石垣内部から出土した、2枚が合わせられた土師器皿　記号文字は陰陽道の呪符。城主に直属する陰陽師が地鎮を執り行った。唐津市教育委員会所蔵。

の内側には水の字を多数配列していた（写真参照）。

この現在の唐津城の縄張りになる前の（古）唐津城は肥前名護屋城と同時期に存在していたと考えられている（「朝鮮陣留書」〈山口県文書館〉に、「かの津〈唐津〉によき城あるのよし聞き候て吾等二名にて見物申し候」）。金箔瓦の出土があり、その（古）唐津城も秀吉系の城で、金箔瓦を葺いていたか、または名護屋城古瓦の搬入と考えられている（唐津市教育委員会・発掘説明資料）。

おそらく秀吉系の城であったこの城には、城主直属の陰陽師がおり、築城時に地鎮を執り行った。

陰陽師と唱門師（声聞師）

陰陽師と唱門師《しょうもじ》（声聞師）は、どのような関係か。研究史ではおおむね同じと考えられている。また散所・舞々もほぼ同義とされることが多い。上記森本村の史料では区別されているけれど、村内の同一集団であろう。陰陽師は卜占であり、声聞師は祈祷であり、舞々は曲舞《くせまい》を舞う。陰陽師土御門流は安倍晴明を、声聞師の一部は吉備真備や阿倍仲麻呂を祖とする（沖浦和光『陰陽師の原像』六七・八二頁）。『大乗院寺社雑事記』文明九年（一四七七）五月十三日条に、「唱聞之沙汰条々、陰陽師・金口・暦星宮・久世舞《（曲舞）》・盆彼岸経・毘沙門経等芸能、七道物《（者）》自専」と声聞師の仕事内容が示してある。声聞師が陰陽師以下を沙汰（支配）した。金口はコンク、キンクで『色葉字類抄』（一一七七〜八一）に「金鼓　コムグ　又ヒラカネ」とあり、「金タゝキ」と同義であろう。文明本『節用集』には、まさしく「唱門師　シャウモンシ　金口打也」、『壒嚢鈔《あいのうしょう》』に「今此金鼓打ヲバ唱門師ト可書、家々門立、妙幢本誓ヲ唱へ、阿弥陀経ヲ誦テ」とある。「弾左衛門由緒書」にも鐘打がみえる。

「暦星宮」の「宮」はわからないが、暦星とは「暦生」（令制で、陰陽寮に属し、暦博士に従い暦法を学ぶ学生、暦については本書267、682頁）であろう。七道は『大乗院寺社雑事記』寛正四年十一月二十三日条に「七道者　猿楽　アルキ白拍子　アルキ御子　金タゝキ　鉢タゝキ　アルキ横行　猿飼」とある。よって声聞師は、陰陽師の仕事もしたし、舞々の仕事もしたか、またはその支配下に彼ら陰陽師・舞々がいたかのどちらかである（豊田武『日本の封建制』同『著作集』八、「封建制と身分制」九三頁）。

「洛中洛外図屏風」の「しやうもし村」

京の市中には声聞師村が複数あった。『散所・声聞師・舞々の研究』によれば、万里小路通に面し、土御門内裏の南東の声聞師村や、内裏の西に新在家声聞師があった。前者は上杉本「洛中洛外図屏風」に「しやうもし村」と書かれた村に該当する。

屏風に描かれた村を見ると、各家の屋根の上に立つ竿が目立つ。旗竿といってよいのかもしれない。前掲書では天道花と解説している。天道花は八日花ともいい、「灌仏会、四月八日に長い竹竿の先にツツジ、シャクナゲ、ウツギなどの花をつけ軒先に掲げるもの」とある。この屏風絵では鴨川を隔てた東、「しやうこ院」にも同じものが見られるが、ほかの町屋や寺院はもちろん、草屋根の家にはない。祇園祭同様、この一画だけが四月八日の異時同図かもしれないが、八日花は庭先や、

「洛中洛外図屏風」(上杉本)のしやうもし村　屋根上に赤と緑の十字があり、瓢箪も下げられている。遠くからも目立った。米沢市上杉博物館蔵。

田に立てるとされていて、屋根の上に立てることは珍しそうだ。よく見ると天道花（八日花）そのものとは異なるところがある。瓢箪《ひょうたん》やへちま、笠、籠のようなものをつなげてあるからだ。瓢箪は薬入れとして医療の象徴だというし、家運興隆のしるしでもあった。なかに種とか小石を入れておけば風が吹けば、音もして耳目を引きつける。ここでは天道花（八日花）とよく似たものが、声聞師村の屋根には恒常的に立てられていたと想定してみる。先端頂部に赤と緑の十字。遠くからも目立つ。いつも奇妙な音がする。

著者はこの光景から韓国・ムーダンの家を連想した。外から見てもムーダンがいることがわかるように、ムーダンの家には竿が立ち、赤や白の旗がつけてある。声聞師もムーダン同様であって、外部者にもその家がわかるようになっていた。声聞師を求める人が市中・国中の全員であったことを示す。ふつうの檀家寺や、町の寺のような固定の関係であれば、探し求める必要はないが、不特定多数の民衆が声聞師の家を訪ねるには、誰が見てもわかる目印としての旗竿が必要だった。

ムーダンは韓国の巫女で、心身の悩みを抱える人たちに、長時間の祈祷を施す。チャングやケンガリ（鉦）、チン（銅鑼）といった楽器を激しく鳴らし、トランス状態（憑依現象）を引き起こす。霊媒者であり、高い霊的能力・呪術をもつとされた。韓国でもキリスト関係者が魔術師とみていることは述べた（本書654頁）。

声聞師は霊能者である。彼らの舞は呪術である。なぜ彼らが正月に千秋万歳を舞ったのか。悪霊を払うことができるのはより高い霊能力をもつ彼らだからこそ、だった。医療も悪霊を追い払う行為である。高い霊的パワーが要求された。男と女のちがいはあるが、ムーダンの呪術と共通する。憑依現象・トランス状態によって異次元空間に誘い込む声聞師は、頼られもしたが、反面では恐れられ遠ざけられもした。日本でも朝鮮でも結婚差別の対象とされたのは、その霊能力・非日常性が原因であろう。*

近江において信長も秀吉もそうしたように、大名は、つねに周辺に陰陽師を配し、自身の祈祷に奉仕させ、課役（年貢）負担では優遇した。陰陽師は城内においても村においても吉凶占いをしたから、秀吉は人心の把握に利用したと考える。すぐれた陰陽師がもつ力（憑依能力）は、高く評価できた。秀吉が関白になってもそうした状況が継続されていた。経緯からして、従来からの宮廷陰陽師を登用したのではなく、民間陰陽師の流れをくむ新興で有能な陰陽師を重用し、宮廷陰陽師に相当する地位に引き上げていったと考えられる。

＊　飛騨地方に「ごんぼだね」というものがある。ふつう牛蒡種と表記する。ときおり気がふれたかのような人が出る。そうした人物や家筋をそのように呼んで恐れた。むろん結婚差別があった。喜田貞吉は護法胤ではないかとした。地元では霊力のある山伏が子種を授けていったからで、御房種だともいっている。憑依力のある家柄を恐れて避けた。飛騨高山で精神科医師を開設していた須田圭三による「飛騨の牛蒡種」（『日本民俗文化史料集成』七）が詳しい。喜田「憑き物系統に関する民族的研究」もある。
http://www.aozora.gr.jp/cards/001344/files/49814_44670.html

『物類称呼』（一七七五、岩波文庫一九四一）に、「陰陽師　をんみやうじ（略）〇備州にて、かんはらといふ。尾州にて寒中に寒んの御祈祷、寒はらひといふて、鈴をふりてよびありく有。此たぐひにや　〇京にてしやうもんしと云」とある。『日本国語大辞典』は『物類称呼』によって「かんぱら」の語源が寒祓だと説明しているが、本来は備中国上原郷《かんばら》（総社市）にいた吉備陰陽師に由来する。

堀一郎『わが国民間信仰史の研究』（二）宗教史編五三二頁に詳細な説明があり、『備中話』『備陽志』『神原村博士由来の事』等多くの文献が引用されている。『備中話』をみると陰陽師の集団を「上原相人」といった。狐憑きの治療で、二、三人が来て太鼓を打ち鳴らし、弓の弦をならし、刀を抜きて軽業狂言のような技をし、最後に鍬火に抹香をかけ病人を燻べるとある。病人が苦しみ恐れて、逃れようとして、最後に倒れるまで行う。験があれば傍らに狐の死体がある。逆に病人が死ぬこともあるというから、まことに激しい祈祷で、「ざんげ祈祷」といったとある。病人に恐怖と苦しみを与える治療・荒療治である。

文明十三年（一四八一）十月二十三日上原郷内検帳（『九条家文書』六―一七一八）に、

一　散在　散所大夫
　中溝
一反四十五代　（得）　一斗五升

とみえるように、室町期にはその存在が確認できる。彼の得田（損田ではなく、生産されている田）

から一斗五升の年貢があった（高原豊明『晴明伝説と吉備の陰陽師』二〇〇一）。

二　声聞師狩り、京・畿内からの追放

声聞師追放

権力に密接して奉仕をし、その保護を受けて営業圏を維持拡大する。こうしたそれまでの関係がまったく否定され解体されようとした事件が、先にみた秀吉による文禄二年の唱門師払いであった。以下ではその推移を詳しくみたい。

この事件を分析した研究には、管見の範囲では、①京都側の視点に立つ研究、②移動先の尾張側からみた研究、③民俗・芸能史からみた総合研究がある。

①

『京都の部落史』一、前近代編一九一頁〜、のち山本尚友『被差別部落の研究』（「声聞師の移住」一三一頁〜）

盛田嘉徳『中世賤民と雑芸能の研究』（千秋万歳の研究・一三四頁）

「洛中の散所」（『散所・声聞師・舞々の研究』前掲、二四頁）

瀬田勝哉『増補洛中洛外の群像』（二〇〇九、七一頁）

②
小島広次『清洲町史』
三鬼清一郎「普請と作事」『日本の社会史』八
三鬼清一郎『新修名古屋市史』二巻七八二頁～

③
堀一郎「陰陽師と唱門師」『我が国　民間信仰史の研究』五四一頁～
『祝福する人々』（『日本歴史と芸能』一二、小沢昭一、山路興道）

三鬼氏論考はもっとも新しくかつ詳細な研究で、本書も多く恩恵を受けた。しかしこの論考を含め、先行研究では前章にみた『時慶記』やフロイス『日本史』の記事に言及がない。フロイス『日本史』記事に着目したものは福田千鶴『淀殿』（一三八頁～）で、魔術師の召還記述を引用しているが、事件は女房処分と関連づけられるのみで、声聞師（魔術師）追放の経緯は記述されていない。

＊なお、史料の多くが最近『愛知県史』資料編13（織豊3）に収録された。

以下は前章で検討した史料も含め、それらを列挙したうえで総合し、動きを再把握してみたい。

[1]『時慶記』文禄二年十月十九日条（前掲）「太閤大津へ御越ト、唱門師払ノ儀アリ、於大坂在陣ノ留守ノ女房衆、妄ニ男女ト之義問、金銀多取候罪□（三）依テ也」
すでに検討したとおりで、ここがスタートである。

2 フロイスの記録にある洛北における陰陽師・乞食狩りと豊後への移民記事。これも、すでに検討した。

3 『当代記』文禄二年条（九月の記事の後）に「此比《このころ》、諸国博士可有成敗」（前掲650頁）。博士はむろん陰陽師を指す。「諸国」にいた博士が成敗の対象である。

4 『吉川家文書』（一の八一六）

為御諚申入候、仍日本国之陰陽師京都へ被召集候、御分領之内一人も不残、妻子共ニ被仰付、急度被副御使者可被差上候、畢竟豊後国ニ居住候様に可被仰付之旨候、不可有御由断候、恐々謹言

十一月七日

民部卿法印
玄以（花押）

石田治部少輔
三成（花押）

浅野弾正少弼
長吉（花押）

羽柴吉川侍従殿
人々御中

[5] 伊藤文書

紀伊国中陰陽師相改、女子共ニ民部卿法印、浅野弾正少弼、石田治部少輔ニ急度引渡候様、堅可申触候、為其、高札遣候、由断不可有候也

十一月廿日　　秀保

桑山治部卿法印

藤堂佐渡守とのへ

[4]、[5]は三鬼氏が紹介した史料で、年欠ではあるが、三鬼氏の研究により、ともに秀保が和歌山城主であった時期、石田三成、浅野長政（長吉）ら三奉行いずれもが在京していた時期であって、文禄二年のものとされている。「妻子共ニ」、「女子共ニ」とあるように、声聞師ひとりではなくその家族を移住させて、開墾に従事させせようとした。京周辺、紀伊また吉川領の陰陽師集団（乞食も含まれる）を豊後に移住させる計画だった。豊後は天正十四年（一五八六）、薩豊戦争以来荒廃し、かつこの年大友吉統の改易があった。この陰陽師対策は「日本国之陰陽師」、「諸国博士」とあるから、全国が対象であろう。具体的な記録が残るものは畿内、近畿および関東の陰陽師である。秀吉の目につきやすい京都の声聞師村はことごとく廃村になった。

[6]が江戸での事態である。命令が届いたところまではわかるが、どこまで実施されたのかはわからない。

⑥『家忠日記』文禄二年十二月十二日、江戸にて大久保（大窪）十兵衛（長安）から陰陽師改（調書）の提出命令

十二日壬戌　朝迄雨降、半助江戸より帰候、大窪十兵衛所より、領分の内ニ陰陽師候者、大閤様よりめしよせられ候間、あらため出候へ之由申来候

十五日乙丑　大窪十兵より、先度之陰陽師あらためにに侍壱人候て、□《(郷)》之百姓共めしいたしなき郷は□□□□□□□□□□□由候

⑦『駒井日記』文禄二年十二月十四日条

これより早く十一月、陰陽師が尾張に動員される。文禄二年十一月十八日、秀吉は尾張で放鷹し、十二月に伏見に戻っている。十一月二十八日、尾張国に対する秀吉九カ条・条書が出され、荒野開発・衰微の回復が命じられている。

一、筭《(算)》置共ハ荒地之在所江こさセ、荒地をおこし、其物成其年一年之分を一円に被下、翌年よりハ如御置目、年貢可致執沙汰事

算置は算木を使って占う人、占い師・易者だが、ここでは陰陽師に同義である。この条項は前に

ある「荒地分おこし候百姓」に対する規定（引用は省略）とほとんど差がないので、百姓の役割に同じであった。屯田兵のようでもあった。フロイスの記述とあわせて考えると、乞食のような生活をしていたものも、多くは農民になり得たことになる。年貢一年分は免除とされ、開墾地が与えられた。だが単なる農業従事者ではなく、いわば地鎮のスペシャリスト集団たる開墾団として期待された。尾張に残ったものをみると、陰陽師のままの生活をし、農民化することはなかった。荒地開発は、用水整備、溜池築造と一体の工事である。洪水被害を防ぐ堤普請も行われ、そこにも動員された。土公神の鎮めが肝要とされたからである。

全国の陰陽師が根こそぎ動員された。丹後と京の一部は豊後へ（フロイス、吉川文書）、畿内（京・奈良・大坂・堺）や紀伊からは尾張へと動員された（『駒井日記』、伊藤文書）。本格化するのは秀吉が名護屋から戻ってから二ヶ月後の、三月からだった。

8 『駒井日記』

（文禄三年）三月十日

一　京都其外唱閑《（唱門）》尾州荒地おこしニ被遣候様ニと民法《（前田玄以）》被申上、上意ニハ陰陽師書付上次第ニ尾州へ可被遣由、民法へ申遣（下略）

三月十二日条

京都・堺・大坂右三ヶ所之分者、民部法印江被成御尋候処、如此由、以書付被申上候
一　百九人　　京之陰陽師
一　拾人　　堺南北より
一　八人　　大坂より
　　合百弐拾七人
（以下略）

同日条に堤普請奉行徳永法印（壽昌）宛の三月十一日駒井重勝書状がある。「旧冬より　大閤様被　仰出候」とあるように、すべて秀吉から出たものだった（旧冬は前年十～十二月）。また大坂、堺、奈良分は民部が担当した分で、他国は別人が奉行した。
三月廿四日条では少し数が変わって奈良の六人が加わった。さらに尾張での割も決定された。

右陰陽共を割
一　清須より萩原迄道通
一　清須より津嶋迄道通
一　清須より宮迄道通
一　宮より津嶋迄道通

とある。なぜ道に応じて陰陽師を割ったのか、つまり配分したのかよくわからない。清須を中心に北・西・南そして南から西となっている。道が重要だったらしい。この四地点で結ばれる範囲には、木曽川堤防のような国境地帯は含まれていない。百九人、十人、八人また六人とあるが、普請指導者の数である。愛宕では陰陽師（黒魔術師 feiticerios）を数えあげると同時に、乞食 pedindo esmola（施しものをねだる人）を八百人（oitocentas pessoas）集めたとあった。愛宕の乞食生活者八百人の行先は豊後とされていた。尾張に向かった数も同等であろう。労働力としてはかなりの人数になった。

築堤工事

当時の尾張では荒地開墾が大きな課題になっている。関連して堤水よけも課題だった。すなわち堤普請は河川堤防工事である。三月十日条をみると、

一　尾州堤水よけに竹木数多入申候由、去七日書状徳永・原より到来、壱人持之材木
　　四千四五百本智多郡にて伐申度由申来

とある。「水よけ」工事には竹木が大量に必要だった。奉行一人に四千五百本必要だった。堤防が築かれた場所は未詳だが、城下清須近辺の荒廃地開墾が至上課題だから、中心は五条川堤か、また

は庄内川堤のように思われる。秀吉政権には長堤を築く技術の蓄積があった。備中高松城攻め以来のものといえよう。『駒井日記』文禄三年二月廿三日条には近江神崎郡・愛智川（愛知川）工事の記事がある。尾張のみならず、近江ほか諸国で堤防工事が進捗していた。「大破」とあるように、工事、破堤、修築の連続であった。

『駒井日記』文禄三年四月廿四日条に、海東郡堤間数八万五千六拾八間、廿五日条に中島郡五万七千八十五間とある。間が長さだとすると、総延長は二郡分で二五〇キロメートル強となる。尾張はそれほど広い国ではないから複数の堤防を計上しているのか、面積をいうのか不明である。

尾張八郡にはすべて築堤奉行が置かれた。海東郡でも中島郡でも「堤築之奉行」の役割は築堤に必要な物資を供給することだった。大河川がない智多郡（知多半島）の場合は竹木供出だった。人も資材も動員された。

清須城とその城下は徳川義直の時代にいたって放棄された。名古屋越である。水害が原因ともされるが、ならば治水は成功しなかった。廃城下部分の農地化が促進されるのはのちである（この結果、河川に井堰が設置されれば水運には支障が出る）。

陰陽師たちは陰陽師として動員された。陰陽師の力による荒地の開発は、地鎮であり普請である。それにともなう技術も含まれている。地鎮は川除堤防工事での成功失敗に密接に関連するものだった。彼らのもつ高い地鎮能力・築堤技術への期待は、反面失敗したときの代償を要求する。究極の地鎮。最後のそれは人柱だったと推測する。人柱は人心を結束する。難工事が急転して成功にいたることが多かった。

土御門久脩の出奔

この時期に陰陽頭土御門久脩が出奔したことを、山本氏や三鬼氏が指摘している。『公卿補任』元和七年（一六二一）の項に「――出奔違武命」とある。天正元年（一五七三）、わずか十四歳で陰陽頭になった人物である。尾張の伝承（後述）では秀吉のため丹波篠山に流罪になった。慶長五年（一六〇〇）、秀吉の死後に復帰した。寛永二年（一六二五）に従三位となって公卿となった（『泰重公記』五月一〜十五日条）。

平安時代、官位相当表では頂点の陰陽博士は正七位下、陰陽師は従七位上となっている（暦博士と同じ）。平安時代には博士は五位がふつうで、鎌倉時代になると四位もいる（東京大学史料編纂所データベース）。室町時代の応永頃には土御門泰宣や泰家が従三位で公卿になっているが、破格であろう。信長時代の天正十年一月十九日、尾張造暦師がこの年十二月に閏があると訴え、信長が土御門久脩に命じてその有無を裁定したことがある（『晴豊公記』）。実力者で活動期間も長かったが、秀吉からは疎まれた時期が長くあった。

京への復帰と尾張に残ったもの

京の正月風景に欠かせなかった千秋万歳が消えた。

『義演准后日記』
文禄五年正月六日条
今日惣門千秋万歳　一典申之、従去々年唱門師、為大閤御聞□如何、今日不参

『後水尾院当時年中行事』正月四日条
旧院のはじめ後陽成院の比迄は、今日千秋万歳参れど、正親町院御事の後は、御忌月なれば参らず、されば旧院御代の間、中絶によりて、彼者の子孫共のゆくへをしらずなり行く、今はまゐらず

正親町天皇は文禄二年（一五九三）正月五日没で、以後は忌月と重なるので、正月といえども万歳はきていない。*中絶以来行方不明であるとある。

＊　山本著書一四一頁は上記記事を醍醐寺には声聞師が訪れ、千秋万歳を演じ毘沙門経を読んだと解し、醍醐寺に属する山科惣門散所の声聞師は追放されなかったとする。惣門千秋万歳は醍醐寺惣門散所であろうが、「大閤御聞として」「今日不参」とあるのだから、『義演准后日記』も『後水尾院当時年中行事』と同じ文脈で読んでいいのではなかろうか（以上は前掲書「洛中の散所」二六頁・源城政好論考による）。声聞師たちは京都の人には行方知らずになっていて、すべて太閤の「禁制」のためであった。

文禄二年末、秀吉の大坂帰還とともに、京・大坂から追放された陰陽師は慶長四年の正月になって戻ってきた。慶長三年八月に秀吉が死没したからである。

『義演准后日記』（史料纂集二）

慶長四年正月六日条

千秋万歳来、此五六ヶ年天下御禁制ニ付不来、今年ハ別而召寄了、寝殿西庭上ニテ祝言申了

陰陽師追放という秀吉の処置は、浮遊層を定職に就かせるという点で社会的な意義があったはずで、その意味で政策であった。しかし秀吉の死後、たちまち弛緩した。陰陽師追放策は社会の支持を得ることができなかった。むしろ宮中では新年を寿ぐ千秋万歳の再来を歓迎している。けっきょく秀吉の声聞師追放・移転策は、彼による私的制裁、私憤という意味合いが濃厚である。

貴族社会も、武家社会も、そして庶民も、陰陽師の力を必要としていた。明日の行動を判断するうえでの助言、病気になったときの対処、予祝としての霊能者による千秋万歳、普請の際の地鎮、などなど。彼らの役割は大きかった。これらのうち地鎮は神主が代行する形で、いまでも必要とされ、社会の要請がある。祝儀においては千秋万歳（三河万歳など）が今も舞われている。

尾張万歳は秀吉によって尾張の開墾を命令された声聞師の末裔らによって演じられている（『祝

福する人々』一九九〇、林淳『近世陰陽道の研究』二〇〇五)。

尾張万歳には二つの拠点があってひとつは春日井郡味鋺村、陰陽師石田疋大夫である。もうひとつは知多郡にあった。ともに『尾張名所図会』ほか地誌に記述がみえており、たとえば天明八年(一七八八)の『張州雑志』巻六は知多郡に関して、

萬歳　初春ニ烏帽子素袍ヲ着シ、鼓ヲ鳴シ府下及村里家々ニ入テ祝辞ヲ唱ヘ舞フ、是レ寺本・藪・横須賀等之貧民専為之

院内人　陰陽師ト称ス、藪・寺本・横須賀・大高等ニ住ス、伝ヘ云、古ハ土御門家ノ被官ノ者ナリシカ、太閤秀吉ノ時、故有テ土御門家ヲ丹波国笹山ニ流シ、時、其ノ類葉モ同ク国々エ流罪セラル、中ニモ当国横須賀ニ来シ者ハ高弟也シトソ

と記す。秀吉によって土御門家が流罪とされた時期に、土御門家被官人であった彼らも諸国(国々)に流罪とされた。*そのように子孫が伝承していた。

＊　ただし、山崎美成の「民間時令」(『続日本随筆大成』)に、「無住道《(遺か)》跡考曰、正応五年(一二九二)中万歳楽と号し、正月の初、寿を祝する謡物を作りて、徳若と云う者に授て、家々に至りて歌はしむ」とあり、同書に以下のような元文三年(一七三八)万歳由緒書上の引用があるけれど、特段、畿内出

自とは記されていない。そこには、「春日井郡味鋺村陰陽師十六人、知多郡藪村（森福太夫、松福太夫、米福太夫）、西大高村、横須賀村」のそれぞれ書上があるが、「由緒書等持候者、無御座候」、「由緒らしき者無御座候」とされている。

また高村正一「消えた京・陰陽師萬歳―愛知県萬歳史のうち」（『行動と文化』一〇、一九八六）は尾張万歳が京・陰陽師に由来することを疑問として、貴種流離譚とみる。根拠は奈良からの六人は五カ所十座と比して少ない。横須賀にきたものは一人など、数からの疑問である。たしかに数の問題はあるし、「由緒はない」とする村もあったけれど、『張州雑志』の記述からも後世の尾張万歳の一部に京からの陰陽師の後裔がいたことは否めない。林淳『近世の陰陽道の研究』（一九頁）は高村論考を高く評価したが、移動説を完全に否定することは誤りであろう。

秀吉は陰陽師を京都から追放した。その政策は半ばは成功し、半ばは失敗した。かなりの者は帰らず、地方で陰陽師になった。京に戻り再び陰陽師になる者もいた。記録のない多くが帰農した可能性がある。それは浮浪生活者を農業に従事させ、開発を進めるという秀吉の一つの政策意図が成功したことを示すだろう。

本章を含む第二部では、自らも、差別された環境に身を置いた経験をもつ豊臣秀吉、そして周囲にいた声聞師・陰陽師たちの行動を考えた。秀吉によって翻弄されていった声聞師・陰陽師たちは、じつは秀吉を翻弄した人たちでもあった。

成稿一覧

第一部

第一章　「犬追物を演出した河原ノ者たち――犬の馬場の背景」『史学雑誌』一一一編九（二〇〇二）を改稿
第二章　新稿
第三章　新稿（口頭報告は二〇一一年度部落史研究会全国大会講演「中世の被差別民衆群像・九州から考える」）
第四章　新稿「奥山庄波月条絵図と周辺」（『信濃』三二―五、一九八〇）での問題意識を継承しているが、全面的に改稿
第五章　「重源上人と「乞丐非人」――建仁二年の狭山池改修碑にみる土木工事と差別された人々」『歴史の中の聖地・悪所・被差別民』（『別冊歴史読本』二〇〇六）、一部改稿（旧題「乞丐」は改めた）
第六章　前半は新稿。後半は「岩窟に住む家族たち・九州の「漂泊民」サンカ像」『歴史の中のサンカ・被差別民』（『別冊歴史読本』二〇〇四、二〇一一に文庫化）、今回、以後の調査を加筆
第七章　「太鼓製作と中世筥崎宮散所」（『リベラシオン』一二八、二〇〇七、福岡県人権研究所）、今回太鼓田の記述を加筆
第八章　「人身売買断章・現代と中世を交錯する遊び女像」、『歴史の中の遊女・被差別民』（『別冊歴史読本』七三八号・二〇〇六）、今回白拍子玉王売券の解釈を改めた。

第二部

すべて新稿、十章は平成十四年度・九州史学会大会にて「中世の被差別民衆を考える」(『同研究発表要旨』二〇〇二)、十一章は平成二十年度・科研集会にて「秀頼の父」として口頭発表

おわりに

四〇年前、著者が学生の頃、岡林信康作詞作曲の「手紙」という歌があった。「わたしのすきなミツルさんは」に始まり、「部落に生まれた、そのことの　どこが悪い　何がちがう」という歌詞だった。あまり流行はしなかったけれど、青春時代に涙した歌だった。

歴史の仕事について（旧）被差別部落での聞き取りを行ってみると、この時代に結婚差別を受けたものの、克服しえた体験を聞くことができた。佐賀県での聞き取りはご本人の体験だった。教育者のはずの義父が孫の顔を見に来るまで一〇年以上もかかったという。福岡県での聞き取りはおじょうさんの話しだった。「おとうさん、この結婚はもうムリです、あきらめます」と泣かれた話では、回想されながら、さすがに胸が詰まるようであった。最愛の子がそうした目にあう。どんな気持ちか。耐えられるのか。結婚式に出席しなかった新郎伯父は、数年後になって、悪かった、と心から謝ったそうである。

結婚にいたったケースでも、父母は認めたが伯父や叔母が反対したというケースが多かった。父母は本人を知っているから、認める。自分の子を信頼し、子の選択を支持する。しかし本人を知らない親戚が反対する。破局にいたるまで徹底的に追い詰める。本人を知りさえすれば、差別したことを反省する。理解できれば、逆の立場になって考える。逆になれば差別の非人道性を痛感するのは当然だ。悲しいことに、知らない人間だけが差別を続ける。

著者は今年度から「被差別民衆史・研究方法論」というテーマで、グループによる研究を開始した（日本学術振興会科学研究費〈基盤B〉補助による）。今は各地の太鼓屋さんと連絡をとって胴内の墨書銘文を集めている。当主が若くてデジタル画像を保存していると、協力も得やすく、史料の集積が早い。さっそくいくつかの太鼓店の協力が得られた。心底うれしかった。太鼓胴内の墨書は通常見ることはできない。皮張り替えのときしか読まれない。だが書かれた花押の何と立派なことか。当時は百姓も文字や苗字をもたず、ましてや花押の使用はなかった。時代を経ながらも、彼らの誇りを痛いほどに読み取りうる。

調べていくと課題が次々にみつかる。山のようにある。これからも人間のすばらしさを確認し、そして同時にみにくさも確認したい。本書を次への作業の第一歩とする。

なお、編集担当の方とは差別を憎む心を共有してきた。以前より差別をテーマとする雑誌・図書の仕事をしてきた。今回の刊行においても、多大なご協力を得た。心より感謝する。

壬辰暮春

満開の桜を遠望しつつ　研究院長室にて

著者プロフィール

服部英雄（はっとり・ひでお）

一九四九年に、名古屋市に生まれる。一九七六年東京大学大学院修士課程修了、東京大学文学部助手、文化庁文化財保護部記念物課文化財調査官を経て一九九四年から九州大学大学院比較社会文化研究院助教授、現在同教授、研究院長を兼任する。

十六年間従事した文化財保護行政では自治体による各地の荘園現地調査・中世城館調査、歴史の道調査事業も推進。現地から民衆の歴史を考えてきた。「あるき／み／きく歴史学」を標榜。

著書に、『景観にさぐる中世』（新人物往来社）、『歴史を読み解く』（青史出版）、『武士と荘園支配』（山川出版社）、『地名の歴史学』（角川書店）、『峠の歴史学』（朝日新聞出版）ほか、編著書多数。

河原《かわら》ノ者《もの》・非人《ひにん》・秀吉《ひでよし》

二〇一二年四月二十五日 第一版第一刷発行
二〇一二年八月　二十日 第一版第四刷発行

著　者　服部英雄
発行者　野澤伸平
発行所　株式会社 山川出版社
東京都千代田区内神田一—一三—一三
〒一〇一—〇〇四七
振替〇〇一二〇—九—四三九九三
電　話　〇三(三二九三)八一三一(営業)
〇三(三二九三)一八〇二(編集)
企画・編集　山川図書出版株式会社
印刷所　半七写真印刷工業株式会社
製本所　株式会社ブロケード

造本には十分注意しておりますが、万一、乱丁・落丁本などがございましたら、小社営業部宛にお送りください。送料小社負担にてお取り替えいたします。
定価はカバーに表示してあります。

ISBN 978-4-634-15021-8